ÜBERSICHTSBÄNDE ZUR
RUDOLF STEINER GESAMTAUSGABE

Erster Band

ÜBERSICHTSBÄNDE ZUR RUDOLF STEINER GESAMTAUSGABE

Erster Band

BIBLIOGRAPHISCHE ÜBERSICHT

Sämtliche erschienenen und geplanten Bände der
Rudolf Steiner Gesamtausgabe mit Nachweis früherer
und anderweitiger Veröffentlichungen.
Das Künstlerische Werk (Inventar)
Das geschriebene Werk Rudolf Steiners,
Werke und Aufsätze in chronologischer
Reihenfolge 1884–1925
Vortragsregister chronologisch und nach Orten
Vollständiges Titelverzeichnis

Zweiter Band

SACHWORT- UND NAMENREGISTER DER INHALTSANGABEN

Alphabetisches Verzeichnis sämtlicher Begriffe
und Namen aus den Inhaltsangaben der
Rudolf Steiner Gesamtausgabe

Dritter Band

INHALTSANGABEN

Zusammenstellung aller für den Registerband
verwendeten Inhaltsangaben aus den Bänden der
Rudolf Steiner Gesamtausgabe

ÜBERSICHTSBÄNDE ZUR
RUDOLF STEINER GESAMTAUSGABE

Erster Band

Bibliographische Übersicht

Das literarische und künstlerische Werk von Rudolf Steiner

Nachweis sämtlicher erschienenen und geplanten Bände
der Gesamtausgabe und anderweitiger Veröffentlichungen
Inventar des künstlerischen Werkes
Werke und Aufsätze in chronologischer Reihenfolge
Vortragsregister
Buchtitelverzeichnis

1984

RUDOLF STEINER VERLAG
DORNACH/SCHWEIZ

Herausgegeben vom Archiv der Rudolf Steiner-Nachlaßverwaltung

1. Auflage Dornach 1961
Bearbeitet von Hella Wiesberger und den Mitarbeitern in
Archiv und Verlag der Rudolf Steiner-Nachlaßverwaltung

2., erweiterte und veränderte Auflage, Dornach 1984
Bearbeitet von Emil Mötteli und den Mitarbeitern im
Archiv der Rudolf Steiner-Nachlaßverwaltung

Stand der Angaben: Sommer 1983

Satz: Laub KG, D-6957 Elztal-Dallau
Bindearbeit: Schumacher AG, Schmitten/Bern
Printed in Switzerland by Zobrist & Hof AG, Liestal

ISBN 3-7274-4010-4

Gesamtinhaltsverzeichnis

Zur Einführung . . . 7

Von Rudolf Steiner herausgegebene Publikationen in chronologischer Reihenfolge . . 12

Erster Teil. Rudolf Steiner Gesamtausgabe

Detailliertes Inhaltsverzeichnis . . . 18

Wegleitung . . . 19

A. Schriften
- Werke . . . 21
- Gesammelte Aufsätze . . . 34
- Veröffentlichungen aus dem Nachlaß . . . 44

B. Vorträge
- Öffentliche Vorträge . . . 48
- Vorträge vor Mitgliedern der Anthroposophischen Gesellschaft . . . 61
- Vorträge und Kurse zu einzelnen Lebensgebieten . . . 119

C. Reproduktionen und Veröffentlichungen aus dem Künstlerischen Werk
- Bibliographische Angaben . . . 152

D. Beiträge zur Rudolf Steiner Gesamtausgabe.
- Veröffentlichungen aus dem Archiv der Rudolf Steiner-Nachlaßverwaltung . . . 161

Zweiter Teil. Das Künstlerische Werk (Inventar)

Detailliertes Inhaltsverzeichnis . . . 172

Wegleitung . . . 176

Arbeiten vor 1907 . . . 177

A. Vorstufen zum Goetheanumbau
- Gestaltung des Kongreßsaales München 1907 . . . 177
- Modellbau Malsch 1908–1909 . . . 178
- Haus Stuttgart 1911–1913 . . . 179

B. Der erste Goetheanumbau
- Projekt München 1911–1913 . . . 180
- Ausführung Dornach 1913–1922/23 . . . 180
- Malereien in den beiden Kuppeln des ersten Goetheanum . . . 189

C. Die Arbeit am Goetheanum
- Bühnenkunst . . . 194
- Architektonische und plastische Entwürfe außer dem ersten Goetheanum . . . 229
- Graphische Entwürfe, Karikaturen und anderes 1907–1924 . . . 235

Entwürfe zur Kleinodienkunst . . . 242
Skizzen für den Malunterricht an der Fortbildungs-, später Friedwartschule am Goetheanum 1921–1924 . . . 245
Lehrgangskizzen für den Malunterricht von Henni Geck am Goetheanum 1922–1924 . . . 246
Aquarelle . . . 247

D. Der zweite Goetheanumbau 1924–1928 . . . 248

E. Tafelzeichnungen bei Vorträgen . . . 249

Stichwortverzeichnis . . . 250

Dritter Teil. Register

Detailliertes Inhaltsverzeichnis . . . 256

I Das geschriebene Werk Rudolf Steiners.
Werke und Aufsätze in chronologischer Reihenfolge 1884–1925 . . . 257

II Chronologisches Vortragsregister . . . 347

III Verzeichnis der Vortragsorte nach Ländern . . . 381
Europakarte mit den Vortragsorten Rudolf Steiners . . . 382

IV Vortragsregister nach Orten . . . 384

V Alphabetisches Verzeichnis der Buchtitel und Reproduktionen . . . 393

Herausgeberverzeichnis der Rudolf Steiner Gesamtausgabe . . . 440

Zur Einführung

Die Herausgabe der Werke Rudolf Steiners lag über vierzig Jahre in den Händen von Marie Steiner-von Sivers, die zu diesem Zweck im Jahre 1908 den «Philosophisch-Theosophischen Verlag« (später: «Philosophisch-Anthroposophischer Verlag») begründet hat. Zu Lebzeiten Rudolf Steiners waren einerseits die geschriebenen Werke, andererseits aus dem umfangreichen Vortragswerk etwa fünfzig «Zyklen» und eine Anzahl Einzelvorträge erschienen. Nach Rudolf Steiners Tode im Jahre 1925 widmete sich Marie Steiner in immer zunehmendem Maße der Herausgabe der Vorträge, die in mehr oder weniger guten Stenogrammen vorliegen. Frucht ihrer Arbeit waren die zahlreichen jährlichen Neuerscheinungen des Philosophisch-Anthroposophischen Verlages am Goetheanum in Dornach, bis zu ihrem Tode im Jahre 1948 annähernd fünfhundert Titel. Neben den umfangreichen Bänden zusammenhängender Vortragsreihen gab Marie Steiner, den Bedürfnissen der damaligen Mitgliedschaft der Anthroposophischen Gesellschaft entsprechend, viele Einzelbroschüren heraus. In diesen lag bereits der Keim der Gesamtausgabe, welche sie als ein anzustrebendes Ziel vor Augen hatte. Rudolf Steiner hatte sich anfänglich gegen die Vervielfältigung seiner Vorträge gewehrt, die privat nachgeschrieben und unter der Hand verbreitet wurden. Marie Steiner wies darauf hin, daß diese Nachschriften oft schwere Irrtümer enthielten und Rudolf Steiner sich dadurch gezwungen sah, die Stenographierenden selbst zu bestimmen und für die Übertragung Anordnungen zu treffen. «Er selbst hatte aber nicht die Zeit, sie durchzusehen und er litt daran, weil er das gesprochene Wort als nicht geeignet für den Druck betrachtete. Diese verantwortungsvolle Arbeit hat er mir persönlich übertragen, wie auch die Sorge für deren Fortsetzung nach meinem Tode. Er sprach zu mir von der Zeit, wo er nicht mehr da sein werde, und wo ich für sein Werk einzustehen haben würde; dafür auch, daß dieses sein Menschheitswerk mit seinem Namen verbunden bleibe.» *(Marie Steiner im Jahre 1945)*
Zur Weiterführung dieser Arbeit gründete sie die *Rudolf Steiner-Nachlaßverwaltung, Verein zur Verwaltung des literarischen und künstlerischen Nachlasses von Dr. Rudolf Steiner.* Die erste Abteilung der Nachlaßverwaltung besteht aus dem Archiv mit Manuskripten, Vortragsnachschriften, Notizbüchern und -blättern, Entwürfen und Skizzen, Tafelzeichnungen und Briefen aus allen Lebensjahren sowie der Bibliothek Rudolf Steiners. Alle diese Unterlagen bilden die Grundlage für die Herausgabe seiner Werke. Als weitere Abteilung wurde im Jahre 1949 ein eigener Verlag begründet, welcher seit 1971 den Namen «Rudolf Steiner Verlag» trägt.

Die bibliographische Übersicht gliedert sich in drei Hauptteile.
Erster Teil: Rudolf Steiner Gesamtausgabe
Zweiter Teil: Das Künstlerische Werk (Inventar)
Dritter Teil: Register

ERSTER TEIL
Rudolf Steiner Gesamtausgabe

In der Gesamtausgabe wird das geschriebene, gesprochene und künstlerische Werk Rudolf Steiners herausgegeben. In ihren verschiedenen Abteilungen sind die Bände chronologisch geordnet. Bis jetzt sind nahezu dreihundert Bände und eine Anzahl künstlerischer Reproduktionen erschienen. Jeder Band hat auf dem Vortitelblatt den Eindruck RUDOLF STEINER GESAMTAUSGABE mit Angabe der entsprechenden Abteilung. Diese Abteilungen sind nachstehend erläutert.

A. SCHRIFTEN

Rudolf Steiner betrachtete die von ihm veröffentlichten Schriften als das Fundament für das Studium der Anthroposophie: «Wer mein eigenes inneres Ringen und Arbeiten für das Hinstellen der Anthroposophie vor das Bewußtsein der gegenwärtigen Zeit verfolgen will, der muß das an Hand der allgemein veröffentlichten Schriften tun.» (Mein Lebensgang), und er unterschied diese streng von den ursprünglich als sogenannte Privatdrucke herausgegebenen Vortragstexten. «Die ganz öffentlichen Schriften sind das Ergebnis dessen, was in mir rang und arbeitete; in den Privatdrucken ringt und arbeitet die Gesellschaft mit. Ich höre auf die Schwingungen im Seelenleben der Mitgliedschaft, und in meinem lebendigen Drinnenleben in dem, was ich da höre, entsteht die Haltung der Vorträge.» Zu der Abteilung Schriften gehören die Aufsätze und die Veröffentlichungen von nachgelassenen Niederschriften.

Am Schluß dieser Einführung sind alle Werke angeführt, die Rudolf Steiner selbst herausgegeben hat. Einige seiner Werke sind anfänglich in fortlaufenden Aufsätzen erschienen. Im 3. Teil, Register «Das geschriebene Werk Rudolf Steiners» (Seite 257) sind alle von ihm publizierten Schriften und Aufsätze chronologisch aufgeführt.

B. VORTRÄGE

Rudolf Steiner hat über sechstausend Vorträge gehalten. Da er stets frei, das heißt ohne Manuskript gesprochen hat, liegen die Texte der über 4000 aufgezeichneten Vorträge teilweise nur in Form von Nach- bzw. Mitschriften von Teilnehmern vor. Diese Unterlagen sind von unterschiedlicher Qualität und reichen von zusammenfassenden Notizen bis zu fast wörtlichen Stenogrammen. Solche wörtlichen Stenogramme sind von 1916 an von der damit beauftragten Berufsstenographin Helene Finckh (1883–1960) aufgenommen worden. Für die Herausgabe der Vorträge bedarf es daher einer genauen Prüfung aller vorhandenen Unterlagen, aber auch einer großen Erfahrung und Kenntnis von Rudolf Steiners Werk. In vielen Fällen sind Neuübertragungen der Originalstenogramme erforderlich, eine Arbeit, die schon allein wegen der alten Systeme und der besonderen Kürzungen nur von auf diesem Gebiete erfahrenen Spezialisten ausgeführt werden kann.

Die Abteilung Vorträge ist in verschiedene Gruppen gegliedert.

I. Öffentliche Vorträge

Das Kernstück dieser Abteilung bilden die zwischen den Jahren 1903/04 und 1918 gehaltenen Vortragsreihen, die sogenannten «Architektenhaus-Vorträge» in Berlin. «Berlin war der Ausgangspunkt für diese öffentliche Vortragstätigkeit gewesen. Was in anderen Städten in mehr einzelnen Vorträgen behandelt wurde, konnte hier in einer zusammenhängenden Vortragsreihe zum Ausdruck gebracht werden, deren Themen ineinander übergriffen. Sie erhielten dadurch den Chrarakter einer sorgfältig fundierten methodischen Einführung in die Geisteswissenschaft und konnten auf ein regelmäßig wiederkehrendes Publikum rechnen, dem es darauf ankam, immer tiefer in die neu sich erschließenden Wissensgebiete einzudringen, während den neu Hinzukommenden die Grundlagen für ein Verständnis des Gebotenen immer wieder gegeben wurden.» *(Marie Steiner im Jahre 1940)*

Anschließend an die Berliner Reihe folgen Vorträge und Vortragsreihen in verschiedenen Städten Europas. Von jenen Vorträgen mit gleichen Themen wurde im allgemeinen jeweils nur ein Vortrag aufgenommen. Parallelvorträge sind einstweilen zurückgestellt. Weitere öffentliche Vorträge sind in der Gruppe III «Vorträge und Kurse zu einzelnen Lebensgebieten» enthalten.

II. Vorträge vor Mitgliedern der Anthroposophischen Gesellschaft

Diese umfangreichste Abteilung umfaßt diejenigen Vorträge und Vortragsreihen, welche Rudolf Steiner vor Mitgliedern, zunächst der Theosophischen, später Anthroposophischen Gesellschaft, gehalten hat. Sie setzen voraus, was in den grundlegenden Schriften als Wesen der Anthroposophie dargestellt ist. Über den Charakter dieser ursprünglich als Privatdrucke erschienenen Veröffentlichungen äußert sich Rudolf Steiner folgendermaßen: «Als mündliche, nicht zum Druck bestimmte Mitteilungen waren die Inhalte dieser Drucke gemeint. . . Es ist nirgends auch nur im geringsten Maße etwas gesagt, was nicht reinstes Ergebnis der sich aufbauenden Anthroposophie wäre. . . Wer diese Privatdrucke liest, kann sie im vollsten Sinne eben als das nehmen, was Anthroposophie zu sagen hat. Deshalb konnte ja auch ohne Bedenken. . . von der Einrichtung abgegangen werden, diese

Drucke nur im Kreise der Mitgliedschaft zu verbreiten. Es wird eben nur hingenommen werden müssen, daß in den von mir nicht nachgesehenen Vorlagen sich Fehlerhaftes findet. Ein Urteil über den Inhalt eines solchen Privatdruckes wird ja allerdings nur demjenigen zugestanden werden können, der kennt, was als Urteils-Voraussetzung angenommen wird. Und das ist für die allermeisten dieser Drucke mindestens die anthroposophische Erkenntnis des Menschen, des Kosmos, insofern sein Wesen in der Anthroposophie dargestellt wird, und dessen, was als ‹anthroposophische Geschichte› in den Mitteilungen aus der Geist-Welt sich findet.» *(Mein Lebensgang)*

III. Vorträge und Kurse zu einzelnen Lebensgebieten

Diese Gruppe enthält Vorträge und Fachkurse über Kunst, Erziehung, Medizin, Naturwissenschaft, das soziale Leben und die Dreigliederung des sozialen Organismus, sowie die für die Arbeiter am Goetheanum-Bau gehaltenen Vorträge. Eine Trennung zwischen öffentlichen und internen Vorträgen wurde in dieser Gruppe nicht vorgenommen.

C. REPRODUKTIONEN UND VERÖFFENTLICHUNGEN AUS DEM KÜNSTLERISCHEN NACHLASS

Alle künstlerischen Schöpfungen von Rudolf Steiners Hand – Malereien, Entwürfe, Skizzen, Modelle u.a. – werden in dieser Abteilung in der dafür geeigneten Form reproduziert. Die chronologische Gliederung dieser Publikationen entspricht der inventarmäßigen Erfassung im 2. Teil «Das Künstlerische Werk». Jede Publikation erhält eine Nummer aus dem Inventarverzeichnis, die durch ein K (= Künstlerisches Werk) gekennzeichnet ist.

D. BEITRÄGE ZUR RUDOLF STEINER GESAMTAUSGABE

Jene Teile des Nachlasses von Rudolf Steiner, die nicht oder erst später in die Gesamtausgabe eingeordnet werden können, werden in den periodisch erscheinenden «Beiträgen» publiziert. Aus diesem Grunde ist diese Schriftenreihe als ergänzender Teil der Gesamtausgabe zu betrachten.

ZWEITER TEIL
Das Künstlerische Werk

Die künstlerischen Werke von Rudolf Steiner – seine Entwürfe, Modelle, malerischen und graphischen Arbeiten u.a. – entstanden nicht um ihrer selbst willen, sondern stets im Hinblick auf bestimmte Aufgabenstellungen, insbesondere im Zusammenhang mit der Errichtung des ersten Goetheanum-Baues als Ort für die verschiedensten künstlerischen Arbeitsbereiche. Aus diesem Grunde sind die künstlerischen Werke chronologisch nach ihren Entstehungszusammenhängen, angefangen mit den Entwürfen für die Ausgestaltung des Kongreßsaales in München 1907 bis zu dem plastischen Modell für das zweite Goetheanum 1924, geordnet und inventarmäßig verzeichnet. Zur leichteren Übersicht ist diesem Teil ein Stichwortregister angeschlossen.

DRITTER TEIL
Register

Der Bibliographie sind folgende Register beigefügt:

Das geschriebene Werk Rudolf Steiners. Werke und Aufsätze in chronologischer Reihenfolge 1884-1925. Es enthält sämtliche Publikationen und Abdrucke bis zum Jahre 1925. Das Verzeichnis ist ergänzt mit dem Nachweis der Publikationen in der Reihe «Veröffentlichungen aus dem literarischen Frühwerk», 26 Hefte (1938-1958).

Chronologisches Vortragsregister mit Angabe der Orte, Abteilungen und Bandnummern, sowie Hinweise auf vorhandene Tafelzeichnungen.

Verzeichnis der Vortragsorte nach Ländern. Darin sind jene Vortragsorte angegeben, wovon Nachschriften vorliegen.

Vortragsregister nach Orten. Hier sind die Daten des chronologischen Vortragsregisters alphabetisch nach Orten zu finden.

Alphabetisches Verzeichnis der Buchtitel und Reproduktionen. Es enthält sämtliche je erschienenen Titel.

Die folgende Übersicht zeigt in chronologischer Folge alle von Rudolf Steiner erstmals herausgegebenen *buchförmigen* Publikationen.

Von Rudolf Steiner herausgegebene Publikationen

(Erste buchförmige Auflagen und Zeitschriften)

Einschließlich der Vortragszyklen, die bis 1923 nur an Mitglieder abgegeben, ab 1924 für den allgemeinen Verkauf freigegeben wurden.

Jahr	Titel	Bibl.-Nr.
1884	Goethes Werke. Band XXXIII (Kürschner). Goethes Naturwissenschaftliche Schriften. Erster Band. Bildung und Umbildung organischer Naturen	1a
1886	Grundlinien einer Erkenntnistheorie der Goetheschen Weltanschauung mit besonderer Rücksicht auf Schiller (Zugleich eine Zugabe zu «Goethes Naturwissenschaftlichen Schriften» in Kürschners Deutscher National-Litteratur)	2
	Die Natur und unsere Ideale. Sendschreiben an die Dichterin des «Hermann»: M.E. delle Grazie	30
1887	Goethes Werke. Band XXXIV (Kürschner). Goethes Naturwissenschaftliche Schriften. Zweiter Band. Zur Naturwissenschaft im Allgemeinen. Mineralogie und Geologie. Meteorologie	1b
1889	Goethe als Vater einer neuen Ästhetik	30
1890	Goethes Werke. Band XXXV (Kürschner). Goethes Naturwissenschaftliche Schriften. Dritter Band. Beiträge zur Optik. Zur Farbenlehre I	1c
1891	Die Grundfrage der Erkenntnistheorie mit besonderer Rücksicht auf Fichte's Wissenschaftslehre (Dissertation)	3
	Goethes Werke. Goethes Naturwissenschaftliche Schriften. Sophien-Ausgabe Band 6	1B
1892	Wahrheit und Wissenschaft. Vorspiel einer «Philosophie der Freiheit»	3
	Goethes Werke. Goethes Naturwissenschaftliche Schriften. Sophien-Ausgabe Band 7	1B
	Goethes Werke. Goethes Naturwissenschaftliche Schriften. Sophien-Ausgabe Band 9	1B
	Goethes Werke. Goethes Naturwissenschaftliche Schriften. Sophien-Ausgabe Band 11	1B
1894	Die Philosophie der Freiheit. Grundzüge einer modernen Weltanschauung. Beobachtungs-Resultate nach naturwissenschaftlicher Methode	4
	Arthur Schopenhauers sämtliche Werke in zwölf Bänden. Mit Einleitung von Rudolf Steiner	33
	Goethes Werke. Goethes Naturwissenschaftliche Schriften. Sophien-Ausgabe Band 10	1B
	Sieben Briefe von Fichte an Goethe. Zwei Briefe von Fichte an Schiller. Mit Erläuterungen von Rudolf Steiner (In «Goethe-Jahrbuch» 15. Band)	31
1895	Friedrich Nietzsche, ein Kämpfer gegen seine Zeit	
1896	Goethes Werke. Goethes Naturwissenschaftliche Schriften. Sophien-Ausgabe Band 12	1B
1897	Goethes Weltanschauung	6
	Jean Pauls ausgewählte Werke in acht Bänden. Mit einer Einleitung von Rudolf Steiner	33
	Goethes Werke. Band XXXVI (Kürschner). Goethes Naturwissenschaftliche Schriften. Vierter Band, 1. Abteilung. Zur Farbenlehre II (1)	1d
	Goethes Werke. Band XXXVI (Kürschner). Goethes Naturwissenschaftliche Schriften. Vierter Band, 2. Abteilung. Zur Farbenlehre II (2). Sprüche in Prosa. Nachträge	1e
	Goethe, «Sprüche in Prosa», «Notizen», «Nachträgliches»	1e
	Goethe, «Das Mädchen von Oberkirch», «Ergänzungen zum Westöstlichen Divan»	32
1898	Das Magazin für Literatur. Berlin und Weimar (ab Nr. 40: Berlin). Herausgegeben von Rudolf Steiner und Otto Erich Hartleben. Verantwortlicher Redakteur: Dr. Rud. Steiner, Berlin. 67. Jahrgang	

Jahr	Titel	Bibl.-Nr.
1899	Das Magazin für Literatur. Mit einem Beiblatt: Dramaturgische Blätter, Organ des Deutschen Bühnenvereins. Berlin. Herausgegeben von Rudolf Steiner und Otto Erich Hartleben (ab Nr. 40: Rudolf Steiner, Otto Erich Hartleben und Moriz Zitter). Verantwortlicher Redakteur: Rudolf Steiner. 68. Jahrgang	
1900	Das Magazin für Literatur. Berlin. Herausgegeben von Rudolf Steiner und Otto Erich Hartleben (ab Nr. 11 von Rudolf Steiner, ab Nr. 40 von Johannes Gaulke und Franz Philips). Verantwortlich für den redaktionellen Teil: Rudolf Steiner (in Nr. 1-40). 69. Jahrgang	
	Welt- und Lebensanschauungen im neunzehnten Jahrhundert, Band I	18
	Haeckel und seine Gegner	30
	Lyrik der Gegenwart	33
1901	Die Mystik im Aufgange des neuzeitlichen Geisteslebens und ihr Verhältnis zu modernen Weltanschauungen	7
	Welt- und Lebensanschauungen im neunzehnten Jahrhundert, Band II	18
	Welt- und Lebensanschauungen im neunzehnten Jahrhundert, Band I und II in einem Band	18
	Welt- u. Lebens-Anschauungen. Von den ältesten Zeiten bis zur Gegenwart. Auszug aus Vorträgen, geh. vom Januar bis März 1901 in der Arbeiter-Bildungsschule zu Berlin	51
	Ausklang. Neue Gedichte aus dem Nachlaß von Ludwig Jacobowski	33
1902	Das Christentum als mystische Tatsache	8
	Goethes Faust als Bild seiner esoterischen Weltanschauung	22
	Uhlands Werke in drei Bänden (in 1 Band). Mit einer biographischen Einleitung von Dr. Rudolf Steiner	33
	Schiller. (Auswahl aus seinen Werken) In «Deutsche Dichter in Auswahl fürs Volk»	33
1903	Luzifer. Zeitschrift für Seelenleben und Geisteskultur, Theosophie, Nr. 1-7	34
1904	Theosophie. Einführung in übersinnliche Welterkenntnis und Menschenbestimmung	9
	Lucifer-Gnosis. Zeitschrift für Seelenleben und Geisteskultur, Theosophie, Nr. 8-19	in 10, 11, 34
1905	Lucifer-Gnosis. Zeitschrift für Seelenleben und Geisteskultur, Theosophie, Nr. 20-30	in 10, 11, 12, 34
	Schiller und unser Zeitalter. Aufzeichnungen nach Vorträgen, gehalten vom Januar - März 1905 an der Berliner «Freien Hochschule»	51
	Wielands Werke. Ausgabe in fünf Büchern in einem Band. Mit einer biographischen Einleitung von Dr. Rudolf Steiner	33
1906	Lucifer-Gnosis. Zeitschrift für Seelenleben und Geisteskultur, Theosophie, Nr. 31-32	in 11, 12, 34
1907	Lucifer-Gnosis. Zeitschrift für Seelenleben und Geisteskultur, Theosophie, Nr. 33-34	in 11, 12, 34
	Lucifer-Gnosis. Sonderdruck-Hefte, Nr. 13-23	in 10, 11, 12, 34
	Bilder okkulter Siegel und Säulen	284
	Blut ist ein ganz besonderer Saft. Eine esoterische Betrachtung	55
	Die Erziehung des Kindes vom Gesichtspunkte der Geisteswissenschaft	34
	Das Vaterunser. Eine esoterische Betrachtung	97
	Der Schlüssel zur Theosophie. Eine Auseinandersetzung in Fragen und Antworten über Ethik, Wissenschaft und Philosophie, zu deren Studium die Theosophische Gesellschaft begründet worden ist. Von H. P. Blavatsky. Neue einzig autorisierte Auflage, Leipzig 1907. Aus dem Englischen übersetzt und herausgegeben von Rudolf Steiner	

Jahr	Titel	Bibl.-Nr.
1908	Lucifer-Gnosis. Zeitschrift für Seelenleben und Geisteskultur, Theosophie, Nr. 35	in 11, 12, 34
	Lucifer-Gnosis. Sonderdruck-Heft, Nr. 24-35	in 10, 11, 12, 34
	Lucifer-Gnosis. 4 Sonderdruck-Sammelhefte. Aus der Akasha-Chronik	11
	Lucifer-Gnosis. Sonderdruck-Sammelheft. Die Stufen der höheren Erkenntnis	12
	Philosophie und Theosophie	35
	Haeckel, die Welträtsel und die Theosophie	34
	Die Kultur der Gegenwart im Spiegel der Theosophie	34
	Unsere Atlantischen Vorfahren	11
1909	Wie erlangt man Erkenntnisse der höheren Welten?	10
	Einweihung und Mysterien	34
	Reinkarnation und Karma, vom Standpunkt der modernen Naturwissenschaft notwendige Vorstellungen	34
	Weihnacht. Eine Betrachtung aus der Lebensweisheit (Vitaesophia)	101
	Zyklus 3. Das Johannes-Evangelium	103
	Zyklus 4. Welt, Erde und Mensch, deren Wesen und Entwickelung, sowie ihre Spiegelung in dem Zusammenhang zwischen ägyptischem Mythos und gegenwärtiger Kultur	105
1910	Die Geheimwissenschaft im Umriß	13
	Die Pforte der Einweihung (Initiation). Ein Rosenkreuzermysterium	14
	Das Wesen der Künste	271
	Wie Karma wirkt	34
	Lebensfragen der theosophischen Bewegung	34
	Theosophie und gegenwärtige Geistesströmungen. Vorurteile aus vermeintlicher Wissenschaft	34
	Zyklus 1. Vor dem Tore der Theosophie	95
	Zyklus 7. Geistige Hierarchien und ihre Widerspiegelung in der physischen Welt. Tierkreis, Planeten, Kosmos	110
	Zyklus 8. Das Johannes-Evangelium im Verhältnis zu den drei anderen Evangelien, besonders zu dem Lukas Evangelium	112
	Zyklus 9. Der Orient im Lichte des Okzidents. Die Kinder des Luzifer und die Brüder Christi	113
1911	Die geistige Führung des Menschen und der Menschheit. Geisteswissenschaftliche Ergebnisse über Menschheits-Entwickelung	15
	Die Prüfung der Seele. Szenisches Lebensbild als Nachspiel zur «Pforte der Einweihung»	14
	Zyklus 2. Die Theosophie des Rosenkreuzers	99
	Zyklus 5. Ägyptische Mythen und Mysterien	106
	Zyklus 6. Die Apokalypse des Johannes	104
	Zyklus 12. Die Offenbarungen des Karma	120
	Zyklus 13. Die Mission einzelner Volksseelen im Zusammenhang mit der germanisch-nordischen Mythologie	121
	Zyklus 14. Die Geheimnisse der biblischen Schöpfungsgeschichte. Das Sechstagewerk im 1. Buch Moses	122
	Zyklus 16. Okkulte Geschichte. Persönlichkeiten und Ereignisse der Weltgeschichte im Lichte der Geisteswissenschaft	126
1912	Ein Weg zur Selbsterkenntnis des Menschen. In acht Meditationen	16
	Der Hüter der Schwelle. Seelenvorgänge in szenischen Bildern	14
	Kalender 1912/13	40

Jahr	Titel	Bibl.-Nr.
	Zyklus 18. Weltenwunder, Seelenprüfungen und Geistesoffenbarungen	129
	Zyklus 19. Von Jesus zu Christus	131
	Zyklus 21. Die geistigen Wesenheiten in den Himmelskörpern und Naturreichen	136
1913	Die Schwelle der geistigen Welt. Aphoristische Ausführungen	17
	Der Seelen Erwachen. Seelische und geistige Vorgänge in szenischen Bildern	14
	Zyklus 22. Der Mensch im Lichte von Okkultismus, Theosophie und Philosophie	137
	Zyklus 23. Von der Initiation. Von Ewigkeit und Augenblick. Von Geisteslicht und Lebensdunkel	138
	Zyklus 25. Die Bhagavad Gita und die Paulusbriefe	142
	Zyklus 26. Die Mysterien des Morgenlandes und des Christentums	144
	Zyklus 27. Welche Bedeutung hat die okkulte Entwickelung des Menschen für seine Hüllen (physischen Leib, Ätherleib, Astralleib) und sein Selbst?	145
1914	Die Rätsel der Philosophie in ihrer Geschichte als Umriß dargestellt. 2 Bände	18
	Was soll die Geisteswissenschaft und wie wird sie von ihren Gegnern behandelt?	35
	Zyklus 20. Die Welt der Sinne und die Welt des Geistes	134
	Zyklus 28. Die okkulten Grundlagen der Bhagavad Gita	146
	Zyklus 29. Die Geheimnisse der Schwelle	147
	Zyklus 31. Christus und die geistige Welt	149
	Zyklus 32. Inneres Wesen des Menschen und Leben zwischen Tod und neuer Geburt	153
1915	Gedanken während der Zeit des Krieges. Für Deutsche und diejenigen, die nicht glauben sie hassen zu müssen	24
	Zyklus A. Geisteswissenschaftliche Menschenkunde	107
	Zyklus 33. Der menschliche und der kosmische Gedanke	151
	Zyklus 34. Christus und die menschliche Seele	155
1916	Vom Menschenrätsel. Denken, Schauen, Sinnen einer Reihe deutscher und österreichischer Persönlichkeiten	20
	Die Aufgabe der Geisteswissenschaft und deren Bau in Dornach	35
	Zyklus 35. Die Evolution vom Gesichtspunkte des Wahrhaftigen	132
	Zyklus 37. Das Leben zwischen dem Tode und der neuen Geburt im Verhältnis zu den kosmischen Tatsachen	141
1917	Von Seelenrätseln. I. Anthropologie und Anthroposophie, II. Max Dessoir über Anthroposophie, III. Franz Brentano (Ein Nachruf). Skizzenhafte Erweiterungen	21
	Das menschliche Leben vom Gesichtspunkte der Geisteswissenschaft (Anthroposophie)	35
	Zyklus 10. Das Lukas-Evangelium	114
	Zyklus 36. Der irdische und der kosmische Mensch	133
1918	Goethes Geistesart in ihrer Offenbarung durch seinen Faust und durch das Märchen von der «Schlange und der Lilie»	22
	Durch den Geist zur Wirklichkeits-Erkenntnis der Menschenrätsel:	
	Philosophie und Anthroposophie	35
	Vier Märchen	14
	Seelenkalender	40
	Der Seelen Erwachen (7. und 8. Bild)	14
	Zyklus 15. Das Matthäus-Evangelium	123
	Zyklus 24. Das Markus-Evangelium	139
1919	Die Kernpunkte der Sozialen Frage in den Lebensnotwendigkeiten der Gegenwart und Zukunft	23
	Zyklus 39. Zeitbetrachtungen	157

Jahr	Titel	Bibl.-Nr.
	Zyklus 40. Schicksalsbildung und Leben nach dem Tode	157a
	Zyklus D. Entwicklungsgeschichtliche Unterlagen zur Bildung eines sozialen Urteils	185a
1920	In Ausführung der Dreigliederung des sozialen Organismus	24
	Die Hetze gegen das Goetheanum	250f
	Zyklus 41. Notwendigkeit und Freiheit im Weltgeschehen und im menschlichen Handeln	166
	Zyklus 42. Gegenwärtiges und Vergangenes im Menschengeiste	167
	Zyklus 58A und 58B. Geisteswissenschaftliche Behandlung sozialer und pädagogischer Fragen	192
1921	Praktische Ausbildung des Denkens	108
	Zyklus 17. Der Christus-Impuls und die Entwickelung des Ich-Bewußtseins	116
	Zyklus 30. Exkurse in das Gebiet des Markus-Evangeliums	124
	Zyklus 43. Weltwesen und Ichheit	169
	Zyklus 44. Kosmische und menschliche Metamorphose	175
	Zyklus 45. Bausteine zu einer Erkenntnis des Mysteriums von Golgatha	175
	Zyklus 51. In geänderter Zeitlage	186
	Zyklus 52. Die soziale Grundforderung unserer Zeit	186
	Das Goetheanum. Internationale Wochenschrift für Anthroposophie und Dreigliederung. Begründet von Rudolf Steiner	
1922	Zyklus 46. Menschliche und menschheitliche Entwicklungswahrheiten	175, 176
	Zyklus 47. Das Karma des Materialismus	176
	Zyklus 48. Erdensterben und Weltenleben	181
	Zyklus 49. Anthroposophische Lebensgaben	181
	Zyklus 50. Gesunder Blick für heute und wackere Hoffnung für morgen	181
1925	Nach dem Tode Rudolf Steiners erschienen:	
	Mein Lebensgang. Eine nicht vollendete Autobiographie, mit einem Nachwort herausgegeben von Marie Steiner	28
	Grundlegendes für eine Erweiterung der Heilkunst nach geisteswissenschaftlichen Erkenntnissen (Von Dr. Rudolf Steiner und Dr. Ita Wegman)	27
	Wahrspruchworte	40
	Goethes Naturwissenschaftliche Schriften (1926)	1

ERSTER TEIL

RUDOLF STEINER GESAMTAUSGABE

Detailliertes Inhaltsverzeichnis

Wegleitung 19

A. Schriften

I Werke 1884-1925 21
II Gesammelte Aufsätze 1882-1925 34
III Veröffentlichungen aus dem Nachlaß.
Wahrspruchworte, Fragmente, Entwürfe und Aufzeichnungen 44

B. Vorträge

I Öffentliche Vorträge 48
II Vorträge vor Mitgliedern der Anthroposophischen Gesellschaft.
Vortragszyklen und Vorträge allgemein-anthroposophischen Inhalts 61
Schriften und Vorträge zur Geschichte der anthroposophischen Bewegung und der Anthroposophischen Gesellschaft 113
III Vorträge und Kurse zu einzelnen Lebensgebieten
Vorträge über Kunst:
Allgemein, Eurythmie, Sprachgestaltung, Musik, bildende Künste und Kunstgeschichte 119
Vorträge über Erziehung 131
Vorträge über Medizin 138
Vorträge über Naturwissenschaft 141
Vorträge über das soziale Leben und über die Dreigliederung des sozialen Organismus 143
Vorträge für die Priester der Christengemeinschaft 148
Vorträge für die Arbeiter am Goetheanumbau 149

C. Reproduktionen und Veröffentlichungen aus dem Künstlerischen Werk

Bibliographischer Teil zur Abteilung «Das Künstlerische Werk» 152

D. Beiträge zur Rudolf Steiner Gesamtausgabe

Veröffentlichungen aus dem Archiv der Rudolf Steiner-Nachlaßverwaltung 161

Wegleitung

GA — In diesem Teil der Bibliographie sind alle Bände der Rudolf Steiner Gesamtausgabe (GA) aufgeführt.

Nr. — Bei der Ausarbeitung der Bibliographie, Ausgabe 1961, wurden die Bände zu Abteilungen zusammengefaßt, deren Umfang nicht genau bestimmt werden konnte. Für die Zuordnung der Bibliographie-Nummern (Bibl.-Nr.) mußten deshalb Leernummern eingeplant werden, die später nach Bedarf verwendet wurden. In einzelnen Fällen war die Nummernzuordnung ungenügend, so daß die Unterteilung mit a, b, c erweitert werden mußte. Der nunmehr jahrelange Umgang mit den Bänden der Gesamtausgabe führte dazu, daß die Bibliographie-Nummern zu Band-Nummern wurden. Daraus erklärt sich, wieso die Bände nicht lückenlos durchnumeriert sind. Inzwischen werden bei Neuauflagen die Bibl.-Nrn. als GA-Nummer auf den Buchrücken und im Impressum eingedruckt. Bei den bisherigen Doppelnummern (z.B. 330/331) wird künftig nur noch die erste Nummer verwendet, die zweite wird eine Leernummer.

Titel — Die Titel der Vorträge wurden von Rudolf Steiner nur für öffentliche Vorträge, für geschlossene Vortragszyklen und sonst nur für vereinzelte Vorträge selbst formuliert. Daher stammen die Titel der Bände nur bei den Vortragszyklen von ihm. Bei den öffentlichen Vorträgen wurde ein besonders charakteristischer Einzeltitel für den ganzen Band gewählt. In den anderen Fällen hat meistens Marie Steiner den Ausgaben oder Einzelvorträgen Überschriften gegeben. Die Gesamtausgabe hält sich weiter daran und verwendet möglichst die Titel früherer Ausgaben. Gehört das Buch in eine Reihe, so ist der Titel der Reihe gesondert angegeben.

( ) — Die Buchtitel für die geplanten Bände stehen in Klammern.

Inhalt — Nach dem Buchtitel folgt eine quantitative Inhaltsangabe. In der Abteilung B. Vorträge, sind pro Band die Vortragsdaten mit den Vortragsorten einzeln aufgeführt. Die detaillierten Inhaltsangaben, wie sie in den Büchern enthalten sind, sind im Übersichtsband III «Inhaltsangaben» zusammengefaßt. Bei den geplanten Bänden der GA sind nur Vorträge und Aufsätze aufgeführt, die bereits einmal gedruckt erschienen sind. Bei den Vorträgen, die zur Zeit noch keinem Band zugeteilt werden können, wird auf die Zuordnung einer GA-Nummer verzichtet. Diese Vortragsdaten sind jedoch im «Chronologischen Vortragsregister» (siehe 3. Teil) enthalten.

Datum — Die bibliographischen Angaben sind von der Sache her, soweit möglich, chronologisch aufgeführt. Zur Erleichterung der Übersicht sind die Jahreszahlen durch Fettdruck hervorgehoben. Sämtliche Datenangaben sind im «Chronologischen Register» (siehe 3. Teil) chronologisch wiedergegeben. Im «Ortsregister» (siehe 3. Teil) sind die Vortragsdaten für jeden Ort chronologisch angegeben.

ISBN — Die Internationale Standard-Buchnummer kennzeichnet in aller Welt als kurzes und eindeutiges Identifikationsmerkmal jedes Buch unverwechselbar. Eine wichtige Funktion erfüllt die ISBN auch für die Bibliotheken und Dokumentationsstellen. Der ISBN folgt in Klammer die Jahreszahl der letzten Buchauflage in der Gesamtausgabe. Fehlt die Jahreszahl, so ist der Band noch nicht erschienen. Reproduktionen erhalten keine ISBN-Nummer.

Biblio-
graphie

Für jeden Buchtitel der GA ist die Bibliographie der deutschsprachigen Ausgaben angegeben. Sie führt alle diesem Band vorangegangenen Auflagen und Teilausgaben mit vollständigem Titel, Erscheinungsort und -jahr an. Für die Wiedergabe der Buchtitel ist der Innentitel im Buch und nicht der Titel auf dem Bucheinband maßgebend. Ermittelte Hinzufügungen oder Berichtigungen sind in Klammer gesetzt. Die Reihenfolge der Auflagen entspricht den vorliegenden Archivunterlagen. Die Auflagenhöhe ist nur für eine genauere Bezeichnung einer sonst unbestimmten Auflage angegeben. Die Bibliographie ist erweitert durch die Nennung aller je erschienenen Einzelausgaben und Veröffentlichungen mit Wiedergaben von Vorträgen, Aufsätzen und Reproduktionen aus dem künstlerischen Werk. Es sind jedoch nur solche Publikationen aufgeführt, deren Autor oder Herausgeber Rudolf Steiner ist und deren Vortrags- oder Aufsatztexte vollständig gedruckt wiedergegeben sind. In wenigen Einzelfällen sind andere Autoren aufgeführt, wenn sich darin Erstveröffentlichungen von Arbeiten Rudolf Steiners finden. Sonderausgaben mit veränderter äußerer Buchgestaltung, die aber das gleiche Auflagenjahr enthalten, sind nicht nachgewiesen. Auszüge aus Büchern und Abdrucke in Zeitschriften sind bis auf wenige Ausnahmen bei Erstdrucken nicht berücksichtigt. Die Abdrucke in Zeitschriften bis 1925 sind vollständig im 3. Teil «Das geschriebene Werk Rudolf Steiners. Werke und Aufsätze in chronologischer Reihenfolge» nachgewiesen. Im gleichen Register ist auch der Quellennachweis der Aufsätze, der auch in den Bänden der GA enthalten ist. Der Nachweis der Abdrucke von Vortragsnachschriften in Zeitschriften ist in den GA-Bänden und in «Hans Schmidt, Das Vortragswerk Rudolf Steiners», Dornach 1978 enthalten. Die Briefe und Sprüche sind nicht einzeln nachgewiesen.
Alle Titel der hier aufgeführten Buchpublikationen sind in alphabetischer Reihenfolge im «Alphabetischen Buchtitelverzeichnis» (siehe 3. Teil) aufgeführt. Über die Lieferbarkeit dieser Bücher orientieren die Bücherverzeichnisse des «Rudolf Steiner Verlages», Dornach, und diejenigen vom «Kindler Verlag», München bzw. «Fischer Verlag», Frankfurt; «Philosophisch-Anthroposophischer Verlag am Goetheanum», Dornach; «Verlag Freies Geistesleben», Stuttgart; «Zbinden Druck und Verlag AG» Basel.
Für die Bezeichnung der Taschenbuchausgaben stehen folgende Abkürzungen:

RSTA. Rudolf Steiner Taschenbuch-Ausgabe, Stuttgart
RSTb. Rudolf Steiner Taschenbücher aus dem Gesamtwerk, Dornach
ThGw. Themen aus dem Gesamtwerk, Stuttgart

A. SCHRIFTEN

I. Werke

1 **Goethes Naturwissenschaftliche Schriften.** Sämtliche Einleitungen zur Herausgabe in Kürschners «Deutsche National-Litteratur»

(1884 bis 1897) ISBN 3-7274-0010-2 (GA 1973)

Bibliographie: 1. (bezeichnet als 1. bis 5.) Auflage Dornach 1926; 2. Auflage Freiburg i. Br. 1949; 3. Auflage GA 1973.

Einzelausgaben und sonstige Veröffentlichungen:

Taschenbuchausgabe: in RSTA. Nr. 7, *Goethes Naturwissenschaftliche Schriften. Sowie skizzenhaft dargestellter Ausblick auf eine Anthroposophie,* Stuttgart 1962.

1a–e Goethes Naturwissenschaftliche Schriften
(1884 bis 1897)

A) Mit Einleitungen, Fußnoten und Erläuterungen im Text, herausgegeben von Rudolf Steiner. Fünf Bände (Nachdruck aus «Kürschners Deutsche National-Litteratur»)
- 1a Erster Band. *Bildung und Umbildung organischer Naturen* (1884)
- 1b Zweiter Band. *Zur Naturwissenschaft im Allgemeinen. Mineralogie und Geologie. Meteorologie* (1887)
- 1c Dritter Band. *Beiträge zur Optik. Zur Farbenlehre I* (1890)
- 1d Vierter Band. (Erste Abteilung) *Zur Farbenlehre II (1)* (1897)
- 1e Fünfter Band. (Zweite Abteilung des vierten Bandes) *Zur Farbenlehre II (2). Sprüche in Prosa. Nachträge* (1897)

ISBN 3-7274-5180-7 (GA 1975)

B) Rudolf Steiner als Herausgeber der Bände 6, 7, 9, 10, 11 und 12 in der II. Abteilung der «Goethes Naturwissenschaftliche Schriften» der sogenannten Weimarer oder Sophien-Ausgabe. *Goethes Werke,* herausgegeben im Auftrage der Großherzogin Sophie von Sachsen, Band 6 Weimar 1891; Band 7 und 9 Weimar 1892; Band 10 Weimar 1894; Band 11 Weimar 1893; Band 12 Weimar 1896; Weitere Auflagen darunter Tokyo 1975. (Diese Ausgaben enthalten keine Einleitungen usw. von Rudolf Steiner. Vgl. «Weimarer Goethe-Ausgabe. Bericht der Redaktoren und Herausgeber» Bibl.-Nr. 30)

Bibliographie zu A: 1. Auflage *Deutsche National-Litteratur. Historisch-Kritische Ausgabe, herausgegeben von Joseph Kürschner, 114.–117. Band: Goethes Werke, Band XXXIII bis XXXVI, 1. und 2. Abteilung, herausgegeben von Rudolf Steiner,* Berlin und Stuttgart o. J. (1884–1897) (W. Spemann); 2. Auflage Stuttgart, Berlin, Leipzig o. J. (1921) (Union); weitere Nachdrucke darunter Tokyo 1974 (Sansyusya Publishing Co. Ltd.); 3. Auflage GA 1975; 4. Auflage (Sonderausgabe) Dornach 1982

Einzelausgaben und sonstige Veröffentlichungen:

Erster Band (1a) *Goethes Naturwissenschaftliche Schriften, herausgegeben von Rudolf Steiner. Erster Band. Schriften über die Bildung und Umbildung organischer Naturen,* Bern 1949
Aus dem ersten Band (1a) «Einleitung» und «Die Entstehung der Metamorphosenlehre» in *J. W. Goethe, Die Methamorphose der Pflanze mit Anmerkungen und Einleitungen von Rudolf Steiner,* Stuttgart 1960; 1966; 1977; 1980

Aus dem zweiten Band (1b) «System der Wissenschaft» und «Über Erkenntnisgrenzen und Hypothesenbildung»: in *J. W. Goethe Farbenlehre. Einleitungen und Erläuterungen von Rudolf Steiner,* Band 2, Stuttgart 1979; 1981

Dritter Band (1c) *Goethes Naturwissenschaftliche Schriften, herausgegeben von Rudolf Steiner. Dritter Band. Die Farbenlehre,* Bern 1949

Aus dem dritten Band (1c) «Vorrede» und «Einleitung» unter dem Titel «Goethe und der naturwissenschaftliche Illusionismus» und «Goethe als Denker und Forscher»: in *J. W. Goethe, Farbenlehre. Einleitungen und Erläuterungen von Rudolf Steiner,* Band 1, Stuttgart 1979; 1981

Aus dem vierten Band (1d) «Einleitung» unter dem Titel «Goethe gegen den Atomismus»: in *J. W. Goethe, Farbenlehre. Einleitungen und Erläuterungen von Rudolf Steiner*, Band 3, Stuttgart 1979; 1981

Aus dem fünften Band (1e) «Entoptische Farben» aus «Paralipomena zur Chromatik»: *J. W. Goethe, Entoptische Farben. Mit Mitteilungen und Kommentaren von Rudolf Steiner,* Basel 1970; «Sprüche in Prosa» *J. W. Goethe, Sprüche in Prosa. Einleitungen und Anmerkungen von Rudolf Steiner,* RSTA. Nr. 14, Stuttgart 1967; Neubearbeitung der «Einleitung» zu «Sprüche in Prosa» unter dem Titel «Goethe-Studien. Grund-Ideen» siehe Bibl.-Nr. 30

«Das Mädchen von Oberkirch», «Ergänzungen zum ‹Westöstlichen Divan›» herausgegeben von Rudolf Steiner. In Ausgabe 1897 erstmals gedruckt; in *Gesammelte Aufsätze zur Literatur 1884–1902,* Bibl.-Nr. 32

2 **Grundlinien einer Erkenntnistheorie der Goetheschen Weltanschauung** mit besonderer Rücksicht auf Schiller, zugleich eine Zugabe zu «Goethes Naturwissenschaftlichen Schriften» in Kürschners «Deutsche National-Litteratur»

1886 ISBN 3-7274-0020-X (GA 1979)

Bibliographie: 1. Auflage (ohne Vorrede und Schlußbemerkungen) Berlin und Stuttgart 1886; 2. und 3. Auflage Stuttgart 1924, Restauflage überklebt Dornach 1924; 4. Auflage Dresden 1936; 5. Auflage Freiburg i. Br. 1949; 6. Auflage GA 1960; 7. Auflage GA 1979

Einzelausgaben und sonstige Veröffentlichungen:

Taschenbuchausgaben: RSTb. Nr. 629, Dornach 1980; in *Grundlinien einer Erkenntnistheorie der Goetheschen Weltanschauung. Wahrheit und Wissenschaft,* RSTA. Nr. 1, Stuttgart 1961

3 **Wahrheit und Wissenschaft.** Vorspiel einer «Philosophie der Freiheit»

1892 ISBN 3-7274-0030-7 (GA 1980)

Bibliographie: Inaugural-Dissertation zur Erlangung der Doktorwürde von der Philosophischen Fakultät der Universität Rostock unter dem Titel *Die Grundfrage der Erkenntnistheorie mit besonderer Rücksicht auf Fichte's Wissenschaftslehre.* Prolegomena zur Verständigung des philosophierenden Bewußtseins mit sich selbst (ohne Vorrede und ohne Schlußbetrachtung), Rostock 1891; 1. Auflage Weimar 1892; 2. Auflage Dornach 1925; 3. Auflage Freiburg i.Br. 1948; 4. Auflage GA 1958; 5. Auflage GA 1980.

Einzelausgaben und sonstige Veröffentlichungen:

Taschenbuchausgaben: RSTb. Nr. 628, Dornach 1980; «Wahrheit und Wissenschaft» in *Grundlinien einer Erkenntnistheorie der Goetheschen Weltanschauung. Wahrheit und Wissenschaft*, RSTA. Nr. 1, Stuttgart 1961

«Wahrheit und Wissenschaft»: in *Wahrheit und Wissenschaft. Impulse der Gegenwart. Die Philosophie der Freiheit*, Zürich 1976

4 **Die Philosophie der Freiheit.** Grundzüge einer modernen Weltanschauung. Seelische Beobachtungsresultate nach naturwissenschaftlicher Methode

1894 ISBN 3-7274-0040-4 (GA 1978)

Bibliographie: 1. Auflage unter dem Titel *Die Philosophie der Freiheit. Grundzüge einer modernen Weltanschauung. Beobachtungs-Resultate nach naturwissenschaftlicher Methode* Berlin 1894; 2., ergänzte und erweiterte Auflage, Berlin 1918; 3. Auflage Berlin 1921; 4. Auflage Berlin 1929; 5. Auflage Dornach 1936; 6. Auflage Dornach 1936; 7. Auflage Dornach 1940; 8. Auflage Dresden 1947; 9. Auflage Stuttgart 1949; 10. Auflage Stuttgart 1949; 11. Auflage Stuttgart 1955; 12. Auflage GA 1962; 13. Auflage GA 1973; 14. Auflage GA 1978

Einzelausgaben und sonstige Veröffentlichungen:

Taschenbuchausgaben: RSTA. Nr. 11, Stuttgart 1967; 1973; RSTb. Nr. 627, Dornach 1977; 1981

«Die Philosophie der Freiheit» in *Wahrheit und Wissenschaft. Impulse der Gegenwart. Die Philosophie der Freiheit*, Zürich 1976

Kapitel «Die Idee der Freiheit» in *Der anthroposophische Weg*, München 1982

5 Friedrich Nietzsche, ein Kämpfer gegen seine Zeit

1895 ISBN 3-7274-0050-1 (GA 1963)

Bibliographie: 1. Auflage Weimar 1895; 2., um drei Aufsätze und um ein Kapitel aus «Mein Lebensgang» erweiterte Ausgabe, Dornach 1926; 3. Auflage GA 1963

Einzelausgaben und sonstige Veröffentlichungen:

Taschenbuchausgabe: RSTb. Nr. 621, Dornach 1977; 1983

6 Goethes Weltanschauung

1897 ISBN 3-7274-0060-9 (GA 1963)

Bibliographie: 1. Auflage Weimar 1897; 2., um eine Vorrede, Nachrede und um eine Anmerkung erweiterte Auflage, Berlin 1918; 3. Auflage Berlin 1921; 4. Auflage Freiburg i. Br. 1948; 5. Auflage GA 1963

Einzelausgaben und sonstige Veröffentlichungen:

Taschenbuchausgabe: RSTb. Nr. 625, Dornach 1979

Kapitel «Die Metamorphosenlehre» in *Durch den Geist zur Wirklichkeits-Erkenntnis der Menschenrätsel*, Band II, Dornach 1965

Welt- und Lebensanschauungen im neunzehnten Jahrhundert. Band I

1900 in Bibl.-Nr. 18 enthalten

Haeckel und seine Gegner

1900 in Bibl. Nr. 30 enthalten

Lyrik der Gegenwart

1900 in Bibl.-Nr. 33 enthalten

Welt- und Lebensanschauungen im neunzehnten Jahrhundert. Band II

1901 in Bibl.-Nr. 18 enthalten

7 **Die Mystik im Aufgange des neuzeitlichen Geisteslebens und ihr Verhältnis zur modernen Weltanschauung**

1901 ISBN 3-7274-0070-6 (GA 1960)

Bibliographie: 1. Auflage unter dem Titel *Die Mystik im Aufgange des neuzeitlichen Geisteslebens und ihr Verhältnis zu modernen Weltanschauungen*, Berlin 1901; 2. Auflage mit neuem Vorwort, Zusatz, Nachträgen, Stuttgart 1924; 3. Auflage Stuttgart 1924, Restauflage überklebt Dornach 1924; 4. (bezeichnet als 3.) Auflage Dresden 1936; 5. Auflage GA 1960

Einzelausgaben und sonstige Veröffentlichungen:

Taschenbuchausgabe: RSTb. Nr. 623, Dornach 1977

«Einführung zu ‹Die Mystik im Aufgange des neuzeitlichen Geisteslebens und ihr Verhältnis zur modernen Weltanschauung›» und «Der Kardinal Nicolaus von Kues»: in *Durch den Geist zur Wirklichkeits-Erkenntnis der Menschenrätsel*, Band IV, Dornach 1966

8 **Das Christentum als mystische Tatsache und die Mysterien des Altertums**

1902 ISBN 3-7274-0080-3 (GA 1976)

Bibliographie: 1. Auflage unter dem Titel *Das Christentum als mystische Tatsache*, Berlin 1902; 2., neu durchgearbeitete und erweiterte Auflage (ohne Vorwort zur ersten Auflage), Leipzig 1910; 3. Auflage Leipzig 1910; 4. Auflage Leipzig 1910; 5. Auflage Dornach 1925; Lizenzausgaben Dresden 1936; 1939 (nicht mitgezählt); 6. Auflage Stuttgart 1949; 7. Auflage GA 1959; 8. Auflage (mit Vorwort zur ersten Auflage) GA 1976

Einzelausgaben und sonstige Veröffentlichungen:

Taschenbuchausgaben: RSTA. Nr. 3, Stuttgart 1961; RSTb. Nr. 619, Dornach 1976; 1982

Kapitel «Jesus und sein geschichtlicher Hintergrund» in *Der anthroposophische Weg*, München 1982

Goethes Faust als Bild seiner esoterischen Weltanschauung

1902 in Bibl.-Nr. 22 enthalten

9 **Theosophie.** Einführung in übersinnliche Welterkenntnis und Menschenbestimmung

1904 ISBN 3-7274-0090-0 (GA 1978)

Bibliographie: 1. Auflage Berlin 1904; 2., erweiterte Auflage, Leipzig 1908; 3., erweiterte Auflage, Leipzig 1910; 4. Auflage Leipzig 1910; 5. Auflage Leipzig 1910; 6., erweiterte und um eine neue Vorrede ergänzte Auflage, Leipzig 1914; 7. Auflage Leipzig 1915; 8. Auflage Leipzig 1916; 9., neu bearbeitete und um eine zusätzliche Vorrede erweiterte Auflage, Leipzig 1918; 10. Auflage Leipzig 1918; 11. Auflage Leipzig 1918; 12. Auflage Leipzig 1919; 13. bis 18. Auflage Leipzig 1920; 19., um eine Vorbemerkung erweiterte Auflage, Stuttgart 1922; 20. Auflage Stuttgart 1922; 21. Auflage Stuttgart 1922; 22. Auflage Stuttgart 1922, Restauflage überklebt

Dornach 1922; 23. Auflage Dornach 1943; 24. Auflage Dornach 1948; 25. Auflage Freiburg i. Br. 1946; 26. Auflage Stuttgart 1948; 27. (bezeichnet als 28.) Auflage Stuttgart 1955; 28. Auflage GA 1961; 29. Auflage GA 1973; 30. Auflage GA 1978

Einzelausgaben und sonstige Veröffentlichungen:

Taschenbuchausgaben: RSTA. Nr. 8, Stuttgart 1962; RSTb. Nr. 615, Dornach 1974; 1976; 1978; 1980; 1983

Theosophie. Einführung in übersinnliche Welterkenntnis und Menschenbestimmung / Theosophy. An Introduction to the Supersensible Knowledge of the World and the Destination of Man, Dornach/London 1975

Kapitel «Einleitung» unter der Bezeichnung «Stellung der Geisteswissenschaft» und Kapitel «Der Pfad der Erkenntnis»: in *Durch den Geist zur Wirklichkeits-Erkenntnis der Menschenrätsel*, Band I, Dornach 1965

Kapitel «Der Pfad der Erkenntnis» und «Wiederverkörperung des Geistes und Schicksal»: in *Der anthroposophische Weg*, München 1982

10 Wie erlangt man Erkenntnisse der höheren Welten?

1904–1905 ISBN 3-7274-0100-1 (GA 1982)

Bibliographie: (1. Auflage) Aufsätze in der Zeitschrift «Lucifer-Gnosis» Nr. 13–28, Berlin 1904–1905; (2. Auflage) in *Sonderdruck-Hefte aus «Lucifer-Gnosis»*, Leipzig 1907/1908; 3. (1. Buchausgabe) Berlin 1909; 4. Auflage Berlin 1910; 5., neu durchgearbeitete Auflage Berlin 1914; 6. Auflage Berlin 1914; 7. Auflage Berlin 1914; 8., um ein Nachwort erweiterte Auflage, Berlin 1918; 9. Auflage Berlin 1919; 10. Auflage Berlin 1920; 11. Auflage Berlin 1922; 12. Auflage Dornach 1931; 13. Auflage Dornach 1935; 14. Auflage Dresden 1939; 15. Auflage Dornach 1945; 16. Auflage, Ausgabe in zwei Heften, Wien 1947; 17. Auflage Stuttgart 1948; 18. Auflage Stuttgart 1948 (1951); 19. Auflage Stuttgart 1955; 20. Auflage GA 1961; 21. Auflage GA 1972; 22. Auflage GA 1975; 23. Auflage GA 1982

Vorreden: 3. Auflage mit Vorrede zur dritten Auflage; 4. Auflage wie 3. Auflage; 5. Auflage mit Vorreden zur dritten und fünften Auflage; 6. Auflage mit Vorreden zur dritten und fünften (bezeichnet als sechste) Auflage; 7. Auflage wie 6. Auflage; 8. Auflage mit Vorreden zur dritten, fünften (bezeichnet als sechste) und achten Auflage; 9. bis 14. Auflage wie 8. Auflage; 15. Auflage mit Vorreden zur dritten, fünften (bezeichnet als fünfte bis siebente) und achten Auflage; 16. Auflage wie 8. Auflage; 17. und 18. Auflage wie 15. Auflage; 19. Auflage mit Vorreden zur dritte, fünften und achten Auflage; 20. bis 23. Auflage wie 19. Auflage

Einzelausgaben und sonstige Veröffentlichungen:

Taschenbuchausgaben: RSTA. Nr. 2, Stuttgart 1961; 1963; RSTb. Nr. 600, Dornach 1972; 1975; 1977; 1978; 1981

«Wie erlangt man Erkenntnisse der höheren Welten?»: *Wie erlangt man Erkenntnisse der höheren Welten?* Dornach 1951; in *Wie erlangt man Erkenntnisse der höheren Welten? Metamorphosen des Seelenlebens*, Zürich 1974

Kapitel «Die Stufen der Einweihung» in *Durch den Geist zur Wirklichkeits-Erkenntnis der Menschenrätsel*, Band V, Dornach 1966

Unsere Atlantischen Vorfahren

1908 in Bibl.-Nr. 11 enthalten

11 Aus der Akasha-Chronik

1904–1908 ISBN 3-7274-0110-9 (GA 1973)

Bibliographie: Aufsätze in der Zeitschrift «Lucifer-Gnosis» Nr. 14–35, Berlin 1904–1908; in *Sonderdruck-Hefte aus «Lucifer-Gnosis»*, Leipzig 1907/1908; in *Sonderdruck-Sammelhefte aus «Lucifer-Gnosis»*, Nr. 14–35, Leipzig 1908; Neudruck 1910; 1. Auflage Dornach o. J. (1939); 2. Auflage Basel 1955; 3. Auflage GA 1964; 4. Auflage GA 1969; 5. Auflage GA 1973

Einzelausgaben und sonstige Veröffentlichungen:

Taschenbuchausgabe: RSTb. Nr. 616, Dornach 1975; 1979; 1983

Kapitel «Die Kultur der Gegenwart im Spiegel der Geisteswissenschaft» in *Luzifer-Gnosis 1903–1908. Grundlegende Aufsätze zur Anthroposophie und Berichte aus den Zeitschriften «Luzifer» und «Luzifer-Gnosis»* (unter dem Titel «Über moderne naturwissenschaftliche Anschauungen»), Bibl.-Nr. 34

Kapitel «Aus der Akasha-Chronik» in *Sonderdruck-Hefte aus «Luzifer-Gnosis»*, Nr. 13/14, Leipzig 1907/1908

Kapitel «Aus der Akasha-Chronik (Vorwort)», «Anfang der gegenwärtigen Erde. Austritt der Sonne», «Austritt des Mondes», «Einige notwendige Zwischenbemerkungen», «Von der Herkunft der Erde», «Die Erde und ihre Zukunft»: in *Durch den Geist zur Wirklichkeits-Erkenntnis der Menschenrätsel*, Band IV, Dornach 1966

Kapitel «Aus der Akasha-Chronik (Vorwort)», «Unsere atlantischen Vorfahren», «Übergang der vierten in die fünfte Wurzelrasse»: *Unsere atlantischen Vorfahren*, Berlin 1908; 1909; 1918; 1920; Dornach 1928; 1934

Kapitel «Fragenbeantwortung» in *Luzifer-Gnosis 1903–1908. Grundlegende Aufsätze zur Anthroposophie und Berichte aus der Zeitschrift «Luzifer» und «Luzifer-Gnosis»* (unter dem Titel «Wie verhält sich die Theosophie zu den Geheimwissenschaften?» und «Gehen frühere Fähigkeiten der Menschenseele verloren?»), Bibl.-Nr. 34

12 Die Stufen der höheren Erkenntnis

1905–1908 ISBN 3-7274-0120-6 (GA 1979)

Bibliographie: Die unterschiedliche Auflagenzählung in Bibl.-Nr. 11 und 12 ist aus den früheren Gegebenheiten entstanden. (1. Auflage) Aufsätze in der Zeitschrift «Luzifer-Gnosis» Nr. 29, 30, 32, 34, und 35, Berlin 1905–1908; 2. Auflage, in *Sonderdruck-Hefte aus «Luzifer-Gnosis»*, Nr. 29 bis 35, Berlin 1908; 3. Auflage, in *Sonderdruck-Sammelheft aus «Luzifer-Gnosis»* Nr. 34 (und 35), Berlin 1908; 4. Auflage (1. Buchausgabe) Dornach 1931; 5. Auflage GA 1959; 6. Auflage GA 1979

Einweihung und Mysterien

1909 in Bibl.-Nr. 34 enthalten

Reinkarnation und Karma, vom Standpunkte der modernen Naturwissenschaft notwendige Vorstellungen

1909 in Bibl.-Nr. 34 enthalten

13 Die Geheimwissenschaft im Umriß

1910 ISBN 3-7274-0130-3 (GA 1977)

Bibliographie: 1. Auflage Leipzig 1910; 2. Auflage Leipzig 1910; 3. Auflage Leipzig 1910; 4., um neue Vorbemerkungen und Ergänzungen erweiterte Auflage, Leipzig 1913; 5. Auflage Leipzig 1913; 6. Auflage Leipzig 1913; 7. bis 15., vielfach umgearbeitete und um eine Vorrede ergänzte Auflage, Leipzig 1920; 16. bis 20., um eine zweite Vorrede erweiterte Auflage, Dornach 1925; 21. Auflage Dornach 1930; 22. Auflage Dornach o. J. (1937); 23. Auflage Dornach 1938; 24. Auflage Dornach 1946; 25. Auflage Stuttgart 1948; 26. Auflage Stuttgart 1955; 27. Auflage GA 1962; 28. Auflage GA 1968; 29. Auflage GA 1977

Einzelausgaben und sonstige Veröffentlichungen:

Taschenbuchausgabe: RSTb. Nr. 601, Dornach 1972; 1976; 1979; 1981

Kapitel «Wesen der Menschheit» in *Durch den Geist zur Wirklichkeits-Erkenntnis der Menschenrätsel*, Band I, Dornach 1965; in *Der anthroposophische Weg*, München 1982

Wie Karma wirkt

1910 in Bibl.-Nr. 34 enthalten

14 Vier Mysteriendramen. Die Pforte der Einweihung. Die Prüfung der Seele. Der Hüter der Schwelle. Der Seelen Erwachen

1910–1913 ISBN 3-7274-0140-0 (GA 1981)

Bibliographie der einzelnen Dramen: *Die Pforte der Einweihung (Initiation). Ein Rosenkreuzermysterium*, Berlin 1910; 1911; 1917; 1917; 1920; Dornach o. J. (1925); 1931; 1948; Stuttgart 1949; Dornach 1956; *Die Prüfung der Seele. Szenisches Lebensbild als Nachspiel zur Pforte der Einweihung*, Berlin 1911; 1912; 1918; 1918; 1922; Dornach 1931; 1948; 1956; *Der Hüter der Schwelle. Seelenvorgänge in szenischen Bildern*, Berlin 1912; 1912; 1919; 1919; 1922; Dornach (1931 ?); 1948; 1956; *Der Seelen Erwachen. Seelische und geistige Vorgänge in szenischen Bildern*, Berlin 1913; 1913; 1918; 1918; 1922; Dornach (1931 ?); 1948; 1956

Bibiliographie der Bandausgaben: 1. Auflage Dornach 1935; 2. Auflage GA 1956; 3. Auflage GA 1962; 4. Auflage GA 1981

Einzelausgaben und sonstige Veröffentlichungen:

Taschenbuchausgabe: RSTb. Nr. 607 *Mysteriendramen, Band I, Die Pforte der Einweihung. Die Prüfung der Seele*, Dornach 1973; 1982; Nr. 608 *Mysteriendramen, Band II, Der Hüter der Schwelle. Der Seelen Erwachen*, Dornach 1973; 1983

Aus «Die Pforte der Einweihung» 6. Bild «Das Märchen vom Lieben und Hassen und vom ‹Klugen Verstand›»: in *Vier Märchen mit einem Vorwort*, Stuttgart o. J. (1918); Binningen-Basel 1960; Dornach 1968; 1974; 1982; in *Durch den Geist zur Wirklichkeits-Erkenntnis der Menschenrätsel*, Berlin o. J. (1918); o. J. (1918); in *Die Märchen aus den Mysteriendramen von Rudolf Steiner* und Federzeichnungen von Johannes Tielens, Rotterdam 1935

Aus «Die Prüfung der Seele» 5. Bild «Das Märchen vom Quellenwunder»: in *Vier Märchen mit einem Vorwort*, Stuttgart o. J. (1918); Binningen-Basel 1960; Dornach 1968; 1974; 1982; in *Durch den Geist zur Wirklichkeits-Erkenntnis der Menschenrätsel*, Berlin o. J. (1918); o. J. (1918); *Das Märchen vom Quellenwunder* mit Zeichnungen von Assja Turgenieff, Dornach 1930; 1979; in *Die Märchen aus den Mysteriendramen von Rudolf Steiner* und Federzeichnungen von Johannes Tielens, Rotterdam 1935

Aus «Die Prüfung der Seele» 9. Bild «Woher kommt das Böse» und aus «Der Hüter der Schwelle» 6. Bild «Das Märchen von der Phantasie»: in *Vier Märchen mit einem Vorwort*, Stuttgart o. J. (1918); Binningen-Basel 1960; Dornach 1968; 1974; 1982; in *Durch den Geist zur*

Wirklichkeits-Erkenntnis der Menschenrätsel, Berlin o. J. (1918); o. J. (1918); in *Die Märchen aus den Mysteriendramen von Rudolf Steiner* mit Federzeichnungen von Johannes Tielens, Rotterdam 1935

Aus «Der Seelen Erwachen» 7. und 8. Bild: *Ägyptische Szene* mit Vorwort, Dornach 1968; *Der Seelen Erwachen. Aus einer dramatischen Dichtung von Rudolf Steiner*, Stuttgart o. J. (1918); in *Durch den Geist zur Wirklichkeits-Erkenntnis der Menschenrätsel*, Berlin o. J. (1918); o. J. (1918)

15 **Die geistige Führung des Menschen und der Menschheit.** Geisteswissenschaftliche Ergebnisse über die Menschheits-Entwickelung

1911 ISBN 3-7274-0150-8 (GA 1974)

Bibliographie: 1. Auflage Berlin 1911; 2. Auflage Dornach 1925; 3. Auflage Dornach o. J.; 4. Auflage Dresden 1940; 5. Auflage Dornach o. J.; 6. Auflage Freiburg i.Br. 1946; 7. Auflage Freiburg i.Br. 1956; Restauflage Dornach 1960; 8. Auflage GA 1963; 9. Auflage GA 1974

Einzelausgaben und sonstige Veröffentlichungen:

Taschenbuchausgabe: RSTb. Nr. 614, Dornach 1974; 1979; 1983

Erster Vortrag in *Der anthroposophische Weg*, München 1982

Kalender 1912/13

Anthroposophischer Seelenkalender siehe 1925 in Bibl.-Nr. 40 enthalten

16 **Ein Weg zur Selbsterkenntnis des Menschen.** In acht Meditationen

1912 ISBN 3-7274-0160-5 (GA 1982)

Bibliographie: 1. Auflage Berlin 1912; 2., um ein Nachwort erweiterte Auflage, Berlin 1918; 3. Auflage Berlin 1920; 4. Auflage Dornach 1935; 5. Auflage GA 1956; 6. Auflage GA 1968; 7. Auflage GA 1982

Einzelausgaben und sonstige Veröffentlichungen:

Taschenbuchausgabe: in RSTb. Nr. 602 *Ein Weg zur Selbsterkenntnis des Menschen. Die Schwelle der geistigen Welt*, Dornach 1972; 1978; 1981

17 **Die Schwelle der geistigen Welt.** Aphoristische Ausführungen

1913 ISBN 3-7274-0170-2 (GA 1972)

Bibliographie: 1. Auflage (in zwei Ausgaben) Berlin 1913; 2. (bezeichnet als 2.–5.), um ein Nachwort erweiterte Auflage, Berlin 1918; 3. (bezeichnet als 6.–10.) Auflage Berlin 1921; 4. Auflage Dornach 1935; 5. Auflage GA 1956; 6. Auflage GA 1972

Einzelausgaben und sonstige Veröffentlichungen:

Taschenbuchausgabe: in RSTb. Nr. 602 *Ein Weg zur Selbsterkenntnis des Menschen. Die Schwelle der geistigen Welt*, Dornach 1972; 1978; 1981

Kapitel «Von dem Vertrauen, das man zu dem Denken haben kann, und von dem Wesen der denkenden Seele. Vom Meditieren», «Von dem Erkennen der geistigen Welt»: in *Durch den Geist zur Wirklichkeits-Erkenntnis der Menschenrätsel*, Band VI, Dornach 1966

18 Die Rätsel der Philosophie in ihrer Geschichte als Umriß dargestellt

1914 ISBN 3-7274-0180-X (GA 1968)

Bibliographie: Erste Ausgabe unter dem Titel *Welt- und Lebensanschauungen im neunzehnten Jahrhundert*, Band I, Berlin 1900; II Berlin 1901; in *Am Ende des Jahrhunderts. Rückschau auf hundert Jahre geistiger Entwickelung*, Band XIV und XIX, Berlin 1900/1901; Einzelausgaben Band I, Berlin 1900; 1901; Band II Berlin 1901; in einem Band 1900/1901, Berlin o.J. (1903); 1. Auflage *Die Rätsel der Philosophie in ihrer Geschichte als Umriß dargestellt* (zugleich neue Ausgabe des Werkes «Welt- und Lebensanschauungen im neunzehnten Jahrhundert» ergänzt durch eine Vorgeschichte über abendländische Philosophie und bis zur Gegenwart fortgesetzt), Band I und II Berlin o. J. (1914); 2., um eine neue Vorrede erweiterte Auflage, Berlin o. J. (1918); 3. Auflage Berlin o. J.; 4. Auflage Berlin o. J., Restauflage überklebt Stuttgart; 5. Auflage Berlin o. J., Restauflage überklebt Stuttgart; 6., um eine weitere Vorrede erweiterte Auflage, erster Band Stuttgart 1924, Restauflage überklebt Dornach 1924, zweiter Band Dornach 1926; 7. Auflage in einem Band, Stuttgart 1955; 8. Auflage GA 1968

Einzelausgaben und sonstige Veröffentlichungen:

Taschenbuchausgabe: RSTb. Nr. 610 und 611 (zwei Bände, mit Nachweis der Zitate), Dornach 1974

Nachweis der Zitate zu «Die Rätsel der Philosophie», Dornach 1969

«Skizzenhaft dargestellter Ausblick auf eine Anthroposophie» in *Goethes Naturwissenschaftliche Schriften, sowie skizzenhaft dargestellter Ausblick auf eine Anthroposophie*, RSTA. Nr. 7, Stuttgart 1962

Was soll die Geisteswissenschaft und wie wird sie von ihren Gegnern behandelt?

1914 in Bibl.-Nr. 35 enthalten

19 leer

Gedanken während der Zeit des Krieges. Für Deutsche und diejenigen, die nicht glauben, sie hassen zu müssen

1915 in Bibl.-Nr. 24 enthalten

20 Vom Menschenrätsel. Ausgesprochenes und Unausgesprochenes im Denken, Schauen, Sinnen einer Reihe deutscher und österreichischer Persönlichkeiten

1916 ISBN 3-7274-0200-8 (GA 1957)

Bibliographie: 1. Auflage unter dem Titel *Vom Menschenrätsel. Denken, Schauen, Sinnen einer Reihe deutscher und österreichischer Persönlichkeiten* Berlin 1916; 2. Auflage (mit Zusatz für die Neuausgabe) Berlin 1918; 3. Auflage Dresden 1936; 4. Auflage GA 1957

21 **Von Seelenrätseln.** Anthropologie und Anthroposophie. Max Dessoir über Anthroposophie. Franz Brentano (Ein Nachruf). Skizzenhafte Erweiterungen

1917 ISBN 3-7274-0210-5 (GA 1983)

Bibliographie: 1. Auflage Berlin 1917; 2. Auflage Berlin 1921; 3. Auflage GA 1960; 4. Auflage GA 1976; 5. Auflage 1983

Einzelausgaben und sonstige Veröffentlichungen:

Taschenbuchausgabe: RSTb. Nr. 637, Dornach 1983

Kapitel «Über die wirkliche Grundlage der intentionalen Beziehung» in *Zur Sinneslehre*, ThGw. Nr. 3, Stuttgart 1980; 1981

22 **Goethes Geistesart** in ihrer Offenbarung durch seinen Faust und durch das Märchen «Von der Schlange und der Lilie»

1918 ISBN 3-7274-0220-2 (GA 1979)

Bibliographie: 1. (bezeichnet als 2.–5.) Auflage Berlin 1918; 2. (bezeichnet als 6.–10.) Auflage Berlin 1920; 3. (bezeichnet als 11.–14.) Auflage Dornach 1926; 4. Auflage Dresden 1940; 5. Auflage GA 1956; 6. Auflage GA 1979

Einzelausgaben und sonstige Veröffentlichungen:

Kapitel «Goethes Faust als Bild seiner esoterischen Weltanschauung» *Goethes Faust als Bild seiner esoterischen Weltanschauung*, Berlin 1902

Kapitel «Goethes Geistesart in ihrer Offenbarung durch seinen Faust» in *Der anthroposophische Weg*, München 1982

Kapitel «Goethes Geistesart in ihrer Offenbarung durch sein ‹Märchen von der grünen Schlange und der Lilie›» in *Goethes geheime Offenbarung in seinem ‹Märchen von der grünen Schlange und der schönen Lilie›*, Dornach 1982; in J. W. Goethe *Das Märchen*, Freiburg i. Br. 1946; Stuttgart 1961 und Neuauflagen
Die ursprüngliche Fassung des Aufsatzes ist erschienen in «Das Magazin für Literatur» Berlin 1899, Bibl.-Nr. 30

23 **Die Kernpunkte der sozialen Frage** in den Lebensnotwendigkeiten der Gegenwart und Zukunft

1919 ISBN 3-7274-0230-X (GA 1976)

Bibliographie: 1. bis 3. Auflage Dornach/Basel, Stuttgart und Wien 1919; 4. Auflage erweitert mit Vorrede, Einleitung und Fußnoten, Stuttgart, teilweise Dornach 1920; 5. Auflage GA 1961; 6. Auflage GA 1976

Einzelausgaben und sonstige Veröffentlichungen:

Taschenbuchausgabe: RSTb. Nr. 606, Dornach 1973; 1980

Kapitel «Die vom Leben geforderten wirklichkeitsgemäßen Lösungsversuche für die sozialen Fragen und Notwendigkeiten» in *Durch den Geist zur Wirklichkeits-Erkenntnis der Menschenrätsel*, Band V, Dornach 1966
Aufruf «An das deutsche Volk und an die Kulturwelt»: in *Aufsätze über die Dreigliederung des sozialen Organismus und zur Zeitlage 1915–1921*, Bibl.-Nr. 24; in *Die Erkenntnis-Aufgabe der Jugend*, Bibl.-Nr. 217a; in *Neugestaltung des sozialen Organismus*, Bibl.-Nr. 330; in *Zur Dreigliederung des sozialen Organismus*, RSTA. Nr. 10, Stuttgart 1962; 1972

In Ausführung der Dreigliederung des sozialen Organismus
1920 in Bibl.-Nr. 24 enthalten

24 Aufsätze über die Dreigliederung des sozialen Organismus und zur Zeitlage 1915–1921

ISBN 3-7274-0240-7 (GA 1982)

Bibliographie: 1. Auflage GA 1961; 2., um den Aufsatz «Die pädagogische Zielsetzung der Waldorfschule in Stuttgart» ergänzte Auflage, GA 1982

Einzelausgaben und sonstige Veröffentlichungen:

Abschnitt «In Ausführung der Dreigliederung des sozialen Organismus» (21 Aufsätze): *In Ausführung der Dreigliederung des sozialen Organismus*, Stuttgart 1920; in *Zur Dreigliederung des sozialen Organismus*, RSTA. Nr. 10, Stuttgart 1962; 1972

«Freie Schule und Dreigliederung»: in *Die pädagogische Grundlage und Zielsetzung der Waldorfschule*, Dornach 1969; 1978; 1983; in *Zur Dreigliederung des sozialen Organismus*, RSTA. Nr. 10, Stuttgart 1962; 1972; in *Aspekte der Waldorf-Pädagogik*, München 1975; 1977; 1979

«Die pädagogische Grundlage der Waldorfschule»: in *Konferenzen mit den Lehrern der Freien Waldorfschule in Stuttgart*, Bibl.-Nr. 300b; in *Rudolf Steiner in der Waldorfschule*, Bibl.-Nr. 298; in *Die pädagogische Grundlage und Zielsetzung der Waldorfschule*, Dornach 1969; 1978; 1983; in *Durch den Geist zur Wirklichkeits-Erkenntnis der Menschenrätsel*, Band VI, Dornach 1966; in *Aspekte der Waldorf-Pädagogik*, München 1975; 1977; 1979; in *Zur Dreigliederung des sozialen Organismus*, RSTA. Nr. 10, Stuttgart 1962; 1972

«Die Wurzeln des sozialen Lebens»: in *Durch den Geist zur Wirklichkeits-Erkenntnis der Menschenrätsel*, Band VI, Dornach 1966; in *Zur Dreigliederung des sozialen Organismus*, RSTA. Nr. 10, Stuttgart 1962; 1972

Abschnitt «Weitere Aufsätze zur Dreigliederung des sozialen Organismus» (17 Aufsätze) im Sammelband *Die Forderungen der Gegenwart an Mitteleuropa. Was man heute sehen müßte*, Dornach 1951

«Das Goetheanum und die Stimme der Gegenwart»: in *Aspekte der Waldorf-Pädagogik*, München 1975; 1977; 1979

«Staatspolitik und Menschheitspolitik»: in *Roman Boos, Michael gegen Michael. Katharsis des Deutschtums 1914–1925*, Basel 1926

Abschnitt «Fünf Aufsätze aus der Zeitschrift ‹Soziale Zukunft›»: in *Zur Dreigliederung des sozialen Organismus* unter der Bezeichnung «Vier Aufsätze aus der Zeitschrift ‹Soziale Zukunft›» (ohne Aufsatz «Die pädagogische Zielsetzung der Waldorfschule in Stuttgart»), RSTA. Nr. 10, Stuttgart 1962; 1972; in *Die Forderungen der Gegenwart an Mitteleuropa*, Dornach 1951

«Die pädagogische Zielsetzung der Waldorfschule in Stuttgart»: in *Konferenzen mit den Lehrern der Freien Waldorfschule in Stuttgart*, Bibl.-Nr. 300c GA 1975; in *Die pädagogische Grundlage und Zielsetzung der Waldorfschule*, Dornach 1969; 1978; 1983; in *Aspekte der Waldorf-Pädagogik*, München 1975; 1977; 1979

Aus dem Abschnitt «Zum Weltkrieg 1914–1918»: «Gedanken während der Zeit des Krieges. Für Deutsche und diejenigen, die nicht glauben, sie hassen zu müssen» *Gedanken während der Zeit des Krieges. Für Deutsche und diejenigen, die nicht glauben, sie hassen zu müssen*, Berlin 1915; 1915; 1915 (unveränderte Auflagen); in *Rudolf Steiner während des Weltkrieges*, Dornach 1933; in *Durch den Geist zur Wirklichkeits-Erkenntnis der Menschenrätsel*, Band VI, Dornach 1966

«Memorandum vom Juli 1917» Erstveröffentlichung in *Arthur Graf Polzer-Hoditz, Kaiser Karl.* Aus der Geheimmappe seines Kabinettschefs, Zürich-Leipzig-Wien 1929; in *Rudolf Steiner während des Weltkrieges,* Dornach 1933

«Vorbemerkungen»: in *Die «Schuld» am Kriege, Betrachtungen und Erinnerungen des Generalstabchefs H. v. Moltke über die Vorgänge vom Juli 1914 bis November 1914,* Stuttgart 1911 (gelangte nicht in Umlauf)

«Neue Tatsachen über die Vorgeschichte des Weltkrieges (Matin-Interview)», «Nachträgliche Bemerkungen zu dem Interview des Berichterstatters des ‹Matin›», «Über ‹Erwiderungen› auf den ‹Matin›-Artikel» und «Gegen Einwände, die über das ‹Matin›-Interview gemacht werden», in *Rudolf Steiner während des Weltkrieges*, Dornach 1933

Aus dem Abschnitt «Verschiedenes»: Aufruf «An das deutsche Volk und an die Kulturwelt» in *Die Kernpunkte der sozialen Frage in den Lebensnotwendigkeiten der Gegenwart und Zukunft*, Bibl.-Nr. 23; in RSTb. Nr. 606, Dornach 1973; 1980; in *Die Erkenntnis-Aufgabe der Jugend*, Bibl.-Nr. 217a; in *Neugestaltung des sozialen Organismus*, Bibl.-Nr. 330; in *Zur Dreigliederung des sozialen Organismus*, RSTA. Nr. 10, Stuttgart 1962; 1972

«Leitsätze für die Dreigliederungsarbeit», «Der Weg des ‹dreigliedrigen sozialen Organismus›», «Leitgedanken für eine zu gründende Unternehmung» Erstveröffentlichung in *Emil Leinhas, Aus der Arbeit mit Rudolf Steiner. Sachliches und Persönliches*, Basel 1950

25 **Kosmologie, Religion und Philosophie.** Auto-Referate zu den zehn Vorträgen des «Französischen Kurses» vom 6. bis 15. September 1922

1922 ISBN 3-7274-0250-4 (GA 1979)

Bibliographie: Referat für die Zeitschrift «Das Goetheanum», Dornach 1922; 1. Auflage *Kosmologie, Religion und Philosophie*, Dornach o. J. (1930); 2. Auflage GA 1956; 3. Auflage GA 1979

Die den Auto-Referaten zugrunde liegenden Vorträge sind in Bibl.-Nr. 215 enthalten.

Einzelausgaben und sonstige Veröffentlichungen:

Kapitel «Die drei Schritte der Anthroposophie», «Seelenübungen des Denkens, Fühlens und Wollens»: in *Durch den Geist zur Wirklichkeits-Erkenntnis der Menschenrätsel*, Band V, Dornach 1966

26 **Anthroposophische Leitsätze.** Der Erkenntnisweg der Anthroposophie. Das Michael-Mysterium

1924–1925 ISBN 3-7274-0260-1 (GA 1982)

Bibliographie: Erstdruck in «Was in der Anthroposophischen Gesellschaft vorgeht. Nachrichten für deren Mitglieder» (Beilage zur Wochenschrift «Das Goetheanum»), Dornach 17. Febr. 1924 bis 12. April 1925; 1. Auflage (erste Buchausgabe) *Anthroposophische Leitsätze* (ohne die dazugehörigen Briefe «An die Mitglieder»), Dornach 1925; 2. Auflage in *Das Michael-Mysterium* (ohne die Leitsätze 1 bis 102 und ohne die dazugehörigen Briefe «An die Mitglieder» vom 17. Febr., 18. Mai, 13., 27. Juli, 10. Aug., 7. Sept. 1924), Dornach 1930, teilweise o. J.; 3. Auflage in *Anthroposophische Leitsätze. Der Erkenntnisweg der Anthroposophie. Das Michael-Mysterium*, Dornach 1944; 4. Auflage in *Anthroposophische Leitsätze. Das lebendige Wesen der Anthroposophie und seine Pflege. Der Erkenntnisweg der Anthroposophie. Das Michael-Mysterium*, Dornach 1954; 5. Auflage GA 1962; 6. Auflage GA 1972; 7. Auflage GA 1976; 8. Auflage GA 1982

Einzelausgaben und sonstige Veröffentlichungen:

Aufsätze vom 17. Febr., 18. Mai, 13. Juli, 10. Aug. 1924 in *An die Mitglieder. Achtzehn Briefe*, Dornach 1930; Stuttgart 1949; in *Briefe an die Mitglieder 1924*, Dornach 1963; 1979; in *Die Konstitution der Allgemeinen Anthroposophischen Gesellschaft und der Freien Hochschule für Geisteswissenschaft. Der Wiederaufbau des Goetheanum 1924–1925*, Bibl.-Nr. 260a

27 Grundlegendes für eine Erweiterung der Heilkunst nach geisteswissenschaftlichen Erkenntnissen
Von Dr. Rudolf Steiner und Dr. Ita Wegman

1925 ISBN 3-7274-0270-9 (GA 1977)

Bibliographie: 1. Auflage Dornach 1925; 2. Auflage Dornach 1935; 3. Auflage Arlesheim 1953; 4. Auflage GA 1972; 5. Auflage GA 1977

28 Mein Lebensgang. Eine nicht vollendete Autobiographie, mit einem Nachwort herausgegeben von Marie Steiner

1923–1925 ISBN 3-7274-0280-6 (GA 1982)

Bibliographie: Erstmals erschienen in der Wochenschrift «Das Goetheanum», Dornach 9. Dez. 1923 bis 5. April 1925; 1. Auflage Dornach 1925; 2. Auflage Dornach 1932; 3. Auflage Dresden 1939; 4. Auflage Dornach o. J.; 5. Auflage Stuttgart 1948; 6. Auflage Dornach 1949; 7. Auflage GA 1962; 8. Auflage GA 1982

Einzelausgaben und sonstige Veröffentlichungen:

Taschenbuchausgaben: RSTA. Nr. 13, Stuttgart 1967; RSTb. Nr. 636, Dornach 1983

Einzelne Kapitel sind enthalten in *Durch den Geist zur Wirklichkeits-Erkenntnis der Menschenrätsel*: Kapitel VI in Band II, Dornach 1965; Kapitel VII in Band III, Dornach 1965; Kapitel XXIII in Band I, Dornach 1965; Kapitel XXVI in Band V, Dornach 1966; Kapitel XXXI in Band IV, Dornach 1966; Kapitel XXXII in Band IV, Dornach 1966; Kapitel XXXIII in Band V, Dornach 1966; Kapitel XXXV in Band I bis VI, Dornach 1965/1966

Anthroposophischer Seelenkalender

1925 in Bibl.-Nr. 40 enthalten

II. Gesammelte Aufsätze

Der Quellennachweis der einzelnen Aufsätze ist in chronologischer Reihenfolge im dritten Teil «Das geschriebene Werk Rudolf Steiners» enthalten. Siehe auch den Band «Inhaltsangaben», Band III der Übersichtsbände. Personennamen und Sachbegriffe aus den Aufsatztiteln sind im Registerband, Band II der Übersichtsbände, aufzufinden.

29 Gesammelte Aufsätze zur Dramaturgie 1889–1900

ISBN 3-7274-0290-3 (GA 1960)

Bibliographie: Erstmals erschienen in verschiedenen Zeitschriften. 1. Auflage in *Veröffentlichungen aus dem literarischen Frühwerk:* Heft 3 Dornach 1938; 1946, 5 und 9 (Band I) Dornach 1939; Heft 11 (Band II) Dornach 1940; 2. Auflage (erste Buchausgabe) GA 1960

Einzelausgaben und sonstige Veröffentlichungen:

«Von der Vortragskunst», «Noch ein Wort über die Vortragskunst»: *Von der Vortragskunst,* Dornach 1960

«‹Faust›. Eine Tragödie von J. W. Goethe (Aufführung im Deutschen Theater, Berlin)»: in *Beiträge zur Rudolf Steiner Gesamtausgabe Nr. 77,* Dornach 1982

30 Methodische Grundlagen der Anthroposophie 1884–1901. Gesammelte Aufsätze zur Philosophie, Naturwissenschaft, Ästhetik und Seelenkunde
Mit Auto-Referat des Vortrages in Wien 9. Nov. 1888

ISBN 3-7274-0300-4 (GA 1961)

Bibliographie: Erstmals erschienen in verschiedenen Zeitschriften. 1. Auflage in *Veröffentlichungen aus dem literarischen Frühwerk:* Aus Heft 1, 2, 7, 8, und 10 (Band I) Dornach 1939; Heft 14 bis 16 (Band III) Dornach 1941–1943; Heft 19 (Band IV) Dornach 1941; 2. (erste Buchausgabe), um ein Autoreferat «Goethe als Vater einer neuen Ästhetik» erweiterte Auflage, Dornach 1961

Einzelausgaben und sonstige Veröffentlichungen:

«Goethe als Vater einer neuen Ästhetik»: *Goethe als Vater einer neuen Ästhetik,* Wien 1889 (ohne Vorwort und Bemerkungen); Berlin 1909; 1917; 1919; 1921; Düsseldorf 1948 (ohne Bemerkungen); in *Kunst und Kunsterkenntnis. Die kosmische Sendung der Künste. Das Wesen der Künste,* Dornach 1941; in *Kunst und Kunsterkenntnis. Das Sinnlich-Übersinnliche in seiner Verwirklichung durch die Kunst,* Bibl.-Nr. 271 und RSTA. Nr. 12, Stuttgart 1967; in *Goethe als Vater einer neuen Ästhetik. Über das Komische und seinen Zusammenhang mit Kunst und Leben,* Dornach 1963; in *Goethe-Studien. Schriften und Aufsätze 1884–1901,* RSTb. Nr. 634, Dornach 1982

«Goethes Naturanschauung gemäß den neuesten Veröffentlichungen des Goethe-Archives» in *Berichte des Freien Deutschen Hochstiftes zu Frankfurt am Main* Neue Folge, zehnter Band, Heft 1, Frankfurt am Main 1894; *Goethes Naturanschauung gemäß den neuesten Veröffentlichungen des Goethe-Archivs,* Frankfurt am Main o. J. (1894); in *Goethe-Studien. Schriften und Aufsätze 1884–1901,* RSTb. Nr. 634, Dornach 1982

«Goethes geheime Offenbarung. Zu seinem hundertfünfzigsten Geburtstage: 28. August 1899»: *Goethes geheime Offenbarung.* Zu seinem hundertfünfzigsten Geburtstage, Berlin o. J. (1899); in *Goethe-Studien und Goetheanistische Denkmethoden. Der Goetheanumgedanke inmitten der Kulturkrisis der Gegenwart. Ein Goethejahrbuch,* Dornach 1932; in *Goethe-Studien. Schriften und Aufsätze 1884–1901*, RSTb. Nr. 634, Dornach 1982
Neue Fassung des Aufsatzes siehe in *Goethes Geistesart in ihrer Offenbarung durch seinen Faust und durch das Märchen von der Schlange und der Lilie*, Bibl.-Nr. 22

«Haeckel und seine Gegner» *Haeckel und seine Gegner,* Minden in Westf. 1900

«Goethe-Studien: Grund-Ideen. Moral und Christentum»: in *Goethe-Studien und Goetheanistische Denkmethoden. Der Goetheanumgedanke inmitten der Kulturkrisis der Gegenwart. Ein Goethejahrbuch,* Dornach 1932; in *Goethe-Studien. Schriften und Aufsätze 1884–1901*, RSTb. Nr. 634, Dornach 1982

«Die Natur und unsere Ideale. Sendschreiben an die Dichterin des ‹Hermann›: M. E. delle Grazie»: *Die Natur und unsere Ideale. Sendschreiben an die Dichterin des ‹Hermann›: M. E. delle Grazie*, Wien 1886; in *Durch den Geist zur Wirklichkeits-Erkenntnis der Menschenrätsel*, Band IV, Dornach 1966; in *Credo. Der Einzelne und das All. Die Natur und unsere Ideale. Sendschreiben an die Dichterin Marie Eugenie delle Grazie*, Dornach 1971

«Die geistige Signatur der Gegenwart» in *Durch den Geist zur Wirklichkeits-Erkenntnis der Menschenrätsel*, Band VI, Dornach 1966

«Goethe als Ästhetiker» in *Goethe-Studien und Goetheanistische Denkmethoden. Der Goetheanumgedanke inmitten der Kulturkrisis der Gegenwart. Ein Goethejahrbuch,* Dornach 1932; in *Goethe-Studien. Schriften und Aufsätze 1884–1901*, RSTb. Nr. 634, Dornach 1982

«Über den Gewinn unserer Anschauungen von Goethes naturwissenschaftlichen Arbeiten durch die Publikationen des Goethe-Archivs», «Gedanken zu dem handschriftlichen Nachlasse Goethes»: in *Goethe-Jahrbuch*, Band XII 1891, Frankfurt a.M. 1891; in *Goethe-Studien. Schriften und Aufsätze 1884–1901*, RSTb. Nr. 634, Dornach 1982

«Zu dem ‹Fragment› über die Natur»: in *Schriften der Goethe-Gesellschaft*, 7. Band (Das Journal von Tiefurt), Weimar 1892; in *Goethe-Studien. Schriften und Aufsätze 1884–1901*, RSTb. 634, Dornach 1982

«Neujahrsbetrachtungen eines Ketzers»: in *Durch den Geist zur Wirklichkeits-Erkenntnis der Menschenrätsel*, Band VI, Dornach 1966

«Weimarer Goethe-Ausgabe. Bericht der Redaktoren und Herausgeber»: Bericht über Band 6 und 7 in *Goethe-Jahrbuch* Band XIII 1892; über Band 9 in XIV 1893; über Band 10 in XVI 1895; über Band 11 in XV 1894; über Band 12 in XVII 1896, Frankfurt a.M. 1892–1896; in *Goethe-Studien. Schriften und Aufsätze 1884–1901*, RSTb. Nr. 634, Dornach 1982 (Vgl. Bibl.-Nr. 1a–e, B)

«Goethes Beziehungen zur Versammlung deutscher Naturforscher und Ärzte in Berlin 1828» in *Goethe-Jahrbuch* XVI. Band 1895, Frankfurt a.M. 1895; in *Goethe-Studien. Schriften und Aufsätze 1884–1901*, RSTb. Nr. 634, Dornach 1982

«Goethe und die Medizin»: in *Goethe-Studien und Goetheanistische Denkmethoden. Der Goetheanumgedanke inmitten der Kulturkrisis der Gegenwart. Ein Goethejahrbuch*, Dornach 1932; in *Goethe-Studien. Schriften und Aufsätze 1884–1901*, RSTb. Nr. 634, Dornach 1982

Ferner sind folgende Aufsätze enthalten in *Goethe-Studien. Schriften und Aufsätze 1884–1901*, RSTb. Nr. 634, Dornach 1982:
«Goethes Recht in der Naturwissenschaft. Eine Rettung», «Über Wahrheit und Wahrscheinlichkeit der Kunstwerke», «Über das Verhältnis Thomas Seebecks zu Goethes Farbenlehre», «Hundert Jahre zurück. Zur Farbenlehre» «Ernst Melzer. Goethes philosophische Entwicklung. Ein Beispiel zur Geschichte der Philosophie unserer Dichterheroen», «Über den Gewinn der Goethe-Studien durch die Weimarer Ausgabe in naturwissenschaftlicher Beziehung»

31 Gesammelte Aufsätze zur Kultur- und Zeitgeschichte 1887–1901

ISBN 3-7274-0310-1 (GA 1966)

Bibliographie: Erstmals erschienen in verschiedenen Zeitschriften. 1. Auflage in *Veröffentlichungen aus dem literarischen Frühwerk*: Aus Heft 8 (Band I) Dornach 1939; Heft 11 (Band II) Dornach 1940; Heft 12, 13 und 15–18 (Band III) Dornach 1940–1944; Heft 19 (Band IV) Dornach 1941; Heft 21, 22, 24 und 25 (Band V) Dornach 1946–1958, (ohne die Aufsätze über das Nietzsche-Archiv); 2. Auflage (erste Buchausgabe) GA 1966

Bei einer Neuauflage wird der Band erweitert um das Autoreferat «Hochschulpädagogik und öffentliches Leben»

Einzelausgaben und sonstige Veröffentlichungen:

«Generalversammlung der Goethe-Gesellschaft in Weimar»: in *Beiträge zur Rudolf Steiner Gesamtausgabe Nr. 77,* Dornach 1982

«Gutenbergs Tat als Markstein der Kulturentwicklung»: in *Geschichtserkenntnis. Zur Symptomatologie der Geschichte*, ThGw. Nr. 8, Stuttgart 1982

«Unzeitgemäßes zur Gymnasialreform», «Der Universitätsunterricht und die Erfordernisse der Gegenwart», «Hochschule und öffentliches Leben», «Über den Lehrfreimut», «Collegium logicum», «Über volkstümliche Hochschulkurse»: *Hochschule und öffentliches Leben. Sechs Aufsätze*, Dornach 1970

«Sieben Briefe von Fichte an Goethe. Zwei Briefe von Fichte and Schiller» herausgegeben von Rudolf Steiner: in *Goethe-Jahrbuch* XV. Band 1894, Frankfurt a.M. 1894

32 Gesammelte Aufsätze zur Literatur 1884–1902

ISBN 3-7274-0320-9 (GA 1971)

Bibliographie: Erstmals erschienen in verschiedenen Zeitschriften. 1. Auflage in *Veröffentlichungen aus dem literarischen Frühwerk*: Aus Heft 3 Dornach 1938; 1946; Heft 6 (Band I) Dornach 1939; 1947; Heft 15 (Band III) Dornach 1942; Heft 20 und 21 (Band V) Dornach 1945 und 1946; Heft 23 Dornach 1948; 24, 25 und 26 (Band V) Dornach 1958; 2. Auflage (erste Buchausgabe) GA 1971

Einzelausgaben und sonstige Veröffentlichungen:

«Goethe und die Liebe und Goethes Dramen»: in *Nachrichten der Rudolf Steiner-Nachlaßverwaltung Nr. 6,* Dornach 1961

«Faust nach Goethes eigener Methode erläutert», «Ein neues Buch über Goethes ‹Faust›»: in *Beiträge zur Rudolf Steiner Gesamtausgabe Nr. 77,* Dornach 1982

«Das Mädchen von Oberkirch»: in *Kürschners «Deutsche National-Litteratur«* 117. Band, 2. Abteilung, Berlin und Stuttgart 1897

«Goethes Weltanschauung und die Gegenwart»: in *Beiträge zur Rudolf Steiner Gesamtausgabe Nr. 77,* Dornach 1982

«Ludwig Jacobowski ‹Leuchtende Tage›» *Ludwig Jacobowski ‹Leuchtende Tage›*, Berlin o.J. (1899)

«Ludwig Jacobowski (gestorben). Geleitwort zu Grimms Märchen» in *Gebrüder Grimms Märchen. Deutsche Dichter in Auswahl fürs Volk*, Berlin o.J. (1900/1901)

»Ludwig Jacobowski im Lichte des Lebens: Loki»: in *Ludwig Jacobowski, Im Lichte des Lebens,* Breslau o.J. (1901)

33 Biographien und biographische Skizzen 1894–1905. Schopenhauer, Jean Paul, Uhland, Wieland. Literatur und geistiges Leben im neunzehnten Jahrhundert

ISBN 3-7274-0330-6 (GA 1967)

Bibliographie: 1. Auflage GA 1967

Einzelausgaben und sonstige Veröffentlichungen:

«Literatur und das geistige Leben im XIX. Jahrhundert»: in *Das XIX. Jahrhundert in Wort und Bild. Politische und Kultur-Geschichte von Hans Kraemer in Verbindung mit verschiedenen Autoren,* (in drei Bänden) Berlin, Leipzig, Stuttgart, Wien o.J. (1898–1900); in *Veröffentlichungen aus dem literarischen Frühwerk,* Heft IV, Dornach 1938

«Die Hauptströmungen der deutschen Literatur von der Revolutionszeit (1848) bis zur Gegenwart»: in *Veröffentlichungen aus dem literarischen Frühwerk*, Heft XXI, Dornach 1946

«Lyrik der Gegenwart»: *Lyrik der Gegenwart*, Minden i.W. 1900; in *Veröffentlichungen aus dem literarischen Frühwerk*, Heft XXVI, Dornach 1958

«Ludwig Jacobowski. Ein Lebens- und Charakterbild des Dichters»: in *Ausklang. Neue Gedichte aus dem Nachlaß von Ludwig Jacobowski*, Minden i.W. 1901; in *Veröffentlichungen aus dem literarischen Frühwerk*, Heft XXI, Dornach 1946

«Friedrich Schiller. Einführung zu ‹Schiller›, Auswahl aus seinen Werken»: in *Schiller. Deutsche Dichter in Auswahl fürs Volk*, Berlin o. J. (1902); in *Veröffentlichungen aus dem literarischen Frühwerk*, Heft XX, Dornach 1945

«Arthur Schopenhauer»: Einleitung zu *Arthur Schopenhauers sämtliche Werke in zwölf Bänden*, Stuttgart o. J. 1894 und Neuauflagen

«Jean Paul»: Einleitung zu *Jean Pauls ausgewählte Werke in acht Bänden*, Stuttgart o. J. (1897) und Neuauflagen

«Ludwig Uhland»: in *Uhlands Werke in drei Bänden (in einem Buch, später vier Bände in einem Buch). Mit einer biographischen Einleitung von Dr. Rudolf Steiner*, Berliner Klassiker-Ausgaben. Mit Einleitungen namhafter Literaturhistoriker, Berlin o. J. (1902) und Neuauflagen; *Ludwig Uhland. Eine Biographie. Sonderdruck zum 150. Geburtstag des Dichters am 26. April 1937*, Dornach 1937

«Christoph Martin Wieland»: in *Wielands Werke, Ausgabe in fünf Büchern (in einem Band). Mit einer biographischen Einleitung von Dr. Rudolf Steiner*, Berliner Klassiker-Ausgaben. Mit Einleitungen namhafter Literaturhistoriker, Berlin o. J. (1905)

«Vier Biographien»: *Uhland – Wieland – Jean Paul – Schopenhauer. Vier Biographien*, Dornach 1938

34 **Luzifer-Gnosis 1903–1908.** Grundlegende Aufsätze zur Anthroposophie und Berichte aus der Zeitschrift «Luzifer» und «Lucifer-Gnosis»

ISBN 3-7274-0340-3 (GA 1960)

Bibliographie: Erstmals erschienen in der Zeitschrift «Luzifer» Nr. 1–7, Berlin 1903 und in «Lucifer-Gnosis» Nr. 8–35, Berlin und Leipzig 1903–1908; 1. Auflage (erste Buchausgabe) GA 1960

Einzelausgaben und sonstige Veröffentlichungen:

«Luzifer» (1903): in *Rudolf Steiner/Edouard Schuré, Lucifer. Die Kinder des Lucifer*, Dornach 1955; in *Durch den Geist zur Wirklichkeits-Erkenntnis der Menschenrätsel*, Band III, Dornach 1965

«Meditation» (Juli 1903): in *Durch den Geist zur Wirklichkeits-Erkenntnis der Menschenrätsel*, Band III, Dornach 1965

«Einweihung und Mysterien»: *Einweihung und Mysterien*, Berlin 1909

«Reinkarnation und Karma, vom Standpunkte der modernen Naturwissenschaft notwendige Vorstellungen»: *Reinkarnation und Karma. Vom Standpunkte der modernen Naturwissenschaft notwendige Vorstellungen*, Berlin 1909; 1912; 1918; 1919; 1921; 1928; Dornach 1932; Freiburg i.Br. 1948; in *Reinkarnation und Karma. Vom Standpunkte der modernen Naturwissenschaft notwendige Vorstellungen. Wie Karma wirkt*, Dornach 1960; 1975; 1978; in *Reinkarnation und Karma und andere Aufsätze*, RSTA. Nr. 4, Stuttgart 1961; in *Durch den Geist zur Wirklichkeits-Erkenntnis der Menschenrätsel*, Band II, Dornach 1965

«Wie Karma wirkt»: in *Wie Karma wirkt*, Berlin 1910; 1913; 1918; 1920; 1922; Dornach 1929; 1933; Freiburg i.Br. 1954; in *Reinkarnation und Karma. Vom Standpunkte der modernen Naturwissenschaft notwendigen Vorstellungen. Wie Karma wirkt*, Dornach 1960; 1975; 1978; in *Reinkarnation und Karma und andere Aufsätze*, RSTA. Nr. 4, Stuttgart 1961; in *Durch den Geist zur Wirklichkeits-Erkenntnis der Menschenrätsel*, Band III, Dornach 1965

«Die übersinnliche Welt und ihre Erkenntnis»: in *Durch den Geist zur Wirklichkeits-Erkenntnis der Menschenrätsel*, Band II, Dornach 1965

«Vorrede zu Edouard Schurés Drama ‹Kinder des Lucifer›»: in *Edouard Schuré, Die Kinder des Lucifer*, Leipzig 1905; in *Rudolf Steiner/Edouard Schuré, Lucifer. Die Kinder des Lucifer*, Dornach 1955

«Was bedeutet die Theosophie für den Menschen der Gegenwart?»: in *Theosophische Gesellschaft* (1), Berlin o. J. (1905)

«Theosophie als Lebenspraxis»: in *Theosophische Gesellschaft* (2), Berlin o. J. (1905)

«Theosophie, Sittlichkeit und Gesundheit»: in *Theosophische Gesellschaft* (3), Berlin o. J. (1905)

«Geisteswissenschaft und soziale Frage»: Unter dem Titel «Theosophie und soziale Frage» in *Sonderdruck-Hefte aus «Lucifer-Gnosis»* Nr. 28, 29, 30/31, Leipzig o. J. (1908); *Geisteswissenschaft und soziale Frage*, Dornach 1941; 1957; 1968; 1977; 1982; in *Reinkarnation und Karma und andere Aufsätze*, RSTA. Nr. 4, Stuttgart 1961

«Haeckel, die Welträtsel und die Theosophie»: *Haeckel, die Welträtsel und die Theosophie*, Berlin 1908; 1909; 1918; 1920; Dornach 1926; in *Die Welträtsel und die Anthroposophie*, Bibl.-Nr. 54

«Lebensfragen und theosophische Bewegung»: in *Sonderdruck-Hefte aus «Lucifer-Gnosis»* Nr. 32/33, 34, Leipzig o. J. (1908); *Lebensfragen der theosophischen Bewegung*, Berlin 1910

«Lebensfragen der theosophischen Bewegung: Theosophie und gegenwärtige Geistesströmungen»: in *Sonderdruck-Hefte aus «Lucifer-Gnosis»* Nr. 35, Leipzig o. J. (1908); in *Theosophie und gegenwärtige Geistesströmungen. Vorurteile aus vermeintlicher Wissenschaft*, Berlin 1910; 1918; 1920

«Vorurteile aus vermeintlicher Wissenschaft»: in *Sonderdruck-Hefte aus «Lucifer-Gnosis»* Nr. 35, Leipzig o. J. (1908); in *Theosophie und gegenwärtige Geistesströmungen. Vorurteile aus vermeintlicher Wissenschaft*, Berlin 1910; 1918; 1920; in *Reinkarnation und Karma und andere Aufsätze*, RSTA. Nr. 4, Stuttgart 1961; in *Aus der Akasha-Chronik*, Bibl.-Nr. 11

«Die Erziehung des Kindes vom Gesichtspunkte der Geisteswissenschaft»: *Die Erziehung des Kindes vom Gesichtspunkte der Geisteswissenschaft*, Berlin 1907; 1909; 1913; 1918; 1919; 1921; Dornach 1927; 1932; Dresden 1940; Dornach 1947; Stuttgart 1948; in *Die Erziehung des Kindes vom Gesichtspunkte der Geisteswissenschaft. Die Methodik des Lehrens und die Lebensbedingungen des Erziehens*, RSTA. Nr. 6, Stuttgart 1961; in *Die Erziehung des Kindes vom Gesichtspunkte der Geisteswissenschaft. Ein Vortrag über Pädagogik. Pädagogik und Kunst. Pädagogik und Moral,* Dornach 1969; 1973; 1976; 1978; 1981

«Wie verhält sich die Theosophie zu den Geheimwissenschaften?» und «Gehen frühere Fähigkeiten der Menschenseele verloren?»: in *Sonderdruck-Hefte aus «Lucifer-Gnosis»* Nr. 22, 23, Leipzig o. J. (1907); in *Aus der Akasha-Chronik* (unter dem Kapitel «Fragenbeantwortung»), Bibl.-Nr. 11

«Herder und die Theosophie»: erstmals gedruckt in «Deutschland» Weimarische Landeszeitung Nr. 19 (19. Jan.) 1904

«Über moderne naturwissenschaftliche Anschauungen»: in «Lucifer-Gnosis» Nr. 16 (unter dem Titel «Die Kultur der Gegenwart im Spiegel der Theosophie»), Berlin Sept. 1904; in *Sonderdruck-Hefte aus «Lucifer-Gnosis»* Nr. 16 (unter dem Titel «Die Kultur der Gegenwart im Spiegel der Theosophie»), Leipzig o. J. (1907); *Die Kultur der Gegenwart im Spiegel der Theosophie*, Berlin 1908; in *Aus der Akasha-Chronik* (unter dem Titel «Die Kultur der Gegenwart im Spiegel der Geisteswissenschaft»), Bibl.-Nr. 11

Ferner erschienen noch folgende Aufsätze in *Sonderdruck-Hefte aus «Lucifer-Gnosis»*, Nr. 8 bis 10, 15 bis 18, 20 bis 35, Leipzig o. J. (1907/08): «Von der Aura des Menschen», «Aristoteles über das Mysteriendrama», «Theosophie und Wissenschaft», «Gibt es einen Zufall?», «Über Geisteskrankheiten», «Über das Verhältnis der Tierseele zur Menschenseele», «Wie verhält sich Buddhas Lehre zur Theosophie?», «Über Vererbung von Anlagen und Fähigkeiten», «Wiederverkörperung - im hilflosen Kinde?», «Wozu braucht der Theosoph Lehren und Theorien?», «Wie verhalten sich Kräfte einer niederen Welt zu Wesenheiten in einer höheren?», «Über Personenkultus in der theosophischen Bewegung», «Soll man sich aller Kritik enthalten?», «Ist das Wort

Theosophie nicht irreführend?», «Wie verhält sich die Theosophie zur Astrologie?», «Kann die Theosophie populär dargestellt werden?», «Der englische Premierminister Balfour, die Naturwissenschaft und die Theosophie», «Raoul H. Francé, ‹Das Sinnesleben der Pflanzen›», «‹Flita. Wahre Geschichte einer schwarzen Magierin› von Mabel Collins», «‹Die Geschichte des Jahres› von Mabel Collins»

35 Philosophie und Anthroposophie. Gesammelte Aufsätze **1904–1918**

Aufsätze und neun Auto-Referate nach Vorträgen in verschiedenen Städten

1904: Amsterdam 21. Juni / **1905**: London 10. Juli / **1906**: Paris 4. Juni / **1908**: Stuttgart 17. Aug. **1911**: Bologna 8. April (drei Autoreferate) / **1916**: Liestal 11. Jan., 16. Okt.

ISBN 3-7274-0350-0 (GA 1965)

Bibliographie: Die Erstdrucke sind im nachfolgenden Nachweis einzeln aufgeführt. 1. Auflage (erste Buchausgabe) GA 1965

Bei Neuauflage wird der Band erweitert um die Aufsätze «Ein Geleitwort (für den Beginn der Zeitschrift)», «Meine ‹Zustimmung› zu Richard Wahles ‹Erkenntniskritik und Anthroposophie›»

Einzelausgaben und sonstige Veröffentlichungen:

«Mathematik und Okkultismus» (Amsterdam 21. Juni 1904): erstmals in *Transactions of the First Annual Congress of the Federation of European Sections of the Theosophical Society*, held in Amsterdam June 19th, 20th, and 21st 1904, Amsterdam 1906; in *Nachrichten der Rudolf Steiner-Nachlaßverwaltung Nr. 12,* Dornach 1964

«Die okkulte Grundlage in Goethes Schaffen» (London 10. Juli 1905): erstmals gedruckt in englischer Übersetzung in *Transactions of the Second Annual Congress of the Federation of European Sections of the Theosophical Society*, held in London July 6th, 7th, 8th, 9th and 10th 1905, London 1907; in *Nachrichten der Rudolf Steiner-Nachlaßverwaltung Nr. 10,* Dornach 1963; in *Durch den Geist zur Wirklichkeits-Erkenntnis der Menschenrätsel*, Band II, Dornach 1965

«Theosophie in Deutschland vor hundert Jahren» (Paris 4. Juni 1906): erstmals gedruckt in englischer Übersetzung in *Transactions of the Third Annual Congress of the Federation of European Sections of the Theosophical Society*, held in Paris July 3rd, 4th and 5th 1906, London 1907; in *Nachrichten der Rudolf Steiner-Nachlaßverwaltung Nr. 11,* Dornach 1963

«Philosophie und Anthroposophie» (Stuttgart 17. Aug. 1908): *Philosophie und Theosophie*, Berlin 1908; umgearbeitete Auflage «Philosophie und Anthroposophie» in *Durch den Geist zur Wirklichkeits-Erkenntnis der Menschenrätsel* (ohne Vorbemerkung), Berlin o. J. (1918); Dornach 1929; Düsseldorf 1948; Dornach 1964; in *Der anthroposophische Weg*, München 1982; in *Die Wirklichkeit der höheren Welten. Eine Einführung in sein Werk*, (Rudolf Steiner), Zürich 1972; 1973; 1974; 1983

«Die psychologischen Grundlagen und die erkenntnistheoretische Stellung der Anthroposophie» (Bologna 8. April 1911): erstmals in *Atti del IV Congresso Internationale di Filosofia, Bologna MCMXI*, Volume III, Sedute delle Sezioni, Genova o. J. (1911); Sonderdruck o. O., o. J. (1911); in *Reinkarnation und Karma und andere Aufsätze*, RSTA. Nr. 4, Stuttgart 1961

«Die Theosophie und das Geistesleben der Gegenwart» (Bologna 8. April 1911): erstmals in *«Die Drei»,* Stuttgart April / Juni 1948; in *Durch den Geist zur Wirklichkeits-Erkenntnis der Menschenrätsel*, Band II, Dornach 1965

«Ein Wort über Theosophie auf dem Vierten Internationalen Kongreß für Philosophie» (Bologna 8. April 1911): erstmals in *«Die Drei»,* Stuttgart April / Juni 1948

«Was soll die Geisteswissenschaft und wie wird sie von ihren Gegnern behandelt?»: erstmals unter dem Titel «Was soll die Geisteswissenschaft? Eine Erwiderung auf ‹Was wollen die Theosophen›» im «Tagblatt für das Birseck, Birsig- und Leimental», Arlesheim-Binningen 28. Febr. 1914; *Was soll die Geisteswissenschaft und wie wird sie von ihren Gegnern behandelt?* Berlin 1914

«Die Aufgabe der Geisteswissenschaft und deren Bau in Dornach» (Liestal 11. Jan. 1916): *Die Aufgabe der Geisteswissenschaft und deren Bau in Dornach*, Berlin o.J. (ohne Vorwort und Nachwort); Berlin o.J.; Dornach 1916; 2. Tausend Berlin o.J.; 3. Tausend Berlin o.J.; 4–6. Tausend Berlin 1919; Berlin 1920; Dornach 1920; Berlin 1921; in *Das menschliche Leben vom Gesichtspunkte der Geisteswissenschaft (Anthroposophie) und weitere Schriften*, RSTb. Nr. 612, Dornach 1974; 1982

«Das menschliche Leben vom Gesichtspunkte der Geisteswissenschaft (Anthroposophie)» (Liestal 16. Okt. 1916): *Das menschliche Leben vom Gesichtspunkte der Geisteswissenschaft (Anthroposophie)*, Dornach o.J. (1917); o.J. (1918); o.J. (1919); 1932; o.J. (1939); Stuttgart 1948; in *Das menschliche Leben vom Gesichtspunkte der Geisteswissenschaft (Anthroposophie) und andere Schriften*, Dornach 1974; 1982

«Die Erkenntnis vom Zustand zwischen dem Tode und einer neuen Geburt»: erstmals in der Vierteljahresschrift «Das Reich», München Buch 1, April 1916 und Buch 4, Jan. 1917; in *Das menschliche Leben vom Gesichtspunkte der Geisteswissenschaft (Anthroposophie) und weitere Schriften*, RSTb. Nr. 612, Dornach 1974; 1982

«Die Geisteswissenschaft als Anthroposophie und die zeitgenössische Erkenntnistheorie. Persönlich-Unpersönliches»: erstmals in der Vierteljahresschrift «Das Reich» München Buch 2, Juli 1917; *Die Geisteswissenschaft als Anthroposophie und die zeitgenössische Erkenntnistheorie. Persönlich-Unpersönliches*, Dornach 1950

«Die Chymische Hochzeit des Christian Rosenkreutz»: erstmals in der Vierteljahresschrift «Das Reich», München Buch 3, Okt. 1917, Buch 4, Jan. 1918, und Buch 1, April 1918; in *Die Chymische Hochzeit des Christian Rosenkreutz Anno 1459, aufgezeichnet durch Johann Valentin Andreae*, ins Neudeutsche übersetzt von Walter Weber, Dornach 1942; Stuttgart 1957; Basel 1978

«Frühere Geheimhaltung und jetzige Veröffentlichung übersinnlicher Erkenntnisse»: erstmals in der Vierteljahresschrift «Das Reich», München Buch 2, Juli 1918

«Luziferisches und Ahrimanisches in ihrem Verhältnis zum Menschen»: erstmals in der Vierteljahresschrift «Das Reich», München Buch 3, Okt. 1918; *Luziferisches und Ahrimanisches in ihrem Verhältnis zum Menschen*, Dornach 1932

36 Der Goetheanumgedanke inmitten der Kulturkrisis der Gegenwart.

Gesammelte Aufsätze **1921–1925** aus der Wochenschrift «Das Goetheanum»

Auto-Referate der Vorträge in Dornach 16. Sept. 1922, Stuttgart 25. 26. März 1923 und das Auto-Referat der Einleitungen zu den Eurythmie-Vorstellungen in Ilkley, 14. Aug., Penmaenmawr 26. 27. Aug., London 4. 11. Sept. 1923

ISBN 3-7274-0360-8 (GA 1961)

Bibliographie: Erstmals erschienen in der Wochenschrift «Das Goetheanum» Dornach 21. Aug. 1921 bis 8. März 1925; 1. Auflage (erste Buchausgabe) GA 1961

Bei einer Neuauflage wird der Band erweitert um den Aufsatz «Einige Worte über Solovieff als Zusatz zum vorangehenden Vorwort»

Einzelausgaben und sonstige Veröffentlichungen:

Fünfunddreißig Aufsätze aus der Wochenschrift «Das Goetheanum», Jahrgang I Nrn. 11, 27, 28, 34, 35, 48, 49, aus Jahrgang II Nrn. 1–5, 23–26, 28, 33, 37, 38, 40, 43–52, aus Jahrgang III Nrn. 1–4, 8–10, 16 in *Goethe-Studien und goetheanistische Denkmethoden. Der Goetheanumgedanke inmitten der Kulturkrisis der Gegenwart. Ein Goethejahrbuch*, Dornach 1932

Vierzehn Aufsätze aus der Wochenschrift «Das Goetheanum», Jahrgang I Nrn. 1–4, 7, 8, 10, 12, 13, 18, 21, 28, 33, aus Jahrgang II Nr. 1 in *Die Forderungen der Gegenwart an Mitteleuropa. Was man heute sehen müßte*, Dornach 1951

Fünfunddreißig Aufsätze aus der Wochenschrift «Das Goetheanum», Jahrgang I Nrn. 11, 14, 27, 28, 34, 48, 49, aus Jahrgang II Nrn. 1–5, 23–26, 28, 33, 37, 38, 40, 43–52, aus Jahrgang III Nrn. 1–4, 8–10, 16 in *Der Goetheanumgedanke inmitten der Kulturkrisis der Gegenwart. Ausgewählte Aufsätze 1921–1925*, Dornach 1982

«West-Ost-Aphorismen», «Weitere West-Ost-Aphorismen»: *West-Ost-Aphorismen*, Dornach o.J. (1932); in *Aphorismen*, Dornach 1971; in *Westliche und östliche Weltgegensätzlichkeit. Wege zu ihrer Verständigung durch Anthroposophie*, Bibl.-Nr. 83 (im Anhang)

«Psychologische Aphorismen»: in *Aphorismen*, Dornach 1971

«Ein Beitrag zur Wiederbelebung des ‹versunkenen Geisteslebens›»: in *Beiträge zur Rudolf Steiner Gesamtausgabe Nr. 61/62,* Dornach 1978

«Von den volkstümlichen Weihnachtspielen. Eine Christfest-Erinnerung»: in *Weihnachtspiele aus altem Volkstum. Eine Christfest-Erinnerung*, Dornach 1937; in *Weihnachtspiele aus altem Volkstum. Die Oberuferer Spiele*, Bibl.-Nr. 43; in *Ansprachen zu den Weihnachtspielen aus altem Volkstum*, Bibl.-Nr. 274

«Zur Aufführung unserer volkstümlichen Weihnachtspiele»: in *Weihnachtspiele aus altem Volkstum. Die Oberuferer Spiele*, Dornach 1957; 1965; 1972; 1981

«Die Wissenschaftlichkeit der Anthroposophie»: in *Goethe-Studien und goetheanistische Denkmethoden. Der Goetheanumgedanke inmitten der Kulturkrisis der Gegenwart. Ein Goethejahrbuch*, Dornach 1932; in *Reinkarnation und Karma und andere Aufsätze*, RSTA. Nr. 4, Stuttgart 1961; in *Der Goetheanumgedanke inmitten der Kulturkrisis der Gegenwart. Ausgewählte Aufsätze 1921–1925*, RSTb. Nr. 635, Dornach 1982

«Ist Anthroposophie Phantastik?», «Anthroposophie und Idealismus» und «Anthroposophie und Mystik»: in *Goethe-Studien und goetheanistische Denkmethoden. Der Goetheanumgedanke inmitten der Kulturkrisis der Gegenwart. Ein Goethejahrbuch*, Dornach 1932; in *Reinkarnation und Karma und andere Aufsätze*, RSTA. Nr. 4, Stuttgart 1961; in *Der Goetheanumgedanke inmitten der Kulturkrisis der Gegenwart. Ausgewählte Aufsätze 1921–1925*, RSTb. Nr. 635, Dornach 1982

«Anthroposophie, Erziehung, Schule»: in *Aspekte der Waldorf-Pädagogik*, München 1975; 1977; 1979

«Ein Vortrag über Pädagogik während des französischen Kurses am Goetheanum» (Dornach 16. Sept. 1922): in *Die Erziehung des Kindes vom Gesichtspunkte der Geisteswissenschaft. Ein Vortrag über Pädagogik. Pädagogik und Kunst. Pädagogik und Moral*, Dornach 1969; 1973; 1976; 1978; 1981; in *Aspekte der Waldorf-Pädagogik*, München 1975; 1977; 1979; in *Erziehungs- und Unterrichtsmethoden auf anthroposophischer Grundlage*, Bibl.-Nr. 304

«Pädagogik und Kunst» und «Pädagogik und Moral» (Stuttgart 25. 26. März 1923): *Pädagogik und Kunst. Pädagogik und Moral*, Stuttgart 1957; in *Die Erziehung des Kindes vom Gesichtspunkte der Geisteswissenschaft. Ein Vortrag über Pädagogik. Pädagogik und Kunst. Pädagogik und Moral*, Dornach 1969; 1973; 1976; 1978; 1981; in *Aspekte der Waldorf-Pädagogik*, München 1975; 1977; 1979

«Einleitende Worte zu einer Eurythmie-Vorstellung» (Autoreferat): in Die *Entstehung und Entwickelung der Eurythmie*, Bibl.-Nr. 277a

«Eurythmische Kunst»: in *Die Entstehung und Entwickelung der Eurythmie,* Bibl-Nr. 277a

«Das Goetheanum in seinen zehn Jahren» und «Goethe und Goetheanum»: in *Goethe-Studien und goetheanistische Denkmethoden. Der Goetheanumgedanke inmitten der Kulturkrisis der Gegenwart. Ein Goethejahrbuch*, Dornach 1932; in *Das Goetheanum in seinen zehn Jahren. Goethe und Goetheanum*, Dornach 1961; in *Der Goetheanumgedanke inmitten der Kulturkrisis der Gegenwart. Ausgewählte Aufsätze 1921–1925*, RSTb. Nr. 635, Dornach 1982

«Sprache und Sprachgeist»: *Sprache und Sprachgeist. Esoterisches und Meditatives*, Dornach 1932; in *Methodik und Wesen der Sprachgestaltung*, Bibl.-Nr. 280; in *Vom Seelenleben. Sprache und Sprachgeist*, Dornach 1975

«Der Streit Michaels mit dem Drachen», «Der Michaelstreit vor dem Bewußtsein der Gegenwart» und «Goethes geistige Umgebung und die Gegenwart»: in *Goethe-Studien und goetheanisti-*

sche Denkmethoden. Der Goetheanumgedanke inmitten der Kulturkrisis der Gegenwart. Ein Goethejahrbuch, Dornach 1932; in *Der Streit Michaels mit dem Drachen. Der Michael-Streit vor dem Bewußtsein der Gegenwart. Goethes geistige Umgebung und die Gegenwart*, Dornach 1969; 1976; in *Der Goetheanumgedanke inmitten der Kulturkrisis der Gegenwart. Ausgewählte Aufsätze 1921–1925*, RSTb. Nr. 635, Dornach 1982

«Vom Seelenleben: I Das Seelenwesen im Dämmerdunkel des Traumes. II Das Seelenwesen in der Helligkeit der Geist-Anschauung. III Das Seelenwesen auf dem Wege zur Selbstbeobachtung. IV Das Seelenwesen in Seelenmut und Seelenangst»: *Vom Seelenleben*, Dornach 1930; in *Vom Seelenleben. Sprache und Sprachgeist*, Dornach 1975

«Das Geistige ist dem gewöhnlichen Bewußtsein ‹entfallen› und kann wieder erinnert werden»: *Das Geistige ist dem gewöhnlichen Bewußtsein ‹entfallen› und kann wieder erinnert werden. Esoterisches und Meditatives*, Dornach 1932

«Der Wiederaufbau des Goetheanum»: in *Die Konstitution der Allgemeinen Anthroposophischen Gesellschaft und der Freien Hochschule für Geisteswissenschaft. Der Wiederaufbau des Goetheanum 1924/1925*, Bibl.-Nr. 260a; in *Wege zu einem neuen Baustil «Und der Bau wird Mensch»*, Bibl.-Nr. 286

«Einige Worte über Solovieff als Zusatz zum vorangehenden Vorwort»: in *Wladimir Solovieff, Zwölf Vorlesungen über das Gottmenschentum*, Stuttgart 1921

37 (Das lebendige Wesen der Anthroposophie und seine Pflege)

Aufsätze und Niederschriften zur Geschichte der anthroposophischen Bewegung und der Anthroposophischen Gesellschaft **1902–1925**

Die ursprünglich als Band geplanten Aufsätze erscheinen in der Gesamtausgabe nicht unter der Bibl.-Nr. 37, sondern vermischt mit Vorträgen, aufgegliedert in der Abteilung «Schriften und Vorträge zur Geschichte der anthroposophischen Bewegung und der Anthroposophischen Gesellschaft» Bibl.-Nr. 250 bis 264.

«Satzungen der deutschen Sektion»: in *Allgemeine und Sektions-Verfassung nebst Satzungen. Theosophische Gesellschaft. Deutsche Sektion.* Berlin 1902

Aufsätze aus den *Mitteilungen für die Mitglieder der Deutschen Sektion der Theosophischen Gesellschaft (Hauptquartier Adyar)* und *Mitteilungen für die Mitglieder der Anthroposophischen Gesellschaft (theosophischen Gesellschaft), herausgegeben von Mathilde Scholl* (1905–1914)

«Nachwort» in: *Max Seiling, Theosophie und Christentum, ein Fingerzeig für solche, die sich über Theosophie belehren wollen,* Berlin 1910

«Entwurf der Grundsätze einer Anthroposophischen Gesellschaft»: *Entwurf der Grundsätze einer Anthroposophischen Gesellschaft*, Berlin o. J. (1913)

«Erwiderung Dr. Steiners», «Ein Brief von Dr. Rudolf Steiner an die Mitglieder der Theosophischen Gesellschaft», «Protokoll der Zusammenkunft anläßlich der angekündigten XI. Generalversammlung der Deutschen Sektion der Theosophischen Gesellschaft», «Der Ausschluß der Deutschen Sektion aus der Theosophischen Gesellschaft»: in *Carl Unger, Wider literarisches Freibeutertum! Eine Abfertigung des Herrn Dr. Hübbe-Schleiden*, Berlin 1913

Reiseberichte aus «Das Goetheanum, Internationale Wochenschrift für Anthroposophie und Dreigliederung» (1. Jg. Nr. 39 und 40 vom 7. 14. Mai 1922, 3. Jg. Nr. 5 und 6 vom 9. 16. Sept. 1923)

«An die Mitglieder der Anthroposophischen und der Freien Anthroposophischen Gesellschaft in Deutschland» (Das Goetheanum, Internationale Wochenschrift für Anthroposophie und Dreigliederung, 2. Jg. Nr. 45 vom 17. Juni 1923)

«Memorandum für das Komitee der Freien Anthroposophischen Gesellschaft, zu dessen Orientierung, März 1923»: in *Die Erkenntnis-Aufgabe der Jugend*, Bibl.-Nr. 217a

«Entwurf von Statuten der Allgemeinen Anthroposophischen Gesellschaft für das Handelsregister»: in *Die Konstitution der Allgemeinen Anthroposophischen Gesellschaft und der Freien Hochschule für Geisteswissenschaft. Der Wiederaufbau des Goetheanum 1924/1925*, Bibl.-Nr. 260a

Aufsätze für die «Basler Nachrichten» vom 25. 26. Okt. und für die «Nationalzeitung» Basel vom 1. Nov. 1924 in *Die Konstitution der Allgemeinen Anthroposophischen Gesellschaft und der Freien Hochschule für Geisteswissenschaft. Der Wiederaufbau des Goetheanum 1924/1925*, Bibl.-Nr. 260a; in *Wege zu einem neuen Baustil. «Und der Bau wird Mensch»*, Bibl.-Nr. 286

Die Aufsätze mit den nachfolgend aufgeführten Daten erschienen erstmals in «Was in der Anthroposophischen Gesellschaft vorgeht. Nachrichten für deren Mitglieder» (Beilage zur Wochenschrift «Das Goetheanum»)

13. 20. 27. Jan., 3. 10. 17. 24. Febr., 2. 9. 16. 23. 30. März, 6. April, 18. 25. Mai, 1. Juni, 6. 13. Juli, 10. Aug. 1924 *Briefe an die Mitglieder 1924,* Dornach 1963; 1979; *An die Mitglieder. Achtzehn Briefe* (Das lebendige Wesen der Anthroposophie und seine Pflege) (ohne 13. Jan. 1924) Dornach 1930; Stuttgart 1949

13. 20. (drei Aufsätze) 27. (drei Aufsätze) Jan., 3. (zwei Aufsätze) 10. (zwei Aufsätze) 17. (zwei Aufsätze) 24. (zwei Aufsätze) Febr., 2. (zwei Aufsätze) 9. (zwei Aufsätze) 16. (zwei Aufsätze) 23. (drei Aufsätze) 30. (zwei Aufsätze) März, 6. (zwei Aufsätze) 13. 20. 27. April, 4. (zwei Aufsätze) 11. 18. 25. (zwei Aufsätze) Mai, 1. 8. 15. 22. 29. Juni, 6. 13. 20. Juli, 3. 10. 24. Aug., 14. 21. 28. Sept., 5. Okt. 1924 in *Die Konstitution der Allgemeinen Anthroposophischen Gesellschaft und der Freien Hochschule für Geisteswissenschaft. Der Wiederaufbau des Goetheanum 1924/1925*, Bibl.-Nr. 260a

13. 20. 27. Jan., 3. 10. 17. 24. Febr., 2. 9. 16. 23. 30. März, 6. April, 18. 25. Mai, 1. Juni, 6. 13. 27. Juli, 10. 17. 31. Aug., 7. Sept., 12. 19. 26. Okt., 2. 9. 16. 23. 30. Nov., 7. 14. 21. 28. Dez. 1924, 4. 11. 18. 25. Jan., 1. 8. 15. 22. Febr., 1. 8. 15. 22. 29. März, 5. 12. April 1925 in *Anthroposophische Leitsätze. Das lebendige Wesen der Anthroposophie und seine Pflege. Der Erkenntnisweg der Anthroposophie. Das Michael-Mysterium*, Bibl.-Nr. 26

17. 24. Febr., 2. 9. 16. 23. 30. März, 6. April, 18. 25. Mai, 1. Juni, 13. 20. 27. Juli, 10. 17. 31. Aug., 7. 14. 21. 28. Sept., 5. 12. 19. 26. Okt., (am 26. gedruckt und am 19. Okt. von Rudolf Steiner geschrieben), 2. (25. Okt.) 9. (2.) 16. (9.) 23. (16.) 30. (23.) Nov., 7. (30. Nov.) 14. (6.) 21. (14.) 28. Dez., 1924, 4. 11. 18. 25. Jan., 1. 8. 15. 22. Febr., 1. 8. 15. 22. 29. März, 5. 12. April 1925 in *Anthroposophische Leitsätze. Der Erkenntnisweg der Anthroposophie. Das Michael-Mysterium*, Dornach 1944

17. Febr., 18. Mai, 13. 27. Juli, 10. 17. 31. Aug., 7. Sept., 12. 19. 26. Okt., 2. 9. 16. 23. 30. Nov., 7. 14. 21. 28. Dez. 1924, 4. 11. 18. 25. Jan., 1. 8. 15. 22. Febr., 1. 8. 15. 22. 29. März, 5. 12. April 1925 in *Anthroposophische Leitsätze. Der Erkenntnisweg der Anthroposophie. Das Michael-Mysterium*, Bibl.-Nr. 26

24. Febr., 9. 16. 23. 30. März, 6. April 1924 in *Die Erkenntnis-Aufgabe der Jugend*, Bibl.-Nr. 217a

20. April 1924 in *Die Methodik des Lehrens und die Lebensbedingungen des Erziehens*, Bibl.-Nr. 308

17. 31. Aug., 12. (am 12. Okt. gedruckt und am 3. von Rudolf Steiner geschrieben) 19. (10.) 26. (19.) Okt., 2. (25. Okt.) 9. (2.) 16. (9.) 23. (16.) 30. (23.) Nov., 7. (30. Okt.) 14. (6.) 21. (14.) 28. Dez. 1924, 4. 11. 18. 25. Jan., 1. 8. 15. 22. Febr., 1. 8. 15. 22. 29. März, 5. 12. April 1925 *An die Mitglieder* (Das Michael-Mysterium), Dornach 1930

III. Veröffentlichungen aus dem Nachlaß

Briefe und Dokumente

Rudolf Steiner – Marie Steiner-von Sivers, Briefwechsel und Dokumente 1901 bis 1925. Siehe: Bibl.-Nr. 262

Briefe und Dokumente im Zusammenhang mit der Anthroposophischen Gesellschaft 1902–1925. Siehe: Bibl.-Nr. 263

Zur Geschichte und aus den Inhalten der Esotorischen Schule von 1904 bis 1914. Briefe, Rundbriefe, Dokumente, Vorträge. Siehe: Bibl.-Nr. 264

38 Briefe 1881–1890

ISBN 3-7274-0380-2

Bibliographie: 1. Auflage Dornach 1948; 2. Auflage Dornach 1955 (beide Auflagen *Briefe 1881–1900* mit Aufsatz «Credo» und Vortrag Berlin 4. Febr. 1913)

Einzelausgaben und sonstige Veröffentlichungen:

«Was Weimars Goethe-Archiv uns ist, auf Grund persönlicher Erfahrung»: in *Chronik des Wiener Goethe-Vereins,* 4. Band, 5. Jg., Nr. 1

39 Briefe 1891–1924

ISBN 3-7274-0390-X

Bibliographie: 1. Auflage Dornach 1953 *Briefe 1901–1925* (mit Vortrag Dornach 27. Okt. 1918)

Einzelausgaben und sonstige Veröffentlichungen:

«(Äußerung zum Eheproblem)»: in *Das Eheproblem im Spiegel unserer Zeit,* herausgegeben von Ferdinand Freiherrn von Paungarten, München 1913

«Der Registerband zu ‹Deutsche Nationalliteratur› von Joseph Kürschner»: in *Das Magazin für Literatur*, 68. Jg., Nr. 16, Berlin 1899

40 **Wahrspruchworte.** Anthroposophischer Seelenkalender. Wahrsprüche und Widmungen. Credo. Der Einzelne und das All

1900–1925

Vortrag in Dornach 29. Aug. 1915 (erster Teil, zweiter Teil in Bibl.-Nr. 163)

ISBN 3-7274-0400-0 (GA 1981)

Bibliographie: 1. Auflage GA 1961; 2. Auflage GA 1969; 3. Auflage GA 1975; 4. Auflage GA 1978; 5. Auflage GA 1981

Einzelausgaben und sonstige Veröffentlichungen:

«Anthroposophischer Seelenkalender»: in *Kalender 1912/13,* Berlin o.J. (1912); in *Durch den Geist zur Wirklichkeits-Erkenntnis der Menschenrätsel,* Berlin o.J. (1918); *Anthroposophischer Seelenkalender,* Stuttgart o.J. (1918); Dornach o.J. (1925); weitere Auflagen ohne Jahresangabe; Stuttgart 1948; Wien o.J. (1948); Dornach 1953; 1958; 1963; 1972; 1977; 1982; in *Eurythmieformen zu den Wochensprüchen des Seelenkalenders,* Dornach 1958; in *Eurythmieformen zu den Wochensprüchen des Anthroposophischen Seelenkalenders,* Bibl.-Nr. K 23.475; in *Beiträge zur Rudolf Steiner Gesamtausgabe Nr. 37/38,* Dornach 1972; 1982

«Vorwort zur ersten Ausgabe»: in *Kalender 1912/1913,* Berlin o. J. (1912); in *Anthroposophischer Seelenkalender*, Dornach 1972; 1977; 1982; in *Beiträge zur Rudolf Steiner Gesamtausgabe Nr. 37/38,* Dornach 1972; 1982

«Vorwort zur zweiten Ausgabe»: in *Durch den Geist zur Wirklichkeits-Erkenntnis der Menschenrätsel,* Berlin o.J. (1918); in *Anthroposophischer Seelenkalender*, Stuttgart o.J. (1918); Dornach o.J. (1925); weitere Auflagen o.J.; Wien o.J. (1948); Stuttgart 1948; Dornach 1953; 1958; 1963; 1972; 1977; 1982; in *Beiträge zur Rudolf Steiner Gesamtausgabe Nr. 37/38,* Dornach 1972; 1982

«Worte von Rudolf Steiner zur ersten eurythmischen Darstellung, Dornach 29. August 1915»: in *Drei Gedichte und Vortrag von Dr. Rudolf Steiner, gehalten zu Dornach am 29. August 1915. Im Zusammenhang mit eurythmischen Darstellungen,* Berlin o.J. (1916); in *Planetentanz. Zwölf Stimmungen. Vortrag. Das Lied von der Initiation, eine Satire,* Dornach 1950

«Planetentanz», «Zwölf Stimmungen»: in *Drei Gedichte und Vortrag von Dr. Rudolf Steiner, gehalten zu Dornach am 29. August 1915. Im Zusammenhang mit eurythmischen Darstellungen,* Berlin o.J. (1916); in *Planetentanz. Zwölf Stimmungen. Vortrag. Das Lied von der Initiation, eine Satire,* Dornach 1950; in *Wahrspruchworte,* Dornach 1925; in *Kosmische Dichtungen,* Dornach 1968; 1982; in *Wahrspruchworte – Richtspruchworte,* Dornach 1935; 1951; 1981; in *Entstehung und Entwickelung der Eurythmie,* Bibl.-Nr. 277a

«Das Lied von der Initiation. Eine Satire»: in *Drei Gedichte und Vortrag von Dr. Rudolf Steiner, gehalten zu Dornach am 29. August 1915. Im Zusammenhang mit eurythmischen Darstellungen,* Berlin o.J. (1916); in *Planetentanz. Zwölf Stimmungen. Vortrag. Das Lied von der Initiation. Eine Satire,* Dornach 1950; in *Kosmische Dichtungen,* Dornach, 1968; 1982; in *Entstehung und Entwickelung der Eurythmie,* Bibl.-Nr. 277a

«Wahrspruchworte – Richtspruchworte» in verschiedenem Umfange abgedruckt: *Wahrspruchworte,* Dornach 1925; 1950; *Wahrspruchworte – Richtspruchworte,* Dornach 1935; 1951; 1981; *Wahrspruchworte – Richtspruchworte. Sprüche und Widmungen, zweite Folge,* Dornach 1953

«Wahrsprüche und Widmungen»: *Welterkenntnis – Selbsterkenntnis. Wahrsprüche und Widmungen,* Dornach 1935; 1953; in *Wahrspruchworte – Richtspruchworte. Sprüche und Widmungen, zweite Folge,* Dornach 1953; in *Das Leben zwischen der Geburt und dem Tode als Spiegelung des Lebens zwischen Tod und neuer Geburt. Gebete für Mütter und Kinder,* Dornach 1935; 1953; in *Gebete für Mütter und Kinder. Das Leben zwischen der Geburt und dem Tode als Spiegelung des Lebens zwischen Tod und neuer Geburt,* Dornach 1962; 1975; 1980

«Credo. Der Einzelne und das All»: in *Briefe, Band I 1881–1900*, Dornach 1948; 1955; in *Credo. Der Einzelne und das All. Die Natur und unsere Ideale. Sendschreiben an die Dichterin Marie Eugenie delle Grazie,* Dornach 1971

41 (Übertragungen aus dem Alten und Neuen Testament. Mantrische Sprüche) 1904–1914

42 (Bühnenbearbeitungen)

Edouard Schuré: Das heilige Drama von Eleusis mit dem Prolog «Der Raub der Proserpina» (1907). Die Kinder des Lucifer (1909). Die Seelenhüterin (1913, unvollständig)

ISBN 3-7274-0420-5

Bibliographie: *Das heilige Drama von Eleusis* mit dem Prolog «Der Raub der Proserpina», rekonstruiert durch Edouard Schuré, übersetzt von Marie Steiner-von Sivers, in freie Rhythmen gebracht durch Rudolf Steiner, Dornach 1939

Der Prolog «Der Raub der Proserpina» erschien erstmals 1911 in der 2. Auflage von *Edouard Schuré, Die großen Eingeweihten. Skizze einer Geheimlehre der Religionen*, autorisierte Übersetzung von Marie Steiner-von Sivers mit Vorwort von Rudolf Steiner zur ersten deutschen

Auflage Leipzig 1907; zweiten deutschen Auflage Leipzig 1911 (mit Vorwort zur 1. und 2. Auflage); 3. deutsche Auflage Leipzig 1918 (mit Vorwort zur 1., 2. und 3. Auflage); 4.–7. Auflage (wie 3.) Leipzig 1922; 8.–11. Auflage Leipzig 1925; 12. Auflage München-Planegg 1956; 13. Auflage Weilheim/Obb. 1965; 14. Auflage München 1976; 15. Auflage München 1978

«Das heilige Drama von Eleusis», ohne den Prolog «Der Raub der Proserpina», erschien erstmals in *Edouard Schuré, Die Heiligtümer des Orients. Ägypten. Griechenland. Palästina*, autorisierte Übersetzung von Marie Steiner-von Sivers, 1. Auflage Leipzig 1912; 2.–4. Auflage Leipzig 1923

«Die Kinder des Lucifer» Schauspiel von Edouard Schuré, übersetzt von Marie Steiner-von Sivers, in freie Rhythmen gebracht durch Rudolf Steiner, in *Rudolf Steiner/Edouard Schuré, Lucifer. Die Kinder des Lucifer,* Dornach 1955

«Die Seelenhüterin» Drama von Edouard Schuré, übersetzt von Marie Steiner-von Sivers, in freie Rhythmen gebracht durch Rudolf Steiner (unvollständig, nicht beendet) bisher unveröffentlicht.

43 Weihnachtspiele aus altem Volkstum. Die Oberuferer Spiele.

Mitgeteilt von Karl Julius Schröer, szenisch eingerichtet von Rudolf Steiner

Aufsatz, Texte für das Oberuferer Paradeis-Spiel, Oberuferer Christ-Geburt-Spiel, Oberuferer Dreikönigs-Spiel und Einleitungschor zum Paradeis-Spiel (Faksimile)

Bibliographie: 1. Auflage Dornach 1938 (ohne Aufsatz); 2. Auflage Dornach 1957; 3. Auflage Dornach 1965; 4. Auflage Dornach 1972; 5. Auflage Dornach 1976; 6. Auflage Dornach 1981

Wird voraussichtlich mit der Bibl.-Nr. 274 zusammengelegt.

Einzelausgaben und sonstige Veröffentlichungen:

Aufsatz «Von den volkstümlichen Weihnachtspielen. Eine Christfest-Erinnerung»: in *Ansprachen zu den Weihnachtspielen aus altem Volkstum,* Bibl.-Nr. 274; in *Der Goetheanumgedanke inmitten der Kulturkrisis der Gegenwart. Gesammelte Aufsätze 1921–1925 aus der Wochenschrift «Das Goetheanum»,* Bibl.-Nr. 36; in *Weihnachtspiele aus altem Volkstum. Eine Christfest-Erinnerung,* Dornach 1937

44 Entwürfe, Fragmente und Paralipomena zu den vier Mysteriendramen.

Die Pforte der Einweihung. Die Prüfung der Seele. Der Hüter der Schwelle. Der Seelen Erwachen

1910–1913 ISBN 3-7274-0440-X (GA 1969)

Bibliographie: 1. Auflage GA 1969

Einzelausgaben und sonstige Veröffentlichungen:

Kapitel «Die Pforte der Einweihung»: *Entwürfe zu dem Rosenkreuzermysterium «Die Pforte der Einweihung (Initiation)»,* Dornach 1954

45 Anthroposophie. Ein Fragment aus dem Jahre 1910

ISBN 3-7274-0450-7 (GA 1980)

Bibliographie: 1. Auflage (ohne Anhang 1, 2, 3 und 5) Dornach 1951; 2. Auflage Dornach GA 1970; 3. Auflage GA 1980

46 (Gesammelte Skizzen und Fragmente)

Aus verschiedenen Zeiten, teilweise nicht datierbar, darunter:

Aufsatz «Über das Komische und seinen Zusammenhang mit Kunst und Leben» erstmals erschienen in «Anthroposophie», Zeitschrift für freies Geistesleben, 17. Jahrgang, Stuttgart 1934/35, Buch III; in *Goethe als Vater einer neuen Ästhetik. Über das Komische und seinen Zusammenhang mit Kunst und Leben,* Dornach 1963

Artikel* über Allgemein-naturwissenschaftliche Themen, Geologie, Mineralogie und Bergbau für *Pierers Konversationslexikon,* (1.–6. Band, herausgegeben von J. Kürschner) 7. Auflage 1888–1890

Artikel* über Mineralogie und Bergbau für *Kürschners Quart-Lexikon,* Berlin und Stuttgart 1888, (später *Kürschners Universal Konversations-Lexikon,* Berlin und Leipzig 1912)

Artikel* über Mineralogie und Bergbau für *Kürschners Taschen-Konversations-Lexikon,* Berlin und Stuttgart 1884; 1889

* Originalmanuskript nicht vorhanden. Der ursprüngliche Wortlaut möglicherweise nachträglich von seiten der Redaktion abgeändert.

Vergleiche auch Abteilung D Beiträge zur Rudolf Steiner Gesamtausgabe. Veröffentlichungen aus dem Archiv der Rudolf Steiner-Nachlaßverwaltung

47–50 leer

B. VORTRÄGE

I. Öffentliche Vorträge

51 **Über Philosophie, Geschichte und Literatur.**
Darstellungen an der Arbeiterbildungsschule und der Freien Hochschule in Berlin
Autoreferate und Referate von vierunddreißig öffentlichen Vorträgen in Berlin. Anhang
1901: zehn Autoreferate 7. 14. 21. 28. Jan., 4. 11. 18. 25. Febr., 4. 11. März / **1902:** 6. Mai (Notizen) / **1904:** 19. Juli, 18. 25. 29. Okt., 1. 5. 8. 12. 15. Nov., 6. 13. 20. 28. 29. Dez. / **1905:** 21. 28. Jan., 4. 11. 18. 25. Febr., 4. 5. 25. März Anhang: Berichte von Vorträgen und Diskussionen im «Giordano Bruno-Bund» / **1902:** März (ohne Tagesdatum, Diskussion), 7. Mai (Vortrag und Diskussion), 8. (Vortrag), 15. (Diskussion) Okt.

ISBN 3-7274-0510-4 (GA 1983)

Bibliographie: 1. Auflage GA 1983

Einzelausgaben und sonstige Veröffentlichungen:

Berlin 7. 14. 21. 28. Jan., 4. 11. 18. 25. Febr., 4. 11. März 1901 *Welt- und Lebens-Anschauungen. Von den ältesten Zeiten bis zur Gegenwart. Auszug aus Vorträgen, geh. vom Januar bis März 1901 in der Arbeiter-Bildungsschule zu Berlin*, Berlin 1901

Berlin 6. Mai 1902 in *Beiträge zur Rudolf Steiner Gesamtausgabe Nr. 12,* Dornach 1964

Berlin, März (ohne Tagesdatum), 7. Mai, 8. 15. Okt. 1902 in *Veröffentlichungen aus dem literarischen Frühwerk*, Band IV, Heft 19, IV. Abteilung Dornach 1941

Berlin 18. 25. Okt., 1. 8. 15. Nov., 6. 13. 20. Dez. 1904 *Geschichte des Mittelalters bis zu den großen Erfindungen und Entdeckungen*, Dornach 1936

Berlin 21. 28. Jan., 4. 11. 18. 25. Febr., 4. 5. 25. März 1905 *Schiller und unser Zeitalter. Aufzeichnungen nach Vorträgen, gehalten von Januar bis März 1905 an der Berliner «Freien Hochschule»* Berlin 1905; Dornach 1932

Berliner (Architektenhaus-)Vorträge 1903/04–1917/18

52 **Spirituelle Seelenlehre und Weltbetrachtung**
Achtzehn Vorträge in Berlin
1903: 6. Sept., 3. Okt., 7. 27. Nov., 4. 17. Dez. / **1904:** 4. Jan., 1. Febr. 7. 8. 16. 23. 30. März, 28. April, 30. Mai, 6. Juni, 6. Okt. 8. Dez.

ISBN 3-7274-0520-1 (GA 1972)

Bibliographie: 1. Auflage GA 1972

Einzelausgaben und sonstige Veröffentlichungen:

Berlin 1. Febr., 7. März, 30. Mai, 6. Juni 1904 *Das Suchen nach übersinnlichen Erfahrungen,* Dornach 1972

Berlin 30. Mai 1904 *Die Geschichte des Spiritismus,* Basel 1941

Berlin 6. Juni 1904 *Die Geschichte des Hypnotismus und des Somnambulismus,* Basel 1941

53 **Ursprung und Ziel des Menschen. Grundbegriffe der Geisteswissenschaft**

Dreiundzwanzig Vorträge und vier Fragenbeantwortungen in Berlin

1904: 29. Sept., 13. 20. (mit Fragenbeantwortung) 27. Okt., 3. 10. 17. Nov., 1. 15. Dez. / **1905:** 26. Jan., 9. (mit Fragenbeantwortung) 16. 23. Febr., 2. 9. 16. (mit Fragenbeantwortung) 23. 30. (mit Fragenbeantwortung) März, 4. 11. 18. 25. Mai, 8. Juni

ISBN 3-7274-0532-5 (GA 1981)

Bibliographie: 1. Auflage (ohne 26. Jan., 16. 23. Febr., 2. März, 4. 11. 18. 25. Mai, 8. Juni 1905) *Grundbegriffe der Theosophie,* Dornach 1957; 2. erweiterte Auflage GA 1981

Einzelausgaben und sonstige Veröffentlichungen:

Berlin 20. Okt. 1904 in *Wiederverkörperung. Zur Idee von Reinkarnation und Karma.* ThGw. Nr. 9, Stuttgart 1982

Berlin 26. Jan., 16. 23. Febr., 2. März 1905 in *Goethes geheime Offenbarung in seinem «Märchen von der grünen Schlange und der schönen Lilie»,* Dornach 1982

Berlin 16. März 1905 *Die großen Eingeweihten,* Basel 1949

Berlin 4. Mai 1905 *Schiller und die Gegenwart*, Dornach 1955

54 **Die Welträtsel und die Anthroposophie**

Zweiundzwanzig Vorträge in Berlin und Hamburg

1905: Berlin 5. 12. 19. Okt., Hamburg 2. März 1908 (anstelle von Berlin 26. Okt. 1905), Hamburg 17. Nov. 1906 (anstelle von Berlin 2. Nov. 1905), Berlin 9. 16. 23. Nov., 7. 14. Dez. / **1906:** 1. 15. 22. Febr., 1. 8. 15. 22. 29. März, 12. 19. 26. April, 3. Mai

ISBN 3-7274-0540-6 (GA 1983)

Bibliographie: 1. Auflage GA 1966; 2. Auflage GA 1983

Einzelausgaben und sonstige Veröffentlichungen:

Berlin 5. Okt. 1905 *Haeckel, die Welträtsel und die Theosophie* (in «Lucifer-Gnosis», Nr., 31 1906); Berlin 1908; 1909; 1918; 1920; Dornach 1926; in *Luzifer-Gnosis 1903–1908. Grundlegende Aufsätze zur Anthroposophie und Berichte aus der Zeitschrift «Luzifer» und «Lucifer-Gnosis», Bibl.-Nr. 34*

Berlin 7. Dez. 1905 in Wege der Übung, ThGw. Nr. 1, Stuttgart 1980; 1981

Berlin 14. Dez. 1905 in *Zeichen und Symbole des Weihnachtsfestes,* Dornach 1957; 1968; 1977; 1983

Berlin 22. Febr. 1906, 1. März 1906 in *Rudolf Steiner/Edouard Schuré, Lucifer. Die Kinder des Lucifer*, Dornach 1955

Berlin 12. April 1906 in *Ursprungsimpulse der Geisteswissenschaft* (irrtümlich 12. April 1907), Bibl.-Nr. 96

55 **Die Erkenntnis des Übersinnlichen in unserer Zeit und deren Bedeutung für das heutige Leben**

Dreizehn Vorträge in Berlin und Köln

1906: Berlin 11. 25. Okt., 8. 22. Nov., Köln 1. Dez. (anstelle von Berlin 10. Jan. 1907), Berlin 13. Dez. / **1907:** Berlin 24. 31. Jan., 14. 28. Febr., 14. 28. März, 26. April

ISBN 3-7274-0550-3 (GA 1983)

Bibliographie: 1. Auflage GA 1959; 2. Auflage GA 1983

Einzelausgaben und sonstige Veröffentlichungen:

Berlin 25. Okt. 1906 *Blut ist ein ganz besonderer Saft. Eine esoterische Betrachtung,* Berlin 1907; 1910; 1917; 1920; 1922; Dornach 1931; 1940; *Blut ist ein ganz besonderer Saft,* Dornach 1960; 1975; 1982

Berlin 13. Dez. 1906 in *Wie begreift man Krankheit und Tod? Das Rätsel des Todes,* Medizinische Schriftenreihe, zweite Folge, 2. Heft, Basel 1952

Berlin 31. Jan., 14. Febr. 1907 in *Gesundheit und Krankheit im Seelenleben,* Medizinische Schriftenreihe, zweite Folge, 3. Heft, Basel 1952

Berlin 28. Febr. 1907 in *Vom Lebenslauf des Menschen*, ThGw. Nr. 4, Stuttgart 1980; 1981

56 Die Erkenntnis der Seele und des Geistes

Fünfzehn Vorträge in Berlin und München

1907: Berlin 10. 17. 24. Okt., 28. Nov., München 3. Dez. (anstelle von Berlin 13. Febr. 1908), München 5. Dez. (anstelle von Berlin 27. Febr. 1908), Berlin 12. Dez. / **1908:** Berlin 9. 23. Jan., 12. März, München 18. März (anstelle von Berlin 14. Nov. 1907), Berlin 26. März, 9. 16. April, 14. Mai

ISBN 3-7274-0560-0 (GA 1965)

Bibliographie: 1. Auflage GA 1965

Einzelausgaben und sonstige Veröffentlichungen:

München 3. 5. Dez. 1907 *Krankheitswahn und Gesundheitsfieber.* Schriftenreihe der Medizinischen Sektion am Goetheanum, 3. Heft, Dornach 1946

Berlin 24. Okt. 1907 in *Wiederverkörperung. Zur Idee von Reinkarnation und Karma.* ThGw. Nr. 9, Stuttgart 1982

57 Wo und wie findet man den Geist?

Achtzehn Vorträge in Berlin

1908: 15. 22. 24. Okt., 12. 14. Nov., 10. 17. Dez. / **1909:** 14. 28. Jan., 11. 18. Febr., 4. 11. 12. 20. März, 29. April, 1. 6. Mai

ISBN 3-7274-0570-8 (GA 1961)

Bibliographie: 1. Auflage GA 1961

Einzelausgaben und sonstige Veröffentlichungen:

Berlin 22. 24. Okt. 1908 *Goethes geheime Offenbarung, exoterisch und esoterisch,* Dornach 1932; in *Goethes geheime Offenbarung in seinem «Märchen von der grünen Schlange und der schönen Lilie»,* Dornach 1982

Berlin 17. Dez. 1908 in *Naturgrundlagen der Ernährung. Ernährung des Menschen I.* ThGw. Nr. 6, Stuttgart 1981

Berlin 4. März 1909 in *Das Geheimnis der menschlichen Temperamente.* Vortragstext zusammen mit Texten aus den Parallelvorträgen München 9. Jan. und 19. Jan. 1909 zu einer Ausgabe verarbeitet, Basel 1966; 1969; 1975; 1977; 1980

Berlin 11. 12. März 1909 *Die Rätsel in Goethes «Faust», exoterisch und esoterisch,* Dornach 1932; Dresden 1941; Dornach 1970; 1981

Berlin 29. April, 1. 6. Mai 1909 *Isis und Madonna. Alteuropäisches Hellsehen. Die europäischen Mysterien und ihre Eingeweihten,* Dornach 1955

Berlin 29. April 1909 *Isis und Madonna*, Dornach 1962; 1980

58 **Metamorphosen des Seelenlebens. Pfade der Seelenerlebnisse.** Erster Teil
Neun Vorträge in Berlin und München

1909: Berlin 14. Okt., München 5. Dez. (anstelle von Berlin 21. Okt.), Berlin 22. 28. Okt., München 14. März 1910 (anstelle von Berlin 29. Okt. 1909), Berlin 11. 25. Nov., 2. 9. Dez.

ISBN 3-7274-0585-6

Bibliographie: 1. Auflage Dornach 1929; 2. Auflage Dresden 1939; 3. Auflage Dornach o. J. (1940); 4. (bezeichnet als 3.) Auflage GA 1957. Alle Auflagen unter dem Titel *Pfade der Seelenerlebnisse* (Berlin 14. Okt., 11. Nov., 2. 9. Dez. 1909, 3. 10. 17. Febr., 10. März 1910)

Einzelausgaben und sonstige Veröffentlichungen:

Taschenbuchausgabe: RSTb. Nr. 622 (gleicher Inhalt wie 1.–4. Auflage des GA-Bandes) Dornach 1976

Berlin 14. 22. Okt. 1909 in *Durch den Geist zur Wirklichkeits-Erkenntnis der Menschenrätsel,* Band III, Dornach 1965; in *Wie erlangt man Erkenntnisse der höheren Welten? Metamorphosen des Seelenlebens,* (statt München 5. Dez. Berlin 21. Okt. 1909), Zürich 1974

Berlin 28. Okt., 25. Nov., München 5. Dez. 1909, 14. März 1910 in *Wie erlangt man Erkenntnisse der höheren Welten? Metamorphosen des Seelenlebens,* Zürich 1974

Berlin 11. Nov. 1909 in *Vom Lebenslauf des Menschen*, ThGw. Nr. 4, Stuttgart 1980; 1981

Berlin 2. Dez. 1909 in *Durch den Geist zur Wirklichkeits-Erkenntnis der Menschenrätsel,* Band IV, Dornach 1966

59 **Metamorphosen des Seelenlebens. Pfade der Seelenerlebnisse.** Zweiter Teil
Neun Vorträge in Berlin

1910: 20. Jan., 3. 10. 17. Febr., 3. 10. März, 28. April, 5. 12. Mai

ISBN 3-7274-0595-3

Bibliographie: 1. Auflage Dornach 1928; 2. Auflage Dresden 1939; 3. Auflage Dornach 1939; 4. (irrtümlich 3.) Auflage Wien o. J. (1950); 5. (irrtümlich 4.) Auflage GA 1958; (Alle Auflagen: statt München 5. Dez. 1909 irrtümlich Berlin 21. Okt. 1909, statt München 14. März 1910 irrtümlich Berlin 29. Okt. 1909) 6. (irrtümlich 5.) Auflage GA 1971. Alle Auflagen unter dem Titel *Metamorphosen des Seelenlebens* (Berlin 22. 28. Okt., 25. Nov., München 5. Dez. 1909, 14. März, Berlin 5. 12. Mai 1910)

Einzelausgaben und sonstige Veröffentlichungen:

Taschenbuchausgabe: RSTb. Nr. 603 (gleicher Inhalt wie 1.–6. Auflage des GA-Bandes) Dornach 1972; 1978; 1983

Berlin 20. Jan. 1910 *Die Geisteswissenschaft und die Sprache,* Dornach 1938; in *Die Ausdrucksfähigkeit des Menschen in Sprache, Lachen und Weinen,* Dornach 1970; 1979; in *Sprechen und Sprache*, ThGw Nr. 2, Stuttgart 1980; 1981

Berlin 3. Febr. 1910 in *Die Ausdrucksfähigkeit des Menschen in Sprache, Lachen und Weinen,* Dornach 1970; 1979

Berlin 3. März, 28. April 1910 *Krankheit und Entwicklungsgeschehen,* Schriftenreihe der Medizinischen Sektion am Goetheanum, 4. Heft, Dornach 1947

München 14. März 1910 in *Vom Lebenslauf des Menschen,* ThGw. Nr. 4, Stuttgart 1980; 1981

Berlin 5. Mai 1910 in *Durch den Geist zur Wirklichkeits-Erkenntnis der Menschenrätsel,* Band V, Dornach 1966; in *Wie erlangt man Erkenntnisse der höheren Welten? Metamorphosen des Seelenlebens,* Zürich 1974

Berlin 12. Mai 1910 in *Wie erlangt man Erkenntnisse der höheren Welten? Metamorphosen des Seelenlebens,* Zürich 1974

60 Antworten der Geisteswissenschaft auf die großen Fragen des Daseins

Fünfzehn Vorträge in Berlin

1910: 20. 27. Okt., 10. 17. 24. Nov., 8. 15. Dez. / **1911:** 12. 19. 26. Jan., 9. 16. Febr., 2. 9. 16. März

ISBN 3-7274-0600-3 (GA 1983)

Bibliographie: 1. Auflage GA 1959; 2. Auflage GA 1983

Einzelausgaben und sonstige Veröffentlichungen:

Berlin 10. 17. Nov. 1910 *Menschenseele und Tierseele. Menschengeist und Tiergeist,* Stuttgart 1949

Berlin 10. 17. Nov., 8. Dez. 1910, 9. Febr. 1911 in *Erde und Naturreiche,* ThGw. Nr. 5, Stuttgart 1980; 1981

Berlin 8. Dez. 1910 *Der Geist im Pflanzenreich,* Stuttgart 1948

Berlin 19. Jan., 16. Febr., 2. 9. März 1911 in *Wendepunkte des Geisteslebens,* Dornach 1927; Dresden 1940; Freiburg i.Br. 1954; in *Wendepunkte des Geisteslebens,* RSTb. Nr. 609, Dornach 1974

Berlin 26. Jan., 9. März 1911 in *Geschichtserkenntnis. Zur Symptomatologie der Geschichte,* ThGw. Nr. 8, Stuttgart 1982

Berlin 9. Febr. 1911 in *Was hat die Geologie über die Weltentstehung zu sagen? Das Gesicht der Erde,* Stuttgart 1949

61 Menschengeschichte im Lichte der Geistesforschung

Sechzehn Vorträge in Berlin

1911: 19. 26. Okt., 9. 16. 23. Nov., 7. 14. Dez. / **1912:** 4. 18. 25. Jan., 1. 15. 29. Febr., 14. 21. 28. März

ISBN 3-7274-0610-0 (GA 1983)

Bibliographie: 1. Auflage GA 1962; 2. Auflage GA 1983

Einzelausgaben und sonstige Veröffentlichungen:

Früher erschienen als Reihe *Menschengeschichte im Lichte der Geistesforschung I–XVI* (VII und X nicht als Heft der Schriftenreihe erschienen, sondern als V. und VI. Vortrag in «Wendepunkte des Geisteslebens»):

Berlin 19. Okt. 1911 *Der Mensch in seinem Verhältnis zu den übersinnlichen Welten* I, Basel 1946

Berlin 26. Okt. 1911 *Tod und Unsterblichkeit im Lichte der Geisteswissenschaft* II, Basel 1947

Berlin 9. Nov. 1911 *Der Sinn des Prophetentums* III, Basel 1946

Berlin 16. Nov. 1911 *Von Paracelsus zu Goethe* IV, Basel 1941

Berlin 23. Nov. 1911 *Die verborgenen Tiefen des Seelenlebens* V, Basel 1946

Berlin 7. Dez. 1911 *Das Glück, sein Wesen und sein Schein* VI, Basel 1946

Berlin 14. Dez. 1911 in *Wendepunkte des Geisteslebens,* Dornach 1927; Dresden 1940; Freiburg i.Br. 1954; in *Wendepunkte des Geisteslebens,* RSTb. Nr. 609, Dornach 1974

Berlin 4. Jan. 1912 *Der Ursprung des Menschen im Lichte der Geisteswissenschaft* VIII, Basel 1947

Berlin 18. Jan. 1912 *Der Ursprung der Tierwelt im Lichte der Geisteswissenschaft* IX, Basel 1948

Berlin 25. Jan. 1912 in *Wendepunkte des Geisteslebens,* Dornach 1927; Dresden 1940; Freiburg i.Br. 1954; in *Durch den Geist zur Wirklichkeits-Erkenntnis der Menschenrätsel,* Band III, Dornach 1965; in *Wendepunkte des Geisteslebens,* RSTb. Nr. 609, Dornach 1974

Berlin 1. Febr. 1912 *Menschengeschichte, Gegenwart und Zukunft im Lichte der Geisteswissenschaft* XI, Basel 1944; in *Geschichtserkenntnis. Zur Symptomatologie der Geschichte,* ThGw. Nr. 8, Stuttgart 1982

Berlin 15. Febr. 1912 *Kopernikus und seine Zeit* XII, Basel 1946

Berlin 29. Febr. 1912 *Der Tod bei Mensch, Tier und Pflanze* XIII, Basel 1946

Berlin 14. März 1912 *Die Selbsterziehung des Menschen im Lichte der Geisteswissenschaft* XIV, Basel 1948

Berlin 21. März 1912 *Das Wesen der Ewigkeit und die Natur der Menschenseele im Lichte der Geisteswissenschaft* XV, Basel 1948

Berlin 28. März 1912 *Darwin und die übersinnliche Forschung* XVI, Basel 1948

62 Ergebnisse der Geistesforschung

Vierzehn Vorträge in Berlin

1912: 31. Okt., 7. 14. 21. Nov., 5. 12. Dez. / **1913:** 9. 16. 30. Jan., 6. 13. Febr., 6. März (irrtümlich 16. März 1913), 3. 10. April

ISBN 3-7274-0620-8 (GA 1960)

Bibliographie: 1. Auflage GA 1960

Einzelausgaben und sonstige Veröffentlichungen:

Früher erschienen als Reihe *Ergebnisse der Geistesforschung I–XIV:*

Berlin 31. Okt., 7. Nov. 1912 *Wie widerlegt man Geistesforschung? Wie begründet man Geistesforschung?* I/II, Basel 1941

Berlin 14. Nov. 1912 *Die Aufgaben der Geistesforschung für Gegenwart und Zukunft* III, Basel 1941

Berlin 21. Nov. 1912 *Die Wege der übersinnlichen Erkenntnis* IV, Basel 1942

Berlin 5. Dez. 1912 *Ergebnisse der Geistesforschung für Lebensfragen und das Todesrätsel* V, Basel 1942

Berlin 12. Dez. 1912 *Naturwissenschaft und Geitesforschung* VI, Basel 1942; in *Durch den Geist zur Wirklichkeits-Erkenntnis der Menschenrätsel,* Band I, Dornach 1965

Berlin 9. Jan. 1913 *Jakob Böhme* VII, Basel 1941

Berlin 16. Jan. 1913 *Die Weltanschauung eines Kulturforschers der Gegenwart (Herman Grimm) und die Geistesforschung* VIII, Basel 1941

Berlin 30. Jan. 1913 *Raphaels Mission im Lichte der Wissenschaft vom Geiste* IX, Basel o.J. (1941)

Berlin 6. Febr. 1913 in *Märchendichtungen im Lichte der Geistesforschung* X (irrtümlich XI), Basel 1942; in *Märchendichtungen im Lichte der Geistesforschung. Märchendeutungen,* Dornach 1960; 1969; 1979

Berlin 13. Febr. 1913 *Lionardos geistige Größe am Wendepunkt zur neueren Zeit XI,* Berlin 1920; Basel 1941

Berlin 6. März 1913 (irrtümlich 16. März 1913) *Irrtümer der Geistesforschung* XII, Basel 1942

Berlin 3. April 1913 *Die Moral im Lichte der Geistesforschung* XIII, Basel 1942

Berlin 10. April 1913 *Das Erbe des neunzehnten Jahrhunderts* XIV, Basel 1942

63 Geisteswissenschaft als Lebensgut

Zwölf Vorträge in Berlin

1913: 30. Okt., 6. 20. 27. Nov., 4. Dez. / **1914:** 8. 15. Jan., 12. 26. Febr., 19. 26. März, 23. April

ISBN 3-7274-0630-5 (GA 1959)

Bibliographie: 1. Auflage GA 1959

Einzelausgaben und sonstige Veröffentlichungen:

Früher erschienen als Reihe *Geisteswissenschaft als Forderung unserer Zeit I–XII*:

Berlin 30. Okt. 1913 *Die geistige Welt und die Geisteswissenschaft. Ausblicke in die Ziele der Gegenwart* I, Basel 1936

Berlin 6. Nov. 1913 *Theosophie und Antisophie* II, Basel o. J. (1936)

Berlin 20. Nov. 1913 *Geisteswissenschaft und religiöses Bekenntnis* III, Basel o. J. (1937)

Berlin 27. Nov. 1913 *Vom Tode* IV, Basel o. J. (1938)

Berlin 4. Dez. 1913 *Der Sinn der Unsterblichkeit der Menschenseele* V, Basel o. J. (1937)

Berlin 8. Jan. 1914 *Michelangelo und seine Zeit vom Gesichtspunkte der Geisteswissenschaft* VI, Basel o. J. (1938)

Berlin 15. Jan. 1914 *Das Böse im Lichte der Erkenntnis vom Geiste* VII, Basel o. J. (1939)

Berlin 12. Febr. 1914 *Die sittliche Grundlage des Menschenlebens* VIII, Basel o. J. (1939)

Berlin 26. Febr. 1914 *Voltaire vom Gesichtspunkte der Geisteswissenschaft* IX, Basel o. J. (1940)

Berlin 19. März 1914 (irrtümlich 19. Febr. 1914) *Zwischen Tod und Wiedergeburt des Menschen* X, Basel o. J. (1940)

Berlin 26. März 1914 *Homunkulus* XI, Basel o. J. (1939)

Berlin 23. April 1914 *Geisteswissenschaft als Lebensgut* XII, Basel o. J. (1940)

64 Aus schicksaltragender Zeit

Vierzehn Vorträge in verschiedenen Städten

1914: Berlin 29. Okt., 5. 26. 27. Nov. / **1915:** Berlin 14. 15. Jan., 25. 26. Febr., 4. März, Nürnberg 12. März (anstelle von Berlin 5. März), Berlin 16. 22. 23. April, München 28. Nov. (anstelle von Berlin 15. April)

ISBN 3-7274-0640-2 (GA 1959)

Bibliographie: 1. Auflage GA 1959

Einzelausgaben und sonstige Veröffentlichungen:

Früher erschienen als Reihe *Aus schicksaltragender Zeit I–VII*:

Berlin 29. Okt. 1914 *Goethes Geistesart in unsern schicksalsschweren Tagen und die deutsche Kultur* I, Dornach 1930

Berlin 5. Nov. 1914 *Das Volk Schillers und Fichtes* II, Dornach 1930

Berlin 26. Nov. 1914 *Die Menschenseele in Leben und Tod* III, Dornach 1929

Berlin 27. Nov. 1914 *Die Seelen der Völker* IV, Dornach 1929

Berlin 14. Jan. 1915 (irrtümlich 15. Jan. 1915) *Die germanische Seele und der deutsche Geist* V, Dornach 1929; 1934

Berlin 15. Jan. 1915 *Geisterkenntnis in glücklichen und ernsten Stunden des Lebens* VI, Dornach 1930

Berlin 22. April 1915 *Das Weltbild des deutschen Idealismus* VII, Dornach 1930

65 Aus dem mitteleuropäischen Geistesleben

Fünfzehn Vorträge in Berlin

1915: 2. 3. 9. 10. 16. Dez. / **1916:** 3. 4. 10. 11. 25. 26. Febr., 23. 24. März, 13. 15. April

ISBN 3-7274-0650-X (GA 1962)

Bibliographie: 1. Auflage GA 1962

Einzelausgaben und sonstige Veröffentlichungen:

Berlin 16. Dez. 1915 *Fichtes Geist mitten unter uns,* Aus schicksaltragender Zeit VIII (irrtümlich XVIII), Dornach 1933; *Fichtes Geist mitten unter uns*, Dornach 1962

Berlin 3. Febr. 1916 *Fausts Weltwanderung und seine Wiedergeburt aus dem deutschen Geistesleben,* Dornach o. J. (1938)

Berlin 4. Febr. 1916 *Gesundes Seelenleben und Geistesforschung,* Schriftenreihe der Medizinischen Sektion am Goetheanum, 5. Heft, Dornach 1947

Berlin 23. März 1916 *Nietzsches Seelenleben und Richard Wagner. Zur deutschen Weltanschauungs-Entwicklung der Gegenwart,* Dornach 1944

66 Geist und Stoff, Leben und Tod

Sieben Vorträge in Berlin

1917: 15. 17. Febr., 1. 15. 17. 22. 31. März

ISBN 3-7274-0660-7 (GA 1961)

Bibliographie: 1. Auflage GA 1961

67 Das Ewige in der Menschenseele. Unsterblichkeit und Freiheit

Zehn Vorträge in Berlin

1918: 24. Jan., 7. 21. 28. Febr., 7. 14. 21. März, 15. 18. 20. April

ISBN 3-7274-0670-4 (GA 1962)

Bibliographie: 1. Auflage GA 1962

Einzelausgaben und sonstige Veröffentlichungen:

Berlin 18. April 1918 in *Durch den Geist zur Wirklichkeits-Erkenntnis der Menschenrätsel,* Band I, Dornach 1965

Vorträge und Vortragsreihen in verschiedenen Städten Europas

68 (Der Kreislauf des Menschen innerhalb der Sinnes-, Seelen- und Geisteswelt)
Einzelvorträge in verschiedenen Städten aus den Jahren 1906 bis 1910, darunter:
1908: Hamburg 5. Dez. / **1909:** München 8. Jan., Hamburg 14. März

ISBN 3-7274-0680-1

Einzelausgaben und sonstige Veröffentlichungen:

Hamburg 5. Dez. 1908 *Bibel und Weisheit,* Dornach 1943

München 8. Jan. 1909 in *Ernährung und Bewußtsein. Ernährung des Menschen II,* ThGw. Nr. 7, Stuttgart 1980; 1981

Hamburg 14. März 1909 *Der Kreislauf des Menschen innerhalb der Sinnes-, Seelen- und Geisteswelt. Das Leben nach dem Tode, eine Tatsache der Wirklichkeit,* Dornach 1945

69 (Die übersinnlichen Welten und das Wesen der Menschenseele)
Einzelvorträge in verschiedenen Städten aus den Jahren 1911 bis 1913, darunter:
1912: Köln 6. Mai / **1913:** Karlsruhe 1. März

ISBN 3-7274-0690-9

Einzelausgaben und sonstige Veröffentlichungen:

Köln 6. Mai 1912 in *Das Christus-Erkennen im zwanzigsten Jahrhundert,* Freiburg i. Br. 1953

Karlsruhe, 1. März 1913 *Geisteswissenschaft und Naturwissenschaft in ihrem Verhältnis zu den Lebensrätseln,* Dornach 1944

70 (Wie findet die Seele ihre wahre Wesenheit?)
Einzelvorträge in verschiedenen Städten aus den Jahren 1914 und 1915, darunter:
1914: Kassel 8. Mai

ISBN 3-7274-0700-X

Einzelausgaben und sonstige Veröffentlichungen:

Kassel 8. Mai 1914 *Wie findet die Seele ihre wahre Wesenheit?,* Freiburg i. Br. 1953

71 (Anthroposophie und die menschlichen Lebensrätsel)
Einzelvorträge in verschiedenen Städten aus dem Jahre **1916**

72 (Geisteswissenschaftliche Ergebnisse über das Wesen des Menschen)
Einzelvorträge in verschiedenen Städten aus den Jahren 1917 bis 1919, darunter:
1919: Basel 10. Nov.

ISBN 3-7274-0720-4

Einzelausgaben und sonstige Veröffentlichungen:

Basel 10. Nov. 1919 als Anhang unter dem Titel «Der Geist als Führer durch die Sinnes- und die übersinnliche Welt» in *Die geistigen Hintergründe der sozialen Frage. IV. Band: Menschliche Verantwortlichkeit. Weltverantwortlichkeit. Menschheitskultur,* Dornach 1951; in *Die Befreiung des Menschenwesens als Grundlage für eine soziale Neugestaltung. Altes Denken und neues soziales Wollen,* Bibl.-Nr. 329

73 Die Ergänzung heutiger Wissenschaften durch Anthroposophie
Acht Vorträge mit sieben Fragenbeantwortungen in Zürich
1917: 5. 7. 12. 14. Nov. / **1918:** 8. 10. 15. (ohne Fragenbeantwortung) 17. Okt.

ISBN 3-7274-0730-1 (GA 1973)

Bibliographie: 1. Auflage GA 1973

Einzelausgaben und sonstige Veröffentlichungen:

Zürich 5. 7. 12. 14. Nov. 1917 *Anthroposophie und akademische Wissenschaften,* Zürich 1950

Zürich 17. Okt. 1918 (Fragenbeantwortung) in *Eurythmie. Die Offenbarung der sprechenden Seele. Eine Fortbildung der Goetheschen Metamorphosenanschauung im Bereich der menschlichen Bewegung,* Bibl.-Nr. 277; in *Geschichtserkenntnis. Zur Symptomatologie der Geschichte,* ThGw. Nr. 8, Stuttgart 1982

73a (Proben über die Beziehungen der Geisteswissenschaft zu den einzelnen Fachwissenschaften)
Vorträge und Schlußworte nach Vorträgen anderer Redner in Stuttgart und Dornach aus den Jahren 1920 und 1921, darunter:
1920: Dornach 24. 27. März

ISBN 3-7274-0735-2

Einzelausgaben und sonstige Veröffentlichungen:

Dornach 24. 27. März 1920 *Anthroposophie und gegenwärtige Wissenschaften. Methodologisches der naturwissenschaftlichen Weltanschauung,* Geisteswissenschaft und die Lebensforderungen der Gegenwart, Heft V, Dornach 1950

74 Die Philosophie des Thomas von Aquino
Drei Vorträge in Dornach
1920: 22. 23. 24. Mai

ISBN 3-7274-0740-9 (GA 1967)

Bibliographie: 1. Auflage Dornach 1930; 2. Auflage Dornach 1958; 3. Auflage GA 1967

Einzelausgaben und sonstige Veröffentlichungen:

Taschenbuchausgabe: RSTb. Nr. 605, Dornach 1972

Weitere öffentliche Vorträge aus den Jahren 1919/1920 siehe in der Abteilung «Vorträge über das soziale Leben und die Dreigliederung des sozialen Organismus,» Bibl.-Nr. 328 bis 337

75 (Die anthroposophische Geisteswissenschaft und die großen Zivilisationsaufgaben der Gegenwart)
Einzelvorträge in verschiedenen Städten aus dem Jahre **1921**

76 **Die befruchtende Wirkung der Anthroposophie auf die Fachwissenschaften**
Sieben Vorträge und fünf Schlußworte im Zweiten anthroposophischen Hochschulkurs in Dornach
1921: 1. (Schlußwort *), 3. (Eröffnungsrede), 4. (Vortrag und Schlußwort zur Disputation), 5. (Vortrag und Schlußwort zur Disputation), 6. 7. (Vortrag und Antworten am dritten Disputationsabend), 8. (Vortrag und Schlußwort zum vierten Disputationsabend), 9. (Schlußwort zu einer Studentenversammlung), 10. (Schlußrede) April
* auf Seite 244 f ISBN 3-7274-0760-3 (GA 1977)

Bibliographie: 1. Auflage *Ansprachen und Vorträge Rudolf Steiners im Zweiten anthroposophischen Hochschulkurs,* (erweitert um die drei Mitgliedervorträge Dornach, 6. 9. 9. April 1921, vgl. Bibl.-Nrn. 281, 271, 204) (Anthroposophie in Kunst und Wissenschaft und Praxis) Bern 1948; 2. Auflage GA 1977

Einzelausgaben und sonstige Veröffentlichungen:
Dornach 7. April 1921 in *Sprechen und Sprache,* ThGw. Nr. 2, Stuttgart 1980; 1981
Dornach 9. April 1921 in *Die Erkenntnis-Aufgabe der Jugend,* Bibl.-Nr. 217a

77 (Die Aufgabe der Anthroposophie gegenüber Wissenschaft und Leben)
Einzelvorträge in verschiedenen Städten aus dem Jahre **1921**

78 **Anthroposophie, ihre Erkenntniswurzeln und Lebensfrüchte.** Mit einer Einleitung über den Agnostizismus als Verderber echten Menschentums
Acht Vorträge in Stuttgart
1921: 29. 30. 31. Aug., 1. 2. 3. 5. 6. Sept.
ISBN 3-7274-0780-8 (GA 1968)
Bibliographie: 1. Auflage Dornach 1952; 2. Auflage (bezeichnet als 3.) GA 1968
Einzelausgaben und sonstige Veröffentlichungen:
Taschenbuchausgabe: RSTA. Nr. 9, Stuttgart 1962; 1970

79 **Die Wirklichkeit der höheren Welten**
Acht Vorträge in Kristiania (Oslo)
1921: 25. 26. 28. 29. (zwei Vorträge) 30. Nov., 1. 2. Dez.
ISBN 3-7274-0790-5 (GA 1962)

Bibliographie: 1. Auflage GA 1962

Einzelausgaben und sonstige Veröffentlichungen:
Taschenbuchausgabe: RSTb. Nr. 633, Dornach 1981
in *Die Wirklichkeit der höheren Welten. Eine Einführung in sein Werk* (Rudolf Steiner), Zürich 1972; 1973; 1974; 1983
Kristiania 29. Nov. 1921 *Jesus oder Christus,* Dornach 1935; 1962; 1980; in *Durch den Geist zur Wirklichkeits-Erkenntnis der Menschenrätsel,* Band V, Dornach 1966
Kristiania 30. Nov. 1921 *Die Kardinalfrage des Wirtschaftslebens,* Dornach 1962

80 (Das Wesen der Anthroposophie)
Vorträge in verschiedenen Städten aus dem Jahre 1922, darunter:
1922: Elberfeld 24. Jan.

ISBN 3-7274-0800-6

Einzelausgaben und sonstige Veröffentlichungen:
Elberfeld 24. Jan. 1922 in *Das Wesen der Anthroposophie,* Dornach 1943

81 (Berliner Hochschulkurs)
Vorträge in Berlin im März **1922**

82 **Die Bedeutung der Anthroposophie im Geistesleben der Gegenwart**
Sechs Vorträge und eine Fragenbeantwortung in Den Haag
1922: 7. 8. 9. 10. 11. 12. (mit Fragenbeantwortung) April

ISBN 3-7274-0820-0

Bibliographie: 1. Auflage Dornach 1957

83 **Westliche und östliche Weltgegensätzlichkeit.** Wege zu ihrer Verständigung durch Anthroposophie
Zehn Vorträge in Wien, gehalten auf dem Zweiten internationalen Kongreß der anthroposophischen Bewegung. Anhang
1922: 1. 2. 3. 4. 5. 7. 8. 9. 10. 11. Juni
Anhang: Notizbucheintragungen, Einladung zum Kongreß mit Programm (Faksimile), Entwurf für die Eintrittskarten (Faksimile), Bericht Dornach 18. Juni 1922, «West-Ost-Aphorismen»

ISBN 3-7274-0830-8 (GA 1981)

Bibliographie: Manuskriptdruck für Mitarbeiter *Vortragszyklus Dr. Rudolf Steiners,* Sondelfingen o.J. (1922); 1. Auflage Dornach 1927; 2. Auflage Dornach 1950; 3. Auflage GA 1981 (erweitert um Notizbucheintragungen, Einladung mit Programm, Entwurf für die Eintrittskarten)

Einzelausgaben und sonstige Veröffentlichungen:

Taschenbuchausgabe: RSTA. Nr. 5 (ohne Anhang), Stuttgart 1961

Wien 1. 2. Juni 1922 in *Wege der Übung,* ThGw. Nr. 1, Stuttgart 1980; 1981

«West-Ost-Aphorismen» in *West-Ost-Aphorismen,* Dornach o. J. (1932); in *Aphorismen,* Dornach 1971; in *Der Goetheanumgedanke inmitten der Kulturkrisis der Gegenwart. Gesammelte Aufsätze 1921–1925 aus der Wochenschrift «Das Goetheanum»,* Bibl.-Nr. 36

«Entwurf für die Eintrittskarten» siehe Bibl.-Nr. K 45

84 Was wollte das Goetheanum und was soll die Anthroposophie?

Elf Vorträge in verschiedenen Städten

1923: Basel 9. April, Dornach 14. 15. 20. 21. 22. April, Prag 27. 30. April, Wien 26. (irrtümlich 27.) 29. Sept. / **1924:** Paris 26. Mai

ISBN 3-7274-0840-5 (GA 1961)

Bibliographie: 1. Auflage GA 1961

Einzelausgaben und sonstige Veröffentlichungen:

Basel 9. April 1923 *Was wollte das Goetheanum und was soll die Anthroposophie?* Dornach o. J. (1938); in *Die Wirklichkeit der höheren Welten. Eine Einführung in sein Werk* (Rudolf Steiner), Zürich 1972; 1973; 1974; 1983

Wien 26. Sept. 1923 in *Wege der Übung,* ThGw. Nr. 1, Stuttgart 1980; 1981

Wien 26. 29. Sept. 1923 *Die übersinnliche Erkenntnis (Anthroposophie) als Zeitforderung. Die Anthroposophie und die ethisch-religiöse Lebenshaltung des Menschen,* Dornach 1937

85–89 leer

II. Vorträge vor Mitgliedern der Anthroposophischen Gesellschaft

90 ff. (Kosmische Geschichte. Esoterik in der griechischen und germanischen Mythologie)
In den Bibl.-Nrn. 90 bis 92 sind fragmentarische Notizen von Vorträgen und Kursen aus den Jahren 1903 bis 1905 vorgesehen, darunter:

1904: Berlin 7. 14. 21. 28. Okt., 19. Dez.

Einzelausgaben und sonstige Veröffentlichungen:

Berlin 7. 14. 21. 28. Okt. 1904 *Esoterik und Weltgeschichte in der griechischen und germanischen Mythologie,* Dornach 1955

Berlin 19. Dez. 1904 in *Zeichen und Symbole des Weihnachtsfestes,* Dornach 1957; 1968; 1977; 1983

91 Siehe Bibl.-Nr. 90

92 Siehe Bibl.-Nr. 90

93 **Die Tempellegende und die Goldene Legende** als symbolischer Ausdruck vergangener und zukünftiger Entwickelungsgeheimnisse des Menschen. Aus den Inhalten der Esoterischen Schule

Zwanzig Vorträge in Berlin

1904: 23. Mai, 10. Juni, 30. Sept., 7. Okt., 4. 11. Nov., 2. 9. 16. 23. Dez. / **1905:** 15. 22. 29. Mai, 5. Juni, 21. 22. 23. (drei Vorträge) Okt. / **1906:** 2. Jan., Notizbucheintragungen zum Vortrag Berlin 2. Jan. 1906, Über Goethe und sein Verhältnis zum Rosenkreuzertum (Niederschrift von Marie Steiner, vermutlich 1906)

ISBN 3-7274-0930-4 (GA 1982)

Bibliographie: 1. Auflage GA 1979; 2. Auflage GA 1982

Einzelausgaben und sonstige Veröffentlichungen:

Berlin 7. Okt. 1904 in *Esoterik und Weltgeschichte in der griechischen und germanischen Mythologie,* Dornach 1955

93a **Grundelemente der Esoterik**

Notizen von einem esoterischen Lehrgang in Form von einunddreißig Vorträgen in Berlin

1905: 26. 27. 28. 29. 30. Sept., 1. 2. 3. 4. 5. 6. 7. 8. 9. 10. 11. 12. 16. 17. 18. 19. 24. 25. 26. 27. 28. 30. 31. Okt., 3. 4. 5. Nov.

ISBN 3-7274-0935-5 (GA 1976)

Bibliographie: 1. Auflage GA 1972; 2. Auflage GA 1976

Einzelausgaben und sonstige Veröffentlichungen:

Berlin 4. Nov. 1905 in *Ernährung und Bewußtsein. Ernährung des Menschen II,* ThGw. Nr. 7, Stuttgart 1981

94 **Kosmogonie.** Populärer Okkultismus. Das Johannes-Evangelium. Die Theosophie an Hand des Johannes-Evangeliums

Notizen von dreiundvierzig Vorträgen in verschiedenen Städten

1906: Berlin 19. 26. Febr., 5. März, Paris 25. 26. 27. 28. 29. 30. 31. Mai, 1. 2. 6. 7. 8. 9. 10. 11. 12. 13. 14. Juni, Leipzig 28. 29. 30. Juni, 1. 2. 3. 4. 5. 6. 7. 8. 9. 10. 11. Juli, München 27. 28. 31. Okt., 2. 3. 4. 5. 6. Nov.

ISBN 3-7274-0940-1 (GA 1979)

Bibliographie: 1. Auflage GA 1979

Einzelausgaben und sonstige Veröffentlichungen:

Berlin 19. 26. Febr., 5. März in *Beiträge zur Rudolf Steiner Gesamtausgabe, Nr. 56*, Dornach 1976

Den Vorträgen Paris 25. Mai bis 2. Juni und 6. bis 14. Juni 1906, Kosmogonie, liegen die Referate von Edouard Schuré in französischer Sprache zugrunde; veröffentlicht: *Esquisse d'une cosmogonie psychologique,* Paris 1928; 2. Auflage *L'Esotérisme Chrétien, Esquisse d'une cosmogonie psychologique,* Paris 1957 (Supplément à Triades Nr. 6). Die Übertragung ins Deutsche wurde ergänzt durch weitere Hörernotizen.

95 **Vor dem Tore der Theosophie**

Vierzehn Vorträge und zwei Fragenbeantwortungen in Stuttgart

1906: 22. 23. 24. 25. 26. 27. 28. 29. 30. 31. Aug., 1. 2. (mit Fragenbeantwortung) 3. 4. (mit Fragenbeantwortung) Sept.

ISBN 3-7274-0950-9 (GA 1978)

Bibliographie: 1. Auflage (Zyklus 1, ohne Fragenbeantwortungen) Berlin 1910; 2. Auflage GA 1964; 3. Auflage GA 1978

Einzelausgaben und sonstige Veröffentlichungen:

Stuttgart 2. 3. 4. Sept. 1906 in *Wege der Übung,* ThGw. Nr. 1, Stuttgart 1980; 1981

96 **Ursprungsimpulse der Geisteswissenschaft.** Christliche Esoterik im Lichte neuer Geist-Erkenntnis

Zwanzig Vorträge in Berlin

1906: 29. Jan., 16. April, 7. 14. Mai, 1. 8. 15. 19. 20. 21. 22. (zwei Vorträge) Okt., 17. Dez. / **1907:** 28. Jan., 18. Febr., 4. 25. März, 1. 27. April, 12. Juni

ISBN 3-7274-0960-6 (GA 1974)

Bibliographie: 1. Auflage GA 1974 (irrtümlich erweitert um Vortrag mit falscher Jahresangabe 12. April 1907; richtig in Bibl.-Nr. 54 mit Vortrag vom 12. April 1906)

Einzelausgaben und sonstige Veröffentlichungen:

Berlin 20. Okt. 1906 (irrtümlich 20. Nov. 1906) in *Wege der Übung,* ThGw. Nr. 1, Stuttgart 1980; 1981

Berlin 20. 21. Okt. 1906 *Der Erkenntnispfad und seine Stufen,* Dornach 1933

Berlin 22. Okt. 1906 in *Beiträge zur Rudolf Steiner Gesamtausgabe, Nr. 35,* Dornach 1971; in *Naturgrundlagen der Ernährung. Ernährung des Menschen I,* ThGw. Nr. 6, Stuttgart 1981.

Berlin 17. Dez. 1906 *Zeichen und Symbole des Weihnachtsfestes,* Dornach 1932; erweitert um 19. Dez. 1904, 14. Dez. 1905, Dornach 1957; 1968; 1977; 1983

Berlin 28. Jan. 1907 *Das Vaterunser. Eine esoterische Betrachtung,* Berlin 1907; Berlin 1908; 1909; 1914; 1918; 1920; 1921; Dornach 1927; 1934; Freiburg i.Br. 1954; 1958; Dornach 1968; 1976; 1983

Berlin 25. März, 1. April 1907 *Ostern. Das Mysterium von Golgatha* (irrtümlich 19. und 26. März), Berlin o. J. (1912); *Die Mysterien des Geistes, des Sohnes und des Vaters. Eine Osterbetrachtung,* Dornach 1930 (irrtümlich 19. und 26. März); Dornach 1954; erweitert um München 17. März 1907, Dornach 1962; 1981

97 **Das christliche Mysterium.** Die Wahrheitssprache der Evangelien. Luzifer und Christus. Alte Esoterik und Rosenkreuzertum. Erkenntnisse und Lebensfrüchte der Geisteswissenschaft

Einunddreißig Vorträge mit sechs Fragenbeantwortungen in verschiedenen Städten

1906: Düsseldorf 9. 11. Febr., Köln 12. 13. Febr., Stuttgart 14. März, Düsseldorf 30. März, 4. April, München 21. April, Leipzig 25. April (mit Fragenbeantwortung), Stuttgart 29. April (mit Fragenbeantwortung), Landin 29. Juli, Basel 19. Sept., Leipzig 13. Okt. (mit Fragenbeantwortung), Köln 30. Nov., 2. 4. Dez., München 11. Dez., Leipzig 15. Dez. / **1907:** Leipzig 12. Jan., Kassel 16. Jan., Stuttgart 19. Jan. (mit Fragenbeantwortung), Heidelberg 3. Febr. (mit Fragenbeantwortung), Karlsruhe 4. Febr., Leipzig 16. 17. Febr., Wien 22. Febr., Köln 6. März, Düsseldorf 7. März, Köln 8. März, Leipzig 16. März (mit Fragenbeantwortung), München 17. März

ISBN 3-7274-0970-3 (GA 1981)

Bibliographie: 1. Auflage GA 1968; 2. Auflage GA 1981

Einzelausgaben und sonstige Veröffentlichungen:

München 17. März 1907 in *Das Christentum hat begonnen als Religion, aber es ist größer als alle Religionen,* Freiburg i.Br. 1952; in *Die Mysterien des Geistes, des Sohnes und des Vaters,* Dornach 1962; 1981

98 **Natur- und Geistwesen – ihr Wirken in unserer sichtbaren Welt**

Achtzehn Einzelvorträge in verschiedenen Städten

1907: Wien 5. 7. Nov., Nürnberg 1. Dez., München 4. Dez., Stuttgart 7. Dez., Düsseldorf 15. Dez., Köln 25. Dez. / **1908:** München 15. Jan., Frankfurt 2. Febr., Heidelberg 2. Febr., Stuttgart 8. 11. Febr., Hannover 24. Febr., München 17. März, 29. April, Köln 7. 9. Juni, München 14. Juni

ISBN 3-7274-0980-0 (GA 1983)

Bibliographie: 1. Auflage GA 1983

Einzelausgaben und sonstige Veröffentlichungen:

München 4. Dez. 1907, 14. Juni 1908 *Über das Zusammenwirken unserer sichtbaren Welt mit geistigen Wesenheiten,* Freiburg i.Br. 1952

Köln 25. Dez. 1907 *Die Geheimnisse. Ein Weihnachts- und Ostergedicht von Goethe,* Dornach 1931; 1963; 1977

Köln 7. 9. Juni 1908 in *Pfingsten, das Fest der freien Individualität. Das Pfingstfest des seelischen Zusammenstrebens und des Arbeitens an der Vergeistigung der Welt,* Dornach 1959; 1979

99 **Die Theosophie des Rosenkreuzers**

Vierzehn Vorträge in München

1907: 22. 25. 26. 28. 29. 30. 31. Mai, 1. 2. 3. 4. (zwei Vorträge) 5. 6. Juni

ISBN 3-7274-0990-8 (GA 1979)

Bibliographie: 1. Auflage (Zyklus 2) Berlin 1911; 2. Auflage (Zyklus 2) Berlin 1929 (irrtümliche Daten in der 1. und 2. Auflage beim 1. 2. 3. Vortrag); 3. Auflage Dornach 1951; 4. Auflage Dornach 1955; 5. Auflage GA 1962; 6. Auflage GA 1979

100 **Menschheitsentwickelung und Christus-Erkenntnis.** Theosophie und Rosenkreuzertum. Das Johannes-Evangelium

Zweiundzwanzig Vorträge in Kassel und Basel

1907: Kassel 16. 17. 18. 19. 20. 21. 22. 23. 24. 25. 26. 27. 28. 29. Juni, Basel 16. 17. 18. 19. 20. 21. 22. 25. Nov.

ISBN 3-7274-1000-0 (GA 1981)

Bibliographie: 1. Auflage GA 1967; 2. Auflage (statt 21. irrtümlich 24. Juni 1907) GA 1981

101 (Mythen und Zeichen. Okkulte Zeichen und Symbole)

Notizen von Einzelvorträgen in verschiedenen Städten aus den Jahren 1907 und 1908, darunter:

1907: Stuttgart 16. Sept., Berlin 7. 14. 21. 28. Okt., 13. Dez.

ISBN 3-7274-1010-8

Einzelausgaben und sonstige Veröffentlichungen:

Stuttgart 16. Sept. 1907 in *Bilder okkulter Siegel und Säulen. Der Münchner Kongreß Pfingsten 1907 und seine Auswirkungen*, Bibl.-Nr. 284

Berlin 7. 14. 21. 28. Okt. 1907 *Mythen und Zeichen,* Dornach 1951

Berlin 13. Dez. 1907 *Weihnacht. Eine Betrachtung aus der Lebensweisheit (Vitaesophia),* Berlin 1909; 1911; 1918; 1920; 1923; 1948; 1967; 1977; in *Weihnacht. Der Weihnachtsbaum, ein Symbolum,* Dornach 1930

102 **Das Hereinwirken geistiger Wesenheiten in den Menschen**

Dreizehn Vorträge in Berlin

1908: 6. 27. Jan., 15. 29. Febr., 16. 24. März, 13. 20. April, 13. 16. Mai, 1. 4. 11. Juni

ISBN 3-7274-1020-5 (GA 1974)

Bibliographie: 1. Auflage (ohne 13. April und 13. Mai 1908) Freiburg i. Br. 1955; 2. Auflage GA 1974

Einzelausgaben und sonstige Veröffentlichungen:

Berlin 24. März 1908 *Christus und die Liebe,* Manuskriptdruck o. J. (ca. 1909)

Berlin 13. April 1908 *Ostern, das Mysterium der Zukunft,* Dornach 1953; erweiterte Auflagen: Dornach 1961; 1980

Berlin 13. Mai 1908 in *Das Christentum hat begonnen als Religion, aber es ist größer als alle Religionen,* Freiburg i. Br. 1952; in *Ostern, das Mysterium der Zukunft. Das Christentum hat begonnen als Religion, aber es ist größer als alle Religionen,* Dornach 1961; 1980

103 Das Johannes-Evangelium
Zwölf Vorträge in Hamburg
1908: 18. 19. 20. 22. 23. 25. 26. 27. 29. 30. (zwei Vorträge) 31. Mai

ISBN 3-7274-1030-2 (GA 1981)

Bibliographie: 1. Auflage (Zyklus 3) Berlin 1909; 2., mit wesentlichen Änderungen versehene Auflage (Zyklus 3) Berlin 1912; 3. Auflage (Zyklus 3) Berlin 1915; 4. Auflage Dornach 1928; 5. Auflage Dornach o. J. (1939); 6. Auflage Dornach 1949; 7. Auflage GA 1955; 8. Auflage GA 1962; 9. Auflage GA 1975; 10. Auflage GA 1981

104 Die Apokalypse des Johannes
Dreizehn Vorträge in Nürnberg. Anhang
1908: 17. (öffentlich) 18. 19. 20. 21. 22. 23. 24. 25. 26. 27. 29. 30. Juni
Anhang: Zeichen und Entwickelung der drei Logoi in der Menschheit (Niederschrift für Edouard Schuré, Mai 1906). Sieben Bildtafeln der apokalyptischen Siegel

ISBN 3-7274-1040-X (GA 1979)

Bibliographie: 1. Auflage (Zyklus 6, *Die Theosophie an der Hand der Apokalypse,* ohne Anhang) Berlin 1911; 2. Auflage (Zyklus 6, *Die Apokalypse des Johannes,* ohne Anhang) Berlin 1928; 3. Auflage (mit sieben Bildtafeln, ohne Anhang) Dornach 1945; 4. Auflage (mit 14 Bildtafeln, ohne Anhang) Dornach 1954; 5. Auflage (mit Reproduktionen der sieben Siegel, davon aus «Das Künstlerische Werk» lfde. Nrn. 1.2, 1.4, 1.5, 1.8. Ohne Anhang) GA 1962; 6. Auflage GA 1979

Einzelausgaben und sonstige Veröffentlichungen:
«Zeichen und Entwickelung der drei Logoi in der Menschheit» in *Nachrichten der Rudolf Steiner-Nachlaßverwaltung Nr. 14,* Dornach 1965

105 Welt, Erde und Mensch, deren Wesen und Entwickelung, sowie ihre Spiegelung in dem Zusammenhang zwischen ägyptischem Mythos und gegenwärtiger Kultur
Elf Vorträge in Stuttgart
1908: 4. 5. 6. 7. 8. 10. 11. 12. 13. 14. 16. Aug.

ISBN 3-7274-1050-7 (GA 1983)

Bibliographie: 1. Auflage (Zyklus 4) (III. Vortrag statt 6. Aug. irrtümlich 5. Aug. 1908) Berlin 1909; 2. Auflage Dornach 1930; 3. Auflage (1.–2. Tsd. Freiburg i. Br. 1956, 3. Tsd. Dornach 1960); 4. Auflage GA 1974; 5. Auflage GA 1983

106 Ägyptische Mythen und Mysterien
Zwölf Vorträge in Leipzig
1908: 2. 3. 4. 5. 7. 8. 9. 10. 11. 12. 13. 14. Sept.

ISBN 3-7274-1060-4 (GA 1978)

Bibliographie: 1. Auflage (Zyklus 5) Berlin 1911; 2. Auflage Dornach 1931; 3. Auflage GA 1960; 4. Auflage GA 1978

107 Geisteswissenschaftliche Menschenkunde

Neunzehn Vorträge in Berlin

1908: 19. 21. 23. 26. 27. 29. Okt., 2. 10. 16. Nov., 8. 21. Dez. / **1909:** 1. 12. 26. Jan., 15. Febr., 22. März, 27. April, 3. Mai, 17. Juni

ISBN 3-7274-1070-1 (GA 1979)

Bibliographie: 1. Auflage (Zyklus A, 23. Okt., 2. Nov., 8. 21. Dez. 1908, 12. Jan., 27. April, 3. Mai, 17. Juni 1909) Berlin 1915; 2. Auflage GA 1959; 3. Auflage GA 1973; 4. Auflage GA 1979

Einzelausgaben und sonstige Veröffentlichungen:

Berlin 10. Nov. 1908 in *Über Krankheitsformen und Krankheitsursachen,* Schriftenreihe der Medizinischen Sektion am Goetheanum, 6. Heft, Dornach 1948

Berlin 16. Nov. 1908, 26. Jan. 1909 *Wesen und Bedeutung der Zehn Gebote. Krankheit und Karma,* Medizinische Schriftenreihe, zweite Folge, 1. Heft, Basel 1951

Berlin 21. Dez. 1908, 12. Jan. 1909 *Über den Rhythmus der menschlichen Leiber,* Schriftenreihe der Medizinischen Sektion am Goetheanum, 7. Heft, Dornach 1948

Berlin 1. Jan., 22. März 1909 *Die Christustat und die widerstrebenden geistigen Mächte Luzifer, Ahriman, Asuras*, Dornach 1954

Berlin 15. Febr. 1909 *Das Christentum im Entwickelungsgang unserer gegenwärtigen Menschheit. Führende Individualitäten und avatarische Wesenheiten,* Dornach 1937; in *Das Prinzip der spirituellen Ökonomie im Zusammenhang mit Wiederverkörperungsfragen. Ein Aspekt der geistigen Führung der Menschheit,* Bibl.-Nr. 109

Berlin 27. April 1909 in *Die Ausdrucksfähigkeit des Menschen in Sprache, Lachen und Weinen,* Dornach 1970; 1979

108 Die Beantwortung von Welt- und Lebensfragen durch Anthroposophie

Neunzehn Vorträge in verschiedenen Städten und zwei Fragenbeantwortungen

1908: München 20. März, Düsseldorf 10. Juni, Berlin 20. 26. (mit Fragenbeantwortung) 27. 28. Okt., München 8. Nov., Berlin 13. Nov., Wien 21. 23. Nov., Breslau 2. Dez., Stuttgart 13. 14. (mit Fragenbeantwortung) Dez., Nürnberg 16. Dez., Berlin 22. 26. Dez. / **1909:** Pforzheim 17. Jan., Karlsruhe 18. Jan., St. Gallen 21. Nov.

ISBN 3-7274-1080-9 (GA 1970)

Bibliographie: 1. Auflage GA 1970

Einzelausgaben und sonstige Veröffentlichungen:

Berlin 26. Okt. 1908 in *Das Weihnachtsmysterium. Novalis der Seher und Christuskünder,* Dornach 1964; 1980

Stuttgart 14. Dez. 1908 in *Über Krankheitsformen und Krankheitsursachen,* Schriftenreihe der medizinischen Sektion am Goetheanum, 6. Heft, Dornach 1948

Berlin 22. Dez. 1908 *Das Weihnachtsmysterium. Novalis als Seher,* Dornach 1930; in *Das Weihnachtsmysterium. Novalis der Seher und Christuskünder,* Dornach 1954; 1964; 1980

Berlin 26. Dez. 1908 in *Märchendeutungen,* Berlin 1911; in *Märchendichtungen im Lichte der Geistesforschung. Märchendeutungen,* Basel 1942; Dornach 1960; 1969; 1979

Karlsruhe 18. Jan. 1909 in *Praktische Ausbildung des Denkens.* Nachfolgend sind alle Auflagen verzeichnet, die aufgefunden werden konnten: 1. Auflage Stuttgart 1921; 2. Auflage 11.-15. Tsd. Stuttgart 1922; 3. Auflage Stuttgart (überklebt Dornach) 1927; 4. Auflage 21.-26. Tsd. Dornach 1930; 5. Auflage 27.-31. Tsd. Dresden 1939; 6. Auflage 32.-34. Tsd. Dornach 1943; verschiedene Auflagen: Stuttgart/Rendsburg 40.-44. Tsd. 1948, Wien 1948, Freiburg i. Br. 1948, 1958; 11. Auflage Dornach 1970; 12. Auflage Dornach 1973; 13. Auflage Dornach 1979; in *Wege der Übung,* ThGw. Nr. 1, Stuttgart 1980; 1981

109 **Das Prinzip der spirituellen Ökonomie im Zusammenhang mit Wiederverkörperungsfragen.** Ein Aspekt der geistigen Führung der Menschheit

Dreiundzwanzig Vorträge in verschiedenen Städten. Anhang

1909: Heidelberg 21. Jan., Berlin 15. Febr., München 7. März, Rom 28. 31. März, Malsch 6. April, Köln 10. 11. April, Oslo 16. Mai, Berlin 25. Mai, Budapest 31. Mai, 3. 4. 5. 6. 7. 8. 9. 10. 11. 12. Juni, Wien 14. Juni, Breslau 15. Juni

Anhang mit Auszügen aus fünf Parallelvorträgen **1909:** Basel 3. Febr., Stuttgart 7. Febr., Leipzig 19. Febr., Kassel 25. Febr., Berlin 22. März

ISBN 3-7274-1090-6 (GA 1979)

Bibliographie: 1. Auflage GA 1965; 2. Auflage GA 1979

Einzelausgaben und sonstige Veröffentlichungen:

Berlin 15. Febr. 1909 *Das Christentum im Entwicklungsgang unserer gegenwärtigen Menschheit. Führende Individualitäten und avatarische Wesenheiten,* Dornach 1937; in *Geisteswissenschaftliche Menschenkunde,* Bibl.-Nr. 107

Köln 10. 11. April 1909 *Das Osterfest,* Berlin 1914; *Geistige Osterglocken,* Dornach 1930; 1955; 1966

Berlin 25. Mai 1909 *Der Gott des Alpha und der Gott des Omega. Eine Pfingstbetrachtung,* Dornach 1953; 1966; Anhang, Berlin 22. März 1909 (vollständig) in *Geisteswissenschaftliche Menschenkunde,* Bibl.-Nr. 107

110 **Geistige Hierarchien und ihre Widerspiegelung in der physischen Welt.** Tierkreis, Planeten, Kosmos

Zehn Vorträge und zwei Fragenbeantwortungen in Düsseldorf

1909: 12. (zwei Vorträge) 13. (zwei Vorträge) 14. 15. 16. 17. 18. (zwei Vorträge) 21. (mit Fragenbeantwortung) 22. (mit Fragenbeantwortung) April

ISBN 3-7274-1100-7 (GA 1981)

Bibliographie: 1. Auflage (Zyklus 7, ohne Fragenbeantwortungen) Berlin 1910; 2. Auflage (Zyklus 7, wie 1. Auflage) Berlin 1929; 3. Auflage (wie 1. Auflage) Dornach 1936; 4. Auflage (bezeichnet als 3.) GA 1960; 5. Auflage GA 1972; 6. Auflage GA 1981

111 leer

112 **Das Johannes-Evangelium im Verhältnis zu den drei anderen Evangelien, besonders zu dem Lukas-Evangelium**

Vierzehn Vorträge in Kassel

1909: 24. 25. 26. 27. 28. 29. 30. Juni, 1. 2. 3. 4. 5. 6. 7. Juli

ISBN 3-7274-1120-1 (GA 1975)

Bibliographie: 1. Auflage (Zyklus 8) Berlin 1910; 2. Auflage Dornach 1928; 3. Auflage Dornach 1940; 4. Auflage GA 1959; 5. Auflage GA 1975

113 **Der Orient im Lichte des Okzidents.** Die Kinder des Luzifer und die Brüder Christi
Neun Vorträge und eine Ansprache zur Goethe-Feier in München
1909: 23. 24. 25. 26. 27. 28. (Vortrag und Ansprache) 29. 30. 31. Aug.

ISBN 3-7274-1130-9 (GA 1982)

Bibliographie: 1. Auflage (Zyklus 9, ohne Ansprache) Berlin 1910; 2. Auflage, vom Vortragenden bearbeitet und mit einer Vorbemerkung und Anmerkungen versehen in der Zeitschrift »Die Drei«, Stuttgart 1. Jg. 1921/22, 1.–10. Heft (ohne Ansprache); 3. Auflage (ohne Ansprache) Dornach 1942; 4. Auflage GA 1960; 5. Auflage GA 1982

Einzelausgaben und sonstige Veröffentlichungen:
Taschenbuchausgabe: RSTb. Nr. 624 (ohne Ansprache) Dornach 1977

114 **Das Lukas-Evangelium**
Zehn Vorträge in Basel
1909: 15. 16. 17. 18. 19. 20. 21. 24. 25. 26. Sep.

ISBN 3-7274-1140-6 (GA 1977)

Bibliographie: 1. Auflage (Zyklus 10) Berlin 1917; 2. Auflage (Zyklus 10) Berlin 1923; 3. Auflage Dornach 1931; 4. Auflage Dornach 1949; 5. Auflage Dornach 1955; 6. Auflage GA 1968; 7. Auflage GA 1977

115 **Anthroposophie, Psychosophie, Pneumatosophie**
Zwölf Vorträge in Berlin
1909: 23. 25. 26. 27. Okt. / **1910:** 1. 2. 3. 4. Nov. / **1911:** 12. 13. 15. 16. Dez.

ISBN 3-7274-1150-3 (GA 1980)

Bibliographie: 1. Auflage Dornach 1931; 2. Auflage GA 1965; 3. Auflage GA 1980

Einzelausgaben und sonstige Veröffentlichungen:
Berlin 23. 25. Okt. 1909 in *Zur Sinneslehre,* ThGw. Nr. 3, Stuttgart 1980; 1981

116 **Der Christus-Impuls und die Entwickelung des Ich-Bewußtseins**
Sieben Vorträge in Berlin
1909: 25. Okt., 22. Dez. / **1910:** 2. 8. Febr., 9. März, 2. 8. Mai

ISBN 3-7274-1160-0 (GA 1982)

Bibliographie: 1. Auflage (Zyklus 17) Berlin 1921; 2. Auflage Dornach 1933; 3. Auflage GA 1961; 4. Auflage GA 1982

117 Die tieferen Geheimnisse des Menschheitswerdens im Lichte der Evangelien

Zwölf Vorträge in verschiedenen Städten

1909: Berlin 11. 18. Okt., 2. (zweiter Teil) 9. Nov., Stuttgart 13. 14. Nov., Zürich 19. Nov., Berlin 23. Nov., München 4. 7. Dez., Berlin 21. 26. Dez.

ISBN 3-7274-1170-8 (GA 1966)

Bibliographie: 1. Auflage GA 1966

Einzelausgaben und sonstige Veröffentlichungen:

Berlin 2. (zweiter Teil) 9. 23. Nov. 1909 *Die tieferen Geheimnisse des Menschheitswerdens im Lichte des Matthäus-Evangeliums,* Dornach 1934 (statt 2. irrtümlich 1. Nov. 1909)

Stuttgart 13. 14. Nov. 1909 *Die Geisteswissenschaft, ihre Aufgaben und Ziele. Die Evangelien,* Berlin 1923

München 4. 7. Dez. 1909 in *Das Ich, der Gott im Innern und der äußeren Offenbarung,* Dornach 1935

Berlin 21. Dez. 1909 *Der Weihnachtsbaum, ein Symbolum,* Berlin 1910; Dornach 1938; 1965; 1977; in *Weihnacht. Der Weihnachtsbaum, ein Symbolum,* Dornach 1930

Berlin 26. Dez. 1909 *Weihnachtsstimmung,* Berlin 1914; in *Weihnachtsstimmung. Novalis als Verkünder des spirituell zu erfassenden Christentums,* Dornach 1930; in *Das Weihnachtsmysterium. Novalis, der Seher und Christuskünder,* Dornach 1954; 1964; 1980

118 Das Ereignis der Christus-Erscheinung in der ätherischen Welt

Sechzehn Vorträge in verschiedenen Städten und eine Fragenbeantwortung

1910: Karlsruhe 25. Jan. (mit Fragenbeantwortung), Heidelberg 27. Jan., Pforzheim 30. Jan., Kassel 6. Febr., Düsseldorf 20. Febr., Köln 27. Febr., Stuttgart 5. 6. März, München 13. 15. März, Rom 11. 12. 13. April, Palermo 18. April, Hannover 10. Mai, Hamburg 15. Mai

ISBN 3-7274-1180-5 (GA 1977)

Bibliographie: 1. Auflage GA 1965; 2. Auflage GA 1977

Einzelausgaben und sonstige Veröffentlichungen:

Karlsruhe 25. Jan. 1910 *Das Ereignis der Christus-Erscheinung in der ätherischen Welt. Vorbereitung der Menschen auf das Wiederkommen des Christus durch das Äthersehen,* Dornach 1937

Stuttgart 5. März 1910 *Die Geheimnisse des Weltenalls. Kometarisches und Lunarisches,* Dornach 1937; in *Die Geheimnisse des Weltenalls. Kometarisches und Lunarisches. Das Wiedererscheinen des Christus im Ätherischen,* Stuttgart 1949

Stuttgart 6. März 1910 *Das Wiedererscheinen des Christus im Ätherischen,* Dornach 1936; in *Die Geheimnisse des Weltenalls. Kometarisches und Lunarisches. Das Wiedererscheinen des Christus im Ätherischen,* Stuttgart 1949

Hamburg 15. Mai 1910 *Pfingsten,* Berlin 1911; *Pfingsten, das Fest der freien Individualität,* Dornach 1933; in *Pfingsten, das Fest der freien Individualität. Das Pfingstfest des seelischen Zusammenstrebens und des Arbeitens an der Vergeistigung der Welt,* Dornach 1959; 1979

119 **Makrokosmos und Mikrokosmos.** Die große und die kleine Welt. Seelenfragen, Lebensfragen, Geistesfragen

Zwölf Vorträge in Wien

1910: 19. (öffentlich) 21. 22. 23. 24. 25. 26. 28. (zwei Vorträge) 29. 30. 31. März

ISBN 3-7274-1190-2 (GA 1962)

Bibliographie: 1. Auflage (Zyklus 11, ohne 19. März 1910) Dornach 1933; 2. Auflage GA 1962

120 **Die Offenbarungen des Karma**

Elf Vorträge in Hamburg

1910: 16. 17. 18. 19. 20. 21. 22. 25. 26. 27. 28. Mai

ISBN 3-7274-1200-3 (GA 1975)

Bibliographie: 1. Auflage (Zyklus 12) Berlin 1911; 2. Auflage Dornach 1932; 3. Auflage 1944; 4. Auflage 1949; 5. Auflage GA 1956; 6. Auflage GA 1968; 7. Auflage GA 1975

Einzelausgaben und sonstige Veröffentlichungen:

Taschenbuchausgabe: RSTb. Nr. 620, Dornach 1976; 1980

Hamburg 16. Mai 1910 in *Wiederverkörperung. Zur Idee von Reinkarnation und Karma,* ThGw Nr. 9, Stuttgart 1982

121 **Die Mission einzelner Volksseelen im Zusammenhang mit der germanisch-nordischen Mythologie**

Elf Vorträge in Kristiania (Oslo) und eine Vorrede von 1918

1910: 7. 8. 9. 10. 11. 12. (zwei Vorträge) 14. 15. 16. 17. Juni

ISBN 3-7274-1210-0 (GA 1982)

Bibliographie: 1. Auflage (Zyklus 13, ohne Vorrede) Berlin 1911; 2. Auflage Berlin 1922; 3. Auflage Dornach 1950; 4. Auflage GA 1962; 5. Auflage GA 1982

Einzelausgaben und sonstige Veröffentlichungen:

Taschenbuchausgabe: RSTb. Nr. 613, Dornach 1974; 1983

122 **Die Geheimnisse der biblischen Schöpfungsgeschichte.** Das Sechstagewerk im 1. Buch Moses

Elf Vorträge in München

1910: 16. 17. 18. 19. 20. 21. 22. 23. 24. 25. 26. Aug.

ISBN 3-7274-1220-8 (GA 1976)

Bibliographie: 1. Auflage (Zyklus 14) Berlin 1911; 2. Auflage Dornach 1932; 3. Auflage Freiburg i.Br. 1954; 4. Auflage GA 1961; 5. Auflage GA 1976

123 Das Matthäus-Evangelium

Zwölf Vorträge in Bern

1910: 1. 2. 3. 4. 5. 6. 7. 8. 9. 10. 11. 12. Sept.

ISBN 3-7274-1230-5 (GA 1978)

Bibliographie: 1. Auflage (Zyklus 15) Berlin 1918; 2. Auflage Dornach 1930; 3. Auflage Dornach 1949; 4. Auflage GA 1959; 5. Auflage GA 1971; 6. Auflage GA 1978

124 Exkurse in das Gebiet des Markus-Evangeliums

Dreizehn Vorträge in verschiedenen Städten und eine Fragenbeantwortung

1910: Berlin 17. 24. Okt., 7. Nov., 6. Dez., München 12. Dez., Hannover 18. Dez. (mit Fragenbeantwortung), Berlin 19. Dez. / **1911:** Berlin 16. Jan., Koblenz 2. Febr., Berlin 28. Febr., 7. 13. März, 10. Juni

ISBN 3-7274-1240-2 (GA 1963)

Bibliographie: 1. Auflage (Zyklus 30, ohne 12. 18. Dez. 1910 und 2. Febr. 1911) Berlin 1921; 2. Auflage (ohne 12. 18. Dez. 1910 und 2. Febr. 1911) Dornach 1947; 3. Auflage GA 1963

Einzelausgaben und sonstige Veröffentlichungen:

München 12. Dez. 1910 in *Das Ich, der Gott im Innern und der Gott der äußeren Offenbarung,* Dornach 1935

Berlin 10. Juni 1911 *Rosenkreuzererisches Weistum in der Märchendichtung,* Dornach 1963; 1980

125 Wege und Ziele des geistigen Menschen. Lebensfragen im Lichte der Geisteswissenschaft

Vierzehn Vorträge in verschiedenen Städten

1910: Straßburg 23. Jan., Hamburg 26. Mai, Kopenhagen 2. 4. 5. Juni, München 26. Aug., Basel 17. Sept., Berlin 31. Okt., Nürnberg 13. Nov., Leipzig 21. Nov., Bremen 26. Nov., München 11. Dez., Berlin 22. Dez., Stuttgart 27. Dez.

ISBN 3-7274-1250-X (GA 1973)

Bibliographie: 1. Auflage GA 1973

Einzelausgaben und sonstige Veröffentlichungen:

Hamburg 26. Mai 1910 in *Beiträge zur Rudolf Steiner Gesamtausgabe Nr. 30,* Dornach 1970

Basel 17. Sept. 1910 *Selbsterkenntnis,* Dornach 1950; in *Über die Mysteriendramen «Die Pforte der Einweihung» und «Die Prüfung der Seele»,* Dornach 1964; 1982

Berlin 31. Okt. 1910 *Einiges über das Rosenkreuzermysterium «Die Pforte der Einweihung»,* Berlin 1916; in *Einiges über das Rosenkreuzermysterium «Die Pforte der Einweihung». Symbolik und Phantasie mit Bezug auf das Mysterium «Die Prüfung der Seele»,* Dornach 1925; in *Über die Mysteriendramen «Die Pforte der Einweihung» und «Die Prüfung der Seele»,* Dornach 1964; 1982

Nürnberg 13. Nov. 1910 in *Die Tatsache und die Bedeutung des Christus-Ereignisses,* Freiburg i. Br. 1954

Bremen 26. Nov. 1910 in *Wiederverkörperung. Zur Idee von Reinkarnation und Karma.* ThGw. Nr. 9, Stuttgart 1982

München 11. Dez. 1910 in *Karmische Wirkungen,* Freiburg i. Br. 1955

Berlin 22. Dez. 1910 *Das Weihnachtsfest im Wandel der Zeiten,* Berlin 1912; Dornach 1942; in *Das Weihnachtsfest im Wandel der Zeiten. Weihnachten, ein Inspirationsfest,* Dornach 1966; 1980

Stuttgart 27. Dez. 1910 *Die Julfestzeit, die Christfest-Symbole und die welthistorische Stimmung anthroposophischer Vorstellungsart,* Dornach 1931; *Die Julzeit und die Christfeststimmung,* Dornach 1966; 1982

126 **Okkulte Geschichte.** Esoterische Betrachtungen karmischer Zusammenhänge von Persönlichkeiten und Ereignissen der Weltgeschichte

Sechs Vorträge in Stuttgart

1910: 27. 28. 29. 30. 31. Dez. / **1911:** 1. Jan.

ISBN 3-7274-1261-5 (GA 1975)

Bibliographie: 1. Auflage (Zyklus 16) *Okkulte Geschichte. Persönlichkeiten und Ereignisse der Weltgeschichte im Lichte der Geisteswissenschaft,* Berlin 1911; 2. Auflage Dornach 1943; 3. Auflage Dornach 1956; 4. Auflage (mit neuem Untertitel) GA 1975

127 **Die Mission der neuen Geistesoffenbarung.** Das Christus-Ereignis als Mittelpunktsgeschehen der Erdenevolution

Siebzehn Vorträge in verschiedenen Städten

1911: Mannheim 5. Jan., Wiesbaden 7. Jan., Frankfurt a.M. 8. Jan., München 11. Febr., Basel 23. Febr., Zürich 25. Febr., St. Gallen 26. Febr., Berlin 3. März, Bielefeld 6. März, Prag 28. März, München 3. Mai, Kopenhagen 5. Juni, Wien 14. Juni, Heidenheim 30. Nov., Berlin 19. 21. Dez., Hannover 26. Dez.

ISBN 3-7274-1270-4 (GA 1975)

Bibliographie: 1. Auflage GA 1975

Einzelausgaben und sonstige Veröffentlichungen:

München 3. Mai 1911 *Erbsünde und Gnade,* Berlin 1923; Dornach 1952; 1976

Berlin 19. Dez. 1911 *Symbolik und Phantasie mit Bezug auf das Mysterium «Die Prüfung der Seele»,* Berlin 1916; in *Einiges über das Rosenkreuzermysterium «Die Pforte der Einweihung», Symbolik und Phantasie mit Bezug auf das Mysterium «Die Prüfung der Seele»,* Dornach 1925; in *Über die Mysteriendramen «Die Pforte der Einweihung» und «Die Prüfung der Seele»,* Dornach 1964; 1982

Berlin 21. Dez. 1911 *Weihnachten, ein Inspirationsfest,* Berlin 1913; Dornach 1937; in *Das Weihnachtsfest im Wandel der Zeiten. Weihnachten – ein Inspirationsfest,* Dornach 1966; 1980

128 **Eine okkulte Physiologie**

Acht Vorträge in Prag

1911: 20. 21. 22. 23. 24. 26. 27. 28. März

ISBN 3-7274-1280-1 (GA 1978)

Bibliographie: 1. Auflage Dornach (Zyklus OP) 1927; 2. Auflage GA 1957; 3. Auflage GA 1971; 4. Auflage GA 1978

129 Weltenwunder, Seelenprüfungen und Geistesoffenbarungen

Elf Vorträge in München

1911: 18. 19. 20. 21. 22. 23. 24. 25. 26. 27. 28. Aug.

ISBN 3-7274-1290-9 (GA 1977)

Bibliographie: 1. Auflage (Zyklus 18) Berlin 1912; 2. Auflage (Zyklus 18) Berlin 1929; 3. Auflage (ohne 28. Aug. 1911) Dornach 1939; 4. Auflage GA 1960; 5. Auflage GA 1977

Einzelausgaben und sonstige Veröffentlichungen:

München 28. Aug. 1911 *Unsere Zeit und Goethe,* Dornach 1939

130 Das esoterische Christentum und die geistige Führung der Menschheit

Dreiundzwanzig Vorträge in verschiedenen Städten

1911: Köln 29. Jan., Lugano 17. Sept., Locarno 19. Sept., Mailand 21. Sept., Neuchâtel 27. 28. Sept., Basel 1. Okt., Leipzig 4. 5. Nov., München 18. 20. Nov., Stuttgart 28. Nov., Nürnberg 2. 3. Dez. / **1912:** München 9. Jan., Kassel 27. 29. Jan., Wien 8. 9. Febr., Düsseldorf 5. Mai, Hamburg 17. Juni, Neuchâtel 18. Dez., St. Gallen 19. Dez.

ISBN 3-7274-1300-X (GA 1977)

Bibliographie: 1. Auflage GA 1962; 2. Auflage GA 1977

Einzelausgaben und sonstige Veröffentlichungen:

Lugano 17. Sept., Locarno 19. Sept. 1911 *Der Christus-Impuls im historischen Werdegang,* Dornach 1947

Mailand 21. Sept. 1911 *Buddha und Christus. Die Sphäre der Bodhisattvas,* Dornach 1944

Neuchâtel 27. 28. Sept. 1911 *Das rosenkreuzerische Christentum,* Dornach 1947

Neuchâtel 27. 28. Sept. 1911, 18. Dez. 1912 *Das rosenkreuzerische Christentum,* Stuttgart 1950

Basel 1. Okt. 1911 *Die Ätherisation des Blutes. Das Eingreifen des ätherischen Christus in die Erdenentwickelung,* Dornach 1933; 1947 (mit Fragenbeantwortung); Stuttgart 1949; Dornach 1962; 1969; 1980

Leipzig 4. 5. Nov. 1911 *Jeshu ben Pandira, der Vorbereiter für ein Verständnis des Christus-Impulses,* Dornach 1934

München 20. Nov. 1911 in *Die Mission des Christian Rosenkreutz, deren Charakter und Aufgabe,* (zusammen mit Schluß aus 18. Nov. 1911) Dornach 1947

Nürnberg 2. 3. Dez. 1911 *Glaube, Liebe, Hoffnung, drei Stufen des menschlichen Lebens,* Dornach 1963; 1977

München 9. Jan. 1912 *Welten-Ich und Menschen-Ich. Mikrokosmisch-übersinnliche Wesenheiten. Die Natur des Christus. Die Stellung des Antichrist zum Christus. Der Auferstandene,* Dornach 1937

Kassel 27. 29. Jan. 1912 in *Die Mission des Christian Rosenkreutz, deren Charakter und Aufgabe,* Dornach 1947

Wien 8. 9. Febr. 1912 in *Die Mission des Christian Rosenkreutz, deren Charakter und Aufgabe,* Dornach 1947

Düsseldorf 5. Mai 1912 *Die Tatsache des durch den Tod gegangenen Gottes-Impulses. »Fünf Ostern« von Anastasius Grün,* Dornach 1936; 1980

Neuchâtel 18. Dez. 1912 in *Die Mission des Christian Rosenkreutz, deren Charakter und Aufgabe,* Dornach 1947; in *Das rosenkreuzerische Christentum,* Stuttgart 1950

St. Gallen 19. Dez. 1912 in *Die Mission des Christian Rosenkreutz, deren Charakter und Aufgabe,* Dornach 1947

131 **Von Jesus zu Christus**
Elf Vorträge in Karlsruhe
1911: 4. (öffentlich) 5. 6. 7. 8. 9. 10. 11. 12. 13. 14. Okt.

ISBN 3-7274-1310-7 (GA 1982)

Bibliographie: 1. Auflage (Zyklus 19, ohne 4. Okt. 1911) Berlin 1912; 2. Auflage (ohne 4. Okt. 1911) Dornach 1933; 3. Auflage GA 1958; 4. Auflage GA 1968; 5. Auflage GA 1974; 6. Auflage GA 1982

Einzelausgaben und sonstige Veröffentlichungen:
Karlsruhe 4. Okt. 1911 *Von Jesus zu Christus,* Berlin 1912; Stuttgart 1949; Dornach 1958; 1980

132 **Die Evolution vom Gesichtspunkte des Wahrhaftigen**
Fünf Vorträge in Berlin
1911: 31. Okt., 7. 14. 21. Nov., 5. Dez.

ISBN 3-7274-1320-4 (GA 1979)

Bibliographie: 1. Auflage (Zyklus 35, mit 23. Okt. 1911) Berlin 1916; 2. Auflage Dornach 1932; 3. Auflage GA 1958; 4. Auflage GA 1969; 5. Auflage GA 1979

133 **Der irdische und der kosmische Mensch**
Neun Vorträge in Berlin
1911: 23. Okt. / **1912:** 19. 26. März, 23. April, 2. 14. 20. Mai, 18. 20. Juni

ISBN 3-7274-1330-1 (GA 1964)

Bibliographie: 1. Auflage (Zyklus 36, ohne 23. Okt. 1911) Berlin 1917; 2. Auflage Dornach 1932; 3. Auflage GA 1964

Einzelausgaben und sonstige Veröffentlichungen:
Berlin 23. Okt. 1911 in *Die Evolution vom Gesichtspunkte des Wahrhaftigen,* Berlin 1916

134 **Die Welt der Sinne und die Welt des Geistes**
Sechs Vorträge in Hannover
1911: 27. 28. 29. 30. 31. Dez. / **1912:** 1. Jan.

ISBN 3-7274-1340-9 (GA 1979)

Bibliographie: 1. Auflage (Zyklus 20) Berlin 1914; 2. Auflage Dornach 1933; 3. Auflage GA 1959; 4. Auflage GA 1979

135 **Wiederverkörperung und Karma und ihre Bedeutung für die Kultur der Gegenwart**
Fünf Vorträge in Berlin und Stuttgart
1912: Berlin 23. 30. Jan., Stuttgart 20. 21. Febr., Berlin 5. März

ISBN 3-7274-1350-6 (GA 1978)

Bibliographie: 1. Auflage GA 1959; 2. Auflage GA 1970; 3. Auflage GA 1978

Einzelausgaben und sonstige Veröffentlichungen:

Berlin 23. 30. Jan., 5. März 1912 *Reinkarnation und Karma und ihre Bedeutung für die Kultur der Gegenwart,* Berlin 1917

Stuttgart 20. 21. Febr. 1912 *Wie kommt man zur Erkenntnis wiederholter Erdenleben? (Übungen und Beispiele),* Freiburg i. Br. 1953; in *Wiederverkörperung. Zur Idee von Reinkarnation und Karma,* ThGw. Nr. 9, Stuttgart 1982

136 Die geistigen Wesenheiten in den Himmelskörpern und Naturreichen

Elf Vorträge und eine Begrüßung in Helsingfors

1912: 3. 4. 5. 6. 7. 8. 10. 11. 12. (öffentlich) 13. 14. April

ISBN 3-7274-1361-1 (GA 1974)

Bibliographie: 1. Auflage (Zyklus 21, ohne 12. April 1912) Berlin 1912; 2. Auflage (ohne 12. April 1912) Dornach 1935; 3. Auflage GA 1960; 4. Auflage GA 1974

137 Der Mensch im Lichte von Okkultismus, Theosophie und Philosophie

Zehn Vorträge in Kristiania (Oslo)

1912: 2. 4. 5. 6. 7. 8. 9. 10. 11. 12. Juni

ISBN 3-7274-1371-9 (GA 1973)

Bibliographie: 1. Auflage (Zyklus 22) Berlin 1913; 2. Auflage (Zyklus 22) Berlin 1930; 3. Auflage GA 1956; 4. Auflage GA 1973

138 Von der Initiation. Von Ewigkeit und Augenblick. Von Geisteslicht und Lebensdunkel

Acht Vorträge in München

1912: 25. 26. 27. 28. 29. 30. (zwei Vorträge) 31. Aug.

ISBN 3-7274-1380-8 (GA 1959)

Bibliographie: 1. Auflage (Zyklus 23, ohne Sondervortrag vom 30. Aug. 1912) Berlin 1913; 2. Auflage (Zyklus 23, ohne Sondervortrag vom 30. Aug. 1912) Berlin 1930; 3. Auflage GA 1959

139 Das Markus-Evangelium

Zehn Vorträge in Basel und eine Vorbemerkung von Rudolf Steiner

1912: 15. 16. 17. 18. 19. 20. 21. 22. 23. 24. Sept.

ISBN 3-7274-1390-5 (GA 1976)

Bibliographie: 1. Auflage (Zyklus 24) Berlin 1918; 2. Auflage Dornach 1930; 3. Auflage Dornach 1949; 4. Auflage GA 1960; 5. Auflage GA 1976

140 Okkulte Untersuchungen über das Leben zwischen Tod und neuer Geburt.
Die lebendige Wechselwirkung zwischen Lebenden und Toten
Zwanzig Vorträge in verschiedenen Städten
1912: Mailand 26. 27. Okt., Wien 3. Nov., Hannover 18. Nov., München 26. 28. Nov., Bern 15. Dez. / **1913:** Wien 21. Jan., Linz 26. Jan., Tübingen 16. Febr., Stuttgart 17. 20. Febr., Frankfurt a.M. 2. März, München 10. 12. März, Breslau 5. April, Düsseldorf 27. April, Straßburg 13. Mai, Bergen 10. 11. Okt.

ISBN 3-7274-1400-6 (GA 1980)

Bibliographie: 1. Auflage GA 1961; 2. Auflage GA 1970; 3. Auflage GA 1980

Einzelausgaben und sonstige Veröffentlichungen:

Tübingen 16. Febr. 1913 in *Anthroposophie als Empfindungs-, Erkenntnis- und Lebensgehalt,* Freiburg i.Br. 1952

Stuttgart 17. 20. Febr. 1913 *Okkulte Untersuchungen über das Leben zwischen Tod und neuer Geburt,* Dornach 1934

Bergen 10. 11. Okt. 1913 *Die lebendige Wechselwirkung zwischen Lebenden und Toten. Die Umwandlung menschlich-irdischer Kräfte zu Kräften der hellseherischen Forschung,* Dornach 1937

141 Das Leben zwischen dem Tode und der neuen Geburt im Verhältnis zu den kosmischen Tatsachen
Zehn Vorträge in Berlin
1912: 5. 20. Nov., 3. 10. 22. Dez. / **1913:** 7. (zweiter Teil*) 14. Jan., 11. Febr., 4. März, 1. April

* erster Teil in Bibl.-Nr. 158

ISBN 3-7274-1410-3 (GA 1983)

Bibliographie: 1. Auflage (Zyklus 37, statt 20. irrtümlich 19. Nov. 1912) Berlin o.J. (1916); 2. Auflage (statt 20. irrtümlich 19. Nov. 1912) Berlin 1936; 3. Auflage GA 1964; 4. Auflage GA 1983

142 Die Bhagavad Gita und die Paulusbriefe
Fünf Vorträge in Köln
1912: 28. 29. 30. 31. Dez. / **1913:** 1. Jan.

ISBN 3-7274-1420-0 (GA 1982)

Bibliographie: 1. Auflage (Zyklus 25) Berlin o.J. (1913); 2. Auflage Dornach 1932; 3. Auflage GA 1960; 4. Auflage GA 1982

Einzelausgaben und sonstige Veröffentlichungen:
Taschenbuchausgabe: RSTb. Nr. 626, Dornach 1979

143 **Erfahrungen des Übersinnlichen.** Die Wege der Seele zu Christus

Vierzehn Vorträge in verschiedenen Städten

1912: München 11. Jan., Winterthur 14. Jan., Zürich 15. Jan., Breslau 3. Febr., München 25. 27. Febr., Stockholm 16. 17. April, Köln 7. 8. Mai, München 16. Mai, Zürich 17. Dez., Berlin 24. Dez., Köln 29. Dez.

ISBN 3-7274-1430-8 (GA 1983)

Bibliographie: 1. Auflage GA 1970; 2. Auflage GA 1974; 3. Auflage GA 1983

Einzelausgaben und sonstige Veröffentlichungen:

München 11. Jan. 1912 in *Gesundheit und Krankheit im Seelenleben* Medizinische Schriftenreihe, zweite Folge, 3. Heft, Basel 1952; *Nervosität und Ichheit,* Dornach 1966; 1969; 1974; 1979

Breslau 3. Febr. 1912 in *Anthroposophie als Empfindungs-, Erkenntnis- und Lebensgehalt,* Freiburg i. Br. 1952

Stockholm 16. 17. April 1912 *Die drei Wege der Seele zu Christus,* Dornach 1937

Köln 8. Mai 1912 *Vorverkündigung und Heroldtum des Christus-Impulses. Der Christusgeist und seine Hüllen: eine Pfingstbotschaft,* Dornach 1936

Zürich 17. Dez. 1912 *Die Liebe und ihre Bedeutung in der Welt,* Freiburg i. Br. 1955; Dornach 1961; 1970; 1976; 1980

Berlin 24. Dez. 1912 *Betrachtungen über den Weihnachtsabend,* Berlin 1913; *Die Geburt des Erdenlichtes aus der Finsternis der Weihenacht,* Dornach o. J. (1937); 1969; 1977

Köln 29. Dez. 1912 in *Weihnachtsstimmung. Novalis als Verkünder des spirituell zu erfassenden Christentums,* Dornach 1930; in *Das Weihnachtsmysterium. Novalis, der Seher und Christuskünder,* Dornach 1954; 1964; 1980

144 **Die Mysterien des Morgenlandes und des Christentums**

Vier Vorträge in Berlin

1913: 3. 4. 5. 7. Febr.

ISBN 3-7274-1440-5 (GA 1960)

Bibliographie: 1. Auflage (Zyklus 26) Berlin o. J. (1913); 2. Auflage Dornach 1932; 3. Auflage (statt 7. irrtümlich 6. Febr. 1913) GA 1960

145 **Welche Bedeutung hat die okkulte Entwickelung des Menschen für seine Hüllen (physischen Leib, Ätherleib, Astralleib) und sein Selbst?**

Zehn Vorträge in Den Haag

1913: 20. (ohne einleitende Worte*) 21. 22. 23. 24. 25. 26. 27. 28. 29. März (ohne Schlußworte*)

* Einleitende Worte und Schlußworte siehe Bibl.-Nr. 250 f ISBN 3-7274-1450-2 (GA 1976)

Bibliographie: 1. Auflage (Zyklus 27, mit den einleitenden Worten vom 20. und den Schlußworten vom 29. März) Berlin o. J. (1913); 2. Auflage Dornach 1935; 3. Auflage GA 1957; 4. Auflage GA 1976

Einzelausgaben und sonstige Veröffentlichungen:

Den Haag 20. 21. März 1913 in *Ernährung und Bewußtsein. Ernährung des Menschen II,* ThGw. Nr. 7, Stuttgart 1981

146 Die okkulten Grundlagen der Bhagavad Gita

Neun Vorträge in Helsingfors

1913: 28. 29. 30. 31. Mai, 1. 2. 3. 4. 5. Juni

ISBN 3-7274-1460-X (GA 1962)

Bibliographie: 1. Auflage (Zyklus 28) Berlin o.J. (1914); 2. Auflage Dornach o.J. (1940); 3. Auflage GA 1962

147 Die Geheimnisse der Schwelle

Acht Vorträge in München

1913: 24. 25. 26. 27. 28. 29. 30. 31. August

ISBN 3-7274-1470-7 (GA 1982)

Bibliographie: 1. Auflage (Zyklus 29) Berlin o.J. (1914); 2. Auflage (Zyklus 29) Berlin 1930; 3. Auflage, Teilauflage Freiburg i.Br. 1955, Teilauflage GA 1960; 4. Auflage GA 1969; 5. Auflage GA 1982

148 Aus der Akasha-Forschung. Das Fünfte Evangelium

Achtzehn Vorträge in verschiedenen Städten

1913: Kristiania (Oslo) 1. 2. 3. 5. 6. Okt., Berlin 21. Okt. 4. Nov., Hamburg 16. Nov., Berlin 18. Nov., Stuttgart 22. 23. Nov., München 8. 10. Dez., Köln 17. 18. Dez. / **1914:** Berlin 6. 13. Jan., 10. Febr.

ISBN 3-7274-1480-4 (GA 1980)

Bibliographie: 1. Auflage (Zyklus 38, statt 5. 6. irrtümlich 4. 5. Okt. 1913, ohne Stuttgart 23. Nov. 1913) GA 1963; 2. Auflage GA 1975; 3. Auflage GA 1980

Einzelausgaben und sonstige Veröffentlichungen:

Kristiania (Oslo) 1. 2. 3. 5. 6. Okt. 1913 *Aus der Akasha-Forschung. Das Fünfte Evangelium,* Dornach 1948; 1955

Berlin 21. Okt. 1913 in *Die Tatsache und die Bedeutung des Christus-Ereignisses,* Freiburg i.Br. 1954 (irrtümlich 21. Okt. 1912)

Köln 17. 18. Dez. 1913 *Das Mysterium von Golgatha,* Berlin 1923; Dornach 1954

149 Christus und die geistige Welt. Von der Suche nach dem heiligen Gral

Sechs Vorträge in Leipzig

1913: 28. 29. 30. 31. Dez. / **1914:** 1. 2. Jan.

ISBN 3-7274-1490-1 (GA 1977)

Bibliographie: 1. Auflage (Zyklus 31 *Christus und die geistige Welt,)* Berlin o.J. (1914); 2. Auflage (Zyklus 31 *Christus und die geistige Welt),* Berlin 1928; 3. Auflage Dornach 1934; 4. Auflage (bezeichnet als 3.) GA 1960; 5. Auflage GA 1977

150 Die Welt des Geistes und ihr Hereinragen in das physische Dasein.
Das Einwirken der Toten in die Welt der Lebenden
Zehn Vorträge in verschiedenen Städten
1913: Leipzig 12. Jan. (Notizen), Augsburg 14. März, Den Haag 23. März, Weimar 13. April, Erfurt 13. April, Paris 5. Mai, Stockholm 8. 10. (ohne den Schluß) Juni, Bochum 21. Dez., Berlin 23. Dez.

ISBN 3-7274-1500-2 (GA 1980)

Bibliographie: 1. Auflage GA 1973; 2. Auflage GA 1980

Einzelausgaben und sonstige Veröffentlichungen:
Berlin 23. Dez. 1913 *Kindeskraft und Ewigkeitskraft. Eine Weihnachtsgabe,* Dornach 1971; 1980

151 Der menschliche und der kosmische Gedanke
Vier Vorträge in Berlin
1914: 20. 21. 22. 23. Jan.

ISBN 3-7274-1510-X (GA 1980)

Bibliographie: 1. Auflage (Zyklus 33) Berlin o.J. (1915); 2. Auflage (Zyklus 33) Berlin 1931; 3. Auflage Dornach 1949; 4. Auflage GA 1961; 5. Auflage GA 1980 (im Nachweis der Auflagen irrtümlich 1979)

152 Vorstufen zum Mysterium von Golgatha
Zehn Vorträge in verschiedenen Städten
1913: London 1. 2. Mai, Stuttgart 18. 20. Mai, Kopenhagen 14. Okt. / **1914:** Stuttgart 5. März, Pforzheim 7. März, München 30. März, Paris 27. Mai, Basel 1. Juni (ohne Einleitung)

ISBN 3-7274-1520-7 (GA 1980)

Bibliographie: 1. Auflage GA 1964; 2. Auflage GA 1980

Einzelausgaben und sonstige Veröffentlichungen:
London 1. Mai 1913 in *Wege der Übung,* ThGw. Nr. 1. Stuttgart 1980; 1981
London 1. 2. Mai 1913 *Okkulte Wissenschaft und okkulte Entwickelung. Christus zur Zeit des Mysteriums von Golgatha und Christus im 20. Jahrhundert,* Berlin 1920; Dornach 1958; 1983
Stuttgart 18. 20. Mai 1913 *Der Michael-Impuls und das Mysterium von Golgatha,* Dornach 1934
Pforzheim 7. März 1914 *Der Christus-Impuls im Zeitenwesen und sein Walten im Menschen,* Dornach 1930; 1943
Basel 1. (irrtümlich 2.) Juni 1914 *Die vier Christus-Opfer. Die drei Vorstufen des Mysteriums von Golgatha,* Dornach 1936; Stuttgart 1949

153 Inneres Wesen des Menschen und Leben zwischen Tod und neuer Geburt
Acht Vorträge und eine Ansprache in Wien
1914: 6. (öffentlich) 8. (öffentlich) 9. 10. 11. 12. 13. 14. 14. (Ansprache) April

ISBN 3-7274-1530-4 (GA 1978)

Bibliographie: 1. Auflage (Zyklus 32, ohne 6. 8. 14., Ansprache, April 1914) Berlin o. J. (1914); 2. Auflage (wie 1. Auflage) Berlin 1928; 3. Auflage (ohne 6. 8. 14., Ansprache, April 1914) Dornach 1935; 4. Auflage (bezeichnet als 3.) GA 1959; 5. Auflage GA 1978

Einzelausgaben und sonstige Veröffentlichungen:

Wien 6. 8. April 1913 *Das geistige Suchen in der Gegenwart. Tod und Unsterblichkeit,* Dornach 1935

·154 **Wie erwirbt man sich Verständnis für die geistige Welt?** Das Einfließen geistiger Impulse aus der Welt der Verstorbenen

Sieben Vorträge in verschiedenen Städten

1914: Prag 17. April (Notizen), Berlin 18. 26. April, Basel 5. Mai, Berlin 12. Mai, Paris 25. 26. (öffentlich) Mai

ISBN 3-7274-1540-1 (GA 1973)

Bibliographie: 1. Auflage GA 1973

Einzelausgaben und sonstige Veröffentlichungen:

Berlin 18. April, 12. Mai 1914 *Wie erwirbt man sich Verständnis für die geistige Welt?* Berlin 1919

Berlin 26. April 1914 (irrtümlich 1911) in *Robert Hamerling, ein Dichter und ein Denker und ein Mensch.* Eine Denkschrift, Dornach o. J. (1939)

Basel 5. Mai 1914 (ohne den Schluß) in *Rudolf Steiner und unsere Toten,* Dornach 1935

155 **Christus und die menschliche Seele.** Über den Sinn des Lebens. Theosophische Moral. Anthroposophie und Christentum

Zehn Vorträge in Kopenhagen und Norrköping

1912: Kopenhagen 23. 24. Mai, Norrköping 28. 29. 30. Mai / **1914:** Norrköping 12. 13. (öffentlich) 14. 15. 16. Juli

ISBN 3-7274-1550-9 (GA 1982)

Bibliographie: 1. Auflage GA 1960; 2. Auflage GA 1982

Einzelausgaben und sonstige Veröffentlichungen:

Kopenhagen 23. 24. Mai 1912 *Über den Sinn des Lebens,* Berlin o. J. (1912); o. J. (1913); Dornach 1952; in *Über den Sinn des Lebens. Theosophische Moral,* Dornach 1960; 1982

Norrköping 28. 29. 30. Mai 1912 *Theosophische Moral,* Berlin o. J. (1912); Dornach 1952; in *Über den Sinn des Lebens. Theosophische Moral,* Dornach 1960; 1982

Norrköping 12. 14. 15. 16. Juli 1914 *Christus und die menschliche Seele* (Zyklus 34) Berlin o. J. (1915); Dornach 1933; 1949 (aufgebunden 1978); 1960; 1966; 1983

Norrköping 13. Juli 1914 *Anthroposophie und Christentum,* Dornach 1960; 1973

156 **Okkultes Lesen und okkultes Hören**

Elf Vorträge in Dornach und Basel

1914: Dornach 3. 4. 5. 6. 7. Okt., 12. 13. 19. 20. 26. Dez., Basel 27. Dez.

ISBN 3-7274-1560-6 (GA 1967)

Bibliographie: 1. Auflage (ohne 7. Okt. 1914) GA 1967

Einzelausgaben und sonstige Veröffentlichungen:

Dornach 3. 4. 5. 6. Okt. 1914 *Okkultes Lesen und okkultes Hören,* Dornach 1936

Dornach 7. Okt. 1914, erster Teil des Vortrages in *Christian Morgenstern, der Sieg des Lebens über den Tod. Gedenkworte und Ansprachen,* Dornach 1935;
Zweiter Teil *Zeiten der Erwartung. Neue Formen der alten Schönheit aus der Welt des Geistes,* Dornach 1935

Dornach 12. 13. 19. 20. Dez. 1914 *Wie bekommt man das Sein in die Ideenwelt hinein? Gespiegelte Vorstellungen und schaffende Phantasie. Realität der moralischen Impulse,* Dornach 1937

Dornach 26. Dez. 1914 *Weihnachtsvortrag,* Berlin o. J. (1915); *Das Weihnachtsfest des erneuten Christus-Verständnisses,* Dornach 1935; in *Die Geburt der Christus-Erkenntnis in uns. Das Weihnachtsfest des erneuten Christus-Verständnisses,* Dornach 1967; in *Weihnachtsfeier. Das Weihnachtsfest des erneuten Christus-Verständnisses. Der kosmische Christus und die Geburt der Christus-Erkenntnis in uns. Goethes «Pädagogische Provinz»,* Dornach 1977

Basel 27. Dez. 1914 in *Weihnachtsfeier. Der kosmische Christus und die Geburt der Christus-Erkenntnis in uns. Goethes «Pädagogische Provinz»,* Dornach 1935; in *Die Geburt der Christus-Erkenntnis in uns. Das Weihnachtsfest des erneuten Christus-Verständnisses,* Dornach 1967; in *Weihnachtsfeier. Das Weihnachtsfest des erneuten Christus-Verständnisses. Der kosmische Christus und die Geburt der Christus-Erkenntnis in uns. Goethes «Pädagogische Provinz»,* Dornach 1977

157 Menschenschicksale und Völkerschicksale

Vierzehn Vorträge in Berlin

1914: 1. Sept., 31. Okt., 28. Nov. / **1915:** 17. 19. 26. Jan., 22. Febr., 2. 9. 16. März, 20. April, 10. 22. Juni, 6. Juli

ISBN 3-7274-1571-1 (GA 1981)

Bibliographie: 1. Auflage (statt 2. irrtümlich 3. März 1915) (Zyklus 39 *Zeitbetrachtungen* ohne 16. März und 20. April 1915) Berlin 1919; 2. Auflage GA 1960 (Ein Teil der 2. Auflage erschien zusammen mit dem Zyklus «Schicksalbildung und Leben nach dem Tode» Berlin 1915 in der Gesamtausgabe in einem Band); 3. Auflage GA 1981

Einzelausgaben und sonstige Veröffentlichungen:

Berlin 17. 19. Jan. 1915 *Das Wesen des Christus-Impulses und seines dienenden michaelischen Geistes,* Dornach 1944

Berlin 22. Febr. 1915 in *Rudolf Steiner und unsere Toten,* Dornach 1935

Berlin 2. März 1915 in *Wege der Übung,* ThGw. Nr. 1, Stuttgart 1980; 1981

157a Schicksalsbildung und Leben nach dem Tode

Sieben Vorträge (und das Traumlied vom Olaf Åsteson) in Berlin

1915: 16. 18. 20. Nov., 7. 14. 19. 21. Dez.

ISBN 3-7274-1575-4 (GA 1981)

Bibliographie: 1. Auflage (Zyklus 40, ohne 19. Dez. 1915) Berlin 1919; 2. Auflage (ohne 19. Dez. 1915) GA 1960 (Ein Teil der 2. Auflage erschien zusammen mit dem Zyklus «Menschenschicksale und Völkerschicksale» Berlin 1915 in der Gesamtausgabe in einem Band); 3. Auflage GA 1981

Einzelausgaben und sonstige Veröffentlichungen:

Berlin 19. Dez. 1915 *Die Goldene Legende und ein deutsches Weihnachtsspiel,* Berlin o.J. (1916); *Der Weihnachtsgedanke und das Geheimnis des Ich. Der Baum des Kreuzes und die Goldene Legende. Entstehung der Krippen- und Hirtenspiele,* Dornach 1935; 1969; 1977; in *Die geistige Vereinigung der Menschheit durch den Christus-Impuls,* Bibl.-Nr. 165

158 **Der Zusammenhang des Menschen mit der elementarischen Welt.**
Kalewala. Olaf Åsteson. Das russische Volkstum.
Die Welt als Ergebnis von Gleichgewichtswirkungen

Sieben Vorträge und sechs Ansprachen in verschiedenen Städten

1912: Hannover 1. Jan. (Ansprache), Helsingfors 9. (öffentlich), 11. (Ansprache) April / **1913:** Berlin 7. Jan. (Ansprache vor dem Vortrag*), Helsingfors 5. Juni (Ansprache) / **1914:** Dornach 9. 14. 15. 20. 21. 22. Nov., 31. Dez. (Ansprache), Ansprache (undatiertes Manuskript)

* Vortrag in Bibl.-Nr. 141 ISBN 3-7274-1580-0 (GA 1980)

Bibliographie: 1. Auflage GA 1968; 2. Auflage GA 1970; 3. Auflage GA 1980

Einzelausgaben und sonstige Veröffentlichungen:

Hannover 1. Jan. 1912 in *Welten-Neujahr. Das Traumlied vom Olaf Åsteson,* Dornach 1958

Helsingfors 9. April 1912 *Das Wesen nationaler Epen mit speziellem Hinweis auf Kalewala,* Berlin (1912)

Berlin 7. Jan. 1913 *Olaf Åsteson. Das Wachen des Erdgeistes,* Berlin 1916; in *Welten-Neujahr. Das Traumlied vom Olaf Åsteson,* Dornach 1958

Dornach 9. 14. 15. Nov. 1914 *Der Zusammenhang des Menschen mit der elementarischen Welt. Finnland und die Kalewala,* Dornach 1932

Dornach 20. 21. 22. Nov. 1914 *Die Welt als Ergebnis von Gleichgewichtswirkungen,* Dornach 1932; *Der Mensch als Ergebnis des Zusammenwirkens von Luzifer und Ahriman,* Dornach 1948

Dornach 31. Dez. 1914 *Welten-Neujahr. Das Erwachen der Menschenseele aus dem Geistesschlaf der finstern Zeit,* Dornach 1932; in *Welten-Neujahr. Das Traumlied vom Olaf Åsteson,* Dornach 1958; in *Kunst im Lichte der Mysterienweisheit,* Bibl.-Nr.275; *Welten-Neujahr. Das Traumlied vom Olaf Åsteson,* Dornach 1967; 1981

Ansprache (undatiertes Manuskript) in *Nachrichten der Rudolf Steiner-Nachlaßverwaltung Nr. 20,* Dornach 1967

159 **Das Geheimnis des Todes.** Wesen und Bedeutung Mitteleuropas und die europäischen Volksgeister

Fünfzehn Vorträge in verschiedenen Städten

1915: Zürich 31. Jan., Hannover 19. Febr., Bremen 21. Febr., Leipzig 7. März, Nürnberg 13. 14. März, Wien 7. 9. Mai, Prag 13. 15. Mai, Linz 18. Mai, Elberfeld 13. Juni, Düsseldorf 15. 17. Juni, Köln 19. Juni

ISBN 3-7274-1590-8 (GA 1980)

Bibliographie: 1. Auflage GA 1967; 2. Auflage GA 1980

Einzelausgaben und sonstige Veröffentlichungen:

Hannover 19. Febr. 1915 *Der Tod als Lebenswandlung,* Dornach 1941

Leipzig 7. März 1915 *Das intime Element der mitteleuropäischen Kultur und das mitteleuropäische Streben,* Dornach 1950

Nürnberg 14. März 1915 *Die europäischen Völker im Verhältnis zu ihren Volksgeistern. Moralische Impulse und ihre Ergebnisse,* Dornach 1968

Prag 15. Mai 1915 in *Gemeinsamkeit über uns, Christus in uns,* Dornach 1941

Linz 18. Mai 1915 *Christus im Verhältnis zu Luzifer und Ahriman. Die dreifache Wesensgestaltung,* Dornach 1950; 1968; 1980

Düsseldorf 15. Juni 1915 *Gemeinsamkeit über uns. Christus in uns,* Dornach 1941; 1966; 1980

160 leer

161 Wege der geistigen Erkenntnis und der Erneuerung künstlerischer Weltanschauung

Dreizehn Vorträge in Dornach

1915: 9. 10. 30. Jan., 2. 5. 6. 7. Febr., 27. 28. März (ohne Einleitung*), 2. 3. April, 1. 2. Mai

* siehe nachstehende Einzelausgabe ISBN 3-7274-1610-6 (GA 1980)

Bibliographie: 1. Auflage GA 1980

Einzelausgaben und sonstige Veröffentlichungen:

Dornach 9. Jan. 1915 *Das Ich, von außen wahrnehmbar, als Sprache und Gesang, als schöpferische Phantasie, als Innenerlebnis,* Dornach 1935

Dornach 10. Jan. 1915 *Die Wahrnehmung des Gedankenwesens. Sonnenwirksamkeit in der Erdenentwickelung,* Dornach 1935

Dornach 30. Jan. 1915 *Echte Kunst geht zurück auf die Geheimnisse der Initiation,* Dornach o. J. (1938)

Dornach 2. Febr. 1915 (ohne Schluß) *Das Leben zwischen der Geburt und dem Tode als Spiegelung des Lebens zwischen Tod und neuer Geburt. Gebete für Mütter und Kinder,* Dornach 1935; 1953; *Gebete für Mütter und Kinder. Das Leben zwischen der Geburt und dem Tode als Spiegelung des Lebens zwischen Tod und neuer Geburt,* (mit Schluß), Dornach 1962; 1975; 1980

Dornach 5. 6. 7. Febr. 1915 *Das Problem des Todes im Zusammenhang mit der künstlerischen Auffassung des Lebens,* Dornach 1935

Dornach 27. März 1915 *Meditation und Konzentration. Die drei Arten des Hellsehens,* Dornach 1935

Dornach 28. März 1915, Einleitung, in *Christian Morgenstern, der Sieg des Lebens über den Tod. Gedenkworte und Ansprachen,* Dornach 1935; ohne Einleitung *Das innere Verhältnis der Sprache zu den Gedanken. Das Nibelungenlied und Wilhelm Jordan,* Dornach 1935;

Dornach 2. 3. April 1915 *Der Baldur-Mythos und das Karfreitag-Mysterium,* Berlin o. J. (1917); Dornach 1930; 1968; 1981

Dornach 1. 2. Mai 1915 *Gehirndenken und Denkkraft als geistige Tätigkeit. Somnambules oder bewußt errungenes Hellsehen. Innere Willenskultur,* Dornach 1935

162 Kunst und Lebensfragen im Lichte der Geisteswissenschaft

Dreizehn Vorträge in Dornach

1915: 23. 24. 29. 30. Mai, 3. Juni, 17. 18. 24. 25. 31. Juli, 1. 7. 8. Aug.

ISBN 3-7274-1620-3

Einzelausgaben und sonstige Veröffentlichungen:

Dornach 23. Mai 1915 *Pfingsten im Jahreslauf,* Berlin 1917; in *Geisteswissenschaft als Welt-Pfingstgabe,* Dornach 1935

Dornach 24. Mai 1915 in *Geisteswissenschaft als Welt-Pfingstgabe,* Dornach 1935

Dornach 30. Mai 1915 in *Geisteswissenschaftliche Erläuterungen zu Goethes «Faust». Band I. Faust, der strebende Mensch,* Bibl.-Nr. 272; ungekürzte Sonderausgabe Dornach 1982

Dornach 3. Juni 1915 *»Himmel und Erde werden vergehen, aber meine Worte werden nicht vergehen«*, Dornach 1935

Dornach 17. Juli 1915 *Das Reich der Sprache. Die Sprache als Spiegelung des Lebens höherer Wesen,* Dornach 1935; in *Sprechen und Sprache,* Stuttgart 1980; 1981

Dornach 18. Juli 1915 *Der verlorene Einklang zwischen Sprechen und Denken. Die Zerklüftung von Menschengruppen nach Sprachen,* Dornach o.J. (1938)

Dornach 24. 25. 31. Juli, 1. 7. 8. Aug. 1915 *Der Baum des Lebens und der Baum der Erkenntnis des Guten und des Bösen. Die Geheimnisse der Kunst,* Dornach 1936

163 **Zufall, Notwendigkeit und Vorsehung.** Imaginative Erkenntnis und Vorgänge nach dem Tode

Acht Vorträge in Dornach

1915: 23. 27. 28. 29. (zweiter Teil *) 30. Aug., 4. 5. 6. Sept.

* erster Teil in Bibl.-Nr. 40 ISBN 3-7274-1630-0 (GA 1975)

Bibliographie: 1. Auflage GA 1975

164 **Der Wert des Denkens für eine den Menschen befriedigende Erkenntnis. Das Verhältnis der Geisteswissenschaft zur Naturwissenschaft**

Elf Vorträge in Dornach

1915: 20. Aug., 17. 18. 19. 20. 26. 27. Sept., 2. 3. 4. 9. Okt.

ISBN 3-7274-1640-8

Einzelausgaben und sonstige Veröffentlichungen:

Dornach 20. Aug. 1915 in *Texte zur Relativitätstheorie.* Herausgegeben von Wim Viersen. Mathematisch-Astronomische Blätter, Neue Folge, Dornach 1982
Dornach 17. 18. 19. 20. Sept. 1915 *Der Wert des Denkens für eine den Menschen befriedigende Erkenntnis,* Basel 1958

165 **Die geistige Vereinigung der Menschheit durch den Christus-Impuls**

Dreizehn Vorträge in verschiedenen Städten

1915: Berlin 19. Dez., Dornach 26. (zweiter Teil*) 27. 28. Dez., Basel 28. Dez., Dornach 31. Dez. / **1916:** Dornach 1. 2. 6. 7. Jan., Bern 9. Jan., Dornach 15. 16. Jan.

* erster Teil in Bibl.-Nr. 261 ISBN 3-7274-1650-5 (GA 1981)

Bibliographie: 1. Auflage GA 1968; 2. Auflage GA 1981

Einzelausgaben und sonstige Veröffentlichungen:

Berlin 19. Dez. 1915 *Die Goldene Legende und ein deutsches Weihnachtsspiel,* Berlin o.J. (1916); *Der Weihnachtsgedanke und das Geheimnis des Ich. Der Baum des Kreuzes und die Goldene Legende, Entstehung der Krippen- und Hirtenspiele,* Dornach 1935; 1969; 1977; in *Schicksalsbildung und Leben nach dem Tode,* Bibl.-Nr. 157a

Dornach 26. (zweiter Teil) Dez. 1915 in *Ansprachen zu den Weihnachtspielen aus altem Volkstum,* Bibl.-Nr. 274

Dornach 26. (zweiter Teil) 27. 28. Dez. 1915 *Über alte Weihnachtspiele und eine verklungene Geistesströmung der Menschheit,* Berlin o.J. (1917);

Dornach 31. Dez. 1915, 1. 2. Jan. 1916 *Neujahrsbetrachtungen,* Berlin 1917

Bern 9. Jan. 1916 *Die geistige Vereinigung der Menschheit durch den Christus-Impuls,* Freiburg i.Br. 1953; Dornach 1969

166 Notwendigkeit und Freiheit im Weltengeschehen und im menschlichen Handeln

Fünf Vorträge in Berlin

1916: 25. 27. 30. Jan., 1. 8. Febr.

ISBN 3-7274-1660-2 (GA 1982)

Bibliographie: 1. Auflage (Zyklus 41) Berlin 1920; 2. Auflage GA 1960; 3. Auflage GA 1982

167 Gegenwärtiges und Vergangenes im Menschengeiste

Zwölf Vorträge in Berlin

1916: 13. Febr., 7. 28. März, 4. 11. (irrtümlich 13.) 18. 25. April, 2. 9. 16. 23. 30. Mai

ISBN 3-7274-1670-X (GA 1962)

Bibliographie: 1. Auflage (Zyklus 42) Berlin 1920; 2. Auflage GA 1962

168 Die Verbindung zwischen Lebenden und Toten

Acht Vorträge in verschiedenen Städten

1916: Hamburg 16. Febr., Kassel 18. Febr., Leipzig 22. Febr., Zürich 10. 24. Okt., St. Gallen 26. Okt., Bern 9. Nov., Zürich 3. Dez.

ISBN 3-7274-1680-7 (GA 1976)

Bibliographie: 1. Auflage GA 1968; 2. Auflage GA 1976

Einzelausgaben und sonstige Veröffentlichungen:

Leipzig 22. Febr. 1916 *Über das Ereignis des Todes und Tatsachen der nachtodlichen Zeit,* Freiburg i.Br. 1954; 1958; Dornach 1967; 1980

Zürich 10. Okt. 1916 *Wie kann die seelische Not der Gegenwart überwunden werden? Soziales Menschenverständnis. Gedankenfreiheit. Geist-Erkenntnis,* Freiburg i.Br. 1955; Dornach 1962; 1969; 1978; 1982

Zürich 24. Okt. 1916 (ohne Schluß) in *Karmische Wirkungen,* Freiburg i.Br. 1955

169 Weltwesen und Ichheit

Sieben Vorträge in Berlin

1916: 6. 13. 20. 27. Juni, 4. 11. 18. Juli

ISBN 3-7274-1690-4 (GA 1963)

Bibliographie: 1. Auflage (Zyklus 43) Berlin 1921; 2. Auflage GA 1963

170 Das Rätsel des Menschen. Die geistigen Hintergründe der menschlichen Geschichte

Kosmische und menschliche Geschichte. Band I

Fünfzehn Vorträge in Dornach

1916: 29. 30. 31. (erster Teil) Juli, 5. 6. 7. 12. 13. 15. 21. 26. 27. (erster Teil) 28. Aug., 2. 3. Sept.

ISBN 3-7274-1700-5 (GA 1978)

Bibliographie: 1. Auflage GA 1964; 2. Auflage GA 1978

Einzelausgaben und sonstige Veröffentlichungen:

Dornach 29. 30. 31. (erster Teil) Juli, 5. (irrtümlich 6.) 6. 7. 12. 13. 15. (erster Teil) August 1916 *Das Rätsel des Menschen,* Dornach 1932; *Das Rätsel des Menschen, sein irdischer und sein kosmischer Ursprung.* Kosmische und menschliche Geschichte. Band I, Dornach 1934

Dornach 12. Aug. 1916 in *Zur Sinneslehre,* ThGw. Nr. 3, Stuttgart 1980; 1981

Dornach 15. (zweiter Teil) 21. 26. 27. (erster Teil) 28. Aug., 2. 3. Sept. 1916 *Die geistigen Hintergründe der menschlichen Geschichte. Das Verhältnis des Menschen zum ganzen Universum.* Kosmische und menschliche Geschichte. Band II, Dornach 1933

171 Innere Entwicklungsimpulse der Menschheit. Goethe und die Krisis des neunzehnten Jahrhunderts

Kosmische und menschliche Geschichte. Band II

Sechzehn Vorträge in Dornach

1916: 16. 17. 18. 23. 24. 25. 30. Sept., 1. 2. 7. 14. 15. 21. 28. 29. 30. Okt.

ISBN 3-7274-1710-2 (GA 1964)

Bibliographie: 1. Auflage GA 1964

Einzelausgaben und sonstige Veröffentlichungen:

Dornach 16. 17. 18. 23. 24. 25. Sept., 1. Okt. 1916 *Innere Entwicklungsimpulse der Menschheit. Der Sinn des geschichtlichen Werdens.* Kosmische und menschliche Geschichte. Band III, Dornach 1933

Dornach 2. 7. 14. 15. 21. (irrtümlich 16.) 28. 29. 30. Okt. 1916 *Goethe und die Krisis des neunzehnten Jahrhunderts. Wirksame Kräfte der Gegenwart.* Kosmische und menschliche Geschichte. Band IV, Dornach 1933

Dornach 30. Sept. 1916 in *Geisteswissenschaftliche Erläuterungen zu Goethes Faust. Band II. Das Faustproblem. Die romantische und die klassische Walpurgisnacht,* Bibl.-Nr. 273

172 Das Karma des Berufes des Menschen in Anknüpfung an Goethes Leben

Kosmische und menschliche Geschichte. Band III

Zehn Vorträge in Dornach

1916: 4. 5. 6. 12. 13. 18. 19. 25. 26. 27. Nov.

ISBN 3-7274-1720-X (GA 1980)

Bibliographie: 1. Auflage (Band V der früheren Reihe *Kosmische und menschliche Geschichte*) Dornach 1933; 2. Auflage GA 1964; 3. Auflage GA 1974; 4. Auflage GA 1980

173 **Zeitgeschichtliche Betrachtungen. Das Karma der Unwahrhaftigkeit.** Erster Teil
Kosmische und menschliche Geschichte. Band IV

Dreizehn Vorträge in Dornach und Basel

1916: Dornach 4. 9. 10. (erster Teil *) 11. 16. 17. 18. Dez., Basel 21. Dez., Dornach 24. 25. 26. 30. 31. Dez.

* Zweiter Teil in Bibl.-Nr. 273 ISBN 3-7274-1730-7 (GA 1978)

Bibliographie: 1. Auflage GA 1966; 2. Auflage GA 1978

Einzelausgaben und sonstige Veröffentlichungen:

Dornach 4. 9. 10. 11. 16. 17. 18. 24. 25. 26. Dez. 1916 *Zeitgeschichtliche Betrachtungen. Das Karma der Unwahrhaftigkeit* Heft I; Dornach 30. 31. Dez. 1916 in Heft II, Private Vervielfältigung, Dornach 1948

Basel 21. Dez. 1916 *Weihnachten in schicksalsschwerster Zeit,* Dornach 1948; *Offenbarung aus den Höhen und Friede auf Erden. Weihnachten in schicksalsschwerster Zeit,* Dornach 1972; 1981

174 **Zeitgeschichtliche Betrachtungen. Das Karma der Unwahrhaftigkeit.** Zweiter Teil
Kosmische und menschliche Geschichte. Band V

Zwölf Vorträge in Dornach

1917: 1. 6. 7. 8. 13. 14. 15. 20. 21. 22. 28. 30. Jan.

ISBN 3-7274-1740-4 (GA 1983)

Bibliographie: 1. Auflage GA 1966; 2. Auflage GA 1983

Einzelausgaben und sonstige Veröffentlichungen:

Dornach 1. 6. 7. 8. 13. 14. 15. Jan. 1917 in *Zeitgeschichtliche Betrachtungen. Das Karma der Unwahrhaftigkeit* Heft II, Private Vervielfältigung, Dornach 1948

Dornach 20. 21. 22. Jan. 1917 *Das Geheimnis des Lebens nach dem Tode,* Dornach 1948

174a **Mitteleuropa zwischen Ost und West**
Kosmische und menschliche Geschichte. Band VI

Zwölf Vorträge in München

1914: 13. Sept., 3. Dez. / **1915:** 23. März, 29. Nov. / **1916:** 18. 20. März / **1917:** 19. 20. Mai / **1918:** 14. 17. Febr., 2. 4. Mai

ISBN 3-7274-1741-2 (GA 1982)

Bibliographie: 1. Auflage GA 1971; 2. Auflage GA 1982

Einzelausgaben und sonstige Veröffentlichungen:

München 3. Dez. 1914 *Michaels Kampf für die Reinheit des geistigen Horizontes,* Dornach 1942

München 29. Nov. 1915 in *Wie begreift man Krankheit und Tod? Das Rätsel des Todes,* Medizinische Schriftenreihe, zweite Folge, 2. Heft, Basel 1952

München 14. 17. Febr. 1918 *Zeichen der Zeit. Michaels Kampf und seine Widerspiegelung auf Erden,* Dornach 1942

München 2. 4. Mai 1918 *Das erwartungsvolle Leben,* Dornach 1941

174b Die geistigen Hintergründe des Ersten Weltkrieges
Kosmische und menschliche Geschichte. Band VII

Sechzehn Vorträge in Stuttgart

1914: 30. Sept. / **1915:** 13. 14. Febr., 22. 23. 24. Nov. / **1916:** 12. 15. März / **1917:** 11. 13. 15. Mai / **1918:** 23. 24. Febr., 23. 26. April / **1921:** 21. März

ISBN 3-7274-1742-0 (GA 1974)

Bibliographie: 1. Auflage GA 1974

Einzelausgaben und sonstige Veröffentlichungen:

Stuttgart 13. 14. Febr. 1915 *Der Christus-Impuls als Träger der Vereinigung des Geistigen und Leiblichen,* Dornach 1944

Stuttgart 22. 23. 24. Nov. 1915 *Das Geheimnis des Todes. Treue, Wahrheitssinn, Richtungsfestigkeit,* Dornach 1945

Stuttgart 11. 13. 15. Mai 1917 *Entwicklungsfaktoren der Menschheit. Die gegen das Wissen vom Geist sich auftürmenden Widerstände,* Dornach 1941

175 Bausteine zu einer Erkenntnis des Mysteriums von Golgatha. Kosmische und menschliche Metamorphose
Siebzehn Vorträge in Berlin

1917: 6. 13. 20. 27. Febr., 6. 13. 20. 27. März, 3. 10. 12. 14. 17. 19. 24. April, 1. 8. Mai

ISBN 3-7274-1750-1 (GA 1982)

Bibliographie: 1. Auflage GA 1961; 2. Auflage GA 1982

Einzelausgaben und sonstige Veröffentlichungen:

Berlin 6. 13. 20. 27. Febr., 6. 13. 20. März 1917 *Kosmische und menschliche Metamorphose* (Zyklus 44), Berlin 1921

Berlin 27. März, 3. 10. 12. 14. 17. 19. 24. April 1917 *Bausteine zu einer Erkenntnis des Mysteriums von Golgatha* (Zyklus 45), Berlin 1921; Dornach 1933

Berlin 8. Mai 1917 in *Menschliche und menschheitliche Entwicklungswahrheiten* (Zyklus 46), Berlin 1922

176 Menschliche und menschheitliche Entwicklungswahrheiten. Das Karma des Materialismus
Siebzehn Vorträge in Berlin

1917: 29. Mai, 5. 19. 26. Juni, 3. 10. 17. 24. 31. Juli, 7. 14. 21. 28. Aug., 4. 11. 18. 25. Sept.

ISBN 3-7274-1760-9 (GA 1982)

Bibliographie: 1. Auflage GA 1964; 2. Auflage GA 1982

Einzelausgaben und sonstige Veröffentlichungen:

Berlin 29. Mai, 5. Juni 1917 in *Vom Lebenslauf des Menschen,* ThGw. Nr. 4, Stuttgart 1980; 1981

Berlin 29. Mai, 5. 19. 26. Juni, 3. 10. 17. 24. Juli 1917 in *Menschliche und menschheitliche Entwicklungswahrheiten* (Zyklus 46), Berlin 1922

Berlin 31. Juli, 7. 14. 21. 28. Aug., 4. 11. 18. 25. Sept. 1917 *Das Karma des Materialismus* (Zyklus 47), Berlin 1922

177 Die spirituellen Hintergründe der äußeren Welt. Der Sturz der Geister der Finsternis

Geistige Wesen und ihre Wirkungen. Band I

Vierzehn Vorträge in Dornach

1917: 29. 30. Sept., 1. 6. 7. (ohne Einleitung *) 8. 12. 13. 14. 20. 21. 26. 27. 28. Okt.

* Einleitung in Bibl.-Nr. 261 ISBN 3-7274-1770-6 (GA 1977)

Bibliographie: 1. Auflage GA 1966; 2. Auflage GA 1968; 3. Auflage GA 1977

Einzelausgaben und sonstige Veröffentlichungen:

Dornach 29. 30. Sept., 1. 6. 7. (ohne Einleitung) 8. 12. 13. Okt. 1917 *Die spirituellen Hintergründe der äußeren Welt,* Dornach 1933; 1941

Dornach 14. 20. 21. 26. 27. 28. Okt. 1917 *Der Sturz der Geister der Finsternis,* Dornach 1935

178 Individuelle Geistwesen und ihr Wirken in der Seele des Menschen

Geistige Wesen und ihre Wirkungen. Band II

Neun Vorträge in verschiedenen Städten

1917: Zürich 6. Nov., Dornach 10. 11. Nov., Zürich 13. Nov., St. Gallen 15. (öffentlich) 16. Nov., Dornach 18. 19. 25. Nov.

ISBN 3-7274-1780-3 (GA 1980)

Bibliographie: 1. Auflage GA 1966; 2. Auflage GA 1974; 3. Auflage GA 1980

Einzelausgaben und sonstige Veröffentlichungen:

Zürich 6. 13. Nov. 1917 *Hinter den Kulissen des äußeren Geschehens,* Dornach 1943

St. Gallen 15. (ohne Schluß) 16. Nov. 1917 *Das Wesen des Übersinnlichen und die menschlichen Seelenrätsel. Das Geheimnis des Doppelgängers. Geographische Medizin,* Dornach o. J. (1937)

Dornach 18. 19. 25. Nov. 1917 *Drei Vorträge,* Dornach 1930; *Individuelle Geistwesen und einheitlicher Weltengrund,* Dornach 1946

179 Geschichtliche Notwendigkeit und Freiheit. Schicksalseinwirkungen aus der Welt der Toten

Geistige Wesen und ihre Wirkungen. Band III

Acht Vorträge in Dornach

1917: 2. 9. 10. 11. 15. 16. 17. (ohne Schluß) 22. Dez.

ISBN 3-7274-1790-0 (GA 1977)

Bibliographie: 1. Auflage Dornach 1939; 2. Auflage GA 1966; 3. Auflage GA 1977

180 **Mysterienwahrheiten und Weihnachtsimpulse.** Alte Mythen und ihre Bedeutung Geistige Wesen und ihre Wirkungen. Band IV

Sechzehn Vorträge in Basel und Dornach

1917: Basel 23. Dez., Dornach 24. 25. 26. 29. 30. 31. Dez. / **1918:** 4. 5. 6. 8. 11. 12. 13. 14. 17. Jan.

ISBN 3-7274-1800-1 (GA 1980)

Bibliographie: 1. Auflage GA 1966; 2. Auflage GA 1980

Einzelausgaben und sonstige Veröffentlichungen:

Basel 23. Dez. 1917 *Et incarnatus est. Die Umlaufszeit geschichtlicher Ereignisse,* Dornach 1933; 1956

Dornach 24. 25. 26. 29. 30. 31. Dez. 1917 *Mysterienwahrheiten und Weihnachtsimpulse,* Dornach 1935

Dornach 4. 5. 6. 8. 11. 12. 13. Jan. 1918 *Alte Mythen und ihre Bedeutung. Die verjüngenden Kräfte in der Menschennatur,* Dornach 1937

Dornach 8. 11. 12. Jan. 1918 in *Vom Lebenslauf des Menschen,* ThGw. Nr. 4, Stuttgart 1980; 1981

181 **Erdensterben und Weltenleben. Anthroposophische Lebensgaben. Bewußtseins-Notwendigkeiten für Gegenwart und Zukunft**

Einundzwanzig Vorträge in Berlin

1918: 22. 29. Jan., 5. Febr., 5. 12. 19. 26. 30. März, 1. 2. 9. 16. April, 14. 21. Mai, 25. Juni, 3. 9. 16. 23. 30. Juli, 6. Aug.

ISBN 3-7274-1810-9 (GA 1967)

Bibliographie: 1. Auflage GA 1967

Einzelausgaben und sonstige Veröffentlichungen:

Berlin 22. 29. Jan., 5. Febr. 5. 12. 19. 26. März 1918 *Erdensterben und Weltenleben* (Zyklus 48), Berlin 1922; Dornach 1967

Berlin 30. März, 1. 2. 9. 16. April, 14. 21. Mai 1918 *Anthroposophische Lebensgaben* (Zyklus 49), Berlin 1922; Dornach 1967

Berlin 25. Juni, 3. 9. 16. 23. 30. Juli, 6. Aug. 1918 *Gesunder Blick für heute und wackere Hoffnung für morgen* (Zyklus 50), Berlin 1922; *Bewußtseins-Notwendigkeiten für Gegenwart und Zukunft,* Dornach 1967

182 **Der Tod als Lebenswandlung**

Sieben Vorträge in verschiedenen Städten

1917: Bern 29. Nov. / **1918:** Nürnberg 10. Febr., Heidenheim 29. April, Ulm 30. April, Hamburg 30. Juni, Zürich 9. 16. Okt.

ISBN 3-7274-1820-6 (GA 1976)

Bibliographie: 1. Auflage GA 1969; 2. Auflage GA 1976

Einzelausgaben und sonstige Veröffentlichungen:

Nürnberg 10. Febr. 1918 in *Der Tod als Lebenswandlung,* Dornach 1941

Ulm 30. April 1918 *Zeichen der Zeit 1918,* Dornach 1950

Zürich 9. Okt. 1918 *Was tut der Engel in unserem Astralleib?* Dornach 1937

Zürich 9. 16. Okt. 1918 *Was tut der Engel in unserem Astralleib? Wie finde ich den Christus?* Stuttgart 1949; Dornach 1963; 1970; 1975; 1981

Zürich 16. Okt. 1918 *Wie finde ich den Christus?* Dornach 1937

183 Die Wissenschaft vom Werden des Menschen

Neun Vorträge in Dornach

1918: 17. 18. 19. 24. 25. 26. 31. Aug., 1. 2. Sept.

ISBN 3-7274-1830-3 (GA 1967)

Bibliographie: 1. Auflage GA 1967

Einzelausgaben und sonstige Veröffentlichungen:

Dornach 17. 18. 19. Aug. 1918 *Okkulte Psychologie. Die Wissenschaft vom Werden des Menschen,* Heft 1, Dornach 1940

Dornach 24. 25. 26. Aug. 1918 *Die Geheimnisse der Sonne und des dreigeteilten Menschen. Die Wissenschaft vom Werden des Menschen,* Heft 2, Dornach 1940

Dornach 25. Aug. 1918 in *Zur Sinneslehre,* ThGw. Nr. 3, Stuttgart 1980; 1981

Dornach 31. Aug., 1. 2. Sept. 1918 *Das Walten der kosmischen Vernunft im Sprachentstehen. Die todbringende und geistweckende Weltenkraft der Hierarchien. Die Wissenschaft vom Werden des Menschen,* Heft 3, Dornach 1940

184 Die Polarität von Dauer und Entwickelung im Menschenleben. Die kosmische Vorgeschichte der Menschheit

Fünfzehn Vorträge in Dornach

1918: 6. 7. 8. 13. 14. 15. 20. 21. 22. Sept., 4. 5. 6. 11. 12. 13. Okt.

ISBN 3-7274-1840-0 (GA 1983)

Bibliographie: 1. Auflage GA 1968; 2. Auflage 1983

Einzelausgaben und sonstige Veröffentlichungen:

Dornach 6. 7. 8. 13. 14. 15. Sept. 1918 *Zwei Strömungen der Wirklichkeit. Die Brücke zwischen Idealität und Realität. Das Geschichtsleben der Menschheit,* Heft 1, Dornach 1941

Dornach, 20. Sept. 1918 in *(Zur Geschichte der Gesellschaft)* Bibl.-Nr. 250 f

Dornach 20. 21. 22. Sept. 1918 *Die kosmische Vorgeschichte der Menschheit. Raum und Zeit. Das Reich der Dauer und das Reich der Vergänglichkeit. Das Geschichtsleben der Menschheit,* Heft 2, Dornach 1941

Dornach 4. 5. 6. 11. 12. 13. Okt. 1918 *Der Entwicklungsgang der Menschheit in seinen drei Kräfteströmungen. Der Zusammenhang des luziferisch-ahrimanischen Impulses mit dem Christus-Jahve-Impuls. Das Geschichtsleben der Menschheit,* Heft 3, Dornach 1941

185 Geschichtliche Symptomatologie
Neun Vorträge in Dornach
1918: 18. 19. 20. 25. 26. 27. Okt., 1. 2. 3. Nov.
ISBN 3-7274-1850-8 (GA 1982)
Bibliographie: 1. Auflage Dornach 1942; 2. Auflage GA 1962; 3. Auflage GA 1982
Einzelausgaben und sonstige Veröffentlichungen:
Dornach 27. Oktober 1918 in *Briefe 1901–1925,* Dornach 1953; in *Wahrheit und Wissenschaft. Impulse der Gegenwart. Die Philosophie der Freiheit,* Zürich 1976

185a Entwicklungsgeschichtliche Unterlagen zur Bildung eines sozialen Urteils
Acht Vorträge in Dornach
1918: 9. 10. (ohne Anhang*) 15. 16. 17. 22. 23. 24. Nov.
* Anhang siehe Bibl.-Nr. 250 f
ISBN 3-7274-1855-9 (GA 1963)
Bibliographie: 1. Auflage (Zyklus D, 10. Nov. 1918 mit Anhang) Berlin 1919; 2. Auflage GA 1963

186 Die soziale Grundforderung unserer Zeit. In geänderter Zeitlage
Zwölf Vorträge in Dornach und Bern
1918: Dornach 29. 30. Nov., 1. 6. 7. 8. Dez., Bern 12. Dez., Dornach 13. 14. 15. 20. 21. Dez.
ISBN 3-7274-1860-5 (GA 1979)
Bibliographie: 1. Auflage GA 1963; 2. Auflage GA 1979
Einzelausgaben und sonstige Veröffentlichungen:
Dornach 29. 30. Nov., 1. 6. 7. 8. Dez. 1918 *In geänderter Zeitlage* (Zyklus 51), Berlin 1921
Bern 12. Dez. 1918 *Soziale und antisoziale Triebe im Menschen,* Dornach 1942; 1981
Dornach 13. 14. 15. 20. 21. Dez. 1918 *Die soziale Grundforderung unserer Zeit* (Zyklus 52), Berlin 1921

187 Wie kann die Menschheit den Christus wiederfinden? Das dreifache Schattendasein unserer Zeit und das neue Christus-Licht
Acht Vorträge in Basel und Dornach
1918: Basel 22. Dez., Dornach 24. 25. 27. 28. 29. 31. Dez. / **1919:** 1. Jan.
ISBN 3-7274-1870-2 (GA 1979)
Bibliographie: 1. Auflage (ohne 22. 31. Dez. 1918, 1. Jan. 1919) Dornach 1938; 2. Auflage GA 1968; 3. Auflage GA 1979
Einzelausgaben und sonstige Veröffentlichungen:
Basel 22. Dez. 1918 *Die Geburt des Christus in der menschlichen Seele,* Dornach 1938; 1968; 1974; 1982
Dornach 31. Dez. 1918, 1. Jan. 1919 *Silvester-Empfindung und Neujahrs-Ausblick,* Dornach 1940

188 **Der Goetheanismus, ein Umwandlungsimpuls und Auferstehungsgedanke.**
Menschenwissenschaft und Sozialwissenschaft
Zwölf Vorträge in Dornach
1919: 3. 4. 5. 10. 11. 12. 24. 25. 26. 31. Jan., 1. 2. Febr.

ISBN 3-7274-1880-X (GA 1982)

Bibliographie: 1. Auflage *Der Goetheanismus, ein Menschen-Umwandlungsimpuls und Auferstehungsgedanke* (ohne 24. 25. 26. 31. Jan., 1. 2. Febr. 1919), Dornach 1942; 2. Auflage GA 1967; 3. Auflage GA 1982

189 **Die soziale Frage als Bewußtseinsfrage**
Die geistigen Hintergründe der sozialen Frage. Band I
Acht Vorträge in Dornach
1919: 15. 16. 21. Febr., 1. 2. 7. 15. 16. März

ISBN 3-7274-1890-7 (GA 1980)

Bibliographie: 1. Auflage *Die geistigen Hintergründe der sozialen Frage. I. Band: Die soziale Frage als Bewußtseinsfrage,* Basel 1946; 2. Auflage Dornach 1957; 3. Auflage GA 1980

190 **Vergangenheits- und Zukunftsimpulse im sozialen Geschehen**
Die geistigen Hintergründe der sozialen Frage. Band II
Zwölf Vorträge in Dornach
1919: 21. 22. 23. 28. 29. 30. März, 5. 6. 11. 12. 13. 14. April

ISBN 3-7274-1900-8 (GA 1980)

Bibliographie: 1. Auflage (ohne 21. 22. 23. 28. 29. 30. März 1919) *Die geistigen Hintergründe der sozialen Frage. II. Band: Vergangenheits- und Zukunftsimpulse im sozialen Geschehen,* Basel 1947; 2. Auflage GA 1971; 3. Auflage GA 1980

Einzelausgaben und sonstige Veröffentlichungen:

Dornach 28. 29. 30. März 1919 *Die soziale Frage als Seelenfrage. Das innerliche Erleben der Sprache,* Dornach 1943

Dornach 29. März 1919 in *Sprechen und Sprache,* ThGw. Nr. 2, Stuttgart 1980; 1981

191 **Soziales Verständnis aus geisteswissenschaftlicher Erkenntnis**
Die geistigen Hintergründe der sozialen Frage. Band III
Fünfzehn Vorträge in Dornach
1919: 3. 4. 5. 10. 11. 12. 17. 18. 19. 23. Okt., 1. 2. 9. 14. 15. Nov.

ISBN 3-7274-1910-5 (GA 1983)

Bibliographie: 1. Auflage (irrtümlich als 2. Auflage bezeichnet) GA 1972; 2. Auflage GA 1983

Einzelausgaben und sonstige Veröffentlichungen:

Dornach 17. 18. 19. 23. Okt., 1. 2. Nov. 1919 *Die geistigen Hintergründe der sozialen Frage. III. Band: Geisteswissenschaftliche Erkenntnis und soziales Verständnis,* Dornach 1950

Dornach 9. 14. 15. Nov. 1919 in *Die geistigen Hintergründe der sozialen Frage. IV. Band: Menschliche Verantwortlichkeit. Weltverantwortlichkeit. Menschheitskultur,* Dornach 1951

192 **Geisteswissenschaftliche Behandlung sozialer und pädagogischer Fragen**

Siebzehn Vorträge in Stuttgart

1919: 21. 23. April, 1. 11. 18. Mai, 1. 8. 9. 15. 22. 29. Juni, 6. 13. 20. Juli, 3. Aug., 8. 28. Sept.

ISBN 3-7274-1920-2 (GA 1964)

Bibliographie: 1. Auflage GA 1964

Einzelausgaben und sonstige Veröffentlichungen:

Stuttgart 21. 23. April, 1. Mai, 8. 9. 15. (irrtümlich 16.) 22. Juni 1919 *Geisteswissenschaftliche Behandlung sozialer und pädagogischer Fragen* (Zyklus 58A), Berlin 1920

Stuttgart 11. 18. Mai, 1. Juni 1919 *Drei Vorträge über Volkspädagogik,* Stuttgart o.J. (1919); Dornach 1944; *Neuorientierung des Erziehungswesens im Sinne eines freien Geisteslebens. Drei Vorträge über Volkspädagogik,* Dornach 1972; 1980

Stuttgart 29. Juni, 6. 13. 20. Juli, 3. Aug. 1919 *Geisteswissenschaftliche Behandlung sozialer und pädagogischer Fragen* (Zyklus 58B), Berlin 1920

Stuttgart 8. 28. Sept. 1919 *Die Notwendigkeit neuer geistiger Erkenntnismethoden, eine Forderung der Gegenwart,* Berlin 1920

193 **Der innere Aspekt des sozialen Rätsels.** Luziferische Vergangenheit, ahrimanische Zukunft

Zehn Vorträge in verschiedenen Städten

1919: Zürich 4. Febr., Bern 8. Febr., Zürich 11. Febr., 9. März, Heidenheim 12. Juni, Berlin 12. 13. 14. Sept., Zürich 27. Okt., Bern 4. Nov.

ISBN 3-7274-1930-X (GA 1977)

Bibliographie: 1. Auflage GA 1968; 2. Auflage GA 1972; 3. Auflage GA 1977

Einzelausgaben und sonstige Veröffentlichungen:

Zürich 4. 11. Febr., 9. März 1919 *Der innere Aspekt des sozialen Rätsels. Die soziale Frage als Wendepunkt der Menschheitsentwickelung,* Dornach 1945

Bern 8. Febr. 1919 *Die irdische Geistigkeit, der äußere Rechtsstaat und das Wirtschaftsleben,* Dornach 1942

Heidenheim 12. Juni 1919 *Zur Charakterisitk der Gegenwart,* Dornach 1931; 1932; Freiburg i. Br. o. J. (1948)

Berlin 12. 13. 14. Sept. 1919 in *Die Rätsel unserer Zeit,* Berlin 1923

Zürich 27. Okt. 1919 *Die ahrimanische Verführung,* Dornach 1950

Bern 4. Nov. 1919 *Luziferische Vergangenheit, ahrimanische Zukunft im Lichte der Gegenwart,* Dornach 1950

194 **Die Sendung Michaels.** Die Offenbarung der eigentlichen Geheimnisse des Menschenwesens
Zwölf Vorträge in Dornach
1919: 21. 22. 23. 28. 29. 30. Nov., 6. 7. (Einleitung des Vortrages im Anhang) 12. 13. 14. 15. Dez.

ISBN 3-7274-1940-7 (GA 1983)

Bibliographie: 1. Auflage (7. Dez. 1919 ohne Einleitung) GA 1962; 2. Auflage GA 1977; 3. Auflage 1983

Einzelausgaben und sonstige Veröffentlichungen:
Dornach 21. 22. 23. 28. 29. 30. Nov. 1919 (mit Schlußwort zum Vortrag Kristiania 21. Mai 1923) *Die Sendung Michaels. Die Offenbarung der eigentlichen Geheimnisse des Menschenwesens,* Dornach 1934; Freiburg i. Br. 1954 (ohne Schlußwort zum Vortrag Kristiania 21. Mai 1923)
Dornach 30. Nov. 1919 in *Wege der Übung,* ThGw. Nr. 1, Stuttgart 1980; 1981
Dornach 12. 13. 14. 15. Dez. 1919 *Die Mysterien des Lichtes, des Raumes, der Erde und ihre Gegenspiegelung in den drei Strömungen der materialistischen Zivilisation,* Dornach 1937

195 **Weltsilvester und Neujahrsgedanken**
Fünf Vorträge in Stuttgart
1919: 21. 25. 28. 31. Dez. / **1920:** 1. Jan.

ISBN 3-7274-1950-4 (GA 1962)

Bibliographie: 1. Auflage Dornach 1931; 2. Auflage GA 1962

196 **Geistige und soziale Wandlungen in der Menschheitsentwickelung**
Achtzehn Vorträge in Dornach
1920: 9. 10. 11. 16. 17. 18. 30. 31. Jan., 1. 6. 7. 8. 13. 14. 15. 20. 21. 22. Febr.

ISBN 3-7274-1960-1 (GA 1966)

Bibliographie: 1. Auflage GA 1966

Einzelausgaben und sonstige Veröffentlichungen:
Dornach 20. 21. 22. Febr. 1920 in *Geschichte und Überwindung des Imperialismus,* Zürich 1946

197 **Gegensätze in der Menschheitsentwickelung.** West und Ost. Materialismus und Mystik. Wissen und Glauben
Elf Vorträge in Stuttgart
1920: 5. 7. 9. März, 13. 24. Juni, 25. 30. Juli, 21. Sept., 8. 14. 22. Nov.

ISBN 3-7274-1970-9 (GA 1967)

Bibliographie: 1. Auflage GA 1967

198 Heilfaktoren für den sozialen Organismus

Siebzehn Vorträge in Dornach und Bern

1920: Dornach 20. 21. 28. März, 2. 3. April, 30. Mai, 3. 6. Juni, 2. 3. 4. Juli, Bern 9. Juli, Dornach 10. 11. 16. 17. 18. Juli

ISBN 3-7274-1980-6 (GA 1969)

Bibliographie: 1. Auflage GA 1969

Einzelausgaben und sonstige Veröffentlichungen:

Dornach 2. 3. April 1920 *Ostern, das Fest der Mahnung,* Dornach 1935; 1965; 1981

199 Geisteswissenschaft als Erkenntnis der Grundimpulse sozialer Gestaltung

Siebzehn Vorträge und eine Ansprache in Dornach und Berlin

1920: Dornach 6. 7. 8. 14. 15. 20. 21. 22. 27. 28. (ohne Schluß) 29. Aug., 3. 4. 5. 10. 11. Sept., Berlin 17. (Ansprache) 18. Sept.

ISBN 3-7274-1990-3 (GA 1967)

Bibliographie: 1. Auflage GA 1967

Einzelausgaben und sonstige Veröffentlichungen:

Dornach 8. Aug. 1920 *Die zwölf Sinne des Menschen in ihrer Beziehung zu Imagination, Inspiration und Intuition,* Dornach 1938; 1967; 1976; 1983; in *Zur Sinneslehre,* ThGw. Nr. 3, Stuttgart 1980; 1981

Dornach 27. Aug. 1920 *Das Ewige in der Hegelschen Logik und ihr Gegenbild im Marxismus,* Dornach 1958

200 Die neue Geistigkeit und das Christus-Erlebnis des zwangzigsten Jahrhunderts

Sieben Vorträge in Dornach

1920: 17. 22. 23. 24. 29. 30. 31. Okt.

ISBN 3-7274-2000-6 (GA 1980)

Bibliographie: 1. Auflage (ohne 17. Okt. 1920) Dornach 1949; 2. Auflage GA 1970; 3. Auflage GA 1980

201 Entsprechungen zwischen Mikrokosmos und Makrokosmos. Der Mensch – eine Hieroglyphe des Weltenalls

Der Mensch in seinem Zusammenhang mit dem Kosmos. Band I

Sechzehn Vorträge in Dornach

1920: 9. 10. 11. 16. 17. 18. 23. 24. 25. April, 1. 2. 8. 9. 14. 15. 16. Mai

ISBN 3-7274-2012-X (GA 1970)

Bibliographie: 1. Auflage Dornach 1958; 2. Auflage Dornach 1970

202 Die Brücke zwischen der Weltgeistigkeit und dem Physischen des Menschen. Die Suche nach der neuen Isis, der göttlichen Sophia

Der Mensch in seinem Zusammenhang mit dem Kosmos. Band II

Sechzehn Vorträge in verschiedenen Städten

1920: Dornach 26. 27. 28. Nov., 4. 5. 10. 11. 12. Dez., Bern 14. Dez., Dornach 17. 18. 19. Dez., Basel 23. Dez., Dornach 24. 25. 26. Dez.

ISBN 3-7274-2020-0 (GA 1980)

Bibliographie: 1. Auflage GA 1970; 2. Auflage GA 1980

Einzelausgaben und sonstige Veröffentlichungen:

Dornach 5. 10. Dez. 1920 in *Das Wesen der Farben in Licht und Finsternis. Maß, Zahl und Gewicht. Kunst im Lichte der Mysterienweisheit VIII. Rudolf Steiners Farbenlehre II*, Dornach 1930; in *Das Wesen der Farben*, Bibl.-Nr. 291

Bern 14. Dez. 1920 *Der Fortgang der Seelen durch die wiederholten Erdenleben. Das sozialgeschichtliche Leben in seiner Wirklichkeit*, Dornach 1942

Dornach 17. 18. 19. Dez. 1920 *Die Brücke zwischen der Weltgeistigkeit und dem Physischen des Menschen. Freiheit und Liebe und ihre Bedeutung für das Weltgeschehen*, Freiburg i.Br. 1952; 1957

Basel 23. Dez., Dornach 24. 25. 26. Dez. 1920 *Die Suche nach der neuen Isis, der göttlichen Sophia*, Dornach 1936; 1961; 1980

203 Die Verantwortung des Menschen für die Weltentwickelung durch seinen geistigen Zusammenhang mit dem Erdplaneten und der Sternenwelt

Der Mensch in seinem Zusammenhang mit dem Kosmos. Band III

Achtzehn Vorträge in verschiedenen Städten

1921: Stuttgart 1. 6. 9. 16. Jan., Dornach 21. 22. 23. 29. 30. Jan., 5. 6. 8. Febr., Den Haag 27. Febr., Dornach 11. 13. 27. 28. März, 1. April (ohne Schluß*)

* Schluß in Bibl.-Nr. 76, Seite 244 f. ISBN 3-7274-2030-8 (GA 1978)

Bibliographie: 1. Auflage GA 1978

Einzelausgaben und sonstige Veröffentlichungen:

Stuttgart 1. Jan. 1921 *Die zwei Weihnachtsverkündigungen*, Dornach 1952; 1977

Stuttgart 6. 9. (ohne Schluß) 16. (ohne Schluß) Jan. 1921 *Erkenntnisse der Geistesforschung über die wiederholten Erdenleben gemessen an den Vorgängen der Gegenwart. Geistig-seelische Hintergründe des West-Ost-Problems*, Basel 1952

Dornach 21. 22. 23. Jan. 1921 *Impulse der Geisteswissenschaft für das praktische Leben. Soziale Kraft, Pädagogik, Wirtschaft*, Basel 1952

Dornach 29. 30. Jan., 11. (Einleitung im Anhang) 13. März, 1. April (ohne Schluß) 1921 *Die Verantwortung des Menschen für die Weltentwickelung durch seinen geistigen Zusammenhang mit den Erdenplaneten und der Sternenwelt. Eine Entscheidungsfrage der Gegenwart*, Basel 1953

Dornach 27. März 1921 in *Der Ostergedanke. Die Himmelfahrtsoffenbarung und das Pfingstgeheimnis*, Dornach 1930; o.J. (1938); 1958; 1970; 1981

Dornach 1. April 1921 (ohne Schluß) *Die Aufgabe ernstgemeinter Geisteswissenschaft*, Dornach 1948

204 **Perspektiven der Menschheitsentwickelung.** Der materialistische Erkenntnisimpuls und die Aufgabe der Anthroposophie

Der Mensch in seinem Zusammenhang mit dem Kosmos. Band IV

Siebzehn Vorträge in Dornach

1921: 2. 3. 9. 15. 16. 17. 22. 23. 24. 29. 30. April, 1. 5. 13. Mai, 2. 3. 5. Juni

ISBN 3-7274-2040-5 (GA 1979)

Bibliographie: 1. Auflage GA 1979

Einzelausgaben und sonstige Veröffentlichungen:

Dornach 2. 3. 15. 16. 17. April 1921 *Der materialistische Erkenntnisimpuls und seine Bedeutung für die ganze Menschheitsentwickelung*, Basel 1953

Dornach 9. April 1921 in *Ansprachen und Vorträge Rudolf Steiners im Zweiten anthroposophischen Hochschulkurs*, (teilweise auch unter dem Titel *Anthroposophie in Wissenschaft, Kunst und Praxis*) Bern 1948

Dornach 22. 23. 24. 29. 30. April, 1. Mai 1921 *Die materialistische Weltanschauung des neunzehnten Jahrhunderts. Symptomatische Entwicklungen, Tatsachen und Persönlichkeiten*, Basel 1955

Dornach 5. Mai 1921 *Das Ich und die Sonne. Der Mensch innerhalb der Sternenkonstellation*, Dornach 1934; in *Perspektiven der Menschheitsentwickelung*, Basel 1958

Dornach 13. Mai 1921 *Vom Mondenaustritt bis zur Mondenzurückkunft*, Dornach 1934; in *Perspektiven der Menschheitsentwickelung*, Basel 1958

Dornach 2. 3. 5. Juni 1921 in *Perspektiven der Menschheitsentwickelung*, Basel 1958

205 **Menschenwerden, Weltenseele und Weltengeist.** Erster Teil: Der Mensch als leiblich-seelische Wesenheit in seinem Verhältnis zur Welt

Der Mensch in seinem Zusammenhang mit dem Kosmos. Band V

Dreizehn Vorträge in verschiedenen Städten

1921: Stuttgart 16. Juni, Dornach 24. 26. Juni, Bern 28. Juni, Dornach 1. (ohne Einleitung*) 2. 3. 8. 9. 10. 15. 16. 17. Juli

* Einleitung des Vortrages in Bibl.-Nr. 261

ISBN 3-7274-2050-2 (GA 1967)

Bibliographie: 1. Auflage GA 1967

Einzelausgaben und sonstige Veröffentlichungen:

Dornach 24. 26. Juni, 1. 2. 3. Juli 1921 *Irdische und kosmische Gesetzmäßigkeiten. Formkräfte und therapeutische Erkenntnisse.* Menschenwerden, Weltenseele und Weltengeist I, Dornach 1939; im Sammelband *Menschenwerden, Weltenseele und Weltengeist*, Dornach o. J.

Dornach 8. 9. 10. 15. 16. 17. Juli 1921 *Der Mensch als Gedankenwesen. Kosmische Gestaltungskräfte.* Menschenwerden, Weltenseele und Weltengeist II, Dornach 1939; im Sammelband *Menschenwerden, Weltenseele und Weltengeist*, Dornach o. J.

206 **Menschenwerden, Weltenseele und Weltengeist.** Zweiter Teil: Der Mensch als geistiges Wesen im historischen Werdegang

Der Mensch in seinem Zusammenhang mit dem Kosmos. Band VI

Elf Vorträge in Dornach

1921: 22. 23. 24. Juli, 5. 6. 7. 12. 13. 14. 19. 20. Aug.

ISBN 3-7274-2060-X (GA 1967)

Bibliographie: 1. Auflage GA 1967

Einzelausgaben und sonstige Veröffentlichungen:

Dornach 22. 23. Juli 1921 in *Zur Sinneslehre*, ThGw. Nr. 3, Stuttgart 1980; 1981

Dornach 22. 23. 24. Juli 1921 *Der Mensch als Sinneswesen und Wahrnehmungswesen. Befunde der Seelenbeobachtung.* Menschenwerden, Weltenseele und Weltengeist III, Dornach 1939; im Sammelband *Menschenwerden, Weltenseele und Weltengeist*, Dornach o. J.

Dornach 5. 6. 7. Aug. 1921 *Die Auseinandersetzung des Intellektes mit dem Naturwissen.* Menschenwerden, Weltenseele und Weltengeist IV, Dornach 1940; im Sammelband *Menschenwerden, Weltenseele und Weltengeist*, Dornach o. J.

Dornach 12. 13. 14. 19. 20. Aug. 1921 *Das Ich als Bewußtseinserlebnis.* Menschenwerden, Weltenseele und Weltengeist V, Dornach 1940; im Sammelband *Menschenwerden, Weltenseele und Weltengeist*, Dornach o. J.

Dornach 19. Aug. 1921 *Goethes Seelenartung in ihrem Zusammenhange mit der Menschheitsentwickelung*, Dornach 1952

207 **Anthroposophie als Kosmosophie.** Erster Teil: Wesenszüge des Menschen im irdischen und kosmischen Bereich

Der Mensch in seinem Zusammenhang mit dem Kosmos. Band VII

Elf Vorträge in Dornach

1921: 23. 24. 30. Sept., 1. 2. (ohne Schluß) 7. 8. 9. 14. 15. 16. Okt.

ISBN 3-7274-2070-7 (GA 1981)

Bibliographie: 1. Auflage GA 1972; 2. Auflage GA 1981

Einzelausgaben und sonstige Veröffentlichungen:

Dornach 23. 24. Sept. 1921 in *Östliche und westliche Kultur in geistiger Beleuchtung.* Der Mensch in seinem Zusammenhang mit dem Kosmos I, Dornach 1954

Dornach 30. Sept., 1. 2. Okt. (ohne Schluß) 1921 *Grundlinien einer okkulten Psychologie.* Der Mensch in seinem Zusammenhang mit dem Kosmos II, Dornach 1954

Dornach 7. 8. 9. 14. 15. 16. Okt. 1921 in *Anthroposophie als Kosmosophie.* Der Mensch in seinem Zusammenhang mit dem Kosmos III, Dornach 1955

208 **Anthroposophie als Kosmosophie.** Zweiter Teil: Die Gestaltung des Menschen als Ergebnis kosmischer Wirkungen

Der Mensch in seinem Zusammenhang mit dem Kosmos. Band VIII

Elf Vorträge in Dornach

1921: 21. 22. 23. 28. 29. 30. Okt., 4. 5. 6. 12. 13. Nov.

ISBN 3-7274-2080-4 (GA 1981)

Bibliographie: 1. Auflage GA 1972; 2. Auflage GA 1981

Einzelausgaben und sonstige Veröffentlichungen:

Dornach 21. 22. 23. Okt. 1921 in *Anthroposophie als Kosmosophie.* Der Mensch in seinem Zusammenhang mit dem Kosmos III, Dornach 1955

Dornach 28. 29. 30. Okt., 4. 5. 6. Nov. 1921 *Die Gestaltung des Menschen als Ergebnis kosmischer Wirkungen.* Der Mensch in seinem Zusammenhang mit dem Kosmos IV, Dornach 1956

Dornach 12. 13. Nov. 1921 *Die Gestaltung des Moralisch-Geistigen des Menschen im Schlafe.* Der Mensch in seinem Zusammenhang mit dem Kosmos V, Dornach 1956

209 **Nordische und mitteleuropäische Geistimpulse.** Das Fest der Erscheinung Christi
Der Mensch in seinem Zusammenhang mit dem Kosmos. Band IX
Elf Vorträge in verschiedenen Städten
1921: Kristiania (Oslo) 24. 27. Nov., 4. Dez., Berlin 7. Dez., Dornach 12. 18. 23. 24. 25. Dez., Basel 26. Dez., Dornach 31. Dez.

ISBN 3-7274-2090-1 (GA 1982)

Bibliographie: 1. Auflage GA 1968; 2. Auflage GA 1982

Einzelausgaben und sonstige Veröffentlichungen:

Dornach 18. Dez. 1921 *Das verlorengegangene Urwort. Das Alphabet, ein Ausdruck des Menschengeheimnisses. Die sieben freien Künste*, Dornach 1938; in *Sprechen und Sprache*, (irrtümlich Basel) ThGw. Nr. 2, Stuttgart 1980; 1981

Dornach 24. 25. Dez., Basel 26. Dez. 1921 *Das Fest der Erscheinung Christi*, Dornach 1958; 1982

Basel 26. Dez. 1921 *Das Fest der Erscheinung Christi*, Dornach 1939

210 **Alte und neue Einweihungsmethoden**
Vierzehn Vorträge in verschiedenen Städten
1922: Dornach 1. 7. 8. Jan., Mannheim 19. Jan., Breslau 1. Febr., Dornach 11. (ohne Einleitung) 12. 17. 18. 19. 24. 25. 26. Febr., 19. März

ISBN 3-7274-2100-2 (GA 1967)

Bibliographie: 1. Auflage GA 1967

Einzelausgaben und sonstige Veröffentlichungen:

Dornach 11. (ohne Einleitung) 12. Febr. 1922 *Alte und neue Einweihungsmethoden*, Dornach 1942

Dornach 24. 25. 26. Febr. 1922 *Drama und Dichtung im Bewußtseinsumschwung der Neuzeit. Shakespeare, Goethe und Schiller*, Dornach 1956

211 **Das Sonnenmysterium und das Mysterium von Tod und Auferstehung.**
Exoterisches und esoterisches Christentum
Zwölf Vorträge in verschiedenen Städten
1922: Bern 21. März, Dornach 24. 25. 26. 31. März, 1. 2. April, Den Haag 13. April (ohne Einleitung), London 14. 15. 24. April, Wien 11. Juni

ISBN 3-7274-2110-X (GA 1963)

Bibliographie: 1. Auflage GA 1963

Einzelausgaben und sonstige Veröffentlichungen:

Dornach 1. April 1922 *Die Erkundung und Formulierung des Weltenwortes in der Ein- und Ausatmung*, Dornach 1936

Den Haag 13. April 1922 (ohne Einleitung) *Die Lehren des Auferstandenen. Betrachtungen über das Mysterium von Golgatha*, Dornach 1933

London 24. April 1922 *Die dreifache Sonne und der auferstandene Christus*, Dornach 1939

Wien 11. Juni 1922 *Anthroposophie als ein Streben nach Durchchristung der Welt*, Dornach 1941

212 Menschliches Seelenleben und Geistesstreben im Zusammenhange mit Welt- und Erdentwickelung

Neun Vorträge in Dornach

1922: 29. 30. April, 5. 6. 7. 26. 27. 28. (erster Teil) Mai, 17. Juni

ISBN 3-7274-2120-7 (GA 1978)

Bibliographie: 1. Auflage GA 1978

Einzelausgaben und sonstige Veröffentlichungen:

Dornach 29. 30. April, 5. 6. 7. Mai 1922 *Das menschliche Seelenleben im Zusammenhange mit der Weltentwicklung*, Basel 1959

Dornach 26. 27. 28. (erster Teil) Mai 1922 *Menschliches Geistesstreben im Zusammenhange mit der Erdentwicklung*, Dornach 1952

213 Menschenfragen und Weltenantworten

Dreizehn Vorträge in Dornach

1922: 24. 25. 30. Juni, 1. 2. 7. 8. 9. 14. 15. 16. 21. 22. Juli

ISBN 3-7274-2130-4 (GA 1969)

Bibliographie: 1. Auflage GA 1969

Einzelausgaben und sonstige Veröffentlichungen:

Dornach 25. 30. Juni, 1. 2. Juli 1922 *Menschenfragen und Weltenantworten. Die menschliche Wesenheit in Beziehung zum planetarischen Leben*, Freiburg i.B. 1955

Dornach 2. Juli 1922 (irrtümlich 2. Juni 1922) in *Was hat die Geologie über die Weltentstehung zu sagen? Das Gesicht der Erde*, Stuttgart 1949

Dornach 2. 22. Juli 1922 in *Erde und Naturreiche*, ThGw. Nr. 5, Stuttgart 1980; 1981

214 Das Geheimnis der Trinität. Der Mensch und sein Verhältnis zur Geistwelt im Wandel der Zeiten

Elf Vorträge in verschiedenen Städten

1922: Dornach 23. 28. 29. 30. Juli, 5. 6. 9. Aug., Oxford 20. 22. 27. Aug., London 30. Aug.

ISBN 3-7274-2140-1 (GA 1980)

Bibliographie: 1. Auflage GA 1970; 2. Auflage GA 1980

Einzelausgaben und sonstige Veröffentlichungen:

Dornach 23. 28. 29. 30. Juli 1922 *Das Geheimnis der Trinität*, Dornach 1944

Dornach 28. Juli 1922 in *Erde und Naturreiche*, ThGw. Nr. 5, Stuttgart 1980; 1981

Oxford 20. Aug. 1922 in *Die geistig-seelischen Grundkräfte der Erziehungskunst. Spirituelle Werte in Erziehung und sozialem Leben*, Bibl.-Nr. 305; RSTb. Nr. 604, Dornach 1972; 1978

Oxford 22. Aug. 1922 *Adam Kadmon. Der Aufbau der Menschenform aus den Konstellationen und Bewegungen der Sterne*, Dornach 1942

Oxford 27. Aug. 1922 in *Das Christus-Erkennen im zwanzigsten Jahrhundert*, Freiburg i. Br. 1953

London 30. Aug. 1922 *Die Sendung des Geistes. Die Gewinnung der Beziehung zu den Toten durch die Herzenssprache*, Dornach 1938

215 Die Philosophie, Kosmologie und Religion in der Anthroposophie
«Französischer Kurs»
Zehn Vorträge in Dornach
1922: 6. 7. 8. 9. 10. 11. 12. 13. 14. 15. Sept.

ISBN 3-7274-2152-5 (GA 1980)

Bibliographie: 1. Auflage *Philosophie, Kosmologie und Religion*, GA 1962; 2. Auflage GA 1980
Vergleiche die Autoreferate in Bibl.-Nr. 25

216 Die Grundimpulse des weltgeschichtlichen Werdens der Menschheit
Acht Vorträge in Dornach
1922: 16. 17. 22. 23. 24. 29. 30. Sept., 1. Okt.

ISBN 3-7274-2160-6 (GA 1965)

Bibliographie: 1. Auflage Dornach 1948; 2. Auflage GA 1965

Einzelausgaben und sonstige Veröffentlichungen:
Dornach 1. Okt. 1922 in *Geschichtserkenntnis. Zur Symptomatologie der Geschichte*, ThGw. Nr. 8, Stuttgart 1982

217 Geistige Wirkenskräfte im Zusammenleben von alter und junger Generation.
Pädagogischer Jugendkurs
Dreizehn Vorträge in Stuttgart
1922: 3. 4. 5. 6. 7. 8. 9. 10. 11. 12. 13. 14. 15. Okt.

ISBN 3-7274-2170-3 (GA 1979)

Bibliographie: 1. Auflage *Pädagogischer Jugendkurs*, Stuttgart o..J. (1922); 2. Auflage *Pädagogischer Jugendkurs*, Dornach o.J. (1925); 3. Auflage Dornach 1953; 4. Auflage GA 1964; 5. Auflage GA 1979

217a Die Erkenntnis-Aufgabe der Jugend
Ansprachen und Fragenbeantwortungen, Aufsätze und Berichte aus den Jahren 1920–1924 in Ergänzung zum «Pädagogischen Jugendkurs» von 1922. Anhang

1920: Dornach 1. 16. Okt. (Ansprachen) / **1921:** Stuttgart 20. März (Fragenbeantwortung), Dornach 9. April (Schlußwort), Stuttgart 8. Sept. (Aussprache und Fragenbeantwortung) / **1923:** Dornach 6. Jan. (Ansprache), Stuttgart 8. Febr. (Ansprache und Gespräch), 14. Febr. (Ansprache und Fragenbeantwortung) / **1924:** Breslau 9. Juni (Ansprache und Fragenbeantwortung), Koberwitz 17. Juni (Ansprache), Arnheim 20. Juli (Ansprache)

Aufsätze: 24. Febr., 9. 16. 23. 30. März, 6. April 1924 (Nachweis der Aufsätze in Bibl.-Nr. 37)

Anhang: **1922:** Stuttgart 13. 15. Okt. (Teilnehmerbericht)/ **1924:** Dornach 17. März (Teilnehmerbericht), Stuttgart 11. April (Berichte verschiedener Teilnehmer, Breslau, 9.–17., 14. (irrtümlich 11. Juni) Juni (Berichte verschiedener Teilnehmer)

Brief vom 24. Juli 1916 zur Berufswahl (Faksimile); Aufruf: «An das deutsche Volk und an die Kulturwelt!» (1919); Memorandum für das Komitee der Freien Anthroposophischen Gesellschaft, zu dessen Orientierung, März 1923

Von anderen Autoren sind: Aufruf an die akademische Jugend (Bund für anthroposophische Hochschularbeit, Herbst 1920); Rundschreiben der leitenden Vertrauenskörperschaft «An die Mitglieder der Anthroposophischen Gesellschaft in Deutschland», 13. Febr. 1923

ISBN 3-7274-2175-4 (GA 1981)

Bibliographie: 1. Auflage (ohne 9. April 1921, ohne Aufsätze und Anhang) Dornach 1957; 2. Auflage GA 1981 (irrtümlich 11. statt 14. Juni 1924)

Einzelausgaben und sonstige Veröffentlichungen:

Dornach 9. April 1921 (Schlußwort) in *Ansprachen und Vorträge Rudolf Steiners im Zweiten anthroposophischen Hochschulkurs*, Bern 1948; in *Die befruchtende Wirkung der Anthroposophie auf die Fachwissenschaften*, Bibl.-Nr. 76

Dornach 6. Jan. 1923 in *Die Not nach dem Christus. Die Aufgabe der akademischen Jugend. Die Herz-Erkenntnis des Menschen*, Dornach 1942; in *Lebendiges Naturerkennen. Intellektueller Sündenfall und spirituelle Sündenerhebung*, Bibl.-Nr. 220

Breslau 9., Koberwitz 17. Juni, Arnheim 20. Juli 1924 in *Die Konstitution der Allgemeinen Anthroposophischen Gesellschaft und der Freien Hochschule für Geisteswissenschaft. Der Wiederaufbau des Goetheanum 1924–1925*, Bibl.-Nr. 260a

Aufruf «An das deutsche Volk und an die Kulturwelt (März 1919)» in *Die Kernpunkte der sozialen Frage in den Lebensnotwendigkeiten der Gegenwart und Zukunft*, Bibl.-Nr. 23; in RSTb. Nr. 606, Dornach 1973; 1980; in *Aufsätze über die Dreigliederung des sozialen Organismus und zur Zeitlage 1915–1921*, Bibl.-Nr. 24; in *Neugestaltung des sozialen Organismus*, Bibl.-Nr. 330; in *Zur Dreigliederung des sozialen Organismus*, RSTA. Nr. 10, Stuttgart 1962

218 Geistige Zusammenhänge in der Gestaltung des menschlichen Organismus

Sechzehn Vorträge in verschiedenen Städten

1922: Stuttgart 9. 14. Okt., Dornach 20. 22. 23. Okt., Den Haag 5. Nov. (ohne Nachwort*), London 12. 16. 17. 18. 19. (ohne Schluß) 19. (öffentlich) 20. Nov., Stuttgart 4. Dez., Berlin 7. Dez., Stuttgart 9. Dez.

* Nachwort siehe Bibl.-Nr. 250f

ISBN 3-7274-2180-0 (GA 1976)

Bibliographie: 1. Auflage GA 1972; 2. Auflage GA 1976

Einzelausgaben und sonstige Veröffentlichungen:

Dornach 20. 22. 23. Okt. 1922 *Geistige Zusammenhänge in der Gestaltung des menschlichen Organismus*, Schriftenreihe der Medizinischen Sektion am Goetheanum, 2. Heft, Dornach 1945

Den Haag 5. Nov. 1922 (mit Nachwort) *Die verborgenen Seiten des Menschendaseins und der Christus-Impuls*, Dornach 1939

London 12. 16. 19. (ohne Schluß) Nov. 1922 *Erlebnisse der Menschenseele im Schlafe und nach dem Tode in der geistigen Welt. Der Kampf luziferischer und ahrimanischer Wesenheiten um die Natur des Menschen*, Dornach 1953

London 17. 18. Nov. 1922 *Exakte Erkenntnisse der übersinnlichen Welten. Christus vom Gesichtspunkte der Anthroposophie*, Dornach 1976

London 19. 20. Nov. 1922 *Zeitgemäße Erziehung im Kindheits- und Jugendalter*, Dornach 1971; 1976

Stuttgart 4. Dez. 1922 *Erinnerung und Liebe. Die Erfassung des Künstlerischen in seiner Geistigkeit. Enthüllung des Ton- und Lautgeheimnisses*, Dornach 1936

Berlin 7. Dez. 1922 *Die Erlebnisse des Menschen im ätherischen Kosmos*, Dornach 1941

Stuttgart 9. Dez. 1922 in *Sprechen und Sprache*, ThGw., Band 2, Stuttgart 1980; 1981

219 Das Verhältnis der Sternenwelt zum Menschen und des Menschen zur Sternenwelt. Die geistige Kommunion der Menschheit

Zwölf Vorträge in Dornach

1922: 26. Nov., 1. 3. 15. 16. 17. 22. 23. 24. 29. 30. 31. Dez.

ISBN 3-7274-2190-8 (GA 1976)

Bibliographie: 1. Auflage in zwei Teilen: *Das Verhältnis der Sternenwelt zum Menschen und des Menschen zur Sternenwelt* (26. Nov., 1. 3. 15. 16. 17. 22. Dez. 1922), Dornach 1927; *Die geistige Kommunion der Menschheit* (23. 24. 29. 30. 31. Dez. 1922), Dornach 1927; 2. Auflage (in einem Band) Dornach 1955; 3. Auflage GA 1966; 4. Auflage GA 1976

220 Lebendiges Naturerkennen. Intellektueller Sündenfall und spirituelle Sündenerhebung

Zwölf Vorträge in Dornach

1923: 5. 6. 7. 12. 13. 14. 19. 20. 21. 26. 27. 28. Jan.

ISBN 3-7274-2200-9 (GA 1982)

Bibliographie: 1. Auflage GA 1966; 2. Auflage GA 1982

Einzelausgaben und sonstige Veröffentlichungen:

Dornach 6. Jan. 1923 in *Die Erkenntnis-Aufgabe der Jugend*, Bibl.-Nr. 217a

Dornach 5. 6. 7. Jan. 1923 in *Die Not nach dem Christus. Die Aufgabe der akademischen Jugend. Die Herz-Erkenntnis des Menschen*, Dornach 1942

Dornach 12. 13. 14. Jan. 1923 *Das Suchen nach der Welt im Menschen, nach dem Menschen in der Welt*, Dornach 1943

Dornach 19. Jan. 1923 *Wahrheit, Schönheit, Güte,* Dornach 1928; *Kunst im Lichte der Mysterienweisheit IV*; Dresden 1940; 1940; Freiburg i. Br. o. J. (1947); 1954; 1957, Dornach 1968; 1980

Dornach 19. 20. 21. 26. 27. 28. Jan. 1923 *Lebendiges Naturerkennen. Intellektueller Sündenfall und spirituelle Sündenerhebung*, Dornach 1943

221 Erdenwissen und Himmelserkenntnis

Neun Vorträge, zwei farbige Wiedergaben der Tafelzeichnungen und Notizbucheintragungen zum 11. Febr. 1923, in Dornach

1923: 2. 3. 4. 9. (ohne Schluß) 10. 11. (Tafelzeichnung) 16. (ohne Schluß) 17. 18. Febr.

ISBN 3-7274-2210-6 (GA 1981)

Bibliographie: 1. Auflage GA 1966; 2. Auflage GA 1981

Einzelausgaben und sonstige Veröffentlichungen:

Dornach 2. Febr. 1923 *Erkenne dich selbst. Das Erleben des Christus im Menschen als Licht, Leben und Liebe*, Dornach 1941

Dornach 3. 4. Febr. 1923 (ohne Schluß der Vorträge) *Der Nachtmensch und der Tagesmensch. In das reine Denken kann das Ich-Wesen hineingeschoben werden*, Dornach 1943

Dornach 9. (ohne Schluß) 10. Febr. 1923 *Erdenwissen und Himmelserkenntnis. Der Mensch als Bürger des Universums und der Mensch als Erdeneremit*, Dornach 1943

Dornach 11. Febr. 1923 *Der unsichtbare Mensch in uns. Das der Therapie zugrunde liegende Pathologische*, Dornach 1943; 1966; 1982

Dornach 16. (ohne Schluß)/17. 18. Febr. 1923 *Moralische Antriebe und physische Wirksamkeit im Menschenwesen. Das Erfassen eines Geistesweges*, Dornach 1943

222 Die Impulsierung des weltgeschichtlichen Geschehens durch geistige Mächte

Sieben Vorträge in Dornach

1923: 11. 12. 16. 17. 18. 22. 23. März

ISBN 3-7274-2220-3 (GA 1976)

Bibliographie: 1. Auflage Dornach 1942; 2. Auflage GA 1966; 3. Auflage GA 1976

Einzelausgaben und sonstige Veröffentlichungen:

Dornach 16. März 1923 *Die Welt der Hierarchien und die Welt der Töne.* Kunst im Lichte der Mysterienweisheit VI, Dornach 1928; in *Das Wesen des Musikalischen und das Tonerlebnis im Menschen* Bibl.-Nr. 283

223 Der Jahreskreislauf als Atmungsvorgang der Erde und die vier großen Festeszeiten. Die Anthroposophie und das menschliche Gemüt

Neun Vorträge in Dornach und Wien

1923: Dornach 31. März, 1. 2. 7. 8. April, Wien 27. 28. 30. Sept., 1. Okt.

ISBN 3-7274-2231-9 (GA 1980)

Bibliographie: 1. Auflage (ohne Wien 27. 28. 30. Sept., 1. Okt. 1923) *Der Jahreskreislauf als Atmungsvorgang der Erde. Die vier großen Festeszeiten des Jahres*, Dornach 1936; 2. Auflage Dornach 1957; 3., um Wien 27. 28. 30. Sept., 1. Okt. 1923 erweiterte Auflage (im Sammelband zusammen mit Bibl.-Nr. 229) GA 1966; 4. Auflage GA 1976; 5. Auflage GA 1980

Einzelausgaben und sonstige Veröffentlichungen:

Wien 27. 28. 30. Sept., 1. Okt. 1923 *Anthroposophie und das menschliche Gemüt. Betrachtungen über die Michael-Idee in ihrer wahren Gestalt und über die Wiederbelebung des Michaelfestes*, Dornach 1937; 1957; 1976; im Sammelband zusammen mit Bibl.-Nr. 229

224 Die menschliche Seele in ihrem Zusammenhang mit göttlich-geistigen Individualitäten. Die Verinnerlichung der Jahresfeste.

Elf Vorträge in verschiedenen Städten

1923: Bern 6. April, Dornach 13. April, Prag 28. (ohne Einleitung) 29. April, Stuttgart 2. Mai, Dornach 7. Mai (ohne Schluß), Berlin 23. Mai, Stuttgart 21. Juni, Dornach 24. Juni, Stuttgart 4. 11. Juli

ISBN 3-7274-2240-8 (GA 1983)

Bibliographie: 1. Auflage GA 1966; 2. Auflage GA 1983

Einzelausgaben und sonstige Veröffentlichungen:

Bern 6. April 1923 *Schicksalsgestaltung in Schlafen und Wachen. Die Geistigkeit der Sprache und die Gewissensstimme*, Dornach 1938; in *Beiträge zur Rudolf Steiner Gesamtausgabe Nr. 65/66*, Dornach 1979

Dornach 13. April 1923 *Wiedergewinnung des lebendigen Sprachquells durch den Christus-Impuls*, Dornach 1938; in *Beiträge zur Rudolf Steiner Gesamtausgabe Nr. 65/66*, Dornach 1979

Prag 28. (ohne Einleitung)/29. (ohne Schluß) April 1923 *Drei Etappen des Erwachens der menschlichen Seele. Die Christus-Offenbarung*, Dornach 1943

Stuttgart 2. Mai 1923 *Der individualisierte Logos und die Kunst aus dem Worte den Geist, das Wesenhafte, herauszulösen*, Dornach 1938

Dornach 7. Mai 1923 (ohne Schluß) in *Der Ostergedanke, die Himmelfahrtsoffenbarung und das Pfingstgeheimnis*, Dornach 1930; o. J. (1938); 1958; 1970; 1981

Berlin 23. Mai 1923 *Die Rätsel des inneren Menschen. Das Herannahen der Michaelkraft*, Dornach 1934; *Die Schaffung eines Michaelfestes aus dem Geiste heraus. Die Rätsel des inneren Menschen*, Dornach 1953; 1966; 1981

Stuttgart 21. Juni, 4. Juli 1923 *Unser Gedankenleben in Schlafen und Wachen und im nachtodlichen Dasein*, Dornach 1943

Dornach 24. Juni 1923 *Johanni-Stimmung. Der geschärfte Johanniblick*, Dornach 1943; in *Johanni-Stimmung. Der geschärfte Johanniblick*, Dornach 1959; 1981

225 **Kulturphänomene.** Drei Perspektiven der Anthroposophie

Zwölf Vorträge in Dornach

1923: 5. (ohne Einleitung) 6. Mai, 1. 6. 7. 8. 15. 20. 21. 22. (ohne Schluß*) Juli, 22. 23. Sept.

* Schluß in Bibl.-Nr. 250 f.

ISBN 3-7274-2250-5 (GA 1961)

Bibliographie: 1. Auflage GA 1961

Einzelausgaben und sonstige Veröffentlichungen:

Dornach 6. 7. 8. 15. Juli 1923 *Eine Jahrhundertbetrachtung 1823–1923. Das Entscheidende der Gegenwart*, Dornach 1943

226 **Menschenwesen, Menschenschicksal und Welt-Entwickelung**

Sechs Vorträge und eine Ansprache in Kristiania (Oslo)

1923: 16. 17. 17. (Ansprache) 18. 19. 20. 21. Mai

ISBN 3-7274-2260-2 (GA 1978)

Bibliographie: 1. Auflage (ohne Einleitung zum 16., ohne Schluß zum 21. Mai und ohne Ansprache) Dornach 1926; 2. Auflage (ohne Ansprache) Freiburg i. Br. 1954; 3. Auflage GA 1966; 4. Auflage GA 1978

Einzelausgaben und sonstige Veröffentlichungen:

Kristiania 17. Mai 1923 (Ansprache) *Welten-Pfingsten, die Botschaft der Anthroposophie*, Dornach 1930; 1956; 1979

Kristiania 19. Mai 1923 in *Wiederverkörperung. Zur Idee von Reinkarnation und Karma*, ThGw. Nr. 9, Stuttgart 1982

Kristiania 21. Mai 1923 Schluß des Vortrages in *Die Sendung Michaels. Die Offenbarung der eigentlichen Geheimnisse des Menschenwesens*, Dornach 1934

227 **Initiations-Erkenntnis.** Die geistige und physische Welt- und Menschheitsentwickelung in der Vergangenheit, Gegenwart und Zukunft vom Gesichtspunkt der Anthroposophie

Dreizehn Vorträge in Penmaenmawr

1923: 19. 20. 21. 22. 23. 24. 25. 26. 27. 28. 29. 30. 31. Aug.

ISBN 3-7274-2270-X (GA 1982)

Bibliographie: 1. Auflage Dornach 1927; 2. Auflage (Teilauflage) Freiburg i. Br. 1956, (Teilauflage) GA 1960; 3. Auflage GA 1982

228 **Initiationswissenschaft und Sternenerkenntnis.** Der Mensch in Vergangenheit, Gegenwart und Zukunft vom Gesichtspunkt der Bewußtseinsentwickelung

Acht Vorträge in verschiedenen Städten

1923: Dornach 27. 28. 29. Juli, London 2. Sept., Dornach 10. Sept., Stuttgart 14. (ohne Einleitung) 15. 16. Sept.

ISBN 3-7274-2280-7 (GA 1964)

Bibliographie: 1. Auflage GA 1964

Einzelausgaben und sonstige Veröffentlichungen:

Dornach 27. 28. 29. Juli 1923 *Die geistigen Individualitäten unseres Planetensystems. Schicksalbestimmende und menschenbefreiende Planeten*, Dornach 1944

Dornach 29. Juli 1923 in *Das Wesen der Farben in Licht und Finsternis. Maß, Zahl und Gewicht.* Kunst im Lichte der Mysterienweisheit VIII. Rudolf Steiners Farbenlehre II (ohne Schluß des Vortrages), Dornach 1931; in *Das Wesen der Farben* Bibl.-Nr. 291

London 2. Sept. 1923 *Der Mensch als Bild geistiger Wesen und geistiger Wirksamkeiten auf Erden*, Dornach 1938

Dornach 10. Sept. 1923 *Die Sonnen-Initiation des Druidenpriesters und seine Mondenwesen-Erkenntnis*, Dornach 1944

Stuttgart 14. (ohne Einleitung) 15. 16. Sept. 1923 *Der Mensch in Vergangenheit, Gegenwart und Zukunft*, Dornach 1945

229 **Das Miterleben des Jahreslaufes in vier kosmischen Imaginationen**

Sechs Vorträge in Dornach und Stuttgart, mit fünf farbigen Wiedergaben der Tafelzeichnungen

1923: Dornach 5. (ohne Einleitung) 6. (zwei Tafelzeichnungen) 7. (zwei Tafelzeichnungen) 12. (Tafelzeichnung) 13. Okt., Stuttgart 15. Okt.

ISBN 3-7274-2290-4 (GA 1980)

Bibliographie: 1. Auflage (ohne 15. Okt. 1923, ohne Tafelzeichnungen) Dornach 1943; 2. Auflage (ohne 15. Okt. 1923, am 6. Okt. nur eine Tafelzeichnung) Freiburg i. Br. 1955; 3. Auflage im Sammelband zusammen mit Bibl.-Nr. 223 *Der Jahreskreislauf als Atmungsvorgang der Erde und die vier großen Festeszeiten. Die Anthroposophie und das menschliche Gemüt*, GA 1966; 4. Auflage GA 1976; 5. Auflage GA 1980

Einzelausgaben und sonstige Veröffentlichungen:

Stuttgart 15. Okt. 1923 *Die Michael-Imagination. Geistige Meilenzeiger im Jahreslauf*, Dornach 1934; 1961; 1980

230 Der Mensch als Zusammenklang des schaffenden, bildenden und gestaltenden Weltenwortes

Zwölf Vorträge in Dornach

1923: 19. 20. 21. (ohne Schluß) 26. (ohne Schluß) 27. 28. Okt., 2. 3. 4. 9. 10. 11. (ohne Schluß*) Nov.

* Schluß des Vortrages in Bibl.-Nr. 277 ISBN 3-7274-2300-5 (GA 1978)

Bibliographie: 1. Auflage Dornach 1931; 2. Auflage Stuttgart 1949; 3. Auflage GA 1958; 4. Auflage GA 1970; 5. Auflage GA 1978

Einzelausgaben und sonstige Veröffentlichungen:

Dornach 2. Nov. 1923 in *Erde und Naturreiche*, ThGw. Nr. 5, Stuttgart 1980; 1981

Dornach 9. 10. Nov. 1923 in *Ernährung und Bewußtsein, Ernährung des Menschen II*, ThGw. Nr. 7, Stuttgart 1981

231 Der übersinnliche Mensch, anthroposophisch erfaßt

Sieben Vorträge in Den Haag

1923: 13. 14. 15. (öffentlich) 16. (öffentlich) 17. (zwei Vorträge) 18. (ohne Schluß) Nov.

ISBN 3-7274-2310-2 (GA 1982)

Bibliographie: 1. Auflage (ohne 15. 16. Nov. 1923) Dornach 1937; 2. Auflage GA 1962; 3. Auflage GA 1982

232 Mysteriengestaltungen

Vierzehn Vorträge in Dornach

1923: 23. (ohne Einleitung) 24. 25. 30. Nov., 1. 2. 7. 8. 9. 14. 15. 21. 22. (ohne Einleitung) 23. (ohne Einleitung) Dez.

ISBN 3-7274-2320-X (GA 1974)

Bibliographie: 1. Auflage Dornach 1931; 2. Auflage GA 1958; 3. Auflage GA 1974

233 Die Weltgeschichte in anthroposophischer Beleuchtung und als Grundlage der Erkenntnis des Menschengeistes

Neun Vorträge in Dornach, mit vier farbigen Wiedergaben der Tafelzeichnungen

1923: 24. 25. (Tafelzeichnung) 26. 27. (Tafelzeichnung) 28. (Tafelzeichnung) 29. (Tafelzeichnung) 30. 31. Dez. / **1924:** 1. Jan.

ISBN 3-7274-2331-5 (GA 1980)

Bibliographie: 1. Auflage (ohne 1. Jan. 1924) Dornach 1945; 2. Auflage im Sammelband *Die Weltgeschichte in anthroposophischer Beleuchtung und als Grundlage der Erkenntnis des Menschengeistes. Mysterienstätten des Mittelalters. Rosenkreuzertum und modernes Einweihungsprinzip. Das Osterfest als ein Stück Mysteriengeschichte der Menschheit*, GA 1962; 3. Auflage Teilausgabe aus vorangehendem Sammelband GA 1963 (alle Auflagen ohne Tafelzeichnungen); 4. Auflage GA 1980

Einzelausgaben und sonstige Veröffentlichungen:

Dornach 31. Dez. 1923, 1. Jan. 1924 in *Die Weihnachtstagung zur Begründung der Allgemeinen Anthroposophischen Gesellschaft*, Bibl.-Nr. 260

233a **Mysterienstätten des Mittelalters.** Rosenkreuzertum und modernes Einweihungsprinzip. Das Osterfest als ein Stück Mysteriengeschichte der Menschheit

Zehn Vorträge in Dornach

1924: 4. 5. 6. 11. 12. 13. Jan., 19. 20. 21. 22. April

ISBN 3-7274-2335-8 (GA 1980)

Bibliographie: 1. Auflage *Mysterienstätten des Mittelalters. Rosenkreuzertum und modernes Einweihungsprinzip* (ohne 19. 20. 21. 22. April 1924) Dornach 1932; 2. Auflage im Sammelband zusammen mit Bibl.-Nr. 233 *Die Weltgeschichte in anthroposophischer Beleuchtung und als Grundlage der Erkenntnis des Menschengeistes* GA 1962; 3. Auflage (ohne 19. 20. 21. 22. April 1924) Teilausgabe aus vorangehendem Sammelband GA 1963; 4. Auflage (mit 19. 20. 21. 22. April 1924) GA 1980

Einzelausgaben und sonstige Veröffentlichungen:

Dornach 4. Jan, 1924 in *Die schöpferische Welt der Farbe.* Kunst im Lichte der Mysterienweisheit IX. Rudolf Steiners Farbenlehre III (gekürzt), Dornach 1931; in *Das Wesen der Farben*, Bibl.-Nr. 291

Dornach 19. 20. 21. 22. April 1924 *Das Osterfest als ein Stück Mysteriengeschichte der Menschheit*, Dornach 1934; 1960; 1974

234 **Anthroposophie. Eine Zusammenfassung nach einundzwanzig Jahren.** Zugleich eine Anleitung zu ihrer Vertretung vor der Welt

Neun Vorträge in Dornach

1924: 19. 20. 27. Jan., 1. 2. 3. 8. 9. 10. Febr.

ISBN 3-7274-2342-0 (GA 1981)

Bibliographie: 1. Auflage *Anthroposophie. Eine Einführung in die anthroposophische Weltanschauung*, Dornach 1927; 2. Auflage (Titel wie in 1. Auflage) Dornach 1934; 3. Auflage (Titel wie in 1. Auflage) GA 1959; 4. Auflage (Titel wie in 1. Auflage) GA 1974; 5. Auflage (mit geändertem Titel) GA 1981

235 **Esoterische Betrachtungen karmischer Zusammenhänge.** Band I

Zwölf Vorträge in Dornach

1924: 16. 17. 23. 24. Febr., 1. 2. (ohne Einleitung*) 8. 9. 15. 16. 22. 23. März

*) Einleitung in Bibl.-Nr. 260a ISBN 3-7274-2350-1 (GA 1975)

Bibliographie: 1. Auflage Dornach 1933; 2. Auflage Dornach 1947; 3. Auflage (erweitert um den Vortrag Bern 25. Jan. 1924) GA 1958; 4. Auflage (mit Vortrag Bern 25. Jan. 1924) GA 1964; 5. Auflage GA 1970; 6. Auflage GA 1975

Einzelausgaben und sonstige Veröffentlichungen:

Dornach 16. 23. 24. Febr. 1924 in *Wiederverkörperung. Zur Idee von Reinkarnation und Karma*, ThGw. Nr. 9, Stuttgart 1982

236 **Esoterische Betrachtungen karmischer Zusammenhänge.** Band II
Siebzehn Vorträge in Dornach
1924: 6. (ohne Einleitung*) 12. 23. 26. (ohne Schluß*) 27. April, 4. 9. 10. 11. 16. 18. 29. (ohne Einleitung*) 30. Mai, 4. 22. 27. 29. Juni
* Einleitungen und Schluß in Bibl.-Nr. 260a ISBN 3-7274-2360-9 (GA 1977)
Bibliographie: 1. Auflage (ohne Dornach 4. Juni 1924) Dornach 1934; 2. Auflage (erweitert um die Vorträge Stuttgart 9. April, Bern 16. April, Stuttgart 1. Juni, Dornach 4. Juni 1924) GA 1959; 3. Auflage (wie 2. Auflage) GA 1965; 4. Auflage GA 1973; 5. Auflage GA 1977
Einzelausgaben und sonstige Veröffentlichungen:
Dornach 4. Juni 1924 *Der Pfingstgedanke als Empfindungsgrundlage zum Begreifen des Karma*, Dornach 1933; 1959; 1970; 1980

237 **Esoterische Betrachtungen karmischer Zusammenhänge.** Band III.
Die karmischen Zusammenhänge der anthroposophischen Bewegung
Elf Vorträge in Dornach
1924: 1. 4. 6. 8. 11. 13. 28. Juli, 1. 3. 4. (ohne Schluß*) 8. Aug.
* Schluß in Bibl.-Nr. 260a ISBN 3-7274-2370-6 (GA 1982)
Bibliographie: 1. Auflage *Die karmischen Zusammenhänge der anthroposophischen Bewegung*, Dornach 1926; 2. Auflage *Esoterische Betrachtungen karmischer Zusammenhänge.* Dritter Teil, Dornach o. J. (1937); 3. Auflage GA 1959; 4. Auflage GA 1964; 5. Auflage GA 1971; 6. Auflage GA 1975; 7. Auflage GA 1982

238 **Esoterische Betrachtungen karmischer Zusammenhänge.** Band IV. Das geistige Leben der Gegenwart im Zusammenhang mit der anthroposophischen Bewegung
Zehn Vorträge und eine Ansprache in Dornach
1924: 5. 7. 10. 12. 14. (ohne Einleitung* und ohne Schluß**) 16. 18. 19. 21. 23. 28. (letzte Ansprache) Sept.
* Einleitung in Bibl.-Nr. 261 ** Schluß in Bibl.-Nr. 260a ISBN 3-7274-2380-3 (GA 1981)
Bibliographie: 1. Auflage (14. Sept. 1924 mit Einleitung, ohne 28. Sept. 1924) *Esoterische Betrachtungen karmischer Zusammenhänge.* Vierter Teil, Dornach 1937; 2. Auflage GA 1960; 3. Auflage GA 1965; 4. Auflage GA 1974; 5. Auflage GA 1981
Einzelausgaben und sonstige Veröffentlichungen:
Dornach 28. Sept. 1924 *Ansprache am Vorabend zu Michaeli* (letzte Ansprache), Dornach 1951

239 **Esoterische Betrachtungen karmischer Zusammenhänge.** Band V
Sechzehn Vorträge in verschiedenen Städten
1924: Prag 29. (ohne Einleitung*) 30. 31. März, 5. April, Paris 23. 24. 25. Mai, Breslau 7. (ohne Einleitung*) 8. 9. 10. 11. 12. 13. 14. 15. Juni
* Einleitungen in Bibl.-Nr. 260a ISBN 3-7274-2390-0 (GA 1975)

Bibliographie: 1. Auflage GA 1963; 2. Auflage GA 1975

Einzelausgaben und sonstige Veröffentlichungen:

Prag 29. 30. 31. März, 5. April 1924 *Esoterische Betrachtungen karmisch-kosmischer Zusammenhänge*, Dornach 1939

Paris 23. 24. 25. Mai 1924 *Anthroposophie als Erkenntnisgrundlage des Geistigen in Welt und Mensch und als Seelenimpuls für moralisches und religiöses Leben*, Dornach 1953

Breslau 7. 8. 9. 10. 11. 12. 13. 14. 15. Juni 1924 *Karma als Schicksalsgestaltung des menschlichen Lebens*, Dornach 1944; Freiburg i. Br. 1955

240 Esoterische Betrachtungen karmischer Zusammenhänge. Band VI

Fünfzehn Vorträge in verschiedenen Städten

1924: Bern 25. Jan., Zürich 28. Jan., Stuttgart 6. Febr., 9. April, Bern 16. April, Stuttgart 1. Juni, Arnheim 18. 19. 20. Juli, Torquay 12. 14. 21. Aug., London 24. (zwei Vorträge, erster ohne Schluß*) 27. Aug.

* Schluß in Bibl.-Nr. 260a

ISBN 3-7274-2401-X (GA 1977)

Bibliographie: 1. Auflage (ohne: Bern 25. Jan., 16. April, Stuttgart 9. April, 1. Juni 1924) GA 1961; 2. Auflage (wie 1. Auflage) GA 1966; 3. Auflage GA 1977

Einzelausgaben und sonstige Veröffentlichungen:

Bern 25. Jan. 1924 in *Esoterische Betrachtungen karmischer Zusammenhänge, Band I,* Bibl.-Nr. 235

Bern 25. Jan., 16. April 1924 *Das Tor des Mondes und das Tor der Sonne. Das Wirken der Individualität im geschichtlichen Werden*, Dornach 1940; 1970; 1982

Stuttgart 6. Febr. 1924 *Die Bedeutung der die Erde umgebenden Himmelskörper für das Leben und Dasein der Menschen*, Dornach 1940

Stuttgart 9. April, Bern 16. April, Stuttgart 1. Juni 1924 in *Esoterische Betrachtungen karmischer Zusammenhänge, Band II,* Bibl.-Nr. 236

Stuttgart 1. Juni 1924 *Ausgleichserlebnisse nach dem Tode. Die negativen Bilder des Lebens*, Dornach 1940

Arnheim 18. 19. 20. Juli 1924 *Das Karma der Anthroposophischen Gesellschaft und der Inhalt der anthroposophischen Bewegung*, Dornach 1940

Torquay 12. 14. 21. Aug. 1924 *Die Vertiefung des Christentums durch die Sonnenkräfte Michaels*, Dornach 1950

London 24. (zwei Vorträge, erster Vortrag ohne Einleitung und Schluß) 27. Aug. 1924 *Esoterische Betrachtungen über das Karma im einzelnen Menschen und in der Menschheits-Entwickelung*, Dornach 1936

241a Esoterische Unterweisungen für die Erste Klasse der Freien Hochschule für Geisteswissenschaft am Goetheanum. Erster Band*

Neun Vorträge (1. bis 9. Stunde) in Dornach

1924: 15. 22. 29. Febr., 7. 14. 21. März, 11. 18. 22. April

* nicht erhältlich

ISBN 3-7274-2410-9

Bibliographie: Manuskriptdruck Dornach 1977

241b **Esoterische Unterweisungen für die Erste Klasse der Freien Hochschule für Geisteswissenschaft am Goetheanum.** Zweiter Band*

Zehn Vorträge (10. bis 19. Stunde) in Dornach

1924: 25. April, 2. 11. 17. 31. Mai, 21. 28. Juni, 5. 12. Juli, 2. Aug.

* nicht erhältlich ISBN 3-7274-2412-5

Bibliographie: Manuskriptdruck Dornach 1977

241c **Esoterische Unterweisungen für die Erste Klasse der Freien Hochschule für Geisteswissenschaft am Goetheanum.** Dritter Band*

Sieben Vorträge (Wiederholungsstunden) in Dornach und vier Einzelstunden in verschiedenen Städten

1924: Prag 3. 5. April, Bern 17. April, London 27. Aug. (Notizen), Dornach 6. 9. 11. 13. 15. 17. 20. Sept.

* nicht erhältlich ISBN 3-7274-2414-1

Bibliographie: Manuskriptdruck Dornach 1977

242 **Esoterische Unterweisungen für die Erste Klasse der Freien Hochschule für Geisteswissenschaft am Goetheanum.** Vierter Band*

Tafelband mit den Wiedergaben der Tafelzeichnungen und der nachgelassenen Handschriften

* nicht erhältlich ISBN 3-7274-2420-6

Bibliographie: Manuskriptdruck Dornach 1977

243 **Das Initiatenbewußtsein.**

Die wahren und die falschen Wege der geistigen Forschung

Elf Vorträge in Torquay

1924: 11. (ohne Einleitung*) 12. 13. 14. 15. 16. 18. 19. 20. 21. 22. Aug.

* Einleitung in Bibl.-Nr. 260a ISBN 3-7274-2430-3 (GA 1983)

Bibliographie: 1. Auflage Dornach 1927; 2. Auflage (Teilauflage) Freiburg i. Br. 1955, (Teilauflage) GA 1960; 3. Auflage GA 1969; 4. Auflage GA 1983

Einzelausgaben und sonstige Veröffentlichungen:

Torquay 16. Aug. 1924 mittlerer Teil des Vortrages in *Vom Lebenslauf des Menschen*, ThGw. Nr. 4, Stuttgart 1980; 1981

244 (Gesammelte Fragenbeantwortungen)

Soweit nicht bei den Vorträgen abgedruckt

245 **Anweisungen für eine esoterische Schulung.** Aus den Inhalten der «Esoterischen Schule». Erster Teil

Übungen. Mantrische Sprüche. Erläuterungen aus esoterischen Stunden in verschiedenen Städten. Ansprache zur Grundsteinlegung des Dornacher Baues

1903: (1904 ?) Berlin / **1905:** Berlin 24. Okt. (Niederschrift) / **1906:** 13. April, 2. Okt., 14. Nov. / **1907:** München 6. Juni, Berlin 9. Okt. / **1908:** München 16. Jan., Berlin 26. Jan. / **1913:** Dornach 20. Sept. (Ansprache ohne den 1. Teil)

ISBN 3-7274-2450-8 (GA 1979)

Bibliographie: 1. Auflage GA 1968; 2. Auflage GA 1969; 3. Auflage GA 1973; 4. Auflage GA 1976; 5. Auflage GA 1979

Einzelausgaben und sonstige Veröffentlichungen:

Aus den Inhalten der «Esoterischen Schule» Heft 1, Dornach 1947; 1949. Heft 2, Dornach 1948; 1949. Heft 3, Dornach 1951

246 (Notizen von Erläuterungen in Esoterischen Stunden. Anweisungen für eine esoterische Schulung. Aus den Inhalten der «Esoterischen Schule». Zweiter Teil)

247–249 leer

Schriften und Vorträge zur Geschichte der anthroposophischen Bewegung und der Anthroposophischen Gesellschaft

250 f. (Zur Geschichte der Gesellschaft)

In den Bibl.-Nrn. 250 bis 253, 255 und 256 sind Ansprachen und Vorträge zur Geschichte der anthroposophischen Bewegung und der Anthroposophischen Gesellschaft vorgesehen, darunter:

Berlin 15. Dez. 1911 *Ein durch Rudolf Steiner gegebener Zukunftsimpuls und was zunächst daraus geworden ist,* o. O. (Dornach) 1947 (teilweise irrtümlich 14. Dez.)

Berlin 3. Febr. 1913 *Das Wesen der Anthroposophie,* Berlin o. J. (1913); in *Schicksalszeichen auf dem Entwicklungswege der Anthroposophischen Gesellschaft,* Dornach 1943

Berlin 4. Febr. 1913 «Skizze eines Lebensabrisses» in *Briefe 1881–1900*, Dornach 1948; 1955

Den Haag 20. (Einleitung)/29. März (Schlußworte zum Zyklus) 1913 in *Welche Bedeutung hat die okkulte Entwicklung des Menschen für seine Hüllen (physischen Leib, Ätherleib, Astralleib) und sein Selbst?* o. O. (Berlin) o. J. (1913)

Basel 22. (teilweise) Sept. 1913, Dornach 13. Aug., 19. (teilweise) Sept. 1914 in *Schicksalszeichen auf dem Entwicklungswege der Anthroposophischen Gesellschaft,* Dornach 1943 (irrtümlich 23. statt 22. Sept. 1913)

Dornach 20. Sept. 1914 in *Christian Morgenstern, der Sieg des Lebens über den Tod. Gedenkworte und Ansprachen,* Dornach 1935; *Die Sehnsucht der Seelen nach Geist. Ein Zeichen der Zeit,* Dornach 1938

Leipzig 10. Juni 1917 *Charakteristisches zur Kennzeichnung der Gegenwart. Wirklichkeits-Entfremdung,* Dornach 1939

Dornach 21. Okt. 1917, 3. Nov. 1918 in *Aufbaugedanken und Gesinnungsbildung,* Dornach 1942

Dornach 20. Sept. 1918 Worte vor dem Vortrag in *Die kosmische Vorgeschichte der Menschheit. Raum und Zeit. Das Reich der Dauer und das Reich der Vergänglichkeit. Das Geschichtsleben der Menschheit,* Dornach 1941; in *Die Polarität von Dauer und Entwickelung im Menschenleben. Die kosmische Vorgeschichte der Menschheit,* Bibl.-Nr. 184

Dornach 10. Nov. 1918 Anhang in *Entwicklungsgeschichtliche Unterlagen zur Bildung eines sozialen Urteils,* Bibl.-Nr. 185a

Dornach 25. April 1920 teilweise in *Aufbaugedanken und Gesinnungsbildung,* Dornach 1942

Dornach 5. Juni 1920 in *Die Hetze gegen das Goetheanum,* Dornach o. J. (1920)

Dornach 26. Sept. 1920 in *Die Kunst der Rezitation und Deklamation,* Dornach 1928

Dornach 27. Juni 1921 *Vortrag anläßlich der Generalversammlung des Vereins des Goetheanum der Freien Hochschule für Geisteswissenschaft in Dornach (Schweiz),* Dornach 1921

Dornach 27. Juni 1921, 25. (irrtümlich 24.) Juni 1922 in *Aufbaugedanken und Gesinnungsbildung,* Dornach 1942

Dornach 25. Sept. 1921 in *Östliche und westliche Kultur in geistiger Beleuchtung. Die Aufgaben einer Anthroposophischen Gesellschaft in der Gegenwart,* Der Mensch in seinem Zusammenhange mit dem Kosmos I, Dornach 1954

Stuttgart 23. Mai 1922 *Der Verfall des menschlichen Intellekts und das Sichwehren des Menschen gegen die Spiritualität,* Dornach 1942

Dornach 18. Juni 1922 teilweise in *Westliche und östliche Weltgegensätzlichkeit. Wege zu ihrer Verständigung durch Anthroposophie,* Bibl.-Nr. 83

Den Haag 5. Nov. 1922 (Schluß des Vortrages) in *Die verborgenen Seiten des Menschendaseins und der Christus-Impuls,* Dornach 1939

Dornach 1. (zwei Vorträge) Jan. 1923 in *Die Not nach dem Christus. Die Aufgabe der akademischen Jugend. Die Herz-Erkenntnis des Menschen,* Dornach 1942

Dornach 6. Jan. 1923 in *Rudolf Steiner und die Zivilisationsaufgaben der Anthroposophie. Ein Rückblick auf das Jahr 1923,* Dornach 1943

Dornach 17. Juni 1923 in *Bericht über die zehnte ordentliche Generalversammlung des Vereins des Goetheanum der freien Hochschule für Geisteswissenschaft in Dornach,* Dornach o. J. (1923)

Dornach 17. Juni, 21. 22. (abends) Juli (Schluß des Vortrages) 1923 in *Aufbaugedanken und Gesinnungsbildung,* Dornach 1942

Dornach 21. Sept. 1923 *Eine Erinnerung an die Grundsteinfeier zur Befestigung des anthroposophischen Wesens,* Dornach o. J. (1942)

Aufsatz «Abwehr von Unwahrheiten»: in *Das Goetheanum,* 2. Jg., Nr. 9, Dornach 1922

251 Siehe Bibl.-Nr. 250

252 Siehe Bibl.-Nr. 250

253 Siehe Bibl.-Nr. 250

254 **Die okkulte Bewegung im neunzehnten Jahrhundert und ihre Beziehung zur Weltkultur.** Bedeutsames aus dem äußeren Geistesleben um die Mitte des neunzehnten Jahrhunderts

Dreizehn Vorträge in Dornach

1915: 10. 11. 16. 17. 18. 19. 22. 23. 24. 25. 31. Okt., 1. 7. Nov.

ISBN 3-7274-2540-7 (GA 1969)

Bibliographie: 1. Auflage (ohne 31. Okt., 1. 7. Nov. 1915) (statt 22. irrtümlich 20. Okt. 1915) *Die okkulte Bewegung im 19. Jahrhundert,* Dornach 1931; 2. Auflage (wie 1. Auflage) *Die okkulte Bewegung im neunzehnten Jahrhundert und ihre Beziehung zur Weltkultur,* Dornach 1939; 3. Auflage GA 1969

Einzelausgaben und sonstige Veröffentlichungen:

Dornach 31. Okt., 1. 7. Nov. 1915 *Bedeutsames aus dem äußeren Geistesleben um die Mitte des neunzehnten Jahrhunderts,* Dornach 1939

255 Siehe Bibl.-Nr. 250

256 Siehe Bibl.-Nr. 250

257 **Anthroposophische Gemeinschaftsbildung**

Zehn Vorträge in Stuttgart und Dornach

1923: Stuttgart 23. 30. Jan., 6. 13. Febr., Dornach 22. Febr., Stuttgart 27. 28. Febr., Dornach 2. 3. 4. März

ISBN 3-7274-2570-9 (GA 1983)

Bibliographie: 1. Auflage GA 1965; 2. Auflage GA 1974; 3. Auflage GA 1983

Einzelausgaben und sonstige Veröffentlichungen:

Stuttgart 23. Jan. (irrtümlich 25. Jan.) 1923 *Worte des Schmerzes, der Gewissenserforschung. Worte zum Bewußtwerden der Verantwortlichkeit,* Dornach o. J. (1936)

Stuttgart 30. Jan. 1923 *Urteilsbildung auf Grund von Tatsachen. Die zweifache Umschmelzung eines geisteswissenschaftlichen Urteils,* Dornach 1939

Stuttgart 6. Febr. 1923 Neues Denken und neues Wollen. Die drei Phasen der anthroposophischen Arbeit, Dornach 1939

Stuttgart 13. Febr. 1923 *Anthroposophische Gesellschaftsentwickelung. Das Seelendrama des Anthroposophen,* Dornach 1940

Dornach 22. Febr. (ohne Schluß) *Die Erneuerung der drei großen Ideale der Menschheit: Kunst, Wissenschaft und Religion,* Dornach 1943

Stuttgart 27. 28. Febr. 1923 *Gemeinschaftsbildung. Zwei Vorträge zur Delegiertenversammlung,* Berlin 1923

Dornach 2. 3. 4. März 1923 *Anthroposophische Gemeinschaftsbildung: Das Erwachen am andern Menschen,* Dornach 1942

258 **Die Geschichte und die Bedingungen der anthroposophischen Bewegung im Verhältnis zur Anthroposophischen Gesellschaft.** Eine Anregung zur Selbstbesinnung

Acht Vorträge in Dornach

1923: 10. 11. 12. 13. 14. 15. 16. 17. Juni

ISBN 3-7274-2580-6 (GA 1981)

Bibliographie: 1. Auflage Dornach 1931; 2. Auflage GA 1959; 3. Auflage GA 1981

259 (Die Zivilisationsaufgaben der Anthroposophie. Ein Rückblick auf das Jahr 1923)

260 Die Weihnachtstagung zur Begründung der Allgemeinen Anthroposophischen Gesellschaft. Grundsteinlegung, Vorträge und Ansprachen, Statutenberatung.

1923: Dornach 23. (Ansprache) 24. (Einleitung und Ausklang zum Vortrag von Albert Steffen. Eröffnungsvortrag) 25. (Grundsteinlegung. Gründungsversamlung. Sitzung) 26. (Fortsetzung der Gründungsversammmlung) 27. (Fortsetzung der Gründungsversammlung) 28. (Fortsetzung der Gründungsversammlung und eine Ansprache) 29. (Sitzung. Fortsetzung der Gründungsversammlung) 30. (Fortsetzung der Gründungsversammlung). 31. (Fortsetzung der Gründungsversammlung. Vortrag. Aussprache. Vortrag) Dez. / **1924:** 1. Jan. (Fortsetzung der Gründungsversammlung. Vortrag. Schlußworte) Schwarz-weiß-Wiedergabe einer Wandtafelzeichnung

ISBN 3-7274-2600-4 (GA 1963)

Bibliographie: 1. Auflage Dornach 1944; 2. Auflage GA 1957; 3. Auflage GA 1963

Einzelausgaben und sonstige Veröffentlichungen:

Dornach 23. Dez. 1923 in *Entstehung und Entwickelung der Eurythmie,* Bibl.-Nr. 277a

Dornach 25. (Grundsteinlegung) 26. 27. 28. 29. 30. 31. Dez. 1923, 1. Jan. 1924 (sieben Ansprachen, «Rhythmen der Grundsteinsprüche», Schlußworte) *Die Grundsteinlegung der Allgemeinen Anthroposophischen Gesellschaft,* Dornach 1955; 1958; 1969; 1978

Dornach 31. Dez. 1923, 1. Jan. 1924 in *Die Weltgeschichte in anthroposophischer Beleuchtung und als Grundlage der Erkenntnis des Menschengeistes,* Dornach 1945 (ohne 1. Jan. 1924); Bibl.-Nr. 233

260a Die Konstitution der Allgemeinen Anthroposophischen Gesellschaft und der Freien Hochschule für Geisteswissenschaft. Der Wiederaufbau des Goetheanum 1924–1925

Vorträge, Ansprachen und Berichte, Einleitungen und Schlußworte zu Vorträgen, Voten bei Versammlungen, Ausführungen über die Weihnachtstagung in Vorträgen (Auszüge), Aufsätze, Mitteilungen, Dokumente, Chronik, Register

1924: Dornach 18. 21. (Voten)/30. Jan., 3. Febr., 2. März (Mitteilungen vor dem Vortrag), 16. März (Voten an zwei Versammlungen), 24. 25. März (Voten an zwei Versammlungen), Prag 29. März (Einleitung), Dornach 6. April (Einleitung), Stuttgart 10. April (Besprechung), Dornach 20. 22. April (Eurythmieeinleitungen), 26. April (Mitteilung nach dem Vortrag), Paris 25. Mai (Ansprache), Dornach 29. Mai (Einleitung), Breslau 7. Juni (Einleitung), 9. Juni (Ansprache), Koberwitz 11. 17. Juni (Ansprachen), Dornach 20. Juni (Bericht über Breslau/Koberwitz), 29. Juni (Voten), Stuttgart 15. Juli (Voten), Arnheim 20. Juli (Ansprache), Dornach 1. 4. Aug. (Mitteilungen), Torquay 11. Aug. (Begrüßung), 22. Aug. (Abschiedsworte), London 24. Aug. (Mitteilung nach dem Vortrag), Dornach 7. Sept. (Voten), 14. Sept. (Ankündigung nach dem Vortrag)

Auszüge aus anderen GA-Bänden:

1924: Dornach 6. 19. Jan., Bern 25. Jan., Zürich 28. Jan., Stuttgart 5. 6. Febr., Prag 5. April, Dornach 12. April, Bern 16. April, Dornach 23. April, Paris 23. Mai, Koberwitz 7. Juni, Dornach 22. Juni, 7. Juli, Arnheim 18. Juli, Torquay 12. Aug. (aus zwei Vorträgen) 20. Aug., London 24. Aug., Dornach 5. Sept. (aus zwei Vorträgen)

Nachweis der Aufsätze siehe Bibl.-Nr. 37

ISBN 3-7274-2605-5 (GA 1966)

Bibliographie: 1. Auflage GA 1966

Einzelausgaben und sonstige Veröffentlichungen:

Dornach 18. 30. Jan., 3. Febr. 1924 in *Die Konstitution der Freien Hochschule für Geisteswissenschaft. Ihre Gliederung in Sektionen,* Dornach 1944; 1957

Dornach 20. April 1924 in *Die Entstehung und Entwickelung der Eurythmie,* Bibl.-Nr. 277 a

Dornach 22. April 1924 in *Eurythmie, die Offenbarung der sprechenden Seele. Eine Fortbildung der Goetheschen Metamorphosenanschauung im Bereich der menschlichen Bewegung,* Bibl.-Nr. 277

Breslau 9. Juni, Koberwitz 17. Juni, Arnheim 20. Juli 1924 in *Die Erkenntnis-Aufgabe der Jugend,* Bibl.-Nr. 217a

Koberwitz 11. Juni, Dornach 20. Juni 1924 in *Geisteswissenschaftliche Grundlagen zum Gedeihen der Landwirtschaft,* Bibl.-Nr. 327

Aufsatz «Der Wiederaufbau des Goetheanum«: in *Der Goetheanumgedanke inmitten der Kulturkrisis der Gegenwart. Gesammelte Aufsätze 1921–1925 aus «Das Goetheanum»,* Bibl.-Nr. 36; in *Wege zu einem neuen Baustil «Und der Bau wird Mensch»,* Bibl.-Nr. 286

Aufsatz «Das zweite Goetheanum»: in *Wege zu einem neuen Baustil «Und der Bau wird Mensch»,* Bibl.-Nr. 286

Die in diesem Band noch enthaltenen Auszüge aus Vorträgen (Einleitungen, Schlußworte usw.) sind den folgenden Bänden der Gesamtausgabe entnommen:

Dornach 6. Jan. 1924 in *Meditative Betrachtungen und Anleitungen zur Vertiefung der Heilkunst,* Bibl.-Nr. 316

Dornach 19. Jan. 1924 in *Anthroposophie. Eine Zusammenfassung nach einundzwanzig Jahren,* Bibl.-Nr. 234

Bern 25. Jan., Zürich 28. Jan., Stuttgart 6. Febr., Bern 16. April, Arnheim 18. Juli, Torquay 12. Aug. 1924 in *Esoterische Betrachtungen karmischer Zusammenhänge, Band VI,* Bibl.-Nr. 240 GA 1977 (die Auflagen von 1961 und 1966 enthalten die Berner Vorträge nicht)

Stuttgart 5. Febr. 1924 in *Konferenzen mit den Lehrern der Freien Waldorfschule in Stuttgart 1919 bis 1924. Dritter Band. Das fünfte und sechste Schuljahr,* Bibl.-Nr. 300c

Prag 5. April, Paris 23. Mai 1924 in *Esoterische Betrachtungen karmischer Zusammenhänge, Band V,* Bibl.-Nr.239

Dornach 12. 23. April, 22. Juni 1924 in *Esoterische Betrachtungen karmischer Zusammenhänge, Band II,* Bibl.-Nr. 236

Koberwitz 7. Juni 1924 in *Geisteswissenschaftliche Grundlagen zum Gedeihen der Landwirtschaft,* Bibl.-Nr. 327

Dornach 7. Juli 1924 in *Heilpädagogischer Kurs,* Bibl.-Nr. 317

Torquay 12. 20. Aug. 1924 in *Die Kunst des Erziehens aus dem Erfassen der Menschenwesenheit,* Bibl.-Nr. 311

Dornach 5. Sept. 1924 in *Sprachgestaltung und Dramatische Kunst,* Bibl.-Nr. 282

Dornach 5. Sept. 1924 in *Esoterische Betrachtungen karmischer Zusammenhänge, Band IV,* Bibl.-Nr. 238

261 **Unsere Toten.** Ansprachen, Gedenkworte und Meditationssprüche 1906–1924

Zwei Vorträge und zweiundfünfzig Gedenkworte und Ansprachen in verschiedenen Städten

1906: Berlin 25. Juni, 21. Okt. / **1907:** 20. Okt. / **1908:** 26. Okt. / **1909:** 24. Okt. / **1910:** 30. Okt. / **1911:** 10. Dez. / **1912:** München 23. Juli / **1913:** Berlin 2. Febr. / **1914:** 18. Jan., Wien 10. April, Kassel 9. (Vortrag) 10. (Vortrag und Ansprache) Mai, Berlin 1. Sept., Dornach 10. Okt., 27. Dez. / **1915:** Basel 10. Jan., Zürich 31. Jan., Basel 5. Febr., Dornach 15. Aug., 25. Sept., Berlin 18. Nov., Ulm 22. Nov., München 30. Nov.,

Berlin 14. Dez., Dornach 26. Dez. (erster Teil des Vortrages*) / **1916:** Dornach 30. Juli, Febr., Dornach 15. Aug., 25. Sept., Berlin 18. Nov., Ulm 22. Nov., München 30. Nov., Berlin 14. Dez., Dornach 26. Dez. (erster Teil des Vortrages*) / **1916:** Dornach 30. Juli, 29. Okt., Basel 31. Okt., Dornach 17. Nov. / **1917:** Berlin 6. Febr., Stuttgart 11. Mai (zwei Ansprachen), Dornach 7. Okt. / **1918:** Dornach 20. Sept., Reinach 22. Sept. / **1919:** Arlesheim 14. Jan., Dornach 3. Okt. / **1920:** Arlesheim 12. Mai, Dornach 22. 23. Okt., Basel 25. 27. Okt. / **1921:** Dornach 1. Juli / **1922:** Berlin 21. Mai / **1923:** Stuttgart 29. März, Basel und Dornach 29. Juni / **1924:** Dornach 6. Jan., Basel 11. Jan., Dornach 3. Mai, Basel 6. Mai, Dornach 14. Sept.

* Zweiter Teil des Vortrages in Bibl.-Nr. 165 und 274 ISBN 3-7274-2610-1 (GA 1963)

Bibliographie: 1. Auflage GA 1963 (irrtümlich im Titel 1912–1924)

Einzelausgaben und sonstige Veröffentlichungen:

Kassel 9. 10. Mai 1914 (teilweise), Ulm 22. Nov., Dornach 26. Dez. 1915 (erster Teil des Vortrages), Dornach 29. Okt., Basel 31. Okt., Dornach 17. Nov. 1916, Dornach 7. Okt. 1917, 29. Juni 1923 in *Rudolf Steiner und unsere Toten*, Dornach 1935

Kassel 9. 10. Mai 1914 *Das Hereinragen der geistigen Welt in die physische,* Berlin 1923

Wien 10. April, Kassel 10. Mai 1914 in *Christian Morgenstern, der Sieg des Lebens über den Tod. Gedenkworte und Ansprachen,* Dornach 1935

Ulm 22. Nov., Dornach 26. Dez. 1915 (erster Teil des Vortrages), Dornach 17. Nov. 1916 in *Das Geheimnis des Todes. Treue, Wahrheitssinn, Richtungsfestigkeit,* Dornach 1945

Dornach 14. Sept. 1924 (Gedenkworte) in *Esoterische Betrachtungen karmischer Zusammenhänge, Band IV,* Dornach 1937

262 **Briefwechsel und Dokumente 1901–1925:** Rudolf Steiner/Marie Steiner-von Sivers Mit 4 Bildtafeln und zahlreichen Faksimiles

ISBN 3-7274-2620-9 (GA 1967)

Bibliographie: 1. Auflage GA 1967

Einzelausgaben und sonstige Veröffentlichungen:

Autobiographische Skizze. Geschrieben für Edouard Schuré in Barr im Elsaß am 9. Sept. 1907 (Teil I) in *Nachrichten der Rudolf Steiner-Nachlaßverwaltung, Nr. 13,* Dornach 1965

263 (Briefe und Dokumente im Zusammenhang mit der Anthroposophischen Gesellschaft 1902–1925)

264 (Zur Geschichte und aus den Inhalten der Esoterischen Schule von 1904 bis 1914. Briefe, Rundbriefe, Dokumente, Vorträge)

265–270 leer

III. Vorträge und Kurse zu einzelnen Lebensgebieten

Vorträge über Kunst

Allgemein

271 **Kunst und Kunsterkenntnis.** Das Sinnlich-Übersinnliche in seiner Verwirklichung durch die Kunst

Neun Vorträge, darunter fünf öffentliche, in verschiedenen Städten

1888: Wien 9. Nov. (öffentlich) / **1909:** Berlin 28. Okt. / **1918:** München 15. 17. (beide öffentlich) Febr., 5. 6. (beide öffentlich) Mai, Wien 1. Juni / **1920:** Dornach 12. Sept. / **1921:** Dornach 9. April

ISBN 3-7274-2710-8 (GA 1961)

Bibliographie: 1. Auflage (ohne München 15. Febr., 6. Mai, Wien 1. Juni 1918, Dornach 12. Sept. 1920, 9. April 1921) Dornach 1941; 2. Auflage GA 1961

Einzelausgaben und sonstige Veröffentlichungen:

Taschenbuchausgabe: RSTA. Nr. 12, Stuttgart 1967; 1975

Wien 9. Nov. 1888 *Goethe als Vater einer neuen Ästhetik,* Wien 1889 (ohne Vorwort und Bemerkungen); Berlin 1909; 1917; 1919; 1921; Düsseldorf 1948 (ohne Bemerkungen); in *Kunst und Kunsterkenntnis. Die kosmische Sendung der Künste. Das Wesen der Künste,* Dornach 1941; in *Goethe als Vater einer neuen Ästhetik. Über das Komische und seinen Zusammenhang mit Kunst und Leben,* Dornach 1963; in *Methodische Grundlagen der Anthroposophie 1884–1901. Gesammelte Aufsätze zur Philosophie, Naturwissenschaft, Ästhetik und Seelenkunde,* Bibl.-Nr. 30; in *Goethe-Studien. Schriften und Aufsätze 1884–1901,* RSTb. Nr. 634, Dornach 1982

Berlin 28. Okt. 1909 *Das Wesen der Künste,* Berlin 1910; 1918; 1921; Dornach 1930 (mit Steinzeichnungen von Assia Turgenieff); in *Kunst und Kunsterkenntnis. Die kosmische Sendung der Künste. Das Wesen der Künste,* Dornach 1941

München 15. Febr. 1918 *Das Sinnlich-Übersinnliche in seiner Verwirklichung durch die Kunst,* Dornach 1941

München 17. Febr., 5. Mai 1918 in *Kunst und Kunsterkenntnis. Die kosmische Sendung der Künste. Das Wesen der Künste,* Dornach 1941

München 6. Mai 1918 *Die Quellen der künstlerischen Phantasie und die Quellen der übersinnlichen Erkenntnis,* Dornach 1941

Dornach 12. Sept. 1920 *Der übersinnliche Ursprung des Künstlerischen.* Kunst im Lichte der Mysterienweisheit. II, Dornach 1928

Dornach 9. April 1921 in *Ansprachen und Vorträge Rudolf Steiners im Zweiten anthroposophischen Hochschulkurs,* Bern 1948

272 **Geisteswissenschaftliche Erläuterungen zu Goethes «Faust». Band I**

Faust, der strebende Mensch

Fünfzehn Vorträge, darunter ein öffentlicher, in verschiedenen Städten

1910: Straßburg 23. Jan. (öffentlich), **1911:** Berlin 17. Dez. / **1915:** Dornach 4. 11. April, 22. 30. Mai, 14. 15. 16. Aug. / **1916:** Dornach 19. 20. Aug., 4. 9. 10. 11. Sept.

ISBN 3-7274-2720-5 (GA 1981)

Bibliographie: 1. Auflage (ohne 17. Dez. 1911, 30. Mai 1915 nur teilweise) Dornach 1931; 2. Auflage (wie 1. Auflage) Freiburg i. Br. 1955; 3. Auflage GA 1967; 4. Auflage GA 1981 (30. Mai 1915 auf Grund neuer Unterlagen mit teilweise geändertem Wortlaut)

Einzelausgaben und sonstige Veröffentlichungen:

Ungekürzte Sonderausgabe, Dornach 1967; 1974; 1982

Dornach 4. 11. April, 22. Mai 1915 in *Ostern und Pfingsten 1915,* Berlin o. J. (1916)

Dornach 30. Mai 1915 in *Kunst und Lebensfragen im Lichte der Geisteswissenschaft,* Bibl.-Nr. 162

273 Geisteswissenschaftliche Erläuterungen zu Goethes «Faust». Band II

Das Faust-Problem. Die romantische und die klassische Walpurgisnacht

Dreizehn Vorträge in Dornach, ein öffentlicher in Prag. Wiedergabe der Zeichnung «Die Kabiren»

1916: Dornach 30. Sept., 10. Dez. (zweiter Teil des Vortrages*) / **1917:** Dornach 27. Jan., 2. 3. 4. Nov. / **1918:** Prag 12. Juni (öffentlich), Dornach 27. 28. 29. Sept. / **1919:** Dornach 17. 18. 19. Jan.

* Erster Teil in Bibl.-Nr. 173

ISBN 3-7274-2730-2 (GA 1981)

Bibliographie: 1. Auflage (ohne Prag 12. Juni 1918) Dornach 1931; 2. Auflage (wie 1. Auflage) Freiburg i. Br. 1956 (mit fotographischer Wiedergabe aus «Das Künstlerische Werk« Lfde. Nr. 11.7; 3. Auflage GA 1967; 4. Auflage GA 1981

Einzelausgaben und sonstige Veröffentlichungen:

Ungekürzte Sonderausgabe, Dornach 1967; 1974; 1982

Dornach 30. Sept. 1916 in *Innere Entwicklungsimpulse der Menschheit. Goethe und die Krisis des 19. Jahrhunderts. Kosmische und menschliche Geschichte II,* Bibl.-Nr. 171

Prag 12. Juni 1918 *Goethes persönliches Verhältnis zu seinem «Faust»,* Dornach 1978

«Die Kabiren» siehe Bibl.-Nr. K 21

274 Ansprachen zu den Weihnachtspielen aus altem Volkstum

Achtzehn Ansprachen bei Aufführungen der Oberuferer Weihnachtspiele in Dornach. Ein Aufsatz. Anhang.

1915: 26. Dez. (zweiter Teil*) / **1917:** 3. 7. Jan., 30. Dez. / **1918:** 6. Jan. / **1920:** 19. 22. Dez. / **1921:** 23. Dez. / **1922:** 8. Jan., 24. Dez. / **1923:** 1. Jan. 14. 24. 25. 27. 29. 31. Dez. / **1924:** 6. Jan.

Aufsatz: Weihnachten 1922

Anhang: Erinnerungen von Karl Schubert und Leopold van der Pals

* Erster Teil in Bibl.-Nr. 261

ISBN 3-7274-2740-X (GA 1974)

Bibliographie: 1. Auflage GA 1974

Bei Neuauflage wird dieser Band erweitert um Bibl.-Nr. 43

Einzelausgaben und sonstige Veröffentlichungen:

Dornach 26. Dez. 1915 (zweiter Teil) in *Über alte Weihnachtspiele und eine verklungene Geistesströmung der Menschheit,* Berlin o. J. (1917); in *Die geistige Vereinigung der Menschheit durch den Christus-Impuls,* Bibl.-Nr. 165

Dornach 3. (irrtümlich 4.) Jan. 1917, 8. Jan. 1922 in *Weihnachtspiele aus altem Volkstum. Eine Christfest-Erinnerung,* Dornach 1937

Dornach 30. Dez. 1917 in *Weihnachtspiele aus altem Volkstum. Die Oberuferer Spiele,* Dornach o. J. (1938); 1957

Dornach 1. Jan. 1923 in *Die Not nach dem Christus. Die Aufgabe der akademischen Jugend. Die Herz-Erkenntnis des Menschen,* Dornach 1942

Aufsatz «Von den volkstümlichen Weihnachtspielen. Eine Christfest-Erinnerung»: in *Weihnachtspiele aus altem Volkstum. Eine Christfest-Erinnerung,* Dornach 1937; in *Weihnachtspiele aus altem Volkstum. Die Oberuferer Spiele,* Bibl.-Nr. 43; in *Der Goetheanumgedanke inmitten der Kulturkrisis der Gegenwart. Gesammelte Aufsätze 1921–1925 aus der Wochenschrift «Das Goetheanum»*, Bibl.-Nr. 36

275 Kunst im Lichte der Mysterienweisheit

Acht Vorträge in Dornach

1914: 28. 29. 30. 31. Dez. / **1915:** 1. 2. 3. 4. Jan.

ISBN 3-7274-2750-7 (GA 1980)

Bibliographie: 1. Auflage GA 1966; 2. Auflage GA 1980

Einzelausgaben und sonstige Veröffentlichungen:

Dornach 28. Dez. 1914 *Technik und Kunst. Ihr Zusammenhang mit dem Kulturleben der Gegenwart. Die Sprache,* Dornach 1935

Dornach 29. 30. Dez. 1914 *Umwandlungsimpulse für die künstlerische Evolution der Menschheit.* Kunst im Lichte der Mysterienweisheit I, Dornach 1928

Dornach 31. Dez. 1914 *Welten-Neujahr. Das Erwachen der Menschenseele aus dem Geistesschlaf der finstern Zeit,* Dornach 1932; in *Welten-Neujahr. Das Traumlied vom Olaf Åsteson,* Dornach 1958; 1967; 1981; in *Der Zusammenhang des Menschen mit der elementarischen Welt. Kalewala. Olaf Åsteson. Das russische Volkstum. Die Welt als Ergebnis von Gleichgewichtswirkungen,* Bibl.-Nr. 158

Dornach 1. Jan. 1915 in *Die schöpferische Welt der Farbe.* Kunst im Lichte der Mysterienweisheit IX. Rudolf Steiners Farbenlehre III (Teil des Vortrages), Dornach 1931; in *Das Wesen der Farben,* Bibl.-Nr. 291

Dornach 1. 2. 4. (erster Teil des Vortrages) Jan. 1915 *Das moralische Erleben der Farben- und Tonwelt. Plastisch-architektonisches Bilden,* Dornach 1935

Dornach 4. Jan. 1915 (zweiter Teil des Vortrages) *Das pythische, das prophetische und das geisteswissenschaftliche Hellsehen.* Wege der geistigen Erkenntnis und der Erneuerung künstlerischer Weltanschauung, Dornach 1935

Dornach 3. Jan. 1915 *Das künftige Jupiterdasein und seine Wesenheiten,* Dornach 1935

276 Das Künstlerische in seiner Weltmission. Der Genius der Sprache. Die Welt des sich offenbarenden strahlenden Scheines. Anthroposophie und Kunst. Anthroposophie und Dichtung

Acht Vorträge in Kristiania (Oslo) und Dornach

1923: Kristiania 18. 20. Mai, Dornach 27. Mai (ohne Einleitung), 1. 2. 3. 8. 9. Juni

ISBN 3-7274-2760-4 (GA 1982)

Bibliographie: 1. Auflage (ohne Kristiania 18. 20. Mai 1923) *Das Künstlerische in seiner Weltmission. Der Genius der Sprache und die Welt des in der Farbe sich offenbarenden strahlenden Scheines,* Dornach 1938; 2. Auflage GA 1961; 3. Auflage GA 1982

Einzelausgaben und sonstige Veröffentlichungen:

Kristiania 18. (Teil des Vortrages), 20. (Teil des Vortrages) Mai 1923 in *Die schöpferische Welt der Farbe.* Kunst im Lichte der Mysterienweisheit IX. Rudolf Steiners Farbenlehre III, Dornach 1931; *Anthroposophie und Kunst. Anthroposophie und Dichtung,* Dornach 1934

Dornach 2. 9. Juni 1923 in *Das Wesen der Farben,* Bibl.-Nr. 291

Vorträge über Eurythmie

277 **Eurythmie. Die Offenbarung der sprechenden Seele.** Eine Fortbildung der Goetheschen Metamorphosenanschauung im Bereich der menschlichen Bewegung

Sechsundvierzig Ansprachen und neununddreißig Auszüge aus Ansprachen zu Eurythmieaufführungen in verschiedenen Städten. Elf Auszüge aus Ansprachen mit Angaben zur Beleuchtungs-Eurythmie. Zwei Leseproben. Zwei Fragenbeantwortungen. Notizbucheintragungen. Programme für Eurythmieaufführungen. Autoreferat. Aus Briefen und ein Aufsatz.

1915: Nürnberg 14.* März / **1916:** Dornach 15.* Jan. / **1918:** Wien 2. Juni, Berlin 28. Juni, Dornach 20. (Leseprobe)/23. (Leseprobe) 25. Aug., Zürich 17. Okt. (Fragenbeantwortung) / **1919:** Dornach 2. Febr., Zürich 24. Febr., Dornach 13. 30.* März, 5.* April, Stuttgart, 6. Mai, Dornach 11. 17. Aug., Berlin 14. Sept., Dornach 19.* Okt., Bern 5.* Nov., Dornach 8. 16.* 22. Nov. / **1920:** Dornach 11. 17. 18. (Autoreferat) 25. 31.* Jan. 14. Febr., 21. März, 4. 11. 17.* 24.* April, 2.* 15. Mai, 4.* Juli, 3.* 4.* (Fragenbeantwortung)/16. 17. 30.* Okt., Freiburg i. Br. 19.* Nov., Dornach 12.* 20.* Dez. / **1921:** Den Haag 27. Febr., Dornach 3.* 9.* April, 5.* 15. Mai, 10.* Juli, 14.* 22. 24. 26. Aug., 30.*. Okt., Kristiania 27.* Nov. (Beleuchtungs-Eurythmie), Dornach 28. Dez. / **1922:** Dornach 1. Jan., 26.* März, 27.* Mai, 2.* 23.* (Beleuchtungs-Eurythmie) 30.* 30.* (Beleuchtungs-Eurythmie) Juli, Oxford 18. 19. Aug., Dornach 17.* 17.* (Beleuchtungs-Eurythmie) 30.* (Beleuchtungs-Eurythmie) Sept., Den Haag 2.* (Beleuchtungs-Eurythmie) 5.* Nov., Dornach 31.* Dez. / **1923:** Dornach 4.* (Beleuchtungs-Eurythmie) 11.* 18. Febr., Stuttgart 28.* März, Dornach 2. 2.* (Beleuchtungs-Eurythmie) 7.* (Beleuchtungs-Eurythmie) 14. 15.* April, 9.* (Beleuchtungs-Eurythmie) 16. 24. Juni, 1. 8. 15. 21. 22. Juli, 11.* Nov., 26. 28. 30. Dez. / **1924:** Dornach 5. Jan., 2.* 11.* Febr., Bern 14. April, Dornach 22. 27. April, 4.* 11.* (Beleuchtungs-Eurythmie) Mai, Aufsatz 20. Juli 1924

Die Ansprachen zu den Eurythmieaufführungen wurden oft auch vor oder anschließend an einen Vortrag gehalten. Zur Vermeidung unnötiger Wiederholungen wurden hier nur die Worte, die die Eurythmieaufführungen betreffen, wiedergegeben. Solche Auszüge sind mit einem * markiert.

ISBN 3-7274-2770-1 (GA 1980)

Bibliographie: 1. Auflage GA 1972; 2. Auflage GA 1980

Einzelausgaben und sonstige Veröffentlichungen:

Es werden nur jene Veröffentlichungen nachgewiesen, die den vollständigen Text der Vorträge enthalten, aus denen die Auszüge entnommen wurden.

Nürnberg, 14.* März 1915 in *Das Geheimnis des Todes. Wesen und Bedeutung Mitteleuropas und die europäischen Volksgeister,* Bibl.-Nr. 159

Dornach 20. 23. Aug. 1918 *Zur klassischen Walpurgisnacht. Zwei Leseproben,* Dornach 1956; 1982

Zürich, 17. Okt. 1918 in *Die Ergänzung heutiger Wissenschaften durch Anthroposophie,* Bibl.-Nr. 73

Zürich, 24. Febr. 1919, Dornach 14. Febr. 1920, 1. Juli 1923, 27. April 1924 in *Was ist und will die neue Bewegungskunst Eurythmie? Sechs Einführungen zu eurythmischen Darstellungen,* Dornach 1972; 1979

Dornach 5.* April, Stuttgart 6. Mai, Dornach 11. Aug. 1919, Oxford 18. Aug., Dornach 17.* Sept., Den Haag 2.* Nov. 1922, Dornach 14. April, 9.* Juni, 8. Juli, 28. Dez. 1923 in *Eurythmie als Impuls für künstlerisches Betätigen und Betrachten,* Dornach 1953

Dornach 22. Nov. 1919 in *Geisteswissenschaftliche Erläuterungen zu Goethes Faust. Band II: Das Faust-Problem. Die romantische und die klassische Walpurgisnacht,* Dornach 1931; Freiburg i. Br. 1956

Dornach 15. Mai 1920 in *Die Erneuerung der pädagogisch-didaktischen Kunst durch Geisteswissenschaft,* Bibl.-Nr. 301

Dornach 4.* Okt. 1920 in *Methodik und Wesen der Sprachgestaltung,* Bibl.-Nr. 280

Dornach 17. Okt. 1920 in *Die Kunst der Rezitation und Deklamation,* Dornach 1928

Dornach 3.*/9.* April 1921 in *Ansprachen und Vorträge Rudolf Steiners im Zweiten anthroposophischen Hochschulkurs,* auch unter dem Titel *Anthroposophie in Wissenschaft, Kunst und Praxis,* Bern 1948

Dornach 22. 24. 26. Aug. 1921 in *Nachrichten der Rudolf Steiner-Nachlaßverwaltung* Nr. 8, Dornach 1962

Oxford, 18. 19. Aug. 1922 in *Die geistig-seelischen Grundkräfte der Erziehungskunst. Spirituelle Werte in Erziehung und sozialem Leben,* Bibl.-Nr. 305

Den Haag 2.* Nov. 1922 in *Beiträge zur Rudolf Steiner Gesamtausgabe* Nr. 75/76, Dornach 1982

Stuttgart 28.* März 1923 in *Pädagogik und Kunst, Pädagogik und Moral,* Stuttgart 1957

Dornach 15.* April 1923 in *Die pädagogische Praxis vom Gesichtspunkte geisteswissenschaftlicher Menschenerkenntnis. Die Erziehung des Kindes und jüngeren Menschen,* Bibl.-Nr. 306

Dornach 24. Juni 1923 in *Eurythmie als sichtbarer Gesang,* Dornach 1927; in *Johanni-Stimmung. Der geschärfte Johanniblick,* Dornach 1959; 1981

Dornach 21. Juli 1923 in *Eurythmie als sichtbare Sprache. Laut-Eurythmie-Kurs,* Bibl.-Nr. 279

Dornach 21. 22 Juli 1923 *Die imaginative Offenbarung der Sprache,* Dornach 1928

Bern 14. April 1924 in *Anthroposophische Pädagogik und ihre Voraussetzungen,* Bibl.-Nr. 309

Dornach 22. April 1924 in *Die Konstitution der Allgemeinen Anthroposophischen Gesellschaft und der Freien Hochschule für Geisteswissenschaft. Der Wiederaufbau des Goetheanum,* Bibl.-Nr. 260a

Dornach 27. April 1924 *Die Bewegung als Sprache der Seele,* Dornach 1928

Weitere Veröffentlichungen, die dem Inhalt nach zu diesem Band gehören:

Dornach 9. Mai 1920 in *Schule für Eurythmische Kunst am Goetheanum in Dornach (Prospekt),* Dornach o. J.

Dornach 3. Mai 1924 *Eurythmie, die Offenbarung der sprechenden Seele,* Dornach 1928

277a Die Entstehung und Entwickelung der Eurythmie

Ansprachen und Auszüge aus Ansprachen zu Eurythmie-Darbietungen in verschiedenen Städten. Erster Kurs: Das dionysische Element. Zweiter Kurs: Das apollonische Element. Aufsätze, Ankündigungen, Programme, Konferenz. Sechs Humoresken für die Eurythmie. Notizbucheintragungen. Ausführungen von Marie Steiner, Lory Maier-Smits, Erna van Deventer, Tatiana Kisseleff, Elisabeth Dollfus-Baumann und Hendrika Hollenbach. Chronik

1908: Hamburg 18.* Mai / **1912:** Erster Kurs (Wiedergabe von Lory Maier-Smits) Bottmingen 16. 17. 18. 19. 20. 21. 22. 23. 24. Sept. / **1913:** Düsseldorf 26. April (Bericht von Lory Maier-Smits), München 28. Aug. / **1914:** Berlin 21. Jan., Dornach 7.* 28.* Juni, 7.* Okt. / **1915:** Zweiter Kurs (Wiedergabe von Marie Steiner) Dornach 18. 19. 20. 21. 23. (Vormittag) 23. (Nachmittag) 24. 25. 26. 27. 28. 30. 31. Aug., 1. 2.–4. 6. 7.–9. 10./11. Sept. / **1918:** München 19. Febr., Stuttgart 26. Febr. / **1919:** Dornach 14. Dez. / **1920:** Dornach 9.* Mai, 16.* Okt. / **1923:** Ilkley 14. Aug. und Penmaenmawr 26. und 27. Aug. (Autoreferat), Dornach 23. Dez. / **1924:** Dornach 20. April

Konferenz: Stuttgart 30. April 1924
Aufsätze: «Einführung» (für das Programm der ersten öffentlichen Eurythmieaufführung) Zürich 24. Febr. 1919; «Einführung» (für die Programme der Eurythmieaufführungen in Wien am 2. 9. und 12. Juni 1922 während des West-Ost-Kongresses); «Über die eurythmische Kunst» Dornach 4. Febr. 1923

Die Auszüge aus Anprachen sind mit einem * markiert.

Aus «Das Künstlerische Werk» lfde. Nrn. 23.170/174/350/542 bis 547 und 25.20, 25.68 bis 25.99

ISBN 3-7274-2775-2 (GA 1982)

Bibliographie: 1. Auflage GA 1965; 2. Auflage GA 1982

Einzelausgaben und sonstige Veröffentlichungen:

Hamburg 18. Mai 1908 in *Das Johannes-Evangelium,* Bibl.-Nr. 103

Dornach 7. 28. Juni 1914 in *Wege zu einem neuen Baustil,* Bibl.-Nr. 286

Dornach 7. Okt. 1914 *Zeiten der Erwartung. Neue Formen der alten Schönheit aus der Welt des Geistes,* Dornach 1935; in *Der Dornacher Bau als Wahrzeichen geschichtlichen Werdens und künstlerischer Umwandlungsimpulse,* Bibl.-Nr. 287

Ilkley 14. Aug. 1923 in *Gegenwärtiges Geistesleben und Erziehung,* (14. Aug. 1923) Bibl.-Nr. 307

Ilkley 14. Aug., Penmaenmawr 26. 27. Aug. 1923 (Autoreferat) in *Der Goetheanumgedanke inmitten der Kulturkrisis der Gegenwart. Gesammelte Aufsätze 1921–1925 aus der Wochenschrift «Das Goetheanum»,* (23. Sept. 1923), Bibl.-Nr. 36; in *Eurythmie. Die Offenbarung der sprechenden Seele. Eine Fortbildung der Goetheschen Metamorphosenanschauung im Bereich der menschlichen Bewegung,* Bibl.-Nr. 277

Dornach 23. Dez. 1923 in *Die Weihnachtstagung zur Begründung der Allgemeinen Anthroposophischen Gesellschaft 1923/24,* Bibl.-Nr. 260

Dornach 20. April 1924 in *Die Konstitution der Allgemeinen Anthroposophischen Gesellschaft und der Freien Hochschule für Geisteswissenschaft. Der Wiederaufbau des Goetheanum 1924/25,* Bibl.-Nr. 260a

Aufsatz «Über die eurythmische Kunst»: in *Goethe-Studien und goetheanistische Denkmethoden. Der Goetheanumgedanke inmitten der Kulturkrisis der Gegenwart. Ein Goethejahrbuch,* Dornach 1932; in *Der Goetheanumgedanke inmitten der Kulturkrisis der Gegenwart. Gesammelte Aufsätze 1921–1925 aus der Wochenschrift «Das Goetheanum»,* Bibl.-Nr. 36; in *Das Goetheanum in seinen zehn Jahren. Goethe und Goetheanum* IV, Dornach 1961; in *Der Goetheanumgedanke inmitten der Kulturkrisis der Gegenwart. Ausgewählte Aufsätze 1921–1925,* RSTb. Nr. 635, Dornach 1982

Aufsätze «Einführung» (24. Febr. 1919 und Juni 1922) in *Was ist und will die neue Bewegungskunst Eurythmie? Sechs Einführungen zu eurythmischen Darstellungen,* Dornach 1972, 1979; (Juni 1922) in *Der Goetheanumgedanke inmitten der Kulturkrisis der Gegenwart. Gesammelte Aufsätze 1921–1925 aus der Wochenschrift «Das Goetheanum«* (10. Febr. 1924), Bibl.-Nr. 36

Aufsatz «Einleitende Worte zu einer Eurythmie-Vorstellung« (Sommer 1923): in *Der Goetheanumgedanke inmitten der Kulturkrisis der Gegenwart. Gesammelte Aufsätze 1921–1925 aus der Wochenschrift «Das Goetheanum»,* Bibl.-Nr. 36; in *Gegenwärtiges Geisterleben und Erziehung,* Bibl.-Nr. 307

Gedichte «Planetentanz», «Zwölf Stimmungen» und «Das Lied von der Initiation. Eine Satire»: in *Drei Gedichte und Vortrag von Dr. Rudolf Steiner, gehalten zu Dornach am 29. Aug. 1915. Im Zusammenhang mit eurythmischen Darstellungen,* Berlin o.J. (1916); in *Planetentanz. Zwölf Stimmungen. Vortrag. Das Lied von der Initiation, eine Satire,* Dornach 1950; in *Kosmische Dichtungen,* Dornach 1968; 1982

278 Eurythmie als sichtbarer Gesang

Acht Vorträge in Dornach und Notizbucheintragungen zu den Vorträgen

1923: 19. 20. 21. 22. 23. 25. 26. 27. Febr.

ISBN 3-7274-2781-7 (GA 1975)

Bibliographie: 1. Auflage (mit Ansprache Dornach 24. Juni und Vortrag 1. und 2. Teil Penmaenmawr 26. Aug. 1923, ohne Notizbucheintragungen) Dornach 1927; 2. Auflage (mit Vortrag 1. und 2. Teil Penmaenmawr 26. Aug. 1923 und mit Wiedergabe eines Notizblattes, ohne Notizbucheintragungen) GA 1956; 3. Auflage GA 1975

279 Eurythmie als sichtbare Sprache

Siebzehn Vorträge in Dornach und Penmaenmawr. Ein Aufsatz

1922: Dornach 4. Aug. / **1923:** Penmaenmawr 26. Aug. / **1924:** Dornach 24. 25. 26. 27. 30. Juni, 1. 2. 3. 4. 7. 8. 9. 10. 11. 12. Juli
Aufsatz: 20. Juli 1924

ISBN 3-7274-2790-6 (GA 1979)

Bibliographie: 1. Auflage (ohne Aufsatz, mit Dornach 4. Aug. 1922 teilweise, Penmaenmawr 26. Aug. 1923 teilweise, mit Dornach 21. Juli, 26. Dez. 1923 gekürzt) Dornach 1927; 2. Auflage (wie 1. Auflage jedoch mit den Aufsätzen vom 8. Juni und 20. Juli 1924) GA 1955; 3. Auflage GA 1968; 4. Auflage GA 1979

Vorträge über Sprachgestaltung

280 Methodik und Wesen der Sprachgestaltung

Aphoristische Darstellungen Rudolf Steiners in Kursen von Marie Steiner über künstlerische Sprachgestaltung, Aufsätze, Notizen, Fragenbeantwortung, von 1919 bis 1924, sowie Aufsätze und Aufzeichnungen von Marie Steiner

1920: Dornach 4. Okt. / **1922:** Dornach 17. Juli bis 5. Aug. *, Stuttgart 2. bis 15. Okt. / **1923:** Den Haag im Nov.

Auszüge aus anderen GA-Bänden:

1919: Stuttgart 26. 27. 28. 29. 30. Aug., 1. 2. 3. 4. 6. Sept. / **1921:** Dornach 12. 15. 16. Okt. / **1923:** Dornach 24. Dez. / **1919–1924:** Auszüge aus den Konferenzen mit den Lehrern der Freien Waldorfschule in Stuttgart

ISBN 3-7274-2800-7 (GA 1983)

* Einzeldaten mit einer anderen Nachschrift in «Beiträge zur Rudolf Steiner Gesamtausgabe Nr. 73/74», Dornach 1981

Bibliographie: 1. Auflage 1955; 2. Auflage GA 1964; 3. Auflage GA 1975; 4. Auflage GA 1983

Einzelausgaben und sonstige Veröffentlichungen:

Stuttgart 26. 27. 28. 29. 30. Aug., 1. 2. 3. 4. 6. Sept. 1919 (Auszüge) vollständig in *Erziehungskunst. Seminarbesprechungen und Lehrplanvorträge,* Bibl.-Nr. 295

Dornach 12. 15. 16. Okt. 1921 (Auszüge) vollständig in *Anthroposophie, soziale Dreigliederung und Redekunst. Orientierungskurs für die öffentliche Wirksamkeit mit besonderem Hinblick auf die Schweiz,* Bibl.-Nr. 339

Dornach 24. Dez. 1923 (Auszug) vollständig in *Die Weihnachtstagung zur Begründung der Allgemeinen Anthroposophischen Gesellschaft 1923/24,* Bibl.-Nr. 260

Auszüge aus den Konferenzen *Konferenzen mit den Lehrern der Freien Waldorfschule in Stuttgart 1919–1924,* Bibl.-Nr. 300a–c

Aufsatz «Sprache und Sprachgeist» in *Der Goetheanum-Gedanke inmitten der Kulturkrisis der Gegenwart. Gesammelte Aufsätze 1921–1925 aus der Wochenschrift «Das Goetheanum»,* Bibl.-Nr. 36

Aufsätze aus dem «Nachrichtenblatt» vom 14. 21. 28. Sept. 1924 in *Die Konstitution der Allgemeinen Anthroposophischen Gesellschaft und der Freien Hochschule für Geisteswissenschaft. Der Wiederaufbau des Goetheanum. 1924/1925,* Bibl.-Nr. 260a

281 Die Kunst der Rezitation und Deklamation

Vierzehn Vorträge und Ansprachen in verschiedenen Städten. Seminar (Januar/Februar 1928) und zwei Aufsätze von Marie Steiner

Ansprachen **1912:** Berlin 1. Dez. / **1913:** Berlin 9. Febr., Stuttgart 24. Nov., Leipzig 31. Dez. / **1915:** Stuttgart 16. Febr., Dornach 3. Okt., Stuttgart 26. Nov.

Vorträge **1920:** Dornach 29. Sept., 6. 13. Okt. / **1921:** Dornach 6. April, Darmstadt 30. Juli / **1922:** Wien 7. Juni / **1923:** Stuttgart 29. März

ISBN 3-7274-2810-4 (GA 1967)

Bibliographie: 1. Auflage (ohne: Ansprachen, Vortrag vom 6. April 1921, Seminar) Dornach 1928; 2. Auflage (statt 9. irrtümlich 13. Febr. 1913) GA 1967

Einzelausgaben und sonstige Veröffentlichungen:

Stuttgart 24. Nov., Leipzig 31. Dez. 1913 in *Christian Morgenstern, der Sieg des Lebens über den Tod. Gedenkworte und Ansprachen,* Dornach 1935

Dornach 6. April 1921 *Die Kunst des mündlichen Vortrages,* Dornach 1939; in *Ansprachen und Vorträge Rudolf Steiners im Zweiten anthroposophischen Hochschulkurs,* Bern 1948

Stuttgart 29. März 1923 in *Pädagogik und Kunst, Pädagogik und Moral* (ohne Rezitationen), Stuttgart 1957

282 Sprachgestaltung und Dramatische Kunst

Neunzehn Vorträge und eine Fragenbeantwortung in Dornach

1921: 10. April (Fragenbeantwortung) / **1924:** 5. 6. 7. 8. 9. 10. 11. 12. 13. 14. 15. 16. 17. 18. 19. 20. 21. 22. 23. Sept., Sprachkurs von Marie Steiner, Dornach 2. 3. 4. Sept. 1924

ISBN 3-7274-2820-1 (GA 1981)

Bibliographie: 1. Auflage (ohne: Dornach 10. April 1921, Sprachkurs von Marie Steiner) Dornach 1926; 2. Auflage (ohne: Dornach 10. April 1921, Sprachkurs von Marie Steiner) Dornach 1941; 3. Auflage GA 1969; 4. Auflage GA 1981

Einzelausgaben und sonstige Veröffentlichungen:

Dornach 10. April 1921 *Rudolf Steiner über Schauspielkunst* (eine Fragenbeantwortung), Dornach 1939

Vorträge über Musik

283 Das Wesen des Musikalischen und das Tonerlebnis im Menschen
Acht Vorträge, drei Fragenbeantwortungen, zwei Schlußworte in verschiedenen Städten

1906: Leipzig 10. Nov. (mit Fragenbeantwortung), Berlin 12. 26. Nov., Köln 3. Dez. / **1920:** Dornach 29. (Fragenbeantwortung) 30. (Fragenbeantwortung) Sept., 20. Dezember (Schlußwort) / **1921:** Dornach 7. Febr. (Schlußwort) / **1922:** Dornach 2. Dez. / **1923:** Stuttgart 7. 8. März, Dornach 16. März

ISBN 3-7274-2831-7 (GA 1981)

Bibliographie: 1. Auflage (ohne Dornach 2. Dez. 1922) GA 1969; 2. Auflage GA 1975; 3. Auflage GA 1981

Einzelausgaben und sonstige Veröffentlichungen:

Dornach 2. Dez. 1922 *Des Menschen Äußerung durch Ton und Wort.* Kunst im Lichte der Mysterienweisheit III, Dornach 1928; in *Sprechen und Sprache,* ThGw. Nr. 2, Stuttgart 1980; 1981

Stuttgart 7. 8. März 1923 *Das Tonerlebnis im Menschen. Eine Grundlage für die Pflege des musikalischen Unterrichts.* Kunst im Lichte der Mysterienweisheit V, Dornach 1928; 1954; 1966; 1980

Dornach 16. März 1923 *Die Welt der Hierarchien und die Welt der Töne.* Kunst im Lichte der Mysterienweisheit VI, Dornach 1928; in *Die Impulsierung des weltgeschichtlichen Geschehens durch geistige Mächte,* Bibl.-Nr. 222

Vorträge über bildende Künste

284 Bilder okkulter Siegel und Säulen. Der Münchner Kongreß Pfingsten 1907 und seine Auswirkungen
Vierzehn Vorträge in verschiedenen Städten, drei Aufsätze, eine Einführung und Notizen aus dem Nachlaß. Berichte von Marie Steiner, Mathilde Scholl, Ludwig Kleeberg und E. A. Karl Stockmeyer. Zwölf Seiten mit Faksimilewiedergaben, zehn Abbildungen im Textteil und zweiunddreißig lose Bildtafeln, darunter fünfzehn farbige Wiedergaben der Siegelbilder und Originalskizzen Rudolf Steiners.

1907: München 19. 20. 21. Mai, Berlin 12. (Auszug) Juni, Stuttgart 16. Sept., Berlin 19. 20. (Auszug) Okt. / **1909:** Malsch 5. April, Berlin 5. Mai / **1911:** Stuttgart 3. Jan., 15. (2 Vorträge) 16. Okt. / **1923:** Penmaenmawr 24. Aug.

ISBN 3-7274-2840-6 (GA 1977)

Bibliographie: 1. Auflage (ohne: Malsch 5. April 1909, Berlin 5. Mai 1909, Stuttgart 15. zwei Vorträge, 16. Okt. 1911) GA 1957; 2. Auflage GA 1977

Einzelausgaben und sonstige Veröffentlichungen:

München, 21. Mai 1907 in *Bilder okkulter Siegel und Säulen. Vierzehn Bildtafeln. Mit einer Einführung,* Berlin 1907; Dornach 1947; 1954

Berlin 12. Juni 1907 vollständig in *Ursprungsimpulse der Geisteswissenschaft. Christliche Esoterik im Lichte neuer Geist-Erkenntnis,* Bibl.-Nr. 96

Stuttgart 16. Sept. 1907 in *(Mythen und Zeichen. Okkulte Zeichen und Symbole),* Bibl.-Nr. 101

Stuttgart 15. 16. Okt. 1911 *Die okkulten Gesichtspunkte des Stuttgarter Baues. In welchem Sinne sind wir Theosophen und in welchem Sinne sind wir Rosenkreuzer?* Berlin o. J. (1912)

Penmaenmawr 24. Aug. 1923 in *Rudolf Steiner und die Zivilisationsaufgaben der Anthroposophie. Ein Rückblick auf das Jahr 1923,* Dornach 1943

Aufsätze «Der Kongreß der Föderation Europäischer Sektionen der Theosophischen Gesellschaft», «Der theosophische Kongreß in München» (Auszug aus dem Bericht) vollständig in *Luzifer-Gnosis 1903–1908. Grundlegende Aufsätze und Berichte aus der Zeitschrift «Luzifer» und «Lucifer-Gnosis»,* Bibl.-Nr. 34

Aus «Mein Lebensgang», 38. Kapitel (Auszug) vollständig in *Mein Lebensgang.* Eine nicht vollendete Autobiographie, mit einem Nachwort herausgegeben von Marie Steiner 1925, Bibl.-Nr. 28

Reproduktionen aus «Das Künstlerische Werk» lfde. Nrn. 5.2, 6.2/3

Ausgaben der Bilder okkulter Siegel und Säulen:

Mappe: *Bilder okkulter Siegel und Säulen. Vierzehn Bildtafeln mit einer Einführung,* (Schwarzweiß-Reproduktionen) Berlin 1907

Schwarz-weiß-Reproduktionen als Anhang zu dem Vortragszyklus *Die Apokalypse des Johannes,* Bibl.-Nr. 104: sieben Siegelbilder aus der Mappe von 1907, Dornach 1945; 1962; 1979; Mit Bildern der sieben Siegel und der sieben Säulen in der Auflage 1954

Mappe: Vierzehn Schwarz-weiß-Zeichnungen von Assia Turgenieff anläßlich der vierzigsten Wiederkehr des Münchner Kongresses, in *Bilder okkulter Siegel und Säulen,* Dornach 1947

Schwarz-weiß-Reproduktionen der Bilder okkulter Siegel und Säulen von 1907, erweitert um die Originalskizzen Rudolf Steiners zu den apokalyptischen Siegeln, die sieben Planetensiegel und Schwarz-weiß-Wiedergaben der beiden Skizzen mit den ersten Angaben für die Säulen und Architravgestaltung, Dornach 1957

285 leer

286 **Wege zu einem neuen Baustil. «Und der Bau wird Mensch»**

Acht Vorträge in Berlin und Dornach. Anhang. Zweiundzwanzig Abbildungen aus dem künstlerischen Werk und zwei Wiedergaben von Tafelzeichnungen (26. Juli 1914, 1. Jan. 1924)

1911: Berlin 12. Dez. / **1913:** Berlin 5. Febr. / **1914:** Berlin 23. Jan., Dornach 7. 17. 28. Juni, 5. 26. Juli

Anhang: **1914:** Stuttgart 7. März (Notizen), München 30. März (Einleitung*) / **1923:** Dornach 31. Dez. (Auszug**) / **1924:** Dornach 1. Jan. (Auszug**), Aufsätze: 25/26. Okt., 1. Nov. 1924

* Vortrag in Bibl.-Nr. 152 ** Vortrag in Bibl.-Nr. 260 ISBN 3-7274-2860-0 (GA 1982)

Bibliographie: 1. Auflage (nur mit den fünf Dornacher Vorträgen) Dornach 1926; 2. Auflage (wie 1. Auflage) Stuttgart 1957; 3 Auflage GA 1982

Einzelausgaben und sonstige Veröffentlichungen:

Berlin 12. Dez. 1911 *«Und der Bau wird Mensch». Die Ziele des Johannes-Bauvereins,* Dornach 1945

Berlin 23. Jan. 1914 *Vortrag über die Anthroposophenkolonie in Dornach,* Berlin o. J. (1914)

Dornach 26. Juli 1914 in *Die schöpferische Welt der Farbe,* Kunst im Lichte der Mysterienweisheit IX. Rudolf Steiners Farbenlehre III, Dornach 1931; in *Das Wesen der Farben,* Bibl.-Nr. 291

Aufsätze «Der Wiederaufbau des Goetheanum»: in *Der Goetheanumgedanke inmitten der Kulturkrisis der Gegenwart. Gesammelte Aufsätze 1921–1925 aus «Das Goetheanum«,* Bibl.-Nr. 36; «Das zweite Goetheanum»: in *Die Konstitution der Allgemeinen Anthroposophi-*

Bibl.-Nr. 36; «Das zweite Goetheanum»: in *Die Konstitution der Allgemeinen Anthroposophischen Gesellschaft und der Freien Hochschule für Geisteswissenschaft. Der Wiederaufbau des Goetheanum 1924/1925,* Bibl.-Nr. 260a

Aus «Das künstlerische Werk« lfde. Nrn. 7.5 bis 7.8, 9.1/2, 10.64 und 57.1

287 Der Dornacher Bau als Wahrzeichen geschichtlichen Werdens und künstlerischer Umwandlungsimpulse

Sechs Vorträge und eine Ansprache in Dornach

1914: 10. 12. (Ansprache) 18. 19. 24. 25. Okt.

ISBN 3-7274-2870-8

Bibliographie: 1. Auflage (ohne 7. Okt. 1914) Dornach 1937

288 (Stilformen des Organisch-Lebendigen)

Sechs Vorträge in Dornach

1916: 20. Sept. / **1920:** 2. 9. 16. Okt. / **1921:** 28. 30. Dez.

ISBN 3-7274-2880-5

Einzelausgaben und sonstige Veröffentlichungen:

Dornach 20. Sept. 1916 *Bauformen als Kultur- und Weltempfindungsgedanken,* Dornach 1934

Dornach 2. 9. 16. Okt. 1920 *Der Baugedanke von Dornach. Der Bau als Umrahmung der Mysterienfestspiele. Die den Baugedanken tragenden künstlerischen Impulse. Der Doppelkuppelraum und seine Innenarchitektur,* Dornach 1942

Dornach 28. 30. Dez. 1921 *Stilformen des Organisch-Lebendigen,* Dornach 1933

289 Der Baugedanke des Goetheanum

Band I: Textband mit zehn Lichtbildervorträgen in verschiedenen Städten

1920: Dornach 23. 24. 25. Jan., 4. 5. April, Stuttgart 12. Juni / **1921:** Den Haag 28. Febr., Bern 29. Juni, Dornach 27. Aug., Stuttgart 7. Sept.

ISBN 3-7274-2890-2

Einzelausgaben und sonstige Veröffentlichungen:

Dornach 23. 24. 25. Jan. 1920 in *Architektur, Plastik und Malerei des Ersten Goetheanum,* Dornach 1972; 1982

Bern 29. Juni 1921 in *Der Baugedanke des Goetheanum. Einleitender Vortrag mit Erklärungen zu den Bildern des Goetheanum-Baues,* Stuttgart 1932; 1958

290 Der Baugedanke des Goetheanum

Band II: Bildband

ISBN 3-7274-2900-3

Einzelausgaben und sonstige Veröffentlichungen:

Bern 29. Juni 1921 in *Der Baugedanke des Goetheanum. Einleitender Vortrag mit Erklärungen zu den Bildern des Goetheanum-Baues* (Aus: «Das Künstlerische Werk» lfde. Nrn. 9.1/2, 10.64, 11.8 und 11.12

291 Das Wesen der Farben

Zwölf Vorträge in Dornach

1914: 26. Juli / **1915:** 1. Jan. / **1920:** 5. 10. Dez. / **1921:** 6. 7. 8. Mai / **1923:** 21. Febr., 2. 9. Juni, 29. Juli / **1924:** 4. Jan.

ISBN 3-7274-2910-0 (GA 1980)

Bibliographie: 1. Auflage GA 1973; 2. Auflage GA 1976; 3. Auflage GA 1980

Einzelausgaben und sonstige Veröffentlichungen:

Dornach 26. Juli 1914 in *Wege zu einem neuen Baustil. «Und der Bau wird Mensch»,* Bibl.-Nr. 286

Dornach 26. Juli 1914, 1. Jan. 1915 (Teil des Vortrages), 4. Jan. 1924 (gekürzt) in *Die schöpferische Welt der Farbe.* Kunst im Lichte der Mysterienweisheit VII. Rudolf Steiners Farbenlehre I, Dornach 1931

Dornach 1. Jan. 1915 in *Das moralische Erleben der Farben- und Tonwelt. Plastisch-architektonisches Bilden,* Dornach 1935; in *Kunst im Lichte der Mysterienweisheit,* Bibl.-Nr. 275

Dornach 5. 10. Dez. 1920 in *Die Brücke zwischen der Weltgeistigkeit und dem Physischen des Menschen. Die Suche nach der neuen Isis, der göttlichen Sophia,* Bibl.-Nr. 202

Dornach 5. 10. Dez. 1920, 29. Juli 1923 in *Das Wesen der Farben in Licht und Finsternis. Maß, Zahl und Gewicht,* Dornach 1930

Dornach 6. 7. 8. Mai 1921 *Das Wesen der Farben.* Kunst im Lichte der Mysterienweisheit VII. Rudolf Steiners Farbenlehre I, Dornach 1929, 1942; *Über das Wesen der Farben,* Stuttgart 1959

Dornach 21. Febr. 1923 in *Zehn Vorträge, gehalten vor den Arbeitern am Goetheanum in Dornach,* Dornach 1943; in *Vom Leben des Menschen und der Erde. Über das Wesen des Christentums,* Bibl.-Nr. 349

Dornach 2. 9. Juni 1923 in *Das Künstlerische in seiner Weltmission. Der Genius der Sprache und die Welt des in der Farbe sich offenbarenden strahlenden Scheines,* Dornach 1938; in *Das Künstlerische in seiner Weltmission. Der Genius der Sprache. Die Welt des sich offenbarenden strahlenden Scheines. Anthroposophie und Kunst. Anthroposophie und Dichtung,* Bibl.-Nr. 276

Dornach 29. Juli 1923 in *Das Wesen der Farben in Licht und Finsternis. Maß, Zahl und Gewicht,* Kunst im Lichte der Mysterienweisheit VIII. Rudolf Steiners Farbenlehre II, Dornach 1930; in *Die geistigen Individualitäten unseres Planetensystems. Schicksalsbestimmende und menschenbefreiende Planeten,* Dornach 1944; in *Initiationswissenschaft und Sternenerkenntnis. Der Mensch in Vergangenheit, Gegenwart und Zukunft vom Gesichtspunkt der Bewußtseinsentwickelung,* Bibl.-Nr. 228

Dornach 4. Jan. 1924 gekürzt in *Die schöpferische Welt der Farbe,* Kunst im Lichte der Mysterienweisheit IX. Rudolf Steiners Farbenlehre III, Dornach 1931; vollständig in *Mysterienstätten des Mittelalters. Rosenkreuzertum und modernes Einweihungsprinzip,* Dornach 1932; 1963; in *Die Weltgeschichte in anthroposophischer Beleuchtung und als Grundlage der Erkenntnis des Menschengeistes. Mysterienstätten des Mittelalters. Rosenkreuzertum und modernes Einweihungsprinzip. Das Osterfest als ein Stück Mysteriengeschichte der Menschheit,* Bibl.-Nr. 233; in *Mysterienstätten des Mittelalters. Rosenkreuzertum und modernes Einweihungsprinzip. Das Osterfest als ein Stück Mysteriengeschichte der Menschheit,* Bibl.-Nr. 233a

291a (Ergänzungen zu: Das Wesen der Farben)

Notizbucheintragungen, Vortragsreferate u. a.

Vorträge über Kunstgeschichte

292 Kunstgeschichte als Abbild innerer geistiger Impulse
Band I: Textband mit dreizehn Lichtbildervorträgen in Dornach
1916: 8. Okt., 1. 8. 15. 28. Nov., 13. Dez. / **1917:** 2. 17. 24. Jan., 5. 15. 22. 29. Okt.
ISBN 3-7274-2921-6 (GA 1981)
Band II: Bildband mit über 700 Bildwiedergaben
ISBN 3-7274-2922-4 (GA 1981)

Bibliographie: 1. Auflage als Band I–XIII in zehn Mappen mit Textheft und Bilderheft, Dornach 1938–1958; 2. Auflage GA 1981

Dornach 8. Okt. 1916 *Cimabue, Giotto und andere italienische Meister,* Band I, Dornach 1938

Dornach 1. Nov. 1916 *Lionardo. Michelangelo. Raffael,* Band II, Dornach 1954

Dornach 8. 15. Nov. 1916 *Deutsche Plastik und Malerei bis zu Dürer und Holbein (Raffael). Deutsche und Niederländische Plastik (Michelangelo),* Band III/IV, Dornach 1940

Dornach 28. Nov. 1916 *Rembrandt,* Band V, Dornach 1953

Dornach 13. Dez. 1916 *Niederländische Malerei, vornehmlich des fünfzehnten Jahrhunderts,* Band VI, Dornach 1955

Dornach 2. Jan. 1917 *Weihnachtsmotive aus mehreren Jahrhunderten. Mosaike, Miniaturen. Italienische, Niederländische und Deutsche Meister,* Band VII, Dornach 1956

Dornach 17. Jan. 1917 *Raffael, Dürer und andere Deutsche Meister,* Band VIII, Dornach 1958

Dornach 24. Jan. 1917 *Griechische und Römische Plastik. Renaissance-Plastik,* Band IX, Dornach 1939

Dornach 5. 15. 22. Okt. 1917 (irrtümlich 22. Okt. 1927) *Raffael «Disputa», «Schule von Athen». Ikonen. Miniaturen. Deutsche Meister. Altchristliche Plastik. Sarkophage und Reliefe. Bernward von Hildesheim,* Band X / XI / XII, Dornach 1939

Dornach 29. Okt. 1917 *Wandlungen der Christusauffassung in der künstlerischen Darstellung. Altchristliche Malerei und Mosaike. Italienische Meister. Dürer,* Band XIII, Dornach 1957

Vorträge über Erziehung

293 Allgemeine Menschenkunde als Grundlage der Pädagogik
Vierzehn Vorträge und eine Ansprache in Stuttgart
1919: 20. (Ansprache) 21. 22. 23. 25. 26. 27. 28. 29. 30. Aug., 1. 2. 3. 4. 5. Sept.
ISBN 3-7274-2930-5 (GA 1980)

Bibliographie: 1. Auflage (ohne Ansprache vom 20. Aug. 1919) Dornach 1932; 2. Auflage Dresden 1940; 3. Auflage Freiburg i. Br. 1947; 4. Auflage Dornach 1951; 5. Auflage GA 1960; 6. Auflage GA 1968; 7., um die Ansprache vom 20. Aug. 1919 ergänzte Auflage GA 1973; 8. Auflage GA 1980

Einzelausgaben und sonstige Veröffentlichungen:

Taschenbuchausgabe: RSTb. Nr. 617, Dornach 1975; 1979; 1982

Stuttgart 20. Aug. 1919 in *Konferenzen mit den Lehrern der Freien Waldorfschule in Stuttgart. Erster Band. Das erste und zweite Schuljahr,* Bibl.-Nr. 300 a

294 **Erziehungskunst. Methodisch-Didaktisches**
Vierzehn Vorträge und ein Schlußwort in Stuttgart
1919: 21. 22. 23. 25. 26. 27. 28. 29. 30. Aug., 1. 2. 3. 4. 5. 6. (Schlußwort) Sept.
ISBN 3-7274-2940-2 (GA 1974)
Bibliographie: 1. Auflage Dornach 1934; 2. Auflage Dresden 1940; 3. Auflage Freiburg i. Br. 1948; 4. Auflage GA 1966; 5. Auflage GA 1974
Einzelausgaben und sonstige Veröffentlichungen:
Taschenbuchausgabe: RSTb. Nr. 618, Dornach 1975; 1981
Stuttgart 6. Sept. 1919 (Schlußwort) in *Erziehungskunst. Seminarbesprechungen und Lehrplanvorträge,* Bibl.-Nr. 295

295 **Erziehungskunst. Seminarbesprechungen und Lehrplanvorträge**
Vierzehn Besprechungen und drei Vorträge in Stuttgart
1919: 21. 22. 23. 25. 26. 27. 28. 29. 30. Aug., 1. 2. 3. 4. 5. 6. (drei Vorträge und Schlußwort) Sept.
ISBN 3-7274-2950-X (GA 1977)
Bibliographie: 1. Auflage Stuttgart 1959; 2. Auflage GA 1969; 3. Auflage GA 1977
Einzelausgaben und sonstige Veröffentlichungen:
Stuttgart 6. Sept. 1919 (Schlußwort) in *Erziehungskunst. Methodisch-Didaktisches* Bibl.-Nr. 294; RSTb. Nr. 618, Dornach 1975; 1981

296 **Die Erziehungsfrage als soziale Frage.** Die spirituellen, kulturgeschichtlichen und sozialen Hintergründe der Waldorfschul-Pädagogik
Sechs Vorträge in Dornach
1919: 9. 10. 11. 15. 16. 17. Aug.
ISBN 3-7274-2960-7 (GA 1979)
Bibliographie: 1. Auflage GA 1960; 2. Auflage GA 1971; 3. Auflage GA 1979

297 **Die Waldorfschule und ihr Geist.** Welche Gesichtspunkte liegen der Errichtung der Waldorfschule zugrunde?
Acht Vorträge und eine Fragenbeantwortung in verschiedenen Städten
1919: Stuttgart 24. 31. (zwei Vorträge) Aug., 24. Sept., Basel 25. 27. Nov. / **1920:** Dornach 8. Sept., 8. Okt. (Fragenbeantwortung), Olten 29. Dez.
ISBN 3-7274-2970-4
Einzelausgaben und sonstige Veröffentlichungen:
Stuttgart 24. Aug. 1919 *Welche Gesichtspunkte liegen der Errichtung der Waldorfschule zugrunde?* Dornach 1932
Stuttgart 24. 31. (zwei Vorträge) Aug. 1919 *Die Waldorfschule und ihr Geist. Welche Gesichtspunkte liegen der Errichtung der Waldorfschule zugrunde?* Stuttgart 1956; Dornach 1980

298 **Rudolf Steiner in der Waldorfschule**

Zwei Vorträge, zwanzig Ansprachen und vier Aussprachen für die Kinder, Eltern und Lehrer in der Waldorfschule Stuttgart. Ein Aufsatz. Eine Ansprache von Emil Molt

1919: 7. Sept., 21. Dez. / **1920:** 10. 11. (Vortrag) Juni, 24. Juli, 23. Nov. / **1921:** 13. (Ansprache mit Aussprache) Jan., 11. 17. (Ansprache mit Aussprache) 18. Juni, 16. Dez. / **1922:** 9. (Ansprache mit Aussprache) Mai, 20. (zwei Ansprachen, eine Aussprache) Juni / **1923:** 1. März, 24. April, 3. 25. Mai, 22. Juni / **1924:** 27. März, 30. April, 1. (Vortrag) Juni

ISBN 3-7274-2980-1 (GA 1980)

Bibliographie: 1. Auflage (irrtümlich 11. Mai statt 11. Juni 1920) Stuttgart 1958; 2. Auflage GA 1980

Einzelausgaben und sonstige Veröffentlichungen:

Stuttgart 24. Juli 1920, 3. Mai 1923 in *Pädagogisch-Künstlerisches aus der Freien Waldorfschule,* Stuttgart 1925

Aufsatz «Die pädagogische Grundlage der Waldorfschule»: in *Aufsätze über die Dreigliederung des sozialen Organismus und zur Zeitlage 1915 bis 1921,* Bibl.-Nr. 24; in *Konferenzen mit den Lehrern der Freien Waldorfschule in Stuttgart. Zweiter Band. Das dritte und vierte Schuljahr,* Bibl.-Nr. 300b; in *Die pädagogische Grundlage und Zielsetzung der Waldorfschule,* Dornach 1969; 1978; in *Aspekte der Waldorf-Pädagogik,* München 1975; 1977; 1979; in *Zur Dreigliederung des sozialen Organismus,* RSTA. Nr. 10, Stuttgart 1962

299 **Geisteswissenschaftliche Sprachbetrachtungen.** Eine Anregung für Erzieher

Sechs Vorträge in Stuttgart

1919: 26. 28. 29. 31. Dez. / **1920:** 2. 3. Jan.

ISBN 3-7274-2990-9 (GA 1981)

Bibliographie: 1. Auflage Dresden 1940; 2. Auflage (bezeichnet als 3.) Bern 1949; 3. Auflage GA 1970; 4. Auflage GA 1981

300a **Konferenzen** mit den Lehrern der Freien Waldorfschule in Stuttgart. Erster Band. Das erste und zweite Schuljahr

Einleitungen von Erich Gabert. Eine Ansprache und vierundzwanzig Konferenzen in Stuttgart

1919: 20. Aug. (Ansprache), 8. 25. 26. Sept., 22. 23. Dez. / **1920:** 1. Jan., 6. 8. 14. März, 9. 12. 14. 23. Juni, 24. 29. 30. 31. Juli, 21. 22. Sept., 15. 22. Nov. / **1921:** 16. Jan., 23. März, 26. Mai

ISBN 3-7274-3000-1 (GA 1975)

Bibliographie: 1. Auflage als Vervielfältigung für Lehrer der Waldorfschulen, Hefte 1–3 (ohne 20. Aug. 1919), o.J.; 2. Auflage (mit Auslassungen) in «Die Menschenschule» 1946–1956; 3. Auflage, Vervielfältigungen, *Konferenzen Dr. Rudolf Steiners mit den Lehrern der Freien Waldorfschule in Stuttgart,* Hefte 1–3, Stuttgart 1962; 4. erweiterte Auflage (erste Buchauflage in drei Bänden) GA 1975

Einzelausgaben und sonstige Veröffentlichungen:

Stuttgart 20. Aug. 1919 in *Allgemeine Menschenkunde als Grundlage der Pädagogik,* Bibl.-Nr. 293; in RSTb. Nr. 617 *Allgemeine Menschenkunde als Grundlage der Pädagogik,* Dornach 1975; 1982

300b **Konferenzen** mit den Lehrern der Freien Waldorfschule in Stuttgart. Zweiter Band. Das dritte und vierte Schuljahr

Ein Aufsatz und fünfundzwanzig Konferenzen in Stuttgart

1921: 16. 17. Juni, 11. Sept., 16. Nov. / **1922:** 14. Jan., 15. März, 28. April, 10. Mai, 20. 21. 22. Juni, 4. 6. 15. 28. Okt., 24. Nov., 5. 9. Dez. / **1923:** 17. 23. 31. Jan., 6. 14. Febr., 1. 8. März

ISBN 3-7274-3000-1 (GA 1975)

Bibliographie: 1. Auflage als Vervielfältigung für Lehrer der Waldorfschule Hefte 3–7, o. J.; 2. Auflage (mit Auslassungen) in «Die Menschenschule» 1946–1956; 3. Auflage, Vervielfältigungen, *Konferenzen Dr. Rudolf Steiners mit den Lehrern der Freien Waldorfschule in Stuttgart* Hefte 3–6, Stuttgart 1962; 4. erweiterte Auflage (erste Buchauflage in drei Bänden) GA 1975

Einzelausgaben und sonstige Veröffentlichungen:

Aufsatz «Die pädagogische Grundlage der Waldorfschule»: in *Aufsätze über die Dreigliederung des sozialen Organismus und zur Zeitlage 1915 bis 1921,* Bibl.-Nr. 24; in *Rudolf Steiner in der Waldorfschule,* Bibl.-Nr. 298; in *Die pädagogische Grundlage und Zielsetzung der Waldorfschule,* Dornach 1969; 1978; in *Aspekte der Waldorf-Pädagogik,* München 1975; 1977; 1979 in *Zur Dreigliederung des sozialen Organismus,* RSTA. Nr. 10, Stuttgart 1962

300c **Konferenzen** mit den Lehrern der Freien Waldorfschule in Stuttgart. Dritter Band. Das fünfte und sechste Schuljahr

Ein Aufsatz, einundzwanzig Konferenzen und eine Besprechung in Stuttgart

1923: 30. März, 24. 25. April, 3. 25. Mai, 21. Juni, 3. 5. (Besprechung) 12. 31. Juli, 18. Sept., 16. Okt., 18. Dez. / **1924:** 5. Febr., 27. März, 9. 29. 30. April, 2. 19. Juni, 15. Juli, 3. Sept.

ISBN 3-7274-3000-1 (GA 1975)

Bibliographie: 1. Auflage als Vervielfältigung für Lehrer der Waldorfschule Hefte 7–8, o. J.; 2. Auflage (mit Auslassungen) in «Die Menschenschule» 1946–1956; 3. Auflage, Vervielfältigungen, *Konferenzen Dr. Rudolf Steiners mit den Lehrern der Freien Waldorfschule in Stuttgart* Hefte 7–8, Stuttgart 1962–1964; 4. erweiterte Auflage (erste Buchauflage in drei Bänden) GA 1975

Einzelausgaben und sonstige Veröffentlichungen:

Aufsatz «Die pädagogische Zielsetzung der Waldorfschulen in Stuttgart»: in *Aufsätze über die Dreigliederung des sozialen Organismus und zur Zeitlage 1915 bis 1921,* Bibl.-Nr. 24; in *Die pädagogische Grundlage und Zielsetzung der Waldorfschule,* Dornach 1969; 1978; in *Aspekte der Waldorf-Pädagogik,* München 1975; 1977; 1979

301 **Die Erneuerung der pädagogisch-didaktischen Kunst durch Geisteswissenschaft**

Vierzehn Vorträge, vier Fragenbeantwortungen und zwei Ansprachen in Basel und Dornach

1920: Basel 20. (mit Fragenbeantwortung) 21. 22. 23. (mit Fragenbeantwortung) 26. 28. (mit Fragenbeantwortung) 29. April, 3. 4. (mit Fragenbeantwortung), 5. 6. 7. 10. 11. Mai, Dornach 15. (Ansprache) 16. (Ansprache) Mai

ISBN 3-7274-3010-9 (GA 1977)

Bibliographie: 1. Auflage *Pädagogischer Kurs* (ohne Fragenbeantwortungen vom 20. April, 4. Mai 1920 und ohne Ansprachen), Bern 1945; 2. Auflage GA 1958; 3. Auflage GA 1977

Einzelausgaben und sonstige Veröffentlichungen:

Dornach 15. Mai 1920 in *Eurythmie. Die Offenbarung der sprechenden Seele. Eine Fortbildung der Goetheschen Metamorphosenanschauung im Bereich der menschlichen Bewegung,* Bibl.-Nr. 277

302 Menschenerkenntnis und Unterrichtsgestaltung

Acht Vorträge, gehalten für die Lehrer der Freien Waldorfschule in Stuttgart

1921: 12. 13. 14. 15. 16. 17. 18. 19. Juni

ISBN 3-7274-3020-6 (GA 1978)

Bibliographie: 1. Auflage Dornach 1951; 2. Auflage GA 1962; 3. Auflage GA 1971; 4. Auflage GA 1978

Einzelausgaben und sonstige Veröffentlichungen:

Stuttgart 17. 18. Juni 1921 in *Vom Lebenslauf des Menschen* (irrtümlich 17. 18. Mai 1921), ThGw. Nr. 4, Stuttgart 1980; 1981

302a Erziehung und Unterricht aus Menschenerkenntnis

Neun Vorträge, gehalten für die Lehrer der Freien Waldorfschule in Stuttgart

1920: 15. 16. 21. 22. Sept. / **1922:** 21. 22. Juni / **1923:** 15. 16. (zwei Vorträge) Okt.

ISBN 3-7274-3025-7 (GA 1983)

Bibliographie: 1. Auflage GA 1972; 2. Auflage GA 1977; 3. Auflage GA 1983

Einzelausgaben und sonstige Veröffentlichungen:

Stuttgart 15. 16. 21. 22. Sept. 1920 *Vier pädagogische Vorträge, gehalten für die Lehrer der Waldorfschule in Stuttgart,* Stuttgart 1937; *Meditativ erarbeitete Menschenkunde. Vier Vorträge, gehalten für unterrichtende Erzieher,* Stuttgart 1920, Basel 1947; 1952; 1961; Dornach 1983

Stuttgart 21. 22. Juni 1922 *Erziehungsfragen im Reifealter. Zur künstlerischen Gestaltung des Unterrichts,* Stuttgart 1958; Dornach 1973; 1983

Stuttgart 15. 16. (zwei Vorträge) Okt. 1923 *Anregungen zur innerlichen Durchdringung des Lehr- und Erzieherberufes,* Basel 1956; Dornach 1983

303 Die gesunde Entwickelung des Leiblich-Physischen als Grundlage der freien Entfaltung des Seelisch-Geistigen

Weihnachtskurs für Lehrer

Sechzehn Vorträge und drei Fragenbeantwortungen in Dornach

1921: 23. 24. 25. 26. 27. 28. 29. 30. 31. Dez. / **1922:** 1. (mit Fragenbeantwortung) 2. 3. (mit Fragenbeantwortung) 4. 5. (mit Fragenbeantwortung) 6. 7. Jan.

ISBN 3-7274-3030-3 (GA 1978)

Bibliographie: 1. Auflage (ohne Fragenbeantwortungen) Dornach 1949; 2. Auflage GA 1969; 3. Auflage GA 1978

304 **Erziehungs- und Unterrichtsmethoden auf anthroposophischer Grundlage**

Neun öffentliche Vorträge in verschiedenen Städten

1921: Den Haag 23. 27. Febr., Dornach 26. Sept. (mit Fragenbeantwortung), Aarau 11. Nov. (mit Diskussionsvoten), Kristiania (Oslo) 23. 24. Nov. / **1922:** Stratford-on-Avon 19. 23. April, Dornach 16. Sept. (Autoreferat)

ISBN 3-7274-3040-0 (GA 1979)

Bibliographie: 1. Auflage GA 1979

Einzelausgaben und sonstige Veröffentlichungen:

Kristiania (Oslo) 23. 24. Nov. 1921 *Erziehungs- und Unterrichtsmethoden auf anthroposophischer Grundlage,* Stuttgart 1960; in *Die Wirklichkeit der höheren Welten. Eine Einführung in sein Werk* (Rudolf Steiner), Zürich 1972; 1973; 1974; 1983

Statford-on-Avon 19. 23. April 1922 *Shakespeare und die neuen Erziehungsideale,* Stuttgart 1959

Dornach 16. Sept. 1922 (Autoreferat) in *Die Erziehung des Kindes vom Gesichtspunkte der Geisteswissenschaft. Ein Vortrag über Pädagogik. Pädagogik und Kunst. Pädagogik und Moral,* Dornach 1969; 1973; 1976; 1978; 1981; in *Der Goetheanumgedanke inmitten der Kulturkrisis der Gegenwart. Gesammelte Aufsätze 1921–1925 aus der Wochenschrift «Das Goetheanum»,* Bibl.-Nr. 36; in *Aspekte der Waldorf-Pädagogik,* München 1975

304a **Anthroposophische Menschenkunde und Pädagogik**

Neun öffentliche Vorträge in verschiedenen Städten und eine Ansprache zu einer Eurythmieaufführung

1923: Stuttgart 25. 26. 27. (Ansprache) März, Dornach 30. Juni, 1. Juli, Ilkley 10. Aug., Den Haag 14. 19. Nov. / **1924:** London 29. 30. Aug.

ISBN 3-7274-3045-1 (GA 1979)

Bibliographie: 1. Auflage GA 1979

Einzelausgaben und sonstige Veröffentlichungen:

Stuttgart 25. 26. März 1923 in *Pädagogik und Kunst, Pädagogik und Moral,* Stuttgart 1957

London 30. Aug. 1924 *Vortrag über Erziehungsfragen*, Berlin o.J.

305 **Die geistig-seelischen Grundkräfte der Erziehungskunst.** Spirituelle Werte in Erziehung und sozialem Leben

Zwölf Vorträge und ein Sondervortrag in Oxford. Zwei Ansprachen zu Eurythmieaufführungen und ein Schlußwort

1922: 16. 17. 18. (Vortrag und Ansprache) 19. (Vortrag und Ansprache) 20. (Sondervortrag) 21. 22. 23. 24. 25. 26. 28. (Vortrag und Schlußwort) 29. Aug.

ISBN 3-7274-3050-8 (GA 1979)

Bibliographie: 1. Auflage (ohne 26. 28. 29. Aug. 1922) Dornach 1956; 2. Auflage GA 1979

Einzelausgaben und sonstige Veröffentlichungen:

Taschenbuchausgabe: RSTb. Nr. 604 (ohne Oxford 26. 28. 29. Aug. 1922 und ohne Ansprache) Dornach 1972; 1978; 1981

Oxford 18. 19. Aug. 1922 (Eurythmie-Ansprachen) in *Eurythmie. Die Offenbarung der sprechenden Seele. Eine Fortbildung der Goetschen Metamorphosenanschauung im Bereich der menschlichen Bewegung,* Bibl.-Nr. 277

Oxford 20. Aug. 1922 in *Das Geheimnis der Trinität. Der Mensch und sein Verhältnis zur Geistwelt im Wandel der Zeiten,* Bibl.-Nr. 214.

Oxford 26. 28. 29. Aug. 1922 in *Geschichte und Überwindung des Imperialismus,* Zürich 1946; in *Der Mensch in der sozialen Ordnung. Individualität und Gemeinschaft,* Dornach 1979

306 **Die pädagogische Praxis** vom Gesichtspunkte geisteswissenschaftlicher Menschenerkenntnis. Die Erziehung des Kindes und jüngeren Menschen

Acht Vorträge mit drei Fragenbeantwortungen und einer Ansprache in Dornach

1923: 15. (Vortrag und Ansprache) 16. 17. 18. (mit Fragenbeantwortung) 19. (mit Fragenbeantwortung) 20. 21. 22. (mit Fragenbeantwortung) April

ISBN 3-7274-3060-5 (GA 1982)

Bibliographie: 1. Auflage (ohne Fragenbeantwortungen, ohne Ansprache) Dresden 1940; 2. Auflage Bern 1956 (Teilauflage mit Eindruck: Dornach 1975); 3. Auflage GA 1982

307 **Gegenwärtiges Geistesleben und Erziehung**

Dreizehn Vorträge, eine Ansprache, ein Autoreferat, drei Fragenbeantwortungen in Ilkley (Yorkshire) und ein Sondervortrag in Bingley (Yorkshire)

1923: Ilkley 5. 6. (mit Fragenbeantwortung) 7. (mit Fragenbeantwortung) 8. (Vortrag und Ansprache) 9. 10. 11. Aug., Bingley 12. Aug., Ilkley 13. 14. (Vortrag und Autoreferat) 15. 16. (mit Fragenbeantwortung) 17. (zwei Vorträge) Aug.

ISBN 3-7274-3070-2 (GA 1973)

Bibliographie: 1. Auflage (ohne Fragenbeantwortungen und ohne Ansprachen) Dornach 1927; 2. Auflage (wie 1. Auflage) Dresden 1940; 3. Auflage Stuttgart 1957; 4. Auflage GA 1973

Einzelausgaben und sonstige Veröffentlichungen:

Ilkley, 14. Aug. 1923 (Autoreferat) in *Die Entstehung und Entwickelung der Eurythmie,* Bibl.-Nr. 277a; in *Der Goetheanumgedanke inmitten der Kulturkrisis der Gegenwart. Gesammelte Aufsätze 1921–1925 aus der Wochenschrift «Das Goetheanum»*, Bibl.-Nr. 36

308 **Die Methodik des Lehrens** und die Lebensbedingungen des Erziehens

Fünf Vorträge in Stuttgart und ein Aufsatz

1924: 8. 9. 10. (zwei Vorträge) 11. April

ISBN 3-7274-3080-X (GA 1974)

Bibliographie: 1. Auflage Dornach 1926; 2. Auflage Dresden 1940; 3. Auflage Stuttgart 1950 (1.–3. Auflage ohne Aufsatz); 4. Auflage (mit Aufsatz, bezeichnet als 5. Auflage) GA 1974

Einzelausgaben und sonstige Veröffentlichungen:

Taschenbuchausgabe: in *Die Erziehung des Kindes vom Gesichtspunkte der Geisteswissenschaft. Die Methodik des Lehrens und die Lebensbedingungen des Erziehens,* RSTA. Nr. 6, Stuttgart 1961 (ohne Aufsatz)

Stuttgart 8. April 1924 in *Vom Lebenslauf des Menschen,* ThGw. Nr. 4, Stuttgart 1980; 1981

Aufsatz 20. April 1924 in *Die Konstitution der Allgemeinen Anthroposophischen Gesellschaft und der Freien Hochschule für Geisteswissenschaft. Der Wiederaufbau des Goetheanum 1924–1925,* Bibl.-Nr. 260a

309 **Anthroposophische Pädagogik und ihre Voraussetzungen**

Fünf Vorträge, eine Ansprache und drei Fragenbeantwortungen in Bern

1924: 13. 14. (Vortrag und Ansprache) 15. (mit Fragenbeantwortung) 16. (mit Fragenbeantwortung) 17. (Vortrag) 17. (Fragenbeantwortung nach Vortrag von E. Kolisko) April

ISBN 3-7274-3090-7 (GA 1981)

Bibliographie: 1. Auflage (ohne Fragenbeanwortungen und ohne Ansprache) Dornach 1930; 2. Auflage (ohne Fragenbeantwortungen und ohne Ansprache) Basel 1946; 3. Auflage (ohne Fragenbeantwortung vom 16. April 1924) Basel 1951; 4. Auflage GA 1972; 5. Auflage GA 1981

Einzelausgaben und sonstige Veröffentlichungen:

Bern 14. April 1924 (Ansprache) in *Eurythmie. Die Offenbarung der sprechenden Seele. Eine Fortbildung der Goetheschen Metamorphosenanschauung im Bereich der menschlichen Bewegung,* Bibl.-Nr. 277

310 **Der pädagogische Wert der Menschenerkenntnis und der Kulturwert der Pädagogik**

Zehn Vorträge und eine Fragenbeantwortung in Oosterbeek-Arnhem

1924: 17. 18. 19. (mit Fragenbeantwortung) 20. 21. 22. 23. 24. (drei Vorträge) Juli

ISBN 3-7274-3100-8 (GA 1965)

Bibliographie: 1. Auflage (mit Fragenbeantwortung) Dornach 1929; 2. Auflage (ohne Fragenbeantwortung) Dresden 1940; 3. Auflage GA 1965

311 **Die Kunst des Erziehens aus dem Erfassen der Menschenwesenheit**

Sieben Vorträge und eine Fragenbeantwortung in Torquay

1924: 12. 13. 14. 15. 16. 18. 19. 20. (Fragenbeantwortung) August

ISBN 3-7274-3110-5 (GA 1979)

Bibliographie: 1. Auflage Bern 1949; 2. Auflage (Nachdruck) Bern 1951; 3. Auflage GA 1963; 4. Auflage GA 1979

Vorträge über Medizin

312 **Geisteswissenschaft und Medizin**

Zwanzig Vorträge in Dornach vor Ärzten und Medizinstudierenden

1920: 21. 22. 23. 24. 25. 26. 27. 28. 29. 30. 31. März, 1. 2. 3. 4. 5. 6. 7. 8. 9. April

ISBN 3-7274-3120-2 (GA 1976)

Bibliographie: 1. Auflage in zwanzig Einzelheften, Stuttgart o.J. (1920); 2. Auflage in zwei Heften, Dornach o.J. (1929); 3. Auflage Basel 1937; 4. Auflage GA 1961; 5. Auflage GA 1976

313 Geisteswissenschaftliche Gesichtspunkte zur Therapie

Neun Vorträge in Dornach vor Ärzten und Medizinstudierenden

1921: 11. 12. 13. 14. 15. 16. 17. 18. (zwei Vorträge) April

ISBN 3-7274-3130-X (GA 1963)

Bibliographie: 1. Auflage (ohne 18. April 1921, zweiter Vortrag) Stuttgart o.J. (1921); 2. Auflage Basel 1941; 3. Auflage GA 1963

Einzelausgaben und sonstige Veröffentlichungen:

Dornach 18. April 1921 (zweiter Vortrag) in *Heileurythmie,* Bibl.-Nr. 315

314 Physiologisch-Therapeutisches auf Grundlage der Geisteswissenschaft. Zur Therapie und Hygiene

Elf Vorträge, ein öffentlicher Vortrag, ein Votum, eine Ansprache und zwei Besprechungen mit Ärzten in Dornach und Stuttgart

1920: Dornach 26. März (Votum), 7. April (öffentlich), 7. 8. 9. (zwei Vorträge) Okt. / **1922:** Stuttgart 26. 27. (zwei Vorträge) 28. Okt. / **1923:** Dornach 31. Dez. / **1924:** Dornach 1. 2. Jan., 21. (Ansprache) 22. (Besprechung) 23. (Besprechung) April

ISBN 3-7274-3141-5 (GA 1975)

Bibliographie: 1. Auflage (22. April 1924 teilweise) GA 1965; 2. Auflage GA 1975

Einzelausgaben und sonstige Veröffentlichungen:

Dornach 26. März 1920 in *Gesundheit und Krankheit im Seelenleben,* Medizinische Schriftenreihe, zweite Folge, 3. Heft, Basel 1952

Dornach 7. April 1920 *Die Hygiene als soziale Frage,* Schriftenreihe der Medizinischen Sektion am Goetheanum, 1. Heft, Dornach 1945; *Die Hygiene als soziale Frage,* Dornach 1963

Dornach 7. 8. 9. (zwei Vorträge) Okt. 1920 *Physiologisch-Therapeutisches auf Grundlage der Geisteswissenschaft,* Dornach 1935; 1951

Stuttgart 26. 27. (zwei Vorträge) 28. Okt. 1922 *Vorträge gehalten anläßlich der Medizinischen Woche Herbst 1922,* Stuttgart o.J. (1922); *Anthroposophische Grundlagen für die Arzneikunst,* Dornach 1950

Dornach 31. Dez. 1923, 1. 2. Jan. 1924 *Vorträge, gehalten für Ärzte,* Stuttgart o.J. (1924); *Zur Therapie*, Dornach 1950

Dornach 22. April 1924 (vollständig, als Ergänzung zur 1. Auflage) *Besprechung mit praktizierenden Ärzten,* Dornach 1975

315 Heileurythmie

Acht Vorträge in Dornach und Stuttgart

1921: 12. 13. 14. 15. 16. 17. 18. April / **1922:** Stuttgart 28. Okt.

ISBN 3-7274-3150-4 (GA 1981)

Bibliographie: 1. Auflage (ohne 18. April 1921) Dornach 1930; 2. Auflage Dornach 1952; 3. Auflage GA 1966; 4. Auflage GA 1981

Einzelausgaben und sonstige Veröffentlichungen:

Dornach 18. April 1921 in *Geisteswissenschaftliche Gesichtspunkte zur Therapie,* Bibl.-Nr. 313

316 Meditative Betrachtungen und Anleitungen zur Vertiefung der Heilkunst

Dreizehn Vorträge und eine Ansprache in Dornach für Ärzte und Medizinstudierende. Erster Rundbrief

1924: Weihnachtskurs: 2. 3. 4. 5. 6. 7. 8. 9. Jan., Osterkurs: 21. 22. 23. 24. (Vortrag und Ansprache) 25. April

Erster Rundbrief 11. März

ISBN 3-7274-3160-1 (GA 1980)

Bibliographie: 1. Auflage GA 1967; 2. Auflage GA 1980

Einzelausgaben und sonstige Veröffentlichungen:

Dornach 21. 22. 23. 24. (ohne Ansprache) 25. April 1924 *Oster-Kurs für Ärzte und Medizinstudierende*, Dornach 1944

317 Heilpädagogischer Kursus

Zwölf Vorträge in Dornach vor Ärzten und Heilpädagogen mit vierzehn farbigen Wiedergaben der Tafelzeichnungen

1924: 25. (Tafelzeichnung) 26. (zwei Tafelzeichnungen) 27. (zwei Tafelzeichnungen) 28. (Tafelzeichnung) 30. (zwei Tafelzeichnungen) Juni, 1. (Tafelzeichnung) 2. (Tafelzeichnung) 3. 4. 5. (Tafelzeichnung) 6. (zwei Tafelzeichnungen) 7. (Tafelzeichnung) Juli

ISBN 3-7274-3171-7 (GA 1979)

Bibliographie: 1. Auflage (in zwei Bänden) Dornach o. J.; 2. Auflage (in zwei Bänden) Arlesheim 1952; 3. Auflage GA 1965; 4. Auflage GA 1967 (alle Auflagen ohne Tafelzeichnungen); 5. Auflage (irrtümlich 12. statt 7. Juli 1924) GA 1975; 6. Auflage GA 1979

Einzelausgaben und sonstige Veröffentlichungen:

Dornach 25. 26. 27. 28. 30. Juni, 7. Juli 1924 in *Zur Heilpädagogik,* Dornach 1938

Tafelzeichnungen zum Heilpädagogischen Kursus, Dornach 1974

318 Pastoral-Medizinischer Kurs*

Elf Vorträge für Ärzte und Priester in Dornach. Faksimilierte Notizbucheintragungen und acht farbige Wiedergaben nach den Tafelzeichnungen

1924: 8. 9. (zwei Tafelzeichnungen) 10. 11. (Tafelzeichnung) 12. 13. 14. (Tafelzeichnung) 15. (Tafelzeichnung) 16. (Tafelzeichnung) 17. (Tafelzeichnung) 18. (Tafelzeichnung) Sept.

ISBN 3-7274-3180-6 (GA 1973)

Bibliographie: 1. Auflage (ohne Notizbucheintragungen und Tafelzeichnungen) Manuskriptdruck Dornach o. J.; 2. Auflage GA 1973

* Bei Nauauflage wird der Titel geändert: *Das Zusammenwirken von Ärzten und Seelsorgern.* Pastoral-Medizinischer Kurs.

319 Anthroposophische Menschenerkenntnis und Medizin

Elf Vorträge und eine Fragenbeantwortung in verschiedenen Städten

1923: Penmaenmawr 28. Aug., London 2. 3. Sept., Wien 2. Okt., Den Haag 15. 16. (mit Fragenbeantwortung) Nov. / **1924:** Arnheim 17. 21. 24. Juli, London 28. 29. Aug.

ISBN 3-7274-3190-3 (GA 1982)

Bibliographie: 1. Auflage GA 1971; 2. Auflage GA 1982

Einzelausgaben und sonstige Veröffentlichungen:

Taschenbuchausgabe: Penmaenmawr 28. Aug. 1923, Arnheim 17. 21. 24. Juli 1924, London 28. 29. Aug. 1924 in *Die Kunst des Heilens vom Gesichtspunkte der Geisteswissenschaft,* RSTb. Nr. 630, Dornach 1980; 1983

Penmaenmawr 28. Aug. 1923 *Richtlinien zum Verständnis für die auf anthroposophischer Geisteswissenschaft aufgebaute Heilmethode,* Dornach 1964

London 2. 3. Sept. 1923 *Zur Therapie und zur Methodik der Heilmittelherstellung,* Medizinische Schriftenreihe, zweite Folge, 5. Heft, Basel 1953

Arnheim, 17. 21. 24. Juli 1924 *Was kann die Heilkunst durch eine geisteswissenschaftliche Betrachtung gewinnen?* Dornach o. J. (1934); 1958

London 28. 29. Aug. 1924 *Die Kunst des Heilens vom Gesichtspunkte der Geisteswissenschaft,* Medizinische Schriftenreihe, zweite Folge, 4. Heft, Basel 1952

Vorträge über Naturwissenschaft

320 Geisteswissenschaftliche Impulse zur Entwickelung der Physik. Erster naturwissenschaftlicher Kurs. Licht, Farbe, Ton. Masse, Elektrizität, Magnetismus

Zehn Vorträge in Stuttgart, ein Diskussionsvotum in Dornach. Faksimilierte Notizbucheintragungen und eine faksimilierte Fragenbeantwortung

1919: Stuttgart 23. 24. 25. 26. 27. 29. 30. 31. Dez. / **1920:** Stuttgart 2. 3. Jan. / **1921:** Dornach 8. Aug. (Diskussionsvotum)

ISBN 3-7274-3200-4 (GA 1964)

Bibliographie: Private Vervielfältigung (irrtümlich 26. statt 25. Dez. 1919) Stuttgart 1922; 1. Auflage (ohne Ansprache und ohne Faksimile) Dornach 1925; 2. Auflage GA 1964

321 Geisteswissenschaftliche Impulse zur Entwickelung der Physik.
Zweiter naturwissenschaftlicher Kurs.
Die Wärme auf der Grenze positiver und negativer Materialität

Vierzehn Vorträge in Stuttgart

1920: 1. 2. 3. 4. 5. 6. 7. 8. 9. 10. 11. 12. 13. 14. März

ISBN 3-7274-3210-1 (GA 1982)

Bibliographie: 1. Auflage *Zweiter naturwissenschaftlicher Kursus (Wärme-Lehre)*, Dornach 1925; 2. Auflage GA 1972; 3. Auflage GA 1982

322 Grenzen der Naturerkenntnis

Acht Vorträge in Dornach

1920: 27. 28. 29. 30. Sept., 1. 2. (zwei Vorträge) 3. Okt.

ISBN 3-7274-3220-9 (GA 1981)

Bibliographie: 1. Auflage Dornach 1939; 2. Auflage Dresden 1940; 3. Auflage Stuttgart 1948; 4. Auflage GA 1969; 5. Auflage GA 1981

323 **Das Verhältnis der verschiedenen naturwissenschaftlichen Gebiete zur Astronomie.** Dritter naturwissenschaftlicher Kurs. Himmelskunde in Beziehung zum Menschen und zur Menschenkunde

Achtzehn Vorträge in Stuttgart

1921: 1. 2. 3. 4. 5. 6. 7. 8. 9. 10. 11. 12. 13. 14. 15. 16. 17. 18. Jan.

ISBN 3-7274-3230-6 (GA 1983)

Bibliographie: 1. Auflage Dornach 1926; 2. Auflage GA 1983

324 **Naturbeobachtung, Mathematik, wissenschaftliches Experiment und Erkenntnisergebnisse vom Gesichtspunkte der Anthroposophie**

Acht Vorträge und ein Diskussionsvotum in Stuttgart

1921: 16. 17. 18. 19. 21. 22. 23. (zwei Vorträge und ein Diskussionsvotum) März

ISBN 3-7274-3240-3 (GA 1972)

Bibliographie: 1. Auflage *Mathematik, wissenschaftliches Experiment, Beobachtung und Erkenntnisergebnisse vom Gesichtspunkte der Anthroposophie,* (ohne Diskussionsvotum) Stuttgart 1948; 2. Auflage GA 1972

325 **Die Naturwissenschaft und die weltgeschichtliche Entwickelung der Menschheit seit dem Altertum**

Sechs öffentliche Vorträge in Dornach und Stuttgart

1921: Dornach 15. 16. Mai, Stuttgart 21. 22. 23. 24. Mai

ISBN 3-7274-3250-0 (GA 1969)

Bibliographie: 1. Auflage (ohne Dornach 15. 16. Mai 1921) Dornach 1939; 2. Auflage (bezeichnet als 1.) GA 1969

326 **Der Entstehungsmoment der Naturwissenschaft in der Weltgeschichte und ihre seitherige Entwickelung**

Neun Vorträge in Dornach

1922: 24. 25. 26. 27. 28. Dez. / **1923:** 1. 2. 3. 6. Jan.

ISBN 3-7274-3260-8 (GA 1977)

Bibliographie: 1. Auflage Dornach 1937; 2. Auflage (irrtümlich 3. Jan. 1938 statt 3. Jan. 1923) Stuttgart 1948; 3. Auflage GA 1977

Einzelausgaben und sonstige Veröffentlichungen:

Taschenbuchausgabe: RSTb. Nr. 632, Dornach 1981

327 **Geisteswissenschaftliche Grundlagen zum Gedeihen der Landwirtschaft.** Landwirtschaftlicher Kursus

Neun Vorträge, eine Ansprache, vier Fragenbeantwortungen in Koberwitz und Dornach. Anhang

1924: Koberwitz 7. 10. 11. (Vortrag und Ansprache), 12. (mit Fragenbeantwortung) 13. (mit Fragenbeantwortung) 14. (mit Fragenbeantwortung) 15. 16. (mit Fragenbeantwortung) Juni, Dornach 20. Juni

Anhang: Aufzeichnungen Rudolf Steiners zum Landwirtschaftlichen Kursus (Faksimile)

ISBN 3-7274-3270-5 (GA 1979)

Bibliographie: 1. Auflage *Landwirtschaftlicher Kursus* (ohne Dornach 20. Juni 1924 und ohne Anhang) Dornach o.J. (1925); 2. Auflage (wie 1. Auflage) Dornach 1929; 3. Auflage (wie 1. Auflage) Stuttgart 1948; 4. Auflage (ohne Anhang) GA 1963; 5. Auflage GA 1975; 6. Auflage GA 1979

Einzelausgaben und sonstige Veröffentlichungen:

Dornach 11. (Ansprache) 20. Juni 1924 in *Die Konstitution der Allgemeinen Anthroposophischen Gesellschaft und der Freien Hochschule für Geisteswissenschaft. Der Wiederaufbau des Goetheanum 1924–1925,* Bibl.-Nr. 260a

Anhang: Aufzeichnungen Rudolf Steiners zum Landwirtschaftlichen Kurs in *Nachrichten der Rudolf Steiner-Nachlaßverwaltung Nr. 18,* Dornach 1967

Vorträge über das soziale Leben und die Dreigliederung des sozialen Organismus

328 **Die soziale Frage**

Sechs öffentliche Vorträge in Zürich und Notizbucheintragungen

1919: 3. 5. 10. 12. 25. Febr., 8. März

ISBN 3-7274-3280-2 (GA 1977)

Bibliographie: 1. Auflage GA 1977

329 **Die Befreiung des Menschenwesens als Grundlage für eine soziale Neugestaltung.** Altes Denken und neues soziales Wollen

Neun öffentliche Vorträge in verschiedenen Städten

1919: Bern 11. 17. März, Winterthur 19. März, Basel 9. 12. April, Bern 14. Okt., Basel 20. Okt., Bern 6. Nov., Basel 10. Nov.

ISBN 3-7274-3290-X

Einzelausgaben und sonstige Veröffentlichungen:

Bern 11. März 1919 *Die wirklichen Grundlagen eines Völkerbundes in den wirtschaftlichen, rechtlichen und geistigen Kräften der Völker,* Bern 1944; 1946

Basel 10. Nov. 1919 als Anhang unter dem Titel «Der Geist als Führer durch die Sinnes- und die übersinnliche Welt» in *Die geistigen Hintergründe der sozialen Frage. IV. Band: Menschliche Verantwortlichkeit. Weltverantwortlichkeit. Menschheitskultur,* Dornach 1951; in *Geisteswissenschaftliche Ergebnisse über das Wesen des Menschen,* Bibl.-Nr.72

330 Neugestaltung des sozialen Organismus

Vierzehn öffentliche Vorträge in Stuttgart und ein Aufruf

1919: 22. 23. 25. 28. April, 3. 13. 16. 31. Mai, 16. 18. 19. Juni, 9. 11. 30. Juli
Aufruf: März 1919

ISBN 3-7274-3300-0 (GA 1983)

Bibliographie: 1. Auflage (irrtümlich 26. statt 25. April 1919) GA 1963; 2. Auflage GA 1983

Einzelausgaben und sonstige Veröffentlichungen:

Sonderausgabe, Dornach 1971

Zwölf Schriften des Bundes für Dreigliederung des sozialen Organismus, Stuttgart 1919:
- Stuttgart 22. April 1919 *Vortrag für die Unterzeichner des Aufrufes «An das deutsche Volk und an die Kulturwelt»*
- Stuttgart-Untertürkheim 25. (irrtümlich 26.) April 1919 *Vortrag für Arbeiter der Daimler-Werke*; auch Zürich 1919
- Stuttgart 28. April 1919 *Die Kernpunkte der sozialen Frage in den Lebensnotwendigkeiten der Gegenwart und Zukunft*
- Stuttgart 3. Mai 1919 *Wege aus der sozialen Not und zu einem praktischen Ziele*
- Stuttgart 13. Mai 1919 *Vortrag von Dr. Rudolf Steiner* (Die Zukunft des Kapitals und der menschlichen Arbeitskraft)
- Stuttgart 16. Mai 1919 *Einzelheiten über die Neugestaltung des sozialen Organismus*
- Stuttgart 31. Mai. 1919 *Der Impuls zum dreigliedrigen Organismus kein «bloßer Idealismus», sondern unmittelbar praktische Forderung des Augenblicks*
- Stuttgart 16. Juni 1919 *Das Soziale in den Rechts- und Wirtschaftseinrichtungen und die Freiheit des Menschengeistes*
- Stuttgart 18. Juni 1919 *Freiheit für den Geist, Gleichheit für das Recht, Brüderlichkeit für das Wirtschaftsleben*
- Stuttgart 19. Juni 1919 *Die Aufgaben der Schulen und der dreigliedrige soziale Organismus*
- Stuttgart 9. Juli 1919 *Der Weg zu übersinnlichen Erfahrungen und Erkenntnissen als Grundlage wirklichen Menschenverständnisses*
- Stuttgart 11. Juli 1919 *Die übersinnliche Wesenheit des Menschen und die Entwickelung der Menschheit. Geisteswissenschaftliche Beobachtungen und Erkenntnisse*

Aufruf «An das deutsche Volk und an die Kulturwelt»: in *Die Kernpunkte der sozialen Frage in den Lebensnotwendigkeiten der Gegenwart und Zukunft,* Bibl.-Nr. 23; in RSTb. Nr. 606, Dornach 1973; 1980; in *Aufsätze über die Dreigliederung des sozialen Organismus und zur Zeitlage 1915–1921,* Bibl.-Nr. 24; in *Die Erkenntnis-Aufgabe der Jugend,* Bibl.-Nr. 271a; in *Zur Dreigliederung des sozialen Organismus,* RSTA. Nr. 10, Stuttgart 1962; 1972

331 leer

332 (Voten an Sitzungen, Versammlungen und Diskussionsabenden)

332a Soziale Zukunft
Sechs Vorträge mit sechs Fragenbeantwortungen in Zürich
1919: 24. 25. 26. 28. 29. 30. Okt.

ISBN 3-7274-3325-6 (GA 1977)

Bibliographie: 1. Auflage Bern 1950; 2. Auflage GA 1977

Einzelausgaben und sonstige Veröffentlichungen:
Taschenbuchausgabe: RSTb. Nr. 631, Dornach 1981

333 Gedankenfreiheit und soziale Kräfte. Die sozialen Forderungen der Gegenwart und ihre praktische Verwirklichung
Sechs öffentliche Vorträge in verschiedenen Städten und ein Schlußwort
1919: Ulm 26. Mai (Vortrag und Schlußwort), 22. Juli, Berlin 15. Sept., Stuttgart 19. 27. 30. Dez.

ISBN 3-7274-3330-2 (GA 1971)

Bibliographie: 1. Auflage GA 1971

Einzelausgaben und sonstige Veröffentlichungen:
Berlin 15. Sept. 1919 in *Die Rätsel unserer Zeit,* Berlin 1923

334 Vom Einheitsstaat zum dreigliedrigen sozialen Organismus
Elf öffentliche Vorträge in verschiedenen Städten
1920: Basel 5. 6. 7. Jan., Zürich 17. 18. 19. März, Dornach 18. April, Basel 26. April, 4. 5. 6. Mai

ISBN 3-7274-3340-X (GA 1983)

Bibliographie: 1. Auflage GA 1983

Einzelausgaben und sonstige Veröffentlichungen:
Basel 5. 6. 7. Jan. 1920 *Wege und Ziele der Geisteswissenschaft. Die geisteswissenschaftlichen Grundlagen der leiblichen und seelischen Gesundheit. Die sittlichen und religiösen Kräfte im Sinne der Geisteswissenschaft.* Geisteswissenschaft und die Lebensforderungen der Gegenwart, Heft I, Dornach 1950
Zürich 19. März 1920 *Dreigliederung und gegenwärtige Weltlage.* Geisteswissenschaft und die Lebensforderungen der Gegenwart, Heft IV, Dornach 1950

335 (Der Weg zu gesundem Denken und die Lebenslage des Gegenwartsmenschen)
Siebzehn öffentliche Vorträge in Stuttgart, darunter:
1920: 2. 4. 10. 12. März, 8. 10. 15. 16. Juni, 28. 29. Juli, 15. 20. Sept.

ISBN 3-7274-3350-7

Bibliographie:

Einzelausgaben und sonstige Veröffentlichungen:
Stuttgart 2. 4. März 1920 *Geist und Ungeist in ihren Lebenswirkungen. Die geistigen Forderungen des kommenden Tages.* Geisteswissenschaft und die Lebensforderungen der Gegenwart, Heft II, Dornach 1950

Stuttgart 10. 12. März 1920 *Die Völker der Erde im Lichte der Geisteswissenschaft. Die Geschichte der Menschheit im Lichte der Geisteswissenschaft.* Geisteswissenschaft und die Lebensforderungen der Gegenwart, Heft III, Dornach 1950

Stuttgart 8. Juni 1920 Öffentlicher Vortrag: *Der Weg zu gesundem Denken und die Lebenslage der Gegenwartsmenschen.* Schriften des Bundes für Dreigliederung des sozialen Organismus, Stuttgart o. J. (1920); in *Der Weg zu gesundem Denken und die Lebenslage des Gegenwartsmenschen. Die Erziehung und der Unterricht gegenüber der Weltlage der Gegenwart.* Geisteswissenschaft und die Lebensforderungen der Gegenwart, Heft VI, Dornach 1950

Stuttgart 10. Juni 1920 Öffentlicher Vortrag: *Die Erziehung und der Unterricht gegenüber der Weltlage der Gegenwart.* Schriften des Bundes für Dreigliederung des sozialen Organismus, Stuttgart o. J. (1920); in *Der Weg zu gesundem Denken und die Lebenslage des Gegenwartsmenschen. Die Erziehung und der Unterricht gegenüber der Weltlage der Gegenwart.* Geisteswissenschaft und die Lebensforderungen der Gegenwart, Heft VI, Dornach 1950

Stuttgart, 15. Juni, 29. Juli, 20. Sept. 1920 *Drei Gegenwartsreden: Fragen der Seele und Fragen des Lebens. Wer darf gegen den Untergang des Abendlandes reden? Die großen Aufgaben von heute im Geistesleben, Rechtsleben, und Wirtschaftsleben.* Geisteswissenschaft und die Lebensforderungen der Gegenwart, Heft VIII, Dornach 1952

Stuttgart 16. Juni 1920 *Die Konsequenzen der Dreigliederung für Grund und Boden,* Dornach 1940; in *Landwirtschaft und Industrie. Neuordnung des Bodenrechtes als soziale Forderung der Gegenwart,* Stuttgart 1957

Stuttgart 28. Juli 1920 Vortrag: *Historische Gesichtspunkte zur auswärtigen Politik.* Arbeitsmaterial für die Mitarbeiter des Bundes für Dreigliederung des sozialen Organismus, Vorträge Nr. 2, Stuttgart o. J. (1920)

Stuttgart 15. Sept. 1920 *Vortrag (beim Studienabend der Ortsgruppe Stuttgart),* Arbeitsmaterial für die Mitarbeiter des Bundes für Dreigliederung des sozialen Organismus, Vorträge Nr. 3, Stuttgart o. J. (1920)

336 (Die großen Fragen der Zeit und die anthroposophische Geist-Erkenntnis)
Zwölf öffentliche Vorträge in verschiedenen Städten, darunter:
1920: Bern 8. Juli

ISBN 3-7274-3360-4

Einzelausgaben und sonstige Veröffentlichungen:

Bern 8. Juli 1920 *Anthroposophie, ihr Wesen und ihre philosophischen Grundlagen.* Geisteswissenschaft und die Lebensforderungen der Gegenwart, Heft VII, Dornach 1950

337 (Voten nach Vorträgen, in Sitzungen und Versammlungen aus den Jahren 1920 bis 1922)
darunter:
1920: Stuttgart 9. Juni, 1. Aug. / **1921:** 22. Sept.

ISBN 3-7274-3370-1

Einzelausgaben und sonstige Veröffentlichungen:

Stuttgart 9. Juni 1920 *Ansprache (beim Studienabend der Ortsgruppe Stuttgart), Arbeitsmaterial für die Mitarbeiter des Bundes für Dreigliederung des sozialen Organismus, Vorträge Nr. 1,* Stuttgart o. J. (1920)

Stuttgart 1. Aug. 1920 *Ansprache an die im Hause Champignystraße Nr. 17 tätigen Mitarbeiter,* Stuttgart o. J. (1920)

Stuttgart 22. Sept. 1921 *Ansprache an die im Hause Champignystraße Nr. 17 tätigen Mitarbeiter,* Stuttgart o. J. (1921),

338 **Wie wirkt man für den Impuls der Dreigliederung des sozialen Organismus?** Rednerkurs und Agitatoren-Kurs

Zwölf öffentliche Vorträge in Stuttgart

1921: 1. 2. Jan., 12. 13. (zwei Vorträge) 14. (zwei Vorträge) 15. (zwei Vorträge) 16. (zwei Vorträge) 17. Febr.

ISBN 3-7274-3380-9

Bibliographie: 1. Auflage *Rednerkurs,* Studienmaterial zur Sozialwissenschaft, Band II, Dornach 1933 (ohne 1. 2. Jan 1921); 2. Auflage Dornach 1952 (ohne 1. 2. Jan. 1921); 3. Auflage (wie 2. Auflage) Dornach 1969

339 **Anthroposophie, soziale Dreigliederung und Redekunst.** Orientierungskurs für die öffentliche Wirksamkeit mit besonderem Hinblick auf die Schweiz

Sechs Vorträge in Dornach

1921: 11. 12. 13. 14. 15. 16. Okt.

ISBN 3-7274-3390-6 (GA 1971)

Bibliographie: 1. Auflage *Orientierungskurs für die anthroposophische und Dreigliederungsarbeit in der Schweiz,* Dornach 1940; 2. Auflage GA 1971

340 **Nationalökonomischer Kurs**

Aufgaben einer neuen Wirtschaftswissenschaft, Band I

Vierzehn Vorträge in Dornach für Studenten der Nationalökonomie

1922: 24. 25. 26. 27. 28. 29. 30. 31. Juli, 1. 2. 3. 4. 5. 6. Aug.

ISBN 3-7274-3400-7 (GA 1979)

Bibliographie: 1. Auflage (14 Hefte) Dornach o. J. (1922); 2. Auflage Dornach 1931; 3. Auflage Dornach 1933; 4. Auflage GA 1965; 5. Auflage GA 1979

341 **Nationalökonomisches Seminar**

Aufgaben einer neuen Wirtschaftswissenschaft. Band II

Sechs Besprechungen mit den Teilnehmern am Nationalökonomischen Kurs in Dornach

1922: 31. Juli, 1. 2. 3. 4. 5. Aug.

ISBN 3-7274-3410-4 (GA 1973)

Bibliographie: 1. Auflage *Nationalökonomisches Seminar*, Studienmaterial zur Sozialwissenschaft, Band I, Dornach 1932; 2. Auflage GA 1973

Vorträge für die Priester der Christengemeinschaft

342 (Erster religiöser Lehrkurs) *
Fünf Vorträge mit sechs Fragenbeantwortungen in Stuttgart
1921: 12. (mit Fragenbeantwortung) 13. (mit zwei Fragenbeantwortungen) 14. (mit zwei Fragenbeantwortungen) 15. (mit Fragenbeantwortung) 16. Juni
* nicht erhältlich ISBN 3-7274-3420-1

343 (Religiös-theologischer Lehrkurs) *
Neunundzwanzig Vorträge bzw. Diskussionsstunden in Dornach
1921: 26., die folgenden Daten beinhalten je zwei Anlässe: 27. 28. 29. 30. Sept., 1. 2. 3. 4. 5. 6. 7. 8. 9. 10. Okt.
* nicht erhältlich ISBN 3-7274-3430-9

344 (Vorträge und Ansprachen zur Begründung der Christengemeinschaft) *
Siebzehn Vorträge, Gespräche und Fragenbeantwortungen in Dornach
1922: 6. 7. 8. 9. 10. 11. 12. 13. 17. 18. 18. 19. 20. 20. 21. 21. 22. Sept.
* nicht erhältlich ISBN 3-7274-3440-6

345 (Vorträge bei der Zusammenkunft der Priester in Stuttgart Juli 1923) *
Vier Vorträge und zwei Fragenbeantwortungen in Stuttgart
1923: 11. (mit Fragenbeantwortung) 12. (mit Fragenbeantwortung) 13. 14. Juli
* nicht erhältlich ISBN 3-7274-3450-3

346 (Apokalypse-Kurs 1924) *
Achtzehn Vorträge und zwei Fragenbeantwortungen in Dornach
1924: 5. 6. 7. 8. 9. 10. 11. 12. 13. 14. 15. 16. 17. 18. 19. (mit Fragenbeantwortung) 20. (mit Fragenbeantwortung) 21. 22. Sept.
* nicht erhältlich ISBN 3-7274-3460-0

Vorträge für die Arbeiter am Goetheanumbau

347 Die Erkenntnis des Menschenwesens nach Leib, Seele und Geist. Über frühe Erdzustände

Vorträge für die Arbeiter am Goetheanumbau. Band 1

Zehn Vorträge in Dornach

1922: 2. 5. 9. Aug., 9. 13. 16. 20. 23. 27. 30. Sept.

ISBN 3-7274-3470-8 (GA 1976)

Bibliographie: 1. Auflage GA 1976

Einzelausgaben und sonstige Veröffentlichungen:

Dornach 2. 5. 9. Aug., 9. 13. 16. Sept. 1922 *Die Erkenntnis des Menschenwesens nach Leib, Seele und Geist*, Dornach 1957

Dornach 16. Sept. 1922 in *Naturgrundlagen der Ernährung, Ernährung des Menschen I*, ThGw. Nr. 6, Stuttgart 1981

Dornach 20. 23. 27. 30. Sept. 1922 *Über frühe Erdzustände*, Dornach 1957

Dornach 27. Sept. 1922 in *Erde und Naturreiche*, ThGw. Nr. 5, Stuttgart 1980; 1981

348 Über Gesundheit und Krankheit. Grundlagen einer geisteswissenschaftlichen Sinneslehre

Vorträge für die Arbeiter am Goetheanumbau. Band 2

Achtzehn Vorträge in Dornach

1922: 19. 24. Okt., 29. Nov., 2. 13. 16. 20. 23. 27. 30. Dez. / **1923:** 5. 8. 10. 13. 20. 27. Jan., 3. 10. Febr.

ISBN 3-7274-3480-5 (GA 1983)

Bibliographie: 1. Auflage GA 1959; 2. Auflage GA 1976; 3. Auflage GA 1983

Einzelausgaben und sonstige Veröffentlichungen:

Dornach 8. 13. Jan. 1923 in *Ernährung und Bewußtsein, Ernährung des Menschen II*, ThGw. Nr. 7, Stuttgart 1981

Dornach 3. Febr. 1923 in *Neun Vorträge über Bienenzucht*, Dornach o. J.; o. J.; in *Neun Vorträge über das Wesen der Bienen*, (Auszug) Dornach 1929; 1937; in *Über die Bienen*, Dornach 1951

349 Vom Leben des Menschen und der Erde. Über das Wesen des Christentums

Vorträge für die Arbeiter am Goetheanumbau. Band 3

Dreizehn Vorträge in Dornach

1923: 17. 21. Febr., 3. 14. 17. 21. März, 4. 9. 14. 18. 21. April, 7. 9. Mai

ISBN 3-7274-3490-2 (GA 1980)

Bibliographie: 1. Auflage (mit Vortrag vom 5. Mai 1924, irrtümlich mit 5. Mai 1923 bezeichnet) GA 1961; 2. Auflage GA 1980

Einzelausgaben und sonstige Veröffentlichungen:

Dornach 17. 21. Febr., 3. 14. 17. 21. März, 4. 9. 14. 18. April 1923 *Zehn Vorträge, gehalten vor den Arbeitern am Goetheanum in Dornach*, Dornach 1943

Dornach 21. Febr. 1923 in *Das Wesen der Farben*, Bibl.-Nr. 291

Dornach 21. April, 7. 9. Mai 1923, 5. Mai 1924 (irrtümlich 5. Mai 1923) *Vier Vorträge über das Wesen des Christentums*, Dornach 1945

350 **Rhythmen im Kosmos und im Menschenwesen. Wie kommt man zum Schauen der geistigen Welt?** Vom Wirken des Ätherischen und Astralischen im Menschen und in der Erde. Ursprung und Bedeutung der Kulte. Ernährungsfragen

Vorträge für die Arbeiter am Goetheanumbau. Band 4

Sechzehn Vorträge in Dornach

1923: 30. Mai, 2. 6. 9. 13. 16. 25. 28. 30. Juni, 7. 18. 20. 25. 28. Juli, 10. 22. Sept.

ISBN 3-7274-3500-3 (GA 1980)

Bibliographie: 1. Auflage (irrtümlich 11. statt 10. Sept. 1923) GA 1962; 2. Auflage GA 1980

Einzelausgaben und sonstige Veröffentlichungen:

Dornach 30. Mai, 2. 6. 9. 13. 16. 25. Juni 1923 *Sieben Vorträge, gehalten vor den Arbeitern am Goetheanum in Dornach*, Dornach 1947

Dornach 28. 30. Juni, 7. 18. Juli 1923 *Wie kommt man zum Schauen der geistigen Welt?* Dornach 1949

Dornach 18. Juli, 22. Sept. 1923 in *Naturgrundlagen der Ernährung. Ernährung des Menschen I*, ThGw. Nr. 6, Stuttgart 1981

Dornach 20. 25. 28. Juli 1923 *Rhythmen im Kosmos und im Menschenwesen*, Dornach 1949

Dornach 10. Sept. 1923 *Ursprung und Bedeutung der Kulte*, Dornach 1949

Dornach 22. Sept. 1923 *Ernährungsfragen*, Dornach 1949; in *Ernährungsfragen. Über das Verhältnis der Nahrungsmittel zum Menschen*, Basel 1956

351 **Mensch und Welt. Das Wirken des Geistes in der Natur. Über das Wesen der Bienen**

Vorträge für die Arbeiter am Goetheanumbau. Band 5

Fünfzehn Vorträge und eine Nachbemerkung in Dornach

1923: 8. 10. 13. 20. 24. 27. 31. Okt., 10. (Nachbemerkung) 26. 28. Nov., 1. 5. 10. 12. 15. 22. Dez.

ISBN 3-7274-3510-0 (GA 1978)

Bibliographie: 1. Auflage GA 1965; 2. Auflage GA 1966; 3. Auflage GA 1978

Einzelausgaben und sonstige Veröffentlichungen:

Dornach 8. 13. 20. 24. 27. 31. Okt. 1923 *Mensch und Welt. Das Wirken des Geistes in der Natur*, Dornach 1950

Dornach 31. Okt. 1923 in *Naturgrundlagen der Ernährung. Ernährung des Menschen I*, ThGw. Nr. 6, Stuttgart 1981

Dornach 26. 28. Nov., 1. 5. 10. 12. 15. 22. Dez. 1923 in *Neun Vorträge über Bienenzucht*, Dornach o. J.; o. J.; in *Neun Vorträge über das Wesen der Bienen*, Dornach 1929; 1937; in *Über die Bienen*, Dornach 1951

352 **Natur und Mensch in geisteswissenschaftlicher Betrachtung**

Vorträge für die Arbeiter am Goetheanumbau. Band 6

Zehn Vorträge in Dornach

1924: 7. 19. 23. Jan., 2. 9. 13. 16. 20. 23. 27. Febr.

ISBN 3-7274-3520-8 (GA 1981)

Bibliographie: 1. Auflage *Geisteswissenschaftliche Erkenntnisse über Natur und Mensch*, Dornach 1950; 2. Auflage GA 1967; 3. Auflage GA 1981

Einzelausgaben und sonstige Veröffentlichungen:

Dornach 23. Jan. 1924 in *Naturgrundlagen der Ernährung. Ernährung des Menschen I*, ThGw. Nr. 6, Stuttgart 1981

353 Die Geschichte der Menschheit und die Weltanschauungen der Kulturvölker
Vorträge für die Arbeiter am Goetheanumbau. Band 7
Siebzehn Vorträge in Dornach

1924: 1. 5. 8. 13. 15. 19. 26. März, 12. 26. April, 5. 8. 10. 14. 17. 20. Mai, 4. 25. Juni

ISBN 3-7274-3530-5 (GA 1968)

Bibliographie: 1. Auflage GA 1968

Einzelausgaben und sonstige Veröffentlichungen:

Dornach 1. 5. 8. 13. März, 12. 26. April, 8. 10. Mai 1924 *Die Geschichte der Menschheit und die Weltanschauungen der Kulturvölker*, Dornach 1950

Dornach 15. 19. 26. März 1924 *Die Ausbreitung des Christentums in Europa*, Dornach 1952

Dornach 5. Mai 1924 (irrtümlich 1923) in *Vier Vorträge über das Wesen des Christentums*, Dornach 1945; in *Vom Leben des Menschen und der Erde. Über das Wesen des Christentums*, Bibl.-Nr. 349

Dornach 14. 17. Mai, 25. Juni 1924 *Philosophen der Neuzeit. Der Sternenhimmel und der Zusammenhang des Menschen mit den Hierarchien*, Dornach 1952

Dornach 20. Mai, 4. Juni 1924 *Asien und Europa. Altes Wissen und alte Kulte*, Dornach 1952

354 Die Schöpfung der Welt und des Menschen. Über Welt- und Menschenentstehung und den Gang der Kulturentwickelung der Menschheit, Ernährungsfragen. Erdenleben und Sternenwirken
Vorträge für die Arbeiter am Goetheanumbau. Band 8
Vierzehn Vorträge in Dornach

1924: 30. Juni, 3. 7. 9. 12. 31. Juli, 2. 6. 9. Aug., 9. 13. 18. 20. 24. Sept.

ISBN 3-7274-3540-2 (GA 1977)

Bibliographie: 1. Auflage GA 1969; 2. Auflage GA 1977

Einzelausgaben und sonstige Veröffentlichungen:

Dornach 30. Juni, 3. 7. Juli 1924 *Die Schöpfung der Welt und des Menschen*, Dornach 1952

Dornach 3. Juli 1924 in *Erde und Naturreiche*, ThGw. Nr. 5, Stuttgart 1980; 1981

Dornach 9. 12. Juli, 6. Aug. 1924 *Über Welt- und Menschen-Entstehung und den Gang der Kultur- Entwickelung der Menschheit*, Basel 1955

Dornach 31. Juli, 2. Aug. 1924 in *Ernährungsfragen. Über das Verhältnis der Nahrungsmittel zum Menschen,* Basel 1956; in *Naturgrundlagen der Ernährung, Ernährung des Menschen I,* ThGw. Nr. 6, Stuttgart 1981

Dornach 9. (irrtümlich 8.) Aug. 9. 13. 18. 20. 24. Sept. 1924 *Erden-Leben und Sternen-Wirken,* Dornach 1957

C. REPRODUKTIONEN UND VERÖFFENTLICHUNGEN AUS DEM KÜNSTLERISCHEN WERK

Bibliographie zum zweiten Teil «Das Künstlerische Werk»

In diesem Teil der Bibliographie sind alle Reproduktionen und Veröffentlichungen, die sich auf die Originale des künstlerischen Werks beziehen, aufgeführt. Die Gruppierung der Publikationen, soweit solche vorliegen, entspricht der Gliederung in die Kapitel 0-58, wie sie im zweiten Teil «Das Künstlerische Werk» (siehe Übersicht auf Seite 173) enthalten ist. Nicht aufgeführt sind alle jene Publikationen, die keine Originale, sondern nur Fotos, Zeichnungen oder sonstige Darstellungen von ausgeführten Arbeiten zeigen, die zwar nach den Angaben von Rudolf Steiner, aber von anderen ausgeführt wurden.

Die Bibliographie-Nummern mit dem vorangestellten K (K 0 bis K 58) bildet die Erweiterung der Bibliographie um den künstlerischen Teil der Rudolf Steiner Gesamtausgabe. Die fett gedruckten Titel entsprechen einer Publikation der Gesamtausgabe zum künstlerischen Werk (GA), die übrigen Titel denen der Einzelausgaben. Zusätzlich sind bei einzelnen Kapiteln noch Werke von Fremdautoren aufgeführt, soweit sie sich fast ausschließlich mit dem künstlerischen Werk Rudolf Steiners zu einem oder mehreren Kapiteln befassen. Diese Publikationen erhalten keine Bibl.-Nr.

Detailfotos als Auszüge aus dem Original und Abdrucke in Zeitschriften sind nicht nachgewiesen.

Die «Vorträge über Kunst» sind in der Gesamtausgabe Bibl.-Nr. 271 bis 292 enthalten.

K 0 Arbeiten vor 1907

A. Vorstufen zum Goetheanumbau

I. Gestaltung des Kongreßsaales München 1907

K 1 Farbige Skizzen für die sieben apokalyptischen Siegel

Fünf farbige Wiedergaben der Siegel mit den lfden. Nrn. 1.2 bis 1.5 und 1.8 im Originalformat in *Bilder okkulter Siegel und Säulen. Der Münchner Kongreß Pfingsten 1907 und seine Auswirkungen*, siehe Bibl.-Nr. 284; lfde. Nrn. 1.2, 1.4/5 und 1.8 in *Die Apokalypse des Johannes*, siehe siehe Bibl.-Nr. 104, Dornach 1962

K 2 Plastische Modelle für sieben Säulenkapitäle

Fotografische Wiedergaben der gemalten Säulen in *Bilder okkulter Siegel und Säulen. Der Münchner Kongreß Pfingsten 1907 und seine Auswirkungen*, siehe Bibl.-Nr. 284.

K 3 Sieben Planetensiegel

Faksimilewiedergaben der Programmhefte mit den ausgeführten Siegelzeichnungen, in *Bilder okkulter Siegel und Säulen. Der Münchner Kongreß Pfingsten 1907 und seine Auswirkungen.*, siehe Bibl.-Nr. 284

II. Modellbau Malsch 1908–1909

K 4 Skizzen zum Modellbau Malsch

Bericht von E.A. Stockmeyer über die Angaben Rudolf Steiners, Abbildungen von Grundriß, Querschnitt, Längsschnitt und fotografische Wiedergaben des Innenraumes in *Bilder okkulter Säulen und Siegel. Der Münchner Kongreß Pfingsten 1907 und seine Auswirkungen*, siehe Bibl.-Nr. 284; Beschreibung, Fotos, Skizzen und Zeichnungen in *Erich Zimmer, Der Modellbau von Malsch und das erste Goetheanum*, Stuttgart 1979

III. Haus Stuttgart 1911–1913

K 5 Haus Stuttgart

Wiedergabe des Planetensiegels VII Venus, mit der lfden. Nr. 5.2 und Abbildungen des Stuttgarter Kellerraumes in *Bilder okkulter Siegel und Säulen. Der Münchner Kongreß Pfingsten 1907 und seine Auswirkungen*, siehe Bibl.-Nr. 284.

B. Der erste Goetheanumbau

I. Projekt München 1911–1913

K 6 Angaben für das Projekt München

Wiedergaben der Bleistiftskizzen mit den lfden. Nrn. 6.2 und 6.3 auf 34:27 cm verkleinert in *Bilder okkulter Siegel und Säulen. Der Münchner Kongreß Pfingsten 1907 und seine Auswirkungen*, siehe Bibl.-Nr. 284.

II. Ausführung Dornach 1913–1922/23

K 7 Modelle zur Außenarchitektur und zur Gestaltung des Umgeländes

Foto vom Modell mit den lfden. Nrn. 7.5 bis 7.8 in *Wege zu einem neuen Baustil. «Und der Bau wird Mensch»*, siehe Bibl.-Nr. 286; Wiedergaben einzelner Skizzen mit den lfden. Nrn. 7.20 bis 7.22 in *Erich Zimmer, Rudolf Steiner als Architekt von Wohn- und Zweckbauten*, Stuttgart 1971

K 8 Einzelne Modelle und Skizzen für die Außengestaltung

K 9 Innenmodell und Skizzen für die Säulengestaltung in den beiden Kuppelräumen

Foto vom Innenmodell mit den lfden. Nrn. 9.1 und 9.2 in *Wege zu einem neuen Baustil. «Und der Bau wird Mensch»*, siehe Bibl.-Nr. 286; in *Der Baugedanke des Goetheanum. Einleitender Vortrag mit Erklärungen zu den Bildern des Goetheanum-Baues*, siehe Bibl.-Nr. 290

K 10 Einzelne Modelle und Skizzen für die Innengestaltung (1914-1916)

Fotos der Modelle mit den lfden. Nrn. 10.12, 10.13, 10.16 und 10.17 in *Carl Kemper, Der Bau*, Stuttgart 1966; lfde. Nrn. 10.8, 10.30, 10.32 und 10.34 in *Rex Raab/Arne Klingborg/Åke Fant, Sprechender Beton*, Stuttgart 1972; fotografische Wiedergabe des auf eine Wachsplatte gezeichneten Palmettenmotivs, lfde. Nr. 10.64 in *Wege zu einem neuen Baustil. «Und der Bau wird Mensch»*, siehe Bibl.-Nr. 286; in *Der Baugedanke des Goetheanum. Einleitender Vortrag mit Erklärungen zu den Bildern des Goetheanum-Baues*, siehe Bibl.-Nr. 290

K 11 Die plastische Holzgruppe «Der Menschheitsrepräsentant zwischen Luzifer und Ahriman»

Fotografische Wiedergaben und Beschreibungen zu den Modellen mit den lfden. Nrn. 11.1 bis 11.13 in *Åke Fant/Arne Klingborg/A. John Wilkes, Die Holzplastik Rudolf Steiners in Dornach*, Dornach 1969; 1981

Lfde. Nr. 11.7 in *Geisteswissenschaftliche Erläuterungen zu Goethes Faust. Band II. Das Faust-Problem. Die romantische und die klassische Walpurgisnacht*, siehe Bibl.-Nr. 273, Auflage 1956

Lfde. Nr. 11.8 und 11.12 in *Der Baugedanke des Goetheanum. Einleitender Vortrag zu den Bildern des Goetheanum-Baues*, siehe Bibl.-Nr. 290

Lfde. Nr. 11.11 in *Bühnenkunst am Goetheanum, II. Rudolf Steiners Mysteriendramen*, Einzelheft Dornach 1936; in *Bühnenkunst am Goetheanum*, Jahrbuch, Dornach 1936

K 12 **Entwürfe für die Glasfenster des Goetheanum**

Mappe mit Wiedergaben der Entwürfe mit den lfden. Nrn 12.1 bis 12.42 ohne 12.13, 12.22 und 12.39. Mit einer Einführung von Assia Turgenieff: Erinnerungen an die Arbeit mit den Glasfenstern und Hinweise Rudolf Steiners auf dem Gebiet des Hell-Dunkel. Wiedergabe der neun Radierungen nach den Goetheanum-Fenstern von Assia Turgenieff und der Zeichnungen lfde. Nrn. 21.4 und 49.1. 30 Tafeln und Textheft mit 14 Abbildungen

ISBN 3-7274-3600-X (GA 1961)

Bibliographie: 1. Auflage GA 1961

III. Malereien in den beiden Kuppeln des Ersten Goetheanum

K 13 **Zwölf Entwürfe für die Malerei der großen Kuppel des Ersten Goetheanum**

Mappe mit elf farbigen Tafeln, Lichtdrucke (Fratelli Alinari) im Originalformat und eine Bleistiftskizze von den Entwürfen mit den lfden. Nrn. 13.1/2/4/6/8/10/12/14/17/21/23/24, sowie Kunstdruck der Farbkurven aus dem Innenmodell von 1913

Bibliographie: 1. Auflage Dornach 1930

K 14 Entwürfe für die Malerei der kleinen Kuppel des Ersten Goetheanum

Mappe mit verkleinerten Schwarz-weiß-Wiedergaben der Entwürfe mit den lfden. Nrn. 14.1 und 14.2 und farbige Wiedergaben in Originalgröße der Entwürfe mit den lfden. Nrn. 14.3 bis 14.11 und 15.1, 15.3, 15.5 bis 15.21 und 15.25 bis 15.54

ISBN 3-7274-3610-7 (GA 1962)

Bibliographie: 1. Auflage GA 1962

Einzelausgaben und sonstige Veröffentlichungen: Lfde. Nr. 14.3 Kopf des Kentaur, in *Zwei Farbskizzen*, IV. Mappe, Dornach 1939

K 14.1 Mittelmotiv für die Malerei der kleinen Kuppel: Der Menschheitsrepräsentant zwischen Luzifer und Ahriman

Lichtdruck (Hanfstaengl), o.O., o.J.; Offsetdruck (Blatt 44:55 cm) Dornach 1962

K 14.2 Der slawische Mensch mit Engel, Doppelgänger und mit dem Kentaur

in *Zwei Farbskizzen*, IV. Mappe, Dornach 1939; Offsetdruck (Blatt 53:68 cm) Dornach 1962

K 15 Weitere Studien zur Malerei der kleinen Kuppel

Lfde. Nrn. 15.1, 15.3 und 15.5 bis 15.21 und 15.25 bis 15.54 siehe Bibl.-Nr. K 14

K 16.1 Entwurf zum Bühnenvorhang

Faksimile-Reproduktion (siehe Erläuterung in Bibl.-Nr. K 54.1) (Blatt 62:44 cm), Dornach 1983

C. Die Arbeit am Goetheanum

I. Bühnenkunst

K 17 Kostümskizzen für «Das heilige Drama von Eleusis» von Edouard Schuré

K 18 Kostümskizzen für «Die Kinder des Luzifer» von Edouard Schuré

K 19.2 Lichtesweben

Stark verkleinert in *Bühnenkunst am Goetheanum, II. Rudolf Steiners Mysteriendramen*, Einzelheft Dornach 1936; *Bühnenkunst am Goetheanum*, Jahrbuch Dornach 1936; in *Vier Farbskizzen*, II. Mappe, Dornach 1938; Offsetdruck (Blatt 106:72 cm) Dornach 1969

K 20 Entwürfe zur Inszenierung von Szenen aus Goethes Faust am Goetheanum in Dornach 1915-1918

Lfde. Nr. 20.25 in *Beiträge zur Rudolf Steiner Gesamtausgabe* Nr. 10, Dornach 1963

K 21 Die Kabiren

Getönte Abgüße der Modelle mit den lfden. Nrn. 21.1 bis 21.3

Bleistiftzeichnung 21.4 dieser Modelle mit Spruch und Widmung vom 28. Jan. 1918 in *Die Goetheanum-Fenster-Motive* in der Wiedergabe von Assia Turgenieff, Dornach 1935; in *Entwürfe für die Glasfenster des Goetheanum* siehe Bibl.Nr. K 12; verkleinert in *Geisteswissenschaftliche Erläuterungen zu Goethes «Faust». Band II. Das Faust-Problem. Die romantische und die klassische Walpurgisnacht*, siehe Bibl.-Nr. 273

K 22 Skizze zur Inszenierung des «Dreikönigsspieles»

K 23 Formen und Beleuchtungsangaben für die Laut-Eurythmie

K 23.0 *Beleuchtungs- und Kostümangaben für die Laut-Eurythmie.* Deutsche Texte I, Ägyptisch - Goethe, Dornach 1980

K 23.110 *Beleuchtungs- und Kostümangaben für die Laut-Eurythmie.* Deutsche Texte II, Hamerling - Schröer, Dornach 1981

K 23.380 *Beleuchtungs- und Kostümangaben für die Laut-Eurythmie.* Deutsche Texte III, Steffen - Volksweise, Dornach 1982

K 23.575 (Beleuchtungs- und Kostümangaben für die Laut-Eurythmie. Fremdsprachige Texte IV)

Lfde. Nr. 23.113 in *Walther Roggenkamp/Hildegard Gerbert, Bewegung und Form in der Graphik Rudolf Steiners*, Stuttgart 1979

Lfde. Nrn. 23.170, 23.174, 23.350, 23.542 bis 23.547 in *Entstehung und Entwickelung der Eurythmie* siehe Bibl.-Nr. 277a

Lfde. Nr. 23.187 in *Beiträge zur Rudolf Steiner Gesamtausgabe* Nr. 33, Dornach 1971; 1983

K 23.475 Eurythmieformen zu den Wochensprüchen des Anthroposophischen Seelenkalenders

Faksimilewiedergaben der Originalblätter mit den lfden. Nrn. 23.475 bis 23.527. Sprüche des Anthroposophischen Seelenkalenders mit den Beleuchtungsangaben für die eurythmische Bühnendarstellung. Ergänzende Angaben zu den Wochenspruchformen. Anhang: Vor- und Nachstufe zur 46. Woche

ISBN 3-7274-3641-7 (GA 1977)

Bibliographie: 1. Auflage (ohne Beleuchtungsangaben, ergänzende Angaben und ohne Anhang. Die Formen für die 42. Woche sind Wiedergaben von Kopien) unter dem Titel *Eurythmieformen zu den Wochensprüchen des Seelenkalenders* GA 1958; 2. Auflage GA 1977

Einzelausgaben und sonstige Veröffentlichungen:

Lfde. Nr. 23.516 in *Eurythmieformen zu den Wochensprüchen des Anthroposophischen Seelenkalenders. Ergänzungen. Vor- und Nachtakt zur dritten Januar-Woche. Originalformen. Laut- und Farbangaben zu acht Wochensprüchen*, Dornach 1968

«Anthroposophischer Seelenkalender»: in *Wahrspruchworte. Anthroposophischer Seelenkalender. Wahrsprüche und Widmungen. Credo. Der Einzelne und das All*, siehe Bibl.-Nr. 40

K 24 Formen und Beleuchtungsangaben für die Ton-Eurythmie

K 24.001 *Beleuchtungs- und Kostümangaben für die Ton-Eurythmie*, Dornach 1975

K 25 Entwürfe zur Eurythmie

Lfde. Nrn. 25.20/67-99 in *Entstehung und Entwickelung der Eurythmie* siehe Bibl.-Nr. 277a

K 26 Entwürfe zu den Eurythmiefiguren

Mappe mit 38 Tafeln mit den Bleistiftzeichnungen von Rudolf Steiner und vier farbige Wiedergaben von ausgeführten Figuren aus der Enstehungszeit. Textheft mit Auszügen aus Vorträgen.

ISBN 3-7274-3631-X

Bibliographie: 1. Auflage (unter dem Titel *Skizzen zu den Eurythmiefiguren.*) Mappe mit 35 Lichtdrucken im Format 18:25 cm, etwa 15 % verkleinert, von den Entwürfen mit den lfden. Nrn. 26.1 bis 26.41, ohne 26.6/9/11/15/32/33. Mit einer Einführung aus dem Vortrag vom 17. Aug. 1923 in Ilkley, Dornach 1957.

Die farbigen Eurythmiefiguren aus Holz werden heute autorisiert hergestellt und vertrieben durch die Firma Rudolf Dörfler, Kunsthandwerk, in Dornach.

II. Architektonische und plastische Entwürfe außer dem Ersten Goetheanum

K 27 bis 40 Wiedergabe von Skizzen und Fotos von Modellen zu den architektonischen Arbeiten mit den lfden. Nrn. 27.1-3/6-8, 28.4, 29.1-13, 30.2-4, 31.3-5, 32.1-4, 33.1-6, 34.1-3/6, 35.1, 36.1, 37.1, 38.1, 39.1-3 und 40.1-4 in *Erich Zimmer, Rudolf Steiner als Architekt von Wohn- und Zweckbauten*, Stuttgart 1971.
Mit den lfden. Nrn. 27.1, 29.4, 33.4 und 35.1 in *Rex Raab/Arne Klingborg/Åke Fant, Sprechender Beton*, Stuttgart 1972

K 41 Architektonische Modelle von Hermann Ranzenberger mit Bearbeitung von Rudolf Steiner
Siehe Literaturhinweis am Schluß der Inventarnummerngruppe 41.

K 42 Sonstige plastische Entwürfe

K 43 Entwürfe für Möbel

III. Graphische Entwürfe, Karikaturen und anderes 1907-1924

K 44 Siegel für die Mysteriendramen
Lfde. Nrn. 44.2 und 44.5 siehe Bibl.-Nr. K 51

K 45 **Wesen und Bedeutung der illustrativen Kunst**
Zwei Vorträge in Dornach und graphische Entwürfe
1917: 3. Dez. / 1918: 15. Jan.

Einzelausgaben und sonstige Veröffentlichungen:

Dornach 3. Dez. 1917, 15. Jan. 1918 in *Rudolf Steiner, Wesen und Bedeutung der illustrativen Kunst*, Dornach 1940

Lfde. Nrn. 45.10/13/20/33/36/43/70 in *Rudolf Steiner als illustrierender Künstler* mit einer Einführung von Emil Schweigler. Vorwort von Marie Steiner. 44 Tafeln und 31 Zeichnungen, Dornach 1941

Lfde. Nrn. 45.10/12/13/26/27/28/32/33/43/51/65/70/73 in *Walther Roggenkamp/Hildegard Gerbert, Bewegung und Form in der Graphik Rudolf Steiners,* Stuttgart 1979

Lfde. Nr. 45.13 in *Beiträge zur Rudolf Steiner Gesamtausgabe* Nr. 39, Dornach 1972; *Westliche und östliche Weltgegensätzlichkeit. Wege zu ihrer Verständigung durch Anthroposophie,* siehe Bibl.-Nr. 83

Lfde. Nr. 45.36 in *Beiträge zur Rudolf Steiner Gesamtausgabe* Nr. 37/38, Dornach 1972; 1982

(In der Zeitschrift «Soziale Zukunft» wurden erstmals nach den Originalen die graphisch ausgeführten Vignetten gedruckt: lfde. Nrn. 45.90 im 2. Heft Aug. 1919, 45.91 im 3. Heft 1919, 45.92 im 4. Heft 1920, 45.93 im 5.-7. Heft 1920, 45.94 im 4. Heft 1920)

K 46 Initialen mit Angaben der entsprechenden Planetensäulen

K 47 Initialen für die Zeitschrift «Soziale Zukunft» und andere

K 48 Karikaturen
K 48.2 *Physiognomisches. Karikaturen*, mit lfden. Nrn. 48.2, 48.6 bis 48.15 und 48.18 Dornach 1940; 1947; 1971

K 49 Metamorphosenstudien und diverse Skizzen
Lfde. Nr. 49.1 in *Entwürfe für die Glasfenster des Goetheanum* siehe Bibl.-Nr. K 12

K 50 Entwürfe für die Tierkreisbilder im Kalender 1912/13
Lfde. Nrn. 50.1 bis 50.13 in *Beiträge zur Rudolf Steiner Gesamtausgabe* Nr. 37/38, Dornach 1972; 1982

IV. Entwürfe zur Kleinodienkunst

K 51 Kleinodienkunst als goetheanistische Formensprache
Wiedergabe der Skizzen und Korrekturangaben mit den lfden. Nrn. 44.2, 44.5, 51.3 bis 51.90, ohne 51.80-82

Einzelausgaben und sonstige Veröffentlichungen:

Lfde. Nrn. 51.75 und 51.76 in *Bertha Meyer-Jacobs, Kleinodienkunst, nach Hinweisen und Entwürfen von Rudolf Steiner. I. Dramensiegel*, Dornach 1929

V. Skizzen für den Malunterricht an der Fortbildungs-, später Friedwartschule am Goetheanum 1921-1924

K 52 Sieben Schulskizzen und eine Skizze für ein Eurythmieprogramm
Siehe Literaturhinweis im einleitenden Text zu diesem Kapitel.

K 52.1 Sonnenaufgang, (Blatt 60:54 cm) Lichtdruck (Hanfstaengel) im Originalformat o.O., o.J.; Offsetdruck, Dornach 1970

K 52.2 Sonnenuntergang, (Blatt 62:49 cm) Lichtdruck (Hanfstaengel) im Originalformat o.O., o.J., Offsetdruck, Dornach 1970

K 52.3 Bäume in sonniger Luft, (Blatt 66.5:34 cm) Lichtdruck (Hanfstaengel) im Originalformat o.O., o.J.

K 52.4 Bäume im Sturm, (Blatt 72:43.5 cm) Lichtdruck (Hanfstaengel) im Originalformat o.O., o.J.

K 52.5 Besonnter Baum am Wasserfall, (Blatt 65.5:56 cm) Lichtdruck (Hanfstaengel) im Originalformat o.O., o.J.

K 52.6 Kopfstudie, (Blatt 50:60 cm) Lichtdruck (Hanfstaengel) im Originalformat o.O., oJ.

K 52.7 Madonna, (Blatt 59:73 cm) Lichtdruck (Hanfstaengel) im Originalformat o.O., o.J., Offsetdruck, Dornach 1970

K 53 Handarbeit und Kunstgewerbe
Siehe Literaturhinweis im Text dieses Kapitels

VI. Lehrgangskizzen für den Malunterricht von Henni Geck am Goetheanum, 1922-1924

K 54 Dreiundzwanzig Pastelle

K 54.1 Neun Schulungsskizzen für Maler «Naturstimmungen»
Mappe mit farbigen Wiedergaben der lfden. Nrn. 54.1 bis 54.9

ISBN 3-7274-3620-4 (GA 1962)

Bibliographie: 1. Auflage GA 1962

Einzelausgaben und sonstige Veröffentlichungen:

Lfde. Nr. 54.6 Mondaufgang, stark verkleinert in *«Bühnenkunst am Goetheanum. III. Zum Wesen der Kritik»,* Einzelheft, Dornach 1936; in *«Bühnenkunst am Goetheanum»,* Jahrbuch 1936, Dornach 1936; in «Vier Farbskizzen», II. Mappe, Dornach 1938

Die nachfolgend aufgeführten Faksimile-Reproduktionen wurden in einem dem Lichtdruck ähnlichen Verfahren, Granolitho genannt, hergestellt. Der Druck erfolgt in 12 bis 16 Farben, wobei das Verfahren es ermöglicht, auch feinste Nuancen des Originals wiederzugeben. Die so entstandenen Wiedergaben kommen dem Original in der größtmöglichen Weise nahe. Sie sind darum auch nicht mit den schon früher entstandenen vier- bis sechsfarbigen Offsetdrucken vergleichbar.

K 54.10 **Gruppenseelen** (Der Mensch), verkleinert in *Vier Farbskizzen,* II. Mappe, Dornach 1938; Faksimile-Reproduktion (Blatt 41:62 cm), Dornach 1983

K 54.11 **Licht und Finsternis** (Luzifer und Ahriman), (Blatt 55.5:70 cm) Lichtdruck (Hanfstaengel) im Originalformat, o.O., o.J.; Offsetdruck, Dornach 1967

K 54.12 **Der Forscher inmitten von Marianus und Gabrilein,** verkleinert in *Bühnenkunst am Goetheanum. III. Zum Wesen der Kritik,* Einzelheft, Dornach 1936; in *Bühnenkunst am Goetheanum,* Jahrbuch 1936, Dornach 1936; in *Vier Farbskizzen,* II. Mappe, Dornach 1938; Faksimile-Reproduktion (Blatt 84:65 cm), Dornach 1982

K 54.13 **Es werde die Weite und das Leben,** Faksimile-Reproduktion (Blatt 70:75 cm), Dornach 1980

K 54.14 **Der dreigliedrige Mensch,** Offsetdruck (Blatt 62.5:80 cm), Dornach 1961

K 54.15 **Der Mensch im Geiste,** verkleinert in *Eine Farbskizze* III. Mappe, Dornach 1942; Faksimile-Reproduktion (Blatt 59:84.5 cm), Dornach 1982

K 54.16 **Der Geist im Menschen,** Faksimile-Reproduktion (Blatt 71.5:111.5 cm), Dornach 1981

K 54.17 **Johanni-Imagination** (Rötliche Gestalt mit Sonne und Mond), Offsetdruck (Blatt 61:77 cm), Dornach 1972

K 54.18 **Druidenstein,** Offsetdruck (Blatt 76.5:93.5 cm), Dornach 1963

K 54.19 **Der Mensch in Beziehung zu den Planeten,** Faksimile-Reproduktion (Blatt 80:105 cm), Dornach 1981

K 54.20 **Elementarwesen,** Offsetdruck (Blatt 72:80 cm), Dornach 1961

K 54.21 **Adam Kadmon in Frühlemurien,** Faksimile-Reproduktion (Blatt 80:112 cm), Dornach 1981

K 54.22 **Dreikönigs-Motiv,** verkleinert *Eine Pastellskizze: Die Heiligen Drei Könige*, Dornach 1955; Faksimile-Reproduktion (Blatt 62:85 cm), Dornach 1983

K 54.23 **Farbengrundlage zum Mondenreiter,** Faksimile-Reproduktion (Blatt 78:99 cm), Dornach 1981

VI. Aquarelle

K 55.1 **Der Mondenreiter** (Traumlied), verkleinert in *Vier Farbskizzen*, I. Mappe, Dornach 1942

K 55.2 **Neues Leben** (Mutter und Kind), verkleinert in *Vier Farbskizzen*, I. Mappe, Dornach 1942; verkleinert *Neues Leben. Eine Aquarellskizze*, Dornach 1955; Offsetdruck (Blatt 72:107.5 cm), Dornach 1968

K 55.3 **Ostern** (Drei Kreuze), verkleinert in *Vier Farbskizzen*, I. Mappe, Dornach 1942; verkleinert *Ostern. Eine Aquarellskizze*, Dornach 1955; Offsetdruck (Blatt 72:107 cm), Dornach 1966

K 55.4 **Die Urpflanze,** verkleinert in *Vier Farbskizzen*, I. Mappe, Dornach 1942; Offsetdruck (Blatt 74.5:114.5 cm), Dornach 1964

K 55.5 **Urmensch,** (Blatt 75:120 cm), Dornach

K 56 Aquarellskizze und Skizze in Pflanzenfarbe

Lfde. Nr. 56.2 «Aquarellstudie» in *Hilde Boos-Hamburger, Aus Gesprächen mit Rudolf Steiner über Malerei und einige Erinnerungen an die Zeit des ersten Goetheanum*, Basel 1954

D. Der zweite Goetheanumbau 1924-1928

K 57 Skizzen und Modelle

Lfde. Nr. 57.1 in *Wege zu einem neuen Baustil. «Und der Bau wird Mensch»*, siehe Bibl.-Nr. 286; Lfde. Nrn. 57.1, 57.8-11, 57.35 und 57.38 in *Rex Raab/Arne Klingborg/Åke Fant, Sprechender Beton*, Stuttgart 1972

E. Tafelzeichnungen bei Vorträgen

K 58 Tafelzeichnungen

Verkleinerte Wiedergaben der Tafelzeichnungen zu den Vorträgen (alle Dornach)

Abkürzungen: B Beiträge zur Rudolf Steiner Gesamtausgabe
Vergl. 1. Teil «Rudolf Steiner Gesamtausgabe», Abteilung D
SW Schwarz-weiß-Wiedergabe

26. Juli	1914	Farbtafel,	in GA 286 nach der Tafelskizze von Rudolf Steiner, in Aquarell ausgeführt von Hilde Boos-Hamburger
11. Febr.	1923	Farbtafel	in GA 221
6. Okt.	1923	Farbtafel	in GA 229
6. Okt.	1923	Farbtafel	in GA 229
7. Okt.	1923	Farbtafel	in GA 229
7. Okt.	1923	Farbtafel	in GA 229
12. Okt.	1923	Farbtafel	in GA 229
20. Okt.	1923	Farbtafel	in B 40
20. Dez.	1923	SW	in: Die Grundsteinlegung
25. Dez.	1923	Farbtafel	in GA 233
27. Dez.	1923	Farbtafel	in GA 233
28. Dez.	1923	Farbtafel	in GA 233
29. Dez.	1923	Farbtafel	in GA 233
1. Jan.	1924	Farbtafel	in GA 286
		SW	in GA 260
25. Juni	1924	Farbtafel	in GA 317
26. Juni	1924	Farbtafel	in GA 317
26. Juni	1924	Farbtafel	in GA 317
27. Juni	1924	Farbtafel	in GA 317
27. Juni	1924	Farbtafel	in GA 317
28. Juni	1924	Farbtafel	in GA 317
30. Juni	1924	Farbtafel	in GA 317
30. Juni	1924	Farbtafel	in GA 317
1. Juli	1924	Farbtafel	in GA 317
2. Juli	1924	Farbtafel	in GA 317
5. Juli	1924	Farbtafel	in GA 317
6. Juli	1924	Farbtafel	in GA 317
6. Juli	1924	Farbtafel	in GA 317
7. Juli	1924	Farbtafel	in GA 317
5. Sept.	1924	SW	in B 47/48
5. Sept.	1924	SW	in B 47/48
6. Sept.	1924	SW	in B 47/48
6. Sept.	1924	SW	in B 47/48
7. Sept.	1924	SW	in B 47/48
7. Sept.	1924	SW	in B 47/48
9. Sept.	1924	SW	in B 47/48
9. Sept.	1924	SW	in B 47/48
9. Sept.	1924	Farbtafel	in GA 318
9. Sept.	1924	Farbtafel	in GA 318
10. Sept.	1924	SW	in B 47/48
10. Sept.	1924	SW	in B 47/48
11. Sept.	1924	Farbtafel	in GA 318
12. Sept.	1924	SW	in B 47/48
12. Sept.	1924	SW	in B 47/48
13. Sept.	1924	SW	in B 47/48
14. Sept.	1924	SW	in B 47/48
14. Sept.	1924	Farbtafel	in GA 318
15. Sept.	1924	Farbtafel	in GA 318
15. Sept.	1924	SW	in B 47/48
16. Sept.	1924	Farbtafel	in GA 318
17. Sept.	1924	Farbtafel	in GA 318
17. Sept.	1924	SW	in B 47/48
17. Sept.	1924	SW	in B 47/48
18. Sept.	1924	Farbtafel	in GA 318
19. Sept.	1924	Farbtafel	in B 47/48
19. Sept.	1924	SW	in B 47/48
20. Sept.	1924	SW	in B 47/48
20. Sept.	1924	SW	in B 47/48
21. Sept.	1924	SW	in B 47/48
21. Sept.	1924	SW	in B 47/48
22. Sept.	1924	SW	in B 47/48
22. Sept.	1924	SW	in B 47/48
23. Sept.	1924	SW	in B 47/48

D. BEITRÄGE ZUR RUDOLF STEINER GESAMTAUSGABE

Veröffentlichungen aus dem Archiv der Rudolf Steiner-Nachlaßverwaltung

Periodisch erscheinende Hefte mit Veröffentlichungen aus Notizbüchern, Notizblättern und sonstigen Aufzeichnungen von Rudolf Steiner. Berichte zu den Herausgaben, zur Arbeit von Marie Steiner-von Sivers, aus dem Archiv und zur Arbeit der Nachlaßverwaltung.

Heft Nr. 1 bis 5 Privatdrucke zur Nachlaßfrage, Dornach 1949 bis 1953 (Vergriffen)

Heft Nr. 6 bis 27/28 unter dem Titel *Nachrichten der Rudolf Steiner-Nachlaßverwaltung*, Dornach 1961 bis 1969

Heft Nr. 29 und folgende *Beiträge zur Rudolf Steiner Gesamtausgabe*, Dornach 1970 usf.

Nachfolgend sind als Auszug aus den «Nachrichten» und «Beiträgen» die Veröffentlichungen aus dem Nachlaß von Rudolf Steiner aufgeführt. Es sind dies Vortragsnachschriften, Eintragungen in Notizbüchern und auf Notizzetteln, Manuskripte, Wiedergabe von Wandtafelzeichnungen usw. Die Erstveröffentlichungen sind mit (EV) angegeben. Bei Vortragstexten, die auch in der Gesamtausgabe enthalten sind, wird auf die Bibliographie-Nummer (Bibl.-Nr.) verwiesen. Zitate aus den Bänden der Gesamtausgabe und Auszüge aus Briefen sind nicht aufgeführt.

Heft Nr. 6, Michaeli 1961

(EV) Aus einem Notizbuch 1889 (zur Erkenntnistheorie)

(EV) Brief an Joseph Kürschner, Brunn a. Gebirge 31. Jan. 1885

(EV) Goethe und die Liebe und Goethes Dramen. Besprechung zweier Buchveröffentlichungen von Karl Julius Schröer in der *Deutschen Zeitung*, Wien 24. Dez. 1884. In *Gesammelte Aufsätze zur Literatur 1884-1902*, Bibl.-Nr. 32

(EV) Aus Notizbüchern 1888 und 1889. Entwurf zu einer Kritik über einen Vortrag von Karl Julius Schröer zu Goethes Todestag am 22. März 1889

(EV) Aus einem Notizbuch um 1888 (Alles Denken sucht den Geist in der Natur;. . .)

(EV) Brief an Edouard Schuré, München 20. Dez. 1906. Mit Faksimile

Heft Nr. 7, Ostern 1962

(EV) Konzepte zu dem Buch *Vom Menschenrätsel* 1916, Bibl.-Nr. 20

(EV) Notizbucheintragungen, Dornach 9. April 1921 «Die Psychologie der Künste». Kristiania 18. 20. Mai 1923 «Anthroposophie und Kunst»

Heft Nr. 8, Weihnachten 1962

Weihnachtsspruch. «In des Menschen Seelengründen. . .» (Berlin 23.) Dez. 1913 (Faksimile)

Sieben Autoreferate zu Vorträgen, gehalten während des Sommerkurses (Summer Art Course) am Goetheanum 1921:

(EV) Eröffnungsansprache Dornach 21. Aug.

(EV) Einleitende Worte zur Kinder-Eurythmie-Aufführung, Dornach 22. Aug. und einleitende Worte zur Eurythmie-Aufführung, Dornach 24. 26. Aug. In *Eurythmie. Die Offenbarung der sprechenden Seele. Eine Fortbildung der Goetheschen Metamorphosenanschauung im Bereich der menschlichen Bewegung*, Bibl.-Nr. 277

(EV) Anthroposophie und Kunst, Vortrag in Dornach 23. Aug.

(EV) Anthroposophie als Moralimpuls und soziale Gestaltungskraft, 26. Aug.

(EV) Schlußworte 27. Aug.

(EV) Aus einem Notizbuch, Dornach 21. 27. Aug. 1921 (Tagesabläufe)

Heft Nr. 9, Ostern 1963

(EV) Hellsehen, Vernunft und Wissenschaft. Konzept zu einem Vortrag, gehalten in Paris wahrscheinlich am 26. Mai 1914

Heft Nr. 10, Sommer 1963

Zur fünfundzwanzigjährigen Wiederkehr der ersten ungekürzten Faust-Gesamtaufführung

(EV) Die okkulte Grundlage in Goethes Schaffen. Autoreferat, Vortrag in London 10. Juli 1905. In *Philosophie und Anthroposophie. Gesammelte Aufsätze 1904-1908*, Bibl.-Nr. 35

(EV) Notizbucheintragungen zu den Faust-Vorträgen, Dornach 11. Sept. 1916 (Bibl.-Nr. 272), 27. 28. 29. Sept. 1918 (Bibl.-Nr. 273)

(EV) Das Ergriffenwerden des Menschen von Weisheit, Schönheit und Güte. Spruchworte. Weisheit-Sphäre (Faksimile), Moral-Sphäre, Dornach 6. Aug. 1916. In *Das Rätsel des Menschen. Die geistigen Hintergründe der menschlichen Geschichte*, Bibl.-Nr. 170

Wahrspruch. «Er fand der eignen Wissensschmerzen. . .» Faksimile, Dornach 15. Aug. 1915

(EV) «Die drei Phorkyaden». Kostümskizze, Kunstdruckbeilage. Siehe: 2. Teil «Das Künstlerische Werk», lfde. Nr. 20.25

Heft Nr. 11, Weihnachten 1963

Wahrspruch. «Gottes schützender segnender Strahl. . .» Faksimile. Wien 31. März 1910

(EV) Theosophie in Deutschland vor hundert Jahren. Autoreferat, Vortrag in Paris 4. Juni 1906. In *Philosophie und Anthroposophie. Gesammelte Aufsätze 1904-1918*, Bibl.-Nr. 35

(EV) Entwürfe zu zwei Buchbesprechungen (Friedrich Nietzsche) 1893, 1895. Vergl. «Friedrich Nietzsche, ein Kämpfer gegen seine Zeit», Bibl.-Nr. 5

(EV) Welchen Sinn hat die Arbeit des modernen Proletariers? Konzept für Vortrag in Zürich 8. März 1919

Heft Nr. 12, Sommer 1964

William Shakespeare. Vortrag in der Arbeiterbildungsschule, Berlin, 6. Mai 1902. In *Über Philosophie, Geschichte und Literatur. Darstellungen an der Arbeiterbildungsschule und der Freien Hochschule in Berlin*, Bibl.-Nr. 51

(EV) Mathematik und Okkultismus. Autoreferat, Vortrag in Amsterdam 21. Juni 1904. In *Philosophie und Anthroposophie. Gesammelte Aufsätze 1904-1918*, Bibl.-Nr. 35

Heft Nr. 13, Ostern 1965. Zum vierzigsten Todestag von Rudolf Steiner am 30. März 1965

(EV) Autobiographische Skizze. Geschrieben für Edouard Schuré in Barr im Elsaß am 9. Sept. 1907. In *Briefwechsel und Dokumente 1901-1925*, Bibl.-Nr. 262

Aus dem Brief vom 13. Dez. 1923 an Marie Steiner. Faksimile. Vollständiger Text in *Briefwechsel und Dokumente 1901-1925*, Bibl.-Nr. 262

(EV) Notizbucheintragungen aus dem Jahre 1918 (Der Krieg war nicht das Ergebnis besonnener Überlegungen. . .)

Heft Nr. 14, Michaeli 1965

Über die geistige Wirklichkeit der Zahl. Aus einem Brief an Marie von Sivers vom 14. März 1905. Vollständiger Text in *Briefwechsel und Dokumente 1901-1925*, Bibl.-Nr. 262

(EV) Zeichen und Entwicklung der drei Logoi in der Menschheit. Gegeben an Edouard Schuré im Mai 1906. In *Die Apokalypse des Johannes*, Bibl.-Nr. 104

Aus einem nicht datierten Brief an Marie von Sivers, vermutlich Nürnberg 25. Nov. 1905. Vollständiger Text in *Briefwechsel und Dokumente 1901-1925*, Bibl.-Nr. 262

Heft Nr. 15, Sommer 1966
Das Jahr 1917. Im Gedenken an ein geistes- und weltgeschichtliches Ereignis (Chronik).

(EV) Aus Notizbüchern: 29. Sept. 1917, zu den Vorträgen vom 30. Sept., 1. 6. 14. 27. 28. Okt., 6. 7. 10. Nov. 1917, 30. Sept., 1. Okt. 1922

(EV) Aufzeichnungen zur sozialen Frage. Undatiert, wahrscheinlich aus der ersten Hälfte des Jahres 1919

Heft Nr. 16, Jahreswende 1966/67

(EV) Aus einem Notizbuch, Weihnachten 1918, Faksimile

(EV) Notizen zu den Evangelien:

Aufzeichnungen aus dem Jahre 1904

Aufzeichnungen aus dem Jahre 1909, zu den Vorträgen (24. Juni bis 7. Juli), Kassel (29. 30. Juni, 2. 3. Juli), 6. Juli, Basel 15. 16. 17. 18. Sept., München 4. Dez.

(EV) Entwurf zu einem Vortrag über die Apokalypse. Nicht datiert, vermutlich aus dem Jahre 1903

(EV) Notizen zu Vorträgen über Medizin (Zürich 8. Dez. 1920), Dornach 21. 22. 23. 24. März 1920

Heft Nr. 17, Ostern 1967
Zum 100. Geburtstag von Marie Steiner-von Sivers am 14. März 1967

Geburtstagsspruch zum 14. März 1924. «Wer in rechtem Sinne zählen kann. . .»

Faksimile aus *Mein Lebensgang*, Kapitel XXXI, Bibl.-Nr. 28

(EV) Einfügung und Zusatz zu einem Brief an einen Verleger, wahrscheinlich 1909/10, mit Faksimile

Meditationsspruch. «Liebe, Weisheit, Leben. . .» Faksimile

Heft Nr. 18, Herbst 1967

(EV) Aufzeichnungen zum Landwirtschaftlichen Kurs, Koberwitz, 7. bis 16. Juni 1924. 47 Faksimiles. In *Geisteswissenschaftliche Grundlagen zum Gedeihen der Landwirtschaft. Landwirtschaftlicher Kurs*, Bibl.-Nr. 327

Heft Nr. 19, Michaeli 1967

(EV) Aus Notizbüchern, Aufzeichnungen zu Vorträgen Dornach 7. 8. April, Prag 28. April, Dornach 7. 12. 13. Okt. 1923

Heft Nr. 20, Weihnachten 1967

Zur Weihenacht 1919. Faksimile

(EV) Ansprache zu einer Vorlesung des Traumliedes vom Olaf Åsteson, undatiertes Manuskript. In *Der Zusammenhang des Menschen mit der elementarischen Welt. Kalewala. Olaf Åsteson. Das russische Volkstum. Die Welt als Ergebnis von Gleichgewichtswirkungen*, Bibl.-Nr. 158

(EV) Aus Notizbüchern und Notizblättern, Aufzeichnungen zur Medizin

Heft Nr. 21, Ostern 1968

Wahrspruch. «Es sprechen zu den Menschensinnen. . .» wahrscheinlich vom März 1915. Faksimile

(EV) Aus Notizbüchern, Aufzeichnungen aus dem Jahre 1917, 1918 und 1921. Für Bremen 16. Juni 1917; Nürnberg 11. Febr. 1918, Berlin 19. Nov., Kristiania 22. 23. 24. 26. 29. 30. Nov., 1. Dez. 1921

Heft Nr. 22, Michaeli 1968

Wahrspruch. «Die Welt ist ohne den Geist. . .» Faksimile.

(EV) Aufzeichnungen. Undatiertes Konzept aus dem Anfang der zwanziger Jahre

(EV) Aus Notizbüchern. Zu Vorträgen in Berlin 27. Okt., 3. Nov. 1904, Elberfeld 16. Dez. 1907, Berlin 26. März, Lund 28. 29. März, Stockholm 30. März, 1. 2. April, Kristiania 4. April, Göteborg 6. April 1908, Kristiania 26. (27.) Nov., 4. Dez. 1921

(EV) Die tragende Kraft des deutschen Geistes. Inhaltsübersicht für den Vortrag in Düsseldorf, 16. Juni 1915

Heft Nr. 23, Weihnachten 1968

(EV) Wahrspruch. Für Franz Gerner, Berlin 8. Mai 1906. Faksimile

(EV) Aus einem Notizbuch. Zu den einleitenden Worten bei der Eurythmie-Aufführung in Dornach, am 4. Febr. 1923

(EV) Brief an Pauline Gräfin von Kalckreuth. Berlin, 5. Febr. 1916

(EV) Aus Notizbüchern. Zu Vorträgen in Düsseldorf 11. Febr., Landin 29. Juli, Elberfeld 14. Dez. 1906, Zürich 4. Febr., Bern 8. Febr., Zürich 11. Febr. 1919, Berlin 12. 13. Sept., Kristiania (20.) Mai, Dornach (27.) Mai, 3. 8. 9. Juni 1923

Heft Nr. 24/25, Ostern 1969

Sonderheft: 50 Jahre «Die Kernpunkte der sozialen Frage» April 1919 bis April 1969

Entwurf für die Titelseite des Buches «Die Kernpunkte der sozialen Frage». Faksimile

(Chronik. Die Jahre 1918, 1919)

«Vorrede» (in Chronik auf Seite 12) in *Karl Heise, Entente-Freimaurerei und Weltkrieg. Ein Beitrag zur Historie des Weltkrieges und zum Verständnis der wahren Freimaurerei*, Basel 1919; 1920; 1920

(EV) Aus dem Manuskript der «Vorbemerkungen über die Absicht dieser Schrift». Faksimile. In *Die Kernpunkte der sozialen Frage in den Lebensnotwendigkeiten der Gegenwart und Zukunft*, Bibl.-Nr. 23

(EV) Entwurf zu dem Aufsatz «Internationale Wirtschaft und dreigliedriger sozialer Organismus». Undatiertes Manuskript

(EV) Aufzeichnungen zur sozialen Dreigliederung und zu Zeitfragen, undatiert, vermutlich Nov./Dez. 1918

(EV) Notizen zu Dornacher Mitgliedervorträgen über die Dreigliederung des sozialen Organismus (24. 25. 26.) 31. Jan., 1. 2. Febr. 1919

(EV) Notizen zu den Zürcher Vorträgen über «Die soziale Frage» (3. 5. 10.) 12. Febr. 1919

Heft Nr. 26, Sommer 1969. Nachdruck 1980

Sonderheft: Wortlaute von Rudolf Steiner über Musik

(I. Wesen und Bedeutung des Musikalischen vom okkulten Standpunkt aus. Die Sphärenharmonien)

(EV) Auszüge aus den Vorträgen, Leipzig 12. Jan., München 17. März 1908, Weimar 13. April 1913

(II. Richard Wagner im Lichte der Geisteswissenschaft)

(III. Die Entwicklungsgeschichte der Menschheit und die Musik)

(IV. Zur Physiologie und Psychologie des Hörvorganges und des Musik-Erlebens)

(EV) Auszüge aus den Vorträgen, Stuttgart 14. 21. Mai 1917

(V. Allgemeines)

(EV) Aus einer Fragenbeantwortung, Berlin 13. Febr. 1913

(EV) Auszug aus dem Vortrag, Berlin 28. März 1918

Heft Nr. 27/28, Michaeli/Weihnachten 1969. 1919, das Jahr der Dreigliederungsbewegung und der Gründung der Waldorfschule (Chronik. Das Jahr 1919, Fortsetzung)

(EV) Briefe an Eliza von Moltke vom 3. 28. Mai, 6. Aug. 1919

(EV) Aus Briefen an Edith Maryon vom 4. 28. Juni, 25. Juli, 4. Sept. 1919

(EV) Brief an Roman Boos vom 7. Juni 1919

(EV) Aus einem Briefentwurf an Johanna Mücke vom 28. Juni 1919. Faksimile. Aus dem Brief vom 6. Aug. 1919

(EV) Notizbucheintragungen zu den Vorträgen des Jahres 1919

Heft Nr. 29, Ostern 1970. Die Kategorienlehre, das Alphabet der Weltenschrift

(EV) Notizblätter zum Sephirot-Kategorienproblem (vermutlich 1904) Faksimile

(EV) Über die Kabbala. Notizen eines Vortrages, Berlin 18. März 1904

Heft Nr. 30, Sommer 1970
Rudolf Steiner und der deutsche Idealismus. Zum 200. Geburtstag von Hegel

(EV) Hegel. Vortrag in Hamburg 26. Mai 1910. In *Wege und Ziele des geistigen Menschen. Lebensfragen im Lichte der Geisteswissenschaft*, Bibl.-Nr. 125

(EV) Notizblatt betreffend Schelling, Fichte und Hegel,wahrscheinlich aus dem Jahre 1916. Faksimile

(EV) Eleusis. Aus einem Vortrag in Berlin 7. Mai 1906. Vollständig in *Ursprungsimpulse der Geisteswissenschaft. Christliche Esoterik im Lichte neuer Geist-Erkenntnis*, Bibl.-Nr. 96

(EV) Über Fichtes «Wissenschaftslehre». Fragment eines Manuskriptes aus dem Jahre 1879

Aus einer Fragenbeantwortung, Berlin 15. März 1906

Heft Nr. 31, Michaeli 1970

(EV) Notizen zu Vorträgen und Kursen anläßlich der Gründung der Freien Waldorfschule: Stuttgart 23. 24. 24. 25. 25. 26. 26. 27. 28. 28. 28. 29. 29. 30. 30. 31. 31. 31. Aug., 1. 1. 2. 2. 3. 4. 4. 8. Sept. 1919. 14 Faksimiles

(EV) Aufzeichnungen zurn Ergänzungskurs 12. 13. 13. 14. 17. 18. Juni 1921

Heft Nr. 32, Weihnachten 1970. Saint-Martin, der unbekannte Philosoph

Weltensein und Menschenwerden. Das Fest der Geistessonne in den ägyptischen Mysterien. Weihnachtsvortrag, Berlin 21. Dez. 1903

(EV) Über das zehnblättrige Buch. Notizen nach dem Vortrag in Berlin 3. April 1905

Verzeichnis von Hinweisen Rudolf Steiners auf Saint-Martin

(EV) Aus dem Vortrag und Fragenbeantwortung, Leipzig 12. Jan. 1908 (Über die Sephirot. Siehe: Heft Nr. 29)

Heft Nr. 33, Ostern 1971. Nachdruck 1983
Christian Morgensterns Lebensbegegnung mit Rudolf Steiner

(Chronik zu den Lebensbegegnungen)

Übersicht der Ansprachen und Gedenkworte Rudolf Steiners über Christian Morgenstern

(EV) Eurythmieform zu dem Gedicht von Christian Morgenstern «Für Rudolf Steiner». Faksimile (Siehe «Das Künstlerische Werk» lfde. Nr. 23.187)

Heft Nr. 34, Sommer 1971. Nachdruck 1982

(EV) Aufzeichnungen über die Sinne des Menschen. 27 Faksimiles

Heft Nr. 35, Michaeli 1971

(EV) Heilweise und Ernährung im Lichte der Geisteswissenschaft. Vortrag, Berlin 22. Okt. 1906. In *Ursprungsimpulse der Geisteswissenschaft. Christliche Esoterik im Lichte neuer Geist-Erkenntnis*, Bibl.-Nr. 96

(EV) Notizen zum ersten Ärztekurs vom 21. März bis 9. April 1920 in Dornach. Faksimiles

Heft Nr. 36, Jahreswende 1971/72
In Erinnerung an die Silvesternacht 1922/23 vor neunundvierzig Jahren

(EV) Wahrspruch. «Es wollte im Sinnesstoffe. . .» Faksimile

(EV) Notizblatteintragung zum Vortrag vom 9. April 1923. Faksimile

(EV) Notizbucheintragungen zum Vortrag vom 9. April 1923. Faksimile

(Chronik. Die Berliner Wirksamkeit Rudolf Steiners 1897–1922)

Heft Nr. 37/38, Frühjahr/Sommer 1972. Nachdruck 1982
Der Anthroposophische Seelenkalender und der Kalender 1912/13

Aus dem Vorwort von 1912 zum Seelenkalender. Faksimile

Vorwort zur Erstausgabe des Seelen-Kalenders innerhalb des Kalenders 1912/13. In *Wahrspruchworte. Anthroposophischer Seelenkalender. Wahrsprüche und Widmungen. Credo. Der Einzelne und das All*, Bibl.-Nr. 40

Vorwort zur zweiten Ausgabe 1918. In *Wahrspruchworte. Anthroposophischer Seelenkalender. Wahrsprüche und Widmungen. Credo. Der Einzelne und das All*, Bibl.-Nr. 40

(EV) Entwurf für den Einband des Seelenkalenders, März 1925. Faksimile. (Siehe 2. Teil «Das Künstlerische Werk» lfde. Nr. 45.36)

(EV) Manuskript der zweiundfünfzig Wochensprüche. Faksimile

(EV) Entwurf für den Umschlag des Kalenders 1912/13. Faksimile

(EV) Entwurf zum Vorwort für den Kalender 1912/13. Faksimile

Was gemeint ist. Vorwort zum Kalender 1912/13. In *Kalender 1912/13*, Berlin o.J. (1912)

Das Kalendarium 1912/13, mit Faksimile der ersten Manuskriptseite

(EV) Skizzen für die Tierkreisbilder im Kalender. Faksimile. (Siehe 2. Teil «Das Künstlerische Werk» lfde. Nrn. 50.1-13

(EV) Mündliche Erläuterungen zu den Skizzen der Tierkreisbilder, überliefert von Imma von Eckhardtstein

Heft Nr. 39, Michaeli 1972

(EV) Entwurf für die Vignette auf dem Programmheft des zweiten internationalen Kongresses der anthroposophischen Bewegung. Faksimile. (Siehe 2. Teil «Das Künstlerische Werk» lfde. Nr. 45.12)

Schlußworte des Vortrages vom 5. Juni 1922. «Willst du dich selbst erkennen. . .»

(EV) Notizen zu den Vorträgen am West-Ost-Kongreß, Wien 1. 2. 3. 4. 5. 6. 7. 8. 9. 10. 11. Juni 1922

Heft Nr. 40, Weihnachten 1972

(EV) Notizbucheintragungen zu den Vorträgen in Dornach 19. 20. 21. 26. 27. 28. Okt., 2. 3. 4. 9. 10. 11. Nov. 1923

(EV) Farbige Wiedergabe der Tafelzeichnung zum Vortrag 20. Okt. 1923

Heft Nr. 41, Ostern 1973

(EV) Leitgedanken zur Beurteilung der Gegenwart. Notizbucheintragungen zu den Vorträgen vom 29. Juni, 20. Juli (Faksimile) 1919

(EV) Spruchartige Zusammenfassung des Vortragsinhaltes vom 11. März 1923. Faksimile

(EV) Fragenbeantwortung zum Vortrag, München 10. März 1913

Heft Nr. 42, Sommer 1973. Edouard Schuré und die christliche Esoterik Rudolf Steiners

Heft Nr. 43/44, Weihnachten 1973
Zum Gedenken des 25. Todestages von Marie Steiner-von Sivers

Heft Nr. 45, Ostern 1974

Wahrspruch. «In Menschenseelen will ich lenken. . .» Faksimile

Moral und Karma. Vortrag in Nürnberg 12. Nov. 1910

(EV) Notizbucheintragungen zu Vorträgen in Zürich 8. 10. 15. 17. Okt. 1918

Heft Nr. 46, Sommer 1974

(EV) Brief an Kürschner, Brunn a. Gebirge, 21. Okt. 1882

Aus einem Brief an Richard Specht in Wien. Weimar 18. Juli 1891. Faksimile

(EV) Manuskript über Goethes Verhältnis zur Naturwissenschaft

Heft Nr. 47/48, Michaeli 1974

Zum «Kursus für Sprachgestaltung und dramatische Kunst» in Dornach:

(EV) Notizbucheintragungen: 5. 6. 7. 12. 13. 15. 16. 17. 18. 20. 21. 22. Sept. 1924

(EV) Schwarz-weiß-Wiedergaben der Tafelzeichnungen zu den Vorträgen vom 5. 5. 6. 6. 7. 7. 9. 9. 10. 10. 12. 12. 13. 14. 15. 17. 17. 19. 20. 20. 21. 21. 22. 22. 23. Sept. 1924

(EV) Farbige Wiedergabe der Tafelzeichnung zum Vortrag vom 19. Sept. 1924

Die Esoterik des Bühnendarstellers. Zur Tafelzeichnung. Aus dem Vortrag vom 19. Sept. 1924. In *Sprachgestaltung und Dramatische Kunst*, Bibl.-Nr. 282

(EV) Zur Übersetzung der Mysteriendramen Rudolf Steiners in die schwedische Sprache. Fragen von Frau A. Wagner-Gunnarsson und schriftliche Antworten von Rudolf Steiner. Faksimile

Heft Nr. 49/50, Ostern 1975

Wahrspruch. «Es sprechen zu den Menschensinnen. . .» 26. Febr. 1911. Faksimile

(EV) Rudolf Steiner über seine Kindheit. Ein autobiographisches Fragment. Faksimile

(EV) Notizbucheintragungen zum Vortrag Berlin 4. Febr. 1913

Heft Nr. 51/52, Michaeli 1975

Die Rosenkreuzer-Einweihung. Vortrag in Berlin 24. Jan. 1907

Handschrift der Grundstein-Meditation. «Nachrichtenblatt» Nr. 1 vom 13. Jan. 1924. Faksimile

(EV) Notizbucheintragungen aus dem Jahre 1906

(EV) Drei undatierte Notizblätter (Mentaler Hohlraum. Denken. Wille)

Heft Nr. 53, Jahreswende 1975/76. Nachdruck 1982

Sprache und Sprachgestaltung. Erste Folge

Heft Nr. 54, Ostern 1976

(EV) Die menschliche Urschuld «Ich bin der Weg, die Wahrheit und das Leben». Vortrag in Hannover 4. März 1911

Heft Nr. 55, Michaeli 1976

(EV) Goethes Recht in der Naturwissenschaft. Fassung des Aufsatzes von 1884

(EV) Der Pfad der Erkenntnis. Ein Entwurf zum V. Kapitel der ersten Auflage der *Theosophie*

(EV) Vorrede zur englischen Ausgabe der «Theosophie» (1922)

Heft Nr. 56, Weihnachten 1976

Übersetzung der ersten Verse des Johannes-Evangeliums. Köln 12. Febr. 1906. Faksimile. Vollständig in *Wahrspruchworte. Richtspruchworte. Sprüche und Widmungen. Zweite Folge*, Dornach 1953

Das Johannes-Evangelium. Drei Vorträge in Berlin 19. 26. Febr., 5. März 1906. In *Kosmogonie. Populärer Okkultismus. Das Johannes-Evengelium. Die Theosophie an Hand des Johannes-Evangeliums*, Bibl.-Nr. 94

Heft Nr. 57, Pfingsten 1977

Der Münchner Kongreß Pfingsten 1907 als Geburtsstätte moderner Mysterienkultur

(EV) Geistige Wirklichkeit und künstlerische Formgebung. Fragment eines Briefentwurfes, Düsseldorf 12. April 1909. Faksimile

Heft Nr. 58/59, Herbst 1977

Grundlegendes für eine Erweiterung der Heilkunst nach geisteswissenschaftlichen Erkenntnissen. Faksimilewiedergaben aus dem handgeschriebenen Originaltext. Vollständig in Bibl.-Nr. 27

(EV) Aufzeichnungen zu den Sinnesbereichen und Lebensstufen. Notizbucheintragungen zu den Vorträgen «Anthroposophie als Kosmosophie» aus dem Jahre 1921. 14 Faksimiles

Heft Nr. 60, Weihnachten 1977

Wahrspruch. «Es schläft der Erde Seele...» Faksimile

(EV) Das Dreikönigsfest. Vortrag in Berlin 30. Dez. 1904

Vorträge in Holland:

(EV) Mystik und Esoterik. Mikrokosmos und Makrokosmos. Den Haag 5. März 1908

(EV) Okkultismus und Esoterik. Den Haag 6. März 1908

(EV) Esoterisches Christentum. Amsterdam 7. März 1908

(EV) Astralwelt und Devachan, ihre Beziehung und ihr Zusammenhang. Amsterdam 8. März 1908

(EV) Das esoterische Leben. Rotterdam 8. März 1908

(EV) Grade der höheren Erkenntnis. Nijmegen 9. März 1908

(EV) Die Rosenkreuzer-Esoterik und ihre Lehre von der Entwicklung des Kosmos. Nijmegen 10. März 1908

Diese Hörerreferate wurden erstmals gedruckt in holländischer Sprache in *Verslag van de voordrachten, gehouden door Dr. Rudolph Steiner, voor de Nederl. Afd. Theos. Ver. 4-11 maart, 1908*

Heft Nr. 61/62, Ostern 1978

(EV) Die Frau im Lichte der Goetheschen Weltanschauung. Ein Beitrag zur Frauenfrage. Notizbucheintragungen zum Vortrag in Hermannstadt 29. Dez. 1889

Ein Beitrag zur Wiederbelebung des «versunkenen Geisteslebens». In *Der Goetheanumgedanke inmitten der Kulturkrisis der Gegenwart. Gesammelte Aufsätze 1921-1925*, Bibl.-Nr. 36

Fragmentarisches in der Dichtung Goethes. Aus der Fragenbeantwortung am 15. Aug. 1921

Heft Nr. 63, Michaeli 1978. Rudolf Steiner über den Atomismus

Wahrspruch. «Wir Menschen der Gegenwart...» Faksimile

Einzig mögliche Kritik der atomistischen Begriffe

Brief an Friedrich Theodor Vischer vom 20. Juni 1882. In *Briefe 1881–1890*, Bibl.-Nr. 38

Erste Keime der Geisteswissenschaft. Aus dem Vortrag in Leipzig 11. Juni 1917

Die Atomistik und ihre Widerlegung. 23. Sept. 1890. Faksimile

Heft Nr. 64, Weihnachten 1978. Aus den Schriften von Marie Steiner

Heft Nr. 65/66, Pfingsten 1979. Sprache und Sprachgestaltung. Zweite Folge

Schicksalsgestaltung in Schlafen und Wachen. Die Geistigkeit der Sprache und die Gewissensstimme. Vortrag in Bern 6. April 1923. In *Die menschliche Seele in ihrem Zusammenhang mit göttlich-geistigen Individualitäten. Die Verinnerlichung der Jahresfeste*, Bibl.-Nr. 224

Wiedergewinnung des lebendigen Sprachquells durch den Christus-Impuls. Der Michael-Gedanke als Anruf des menschlichen Willens. Vortrag in Dornach 13. April 1923. In *Die menschliche Seele in ihrem Zusammenhang mit göttlich-geistigen Individualitäten. Die Verinnerlichung der Jahresfeste*, Bibl.-Nr. 224

Die notwendige Überwindung des Intellektualismus für unsere Zeit und die Zukunft. Vollständiger Text in *Die Grundimpulse des weltgeschichtlichen Werdens der Menschheit*, Bibl.-Nr. 216

Heft Nr. 67/68, Michaeli 1979

Michael-Spruch zur letzten Ansprache am 28. Sept. 1924 in Dornach. Faksimile

(EV) Niederschrift desselben Spruches und Vorentwurf in einem Notizbuch. Faksimile

(EV) Darstellungen des Michael-Ereignisses im Jahre 1879. Früheste ausführliche Nachschrift. München 5. Dez. 1907

(EV) Notizbucheintragung (zum 2. Juli 1904) Faksimile

(EV) Drei undatierte Notizblätter. Faksimiles

Vier Vorträge in Berlin:

(EV) Die Logoi. 2. Juli 1904

(EV) Evolution und Involution. 3. Juli 1904

(EV) Sein, Leben, Bewußtsein. 4. Juli 1904

(EV) Sein, Leben, Bewußtsein. 7. Juli 1904

(EV) Planetarische Entwickelung. 1. bis 4. Vortrag in Berlin 17. 19. 22. 25. Okt. 1904

Heft Nr. 69/70, Ostern 1980

Wahrspruch. «Es bedarf der Mensch der inneren Treue. . .» Faksimile

(EV) Planetarische Entwickelung. 5. bis 7. Vortrag in Berlin 29. 31. Okt., 1. Nov. 1904

(EV) Notizbucheintragungen. Vor dem 5. und am 5. 8. 9. 10. 11. 13. 15. Okt. 1922

Heft Nr. 71/72, Jahreswende 1980/81

Marie Steiner und Beatenberg. Ein Stück anthroposophischer Geschichte

(EV) Brief an Nationalrat Hirter in Bern. Dornach 17. März 1914

(EV) Briefe an Marie Hirter-Weber. Dornach 12. Aug. 1915, 6. Juli 1920

(EV) Planetarische Entwickelung. 8. bis 10. Vortrag in Berlin 2. 3. 5. Nov. 1904. Ergänzt mit

(EV) drei Notizbucheintragungen. Faksimiles

Heft Nr. 73/74, Weihnachten 1981. Sprache und Sprachgestaltung. Dritte Folge.

Wahrspruch. «Sprechend lebt der Mensch. . .» Faksimile

(EV) Aufzeichnungen und Notizen von Teilnehmern am «Kursus über Künstlerische Sprachgestaltung» in Dornach, am 17. 18. 19. 20. 21. 22. 24. 25. 26. 27. 28. 29. 31. Juli, 1. 2. 3. 4. 5. Aug. 1922

Heft Nr. 75/76, Ostern 1982

(EV) Notizbucheintragung, Jan. 1924. Faksimile

(EV) Notizen für die ersten eurythmischen Unterweisungen. Zehn Blätter mit stenographischen Aufzeichnungen, wiedergegeben nach den Originalen (faksimiliert) mit Übertragungen in Klartext

Drei Ansprachen zu eurythmischen Darstellungen: Dornach 15. Aug. 1920, Den Haag 2. Nov. 1922, Dornach 3. Febr. 1924

(EV) Die neunzehn Gesten, Mai 1914. Faksimiles

Heft Nr. 77, Sommer 1982. Zum Goethejahr 1982

Über Goethe und «Faust», drei Faksimiles

Drei Sprüche zu eurythmischen Aufführungen von Szenen aus Goethes «Faust»

(EV) Notizblatt

(EV) Zu Goethes «Faust»: I Über die Faustidee. Faksimile / II Notizen / III Zu Faust II. Notizblatt

(EV) Notizbucheintragungen zu Aufführungen von Szenen aus der Klassischen Walpurgisnacht, 1919. Faksimiles

Aufsätze aus *Gesammelte Aufsätze zur Literatur 1884–1902*, Bibl.-Nr. 32:
Faust nach Goethes eigener Methode erläutert
Ein neues Buch über Goethes «Faust»
Goethes Weltanschauung und die Gegenwart
Aufsätze aus *Gesammelte Aufsätze zur Dramaturgie 1889–1900*, Bibl.-Nr. 29:
«Faust». Eine Tragödie von J.W. Goethe (Aufführung im Deutschen Theater, Berlin)
«Faust». Eine Tragödie von J.W. Goethe (Aufführung im Goethe-Theater, Berlin)

Frau Wiecke-Halberstedt als Gretchen. In *Briefe II 1892-1902*, Dornach 1953

Generalversammlung der Goethe-Gesellschaft in Weimar. In *Gesammelte Aufsätze zur Kultur- und Zeitgeschichte 1887-1901*, Bibl.-Nr. 31

(EV) Fragmentarische Aufzeichnung

Heft Nr. 78, Jahreswende 1982/83

(EV) Goethe und Goetheanum. Aus dem Manuskript des Aufsatzes von 1923. Faksimile

(EV) Die praktische Ausbildung des Denkens. Vortrag in Nürnberg 13. Febr. 1909

(EV) Planetarische Entwicklung. 11. und 12. Vortrag in Berlin 9. 10. Nov. 1904

Heft Nr. 79/80, Ostern 1983. Rudolf Steiner und der Giordano Bruno-Bund. Materialien zu seinem Lebensgang, Berlin 1900 bis 1905.

Briefe an Wilhelm Hübbe-Schleiden, Berlin-Friedenau 11. und 13. Okt. 1902. In *Briefe 1881–1890*, Bibl.-Nr. 38

Heft Nr. 81, Michaeli 1983

(EV) Die Mission des Zornes. Öffentlicher Vortrag in Berlin 21. Okt. 1909

(EV) Der menschliche Charakter. Öffentlicher Vortrag in Berlin 29. Okt. 1909

Heft Nr. 82, Weihnachten 1983

(EV) Raffael im Lichte der Geisteswissenschaft. Öffentlicher Vortrag in München 11. März 1913

Raffaels Mission im Lichte der Wissenschaft vom Geiste. Öffentlicher Vortrag in Stuttgart 19. Mai 1913

ZWEITER TEIL

DAS KÜNSTLERISCHE WERK

INVENTAR

aller vorliegenden architektonischen, plastischen,
malerischen, zeichnerischen und bühnenkünstlerischen
Arbeiten von Rudolf Steiner

Detailliertes Inhaltsverzeichnis

Wegleitung . . . 176
0. Arbeiten vor 1907 . . . 177

A. Vorstufen zum Goetheanumbau

I. Gestaltung des Kongreßsaales München 1907

1. Farbige Skizzen für die sieben apokalyptischen Siegel . . . 177
2. Plastische Modelle für sieben Säulenkapitäle . . . 178
3. Sieben Planetensiegel . . . 178

II. Modellbau Malsch 1908–1909

4. Skizzen zum Modellbau Malsch . . . 178

III. Haus Stuttgart 1911-1913

5. Haus Stuttgart . . . 179

B. Der erste Goetheanumbau

I. Projekt München 1911–1913

6. Angaben für das Projekt München . . . 180

II. Ausführung Dornach 1913–1922/23

a) Modelle und Skizzen für den Bau in Dornach . . . 181
7. Gesamtmodelle und Skizzen zur Außenarchitektur und zur Gestaltung des Umgeländes . . . 181
8. Einzelne Modelle und Skizzen für die Außengestaltung . . . 182
9. Innenmodell und Skizzen für die Säulengestaltung in den beiden Kuppelräumen . 182
10. Einzelne Modelle und Skizzen für die Innengestaltung (1914–1916) . . . 183
11. Die plastische Holzgruppe «Der Menschheitsrepräsentant zwischen Luzifer und Ahriman» . . . 186

b) Die Glasfenster . . . 187
12. Entwürfe für die Glasfensterradierungen . . . 188

III. Malereien in den beiden Kuppeln des ersten Goetheanum

13. Entwürfe für die Malerei der großen Kuppel 190
14. Entwürfe für die Malerei der kleinen Kuppel 191
15. Weitere Studien zur Malerei der kleinen Kuppel 191
16. Weitere Farbskizzen für den ersten Goetheanumbau 193

C. Die Arbeit am Goetheanum

I. Bühnenkunst

a) Dramatische Kunst 194
17. Kostümskizzen für «Das heilige Drama von Eleusis» von Edouard Schuré 194
18. Kostümskizzen für «Die Kinder des Luzifer», von Edouard Schuré 194
19. Entwürfe für die Inszenierung der «Vier Mysteriendramen» 195
20. Entwürfe für die Inszenierung von Szenen aus Goethes Faust am Goetheanum in Dornach 1915–1918 195
21. «Die Kabiren» 196
22. Skizze für die Inszenierung des «Dreikönigsspieles» 196
b) Die neue Bewegungskunst Eurythmie 197
23. Formen und Beleuchtungsangaben für die Laut-Eurythmie 197
24. Formen und Beleuchtungsangaben für die Ton-Eurythmie 217
25. Entwürfe zur Eurythmie 226
26. Entwürfe für die Eurythmiefiguren 228

II. Architektonische und plastische Entwürfe außer dem ersten Goetheanum

27. Heizhaus 229
28. Künstleratelier sog. «Glashaus» 230
29. Eurythmeum (Rudolf Steiner Halde) 230
30. Verlagshaus (Philosophisch-Anthroposophischer Verlag) 230
31. Transformatorenhäuschen 231
32. Erste Stuttgarter Eurythmieschule (Eurythmeum) 231
33. Haus Duldeck 231
34. Drei Häuser für Künstler (drei Eurythmiehäuser) 232
35. Haus de Jaager 232

36. Haus van Blommestein 232
37. Haus Vreede 232
38. Haus Waller-Rathey 233
39. Haus Wegman 233
40. Haus Schuurman 233
41. Architektonische Modelle von Hermann Ranzenberger mit Bearbeitung von Rudolf Steiner 233
42. Sonstige plastische Entwürfe 234
43. Entwürfe für Möbel 234

III. Graphische Entwürfe, Karikaturen und anderes 1907–1924

44. Siegel für die Mysteriendramen 1910–1913 235
45. Graphische Entwürfe 235
46. Initialen mit Angaben der entsprechenden Planetensäulen 238
47. Initialen für die Zeitschrift «Soziale Zukunft» und andere 238
48. Karikaturen 239
49. Metamorphosenstudien und diverse Skizzen 240
50. Entwürfe für die Tierkreisbilder im Kalender 1912/13 241

IV. Entwürfe zur Kleinodienkunst

51. Skizzen und Entwürfe zur Kleinodienkunst 242

V. Skizzen für den Malunterricht an der Fortbildungs-, später Friedwartschule am Goetheanum 1921–1924

52. Sieben Schulskizzen und eine Skizze für ein Eurythmieprogramm 245
53. Handarbeit und Kunstgewerbe 245

VI. Lehrgangskizzen für den Malunterricht von Henni Geck am Goetheanum 1922–1924

54. Dreiundzwanzig Pastelle 246

VII. Aquarelle

55. Fünf Aquarelle 247
56. Aquarellskizze und Skizzen in Pflanzenfarben 247

D. Der zweite Goetheanumbau 1924–1928

57. Modell und Skizzen 248

E. Tafelzeichnungen bei Vorträgen

58. Tafelzeichnungen 249

Stichwortverzeichnis in alphabetischer Reihenfolge 250

Wegleitung

In diesem Teil sind alle bekannten architektonischen, plastischen, malerischen, zeichnerischen, bühnenkünstlerischen und sonstigen künstlerischen Arbeiten chronologisch nach den Entstehungsanlässen gegliedert. Aus dem Inhaltsverzeichnis zu diesem Teil (Seite 172) ist die Gliederung in die Gruppen 0–58 ersichtlich. In jeder Gruppe sind die dazugehörigen Arbeiten einzeln aufgezählt und mit einer laufenden Nummer versehen. Diese Nummern bilden die Inventarnummer. So hat z.B. der Pastellentwurf für das Faustmotiv in den Malereien der kleinen Kuppel die Inventarnummer 14.8. Die Formate sind bei größeren oder ausgeführten Arbeiten angegeben; bei den anderen Skizzen wurde darauf verzichtet. Soweit es möglich war, wurde das Entstehungsdatum angegeben.

Grundsätzlich sind alle Arbeiten angegeben von denen das Original erhalten ist. Auch angegeben sind jene Kopien (Abgüße) nach Originalen, wo diese nicht mehr vorhanden sind. Auf bekannte, nicht mehr existierende Originale wird mit einem entsprechenden Vermerk hingewiesen. Soweit sich die Originale im Goetheanum befinden, steht neben der Inventarnummer ein G. Alle nicht besonders gekennzeichneten Originale sind im Archiv der Rudolf Steiner-Nachlaßverwaltung, Dornach.

Für den Nachweis von Reproduktionen oder sonstigen Publikationen sind am Schluß der einzelnen Gruppen die Inventarnummern angegeben. Die näheren Angaben dazu finden sich im ersten Teil «Rudolf Steiner Gesamtausgabe», Abteilung C.

DAS KÜNSTLERISCHE WERK

0. Arbeiten vor 1907

0.1 Nachzeichnung einer Porträtzeichnung, Stephan Graf von Széchényi (1792–1860) darstellend, Bleistiftzeichnung 34 : 57 cm, etwa 1870–1872. Rudolf Steiner beschreibt die Entstehung dieser Zeichnung in «Mein Lebensgang» I. Kapitel.

A. Vorstufen zum Goetheanumbau

I. Gestaltung des Kongreßsaales München 1907

Der erste größere Anlaß, aus moderner Geist-Erkenntnis auch neue Kunstformen zu entwickeln, ergab sich für Rudolf Steiner durch die Gestaltung des Münchner Kongresses Pfingsten 1907, veranstaltet von der Deutschen Sektion der Theosophischen Gesellschaft, deren Generalsekretär Rudolf Steiner damals war. «Denn die geistige Grundlage dieser Bewegung kann nicht nur dazu berufen sein, in Gedanken und Ideen, in Theorien sich auszuleben, sondern sie kann, als ein in unserer Zeit auftretender Seeleninhalt, in alle Zweige des menschlichen Tuns und Schaffens befruchtend hineinwirken (...) Eine wahre Harmonie der Seele kann doch nur da erlebt werden, wo den menschlichen Sinnen in Form, Gestalt und Farbe als Umgebung sich das spiegelt, was die Seele als ihre wertvollsten Gedanken, Gefühle und Impulse kennt» (GA 284)

1. Farbige Skizzen für die sieben apokalyptischen Siegel

4 Farbstift- und eine Bleistiftzeichnung auf 5 Blättern.

Siegel I bis VI nach traditionellen Darstellungen, Siegel VII neu gestaltet. Die Originalskizzen für die Siegel I, V, VI sind verlorengegangen. Die gemalten Siegel sind beim Brand des ersten Goetheanum zerstört worden. Vergleiche unter III. Haus Stuttgart.

1.1 Siegel I (Geheimnisse der Menschheitsentwickelung) Original verloren
Siegel II (Die fünf Gruppenseelen)
1.2 erste Fassung, Farbstiftzeichnung
1.3 zweite Fassung, Farbstiftzeichnung
1.4 Siegel III (Geheimnisse der sogenannten Sphärenharmonie) Bleistiftzeichnung
1.5 Siegel IV (Das menschliche Ich im Erdenkreislauf) Farbstiftzeichnung
1.6 Siegel V (Höhere Entwicklungsstufen des Menschen) Original verloren
1.7 Siegel VI (In der Geistigkeit stark gewordene Menschen) Original verloren
1.8 Siegel VII (Mysterium vom heiligen Gral) Farbstiftzeichnung

Publikationen: Lfde. Nrn. 1.2–5 und 1.8 siehe Bibl.-Nr. K 1

2. Plastische Modelle für sieben Säulenkapitäle

Die plastischen Modelle, nach denen der Maler Karl Stahl die 7 Säulen auf große Bretter malte, sind verloren gegangen. Die gemalten Säulen sind im ersten Goetheanum mitverbrannt.

2.1	Säulenkapitäl I	Saturn	Original verloren
2.2	Säulenkapitäl II	Sonne	Original verloren
2.3	Säulenkapitäl III	Mond	Original verloren
2.4	Säulenkapitäl IV	Mars	Original verloren
2.5	Säulenkapitäl V	Merkur	Original verloren
2.6	Säulenkapitäl VI	Jupiter	Original verloren
2.7	Säulenkapitäl VII	Venus	Original verloren

Publikationen: Fotografische Wiedergaben der gemalten Säulen siehe Bibl.-Nr. 284

3. Sieben Planetensiegel

In Vignettenform umgesetzte Motive der sieben Säulenkapitäle. Die ersten fünf entstanden für das Programmbuch des Kongresses. Jedem Tagesprogramm war eine entsprechende Siegelzeichnung beigegeben. Das sechste und siebente Planetensiegel entstand 1911 für das Stuttgarter Haus (vgl. unter III. Haus Stuttgart)

3.1	Planetensiegel I	Saturn	Original verloren
3.2	Planetensiegel II	Sonne	Original verloren
3.3	Planetensiegel III	Mond	Original verloren
3.4	Planetensiegel IV	Mars	Original verloren
3.5	Planetensiegel V	Merkur	Original verloren

Publikationen: Faksimilewiedergaben der Programmhefte mit den ausgeführten Siegelzeichnungen siehe Bibl.-Nr. 284

II. Modellbau Malsch 1908–1909

Die Wirkung, die von der Raumgestaltung in München ausging, veranlaßte E.A. Karl Stockmeyer, Rudolf Steiner nach einen den Säulenkapitälen entsprechenden architektonischen Gestaltung zu fragen. Dies führte zu dem in Malsch bei Karlsruhe entstandenen Modellbau: ein von zweimal sieben Säulen getragener elliptischer Kuppelraum, zu welchem Rudolf Steiner im April 1909 den Grundstein legte. Die Anordnung von nur einmal sieben Säulen in München entsprach nicht ganz «. . . der in dem ‹Rosenkreuzer Initiationstempel›, denn da ist jede solche Säule doppelt, so daß, wenn man von der Rückwand nach vorne geht, man durch vierzehn Säulen schreitet, von denen sich je zwei gleiche gegenüberstehen. . .» (GA 284). Im Ellipsoid-Deckengewölbe sollten auf blauen Grund Tierkreismotive in besonderer Anordnung gemalt werden. Die Wände sollten rot sein und in jeder Umgangsnische ein apokalyptisches Siegel angebracht werden.

4. Skizzen zum Modellbau Malsch

Die Skizzen Rudolf Steiners sind nicht erhalten; über die Angaben vgl. GA 284.

Publikationen: Siehe Bibl.-Nr. K 4

III. Haus Stuttgart 1911–1913

1911 wurde in Stuttgart ein erstes eigenes Haus errichtet, zu dem Rudolf Steiner am 3. Januar 1911 den Grundstein legte. Für die innere Ausgestaltung gab er wieder Richtlinien, vor allem hinsichtlich der Farbgebung (siehe die beiden Vorträge anläßlich der Hauseinweihung vom 15. und 16. Okt. 1911 in GA 284); ferner entstanden die Siegel VI und VII der Planetensiegel (vergleiche lfde. Nrn. 3.1 bis 3.5). Nach dem Vorbild des Malscher Modellbaues bauten der Architekt C. Schmid-Curtius, Stuttgart und E.A. Karl Stockmeyer, Malsch im Kellerraum dieses Hauses einen Saal (Längsachse 10.75 m) für interne Veranstaltungen, allerdings durch die baulichen Gegebenheiten in Proportionen und Bogenstellungen abweichend vom Malscher Modellbau. Die Kuppel wurde 1913 von Imme von Eckhardtstein mit Tierkreisbildern ausgemalt. Sie hatte für den «Kalender 1912/13» nach flüchtig skizzierten Angaben Rudolf Steiners (siehe lfde. Nr. 50) neuartige Tierkreisbilder gezeichnet, deren Motive sie nun in Gold in den blauen Kuppelgrund malte. Ferner malte Clara Rettich für diesen Raum zwei neue Serien der apokalyptischen Siegel von München 1907, die sich heute im Archiv der Rudolf Steiner-Nachlaßverwaltung befinden. Als das Haus 1937 aufgegeben werden mußte, wurden die zweimal sieben Sandsteinsäulen im Garten der Friedrich-Husemann-Klinik in Wiesneck bei Freiburg i.Br. aufgestellt.

5. Haus Stuttgart,

Landhausstrasse 70 (erbaut von Architekt C. Schmid-Curtius) Innenausbau nach Angaben von Rudolf Steiner.

1 Bleistiftskizze auf 1 Blatt

	Planetensiegel I bis V siehe lfde. Nr. 3
5.1	Planetensiegel VI Jupiter Original verloren
5.2	Planetensiegel VII Venus

Publikationen: Lfde. Nr. 5.2 mit Abbildungen des Stuttgarter Kellerraumes siehe Bibl.-Nr. 284

B. Der erste Goetheanumbau

I. Projekt München 1911–1913

Die Aufführung der Mysteriendramen in München in gemieteten Theaterräumen erzeugte in Teilnehmern den Wunsch nach einer eigenen Wirkensstätte. Es wurde ein Bau geplant (Gründung des Bauvereins im April 1911), der nach Johannes Thomasius, einer Hauptgestalt in den Mysteriendramen, «Johannesbau» genannt werden sollte. Das Modell für die in Stein projektierte Gesamtanlage: ein Doppelkuppelbau - ein Bühnenraum und ein für 800 bis 900 Personen berechneter Zuschauerraum - umschlossen von verschiedenen Gebäuden, wurde auf Grund der Angaben Rudolf Steiners von Architekt C. Schmid-Curtius ausgeführt. Der Gedanke, den Kuppelbau zu einem Doppelkuppelbau zu erweitern, hat sich Rudolf Steiner im Jahre 1908 (siehe die Vorträge Norrköping, 16. Juli 1914 und Dornach 23. Januar 1920) ergeben, also in der Zeit des Entstehens des Malscher Modellbaues, wobei aber anfänglich noch keine Innenkuppeln geplant waren.

6. Angaben für das Projekt München

6.1 G Modell, das nach Angaben von Rudolf Steiner von Architekt C. Schmid-Curtius ausgeführt wurde. Gipsabguß, koloriert

6.2 Zwei Bleistiftskizzen von 1911/12 für die Innengestaltung: Große Kuppel (Zuschauerraum) mit zweimal sieben Säulen. Die Säulen tragen, anstelle der Planetenzeichen der Säulen von 1907, die Worte: DAS ES - AN ES - IN ES - ICH - VOM ICH - AUS MIR - ICH INS ES 50 : 64 cm

6.3 Kleine Kuppel (Bühnenraum) mit zweimal sechs Säulen mit neuen Sockel-, Kapitäl- und Architravmotiven. 50 : 64 cm

6.4 In einer undatierten Grundrißstudie (1911) sind von Rudolf Steiner für den Farbanstrich der Decke (anfänglich aus drei Flächen des Pentagondodekaeder geplant) die Angaben «indigo, lila, orange» eingetragen.

Publikationen: Lfde. Nrn. 6.2/3 siehe Bibl.-Nr. 284

II. Ausführung Dornach 1913–1922/23

Da für das Projekt in München durch die Baubehörden Schwierigkeiten entstanden, stellten Schweizer Freunde ihren Baugrund auf dem weithin sichtbaren Dornacher Hügel bei Basel zur Verfügung, weil dort damals noch ohne Baugesetze sofort gebaut werden konnte. Das Münchner Projekt erfuhr nun folgende Neugestaltung: von Stein zu Holz auf einem Betonunterbau sowie, weil frei in der Landschaft stehend, eine Außengestaltung mit Fenstern. Die Grundsteinlegung fand am 20. September 1913 statt. Freiwillige Helfer aus siebzehn Nationen arbeiteten unter Leitung Rudolf Steiners während des ganzen ersten Weltkrieges zusammen an der künstlerischen Gestaltung dieses Baues, schnitzten malten oder leisteten sonst erforderliche Arbeiten. Die Außenarchitektur war amerikanische Eiche. Der Vorraum im Westen aus Rotbuche. Der Durchmesser der inneren Kuppeln, welche auf den Säulenarchitraven aufstanden, betrug in der großen Kuppel (Zuschauerraum) 26 m und in der kleinen Kuppel (Bühnenraum) 18.80 m. Die zweimal sieben Säulen im Zuschauerraum waren durch den zum Bühnenraum hin abfallenden Boden in der Höhe steigend von 10.68 bis 14.21 m, die zweimal sechs Säulen im Bühnenraum durch den ansteigenden Bühnenboden in der Höhe, gegen den Platz für die plastische Gruppe im Osten zu, abnehmend von 13.50 bis 12.85 m. Die Säulen, von denen sich je zwei mit gleichgestalteten Sockel-, Kapitäl- und

Architravmotiven gegenüberstanden, waren aus verschiedenen Hölzern. Im großen Kuppelraum das erste Paar mit dazugehörigem Architrav aus Weißbuche, das zweite aus Esche, das dritte aus Kirsche, das vierte aus Eiche, das fünfte aus Rüster, das sechste aus Ahorn, das siebente mit dem darüber sich erhebenden Bühnenbogen aus Birke. Im kleinen Kuppelraum, anschließend an den großen Kuppelraum, das erste Paar außen aus Birke, innen aus Ahorn; das zweite außen aus Ahorn, innen aus Rüster; das dritte außen aus Rüster, innen aus Eiche; das vierte außen aus Eiche, innen aus Kirsche; das fünfte außen aus Kirsche, innen aus Esche; das sechste außen aus Esche und innen aus Weißbuche. Unter dem abschließenden Baldachin aus Esche im Osten sollte die plastische Holzgruppe aus Rüster stehen. Im Februar 1914 waren die Betonarbeiten für das Untergeschoß soweit fertig, daß mit dem Gerüst für den Oberbau begonnen werden konnte. Die Aufrichtefeier war am 1. April 1914. Im Juli 1914 waren die Kuppelräume erstellt, doch noch ohne Verkleidung und Fenster. Durch den Ausbruch des Krieges am 1. August 1914 wurde nun die Weiterarbeit verzögert. Ein großer Teil der Mitarbeiter wurde einberufen, die Materialien waren schwer zu beschaffen und auch die Gelder wurden knapp. Hauptsächlich wurden in den Kriegsjahren die künstlerischen Arbeiten gefördert; die Schnitzarbeiten im Bau teilweise vollendet und die beiden Kuppeln, die aus akustischen Gründen unter den mit dem Malgrund versehenen Sperrholzplatten noch mit einer Korkschicht gedeckt waren, mit Pflanzenfarben ausgemalt. 1917 wurde mit der Arbeit an der plastischen Holzgruppe begonnen. Ende 1918 war die künstlerische Bearbeitung der 27 Glasscheiben für die neun dreiteiligen Fenster in verschiedenen Farben beendet. Gleichzeitig konnte der Bau von den Außengerüsten befreit werden und im Oktober 1919 fielen auch die Gerüste in den beiden Kuppelräumen, so daß mit der Fertigstellung des Innenraumes begonnen werden konnte. Aus Deutschland und anderen Ländern kamen wieder größere Spenden und im September 1920 konnte der Bau provisorisch eröffnet werden. Neun größere Veranstaltungen hatten erst stattgefunden, als der Bau, das Ergebnis einer fast zehnjährigen opfervollen Arbeit, in der Silvesternacht 1922/23 durch Feuer vernichtet wurde.

a) Modelle und Skizzen für den Bau in Dornach

In diese Bestandesaufnahme sind auch aufgenommen Modelle, bei denen die Bearbeitung durch Rudolf Steiner, die Zuordnung zum Bau und die verwendeten Materialien noch nicht in allen Teilen festgelegt sind. Solche Fälle sind nachfolgend mit (*) markiert. Die Maßangaben können nicht einheitlich definiert werden, da zum Beispiel der Einbezug der Sockelpartien oder ergänzende Hilfskonstruktionen unterschiedliche Maßbestimmungen zulassen.

7. Gesamtmodelle und Skizzen zur Außenarchitektur und zur Gestaltung des Umgeländes

8 Modelle und 3 Skizzen auf 1 Blatt

7.1 Doppelkuppel-Entwurf, Plastilinmodell gefärbt 13 : 7 : 8 cm hoch, Mai 1913

7.2 G Doppelkuppel-Entwurf, (*) Plastilinmodell 16 : 17 : 6 cm

7.3 Modell des gesamten Baugeländes 1914, (*) Modell verloren

7.4 Modell für die Gartengeländegestaltung von Haus Duldeck (*) Original verloren

Modell für die plastische Außengestaltung in Wachs auf Holz. Heute ist es in einzelne Teile zerlegt:

7.5 G Westportal 108 : 44 : 67 cm

7.6 G Südwand 138 : 30 : 56 cm

7.7 G Südflügel 64 : 66 : 69 cm

7.8 G westlicher Terrasseneingang mit Treppe 112 : 62 : 36 cm

7.17 G Modell für die Bänke in Beton (Rondell), Gipsabguß 24.5 : 7 : 7 cm hoch. Original verloren

Wegsteine auf dem Goetheanumgelände:

7.18 G Plastilinmodell 6.5 cm hoch

7.19 G Plastilinmodell 11.5 cm hoch

Drei Skizzen mit Tinte für die Wegsteine auf einem Blatt:

7.20 Grundriß

7.21 Seitenriß

7.22 Kreuzriß

Publikationen: Lfde. Nrn. 7.5–8 siehe Bibl.-Nrn. 286; 7.20–22 siehe Bibl.-Nr. K 7

8. Einzelne Modelle und Skizzen für die Außengestaltung

6 Modelle und 9 Skizzen auf 8 Blättern

8.1 G Westportal, erste Modellstudie in Plastilin und Wachs 15 : 13 : 7 cm hoch

8.2 G Seitliche Treppengestaltung in einem Modell zum Eingang des Südflügels, Plastilin 88 : 40 : 33 cm

8.3 G Türen zum Seitenflügelportal, Plastilin auf Holz, 52 : 39 cm

8.4 G Türen zum unteren Haupteingang (Westportal), Gips, Original verloren 68 : 51 cm

8.5 G Detailmodell Seitenflügel (*), Plastilin 45 : 26 : 20 cm hoch

8.6 G Motiv in Wachs über der Kulissen-Magazintüre (Foto), Original verloren

8.7 G Fenster für das Kulissenmagazin (Foto von Modell), Original verloren

8.8 Dachrinne zum westlichen Vorbau und Südflügel, Original verloren

8.9 G Detail Terassenbrüstung, geschwungenes Stück (*), Plastilin, 29 : 6.5 cm hoch

(Siehe auch Entwürfe von Hermann Ranzenberger mit Bearbeitung von Rudolf Steiner lfde. Nr. 41)

1 Farbstift- und 8 Bleistiftskizzen:

8.20 Grundrißzeichnung I

8.21 Grundrißzeichnung II (J.N.)

8.22 Bauaufriß (Längsseite)

8.23 Bauaufriß (Westseite)

8.24 Skizze für Kuppelberechnung, Farbstift

8.25 Studie für Westportal und

8.26 Detailschnitt auf einem Blatt

8.27 Detail

8.28 Fensterumriß

9. Innenmodell und Skizzen für die Säulengestaltung in den beiden Kuppelräumen

2 Modelle und 20 Skizzen auf 8 Blättern

Große Kuppel: 7 Säulen, mit Sockeln, Kapitälen, Architraven, Motiv über dem Bühnenbogen sowie Farbkurven (siehe lfde. Nr. 13.25) für die Kuppelmalerei

Kleine Kuppel: 6 Säulen mit Sockel (Throne), Kapitälen, Architraven und Motiven über dem Standort der plastischen Holzgruppe (Baldachin).

Innenmodell im Maßstab 1 : 20, Längsschnitt Südseite in Holz und Wachs, Dornach 1913, heute getrennt in die:

9.1 G Große Kuppel, Innenmaß ca. 153 : 88 : 132 cm hoch

9.2 G Kleine Kuppel, Innenmaß ca. 97 : 65 : 114 cm hoch

Ende der dreißiger Jahre wurde das Modell, das im Laufe der Zeit gelitten hatte, von Carl Kemper sorgfältig restauriert. Fehlende oder beschädigte Formen wurden mit grünlich gefärbtem Plastilin ergänzt, wodurch sie sich von den von der Hand Rudolf Steiners stammenden aus gelblichen Wachs unterscheiden.

Zwei Skizzen mit Tinte auf einem Blatt für die Architraven im großen Kuppelraum

9.10 I

9.11 II

Drei Skizzen mit Tinte auf einem Blatt für die Architraven im großen Kuppelraum

9.12 I

9.13 II

9.14 III

Zwei Bleistiftskizzen auf einem Blatt für die Architraven im großen Kuppelraum

9.15 I

9.16 II

Drei Bleistiftskizzen auf einem Blatt für die Architraven im kleinen Kuppelraum

9.17 I

9.18 II

9.19 III

Kapitälmotive 3 Bleistiftskizzen auf einem Blatt

9.20 I

9.21 II

9.22 III

1 Bleistiftskizze auf einem Blatt

9.23 IV

9.24 Bleistiftskizze für Säulen und Kapitäl im großen Kuppelraum (1913)

Fünf Bleistiftskizzen auf einem Blatt für die Throne bei den Säulen

9.25 I

9.26 II

9.27 III

9.28 IV

9.29 V

Publikationen: Lfde. Nr. 9.1/2 siehe Bibl.-Nrn. 286 und 290

10. Einzelne Modelle und Skizzen für die Innengestaltung (1914–1916)

30 Modelle und 42 Skizzen auf 23 Blättern, 1 Zeichnung auf Wachs

Modelle für den Saal:

10.1 G Orgelempore, Wachs auf Holz 42 : 30 : 31 cm hoch

10.2 G Orgel, Wachs auf Holz mit anderen Materialien 72 : 21 : 71 cm hoch

10.3 G Detailmodell Proscenium (Bühnenrampe) Gips 218 : 29 : 15 cm hoch Original verloren

10.4 G Motiv zum Halten des Bühnenvorhanges, Plastilin auf Holz 21 : 16 : 17 cm hoch

10.5 G Fensterfront großer Saal (Studienmodell) Wachs auf Holz 130 : 37 : 50 cm hoch

10.6 G Detailmodell großer Saal (*) Wachs auf Holz 37 : 24 : 27.5 cm

10.7 G Rotbuchenvorraum (Westen, rotes Fenster), Wachs auf Holz, Innenmaße ca. 52 : 36 : 45 cm hoch

Treppenmodelle:

10.8 G	Studie in Wachs für einen organisch gestalteten Pfeiler für die (Haupt-) Westtreppe, Höhe 11 cm 1913/1914
10.9 G	Motiv beim Geländerantritt, Original verloren
10.10 G	Seitlicher Treppenabschluß zu den Stufen vor der Wandelhalle zum südlichen Saaleingang (war noch nicht ausgeführt) Plastilin 87 : 42 : 51 cm hoch
10.11	Treppenpfosten im Bühnentreppenhaus, Original verloren

Säulen/Sockelmodelle:

10.12 G	Säule im Rotbuchenraum, Plastilin, Innenmaße 38 : 19.5 : 42 cm hoch
	Zwei Sockel zur Säule im Rotbuchenraum:
10.13 G	Sockel mit Geländerstütze, Wachs 15 cm breit, 10.5 cm hoch
10.14 G	Sockel, Gipsabguß (*) 12 : 15 : 15,5 cm hoch

Fünf Pfeilersockel im Vestibül (Betongeschoß) Paraffinwachs:

10.15 G	I 15 : 15 : 16 cm hoch
10.16 G	II 6 : 6 : 14.5 cm hoch
10.17 G	III 14 : 14 : 12 cm hoch
10.18	IV (zwei weitere Modelle, Originale verloren)
10.19	V

Türmodelle:

10.20 G	Modell mit drei Türen (*), Plastilin auf Holz 34 : 28 : 40 cm hoch
10.21	Seitentüre vom Rotbuchenraum, Original verloren
10.22 G	Türe vom Rotbuchenraum auf die Terrasse, Wachs auf Holz 53 : 9 : 55 cm hoch
10.23 G	Türgriff 16 cm lang, Plastilin
10.24 G	Türgriff 15 cm lang, Plastilin

Fenstermodelle:

10.25	Treppenhausfenster im Rotbuchenraum von innen, Original verloren
10.26 G	Brüstung unter dem grünen Fenster, Wachs auf Holz 36.5 : 22 : 27 cm hoch

Deckenmodell:

10.27	Windfangdecke zwischen Rotbuchenraum und großem Kuppelsaal unter der Orgel, Original verloren

Heizkörpervorsätze:

10.28 G	Modell I, Plastilin 45 : 30 : 28 cm hoch
10.29 G	Modell II, Gips 35 : 17.5 cm, Original verloren
10.30 G	Modell III, Gips getönt 29 : 14.5 cm, Original verloren
10.31 G	Modell IV, weißer Saal, Gips 44 : 28.5 : 15 cm hoch, Original verloren
10.32 G	Modell V, weißer Saal, Plastilin 50 : 40 : 19 cm hoch
10.33 G	Modell VI, Seitenflügel, Wachs 44 : 31 : 14.5 cm hoch
10.34 G	Modell VII, asymetrisch, Plastilin 38 : 17 : 24 cm hoch

Weitere Modelle:

10.35 G	Rednerpult, Plastilin auf Holz 21 : 14 : 17 cm hoch
10.36 G	Rednerpult, weißer Saal, Wachs auf Holz 29.5 : 20 : 12.5 cm
10.37	Modell für eine Notbeleuchtungslampe 20 : 11.5 : 19 cm hoch, Gipsabguß vom unbeschädigten Original. Original in Überresten. Rekonstruktion in Bronze (Rohling) von Rackwitz (Goetheanum)

Skizzen und Studien

Notenständer, 3 Skizzen auf einem Blatt:

10.45 G Aufriß des Notenpultes

10.46 G Grundriß des Notenpultes

10.47 G Ständer mit Fuß

10.48 Bleistiftskizze für Grundsteinurkunde 1913

Treppenstudien, zwei Bleistiftskizzen auf einem Blatt

10.61 I

10.62 II

10.63 Treppenstudie, eine Bleistiftskizze mit lfder. Nr. 28.4 auf einem Blatt

Ornament und Blattstudien:

10.64 auf Wachsplatte gezeichnetes Palmettenmotiv 11.4 : 28.5 cm

Akanthusblatt, vier Bleistiftskizzen auf einem Blatt

10.65 I

10.66 II

10.67 III

10.68 IV Metamorphose I

Metamorphose II, drei Skizzen mit Tinte auf einem Blatt

10.69 I

10.70 II

10.71 III

Ornamentstudien, fünf Bleistiftskizzen auf einem Blatt

10.72 I

10.73 II

10.74 III

10.75 IV

10.76 V

Blattstudien, drei Bleistiftskizzen auf einem Blatt

10.77 I

10.78 II

10.79 III

Sieben Skizzen mit Tinte zu den Vorträgen «Wege zu einem neuen Baustil» auf vier Blättern (wohl Juni 1914):

10.80 Palmette für Akanthusblatt Architrav

10.81 Detail dazu

Kapitälstudie, zwei Skizzen auf einem Blatt

10.82 I

10.83 II

Akanthusblattstudien, drei Skizzen auf einem Blatt

10.84 I

10.85 II

10.86 III

Weitere Bleistiftskizzen:

	Drei Bleistiftskizzen auf einem Blatt
10.87	I
10.88	II
10.89	III
10.90	Sockelskizze
10.91	Entwurf für die Ventilationsöffnungen im weißen Saal
10.92 G	Skizze für Messingschilder mit Nummern für die Bestuhlung 21.5 : 14 cm
	Nummern-Zeichnungen mit Farbstift für die Bestuhlung:
10.93 G	I (Ziffern 9 und 0) 20.7 : 28.5 cm
10.94 G	II (Ziffern 1 bis 8) 21 : 26.8 cm
	Zwei Handlaufskizzen auf einem Blatt 10.5 : 16 cm
10.95 G	I
10.96 G	II
10.97 G	Handlaufskizze 22 : 29 cm
10.98 G	Skizze 29 : 22 cm
10.99	Lemniskate

Publikationen: Lfde. Nrn. 10.8/12/13/16/17/28/30/34 siehe Bibl.-Nr. K 10; 10.64 siehe Bibl.-Nrn. 286 und 290

11. Die plastische Holzgruppe «Der Menschheitsrepräsentant zwischen Luzifer und Ahriman»

An zentraler Stelle im Osten des Baues sollte die 9.5 m hohe Holzplastik stehen. Ursprünglich in verschiedenen Holzarten gedacht, mußte sie jedoch aus kriegsbedingten Schwierigkeiten bei der Materialbeschaffung nur in einer Holzart: in Rüster, ausgeführt werden (siehe Ansprache Dornach, 21. Okt. 1917). Dieses Bildwerk schuf Rudolf Steiner in enger Zusammenarbeit mit der englischen Bildhauerin Edith Maryon. Die ersten Modellstudien entstanden im Herbst 1914, Modelle für einzelne Teile Ostern 1915, das erste größere Gesamtmodell (2 m hoch), signiert «Rudolf Steiner – Edith Maryon» von Mai bis Oktober 1915. Das Modell in Originalgröße wurde im Laufe des Jahres 1916 durch Edith Maryon aufgebaut und dann von Rudolf Steiner bis Ende Januar 1917 plastisch ausgestaltet.
Dieses Modell befindet sich heute – ohne die Mittelfigur und die untere Ahrimangestalt, die kurz vor Rudolf Steiners Tod auf sein Geheiß hin zerstört wurden – im Atelierraum der Schreinerei am Goetheanum. Da es im Laufe der Zeit stark gelitten hatte, wurde es ab 1965/66 durch den englischen Plastiker A. John Wilkes restauriert.
Mit der Ausführung in Holz wurde Ende Mai 1917 begonnen und zwar zunächst mit der Gestalt des unteren Ahriman, zu Füßen der Hauptfigur. Es schnitzten an der Gruppe außer Edith Maryon vor allem sieben Künstler. An einzelnen Partien hat Rudolf Steiner dann selber weiter geschnitzt, hauptsächlich am Kopf und der rechten Hand des unteren Ahriman. Die Mittelfigur hat Rudolf Steiner nach Vorarbeiten durch Edith Maryon allein geschnitzt. Die Gruppe befand sich zur Zeit des Brandes im Atelier der Schreinerei und ist dadurch erhalten geblieben. Schon vorher mußte die Arbeit daran unterbrochen werden und nach Rudolf Steiners Tod wurde sie in dem damaligen Zustande belassen, so daß sie unvollendet geblieben ist. Vor allem ist die untere Partie der Mittelfigur, sowie gewisse Partien in deren Umgebung und derjenigen der unteren Ahrimangestalt unbearbeitet. Die Gruppe befindet sich seit 1927 in einem eigenen Raum, dem sogenannten Gruppenraum, im heutigen Goetheanumbau.

12 Modelle und 1 Plastik in Holz:

11.1	Erster Entwurf für die Anlage der Gruppe: Mittelfigur und je eine Luzifer- und Ahrimangestalt. Ausgeführt von Edith Maryon nach Angaben von Rudolf Steiner. Plastilinmodell Höhe 36 cm. Herbst 1914
11.2	Zweiter Entwurf für die Gruppe, Modell in Wachs und Plastilin, Höhe 42 cm Herbst 1914
11.3 G	Dritter Entwurf für die Gruppe. Ausgestaltung des vorhergehenden. Plastilinmodell, ausgeführt von Edith Maryon, Höhe 90 cm Gipsabguß, Original verloren Herbst 1914.
11.4 G	Vierter Entwurf für die Gruppe, Plastilin, Höhe 46 cm, Mai 1915
11.5 G	Fünfter Entwurf für die Gruppe, Plastilin, Höhe 48 cm, Juli 1915
11.6 G	Sechste Ausformung der Gruppe, bearbeiteter Abguß in Gips. Das Original wurde beim Abgußprozeß vernichtet, Höhe 2.00 m, signiert R. Steiner – 1915 – E. Maryon, begonnen im Mai 1915
11.7 G	Das große Modell in Gips mit Gestalten aus einer für diesen Zweck besonders entwickelten Plastilinmasse, Höhe 9.50 m. Die Mittelgestalt und die untere Ahrimangestalt wurden nach deren Ausführung in Holz entfernt und zerstört. Das Modell wurde hauptsächlich durch Edith Maryon aufgebaut, dann aber von Rudolf Steiner vollständig bearbeitet. 1916 bis Jan. 1917. Ab 1965/66 Restaurationsarbeiten von A.J. Wilkes durchgeführt.
11.8 G	Plastik in Holz. An der Ausführung waren außer Rudolf Steiner und Edith Maryon noch mehrere andere Künstler beteiligt. Höhe 9.5 m
11.9 G	Erste Studie zum Christuskopf, Ausführung durch Edith Maryon mit Korrekturen von Rudolf Steiner, Plastilin, Höhe 18 cm Herbst 1914
11.10 G	Einzelstudie von Ahriman in der Höhle, Gips 60 : 22 : 40 cm hoch
11.11 G	Einzelstudie von Ahriman, Plastilin 12 : 20 : 13 cm hoch, Ausführung durch Edith Maryon
11.12 G	Kopf von Ahriman, Wachs 18 : 11.5 : 14 cm hoch Ostern 1915
11.13 G	Zweite Studie zum Christuskopf, Plastilin, Sockelmaß 32 : 21 : 61 cm hoch, Ostern 1915

Publikationen: Lfde. Nrn. 11.1–13 siehe Bibl.-Nr. K 11

b) Die Glasfenster

Von Herbst 1913 bis Frühjahr 1914 entstanden die Entwürfe für die neun farbigen Glasfenster: (ein rotes im Vorraum, je zwei grüne, blaue, violette, rosa Fenster im großen Kuppelraum), alle in Triptychonform. Der mittlere Fensterteil war durchschnittlich etwa 4 m hoch und 1.4 m breit, die Seitenfenster etwa 3.7 m hoch 0.7 m breit. Für das Radieren der Fenster wurde das Künstleratelier, das sogenannte Glashaus errichtet. Durch die Anweisung Rudolf Steiners, daß durch herauszuradierendes Glas eine Lichtgravur entstehen soll, entstand nicht nur eine neue Glasschnitt-Technik, sondern auch eine neue Vitrailkunst. Die gleichen Motive sind auch für die Fenster des zweiten Goetheanum verwendet. Doch mußten die drei Motive des Triptychon durch Übereinanderordnung der Motive in das von Rudolf Steiner angegebene längliche Format der gegenwärtigen Fenster gebracht werden. Den oberen Teil des Fensters bildet heute der frühere Mittelteil, den unteren die beiden Seitenflügel. Die Fenster des ersten Goetheanum wurden unter Leitung von Thaddäus Rychter, später von Sidletzky, Sommer 1914 bis Ende 1918 geschliffen. Die nachfolgend aufgeführten Motivskizzen von Rudolf Steiner wurden in Ausführungsgröße übertragen: von Thaddäus Rychter, Anna von May (8 Entwürfe), Frl. von Orth (2 Entwürfe), Herrn und Frau Sidletzky (übrige Entwürfe). Geschliffen wurde von Herrn und Frau Sidletzky, Walo von May, Herrn Ligsky und Emma Stolle. Diejenigen des zweiten Goetheanum wurden von und unter Leitung von Assia Turgenieff geschliffen.

12. Entwürfe für die Glasfensterradierungen

42 Entwürfe und Skizzen auf 31 Blättern

Entwürfe für das rote Triptychon über dem Westportal (Initiationsfenster):

12.1 Deckweiß auf blauem Papier 44 : 37.5 cm

12.2 Mitte (Kosmisches Urbild des Menschen) Zeichnung mit Farb-, Bleistift und Deckweiß auf gelbem Papier 34 : 24 cm

12.3 Seite links und

12.4 Seite rechts (Erlebnisse der Schwelle), Federzeichnungen auf einem Blatt 8.5 : 11 cm

12.5 Skizze zum roten Fenster, Bleistift 1913/14

Entwürfe für das grüne Fenster im Norden (Willensfenster, «Geist der Schwere»):

12.6 Mitte (Kosmischer Aspekt vom ahrimanischen Geist der Schwere, die Planetenbahn tragend. Mit Spruch und Profil vom Geist der Schwere) Farbzeichnung mit zwei Kopfstudien 22 : 29 cm

12.7 Seite links und

12.8 Seite rechts (Die Willenskraft in ihrer Auseinandersetzung mit der von außen wirkenden Erdenschwere). Bleistiftzeichnungen auf einem Blatt 22.5 : 35 cm

Drei Detailskizzen in Bleistift auf einem Blatt zum Geist der Schwere:

12.9 I 14 : 6 cm 1918/19

12.10 II 7.5 : 19 cm

12.11 III 7.5 : 21 cm

Entwürfe für das grüne Fenster im Süden (Lichtfenster. Das der Schwerekraft polar entgegenwirkende Licht als inneres luziferisches Erlebnis):

12.12 Mitte, Farb- und Bleistiftzeichnung mit Spruch 22 : 29 cm

12.13 Detailstudie mit Bleistift

12.14 Seite links und

12.15 Seite rechts (Die Wirkung des Lichtes im inneren Erleben) Federzeichnungen auf einem Blatt 9.5 : 13 cm

Entwürfe für das blaue Fenster im Norden («Denken»):

12.16 Mitte (Das Denken in der planetarischen Welt) Farbstiftzeichnung in einem Notizbuch (zusammengeklebte Blätter) 28.5 : 10.4 cm

12.17 Seite links und

12.18 Seite rechts (Das Sehen und Tasten als Erkenntnisvorgänge) Farb- und Bleistiftzeichnungen auf einem Blatt 22.5 : 35 cm

12.19 Studie zum blauen Fenster

Entwürfe für das blaue Fenster im Süden («Wollen»):

12.20 Mitte (Die bewegte menschliche Gestalt im Tierkreis). Gouache und blaue Farbe auf blauem Papier 33.5 : 11 cm

12.21 Detailstudie in Farbstift 6 : 19 cm

12.22 Detailstudie in Bleistift 2 : 9 cm

12.23 Seite links und

12.24 Seite rechts (Wollen als Jagdmotiv) Bleistiftzeichnungen auf einem Blatt 15.5 : 25 cm

Entwürfe für das violette Fenster im Norden (Todesmotiv):

12.25 Mitte (Rückschau-Erlebnisse nach dem Tode) Zeichnung mit Farbstift 17 : 5.5 cm

12.26 Seite links und

12.27 Seite rechts (Todesvorgänge im Irdischen und in dem Umkreis, «Barbarossa-Motiv») Farb- und Bleistiftzeichnungen auf einem Blatt rechts 6.5 : 28 cm, links 5.5 : 28 cm

Entwürfe für das violette Fenster im Süden («Geburtsfenster»):

12.28 Mitte (Das Heruntersteigen der Seele als Januskopf, aus dem Vorgeburtlichen zu den Eltern) Zeichnung mit Farbstift 16 : 5.3 cm

12.29 Seite links und

12.30 Seite rechts (Inkarnationsvorgänge im Physischen und im Ätherischen) Farb- und Bleistiftzeichnungen auf einem Blatt links 7 : 26.6 cm, rechts 7.5 : 26.6 cm

Entwürfe für das rosa Fenster im Norden («Wachen»):

12.31 Mitte (Das durch das Sonnenlicht verdeckte höhere Selbst im Tagesbewußtsein) Bleistiftzeichnung 5.5 : 15 cm

12.32 Seite links und

12.33 Seite rechts (Die erlösende Gebärde des sich zu Luzifer und Ahriman neigenden Repräsentanten der Menschheit) Zeichnungen mit Farbstift auf einem Blatt 22.2 : 29.3 cm

12.34 Studie mit Farbstift zu einem rosa Fenster, 14 : 5 cm

Entwürfe für das rosa Fenster im Süden («Schlafen»):

12.35 Mitte (Das Wachen des höheren Selbst über dem Ruhenden, ihn vor den Vernichtungskräften schützend) Bleistiftzeichnung

12.36 Seite links «Die Schwelle verhüllt sich» und

12.37 Seite rechts «Die Schwelle offenbart sich» Bleistiftzeichnungen, links 7.5 : 21.5 cm, rechts 7 : 20 cm

Engelprofil, Bleistiftskizzen:

12.38 I 9 : 9 cm 1918/19

12.39 II 10 : 4.5 cm

Verschiedene Skizzen:

Thema der Fensterfiguren:

12.40 I (aus einem Notizbuch) 1913/14

12.41 II (aus einem Notizbuch) 1913/14

12.42 Fenster-Studienblatt

Publikationen: Lfde. Nrn. 12.1–42 ohne 12.13/22/39 siehe Bibl.-Nr. K 12

III. Malereien in den beiden Kuppeln des ersten Goetheanum

Die Entwürfe für die Malereien des 650 m^2 umfassenden Flächeninhalts der beiden Kuppeln entstanden von Juni bis Weihnachten 1914. Danach malten in der großen und in der kleinen Kuppel je sechs Maler. Die einzelnen Motive waren in der Ausführung 6 bis 8 m hoch. Im Laufe der Arbeit im Jahre 1918 glich Rudolf Steiner auf Bitten der Maler die Hauptfigur im Mittelmotiv der kleinen Kuppel der Plastik an. Daraus ergab sich, daß er während anderthalb Jahren, etwa vom Sommer 1918 bis Oktober 1919, die ganze südliche Hälfte – die nördliche sollte Spiegelbild sein – einschließlich der an das Mittelmotiv angrenzenden russischen Kultur neu malte. Den Rest der Nordseite kopierten die Maler. Im Oktober 1919 fielen die Gerüste in beiden Kuppeln.
Die Farben wurden nach Angaben von Rudolf Steiner aus Pflanzenstoffen am Goetheanum hergestellt. Eine Rekonstruktion der Malereien in Form zweier Modellkuppeln (große Kuppel ca. 2 m) durch Hilde Boos-Hamburger befindet sich heute im Goetheanum. Rekonstruktionen der Malereien der kleinen Kuppel: 16 m Rundhorizont als Bühnendekoration von W. Scott Pyle (1929) und sechs Tafeln von 2:1 m von Hilde Boos-Hamburger, im Goetheanum.

13. Entwürfe für die Malerei der großen Kuppel

13 Entwürfe in Pastell, 12 in Bleistift und 2 Bleistiftskizzen auf 27 Blättern

Es wirken die Elohim in die Erde hinein, es strahlen hinein die Lichtwesen

13.1G Pastell und Bleistift 35 : 26 cm

Es entstehen die Sinne, es werden – Auge und Ohr

13.2 G Pastell 35.2 : 26.2 cm

13.3 G Bleistift 35.2 : 25 cm

Jahve und die luziferische Versuchung – Paradies

13.4 G Pastell 46 : 32 cm

13.5 G Bleistift 46 : 32 cm

Lemurien

13.6 G Pastell 26 : 19 cm

13.7 G Bleistift 26.2 : 19 cm

Atlantis

13.8 G Pastell 46 : 29.5 cm

13.9 G Bleistift 33 : 26 cm

Der indische Mensch

13.10 G Pastell 45.8 : 28.3 cm

13.11 G Bleistift 46.2 : 32.2 cm

Eine Studie dieses Motivs (2 : 1.2 m) für die Ausführung in der großen Kuppel von der Malerin Lotus Peralté befindet sich im Archiv der Rudolf Steiner-Nachlaßverwaltung

Der persische Mensch

13.12 G Pastell 46.3 : 32.3 cm

13.13 G Bleistift 46.5 : 32.3 cm

Der ägyptische Mensch

13.14 G Pastell 46 : 32 cm

13.15 Bleistift, erste Fassung 45 : 31 cm

13.16 G Bleistift, zweite Fassung 45 : 33.5 cm

Griechenland und das Ödipus-Motiv

13.17 G Pastell 35 : 25 cm

13.18 G Bleistift 35 : 25 cm

Der Mensch als Ergebnis der lemurisch-atlantischen Entwickelung:
Gottes Zorn und Gottes Wehmut – I

13.19 G Pastell 25 : 35 cm

13.20 G Bleistift 25 : 35 cm

Der Reigen der Sieben – A

13.21 G Pastell 46 : 32 cm

13.22 G Bleistift 46 : 32 cm

Der Kreis der Zwölf – O

13.23 G Pastell und Bleistift 23.5 : 35 cm

Weitere Skizzen:

13.24 G Motivanordnung Bleistift 33 : 44 cm

13.25 Skizze für die Anordnung der farbigen Kurven, Bleistift

13.26 Bleistiftskizze

13.27 Farbstudie, Pastell 50 : 37 cm 1914

Publikationen: Lfde. Nrn. 13.1/2/4/6/8/10/12/14/17/21/23/24 siehe Bibl.-Nr. K 13

14. Entwürfe für die Malerei der kleinen Kuppel

11 Entwürfe auf 10 Blättern

Der Menschheitsrepräsentant zwischen Luzifer und Ahriman

14.1 G Pastell 40.5 : 50.8 cm 1914

Der slawische Mensch mit Doppelgänger, Engel und Kentaur

14.2 G Pastell 50 : 65 cm 1914

Kopf des Kentaur

14.3 G Pastell 31 : 38 cm 1914

Der slawische Mensch und der germanische Eingeweihte

14.4 G Pastell 42.5 : 32 cm 1914

14.5 G Bleistift 44.5 : 31 cm 1914

Athene

14.6 G Pastell 22.5 : 33.8 cm 1914

14.7 G Bleistift 25.2 : 35.4 cm 1914

Faust

14.8 G Pastell 34.5 : 25 cm 1914

14.9 G Bleistift 25 : 35 cm 1914

Der ägyptische Eingeweihte

14.10 G Pastellskizze 1914, und

14.11 G Bleistiftskizze auf einem Blatt 46 : 32 cm 1914

Publikationen: Lfde. Nrn. 14.1-11 siehe Bibl.-Nr. K 14

15. Weitere Studien zur Malerei der kleinen Kuppel

53 Studien auf 24 Blättern und 10 Skizzen aus Notizbüchern, 1 Pflanzenfarbmuster

15.1 Studie zum Menschheitsrepräsentanten, Bleistift 1917/18

15.2 Ahriman in der Höhle, nach dem plastischen Modell gezeichnet, Farbstift 1917/18

15.3 Ahriman in der Höhle, nach dem plastischen Modell gezeichnet (mit Kreuz), Farbstift 1917/18

15.4 Studie dazu, Farbstift

Handstudien zum mittleren Motiv auf einem Blatt

15.5 Christushand 1917/18

15.6 Arm und Hände 1917/18

Ahrimans Hände, sechs Studien in Farbstift auf einem Blatt 1917/18

15.7 I

15.8 II

15.9 III

15.10 IV

15.11 V

15.12 VI

Studien zur Gestalt Luzifer, Bleistift

15.13 I und

15.14 II (Farbstift) auf einem Blatt 1917/18

15.15 III (Notizbuch) 1917/18

15.16 IV (Notizbuch) 1917/18

Vier Studien zu Augen und Stirn, vermutlich zum Luzifer-Motiv, Bleistift 1917/18
15.17 I
15.18 II
15.19 III
15.20 IV
Sieben Studien zum Motiv «Der germanische Eingeweihte» auf drei Blättern I–III 1917/18
15.21 I Bleistift
15.22 II Finger-, Handstudie a
15.23 Finger-, Handstudie b
15.24 Finger-, Handstudie c, Farbstift
15.25 III Armstudie a
15.26 Armstudie b
15.27 Armstudie c, Farbstift
Luzifer im Profil, drei Bleistiftskizzen auf zwei Notizbuchblättern 1917/18
15.28 I
15.29 II
15.30 III
15.31 Ein kleiner Kentaur aus dem germanischen Motiv (lfde. Nr. 14.5) Bleistift 1917/18
Neun Kopfstudien zur griechischen Kultur 1917/18
Athene und Genius
15.32 I und
15.33 II Farbstift, auf einem Blatt
15.34 III und
15.35 IV, Bleistift, auf einem Blatt
Fünf Farbstiftskizzen zu Apollo auf einem Blatt
15.36 I
15.37 II
15.38 III
15.39 IV
15.40 V
Drei Studien in Farbstift zur inspirierenden Wesenheit über Apollo 1917/18
15.41 I
15.42 II
15.43 III
15.44 Inspirierender Engel von Faust, Farbstift 1917/18
15.45 die große Hand, Bleistift 1917/18
Drei Studien in Bleistift zum Engel 1917/18
15.46 I
15.47 II
15.48 III
Sechs Kopfstudien in Farbstift 1917/18
15.49 I
15.50 II
15.51 III
15.52 IV
15.53 V
15.54 VI

Weitere Studien:

15.55 Farbstudie. Pastell 50 : 64 cm 1914

15.56 Bleistiftskizze

15.57 Farbstiftskizze

15.58 Bleistiftskizze zur griechischen und zur Bewußtseinsseelen-Periode mit

15.59 Pflanzenfarbenmuster auf einem Blatt

Fünf Studien auf einem Blatt zur Hand des Engels (lfde. Nr. 14.2) Farbstift

15.60 I

15.61 II

15.62 III

15.63 IV

15.64 V

Publikationen: Lfde. Nrn. 15.1/3/5-21 und 15.25-54 siehe Bibl.-Nr. K 14

16. Weitere Farbskizzen für den ersten Goetheanumbau

2 Entwürfe auf 2 Blättern

16.1 G Motiv zum Bühnenvorhang 1914 (nicht ausgeführt) Pastell 44.5 : 30.5 cm

16.2 Für die Mysterienspiele sollte ursprünglich der Vorhang, der die beiden Kuppelräume trennte, ein Motiv tragen, das im eigentlichen Sinne den Weg des Geistesschülers darstellte. Dieses Motiv hat W. Scott Pyle in freier Weise für den Bühnenvorhang des zweiten Goetheanum ausgestaltet. Skizze für Eurythmievorhang 1918/19 (nicht ausgeführt) Pastell 41 : 30 cm

Publikationen: Lfde. Nr. 16.1 siehe Bibl.-Nr. K 16.1

C. Die Arbeit am Goetheanum

I. Bühnenkunst

Eine neue Mysterien-Bühnenkunst – heute ein wesentlicher Bestandteil der anthroposophischen Bewegung – entstand aus der Zusammenarbeit von Rudolf Steiner und Marie Steiner-von Sivers. Ausgangspunkt auch hierfür war der Münchner Kongreß 1907 mit der Aufführung des «Heiligen Dramas von Eleusis» von Edouard Schuré. 1909 folgte die Aufführung von Schurés «Die Kinder des Luzifer» und von 1910 bis 1913 die Uraufführungen der vier Mysteriendramen Rudolf Steiners. Ein für 1914 geplantes fünftes Mysteriendrama, ursprünglich in Dornach, dann durch die Bauverzögerung in München, wurde durch den Ausbruch des Ersten Weltkrieges verhindert. Von 1915 an in Dornach eurythmisch-dramatische Aufführungen von Szenen aus Goethes Faust I und II, Aufführungen der Oberuferer Weihnachtspiele und eurythmisch-dramatische Aufführungen von Szenen aus den Mysteriendramen. Hierfür entstanden auf Initiative einer Malerin gemalte Programme, für deren Gestaltung Rudolf Steiner später ebenfalls Anregungen gegeben hat (siehe VII. Aquarelle). Rudolf Steiner inszenierte selbst. Er arbeitete mit den Darstellern und Eurythmisten, machte Angaben bis ins kleinste Detail für Kostüme und Bühnenbilder und malte für die Staffelei des Johannes Thomasius im 3. Bild des Mysteriendramas «Die Prüfung der Seele» das Bild «Lichtesweben».

Erhalten haben sich von den zahlreichen Skizzen und Entwürfen:

a) Dramatische Kunst

Etwa hundert Sprechübungen (1919-1924)
Publikationen : in «Methodik und Wesen der Sprachgestaltung» siehe Bibl.-Nr. 280; weitere Angaben zur Kunst der Rezitation und Schauspielkunst in «Die Kunst der Rezitation und Deklamation» siehe Bibl.-Nr. 281 und in «Sprachgestaltung und dramatische Kunst. Dramatischer Kurs» siehe Bibl.-Nr. 282

17. Kostümskizzen für «Das heilige Drama von Eleusis» von Edouard Schuré

Uraufführung 1907

5 Skizzen auf 4 Blättern

17.1 Dionysos, Bleistift
Zwei Bleistiftskizzen auf einem Blatt:
17.2 Eros
17.3 Persephone (Prolog)
17.4 Treptolem, Farbstift
17.5 Zeus, Farbstift

18. Kostümskizzen für «Die Kinder des Luzifer» von Edouard Schuré

Uraufführung 1909

3 Bleistiftskizzen auf 3 Blättern

18.1 Flügelskizze für Luzifer 30. Juli 1909
18.2 Römischer Centurio 1909
18.3 Mönch 1909

19. Entwürfe für die Inszenierung der «Vier Mysteriendramen»

Uraufführungen in München 1910 bis 1913

1 Modell, 1 Temperabild und 24 Skizzen auf 14 Blättern

19.1 Ahrimankopf mit Schulter, Plastilinmodell für das Mysteriendrama «Die Pforte der Einweihung» 1. Bild. 20 : 14.5 : 16 cm hoch

19.2 «Lichtesweben» (Diese Bezeichnung wurde von Marie Steiner bei der 1. Reproduktion gegeben) entstanden für die Staffelei des Johannes Thomasius im 3. Bild des Dramas «Die Prüfung der Seele». Temperabild 102 : 67.5 cm

19.3 Skizze zum Meditationszimmer im 1. und 2. Mysteriendrama, Bleistift

19.4 Skizze für ein Bild für das Zimmer Theodora's, Farbstift

19.5 Skizze für ein Bild für das Zimmer Theodora's und Dr. Straders, Farbstift

Straders Mechanismus: (I-II, III-VI, VII-IX je auf einem Blatt) teilweise Skizzen von Oskar Schmiedel nach Angaben von Rudolf Steiner

19.6 I Bleistift

19.7 II Bleistift

19.8 III Bleistift

19.9 IV Bleistift / Tinte

19.10 V Bleistift

19.11 VI Bleistift / Tinte

19.12 VII Bleistift

19.13 VIII Bleistift

19.14 IX Bleistift

19.15 Stola des Benedictus im unterirdischen Tempel, Bleistiftskizze

Vier Bleistiftskizzen für die Inszenierung des 10. Bildes

19.16 I

19.17 II

19.18 III

19.19 IV

19.20 Bleistiftzeichnung für den Tempel aus dem «Hüter der Schwelle»

Fünf Kostümentwürfe für das ägyptische Bild in «Der Seelen Erwachen» auf einem Blatt, Bleistift

19.21 I

19.22 II

19.23 III

19.24 IV

19.25 V

Entwurf für einen Armstuhl

19.26 Bleistift

Publikationen: Lfde. Nr. 19.2 siehe Bibl.-Nr. K 19

20. Entwürfe für die Inszenierung von Szenen aus Goethes Faust am Goetheanum in Dornach 1915–1918

28 Skizzen und Entwürfe auf 19 Blättern

20.1 Kostümentwurf für Mephistopheles, Kopie, Original verloren Aug. 1916

20.2 Hut für Mephistopheles, Bleistift Sept. 1916

20.3 Hut für Mephistopheles als Scholast, Bleistift

20.4 Kleid des Erdgeistes, Farbstift, mit lfder. Nr. 20.5 auf einem Blatt April 1915
20.5 Hut des Erdgeistes, Farbstift, mit lfder. Nr. 20.4 auf einem Blatt
20.6 Maske des Erdgeistes, Bleistiftzeichnung nach Angaben von Rudolf Steiner von Ella Diubaniuk entworfen
20.7 Kostüm für Mummenschanz (?), Bleistiftskizze
20.8 Faust's Gang zu den Müttern, Bleistiftskizze

Kostümentwürfe für die klassische Walpurgisnacht, Bleistift :

20.9 Ameise 22. Nov. 1917
20.10 Chiron, mit lfder. Nr. 20.11 auf einem Blatt 3. Okt. 1917
20.11 Erichto, mit lfder. Nr. 20.10 auf einem Blatt (Farbstift) 9. Okt. 1917
20.12 Daktylen (Finger) Sept. 1918
20.13 Delphin 22. Okt. 1918
20.14 Doriden, mit lfder. Nr. 20.15 auf einem Blatt 14. Okt. 1918
20.15 Telchinen auf Hippokampea, mit lfder. Nr. 20.14 auf einem Blatt 14. Okt. 1918
20.16 Greife 22. Nov. 1917

Drei Skizzen auf einem Blatt :

20.17 Meerkalb 23. Okt. 1918
20.18 Meerstier 23. Okt. 1918
20.19 Meerwidder 23. Okt. 1918
20.20 Proteus-Schildkröte 22. Okt. 1918
20.21 Sphinx 22. Nov. 1917
20.22 Tritonen 14. Okt. 1918

Köpfe der Hexenmeister aus der Walpurgisnacht, zwei Bleistiftskizzen auf einem Blatt,

20.23 I
20.24 II
20.25 Kostümentwurf für «Die drei Phorkyaden», Farbstift 30. Aug. 1918

Kostümentwürfe für Faust Grablegung, Farbstift

20.26 Dürrteufel Aug. 1916
20.27 Dickteufel 1. Sept. 1916
20.28 «Faustus Unsterbliches» Farbstift

Publikationen: Lfde. Nr. 20.25 siehe Bibl.-Nr. K 20

21. «Die Kabiren»

3 plastische Modelle zur Inszenierung von Goethes Faust II, 1917
und 1 Zeichnung, 1918

Mit Schminkstift kolorierte Gipsmodelle :

21.1 G Axiokersos 21 cm hoch
21.2 G Axieros 46 cm hoch
21.3 G Axiokersa 34 cm hoch
21.4 Bleistiftzeichnung dieser Modelle mit Spruch und Widmung vom 28. Jan. 1918, 26.5 : 21.2 cm

Publikationen und Abgüße der Modelle: Lfde. Nrn. 21.1-4 siehe Bibl.-Nr. K 21

22. Skizze für die Inszenierung des «Dreikönigsspieles»

22.1 «Madonna für die Engelstange», Bleistiftskizze

b) Die neue Bewegungskunst Eurythmie

Die Eurythmie ist entstanden auf Grund einer 1912 an Rudolf Steiner gerichtete Frage nach einer ernsteren Tanzkunst. Es handelt sich dabei «nicht um etwas bloß Mimisches oder artiges. Eurythmie will eben noch etwas anderes, sie will sichtbare Sprache oder Gesang sein, die ebenso wie die menschliche Lautsprache oder der Ton, der Gesang, aus dem menschlichen Organismus in einer gesetzmäßigen Weise hervorgehen können». Von 1912 bis 1924 entstanden die zahlreichen Angaben, die in den Eurythmiekursen von 1915 und 1924 (GA 277a, 278 und 279) im Zusammenhang dargelegt wurden. Außer den eurythmischen Grundelementen schuf Rudolf Steiner für zahlreiche einzelne Dichtungen und Tonstücke choreographische Solo- und Gruppenformen mit Farbangaben für die Bekleidung und vielfach auch für die Beleuchtung. Auf insgesamt 1541 Originalblätter sind die Eurythmieformen für 765 Gedichte und Musikstücke aufgezeichnet.

23. Formen und Beleuchtungsangaben für die Laut-Eurythmie

622 Eurythmieformen zu Dichtungen auf 1374 Blättern und 422 Beleuchtungsangaben

Die Dichtungen, zu denen Eurythmieformen vorliegen, sind alphabetisch nach Dichtern geordnet. Fehlt eine Gedichtüberschrift, gilt der Gedichtanfang. Jede Eurythmieform hat folgende Nummern: die laufende Gruppennummer (23), eine Gedichtnummer und eine Schlußzahl, die angibt wieviele Originalblätter zu der betreffenden Eurythmieform gehören. Liegt eine Beleuchtungsangabe im Original vor, ist die Zahlengruppe mit einem B ergänzt. Befindet sich das Original im Goetheanum, ist dem B ein G beigestellt. Gibt es zu einem Gedicht keine Eurythmieform, aber eine Beleuchtungsangabe, so steht nur ein B ohne Zahlenangabe. Weitere, nur mündlich überlieferte Beleuchtungsangaben, die auf Rudolf Steiner zurückführen, finden sich in den Eurythmiebüchern (vgl. Bibl.-Nr. K 23, Seite 156). Auf den meisten Eurythmieformen gibt es auch Farbangaben für Kleid und Schleier. Wenn nun außer diesen Angaben eine ergänzende Skizze oder eine Beschreibung für eine besondere Kostümausführung vorliegt, so ist dies mit einem K vermerkt (siehe auch lfde. Nr. 25). Gibt es zu einem Gedicht keine Eurythmieform, jedoch die Farbangaben für Kleid und Schleier, so ist dies mit F bezeichnet. Befinden sich außerdem auf einer Eurythmieform ergänzende Skizzen zu Gesten oder besonderen Ausdrucksformen, so ist dafür das Zeichen S gesetzt.

Eine solche Zahlen-/Buchstabengruppe, zum Beispiel

23.116.3 BGKS	bedeutet also:
23	laufende Gruppennummer (Laut-Eurythmie)
116	Nummer für das Gedicht
3	Die Eurythmieform wurde auf 3 Blätter gezeichnet.
B	Es liegt eine Beleuchtungsangabe vor.
G	Das Original der Beleuchtungsangabe befindet sich im Goetheanum.
K	besondere Kostümangabe
F	Farbangabe für Kleid und Schleier bei fehlender Eurythmieform
S	Zu dieser Eurythmieform gibt es noch eine ergänzende Skizze für Geste, besondere Ausdrucksform oder eine Beschreibung für Kleid und Schleier.

Das Datum bezieht sich auf die erste Eurythmie-Aufführung zu diesem Gedicht.

Ägyptische Texte:

	B	Du süßer Brunnen ...
	B	Amenemhet der Dritte ...
	B	Herrlicher, Bunter ...
	B	Der Tod steht heute vor mir ...
	B	Lebenstrauer

Deutsche Texte:

Aeschylos
1 Eurythmieform auf 4 Blättern

		Aus: Agamemnon, verdeutscht von Hans von Wolzogen
23.001.4	F	Zwei Greise, drei Bürger, Kassandra

Åsteson, Olaf
siehe Traumlied

Baumbach, Rudolf
1 Eurythmieform auf 1 Blatt

23.003.1		Die Gäste der Buche 1920

Brentano, Clemens
1 Eurythmieform auf 1 Blatt

23.005.1		Nachklänge Beethovenscher Musik 1918

Buergi, Emil
1 Eurythmieform auf 1 Blatt

23.007.1		aus «Der Aufstieg» stumme Form zu: Laubgold 1916

Claudius, Matthias
1 Beleuchtungsangabe

	BG F	Hymne (O Worte des ewigen Lebens ...)

Eichendorff, Joseph, Frh. von
2 Eurythmieformen auf 3 Blättern und 1 Beleuchtungsangabe

23.009.2		Elfe 1921
23.010.1		Waldgespräch 1920
	BG	Wechsel (Übung für verschiedene Seelenstimmungen)

Fercher von Steinwand, Johann
5 Eurythmieformen auf 32 Blättern und 6 Beleuchtungsangaben

23.012.2	S	An mein Kalb
23.013.1	BGKS	Beim Anblick einer Gans 1921
23.014.7		Chor der Urträume 1922
		Chor der Urtriebe
23.015.19		I bis XII 1918
	BG	IV Wie die Dämpfe rings gerinnen! ...
	BG	V Strebt die Sonne zu vollenden ...
	BG	VI Aber stürmisch dreht sich's oben ...
23.016.3		Das Verhängnis 1923
	BG	Lebensfreude, Erfahrungswehe
	BG	Sonne Kinderaufführung: 1923

Goethe, Johann Wolfgang von
100 Eurythmieformen auf 202 Blättern und 32 Beleuchtungsangaben

			Szenen aus Faust I:
23.018.1			Studierzimmer II, Geister auf dem Gange
23.019			Studierzimmer II, Spruch der Viere 1920
23.020.2	B		Studierzimmer III, Geisterchor (unsichtbar)
			Szenen aus Faust II:
23.021.1			1. Akt, Ariel-Szene (Auftakt) 1915
23.022.2			2. Akt, Studierzimmer, Chor der Insekten 1922
23.023.1			2. Akt, Ägäisches Meer, Doriden und Nereiden und Skizze 1918
23.024.7			3. Akt, Helena-Szene, Chöre der Trojanerinnen, Phorkyas 1929
23.025.3			5. Akt, Lynkeus
23.026.3			5. Akt, Sorge-Szene
			Gedichte:
	BG		Adler und Taube
23.027.1			Allerdings 1920
23.028.2			Amor und Psyche 1920
23.029.2	BG		An den Mond 1919
23.030.1	B		An die Zikade 1920
23.031.1			An Schwager Kronos 1920
23.032.1			Antepirrhema 1920
23.033.3			Beherzigung (Ach was soll der Mensch ...) 1921
23.034.2			Beherzigung (Feiger Gedanken ...) 1921
23.035.1			Charon (Neugriechisch-epirotische Heldenlieder) 1921
23.036.1			Das Göttliche 1920
23.037.1			Das Leben ist ein Gänsespiel 1920
23.038.1			Das Leben ist ein schlechter Spaß ...
23.039.3	BG		Das Sträußchen 1921
23.040.2	B		Das Veilchen 1921
23.041.1			Den Originalen 1920
23.042.1			Der Fischer 1920
23.043.2	BG	S	Der König in Thule 1923
23.042.1			Der Olympus, der Kissavos, ... 1921
23.045.2			Der Rattenfänger 1920
23.046.7	B		Der Sänger 1922
23.047.4			Der Schatzgräber 1920
23.048.1			Der Zauberlehrling 1920
23.049.1			Die Bekehrte 1920
23.050.1		S	Die Freuden 1920
23.051.12	BG		Die Metamorphose der Pflanzen 1919
23.052.1			Die Poesie 1920
23.053.1			Die Spröde 1920
	BG		Die wandelnde Glocke
23.054.3			Die Wolken 1919
23.055.1			Eins wie's andre 1920
23.056.1			Epirrhema 1920

23.057.2	K	Erklärung einer antiken Gemme 1920
23.058.3	B	Erlkönig 1920
		Dazu Auftaktform für tückische Elfen siehe lfde. Nr. 23.548
23.059.2		Frühzeitiger Frühling 1922
23.060.2		Fünf andere Dinge 1920
23.061.2		Fünf Dinge 1920
23.062.3	BG	Ganymed 1923
23.063.1		Gedichte
23.064.2	B	Gefunden 1923
23.065.1	BG	Grenzen der Menschheit 1920
23.066.2		Harzreise im Winter 1919
23.067.3		Heidenröslein 1923
23.068.2	BG	Hochländisch 1921 (von B nur Kopie)
23.069.2		Howards Ehrengedächtnis 1919
23.070.10		Hymnus an die Natur 1919
23.071.1		Ihr guten Kinder ...
23.072.1		Ihr schmähet meine Dichtung ... 1920
23.073.1		Kläffer 1921
23.074.2		Koptisches Lied 1922
	BG F	Ländliches Glück
23.075.2	K	Legende 1920
23.076.3		Lynkeus (Faust II,5) 1922
23.077.2		Mächtiges Überraschen 1920
23.078.1		Mahomets Gesang 1920
23.079.1	B	Mailied (Wie herrlich leuchtet) 1919
23.080.1	BG	Mailied (Zwischen Weizen und Korn) 1920
	BG F	May Song (2 Beleuchtungsangaben, davon eine im G)
23.081.1	BG	Meine Göttin 1919
23.082.1		Meeresstille 1919
23.083.3		Mit einem gemalten Band 1921
		Neugriechisch-epirotische Heldenlieder siehe lfde. Nr. 23.035
23.084.3	BG	Offene Tafel 1921
23.085.1		Parabase 1920
23.086.3	B	Parzenlied aus «Iphigenie» IV, 5 1924
23.087.2		Prooemion (1) 1921
23.088.3		Prooemion (2) 1921
23.089.2		Rezensent 1921
	BG	Schweizerlied
23.090.2		Séance 1920
23.091.3	B	Seelige Sehnsucht
23.092.12		Urworte, Orphisch 1921
23.093.3	KS	Valet 1921
23.094.3	BG	Vanitas! vanitatum vanitas! 1924
	BG	Veni creator spiritus (Christlicher Pfingsthymnus von Papst Gregor dem Großen) (von B nur Kopie)
	BG F	Wanderers Nachtlied

23.095.5 BG Wanderers Sturmlied 1920
23.096.3 BG Weltseele 1920
23.097.2 BG Wer in der Weltgeschichte ... 1921
BG With a Painted Ribbon
Aus «Wilhelm Meister»:
23.098.3 Mignon (Ballade) 1921
23.099.2 Mignon 1921
23.100.1 Dieselbe (Nur wer die Sehnsucht kennt, ...) 1921
23.101.2 BG Dieselbe (So laßt mich scheinen, bis ...) 1921
23.102.1 Harfenspieler 1921
23.103.2 Derselbe (Wer nie sein Brot mit Tränen aß ...) 1921
23.104.1 Derselbe (Wer sich der Einsamkeit ergibt, ...) 1921

Hamerling, Robert
8 Eurythmieformen auf 20 Blättern und 6 Beleuchtungsangaben
23.110.2 Der Adler 1924
23.111.2 B Diamanten 1924
23.112.1 BG Die Lerchen 1920
23.113.4 BG Lebenslied 1923
23.114.4 Liebe im Schnee 1924
23.115.2 B Nächtliche Regung 1924
23.116.3 BG Vermächtnis 1924
23.117.2 B Vernichtung oder Verjüngung 1924

Hartleben, Otto Erich Übertragungen der Gedichte von Albert Giraud, aus «Pierrot Lunaire»:
5 Eurythmieformen auf 11 Blättern
23.120.3 S Abend 1921
23.121.2 S Eine Bühne 1921
23.122.2 Gebet an Pierrot 1921
23.123.2 K Harlekin 1921
23.124.2 S Souper 1921

Hebbel, Friedrich
11 Eurythmieformen auf 18 Blättern und 2 Beleuchtungsangaben
23.125.2 BG Abendgefühl 1921
F Auf ein schlummerndes Kind
23.126.1 Das Element des Lebens
23.127.1 Das Vöglein 1921
23.128.2 Dämmerempfindung
23.129.1 Dem Schmerz sein Recht (10) (Form als Vor- und Nach- oder Zwischentakt) 1918
23.130.2 Die Weihe der Nacht
23.131.1 Herbstlied 1923
23.132.1 Meisenglück (nur Vor- und Nachtakt und Angaben für den Text) 1920
23.133.2 Nachtlied 1920
23.134.4 B Proteus 1922
F Requiem
23.135.1 Sommerbild 1921

Hegel, Georg Friedrich Wilhelm
1 Eurythmieform auf 3 Blättern und 1 Beleuchtungsangabe

23.138.3	B	Eleusis (An Hölderlin) 1925

Heine, Heinrich
3 Eurythmieformen auf 10 Blättern und 4 Beleuchtungsangaben

23.140.4	BG	Auf Flügeln des Gesanges ... 1921 (2 Beleuchtungsangaben)
23.141.4	B	Aus alten Märchen ... 1921
	BG	Lyrisches Intermezzo (Nr. 10) Die Lotosblume ängstigt ...
23.142.2	B	Mein Kind, wir waren Kinder ... 1921

Herder, Johann Gottfried von
1 Eurythmieform auf 3 Blättern und 2 Beleuchtungsangaben

23.145.3	B	Edward, Edward. Altschottische Ballade (Form für deutschen Text)
		Erlkönigs Tochter, aus dem Dänischen, siehe lfde. Nr. 23.583
	BG F	Schmetterling (von B nur Kopie)

Hoffmann von Fallersleben, August Heinrich
1 Eurythmieform auf 2 Blättern und 1 Beleuchtungsangabe

23.147.2	B	Das erste Veilchen 1925

Hölderlin, Friedrich
3 Eurythmieformen auf 6 Blättern

23.150.3	K	Die Jugend 1925
23.151.2	K	Hyperions Schicksalslied 1925
23.152.1	K	Sonnenuntergang 1925

Jacobowski, Ludwig
1 Eurythmieform auf 1 Blatt

23.153.1		Melodie 1921

Kalewala (Finnisches Volksepos)
1 Eurythmieform auf 3 Blättern

23.155.3		Schluß der 2. Rune

Kitir, Joseph
1 Eurythmieform auf 3 Blättern und 1 Beleuchtungsangabe

23.157.3	BG	Traumverwandlung 1922

Klopstock, Friedrich Gottlieb

	BG F	aus der Ode «Der Erbarmer» (Zeile 35-46) (von B nur Kopie)

Lagarde, Paul de
1 Eurythmieform auf 1 Blatt

23.159.1		Symphonie 1918

Lenau, Nikolaus
3 Eurythmieformen auf 10 Blättern

23.161.2		Die drei Zigeuner 1921
23.162.4		Sturmesmythe 1922
23.163.4		Waldlied 1921

Meyer, Conrad Ferdinand
10 Eurythmieformen auf 14 Blättern und 6 Beleuchtungsangaben

23.165.3	B		Begegnung 1921
23.166.1			Chor der Toten 1916
	B		Der Gesang des Meeres
	BG		Die Jungfrau
23.167.3			Die sterbende Meduse 1922
23.168.1			Die zwei Reigen (Zwischentakt oder Vor-Nachtakt) Kopie 1918
	BG		Friede auf Erden
23.169.1			In der Sistina 1918
23.170.1			Lenz Wanderer, Mörder, Triumphator 1923
23.171.1			Morgenlied 1919
23.172.1			Möwenflug 1923
23.173.1			Napoleon im Kreml
23.174.1			Thespesius
	B		Was treibst du, Wind?
	B		Zwiegespräch

Morgenstern, Christian
124 Eurythmieformen auf 256 Blättern und 73 Beleuchtungsangaben

			Gedichte:
23.180.2	B		Auf dem Strome 1924
23.181.2			Auf leichten Füßen 1923
23.182.1			Butterblumengelbe Wiesen ... 1921
23.183.3	B		Der Engel
23.184.2			Der vergessene Donner 1919
23.185.3	B		Die Fußwaschung 1923
	B	F	Ein Kindergedicht
23.186.4	B		Ein Weihnachtslied 1924
	BG		Es kommt der Schmerz gegangen ...
23.187.1	B		Für Rudolf Steiner 1925
23.188.2			Glückselig nach dem Regen ... 1925
23.189.3	B		Ich bin aus Gott wie alles Sein geboren ... 1924
23.190.3	B		Lucifer 1925
23.191.1	B		Rudolf Steiner 1925
23.192.1			Schwalben
23.193.2			Selige Leichtigkeit 1923
23.194.2			Waldkonzerte! Waldwindchöre 1921
23.195.1	BG		Wind, du mein Freund! ... 1922
23.196.3			Wind und Geige
	B		Zum zweiten Satz (Andante con moto) von Beethovens Appassionata
			Humoresken:
23.200.1	BG		Anfrage
23.201.2	BG		Anto-logie 1921
23.202.1	BG		Antwort (i.A.)
23.203.2			Auf einer Bühne

23.204.2	BG		Aus der Vorstadt 1921(2 gleiche Beleuchtungsangaben, davon eine im G)
23.205.2			Bildhauerisches 1921
23.206.1			Bim, Bam, Bum
23.207.1	B		Das ästhetische Wiesel 1922
23.208.2	B	S	Das böhmische Dorf 1921 (Original von B in Privatbesitz)
23.209.2	B		Das Buch 1923
23.210.1			Das Butterbrotpapier 1921
23.211.1		S	Das Einhorn
23.212.3		S	Das Geierlamm 1921
23.213.2			Das Grab des Hundes 1921
23.214.2	BG		Das Grammophon 1922
23.215.2			Das große Lalula
23.216.3			Das Hemmed 1922
23.217.1	B	KS	Das Huhn 1923
	BG		Das Mondschaf
23.218.1			Das Nilpferd
23.219.1		KS	Das Perlhuhn 1921
23.220.2	BG		Das Polizeipferd 1923 (2 Beleuchtungsangaben, davon eine im G)
23.221.1			Das Wasser 1922
23.222.1			Das Weiblein mit der Kunkel 1922
23.223.1	BG		Der Aromat 1922
23.224.1		K	Der Ästhet 1920
23.225.2	B	S	Der Bahnvorstand 1924
23.226.2		S	Der eingebundene Korf
23.227.2			Der E.P.V. 1921
23.228.4			Der Gaul 1921
23.229.3	BG		Der gestrichene Bock 1922
23.230.3			Der Hahn (4 Legenden) 1921
23.231.2	BG		Der heilige Pardauz 1922
23.232.3			Der Leu 1921
23.233.2			Der Mond
23.234.3	BG	S	Der Papagei (Es war einmal ein Papagei, ...) 1922
23.235.1	BG		Der Papagei (Palma Kunkels Papagei ...) 1921
23.236.3	BG	S	Der Purzelbaum 1922
23.237.2			Der Rabe Ralf 1922
23.238.2			Der Rock 1921
23.239.3			Der Salm 1922
23.240.3	BG		Der Sperling und das Känguruh 1923 (2 Beleuchtungsangaben, davon eine im G)
23.241.2	B		Der Tanz
23.242.2		KS	Der Wasseresel 1921
23.243.3			Der Würfel 1921
23.244.6			Der Zwölf-Elf 1922
23.245.2			Deus Artifex
23.246.2			Die Behörde 1921
	BG		Die Beichte des Wurms

	BG		Die beiden Esel
	BG		Die beiden Flaschen
23.247.1			Die Elster 1921
23.248.4	BG		Die Fledermaus 1922
23.249.1	BG		Die Geruchs-Orgel 1921
23.250.3		KS	Die Hystrix 1921
23.251.1	BG		Die Korfsche Uhr 1921
23.252.2			Die Lämmerwolke
23.253.1			Die Luft 1921
23.254.1			Die Mausefalle I (Palmström hat nicht Speck im Haus ...)
23.255.1			Die Mausefalle II (Morgens kommt v. Korf und lädt ...) 1921
23.256.3			Die Mitternachtsmaus 1922
23.257.2	BG		Die Nähe 1921
23.258.1			Die Oste 1921
23.259.2			Die Priesterin 1921
	BG		Die Probe
23.260.2	B		Die Schuhe 1921
23.261.1			Die Stationen 1921
23.262.2	B		Die Tafeln
23.263.3		S	Die Tagnachtlampe
23.264.3			Die unmögliche Tatsache
	BG		Die Waage
23.265.2	BG		Die weggeworfene Flinte 1923 (2 Beleuchtungsangaben, davon eine im G)
23.266.1		S	Die Weste 1921
23.267.3	BG		Die Westküsten 1923
23.268.1	BG	S	Die Windhosen 1922
23.269.2			Die wirklich praktischen Leute 1921
23.270.1			Die Wissenschaft 1921
23.271.3			Die Zeit 1922
23.272.2	B	K	Die zwei Parallelen (Original von K im G)
23.273.3	BG		Ein modernes Märchen, I Früchte der Bildung, II Not lehrt beten 1921
23.274.1			Entwurf zu einem Trauerspiel 1921
23.275.3			Etiketten-Frage 1921
23.276.2	B	S	Exlibris 1922
23.277.2		KS	Feuerprobe 1921
	B	F	Geburtsakt der Philosophie
23.278.2		S	Gleichnis
	BG		Himmel und Erde
23.279.1			Igel und Agel 1922
23.280.6			Im Reich der Interpunktionen 1922
23.281.2	B		Korf erfindet eine Art von Witzen - 1923
23.282.2	BG	S	Korf in Berlin 1923
23.283.2	BG		Korfs Geruchsinn
23.284.2			Korfs Verzauberung 1921
23.285.2			Kronprätendenten 1923
23.286.1			L'art pour l'art 1921

23.287.1	BG		«Lore» 1921
23.288.2	BG		Lorus 1921
23.289.2	BGK		Mopsenleben 1922
23.290.1	BG		Muhme Kunkel 1921
23.291.2	B		Nach Norden 1921 (Original von B in Privatbesitz)
23.292.3	BG		Notturno in Weiß 1922
23.293.3	B		Palmström 1921 (Original von B in Privatbesitz)
23.294.1	B		Palmströms Uhr 1921 (Original von B in Privatbesitz)
23.295.1	B	S	Physiognomisches 1921
23.296.3	BGKS		Scholastikerproblem 1922 (2 Beleuchtungsangaben)
23.297.2			Sprachstudien
23.298.4	K		St. Expeditus 1921
23.299.2		S	Tapetenblume 1922
23.300.3			Theater I und II 1921
23.301.2			Toilettenkünste 1921
23.302.4	BG		Unter Schwarzkünstlern 1921
23.303.3			Unter Zeiten 1921
23.304.1	BG		Venus-Palmström-Anadyomene 1922
23.305.2	B		Westöstlich 1921 (Original von B in Privatbesitz)
23.306.2	BG		Wort-Kunst 1921

Mörike, Eduard
11 Eurythmieformen auf 27 Blättern und 11 Beleuchtungsangaben

23.320.1	B		Der Gärtner 1924
23.321.2			Der Zauberleuchtturm
23.322.3	BG		Die Geister am Mummelsee 1923
23.323.3	BG		Die traurige Krönung 1924
23.324.1	B		Elfenlied 1924
23.325.1	B		Er ist's 1924.
23.326.1	BG		Nixe Binsefuß 1923
23.327.2	BG		Schön-Rohtraut 1923
23.328.2	BG		Um Mitternacht 1923
23.329.6	BG		Von Sieben-Nixen-Chor 1924
23.330.5	BG		Zwei Liebchen 1923 (2 Beleuchtungsangaben)

Nietzsche, Friedrich
25 Eurythmieformen auf 48 Blättern und 10 Beleuchtungsangaben

23.335.4	B	S	An den Mistral 1921
23.336.2			Aus hohen Bergen
23.337.2	BG		Campo santo di staglieno 1923
23.338.3			Da stehn sie da, ... 1921
23.339.1			Das eherne Schweigen ...
23.340.2	B	S	Das Feuerzeichen 1921
23.341.1			Das sind Krebse, ...
23.342.2	BG		Das trunkne Lied ... 1925
23.343.1			Der Herbst
23.344.4	B	S	Dichters Berufung 1923

23.345.2			Die Sonne sinkt II
23.346.1			Ein glitzernder, tanzender Bach, ... 1921
23.347.1			Für Tänzer 1921
23.348.1		S	Liebeserklärung
23.349.3	BG		Lieder und Sinnsprüche (2 Beleuchtungsangaben, davon eine im G)
23.350.1			Mein Glück (Aus: Scherz, List und Rache)
23.351.2			Meine Weisheit tat der Sonne gleich ... 1921
23.352.1	B		Mitleid hin und her I. Vereinsamt 1919
23.353.2			II. Antwort
23.354.1			Motto (über meiner Haustür)
23.355.2	BG		Ruhm und Ewigkeit IV 1921
23.356.2			Schlußreim
23.357.3		S	Unter Feinden 1921
23.358.2			Wahrheiten, die noch kein Lächeln ...
23.359.2	B		Wirf dein Schweres in die Tiefe! ...

Novalis, Friedrich von Hardenberg
1 Eurythmieform auf 2 Blättern und 2 Beleuchtungsangaben

	BG	F	Marienlieder II
23.362.2	BG		Zueignung 1922 (von B nur Kopie)

Olaf Åsteson, siehe Traumlied

Polzer-Hoditz, Berta von
1 Euryhmieform auf 3 Blättern

23.364.3			Schwellengang. Aus: «Ausschau Einschau» 1919

Reinhart, Hans
4 Eurythmieformen auf 4 Blättern

23.366.1			Das Ende aller Dinge 1919
23.367.1		S	Das Ewige 1919
23.368.1			Die Jahreszeiten 1919
23.369.1			Die Toten aus «Vineta»

Schröer, Karl Julius

	BG	F	Vorfrühling

Steffen, Albert
66 Eurythmieformen auf 133 Blättern und 67 Beleuchtungsangaben

			Aus «Wegzehrung»:
23.380.3			Als am dritten Tage ... 1923
23.381.2	B		Als wir auf der goldnen Insel schliefen ... (2 verschiedene Beleuchtungsangaben) 1923
23.382.3			An eine Rose 1922
23.383.2			Aus dem Häuschen in den Garten ... 1922
23.384.3	B	S	Christus in mir ... 1924
23.385.3	B		Das heilige Nachtmahl 1924
23.386.1	B		Daß den Traum ... 1923
23.387.1	B		Deine Tänze ... 1923

23.388.1			Den Sterbekeim in dir ...
23.389.2	B		Der Mond geht auf ... 1923
23.390.2	B		Der Pilger spricht ... 1925
23.391.1	B		Der Tag ist da ... 1924
23.392.2	BG		Des Engels Flügelschlag erfüllt das All ...1923 (von B nur Kopie)
23.393.1	B		Die Geisterscharen, die den Leib gebaut ... 1923
23.394.4	B		Die Jüngerin 1923
23.395.3	B		Die Mutter träumt 1924
23.396.2			Die Seele, fremd ... 1923
23.397.3	B		Drei Seufzer pressen meine Brust ... 1925
23.398.1	B		Du blickst so irr ...
23.399.1	B	S	Du denkst, dein Leiden hätte keinen Wert ... 1923
23.400.2	B		Du hast mein Herz berührt mit deinem Kuß ... 1924
23.401.4	B	S	Du hebst die Hände, fluchest deinem Stern ... 1923
	B		Du sahst im Traume ...
23.402.1	B		Du starbst in mich ... 1924
23.403.2	B		Du starrst den Himmel lange an ... 1923
23.404.2	B		Ein riesenhaftes Antlitz nahm ich wahr ... (2 Beleuchtungsangaben) 1923
23.405.1	B		Es ist in meinem Herzen ... 1923
23.406.2	B		Es saugt die leere Finsternis ... 1923
23.407.2	B		Es schlingen deine Tat ins Labyrinth ... (2 Beleuchtungsangaben) 1923
23.408.2	B		Es träumt die Braut 1924
23.409.1	BG		Felizitas 1924
23.410.2	B		Feuerrotes Fohlen ... 1923
23.411.4	B		Feuervögel, frostige Skelette ... 1925
23.412.1			Für meine Mutter 1924
23.413.3	B	S	Herbst
23.414.2	B		Ich flieh die Menschen, um den Schmerz zu fliehn ...
23.415.1	BG		Ichheit schwebt über mir ... 1924 (von B nur Kopie)
23.416.2	B		Ich irre ab nach rechts und bin nicht gut ... (2 Beleuchtungsangaben) 1923
23.417.2			Ich lief hinweg ... 1923
23.418.2	B		Ich muß ja gehn ... 1923
23.419.2	B		Ich sah ein bleiches Licht ... 1923
23.420.2	B		Ich sah ein goldnes Haus ... 1923
23.421.2	B		Ich und du, wir waren tot ... 1923
23.422.2	B		Ich weilte unter abgeschiednen Seelen ... 1923
23.423.2	B		In dem Haupt ersterbende Gedanken ... Form 1 1924
23.424.2	B		Form 2 1924 (2 Beleuchtungsangaben)
23.425.1	B		In die schwarze, schlummerlose Nacht ... 1924
23.426.2	B		Ja! Er ist auferstanden ...
23.427.2	B		Jenseits von Freude und von Leid ... 1923
23.428.1	B		Kamst du her in neuen Schuh'n ... 1925
23.429.2	B		Kräfte, daß ich heilig werde ... 1924
23.430.3	B		Lange war es um mich schwarz ... 1925
23.431.1	B		Laßt uns die Bäume lieben ... 1922
23.432.2	B		Licht seh ich ... 1924

23.433.1	B	Liegt der bloße Erdenleib ... 1924
23.434.1	B	Mitten in der Nacht ... 1924
	F	Schlafend an des Meeres Ufer ... (Original im Goetheanum)
23.435.2	B	Schwerer Alp, ich duckte mich und sprang ... 1923
23.436.3	B	Schwing dich auf die Sattelflügel ... (2 Beleuchtungsangaben) 1922
23.437.1	B	Seh ich über diese Dächer ... 1923
23.438.2	B	Treue - Leben - Ewig 1923
23.439.3	B	Vom Sterben nach versteift ... 1925
23.440.3		Weihnacht 1923
23.441.2	B	Wenn ich denke ... 1924
23.442.1	B	Wenn wir sagen: Ewiglich ... 1923
23.443.2	B	Wie die Blumen im Garten stehen ... (3 Beleuchtungsangaben) 1922
23.444.3	B	Wohl ist die Erde ... Für Rudolf Steiner
23.445.1		Aus «Pilgerfahrt zum Lebensbaum»: Der Mond erhält ...
23.446.3	BG	Zum Adam- und Evatag ... (3 Beleuchtungsangaben, davon eine im G, Kopie) 1924

Steiner, Rudolf
100 Eurythmieformen auf 225 Blättern und 53 Beleuchtungsangaben

		Aus den «Vier Mysteriendramen», Märchen und Szenen
		Die Pforte der Einweihung:
23.460.2		6. Bild, Das Märchen vom Lieben und Hassen. Es war einmal ein Wesen, ... 1923
		Die Prüfung der Seele:
23.461.5		5. Bild, Das Märchen vom Quellenwunder. Es war einmal ein Knabe ... 1921
	B	englische Übersetzung
23.462.3	BG	9. Bild, Woher kommt das Böse? Es lebt' einmal ein Mann ... 1923
		Der Hüter der Schwelle:
23.463.1	B	2. Bild, Stimme des Gewissens. Es schwanken deine Gedanken ... 1921
23.464.1		6. Bild, Stimme. Es schweben Gedanken ... 1921
23.465.3		6. Bild, Luziferische und ahrimanische Wesenheiten. In deinem Willen wirken Weltenwesen ... 1921
23.466.2	B	6. Bild, Das Märchen von der Phantasie. Es war einmal ein helles Götterkind ... 1921
23.467.5	K	8. Bild, Ahriman und zwölf Bürger. Sie sind als Seelen ... bis ... Doch starke Kraft versiegt im Erdenwerden 1921
		Der Seelen Erwachen:
23.468.2		2. Bild, Gnomen und Sylphen. Wir härten, wir kraften ... 1921
23.469.1		2. Bild, Philia, Astrid, Luna, die andere Philia. Sie strahlen die Helle ... 1921
23.470.2		2. Bild, Geist von Johannes Jugend, Luzifer, die andere Philia. Es nähret deiner Wünsche Sein mein Leben ... bis ... Dem deine Schuld verzaubert Leben schafft 1921
23.471.6	B K	4. Bild, Der Doppelgänger, Ahriman der Hüter, Geist von Johannes Jugend. Johannes, dein Erwachen bleibt ein Wahn, ... bis ... Erkrafte dich 1921

		Anthroposophischer Seelenkalender:
23.475.2		1. Woche
23.476.1		2. Woche
23.477.1		3. Woche
23.478.1		4. Woche
23.479.1		5. Woche
23.480.2		6. Woche
23.481.2		7. Woche
23.482.2		8. Woche
23.483.1		9. Woche
23.484.2		10. Woche
23.485.3	B	11. Woche
23.486.3	B	12. Woche
23.487.3		13. Woche
23.488.3		14. Woche
23.489.4		15. Woche
23.490.2		16. Woche
23.491.2		17. Woche
23.492.2		18. Woche
23.493.3	B	19. Woche
23.494.3		20. Woche
23.495.3		21. Woche
23.496.3	B	22. Woche
23.497.3	B	23. Woche
23.498.3	B	24. Woche
23.499.4	B	25. Woche
23.500.3	B	26. Woche
23.501.2		27. Woche
23.502.2		28. Woche
23.503.2		29. Woche
23.504.3		30. Woche
23.505.2		31. Woche
23.506.2		32. Woche
23.507.3		33. Woche
23.508.3		34. Woche
23.509.3	BG	35. Woche
23.510.3	BG	36. Woche
23.511.5	BG	37. Woche
23.512.5	BG	38. Woche
23.513.6	BG	39. Woche
23.514.2	BG	40. Woche
23.515.2	BG	41. Woche
23.516.2	BG	42. Woche
23.517.2	BG	43. Woche
23.518.3	BG	44. Woche
23.519.4	BG	45. Woche

23.520.3	BG		46. Woche
23.521.2			Variante
23.522.3	BG		47. Woche
23.523.2	BG		48. Woche
23.524.2	BG		49. Woche
23.525.1	BG		50. Woche
23.526.2	BG		51. Woche
23.527.2	BG		52. Woche
			Aus «Wahrspruchworte»:
	BG		Das Lied von der Initiation. Eine Satire
23.530.3	B		Die geistige Grundsteinlegung des Goetheanum 1924
23.531.4	BG		Ecce Homo 1919
23.532.5	BG		Finsternis, Licht, Liebe 1924 (von B nur Kopie)
23.533.3	BG		Frühling 1921
23.534.3			Michael-Imagination 1925
	BG		Planetentanz
23.535.1			Tischgebet 1925
23.536.1	B		Ur-Weihnacht 1924 (2 gleiche Eurythmieformen, davon eine im G)
23.537.1	B		Weihnacht (Im Seelenaug' sich spiegelt ...) 1924
23.538.2	B		Weihnacht (In des Menschen Seelengründen ...) 1924
23.539.3	B		Weihnacht (Isis-Sophia, ...) 1921
	B K		Welt und Mensch 1924
23.540.3	BG		Weltenseelengeister 1921
23.541.2	B	S	Wintersonnenwende 1921
			Humoresken:
23.542.1			A dunnarwedar kummt ...
23.543.2		S	Der Erfrorene 1922
23.544.3			Eine Humoreske (Es war einmal durch Weltenwillen ...)
23.545.2			Eine Humorseke (Ich bin ein Kameel ...)
23.546.1			Selbstbetrachtung einer alten Tante
23.547.3	K		Tiefsinn im Schiefsinn
			Auftakte:
	B		Elegischer Auftakt
23.548.1			Elfenauftakt (Tückische Elfen)
23.549.1			Flammenauftakt
	B		Frage und Antwort
23.550.5	B		Harmonischer Auftakt 1921
	B		Heiterer Auftakt (2 Beleuchtungsangaben)
23.551			Humoristischer Auftakt 1921 mit lfder. Nr. 23.552 auf einem Blatt
23.552.1			Humoristisches (auch für humoristischer Auftakt verwendet)
23.553.5	B		Romantischer Auftakt 1921
	B		Schau in dich, schau um dich (3 Beleuchtungsangaben)
23.554.1			Übungsreigen: I U A 30. April 1924

Thylmann, Karl
1 Eurythmieform auf 1 Blatt

23.560.1		Advent 1921

Traumlied, Das, vom Olaf Åsteson
1 Eurythmieform auf 20 Blättern

23.562.20		Aus dem Norwegischen übersetzt von Ingeborg Möller-Lindholm, in Rhythmen übertragen von Rudolf Steiner 1921

Uhland, Ludwig
1 Eurythmieform auf 2 Blättern

23.565.2		Das Schloß am Meer 1924

Volkslied

	BG F	Marienwürmchen

Drei chinesische Gedichte:
3 Eurythmieformen auf 2 Blättern und 2 Beleuchtungsangaben

Dschung Tsü

23.570.1	BG	Sehnsucht 1923

Li Tai Pe

23.571	BG	Waldgespräch (mit lfder. Nr. 23.570 auf einem Blatt) 1923
23.572.1		Nachteinsamkeit

Englische Texte:

Altschottische Ballade
1 Eurythmieform auf 2 Blättern und 1 Beleuchtungsangabe

23.575.2	B	Edward, Edward 1923

Barret-Browning, Elisabeth
1 Eurythmieform auf 2 Blättern

23.577.2		My Child (siehe H. Heine)

Blake, William
1 Eurythmieform auf 2 Blättern und 2 Beleuchtungsangaben

23.579.2	B	Laughing Song 1922

Burns, Robert (Scotland)
2 Eurythmieformen auf 4 Blättern und 2 Beleuchtungsangaben

23.581.2	B	Aus: Songs and Ballads 1923
23.582.2	B	A Red, Red Rose 1924

Dänische Ballade (siehe J.G. Herder)

23.583.5	B	1 Eurythmieform auf 5 Blättern und 1 Beleuchtungsangabe

Longfellow, Henry Wadsworth
2 Eurythmieformen auf 2 Blättern und 2 Beleuchtungsangaben

23.584.1	BG	The Arrow and the Song 1921 (2 Beleuchtungsangaben, davon eine im G)
23.585.1		The Castle by the Sea 1924

Macleod, Fiona
11 Eurythmieformen auf 22 Blättern und 16 Beleuchtungsangaben

23.587.2	B	A Song of Dreams 1924
23.588.2	B	Eilidh' my Fawn 1924
23.589.2	B	Mo-Lennav-a Chree 1924
23.590.2	BG	The Bandruidh 1922 (2 Beleuchtungsangaben, davon eine im G)
23.591.2	B	The Bells of Youth 1924
23.592.1	B	The Moon Child 1923 (2 Beleuchtungsangaben)
23.593.3	B	The Rune of the four Winds 1923 (2 Beleuchtungsangaben)
23.594.3	B	The Secret Gate 1922 (3 Beleuchtungsangaben)
23.595.1	B	The Vision 1924
23.596.2	B	The Weaver of Snow 1924
23.597.2	B	Time 1922

De La Mare, Walter
1 Eurythmieform auf 2 Blättern und 1 Beleuchtungsangabe

23.599.2	B	Mrs. Gill and the Fairy 1924

Marlowe, Christopher
1 Eurythmieform auf 2 Blättern und 1 Beleuchtungsangabe

23.601.2	B	The Passionate Shephard – to his Love 1923

Moore, Thomas
2 Eurythmieformen auf 5 Blättern

23.603.2		Oft, in the stilly night ...
23.604.3		Those evening bells ... 1921

Nashe, Thomas
1 Eurythmieform auf 2 Blättern und 1 Beleuchtungsangabe

23.606.2	B	Spring (The golden Treasury) 1923

Rands, W. B.
1 Eurythmieform auf 3 Blättern und 1 Beleuchtungsangabe

23.608.3	B	What became of them? 1924

Rossetti, Dante Gabriel
2 Eurythmieformen auf 16 Blättern

23.610.2		Cassandra
23.611.14		Sister Helen

Scott, Walter
1 Eurythmieform auf 8 Blättern und 1 Beleuchtungsangabe

23.613.8	B	Thomas the Rhymer 1924

Shakespeare, William
41 Eurythmieformen auf 76 Blättern und 56 Beleuchtungsangaben

		Aus den Dramen:
		As you like it
23.615.2	B	II, 5, Amien's Song 1922
23.616.2	B	II, 7, Amien's Song 1922
23.617.3	BG	V, 3, Amien's Song (3 Beleuchtungsangaben, davon zwei im G) 1922
	BG	Aus der Übersetzung: Was ihr wollt (2 Beleuchtungsangaben, davon eine im G)

			Cymbeline
23.618.1	B		II, 2, Aubade 1922 (2 Beleuchtungsangaben)
23.619.3	B		IV, 2, Song (Dirge) 1922 (3 Beleuchtungsangaben)
			King Henry VIII
23.620.2	BG		III, 1, Song 1922 (2 Beleuchtungsangaben, davon eine im G)
			Love's Labour lost
23.621.1	BG		IV, 3, Love's Perjuries 1924 (2 Beleuchtungsangaben, davon eine im G)
23.622.2	BG		V, 2, Spring 1923
23.623.4	B		V, 2, Winter 1922 (3 Beleuchtungsangaben)
			Midsummer-Night's-Dream
23.625.1	BG		II, 1, Fairy (Over hill, over dale ...) 1922 (3 Beleuchtungsangaben, davon eine im G)
23.626.1			II, 1, Fairy, Puck (Either I mistake ...) 1923
23.627.1			II, 1, Oberon, Titania, Fairy, Puck (I'll met by moonlight, ... – ... Oberon: for this injury
23.628.2			II, 1, Oberon, Puck (My gentle Puck ... – ...up her page to me)
23.629.1			II, 1, Oberon, Puck (Hast thou the flower ... – ...Puck: your servant shall do so)
23.630.2		S	II, 2, Titania with the train (Come, now a roundel ... – ...and let me rest
23.631.3	BG		II, 2, Faries' Song (Lullaby): You spotted snakes – lullaby 1922 (3 Beleuchtungsangaben, davon eine im G)
	B		(deutscher Text)
23.632.1			II, 2, Oberon (What thou seest ... – ... thing is near)
23.633.2			III, 1, Titania, Bot, Fairies (What Angel wakes me ... – ... bring him silently
23.634.1			III, 2, Oberon, Puck (I wonder if Titania ... – ... that is finish'd too)
23.635.1			III, 2, Oberon, Puck (My fairy lord, ... – ... up and down)
23.636.1			IV, 1, Titania, Bot, Fairies (Come, sit thee down ... – ... how I dote on thee!)
23.637.2			IV, 1, Oberon, Titania, Puck (See'st thou this sweet sight? – Tit.: on the ground)
23.638.1			V, 1, Thisbe (A sleep my love?)
23.639.2			V, 1, Puck and mouse (Now the hungry lion roars ... – ... behind the door)
23.640.1			V, 1, Oberon, Titania, Puck and 8 Fairies (Through the house ... – ... Puck: and Robin shall restore amends)
			Much ado about nothing
23.641.1	BG		II, 3 Balthazar's Song 1922 (3 Beleuchtungsangaben, davon eine im G)
	B		(deutscher Text)
23.642.1	B		V, 3 Song 1922
			The Merchant of Venise
23.643.2	B		III, 3, Portia sings 1923
23.644.1	BG		IV, 1, Portia (Mercy) 1922 (2 Beleuchtungsangaben, davon eine im G)
			The Tempest
23.645.5	B		I, 2, Ariel's Song (Come unto these ...) 1922 (3 Beleuchtungsangaben)
23.646.1	B		I, 2, Ariel's Song (Full fathom five ...) 1922 (3 Beleuchtungsangaben)
23.647.3	BG		V, 1, Ariel sings 1921 (2 Beleuchtungsangaben, davon eine im G)
			The two Gentlemen of Verona
23.648.2	B	S	IV, 2, Song 1923

		Twelfth Night
23.649.2	BG	II, 3, Clown, Song 1922 (2 Beleuchtungsangaben, davon eine im G)
	B	(deutscher Text)
23.650.2	BGKS	V, 1, Clown, Song (2 Beleuchtungsangaben, davon eine im G)
		Winter's Tale
23.651.2	BG	IV, 2, Autolykus' Song 1922
		Aus den Sonetten:
23.652.3	B	Sonnet No. 30, Remembrance 1923
23.653.2	B	Sonnet No. 94, The Life without Passion 1921
23.654.2	B	Sonnet No. 116, True Love 1921
23.655.4	BG	Sonnet No. 146, Poor soul, the center of my sinful earth 1922 (3 Beleuchtungsangaben, davon eine im G)

Watson, William
1 Eurythmieform auf 1 Blatt und 1 Beleuchtungsangabe

23.670.1	B	Song 1921

Wheeler-Wilcox, Ella

	B	Shaw me the way that leads ...

Französische Texte:

Belleau, Remy
1 Eurythmieform auf 2 Blättern und 1 Beleuchtungsangabe

23.680.2	B	Avril 1923

Bourget, Paul
1 Eurythmieform auf 2 Blättern

23.682.2		Sur la Falaise 1922

Giraud, Albert
Pierrot lunaire, siehe lfde. Nrn. 23.120/124

Hérédia, José Maria de
17 Eurythmieformen auf 48 Blättern und 9 Beleuchtungsangaben

23.684.3		Andromède au Monstre 1922
23.685.3		Ariane
23.686.3	B	Artémis 1921
23.687.3	B	Epiphanie 1922
23.688.3		Jason et Médée
	B	L'Esclave
23.689.2		La jeune Morte 1921
	B	La Prière du Mort
23.690.7	BGK	La Vision de Khém I – III 1921
23.691.3		Le Bain des Nymphes
23.692.2	B	Le Chevrier 1923
23.693.3	S	Le Ravissement d'Andromède
23.694.3		Le Récife de Corail 1923
23.695.2	B KS	Le Samourai 1923

23.696.2	B		Les Bergers 1923
23.697.2		KS	Les Conquérants
23.698.2	B	S	Maris Stella
23.699.2			Nymphée
23.700.3		S	Persée et Andromède 1922

Hugo, Victor
4 Eurythmieformen auf 10 Blättern und 3 Beleuchtungsangaben

23.705.2	B		Extase 1921
23.706.3	B		L'Art et le Peuple 1921
23.707.2	B		Aus: Les Chants du Crépuscule 1923
23.708.3			Lux, aus: Les Chatiments 1922

Lafontaine, Jean de
5 Eurythmieformen auf 8 Blättern und 7 Beleuchtungsangaben

23.710.1	B		La Cigale et la Fourmi 1923
23.711.2	B		La Grenouille 1924
	B		La Laitière et le Pot au lait
23.712.1	B		Le Corbeau et le Renard 1923
23.713.1	B	K	Le Loup et l'Agneau 1924
23.714.3	BGK		Le Rat de Ville et les Rats des Champs 1924 (2 Beleuchtungsangaben, davon eine im G)

Leconte de Lisle
4 Eurythmieformen auf 13 Blättern und 3 Beleuchtungsangaben

23.716.4	B	S	Christine 1924
23.717.2	BG		Kléarista 1924 (2 Beleuchtungsangaben, davon eine im G)
23.718.5	B		Les Elfes 1923
23.719.2			Symphonie

Musset, Alfred de
2 Eurythmieformen auf 8 Blättern und 3 Beleuchtungsangaben

23.721.5	B		Ballade à la Lune 1923
	B		L'Etoile du soir
23.722.3	B		Venise 1923

D'Orléans, Charles
1 Eurythmieform auf 3 Blättern und 1 Beleuchtungsangabe

23.724.3	B		Rondel 1921

Rameau, Jean (Laurent Labaigt)
2 Eurythmieformen auf 7 Blättern und 2 Beleuchtungsangaben

23.726.6	BG		Les Papillons 1921
23.727.1	B		Oiseau Gris 1923

Ronsard, Pierre de
1 Eurythmieform auf 3 Blättern und 1 Beleuchtungsangabe

23.729.3	B		A Cassandre 1922

Samain, Albert
1 Eurythmieform auf 2 Blättern und 1 Beleuchtungsangabe

23.731.2	B		Le Repos en Egypte 1922

Russische Texte:

Belyi, Andrej
1 Eurythmieform auf 5 Blättern

23.735.5		Die Berge im Hochzeitsglanz 1924

Lermontow, Michail
1 Eurythmieform auf 1 Blatt

23.737.1		Segelschiff

Puschkin, Alexander
1 Eurythmieform auf 5 Blättern

23.739.5		Die bösen Geister

Solovjeff, Wladimir
12 Eurythmieformen auf 33 Blättern und 14 Beleuchtungsangaben
(ins Deutsche übertragen von Marie Steiner-von Sivers)

23.745.3	BG	Das Nildelta 1921 (2 Beleuchtungsangaben, davon eine im G)
23.746.3	B	Den Abgeschiedenen
23.747.2	B	Der Erde Frühlingssehnen 1924
23.748.1	BG	Ganz in hellblauem Lichte 1923
23.749.2	B	Herrscherin Erde 1923
23.750.3	BG	Immanu-el 1922 (2 Beleuchtungsangaben, davon eine im G)
23.751.3	B	Sind unsre Wünsche so flüchtig wie Schatten, ...
23.752.3	BG	Überwunden die Hetze des Tages, ... 1922
23.753.3	B	Die Weihnacht 24.12.1894 1921
23.754.3	BG	Weiße Glöckchen 1921
23.755.3	BG	Wieder weiße Glocken 1921
23.756.4	B	Zum neuen Jahr 1922
	BG	Überwunden die Hetze ...

Publikationen: Lfde. Nrn. 23.170/174/187/350/475-527/542-547 siehe Bibl.-Nr. K 23; Beleuchtungs- und Kostümangaben mit lfden. Nrn. 23.0 (ff), 23.110 (ff), 23.380 (ff) und 23.575 (ff) siehe Bibl.-Nr. K 23

24. Formen und Beleuchtungsangaben für die Ton-Eurythmie

144 Eurythmieformen zu Musikstücken auf 169 Blättern und 110 Beleuchtungsangaben

Die Eurythmieformen für Musikstücke sind nach Komponisten alphabetisch geordnet. Jede Eurythmieform hat folgende Nummern: die laufende Gruppennummer (24), einer Musikstücknummer und eine Schlußzahl, die angibt wieviele Originalblätter zu der betreffenden Eurythmieform gehören.
Liegt eine Beleuchtungsangabe im Original vor, ist die Zahlengruppe mit einem B ergänzt. Befindet sich das Original im Goetheanum, ist dem B ein G beigestellt. Gibt es zu einem Musikstück keine Eurythmieform, aber eine Beleuchtungsangabe, so steht nur ein B ohne Zahlenangabe. Weitere, nur mündlich überlieferte Beleuchtungsangaben, die auf Rudolf Steiner zurückführen, finden sich in den Eurythmiebüchern (vgl. Bibl.-Nr. K 23, Seite 156).
Auf den meisten Eurythmieformen gibt es auch Farbangaben für Kleid und Schleier. Wenn nun außer diesen Angaben eine ergänzende Skizze oder eine Beschreibung für eine besondere Kostümausführung vorliegt, so ist dies mit einem K vermerkt (siehe auch lfde. Nr. 25). Gibt es zu einem Musikstück keine Eurythmieform, jedoch die Farbangaben für Kleid

und Schleier, so ist dies mit F bezeichnet. Befinden sich außerdem auf einer Eurythmieform ergänzende Skizzen zu Gesten oder besonderen Ausdrucksformen, so ist dafür das Zeichen S gesetzt.

Eine solche Zahlen-/Buchstabengruppe, zum Beispiel
24.168.2 BGKF bedeutet also:

24	laufende Gruppennummer (Ton-Eurythmie)
168	Nummer für das Musikstück
2	Die Eurythmieform wurde auf 2 Blätter gezeichnet.
B	Es liegt eine Beleuchtungsangabe vor.
G	Das Original der Beleuchtungsangabe befindet sich im Goetheanum.
K	besondere Kostümangabe
F	Farbangabe für Kleid und Schleier bei fehlender Eurythmieform
S	Zu dieser Eurythmieform gibt es noch eine ergänzende Skizze für Geste, besondere Ausdrucksform oder eine Beschreibung für Kleid und Schleier.

Das Datum bezieht sich auf den Entstehungstag der Form.
Wenn nichts anderes angegeben: Kompositionen für Klavier

Armand, Atirta Zsadányi
1 Eurythmieform auf 1 Blatt und 1 Beleuchtungsangabe

24.001.1	B	Ungarische Serenade 11. Juli 1924

Bach, Friedemann
1 Eurythmieform auf 1 Blatt

24.003.1		Kein Hälmlein wächst auf Erden Mai 1922

Bach, Johann Sebastian
23 Eurythmieformen auf 26 Blättern und 19 Beleuchtungsangaben

24.005.1		Adagio (Adagiosissimo) aus Capriccio B-Dur aus «Die Abreise» 10. Juli 1924
24.006.1	S	Choralvorspiel: Ich ruf' zu dir, Herr Jesu Christ (Andante) 19. Okt. 1923
24.007.1		«Bist Du bei mir ...» aus dem Notenbüchlein der Anna Magdalena Bach Mai 1922
24.008.1		Arie, d-moll (Menuett) aus dem Notenbüchlein der Anna Magdalena Bach Aug. 1922
24.009.1	B	Musette, D-Dur, aus dem Notenbüchlein der Anna Magdalena Bach, auch in «Der erste Bach» Nr. 8 und in 7 leichte Stücke, Heft 2, Nr. 4 1923
24.010.1	BG	Präludium, c-moll, Wohltemperiertes Klavier I, Nr. 2 1924
24.011.1	BG	Präludium, es-moll, Wohltemperiertes Klavier I, Nr. 8 26. Juni 1923 (2 Beleuchtungsangaben, davon eine im G)
24.012.1		Präludium, f-moll, Wohltemperiertes Klavier I, Nr. 12 28. April 1924
24.013.1	BG	Präludium, b-moll, Wohltemperiertes Klavier I, Nr. 22 Andante mistico 1924
24.014.1	BG	Fuge (5-st.), b-moll, Wohltemperiertes Klavier I, Nr. 22 (Form nur für die ersten 25 Takte) April 1922
24.015.2	B	Präludium, f-moll, Wohltemperiertes Klavier II, Nr. 12 27. Juni 1923
24.016.1	BG S	Gavotte, G-Dur, aus der 5. Französischen Suite in G-Dur 19. Okt. 1923
24.017.1	BG	Sarabande, a-moll, Nr. 5 (Andante sostenuto) 3. Satz aus der 2. Englischen Suite 19. Okt. 1923
24.018.1		Musette (Gavotte Nr. 2), G-Dur aus der 3. Englischen Suite in g-moll Aug. 1922
	BG F	Präludium Nr. 7 aus: Zwölf kleine Präludien und Übungen

	B	F	Gigue, Allegretto con moto aus der Partita Nr. I in B-Dur
	BG	F	Grave Adagio aus der Partita Nr. II
			Flöte und Klavier:
24.019.2		KS	Menuett, aus der 4. Sonate für Flöte und Klavier in C-Dur 10. Juli 1924
			Violine und Klavier:
	BG	F	Air a-moll für Violine und Klavier (Poco andante) (2 Beleuchtungsangaben, davon eine im G)
24.020.1	BG		Grave, aus der Orchester-Suite in D-Dur 5. Mai 1924
24.021.1			Air, aus der Orchester-Suite in D-Dur 31. Mai 1924
24.022.1	BG		Gavotte, aus der Orchester-Suite in D-Dur 19. Sept. 1923
24.023.2			Bourrée I, C-Dur, aus der 3. Cello-Suite (Cello-Sonaten) Dez. 1922
			Violine-Solo:
24.024.1	B	F	Adagio, aus der 1. Sonate für Violine-Solo in g-moll 1925
		F	Menuett II aus: Sonaten und Partiten für Violine-Solo
			Cello-Solo:
24.025.1	B		Gigue, c-moll, aus der Suite für Cello-Solo in c-moll 1924
24.026.1			Sarabande, aus der 2. Suite für Cello-Solo in d-moll 26. Nov. 1923
	B	F	Präludium c-moll für Cello-Solo aus der Suite Nr. V
			Orchester:
24.027.1			Pastorale, Sinfonie, G-Dur aus dem Weihnachtsoratorium, Teil II Dez. 1920

Beethoven, Ludwig van

15 Eurythmieformen auf 20 Blättern und 16 Beleuchtungsangaben

24.030.1			Scherzo, A-Dur aus der Klavier Sonate in A-Dur, Op. 2, Nr. 2 20. Jan. 1923
24.031.2			Largo con gran espressione, C-Dur aus der Klavier-Sonate in Es-Dur, Op. 7 Juni 1924
24.032.2			Minore und Allegro aus der Klavier-Sonate in Es-Dur, Op. 7 Febr. 1923/Sept. 1922
24.033.1	BG		Adagio cantabile, As-Dur aus der Klavier-Sonate in c-moll, Op. 13 (Pathétique) 20. Jan. 1923 (2 Beleuchtungsangaben, davon eine im G)
	B		Grave aus der Klavier-Sonate c-moll, Op. 13 (Pathétique)
24.034.1	BG		Rondo-Allegro, c-moll aus der Klavier-Sonate in c-moll, Op. 13 (Pathétique) 1. Teil des Finale 20. Jan. 1923
24.035.1	BG		Adagio con espressione, As-Dur aus der Klavier-Sonate in Es-Dur, Op. 27, Nr. 1 Juni 1924
24.036.1	BG		Allegretto, Des-Dur aus der Klavier-Sonate in cis-moll, Op. 27, Nr. 2 (Mondschein-Sonate) 10. Juli 1924
	B	F	Scherzo D-Dur aus der Klavier-Sonate Nr. 15, Op. 28
	BG	F	Andante maestoso aus der Klavier-Sonate in As-Dur, Op. 26
	B	F	Adagio sostenuto espressivo aus der Cello-Sonate Nr. II
	BG		Minore Var. 7 aus: 12 Variationen über die Menuett à la Vigano (Klavier)
	BG		Andante, quasi Allegretto aus: 6 leichte Variationen über ein Originalthema (Klavier)
			Violine und Klavier:
24.037.1	B		Adagio molto espressivo aus der 6. Violin-Sonate in A-Dur, Op. 30, Nr. 1 1925
24.038.1	B		Adagio cantabile aus der 7. Violin-Sonate in c-moll, Op. 30, Nr. 2 1923
24.039.1	B		Scherzo und Trio aus der 7. Violin-Sonate in c-moll, Op. 30, Nr. 2 Febr. 1923

24.040.1	B	Andante con variazioni aus der 9. Violin-Sonate in A-Dur, Op. 47 1925
24.041.1	B	Adagio espressivo aus der 10. Violin-Sonate in G-Dur, Op. 96 1925
24.042.1		Menuett, G-Dur für Violine und Klavier bearbeitet von W. Burmester Mai 1922
24.043.1		Aus dem Septett, Es-Dur, Op. 20 Menuett 31. Mai 1923
24.044.4		Thema und Variationen 1 und 2 31. Mai 1923

Brahms, Johannes
7 Eurythmieformen auf 7 Blättern und 7 Beleuchtungsangaben

24.048.1	BG	Intermezzo, h-moll Op. 10, Nr. 3 (h-moll/Fis-Dur) 4. April 1923
24.049.1	BG	Intermezzo, As-Dur Op. 76, Nr. 3 4. April 1923
24.050.1	BG	Intermezzo, B-Dur Op. 76, Nr. 4 13. Febr. 1924
24.051.1	BG	Intermezzo, e-moll Op. 116, Nr. 5 4. April 1923
	BG F	Intermezzo, Andante moderato Op. 117, Nr. 1
24.052.1		Intermezzo, A-Dur Op. 118, Nr. 2 aus «Klavierstücke» 4. April 1923
24.053.1	BG	Intermezzo, es-moll Op. 118, Nr. 6 13. Febr. 1924
24.054.1	BG	Romanze, F-Dur Op. 118, Nr. 5 Juli 1924

Bruckner, Anton
1 Eurythmieform auf 1 Blatt und 3 Beleuchtungsangaben

24.058.1	B	Erinnerung 4. Mai 1922

Chopin, Frédéric
12 Eurythmieformen auf 15 Blättern und 8 Beleuchtungsangaben

24.062.1	B	Ballade, As-Dur Op. 47, Nr. 3 12. Febr. 1924
24.063.1	BGKS	Etude, E-Dur Op. 10, Nr. 3 19. Okt. 1923
24.064.2	BG	Etude, f-moll Op. 10, Nr. 9 Allegro molto agitato Sept. 1922
24.065.1		Etude, f-moll, aus «Drei Etuden» Nr. 1 Sept. 1922
24.066.1		Etude, As-Dur Op. 25, Nr. 1 11. Febr. 1923
24.067.2		Mazurka, B-Dur Op. 7, Nr. 1 vivace 11. Febr. 1923
24.068.2	BG	Nocturne, b-moll Op. 9, Nr. 1 (Takt 27-34 gestrichen) 12. Juni 1923
24.069.2	B	Nocturne, Es-Dur Op. 9, Nr. 2 Sept. 1922
24.070.1		Prélude, E-Dur Op. 28, Nr. 9 19. Okt. 1923
24.071.1	BG	Prélude, H-Dur Op. 28, Nr. 11 11. Febr. 1924
24.072.1	BG	Prélude, Des-Dur Op. 28, Nr. 15 (Regentropfen-Prélude) 8. Sept. 1922
24.073.1	B	Prélude, Es-Dur Op. 28, 19 vivace 21. Nov. 1924
	F	Prélude, C-Dur Op. 28, Nr. 1

Corelli, Arcangelo
1 Eurythmieform auf 1 Blatt

		Violine und Klavier:
24.076.1		Sarabande, e-moll aus der VIII. Sonate für Violine und figurierten Baß, Op. 5 11. Juli 1924

Couperin, François
1 Eurythmieform auf 1 Blatt

24.079.1		Rondeau pour piano, F-Dur aus «Soeur Monique» (Ed. Schott & Co.) 29. Mai 1922

Debussy, Claude
1 Eurythmieform auf 1 Blatt und 1 Beleuchtungsangabe

24.082.1	BG	Claire de lune, Des-Dur aus «Suite Bergamasque» 5. Nov. 1923

Dvořak, Anton
1 Eurythmieform auf 1 Blatt und 2 Beleuchtungsangaben

24.085.1	BG	Slawische Tänze, Op. 46, Nr. 2 (bis Takt 85), Allegretto gracioso 19. Febr. 1923 (2 Beleuchtungsangaben, davon eine im G)

Franck, César
2 Eurythmieformen auf 2 Blättern

24.088.1		Choral, h-moll aus «Prélude, Choral et Fugue» pour piano 21. Okt. 1923
		Violine und Klavier:
24.089.1		Allegretto, 1. Satz aus der Violin-Sonate in A-Dur 26. Nov. 1923

Gabrielli, Domenica
1 Eurythmieform auf 1 Blatt

24.092.1		Arie, Largo (Andante) für Geige und Fagott aus der Oper «Clearco in Negroponte» 17. März 1923

Galliard, Johann Ernst
2 Eurythmieformen auf 3 Blättern und 2 Beleuchtungsangaben

24.095.1	BG	Andante teneramente, f-moll, 3. Satz aus der Sonate für Cello April 1924
24.096.2	BG	Allegro spiritoso, F-Dur, 4. Satz aus der Sonate für Cello Juni 1924

Gluck, Christian Willibald
1 Eurythmieform auf 1 Blatt und 2 Beleuchtungsangaben

	BG F	Gavotte, A-Dur für Klavier (von Brahms bearbeitet für Clara Schumann)
24.099.1		Reigen seliger Geister aus «Orpheus», bearbeitet für Klavier und Flöte 12. Febr. 1924
	B	Melodie aus «Orpheus», bearbeitet für Klavier und Flöte oder ein Streichinstrument

Gombei
1 Eurythmieform auf 1 Blatt und 1 Beleuchtungsangabe

24.102.1	B S	Chinesisch (Komposition nicht feststellbar) 21. Nov. 1924

Grieg, Edvard
6 Eurythmieformen auf 6 Blättern und 7 Beleuchtungsangaben

24.105.1	B	Elfentanz, Lyrische Stücke Heft I, Op. 12 Nr. 4 Mai 1922 (2 Beleuchtungsangaben)
24.106.1	B	Schmetterling, Lyrische Stücke Heft III, Op. 43, Nr.1 Aug. 1921 (2 Beleuchtungsangaben)
24.107.1		Einsamer Wanderer, Lyrische Stücke Heft III, Op.43, Nr. 2 Oxford Aug. 1922
24.108.1	BG	Vöglein, Lyrische Stücke Heft III, Op. 43 Nr. 3 Febr. 1923
24.109.1		Lebenszauber (Eroticon) Lyrische Stücke Heft III, Op. 43, Nr. 4 März 1922
24.110.1		aus «Poetische Tonbilder» Op. 3, Nr. 2 Sept. 1921
	B	Sommerabend, Op. 71 (2 Beleuchtungsangaben)

Händel, Georg Friedrich
10 Eurythmieformen auf 12 Blättern und 7 Beleuchtungsangaben

24.113.1			Sarabande aus der Suite Nr. 11 in d-moll (vierstimmig) April 1924
			Violine und Klavier:
24.114.1	BG		Sarabande, B-Dur für Violine und Klavier 30. Nov. 1922
24.115.1	BG		Arioso, D-Dur für Violine und Klavier Dez. 1922
24.116.1			1. Andante aus der 1. Violin-Sonate in A-Dur 11. Juli 1924
24.117.1			Andante aus der 2. Violin-Sonate in g-moll Febr. 1924
24.118.1			Largo aus einer Violin-Sonate (vermutlich 3. Sonate in F-Dur)
24.119.1	B		Larghetto, 3. Satz aus der 4. Violin-Sonate in D-Dur 21. Juli 1923
24.120.1	BG		Allegro, 4. Satz aus der 4. Violin-Sonate in D-Dur Aug. 1923
			2 Violinen und Klavier:
24.121.2			Largo, g-moll aus der Sonate Nr. 2 für 2 Violinen 10. Juli 1924
			Violine und Oboe:
24.122.2			Largo, B-Dur aus der Sonate Op. 2, Nr. 8 für Violine und Oboe 4. Jan. 1924
			Cello und Klavier:
24.123.1	B		Largo aus der 3. Sonate für Cello in B-Dur 1924
	B		Grave aus der Sonate für Cello und Klavier g-moll
	B		Andante d-moll aus der Sonate Nr. 2 für Cello und Klavier

Haydn, Joseph
1 Eurythmieform auf 1 Blatt und 1 Beleuchtungsangabe

24.126.1			Finale (Allegro) aus der Sonate in D-Dur 1. Febr. 1924
	B		Adagio E-Dur aus dem Klavier-Trio Nr. 11

Konju Raku
1 Eurythmieform auf 1 Blatt und 1 Beleuchtungsangabe

24.129.1	B	S	Chinesisch 21. Nov. 1924

Lewerenz, Wilhelm
2 Eurythmieformen auf 2 Blättern

24.132.1			Cellostück, Andante für Cello 1924
24.133.1			Scherzo

Liszt, Franz
3 Eurythmieformen auf 3 Blättern und 1 Beleuchtungsangabe

24.135.1			Il penseroso aus «Années de Pélerinage» 25. Okt. 1923
24.136.1			Gnomenreigen aus «Konzertetuden» Nr. 2 1923
24.137.1	B		Waldesrauschen aus «Konzertetuden» Nr. 9 1923

Lully, B.

	BG	F	Gavotte für Geige und Klavier

Mendelssohn-Bartholdy, Felix
1 Eurythmieform auf 1 Blatt und 1 Beleuchtunsangabe

24.140.1	B		Trauermarsch aus «Lieder ohne Worte» Op. 62, Nr. 3 1921

Moczkowsky, Moritz
1 Eurythmieform auf 1 Blatt

24.143.1		Romanze Op. 42, Nr. 1 19. Okt. 1923

Mozart, Wolfgang Amadeus
8 Eurythmieformen auf 8 Blättern und 8 Beleuchtungsangaben

24.146.1	BG	Molto Allegro, c-moll aus der Klavier-Sonate in c-moll, K.-V. 457 (Anfang und Schluß, ohne Mittelteil) 1924
24.147.1	BG	Andante aus der Klavier-Sonate in G-Dur K.-V. 283 28. April 1924
24.148.1		Andante grazioso aus der Klavier-Sonate in A-Dur, K.-V. 331 Sept. 1922
24.149.1		Allegro, 1. Satz aus der Klavier-Sonate in F-Dur, K.-V. 332 Sept. 1922
24.150.1	BG	Menuett Es-Dur (Sammlung Burmester) (bearbeitet für Klavier) Op. 14. Nr. 2 5. April 1924 (von B nur Kopie)
		Violine und Klavier:
24.151.1		Allegro maggiore aus der Violin-Sonate in G-Dur, K.-V. 301 4. Mai 1922
24.152.1	B	Thema und Variationen, Andantino cantabile (ohne die Klaviervariationen) aus der Violin-Sonate in G-Dur, K.-V. 379 Op. 2, Nr. 5 26. Juni 1923
24.153.1	B	«Ave verum» bearbeitet für Violine und Klavier Wien, 1. Okt. 1923
	BG F	Andante grazioso aus dem 4. Violin-Konzert in D-Dur (Mittelteil aus dem Rondo)
	BG	Allegro maggiore aus der Violin-Sonate, G-Dur
	B	Allegro aus der Violin-Sonate?

Neruda, Franz Xaver
1 Eurythmieform auf 1 Blatt

24.156.1		Komposition für Cello: Berceuse Op. 11 4. April 1923

Niemann, Walter
1 Eurythmieform auf 1 Blatt

24.159.1		Schmetterling aus «Romantische Miniaturen» Op. 33, Nr. 6 4. April 1923

Pals, Leopold van der
1 Eurythmieform auf 1 Blatt

24.162.1		Vorfrühling 19. Febr. 1923

Pugnani-Kreisler
1 Eurythmieform auf 1 Blatt

24.165.1		Präludium aus «Klassische Manuskripte für Violine und Klavier» Nr. 5 Dez. 1923

Rachmaninoff, Serge
1 Eurythmieform auf 2 Blättern und 1 Beleuchtungsangabe

24.168.2	BG	Prélude, cis-moll Op. 3, Nr. 2 1924

Reger, Max
2 Eurythmieformen auf 2 Blättern und 2 Beleuchtungsangaben

24.171.1	BG	Caprice Op. 18, Nr. 3, Allegro vivace aus «Improvisationen» Den Haag Nov. 1922 (2 Beleuchtungsangaben, davon eine im G)
24.172.1		Träumerei, D-Dur aus «Träume am Kamin» Nr. 7 Okt. 1922

Rosenberg, Wilhelm
1 Eurythmieform auf 1 Blatt und 1 Beleuchtungsangabe

		Komposition für Flöte und Klavier:
24.175.1	BG	Menuett nach dem Lied: «Ehrlichkeit währt am längsten» Mai 1924

Scarlatti, Domenico
1 Eurythmieform auf 1 Blatt und 1 Beleuchtungsangabe

24.178.1	B	Pastorale, d-moll 24. Juni 1923

Schubert, Franz
3 Eurythmieformen auf 6 Blättern und 7 Beleuchtungsangaben

24.181.2	B	Menuetto, Allegro moderato aus: Phantasia, Andante, Menuetto, Allegretto (Sonate in G-Dur) Op. 78 Jan. 1923 (2 Beleuchtungsangaben, davon eine im G)
24.182.1	B	Andante con moto aus dem Streichquartett in d-moll, «Der Tod und das Mädchen» 19. Nov. 1924
		Klavier, Violine und Cello:
24.183.3	BG	Andante aus dem Klavier-Trio Op. 100 in Es-Dur (Bearbeitung) 17. März 1923
	B	Impromptu (2 Beleuchtungsangaben)
	BG	Moments musicaux Op. 94, Nr. 2 in As-Dur

Schumann, Robert
12 Eurythmieformen auf 15 Blättern und 2 Beleuchtungsangaben

24.186.1		Davidsbündler Tänze Op. 6, Nr. 2 4. April 1923
24.187.2		Davidsbündler Tänze Op. 6, Nr. 11 4. April 1923
		aus «Faschingsschwank aus Wien» Op. 26
24.188.1		1. Allegro 30. Nov. 1923
24.189.1		2. Romanze, g-moll 13. Febr. 1924
24.190.1		Romanze, Fis-Dur Op. 28, Nr. 2 30. Nov. 1923
24.191.1		Eintritt aus «Waldscenen» Op. 82, Nr. 1 (Form für Kinder) Dez. 1922
24.192.1		Warum! Aus «Phantasiestücke» Op. 12 30. Nov. 1923
		aus «Papillons»: Introtuktion
24.193.1		Nr. 1 Dez. 1922
24.194.1		Nr. 2
24.195.1		Nr. 9
24.196.3		Nr. 12
		Violine und Klavier:
24.197.1		Thema in Es-Dur, Letzte Komposition von R. Schumann, Febr. 1854 31. Mai 1923
	B	Kinderszenen Op. 15, Nr. 1
	BG	Schlummerlied

Schuurman, Max
2 Eurythmieformen auf 3 Blättern

24.200.2		Humoristisches Rondo Oxford, Aug. 1922
24.201.1		Kinderreigen Sommer 1921

Scriabine, Alexander
3 Eurythmieformen auf 3 Blättern und 3 Beleuchtungsangaben

24.202.1	B		Prélude Op. 11, Nr. 14, Presto 21. Nov. 1924
24.203.1			Prélude Op. 49, Nr. 2, Bruscamente 27. Juni 1923
24.204.1	BG		Prélude Op. 51, Nr. 2, Lugubre 27. Juni 1924
	B	F	Prélude Nr. 17 27. Jan. 1925

Stuten, Jan
3 Eurythmieformen auf 3 Blättern

24.206.1		Bächlein im Frühling 19. Sept. 1923
24.207.1		Papillon 12. Febr 1923
24.208.1	KS	Nachtwächter 1922 mit Skizze lfde. Nr. 25.28 auf einem Blatt

Tartini, Giuseppe
5 Eurythmieformen auf 6 Blättern und 2 Beleuchtungsangaben

24.211.2	KS	Andante cantabile für Violine und Klavier Dez. 1922
24.212.1		Larghetto affettuoso, 1. Satz aus der Violine-Sonate in g-moll (Teufelstriller-Sonate) März 1924
24.213.1	B	Allegro, 2. Satz aus der Violin-Sonate in g-moll (Teufelstriller-Sonate) 21. Nov. 1924
24.214.1		Presto non troppo (con fuoco) 2. Satz aus der 2. Violine-Sonate in g-moll März 1924
24.215.1	B	Allegro commodo, 4. Satz aus der 2. Violin-Sonate in g-moll 21. Nov. 1924

Telemann, Georg Philipp
1 Eurythmieform auf 3 Blättern

24.218.3		Gigue, A-Dur aus der Suite A-Dur Oxford, Aug. 1922

Tschaikowsky, Peter
1 Eurythmieform auf 1 Blatt und 2 Beleuchtungsangaben

24.221.1	B	Danse de la Fée dragée aus der Suite «Casse Noisette» Op. 71 Sept. 1922
	BG	Lied ohne Worte Op. 2, Nr. 3 (69 Takte) (von B nur Kopie)

Veracini, Francesco Maria
1 Eurythmieform auf 1 Blatt und 1 Beleuchtungsangabe

		Violine und Klavier:
24.224.1	B	Allegro aus der Violin-Sonate in A-Dur 21. Nov. 1924

Weihnachtslied

	B	Es ist ein Ros' entsprungen ...

Publikationen: Beleuchtungs- und Kostümangaben mit den lfden. Nrn. 24.001 (ff) siehe Bibl.-Nr. K 24

25. Entwürfe zur Eurythmie

46 Skizzen auf 30 Blättern zur Eurythmie und für besonders charakteristische Kostüme, 1 plastisches Modell (25.17) und 32 Skizzen auf 25 Blättern mit den ersten Angaben für Lory Maier-Smits und zum «Ersten Kurs - Das dionysische Element», Bottmingen 1912

a) Kostümskizzen:

25.1 Ziegenbock (siehe lfde. Nr. 23.057), Bleistiftskizze, mit lfder. Nr. 25.2 auf einem Blatt

25.2 Faun (siehe lfde. Nr. 23.075), Bleistiftskizze, mit lfder. Nr. 25.1 auf einem Blatt

25.3 Harlekin (siehe lfde. Nr. 23.123), Bleistiftskizze 13. Aug. 1921

Drei Kostümskizzen für Hölderlingedichte auf einem Blatt (siehe lfde. Nrn. 23.150/151/152):

25.4 von vorn, Bleistiftskizze 8. Mai 1924

25.5 von hinten, Bleistiftskizze 8. Mai 1924

25.6 Gürtel dazu, Skizze mit Tinte 8. Mai 1924

25.7 Bleistiftskizze zu «Das Huhn» (siehe lfde. Nr. 23.217)

Zwei Bleistiftskizzen auf einem Blatt (siehe lfde. Nr. 23.224):

25.8 Der Ästhet

25.9 Sitzgeist

25.10 Ohr für Wasseresel (siehe lfde. Nr. 23.242), Bleistiftskizze 27. Jan. 1921

25.11 Mopsenleben (siehe lfde. Nr. 23.289), Bleistiftskizze

Zwei Kostümskizzen für Expeditus (siehe lfde. Nr. 23.298) auf einem Blatt, Bleistift:

25.12 I April 1921

25.13 II April 1921

Hut für Ahriman (siehe lfde. Nr. 23.467) drei Bleistiftskizzen auf einem Blatt:

25.14 I

25.15 II

25.16 III

25.17 plastisches Modell 4.5:4.5:7 cm hoch auf Holzsockel

Hut für den Hüter der Schwelle (siehe lfde. Nr. 23.471) zwei Bleistiftskizzen auf einem Blatt:

25.18 von vorne

25.19 seitlich

25.20 Humoreske «Tiefsinn im Schiefsinn» (siehe lfde. Nr. 23.547), Bleistiftskizze

25.21 La Vision de Khém I-III (siehe lfde. Nr. 23.690)

Le Samourai (siehe lfde. Nr. 23.695), zwei Bleistiftskizzen:

25.22 «Sie»

25.23 «Er»

25.24 Le loup, Bleistiftskizze (siehe lfde. Nr. 23.713) 8. März 1924

25.25 Feldratte (siehe lfde. Nr. 23.714), Bleistift, mit lfden. Nrn. 25.23/28/29 auf einem Blatt 8. März 1924

25.26 Hausratte (siehe lfde. Nr. 23.714), Bleistift, mit lfden. Nrn. 25.22/28/29 auf einem Blatt 8. März 1924

25.27 Bleistiftskizze zu Sonate von Bach (siehe lfde. Nr. 24.019) 10. Juli 1924

25.28 Skizze auf dem Blatt zur lfden. Nr. 24.208

Zwei Skizzen für Kopfbedeckung auf einem Blatt, Bleistift 26. Aug. 1920:

25.29 I

25.30 II

25.31 Bleistiftskizze

Weitere Angaben für Kostümausführungen sind auf den Blättern der Eurythmieformen zu den Dichtungen mit den lfden. Nrn. **23**.013/217/219/250/296/650/697 und zu den Musikstücken mit den lfden. Nrn. **24**.019/063/208/211 enthalten.
Außerdem gibt es noch Beschreibungen von Rudolf Steiner zu Kleid und Schleier auf den Blättern der Eurythmieformen zu den Dichtungen mit den lfden. Nrn. **23**.012/013/043/093/121/208/211/217/219/225/236/242/250/263/268/276/277/295/299/335/340/344/357/384/399/401/404/413/543/648/650/693/695/697/698/700/716 und **24**.006/016/019/063/102/129/211

b) Skizzen für Gesten und Ausdrucksformen:
Ergänzende Angaben für Gesten und Ausdrucksformen sind auf den Blättern der Eurythmieformen zu den Gedichten mit den lfden. Nrn. **23**.050/120/124/212/234/250/277/278/282 (2 Blatt)/348/367/690 und zu den Musikstücken mit den lfden. Nrn. **24**.208/630 enthalten.

c) Weitere Skizzen:

25.45 Kopfstudie siehe lfde. Nr. 23.234 oder 23.235

25.46 i/u/a für Anfangsübung, Bleistiftskizze 30. April 1924

14 weitere, nicht bestimmbare Skizzen auf 9 Blättern

d) 32 Bleistiftskizzen auf 25 Blättern mit den ersten Angaben für Lory Maier-Smits und zum «Ersten Kurs – Das dionysische Element», Bottmingen:

Vorübungen, vier Skizzen auf zwei Blättern:

25.68 I Kassel, 29. Jan. 1912

25.69 II 29. Jan. 1912

25.70 III 29. Jan. 1912

25.71 IV 29. Jan. 1912

Zwei Skizzen auf einem Blatt:

25.72 I Bottmingen, 16. Sept. 1912

25.73 II 16. Sept. 1912

Skizzen:

25.74 I Bottmingen, 18. Sept. 1912

25.75 II 18. Sept. 1912

25.76 Friedenstanz 18. Sept. 1912, mit lfder. Nr. 25.77 auf einem Blatt

25.77 Energietanz 18. Sept. 1912

25.78 Skizze mit Text Bottmingen, 19. Sept. 1912

Angaben zu Eigenschaften:

25.79 I 19. Sept. 1912

25.80 II 19. Sept. 1912

25.81 Skizze mit Text 19. Sept. 1912

25.82 ich - du - er - Form Bottmingen, 20. Sept. 1912, mit lfden. Nrn. 25.83/84 auf einem Blatt

Das Wesen des Dionysos:

25.83 I 20. Sept. 1912

25.84 II 20. Sept. 1912

25.85 «Zum Preise der Götter» 20. Sept. 1912

25.86 ihr - Form 20. Sept. 1912

25.87 von der elliptischen Form zur Lemniskate 20. Sept. 1912

25.88 «Wille - Denken» Bottmingen, 21. Sept. 1912

25.89 «gerade und krumm» 21. Sept. 1912

25.90 Halleluja. Bottmingen, 22. Sept. 1912

25.91 Festigung des Ätherleibes 22. Sept. 1912

25.92 Evoe 22. Sept. 1912
Serpentine Tanzform:
25.93 I Bottmingen, 23. Sept. 1912
25.94 II 23. Sept. 1912
25.95 III 23. Sept. 1912
25.96 IV Bottmingen, 24. Sept. 1912 mit lfder. Nr. 25.97 auf einem Blatt
Rundtanz:
25.97 Ö 24. Sept. 1912
25.98 Ü 24. Sept. 1912
25.99 Neue Angaben München, Aug. 1913

Publikationen: Lfde. Nrn. 25.20/68-99 siehe Bibl.-Nr. 277a

26. Entwürfe für die Eurythmiefiguren

«Lange suchte man nach der bestmöglichen Art, eurythmische Momentwirkungen im Bilde festzuhalten. Die photographischen Aufnahmen konnten nur schwer einen Begriff von der Kunst vermitteln da die Bewegung, die das Wesentliche daran ist, erstarrte. Nun versuchte man in der Reliefplastik über das Figurale hinüber bis zur Bewegung zu dringen. Aber noch immer dominierte die Gestalt als solche und ließ das Flutende in den Lautgebärden und Linien zurücktreten. Da ging Rudolf Steiner selbst an diese Aufgabe heran und schuf jene flach in Holz geschnittenen, übermalten Figuren, die in ihren drei Farben Bewegung, Gefühl und Charakter festhalten. Der Kopf ist nur in Andeutung wiedergegeben; in unendlicher Mannigfaltigkeit dagegen Armgebärden, Fußstellungen, Linien der stilisierten Gestalt.» (Marie Steiner: Rudolf Steiner und die Künste)

41 Bleistiftskizzen aus dem Jahre 1922 auf 39 Blättern, 12 sind gezeichnet mit «pinxit E(dith) M(aryon)»

Vokale:
26.1 A
26.2 E
26.3 I
26.4 O
26.5 U

Konsonanten:
B Skizzen:
26.6 I
26.7 II
26.8 CH
D Skizzen:
26.9 I mit 26.11 auf einem Blatt
26.10 II
F Skizzen:
26.11 I mit 26.9 auf einem Blatt
26.12 II
26.13 G
26.14 H
K Skizzen:
26.15 I
26.16 II

26.17 L
26.18 M
26.19 N
26.20 P
26.21 R
26.22 S
26.23 T
26.24 W

Stimmungen:

26.25 Innigsein
26.26 Lieblichkeit
26.27 Andacht
26.28 heiter
26.29 traurig
26.30 Verzweiflung
26.31 verflucht gescheit

Erkenntnis, Skizzen:

26.32 I
26.33 II
26.34 III
26.35 Selbstbehauptung, fast Größenwahn
26.36 Feierlichkeit
26.37 Mitteilung an
26.38 Unersättlichkeit
26.39 Frage, Ausruf
26.40 Dur – Dreiklang
26.41 Moll – Dreiklang

Publikationen: Lfde. Nrn. 26.1-41 ohne 26.6/9/11/15/32/33 siehe Bibl.-Nr. K 26

II. Architektonische und plastische Entwürfe außer dem ersten Goetheanum

27. Heizhaus

Dornach, Hügelweg 62, erbaut 1914

4 Modelle und 3 Bleistiftskizzen auf 2 Blättern

27.1 G Modell in Wachs und Plastilin 9 : 10 : 17 cm hoch, Ende 1913
27.2 G Modell in Wachs 11 cm hoch, Ende 1913
27.3 G Ausführungsmodell von Rudolf Steiner überarbeitet, Gipsabguß 36 : 33 : 70 cm hoch
27.4 G Modell der Eingangstreppe mit Türe, Plastilin 40 : 40 : 20 cm hoch
27.5 G Lampenträger (außen) Gipsabguß 52 : 15 cm, Original verloren

Zwei Skizzen auf einem Blatt

27.6 Ansicht von der Seite
27.7 Ansicht von vorne
27.8 Skizze für Eingangstüre auf einem Blatt mit 5 Skizzen von Hermann Ranzenberger 31.7 : 37 cm

Publikationen: Lfde. Nrn. 27.1-3/6-8 siehe K 27 bis 40

28. Künstleratelier

sog. «Glashaus», Dornach, Hügelweg 59, erbaut 1914

In den vierziger Jahren wurden aus raumtechnischen Gründen die beiden Kuppelräume innen in zwei Etagen geteilt, was durch eine Unterteilung der Fenster, die ursprünglich die Maße der Fenster des ersten Goetheanum hatten, auch außen, vor allem bei der westlichen Kuppel, sichtbar ist.

2 Modelle und 1 Bleistiftskizze

28.1 Modell, Original verloren
28.2 G Modell I für die Außentreppe, Gipsabguß 17 : 9 : 4 cm, Original verloren
28.3 G Modell II für die Außentreppe, Gipsabguß 17 : 9 : 4 cm, Original verloren
28.4 Skizze für die Schindelausführung, zusammen mit lfder. Nr. 10.63 auf einem Blatt

Publikationen : Lfde. Nr. 28.4 siehe K 27–40

29. Eurythmeum

(Rudolf Steiner-Halde), Dornach, Hügelweg 56, erbaut 1923

1 Modell und 12 Bleistiftskizzen auf 10 Blättern

a) Eurythmeum

Frühe Skizzen von der Modellausführung
29.1 Grundriß zum Verbindungsbau, zusammen mit
29.2 Fassade zum Verbindungsbau auf einem Blatt
29.3 Eurythmiesaal-Grundriß
29.4 G Modell für den Nordanbau, Maßstab 1 : 50, Plastilin 40 : 50 : 39 cm

b) Haus Brodbeck

Vorbau, zwei Skizzen auf einem Blatt,
29.5 I nicht ausgeführter Entwurf der Westfassade
29.6 II Seitenansicht
29.7 G Skizze zum Veranda-Vorbau (Ostfassade) 29 : 39 cm
Skizzen für die Schrankeinbauten, nordöstliches Dachzimmer:
29.8 G Nordseite 27 : 21.5 cm
29.9 G Westseite 27 : 21.5 cm
29.10 G Ostseite 27 : 21.5 cm
südöstliches Dachzimmer:
29.11 G Ostseite 27 : 21 cm
29.12 G Südseite 27 : 21 cm
29.13 G Westseite 27 : 21 cm
Skizze für den Südeingang, Original verloren

Publikationen: Lfde. Nrn. 29.1-13 siehe Bibl.-Nr. K 27 bis 40

30. Verlagshaus

(Philosophisch-Anthroposophischer Verlag), Dornach, Hügelweg 63, erbaut 1924

1 Modell und 3 Skizzen auf 2 Blättern

30.1 G Modell auf Grund der Skizzen von Rudolf Steiner hergestellt, Maßstab 1 : 50, 27 : 40 : 20 cm hoch
Zwei Skizzen auf einem Blatt 39 : 28,5 cm
30.2 G I Dachaufsicht

30.3 G II Eingangsfassade

30.4 G Skizze mit Seitenansicht 39 : 29 cm

Publikationen : Lfde. Nrn. 30.1-4 siehe Bibl.-Nr. K 27 bis 40

31. Transformatorenhäuschen

Dornach, Ecke Oberer Zielweg und Herzentalstraße, erbaut 1921

5 Bleistiftskizzen auf 5 Blättern

Vorstudie

31.1 I

31.2 II

31.3 Grundrißskizze

Fassadenskizze

31.4 I

31.5 II

Publikationen: Lfde. Nrn. 31.3-5 siehe Bibl.-Nr. K 27 bis 40

32. Erste Stuttgarter Eurythmieschule

(Eurythmeum), Stuttgart am Weg zur Uhlandshöhe, erbaut 1923

4 Bleistiftskizzen auf 3 Blättern

Zwei Skizzen auf einem Blatt

32.1 Grundriß 9. Mai 1923

32.2 Fassade 9. Mai 1923

32.3 Dachform Anfang Juni 1923

32.4 Dach-Draufsicht Anfang Juni 1923

Publikationen : Lfde. Nrn. 32.1-4 siehe Bibl.-Nr. K 27 bis 40

Wohnhäuser :

33. Haus Duldeck

(Dr. Grosheintz), auf dem Goetheanumgelände, Baubeginn 1915

7 Modelle

33.1 G Wachsmodell, deformiert 27 : 23 : 17 cm hoch

33.2 G Ausführungsmodell Maßstab 1 : 25, von Rudolf Steiner überarbeitet, Gipsabguß 85 : 65 : 53 cm hoch, Original verloren

33.3 G Modell für die Südpforte, Maßstab 1 : 10, Gipsabguß 39 : 19.5 : 43 cm hoch, Original verloren

33.4 G Modell für die Nordpforte, Wachs, Maßstab 1 : 10, 33 : 59 : 42 cm hoch 1914

33.5 G Modell für den Nordkamin, Maßstab 1 : 10, Gipsabguß 11 : 15.5 : 24 cm hoch, Original verloren

33.6 G Modell für den Südkamin, Maßstab 1 : 10, 15 : 18 : 17 cm hoch

33.7 G Modell für Nebeneingang, Plastilin auf Holz 40 : 40 cm

33.8 Skizze für Treppenpfosten und Handlauf in der Eingangsdiele, Original verloren

33.9 Entwurf für die Bank am Felsliweg, Original verloren

Entwürfe von Hermann Ranzenberger für zwei Gartentürchen siehe lfde. Nrn. 41.9/10

Publikationen : Lfde. Nrn. 33.1-6 siehe Bibl.-Nr. K 27 bis 40

34. Drei Häuser für Künstler

(drei Eurythmiehäuser), Dornach, Rüttiweg, 30, 32 und 34, erbaut 1920

5 Modelle von Edith Maryon unter Mitwirkung von Rudolf Steiner und 1 Bleistiftskizze

Früher Modellversuch, unbekannte Herkunft Maßstab 1 : 50

34.1 G Modell, vermutlich nach Angaben von Rudolf Steiner Maßstab 1 : 75, Plastilin 19 : 22 cm (Sockelplatte) 22 cm hoch

34.2 G Modellskizze, vermutlich der von Rudolf Steiner angegebenen Gruppierung der drei Häuser entstammend, Maßstab 1 : 100, Plastilin 12 : 12 cm (Sockelplatte) 14 cm hoch

34.3 G Ausführungsmodell von Paul Bay, Maßstab 1 : 50, Gipsabguß, vermutlich unter Mitwirkung von Rudolf Steiner, 22.5 : 20 : 20.5 cm hoch

Plastilinmodelle

34.4 G I 16 : 17 : 19 cm

34.5 G II 20 : 20 : 21 cm

34.6 Skizze zum oberen Abschluß des Eurythmiehauserkers

34.7 Wegsteine am Rüttiweg (keine Originale vorhanden, vermutlich auch aus der Zusammenarbeit von Rudolf Steiner und Edith Maryon)

Publikationen: Lfde. Nrn. 34.1-3/6 siehe Bibl.-Nr. K 27 bis 40

35. Haus de Jaager

Dornach, Rüttiweg 20, erbaut 1921

2 Modelle und 3 Bleistiftskizzen auf 2 Blättern, 1920/21

35.1 G Modell, Maßstab 1 : 100, Gipsabguß getönt, 20 : 28 cm (Sockelplatte) 18 cm hoch, Original verloren

35.2 G Ausführungsmodell, Maßstab 1 : 50 von Paul Bay, korrigiert von Rudolf Steiner, Gipsabguß, Original verloren

Zwei Grundrißskizzen auf einem Blatt

35.3 I

35.4 II

35.5 Fassadenskizze

Publikationen: Lfde. Nr. 35.1 siehe Bibl.-Nr. K 27 bis 40

36. Haus van Blommestein, jetzt Itel,

Dornach, Herzentalstraße 37, erbaut 1921

36.1 G Modell von Rudolf Steiner überarbeitet, Gipsabguß 29 : 29 : 23 cm, Original verloren

Publikationen: Lfde. Nr. 36.1 siehe Bibl.-Nr. K 27 bis 40

37. Haus Vreede,

Arlesheim, Auf der Höhe 1, erbaut 1920/1921

37.1 G Von Edith Maryon vorbereitetes und von Rudolf Steiner ausgeführtes Modell in Plastilin, Maßstab 1 : 50, 28 : 37 : 26 cm hoch 1919

Skizze für einen Gartenzaun, Original verloren

Publikationen: Lfde. Nr. 37.1 siehe Bibl.-Nr. K 27 bis 40

38. Haus Waller-Rathey

(Internat zur Stuttgarter Eurythmieschule), Stuttgart, Uhlandshöhe 12, erbaut 1923

38.1 Bleistiftskizze für die Dachform 31. Mai 1923

Publikationen : Lfde. Nr. 38.1 siehe Bibl.-Nr. K 27 bis 40

39. Haus Wegman

Holzhäuschen im Gelände des Klinisch-Therapeutischen Instituts, Arlesheim, (für Dr. Ita Wegman) erbaut Sommer 1924

1 Modell und 1 Bleistiftskizze auf 2 Blättern

39.1 G Modell im Baubüro angefertigt auf Grund der Skizzen von Rudolf Steiner (Motiv über der Veranda von Rudolf Steiner modelliert) Plastilin 43 : 23.5 : 22 cm

Skizze für Vorderansicht auf 2 Blatt 27 : 21.5 cm,

39.2 G oberer Dachteil

39.3 G unterer Dachteil und Front

Publikationen : Lfde. Nrn. 39.1-3 siehe Bibl.-Nr. K 27 bis 40

40. Haus Schuurmann

Dornach, Hügelweg 85, erbaut 1924/25

4 Bleistiftskizzen und 2 Modelle

40.1 G Grundriß Erdgeschoß 21.5 : 27 cm

40.2 G Grundriß Obergeschoß 21.5 : 27 cm

40.3 G Eingangsfassade 21.5 : 27 cm

40.4 G Seitenansicht 21.5 : 27 cm

Zwei Modelle im Baubüro nach Skizzen von Rudolf Steiner angefertigt, Holz/Plastilin

40.5 G I 30 : 45 : 30 cm hoch

40.6 G II 45 : 38 : 29 cm hoch

Publikationen : Lfde. Nrn. 40.1-4 siehe Bibl.-Nr. K 27 bis 40

41. Architektonische Modelle von Hermann Ranzenberger mit Bearbeitung von Rudolf Steiner

7 Modelle

Modelle für das erste Goetheanum :

41.1 G Ostportal (Türe zum Kulissenmagazin), Gipsabguß 42 : 59 cm, Original verloren

Entwurf für den seitlichen Treppenabschluß zu den Stufen vor der Wandelhalle zum südlichen Saaleingang. Neugestaltung durch Rudolf Steiner, siehe lfde. Nr. 10.10

41.2 Entwurf für Emporenbrüstung, Original verloren

41.3 Entwurf für Stabendigung in der Südostecke des weißen Saales, Original verloren

41.4 Rednerpult, Modell in Plastilin 17.5 : 12.5 : 9 cm hoch

41.5 Tafelständer mit Tafel, Modell in Holz mit Plastilin, beschädigt, 12 : 15.5 cm hoch

Andere Modelle :

41.6 Entwurf für ein Portal für ein bestehendes Haus, Original verloren

41.7 Schrank für Haus Duldeck, Original verloren

41.8 Schrank, Holz mit Plastilin

41.9 G einteiliges Gartentürchen für Haus Duldeck, Plastilin auf Holz 30 : 15 cm

41.10 G dreiteiliges Gartentürchen für Haus Duldeck, Foto von Modell, Original verloren

41.11 Buffetentwurf, Holz 8 : 3.5 : 11 cm hoch

41.12 Bettstelle, Holz mit Plastilin (letzteres zerstört)

Publikationen : Siehe hierzu die Beschreibungen in der Zeitschrift «Mensch und Baukunst» Jahrgänge 17,18 und 20, Dornach 1968-1971

42. Sonstige plastische Entwürfe

3 Modelle, 5 Reliefs und 6 Bleistiftskizzen auf 3 Blättern

42.1 G (Dreigetier) für Spendesäule, Keramik 14.5 : 14.5 : 29 cm, Original verloren

42.2 G (Kopfputz?) 6 : 6.5 : 10 cm hoch (mit Sockel)

Sockel für das Grabmal Oda Waller :

42.3 G Modell, Plastilin auf Holz 11 : 11 : 22 cm hoch

Zwei Skizzen auf einem Blatt, 1913

42.4 I

42.5 II

42.6 Detailskizze dazu

Das ausgeführte Grabmal steht im Waldfriedhof München.

Grabmal Helene Reebstein, drei Skizzen auf einem Blatt

42.7 Grundriß 1918

42.8 Ansicht

42.9 Seitenansicht

42.10 Modell für Grabmal Hahn, Reinach, Original verloren

Reliefporträts von verstorbenen Mitgliedern ca. 1917-1918 Originale verloren, Gipsabgüße,

42.11 Olga von Sivers, 28 : 38.5 cm

42.12 Sophie Stinde, 27 : 38 cm

42.13 Maude Künstler, 20 : 30.5 cm

Weitere Reliefs:

42.14 G Ein Relief, von einigen Künstlern Rudolf Steiner, von anderen wiederum Edith Maryon zugeschrieben, bearbeitet von Rudolf Steiner, 40 : 20 cm (Mysteriendrama)

42.15 G Reliefstudie von Miss Maryon, von Rudolf Steiner korrigiert, Gipsabguß 136 : 47.5 cm

43. Entwürfe für Möbel

Die ersten Anregungen, auch für Möbel neue Formen zu suchen, gingen von der Inszenierung Rudolf Steiners der vier Mysteriendramen aus.

5 Bleistiftskizzen auf 4 Blättern

Schrank in Stuttgart, zwei Skizzen auf einem Blatt,

43.1 I

43.2 II Ornament

Entwürfe für Leuchter

43.3 Skizze I

43.4 Skizze II

43.5 Möbelentwurf

Entwürfe für Möbel und Schrankeinbauten siehe auch lfde. Nrn. 10.35/36/45-47, 29.8-13

III. Graphische Entwürfe, Karikaturen und anderes 1907–1924

Entwürfe für die sieben Planetensiegel, München 1907 siehe lfde. Nrn. 3.1-5 und Stuttgart 1911/13 siehe lfde. Nrn. 5.1-2

44. Siegel für die Mysteriendramen 1910–1913

Die Originale für die Siegel I bis IV sind verloren, 2 Studien auf 2 Blättern

44.1 I für «Die Pforte der Einweihung»
44.2 Studie mit Tinte
44.3 II «Die Prüfung der Seele»
44.4 III «Der Hüter der Schwelle»
44.5 Studie mit Bleistift
44.6 IV «Der Seelen Erwachen»

Publikationen: Lfde. Nrn. 44.2/5 siehe Bibl.-Nr. K 51

45. Graphische Entwürfe

Rudolf Steiner hat viele graphische Gestaltungen entworfen. Hier sind nur die noch vorhandenen Originale aufgeführt.

73 Entwürfe auf 65 Blättern

a) Entwürfe für Mitgliedskarten:

Für den «Verein des Goetheanum» (1919/1920)

45.1 Farbstiftskizze
45.2 Farbstiftskizze «G»
45.3 Für den Zweig am Goetheanum

b) Entwürfe für Einladungen, Programme:

45.10 Entwurf (erstmals benutzt für ein Aushängeplakat des «Goetheanum, Freie Hochschule für Geisteswissenschaft»), Bleistiftskizze
45.11 «Einladung zu den anthroposophischen Hochschulkursen vom 26. September bis 16. Oktober 1920», Bleistiftskizze
45.12 Programm für eine eurythmische Darbietung, Bleistiftskizze
45.13 Teilnehmerkarte für «Zweiter internationaler Kongreß der Anthroposophischen Bewegung» West-Ost, Wien 1.-12. Juni 1922, Bleistiftskizze

c) Entwürfe für Briefköpfe:

Entwurf für die «Verwaltungsgesellschaft Goetheanum, Dornach» Skizzen

45.20 I Bleistift
45.21 II Bleistift/Farbstift

Anderer Entwurf für die «Verwaltungsgesellschaft Goetheanum, Dornach» (Dieser wurde 1920/21 als Briefkopf vom «Verein des Goetheanum» verwendet),

45.22 III Bleistift/Tinte

Zwei Vorentwürfe

45.23 IV Farbstift
45.24 V Farbstift

«Demeter», Bleistiftskizze

45.25 «Demeter», Bleistiftskizze

45.26 Briefkopfstudie, Bleistiftskizze

Briefkopfzeichen für das «Klinisch-Therapeutisches Institut, Stuttgart», zwei Skizzen mit Tinte auf einem Blatt

45.27 I

45.28 II

45.29 (Pflanzliches Motiv)

d) Entwürfe für Bücher, Broschüren :

45.30 Ludwig Polzer-Hoditz, Politische Betrachtungen auf Grundlage der Dreigliederung des sozialen Organismus Bleistiftskizze 1919

45.31 Julius Mosen, Ritter Wahn, Bleistiftskizze Dez. 1921

45.32 Claude St. Martin (Ecce Homo), Bleistiftskizze (1922)

VRIL oder eine Menschheit der Zukunft von Edward Bulwer-Lytton,

45.33 Vorstudie I

45.34 Vorstudie II

45.35 Detailstudie zu Dämon

45.36 Ausführung, Farbstiftskizze

45.37 «Anthroposophischer Seelenkalender», Motiv und Schrift, Bleistiftskizze (März 1925)

Sechs Studien zu «Wahrheit und Wissenschaft» :

45.38 I Farbstiftskizze

45.39 II Farbstiftskizze (I und II auf einem Blatt)

45.40 III Farbstiftskizze

45.41 IV Farbstiftskizze (III und IV auf einem Blatt)

45.42 V Bleistiftskizze

45.43 VI Bleistiftskizze Dez. 1921

45.44 Entwurf für den Buchtitel «Theosophie». Einführung in übersinnliche Welterkenntnis und Menschenbestimmung», Bleistiftskizze

e) Titelentwürfe für Zeitschriften :

45.50 «Soziale Zukunft» (nicht für Titelblatt, sondern für 1. Heftseite), Farbstiftskizze 1919

45.51 «Das Goetheanum, Internationale Wochenschrift für Anthroposophie und Dreigliederung» Dornach, Bleistiftskizze

15 Studien für «Die Drei» :

45.52 Bleistiftskizze

45.53 Bleistiftskizze

45.54 Farbstiftskizze

45.55 Bleistiftskizze

45.56 Skizze mit Tinte

45.57 Bleistiftskizze

45.58 Bleistiftskizze

45.59 Skizze mit Tinte

45.60 Bleistiftskizze

45.61 Skizze mit Tinte (mit lfder Nr. 45.60 auf einem Blatt)

45.62 Bleistiftskizze

45.63 Bleistiftskizze

45.64 Bleistiftskizze (mit lfder. Nr. 45.63 auf einem Blatt)
45.65 Skizze mit Tinte «Dieses wäre zu nehmen»
45.66 Skizze mit Tinte «Eine andere Form»
45.67 Bleistiftskizze (Schriftzug : Die Drei)
45.68 Skizze mit Tinte/Farbstift
45.69 Skizze mit Blei-/Farbstift

«Anthroposophie, Oesterreichischer Bote von Menschengeist zu Menschengeist» (Wien), Bleistiftskizzen

45.70 I
45.71 II
45.72 III

f) Zeichenentwürfe für Institutionen, Firmen und Waren:

«Der Kommende Tag AG» Stuttgart, Firmenzeichen zwei Bleistiftskizzen auf einem Blatt

45.73 I
45.74 II
45.75 Aktien-Einzahlung, Bleistiftskizze
45.76 Warenzeichen: Haarwasser, Bleistiftskizze
45.77 Warenzeichen: Kindermehl aus Gerste, Bleistiftskizze

«Futurum AG», Bleistiftskizzen:

45.78 Warenzeichen: Influenza-Mittel
45.79 Warenzeichen: Heuschnupfen-Mittel
45.80 Warenzeichen : Migräne-Kopfschmerz Mittel
45.81 Warenzeichen: Biodoron-Rutadoron,

Strickwarenfabrik, zwei Bleistiftskizzen auf einem Blatt

45.82 I
45.83 II

«Weleda AG» Warenzeichen für Kleinschachteln, zwei Bleistiftskizzen auf einem Blatt:

45.84 «oben»
45.85 «unten»

g) Schluß-Vignetten:

Die Vignetten wurden an den Schluß eines Aufsatzes gesetzt. Sie drücken den Inhalt des betreffenden Aufsatzes in der Vignettenform aus.

45.90 Schluß-Vignette zu dem Aufsatz «Internationale Wirtschaft und dreigliedriger sozialer Organismus» Bleistiftskizze
45.91 Schluß-Vignette zu dem Aufsatz «Geistesleben, Rechtsordnung, Wirtschaft» Skizze mit Tinte
45.92 Schluß-Vignette zu dem Aufsatz «Dreigliederung und soziales Vertrauen» Skizze mit Tinte
45.93 Schluß-Vignette zu dem Aufsatz «Die pädagogische Zielsetzung der Waldorfschule in Stuttgart» Original verloren
45.94 Schluß-Vignette zu dem Aufsatz «Das Goetheanum und die Stimme der Gegenwart», Bleistiftskizze

Publikationen: Lfde. Nrn. 45.10/12/13/26/27/28/29/32/36/37/44/51/65/70/73 siehe Bibl.-Nr. K 45

46. Initialen mit Angaben der entsprechenden Planetensäulen

Nach diesen Entwürfen wurden die Initialen der Zyklendrucke gestaltet.

21 Entwürfe auf 15 Blättern

46.1 A für Venussäule, Bleistift
46.2 B für Merkur, Farbstift
46.3 C für Merkur, Tinte, mit lfder. Nr. 46.12 auf einem Blatt
46.4 D für Merkur, Farbstift, mit lfden. Nrn. 46.13/17/18 auf einem Blatt
E für Jupitersäule:
46.5 Entwurf I, Farbstift
46.6 Entwurf II, Farbstift
46.7 F für Venussäule, Bleistift, mit lfder. Nr. 46.14 auf einem Blatt
46.8 G für Jupiter, Bleistift/Farbstift
H für Merkursäule:
46.9 Entwurf I, Bleistift
46.10 Entwurf II, Bleistift
46.11 J für Jupitersäule, Bleistift
46.12 K für Marssäule, Tinte, mit lfder. Nr. 46.3 auf einem Blatt
46.13 L für Saturnsäule, Farbstift, mit lfder. Nr. 46.4/17/18 auf einem Blatt
46.14 M für Saturnsäule, Bleistift, mit lfder. Nr. 46.7 auf einem Blatt
46.15 P für Jupitersäule, Bleistift
46.16 R für Marssäule, Bleistift
S für Venussäule, zwei Skizzen mit lfden. Nrn. 46.4/13 auf einem Blatt:
46.17 Entwurf I, Farbstift
46.18 Entwurf II, Bleistift
46.19 V für Jupitersäule, Bleistift und
46.20 W für Venussäule, Bleistift auf einem Blatt
46.21 Skizze für eine Initiale, Farbstift 8. Febr. 1920

47. Initialen für die Zeitschrift «Soziale Zukunft» und andere

2 Skizzen von Hilde Boos-Hamburger mit Korrekturen von Rudolf Steiner, 3 Skizzen auf 3 Blättern

47.1 D Korrektur mit Farbstift
47.2 U Korrektur mit Farbstift

Monogramm Edith, Skizzen

47.3 I Bleistift
47.4 II Bleistift
47.5 III Bleistift

Titelentwurf für «Soziale Zukunft» siehe lfde. Nr. 45.50

48. Karikaturen

Es sind kleine Scherze, Spielereien, wie sie in Augenblicken der Entspannung leicht hingeworfen wurden auf ein gerade zur Hand liegendes ungeschriebenes Blatt oder gar auf eine Papierserviette (Marie Steiner)

63 Skizzen auf 41 Blättern. Skizzenbezeichnungen, die nicht von Rudolf Steiner stammen, sind in Klammern gesetzt.

48.1	«Chantekler I und II» Ein Charakterbild aus dem Leben, Bleistift
48.2	«Das Genie», Bleistift, mit lfden. Nrn. 48.6/18 auf einem Blatt
48.3	«Der Bruder des Onkels ...» mit Vers, Bleistift
48.4	«Der Geist Hisputei in Wimrispin» Bleistift
48.5	«Der große Schauspieler Cabrenn ...» Bleistift, mit lfder. Nr. 48.33 auf einem Blatt
48.6	«Der größere Philosoph» Tinte, mit lfden. Nrn. 48.2/18 auf einem Blatt
48.7	«Der Herr Pfarrer» Tinte, mit lfden. Nrn. 48.8/15 auf einem Blatt
48.8	«Der Herr Gemeinderat» Tinte, mit lfden. Nrn. 48.7/15 auf einem Blatt
48.9	«Der Kaufmann» Tinte, mit lfden. Nrn. 48.10/11/13 auf einem Blatt
48.10	«Der Künstler» Tinte, mit lfden. Nrn. 48.9/11/13 auf einem Blatt
48.11	«Der Lausbub» Tinte, mit lfden. Nrn. 48.9/10/13 auf einem Blatt
48.12	«Der Meister» Bleistift
48.13	«Der Philosoph» Tinte, mit lfden. Nrn. 48.9/10/11 auf einem Blatt
48.14	«Der Schüler» Bleistift
48.15	«Der Staatsmann» Tinte, mit lfden. Nrn. 48.7/8 auf einem Blatt
48.16	«Der Wenzel des Herrn Hofrat» Bleistift, mit lfder. Nr. 48.25 auf einem Blatt
48.17	«Der Windelminister» Bleistift
48.18	«Die Modedame» Tinte, mit lfden. Nrn. 48.2/6 auf einem Blatt
48.19	«Dies ist der Poppelbaum ...» mit Vers, Bleistift
48.20	«Dr. Steiner hält dann so seine Vorträge» Bleistift
48.21	«Dufterl» Bleistift, mit lfden. Nrn. 48.24/32 auf einem Blatt (1923)
48.22	«Edith ist klug ...» mit Vers, Tinte
48.23	«Er scheinet mir» Bleistift, mit lfder. Nr. 48.27 auf einem Blatt
48.24	«Frecherl» Bleistift, mit lfden. Nrn. 48.21/32 auf einem Blatt (1923)
48.25	«Hofrat» Bleistift, mit lfder. Nr. 48.16 auf einem Blatt
48.26	«Humoreske» (zweier Mitglieder) Bleistift
48.27	«Ich bin ein Stern» Bleistift, mit lfder. Nr. 48.23 auf einem Blatt
48.28	«Irrenhaus mit künftigen Ministern» mit Vers, Tinte, mit lfder. Nr. 48.30 auf einem Blatt
48.29	«Jockel» Farbstift
48.30	«L. George» Tinte, mit lfder. Nr. 48.28 auf einem Blatt
48.31	«Mitten drin in einer Orange» Bleistift
48.32	«Nullerl» Bleistift, mit lfden. Nrn. 48.21/24 auf einem Blatt (1923)
48.33	«Ritter Leopold Edler von Schauffenberg» mit Vers, Tinte, mit lfder. Nr. 48.5 auf einem Blatt:
	«Schlagt ihn tot» (Goethe, Rezensent) 3 Bleistiftskizzen auf einem Blatt:
48.34	I
48.35	II
48.36	III
48.37	«Weltenlauf. Narrenlaune» Tinte, mit Vers

Weitere Skizzen:

48.38 (Dämon mit Schatten) Bleistift
48.39 (Das Genie) Tinte
48.40 (Der Gockel) Tinte
48.41 (Ein moderner Dichter) Bleistift
48.42 (Eine Tante) Bleistift
48.43 (Mann mit Pentagramm, Orden) Bleistift
48.44 (Pfarrer Kully I) Bleistift
Drei Bleistiftskizzen auf einem Blatt:
48.45 (Pfarrer Kully II)
48.46 (Pfarrer Kully III)
48.47 (Pfarrer Kully IV)
(Sechs Köpfe im Profil):
48.48 I Tinte
48.49 II Bleistift
48.50 III Bleistift
48.51 IV Bleistift
48.52 V Bleistift
48.53 VI Bleistift (II bis VI auf einem Blatt)
(Zwei Köpfe im Profil) Bleistift:
48.54 I
48.55 II
(Gesicht) Zwei Bleistiftskizzen auf einem Blatt:
48.56 I (1924)
48.57 II (1924)
(Karikatur)
48.58 I
48.59 II
Skizzen:
48.60 I Bleistift
48.61 II Bleistift
48.62 III Tinte/Bleistift
48.63 IV Tinte/Bleistift

Publikationen: Lfde. Nrn. 48.2/6-15/18 siehe Bibl.-Nr. K 48

49. Metamorphosenstudien und diverse Skizzen

24 Skizzen auf 20 Blättern

49.1 «Madonna auf den Stufen» Bleistiftskizze für eine Radierung nach dem Entwurf von A. Turgenieff aus dem Erarbeiten einer neuen Hell-Dunkel-Technik
Acht Bleistiftskizzen aus einer Metamorphose entwickelte Formbildungen:
49.2 I
49.3 II (I und II auf einem Blatt)
49.4 III
49.5 IV (III und IV auf einem Blatt)

49.6 V
49.7 VI
49.8 VII
49.9 VIII
Vier Bleistiftskizzen zu einer Metamorphosenstudie:
49.10 I
49.11 II
49.12 III
49.13 IV
Zwei Bleistiftskizzen auf einem Blatt:
49.14 «Merkur»
49.15 «Pan»
49.16 (Waage, Schlangen Dämonen) Farbstiftskizze
49.17 (Gesichtsprofil) Bleistiftskizze
Zwei Zeichnungen für ein achteckiges Haus auf einem Blatt:
49.18 Grundriß, Bleistift/Farbstift
49.19 Ansicht, Bleistift
49.20 (Dämon im Profil) Bleistift
49.21 (Geflügeltes Tier) Bleistift
49.22 (zum geflügelten Tier) Bleistift
49.23 Bleistiftskizze
49.24 Farbstiftskizzen auf einem Blatt (Kopf, Finger)

Publikationen: Lfde. Nrn. 49.1/2-13 siehe Bibl.-Nr. K 49

50. Entwürfe für die Tierkreisbilder im Kalender 1912/13

11 Bleistiftskizzen auf 11 Blättern

50.1 Skizze zum Tierkreis
Skizzen zu den Tierkreiszeichen:
50.2 Fisch
50.3 Wassermann
50.4 Steinbock
50.5 Schütze
50.6 Skorpion
50.7 Waage
50.8 Jungfrau I
50.9 Jungfrau II
50.10 Löwe
(Zwillinge) Text
50.11 Krebs
(Stier) Text
50.12 Widder I
50.13 Widder II

Publikationen: Lfde. Nrn. 50.1-13 siehe Bibl.-Nr. K 50

IV. Entwürfe zur Kleinodienkunst

Die Malerin und Goldschmiedin Bertha Meyer (später Meyer-Jacobs) gehört zu jenen Freunden, die am Zustandekommen der Uraufführungen von Rudolf Steiners Mysteriendramen (1910–1913 in München) mitarbeiteten. Rudolf Steiners Siegelformen für die Bucheinbände seiner Dramen veranlaßten sie, ihm die Frage zu stellen, ob diese Siegelformen auch in Metall gearbeitet werden können. Er bejaht dies. Auf die dafür gemachten Skizzen und Angaben folgten weitere Entwürfe für Anhänger, Broschen, Ringe, Kreuze u. a., die sie in der angegebenen stilbildenden Richtung ausarbeitete. Ihre Werkstatt wurde später zu einer Kleinodienschule (zuerst in Hamburg, dann in Dornach), in der seither zahlreiche Goldschmiede für Kleinodienkunst ausgebildet worden sind.

51. Skizzen und Entwürfe zur Kleinodienkunst

89 Skizzen und Korrekturen auf 75 Blättern, 1 Modell
(Daten zum Teil aufgrund späterer mündlicher Überlieferungen)

	Anhänger. Gold, gravierter Citrin (nur Angaben) 1908/10
	Anhänger. Gold, gravierter Citrin, Elfenbein (nur Angaben) 1908/10
	Weihrauchgefäß:
51.1	Ansichtsskizze, Originalskizze verloren 1911
51.2	Detailangaben für die Anordnung der Edelsteine nach Tierkreisen und Planeten. Originalskizze verloren
51.3	Kreuz. Gagat, Gold, Citrin. Bleistiftskizze 1913
	Emblem, Heil den Helfern. Silber
51.4	Skizze mit Tinte, Entwurf I 1914
51.5	weitergeführter Entwurf, Bleistiftskizze 1914
51.6	Detail für Schlangenkopf, Bleistiftskizze 1914
51.7	Reinzeichnung von Bertha Meyer-Jacobs mit Korrekturen von Rudolf Steiner
51.8	Schirmgriff. Silber. Farbstiftskizze mit Ansicht und Befestigungsdetail 1915
51.9	Ring. Gold, fünf Turmaline. Skizze mit Tinte (mit lfder. Nr. 51.40 auf einem Blatt) 1915
51.10	Ring. Gold, Silber, Saphir 6. März 1915
	Kreuz auf Grundlage des Hexagramms. Rosenholz, Gold, sieben rote Steinen.
51.11	Entwurf I, Bleistiftskizze und
51.12	Entwurf II auf einem Blatt 6. März 1915
51.13	Ring. Gold, Smaragde. Korrektur mit Tinte 1915
	Rosenkreuz. Fünf Skizzen auf vier Blättern 1915
51.14	I 1915
51.15	II 1915
51.16	III 1915
51.17	IV zusammen mit lfder. Nr. 51.72 auf einem Blatt 1915
51.18	Werkstattzeichnung mit Korrekturen von Rudolf Steiner
	Schau in dich, schau um dich (nach einer Eurythmieform, GA 277a, kein Original) 1915
51.19	Ring. Gold, Aquamarin. Bleistiftskizze mit lfder. Nr. 51.20 auf einem Blatt 21. März 1916
51.20	Ring. Gold, sechs Steine. Bleistiftskizze mit lfder. Nr. 51.19 auf einem Blatt 21.März 1916
51.21	Ring. Gold, zwei Brillanten, Smaragd. Bleistiftskizze mit Entwurf I, II und Ausführung, mit lfder. Nr. 51.22 auf einem Blatt 1916
51.22	Ring. Gold, zwölf kleine und zwei größere Rubine. Bleistiftskizze mit lfder. Nr. 51.21 auf einem Blatt 1916

51.23 Ring. Gold, Turmalin, Bleistiftskizze 1916
51.24 Gürtelschließe. Silber, Türkis. Farbstiftskizze, mit lfden. Nrn. 51.25/26/36 auf einem Blatt 1916
51.25 Stirnband mit Carneol. Skizze mit Tinte, mit lfden. Nrn. 51.24/26/36 auf einem Blatt 1916
51.26 Stirnband mit Amethyst. Skizze mit Tinte, mit lfden. Nrn. 51.24/25/36 auf einem Blatt 1916
51.27 Brosche. Gold, zwei Amethyste. Bleistiftskizze 1916
51.28 Lemniskatenkette. Silber und Gold. Bleistiftskizze 1916
51.29 Lemniskatenkette. Zwei Skizzen mit lfder. Nr. 51.39 auf einem Blatt 1916
Anhänger. Gold, zwei Rosenquarze, zwei Amethyste
51.30 Studie I, zwei Bleistiftskizzen 1916
51.31 Studie II, Bleistiftskizze 1916
51.32 Studie III, vier Bleistiftskizzen 1916
Anhänger. Gold, Citrin
51.33 Ansicht und Detail 1916
51.34 zwei Detailskizzen 1916
51.35 Anhänger. Gold, Smaragd, fünf Amethyste. Bleistiftskizze 1916
51.36 Anhänger. Silber, zwei Saphire. Farbstiftskizze mit lfdn. Nrn. 51.24/25/26 auf einem Blatt 1916
51.37 Anhänger. Gold, Mondstein. Bleistiftskizze mit Ansicht und zwei Detailangaben 1916
51.38 Anhänger. Gold, Amethyst. Zwei Bleistiftskizzen 1916
51.39 Skizze mit lfder. Nr. 51.29 auf einem Blatt 1916
51.40 Anhänger. Gold, Scarabäus, Rubin. Farbstiftskizze mit Ansicht und zwei Detailangaben mit lfder. Nr. 51.9 auf einem Blatt 1915
51.41 Ehe-Ring. Gold, acht Rubine. Bleistift-/Farbstiftskizze 1917
51.42 Anhänger. Gold mit vielen Steinen. Tintenskizze 1917
51.43 Kravattennadel. Gold, Demantoid, mit lfdn. Nrn. 51.47/48 auf einem Blatt 1918
51.44 Stehkreuz. Rosenkreuz, Sockel und Kreuz aus Heliotrop-Jaspis, Silber, Brillanten. Skizze mit Tinte 1918
Anhänger. Gold, Amethyst
51.45 Entwurf I 1918
51.46 Entwurf II 1918
51.47 Ring. Gold, Aquamarin. Bleistiftskizze mit lfden. Nrn. 51.43/48 auf einem Blatt 1918
51.48 Ring. Gold, Edeltopas. Bleistiftskizze mit Ansicht, Schnitt und Detail, mit lfden. Nrn. 51.43/47 auf einem Blatt 1918
51.49 Anhänger. Gold, gelber Turmalin. Skizze mit Ansicht, Steinumriß und Schnitt, Originalskizze verloren 1919
51.50 Anhänger. Gold, Smaragd. Skizze mit Ansicht und Steinumriß, mit lfden. Nrn. 51.52/53 auf einem Blatt 1919
51.51 Anhänger. Gold, Karneol-Kamee. Skizze mit Tinte, mit lfder. Nr. 51.58 auf einem Blatt 1919
51.52 Ring. Gold, Opal. Skizze mit Tinte, mit lfden. Nrn. 51.50/53 auf einem Blatt
51.53 Ring. Gold, Edeltopas. Skizze mit Tinte, mit lfden. Nrn. 51.50/52 auf einem Blatt 1919
51.54 Ring. Gold, Citrin. Farbstiftskizze mit Draufsicht und Schnittdetail 1919
Ring. Gold, Türkis
51.55 Bleistiftskizze mit (wahrscheinlich) Vorstudie 1919
51.56 Querschnitt, Draufsicht, Detail auf einem Blatt 1919
51.57 Ring. Gold, Edeltopas. Bleistiftskizze 1919
51.58 Ring. Gold, Amethyst. Skizze mit Tinte, mit lfder. Nr. 51.51 auf einem Blatt 1919

Ring. Gold, Quarztopas (nur Angaben) 1920

51.59 Ring. Gold, zwei Brillanten. Farbstiftskizze mit Draufsicht und Schnittdetail 1920

51.60 Anhänger. Gold, Amethyst. Bleistiftskizze mit Ansicht, Querschnitt und Längsschnitt 8. Nov. 1921

51.61 Ring. Gold, Ceylon-Saphir. Originalskizze verloren 9. Dez. 1922

51.62 Anhänger. Verschiedene Metalle, Rubin, fünf Saphire. Skizze mit Ansicht und Querschnitt, Original in Privatbesitz 15. Dez. 1923

51.63 Anhänger. Silber, Amethyst. Farbstiftskizze, undatiert ca. 1923

51.64 Ring. Gold, Edeltopas. Originalskizze verloren 1924

Kreuz. Gold, sieben Granaten (nur Angaben) 1925

51.65 Ring. Gold, heller Amethyst. Farbstiftskizzen für Ausführung und Variante

51.66 Ring. Gold, Amethyst. Erste Skizze und Draufsicht, Bleistift

51.67 Brosche. Gold, Goethegemme. Farbstiftskizze mit Ansicht und Detailschnitte

51.68 Anhänger. Gold, vier Amethyste. Bleistiftskizze

51.69 Anhänger. Gold, Edeltopas, sieben rote Turmaline. Originalskizze verloren 1921

51.70 Anhänger. Gold, Smaragd, drei Edeltopase. Bleistiftskizze mit Ansicht, Längsschnitt, Querschnitt, Detailangabe

51.71 Bleistiftskizzen für Kreuze in verschiedenen Proportionen

Medaillon. Gold, sieben Rubine (nur Angaben)

51.72 Kreuzchenkette. Eine Skizze mit lfder. Nr. 51.17 auf einem Blatt

51.73 Kreuzchenkette. Neun verschiedene Steine. Bleistiftskizze

51.74 Kreuzchenkette. Farbstiftskizze

Siegel «Die Prüfung der Seele»

51.75 Farbstiftskizze für eine ovale Form

51.76 Detail dazu

51.77 Swastika-Kreuz. Gold, Edeltopas. Farbstiftskizze

vier weitere, nicht näher bestimmbare Skizzen:

51.78 zwei Draufsichten

51.79 Ring, Skizze, Original verloren

51.80 Ansicht, Bleistiftskizze

51.81 Detail, Skizze mit Tinte

51.82 Taufschale für Christengemeinschaft, Plastilinmodell 11.5 : 6 : 7.5 cm hoch

Entwürfe von Bertha Meyer-Jacobs mit Korrekturen von Rudolf Steiner:

51.83 Ring. Gold, Lapislazuli-Platte, Rubin. Bleistift 1913

51.84 Anhänger. Silber, Gold, Citrin, Rubin, vier Bergkristalle, Original verloren 1916

51.85 Uhr-Anhänger. Silber, Amethyst. Skizze und Korrektur-Skizze von Rudolf Steiner 15. Sept. 1919

51.86 Anhänger. Silber, Türkis, vier Amethyste. Farbstift

51.87 Medaillon. Silber, Gold, Citrin

51.88 Ring. Gold, Edeltopas, Brillant

51.89 Ring. Gold, Saphir. Farbstiftskizze

51.90 Kreuz. Gold, Silber, Saphir, Aquamarin, gelber und blauer Edeltopas, Lapislazuli, vier Rubine, mit Angabe von Rudolf Steiner, Original in Privatbesitz

Publikationen: 51.3-90, ohne 51.80-82 siehe Bibl.-Nr. K 51

V. Skizzen für den Malunterricht an der Fortbildungs-, später Friedwartschule am Goetheanum 1921–1924
und Angaben für die Handarbeit

Für den Unterricht der Fortbildungsschule in Dornach malte Rudolf Steiner im Laufe des Jahres 1923/24 mit den Schülern eine Reihe von Bildern vor. Über diese Skizzen siehe Marie Groddeck, «Die Schulskizzen von Rudolf Steiner», Dornach 1959 und E. Brenda Biermann-Binnie/Agnes Linde/Anna Cerri, «Erinnerungen an Rudolf Steiner und die Fortbildungsschule am Goetheanum (1921–1928)», Basel 1982.

52. Sieben Schulskizzen und eine Skizze für ein Eurythmieprogramm

8 Entwürfe auf 8 Blättern

Pastellskizzen 1922–1924 (sieben Schulskizzen):

52.1	Sonnenaufgang 54 : 60 cm 22. Febr. 1923
52.2	Sonnenuntergang 49 : 62 cm 22. Febr. 1923
52.3	Bäume in sonniger Luft 35 : 66 cm 9. Mai 1923
52.4	Bäume im Sturm 35 : 72 cm 9. Mai 1923
52.5	Besonnter Baum am Wasserfall 56.8 : 65.6 cm 12. Nov. 1923
52.6	Kopf, Studie 50 : 60 cm 18. Nov. 1923
52.7	Madonna mit Kind 95 : 72 cm 28. Febr. 1924
52.8	Skizze für Eurythmieprogramm (3 Kreuze) Ostern 1924

Publikationen: Lfde. Nrn. 52.1-7 siehe Bibl.-Nr. K 52

53. Handarbeit und Kunstgewerbe

Außer den Anregungen für den Malunterricht gab Rudolf Steiner auch zahlreiche Hinweise für eine künstlerische Gestaltung des Handarbeitsunterrichtes (Buchumschläge, Tischdecken, Kissen, Kaffeewärmer, Taschen, bemalte Holzkästchen und Schachteln, gepolsterte Sitzmöbel, Hausschuhe, Handschuhe, Kopfbedeckungen, Kleider, Shawls, Sachets für Taschentücher, Tintenwischer, Wandbehänge, Lampenschirme usw.). Die dafür entstandenen Skizzen sind verlorengegangen.
Wiedergaben und Ausarbeitungen siehe Louise van Blommestein, «Künstlerische Handarbeiten nach Richtlinien und Entwürfen von Rudolf Steiner», Dornach 1934; ferner Hedwig Hauk, «Handarbeit und Kunstgewerbe. Angaben von Rudolf Steiner», Dresden 1937, Stuttgart 1961

VI. Lehrgangskizzen für den Malunterricht von Henni Geck am Goetheanum, 1922–1924

Die Malerin Henni Geck, die am ersten Bau des Goetheanum als Schnitzerin mitwirkte, zeigte Rudolf Steiner einmal eine ihrer damaligen malerischen Arbeiten, worauf er erwiderte : Da machen wir ein Eurythmie-Programm daraus! Von da an malte sie auch Programme für die künstlerischen Veranstaltungen, wie dies durch die Initiative einer anderen Malerin seit Jahren üblich war. Daraufhin wurde sie von Freunden um Malunterricht gebeten, was dazu führte, daß sie vom Jahre 1921 an Malkurse am Goetheanum gab. Aufgrund der dabei gemachten Erfahrung, daß jeder zu sehr in seinem Persönlichen steckenbleibe, wandte sie sich an Rudolf Steiner mit der Frage, ob es nicht auch für das Malen einen objektiven Lehrgang gebe, ähnlich wie für die Eurythmie. Da habe er ein Stück herumliegenden Papiers genommen, einen Sonnenaufgang skizziert und gesagt: «Fangen sie doch mit so etwas an!» So entstanden nach und nach die 23 einen Organismus bildenden Lehrgangskizzen, als «Bildmotive, Bildkeime für eine lebendige Unterrichtsvermittlung». Sie sollten malerisch in flüssiger Aquarellfarbe weitergebildet werden, denn Pastelle seien unkünstlerisch. Darum habe er auch immer erst dann, wenn eine Skizze in Aquarellfarbe gemalt worden war, die nächste Skizze entworfen. (Nach Henni Geck)

54. Dreiundzwanzig Pastelle

Diese Arbeiten entstanden für die Malkurse von Henni Geck, Titel und Daten nach ihren Notizen.

23 Pastellskizzen und 5 Aquarelle auf 28 Blättern

Neun Naturstimmungen, Pastellskizzen:

54.1 G	Sonnenaufgang I 26 : 19.5 cm 1. Juni 1922
54.2 G	Sonnenuntergang I 29 : 20.3 cm 2. Juni 1922
54.3 G	Scheinender Mond 27.5 : 19 cm 3. Juni 1922
54.4 G	Bäume I (blühende oder fruchtende Bäume) 27 : 20.5 cm 4. Juni 1922
54.5 G	Bäume II (Sommerbäume) 29 : 20.5 cm 5. Juni 1922
54.6 G	Mondaufgang 32.5 : 23 cm 25. Sept. 1922
54.7 G	Monduntergang 34.5 : 25 cm 2. Okt. 1922
54.8 G	Sonnenaufgang II 37.5 : 28.5 cm 25. Okt. 1922
54.9 G	Sonnenuntergang II 35.5 : 26 cm 25. Okt. 1922

Vierzehn weitere Pastellskizzen:

54.10 G	Gruppenseelen (Der Mensch) 30.5 : 46.7 cm 2. Dez. 1922
54.11 G	Licht und Finsternis (Luzifer und Ahriman) 47.5 : 61 cm 5. März 1923
54.12 G	Der Forscher inmitten von Marianus und Gabrilein 75.5 : 55.5 cm 21./22. März 1923
54.13 G	«Es werde die Weite und das Leben» (Archangelos schaut auf Planetenzustände) 65.3 : 67.5 cm 9. Mai 1923
54.14 G	Der dreigliedrige Mensch 52.7 : 70.8 cm 12. Juni 1923
54.15 G	Der Mensch im Geiste 49.5 : 75.4 cm 2. Juli 1923
54.16 G	Der Geist im Menschen 59.5 : 99 cm 10. Juli 1923
54.17	Rötliche Gestalt mit Sonne und Mond (Johanni-Imagination) 56 : 72 cm 30. Juli 1923
54.18 G	Druidenstein 73 : 89 cm 22.–24. Sept. 1923
54.19 G	Der Mensch in Beziehung zu den Planeten 68.5 : 92 cm 19./20. Okt. 1923
54.20 G	Elementarwesen 64.5 : 72 cm 12. Nov. 1923

54.21 G Adam Kadmon in Frühlemurien 70.5 : 101 cm 2. und 4. Dez. 1923

54.22 G Dreikönigsmotiv 52 : 67.3 cm 14. Dez. 1923

54.23 G Farbengrundlage zum Mondenreiter 66 : 86.3 cm 17.–19. Jan. 1924

Publikationen: Lfde. Nrn. 54.1–23 siehe Bibl.-Nr. K 54

VII. Aquarelle

Da Rudolf Steiner immer größtes Gewicht darauf legte, daß in flüssiger Aquarellfarbe gemalt wurde, war es ein großer Wunsch von Henni Geck, daß er einmal die Zeit finden möge, auch ein Aquarell zu malen. So entstanden die fünf Aquarelle als Eurythmie-Programmbilder, die Rudolf Steiner von seinen Pastellskizzen stark unterschieden habe. Während die Pastelle relativ schnell entstanden seien, habe er an den Aquarellen durch längere Zeit hindurch gearbeitet. (Nach Henni Geck)

55. Fünf Aquarelle

55.1 G Der Mondenreiter (Traumlied von Olaf Åsteson). Versuch von Henni Geck aus der Pastellskizze (lfde. Nr. 54.23) von Rudolf Steiner ein Aquarell zu entwickeln. Sie bereitete das Aquarell vor und Rudolf Steiner malte daraufhin die einzelnen Motive hinein.
66 : 99,5 cm 17.–19. Jan. 1924

55.2 G Neues Leben (Mutter und Kind) 67 : 101 cm 15., 17., 18., 26., 28., 29. Febr. 1924

55.3 G Ostern (Drei Kreuze) 66,5 : 99 cm 7. und 19. April 1924

55.4 G Urpflanze 67 : 101 cm 21., 22. Mai, 5. Juni 1924

55.5 G Urmensch (Die unter dieser Bezeichnung reproduzierte Skizze wurde nach Henni Geck von Rudolf Steiner auch «Urtier» genannt) 132 : 77 cm 9., 11. Juli, 5., 6., 8. Aug. 1924

Publikationen: Lfde. Nrn. 55.1–5 siehe Bibl.-Nr. K 55

56. Aquarellskizze und Skizze in Pflanzenfarben

56.1 Aquarellskizze für ein Eurythmieprogramm für Louise van Blommestein gemalt (Farbfoto) 19. Febr. 1920

56.2 Aquarellstudie Mai 1921

Zwei Skizzen in Pflanzenfarben. Rudolf Steiner hat beide Skizzen am 13. und 15. Okt. 1922 während des pädagogischen Jugendkurses in Stuttgart gemalt.

56.3 Sonnenaufgang 46 : 58 cm

56.4 Monduntergang 46 : 64 cm

Publikationen: Lfde. Nr. 56.2 siehe Bibl.-Nr. K 56

D. Der zweite Goetheanumbau 1924–1928

Bald nach dem Brand des ersten Goetheanum wurde der Beschluß gefaßt einen neuen Bau zu errichten. Rudolf Steiner schuf um Ostern 1924 ein neues Modell für den nunmehr ganz in Beton projektierten Bau. An einer weiteren Ausführung dieses ersten Entwurfes wurde er durch seinen Tod im März 1925 verhindert. So mußten die Architekten die Lösung für entstandene Probleme bei der Ausführung selber suchen, vor allem mußte aus verschiedenen Gründen das Dach über dem Zuschauerraum niedriger, über dem Bühnenraum höher gemacht werden als im Modell vorgesehen. Die sorgfältige Übertragung der Proportionen des Modells, vor allem der Westfront, auf den in dieser Weise veränderten Bau, wurde durch Carl Kemper durchgeführt.
Der Bau wurde, wenn auch innen noch nicht ausgestaltet, im Herbst 1928 eröffnet.

57. Modell und Skizzen

1 Modell, 15 Bleistiftskizzen für die Außenarchitektur auf 13 Blättern und 21 Pläne (von Frühjahr bis Winter 1924)

	Erste Skizze des Grundrisses beim Vortrag in Dornach, Tafelzeichnung 31. Dez. 1923
	Motiv für Portal- und Fensterformung beim Vortrag in Dornach, Tafelzeichnung 1. Jan. 1924
57.1 G	Modell im Maßstab 1 : 100. Material: Harbutt's Plasticine 71 : 82 : 33 cm hoch, März 1924
57.2 G	Grundriß mit Terrasse 27.5 : 37 cm
57.3 G	Zwischengeschoß 28.5 : 39 cm
57.4 G	Saal 39 : 29 cm
57.5 G	Schnitt Ost-West 29 : 39 cm
57.6 G	Ostflügel, Südfront 28 : 37.5 cm
57.7 G	Ostflügel, Südwand 27.5 : 37.5 cm
57.8 G	Ost-Ostwand, 27.5 : 36.5 cm. Mit lfden. Nrn. 57.9/10 auf einem Blatt
57.9 G	Ost-Ostwand, Grundriß mit erläuterndem Text. Mit lfden. Nrn. 57.8/10 auf einem Blatt
57.10 G	Südostfront. Mit lfden. Nrn. 57.8/9 auf einem Blatt
57.11 G	Terrassenbrüstung 27.5 : 37.5 cm
57.12 G	Außentreppe im Westen 27.5 : 37 cm
57.13	Grundriß unter dem Saal und
57.14	Längsschnitt auf einem Blatt
57.15	Grundriß / Saal / Bühne

Laut dem damals mitarbeitenden Architekt Albert Baravalle kam es für die Innengestaltung durch den Tod von Rudolf Steiner nur noch zu den folgenden wenigen Angaben (bei Besprechungen in vorgelegte Pläne eingezeichnet):

57.16	Pfeilergestaltung im Zwischengeschoß
57.17	Korrektur des Binderbogens im Raum der Versuchsbühne im Untergeschoß
57.18	Profil der Prosceniumpfeiler im Bühnensaal
57.19	Profil und Gliederung der Saal- und Seitenpfeiler in sieben Halbsäulen, später Betonung der ersten, vierten und siebten Halbsäule
57.20	Fensterausschnitte für den Saal.

19 Baueingabepläne und 2 Pläne für die «Basler Nachrichten» im Maßstab 1 : 100, unterzeichnet von Dr. Rudolf Steiner und Architekt Ernst Aisenpreis. Alle Pläne mit dem Stempel: Baubetrieb des Goetheanum Dornach (Solothurn)

57.31 G Saalgeschoß April 1924
57.32 G Zwischengeschoß April 1924
57.33 G Untergeschoß, Wandelhalle April 1924
57.34 G Nordfassade April 1924
57.35 G Ostfassade April 1924
57.36 G Westfassade April 1924
57.37 G Längsschnitt West-Ost April 1924
57.38 G Querschnitt Nord-Süd April 1924
57.39 G Situationsplan 1 : 1000 30. April/1. Mai 1924
57.40 G Längsschnitt West/Ost 29. Okt. 1924
57.41 G Zwischengeschoß 3. Nov. 1924
57.42 G Untergeschoß, Wandelhalle 3. Nov. 1924
57.43 G Ostfassade 3. Nov. 1924
57.44 G Westfassade 3. Nov. 1924
57.45 G Südfassade 3. Nov. 1924
57.46 G Nord-Süd-Schnitt 3. Nov. 1924
Perspektivische Ansichten:
57.47 G Südansicht (gez. H.R. ohne Datum)
57.48 G Westansicht (gez. H.R. ohne Datum)
57.49 G Nordnordwest-Ansicht (gez. H.R. ohne Datum)
2 Ansichtspläne für den Sonderdruck in den «Basler Nachrichten», Basel 25./26. Okt. 1924:
57.50 G Westfassade 3. Nov. 1924
57.51 G Südwestfassade 3. Nov. 1924

Vergleiche ferner die Aufsätze Rudolf Steiners von Ende 1924 «Der Wiederaufbau des Goetheanum» in *Der Goetheanumgedanke inmitten der Kulturkrisis der Gegenwart. Gesammelte Aufsätze 1921–1925 aus der Wochenschrift «Das Goetheanum»*, siehe Bibl.-Nr. 36

Publikationen: Lfde. Nr. 57.1/8-11/45/48 siehe Bibl.-Nr. K 57

E. Tafelzeichnungen bei Vorträgen

Rudolf Steiner zeichnete oft bei seinen Vorträgen an die Tafel. Um diese Zeichnungen zu erhalten, wurde von 1919/1920 an schwarzes Papier an die Tafel geheftet. 958 solcher Tafelzeichnungen, vielfach mit farbiger Kreide, befinden sich im Archiv der Rudolf Steiner-Nachlaßverwaltung, Dornach, und 138 im Goetheanum.

58. Tafelzeichnungen

Alle erhaltenen Tafelzeichnungen sind im «Chronologischen Vortragsregister» angeführt. In den Vortragspublikationen sind nur wenige Tafelzeichnungen original reproduziert. Alle andern wurden von Graphikern übertragen; die meisten in der von Assia Turgenieff nach den Angaben von Rudolf Steiner entwickelten Schrägschraffierung.

Publikationen: siehe Bibl.-Nr. K 58

Stichwortverzeichnis

zum zweiten Teil. Das Künstlerische Werk

Das Stichwortverzeichnis enthält in alphabetischer Reihenfolge eine Auswahl der Bezeichnungen aus den architektonischen, plastischen, malerischen, zeichnerischen und bühnenkünstlerischen Arbeiten von Rudolf Steiner wie sie im Inventar aufgeführt sind.
Jeder Bezeichnung folgt die Zahlengruppe aus dem Inventar. Die Inventarnummer besteht aus zwei Zahlengruppen. Die Ziffer vor dem Punkt verweist auf die fortlaufende Gruppennummer (0-58), die Ziffer nach dem Punkt ist die Nummer der Arbeit innerhalb dieser Inventargruppe. Buchstaben und römische Ziffern verweisen auf Zwischentitel. Gibt es zu einer Arbeit mehrere Entwürfe, Modelle oder Skizzen, so wird hier nur die Inventarnummer für die erste Arbeit angeführt. Die weiteren Arbeiten schliessen sich an.

Adam Kadmon in Frühlemurien 54.21
Der ägyptische Eingeweihte 14.10
Der ägyptische Mensch 13.14
Ahriman. «Der Menschheitsrepräsentant zwischen Luzifer und Ahriman» 11.
Ahriman in der Höhle, Einzelstudie 11.9
Ahriman in der Höhle, nach dem plastischen Modell gezeichnet 15.2
Ahriman-Hände, Skizzen 15.7
Ahriman-Hut, Skizzen und Modell 25.14
Ahriman-Kopf mit Schulter, Modell 19.1
Akanthusblatt und Ornamente, Skizzen 10.65
Anthroposophie, Oesterreichischer Bote. Graphische Skizzen für die Zeitschrift 45.70
apokalyptische Siegel 1.
Apollo, Skizzen 15.36
Aquarelle, fünf 55.
Aquarellskizze und Skizze in Pflanzenfarben 56.
Architektonische Modelle von H. Ranzenberger mit Bearbeitung von Rudolf Steiner 41.
Architektonische und plastische Entwürfe außer dem ersten Goetheanum C.II
Athene, Pastell 14.6
Athene und Genius, Skizzen 15.32
Atlantis 13.8
Bank am Felsliweg 33.9
Bänke auf dem Goetheanumgelände (Rondell) 7.17
Bäume I (blühende oder fruchtende Bäume) 54.4
Bäume II (Sommerbäume) 54.5
Bäume im Sturm, Pastell 52.4
Bäume in sonniger Luft, Pastell 52.3
Beleuchtungsangaben für die Laut-Eurythmie 23.
Beleuchtungsangaben für die Ton-Eurythmie 24.
Besonnter Baum am Wasserfall, Pastell 52.5
Blommestein, Haus 36.
Briefköpfe, graphische Entwürfe 45.20
Brodbeck-Haus. Siehe: Eurythmeum 29.
Bücher, graphische Entwürfe für die Titelgestaltung 45.30
Bühnenkunst C.I
Bühnenvorhang, Motiv zum Halten 10.4
Bühnenvorhang, Motivskizze 16.1
Dramatische Kunst C.I.a
Die Drei. Graphische Entwürfe für die Titelgestaltung 45.52
Drei Häuser für Künstler (drei Eurythmiehäuser), Dornach 34.
«Die drei Kinder des Luzifer» von Edouard Schuré, Kostümskizzen 18.
Der dreigliedrige Mensch 54.14
Dreikönigsmotiv 54.22
«Dreikönigsspiel», Skizze zur Inszenierung 22.
Druidenstein 54.18
Duldeck, Haus (Dr. Grosheintz) 33.
Edith, Monogrammskizzen 47.3
Elementarwesen 54.20
Entwürfe - Eurythmie, Kostümskizzen 25.
Entwürfe - Eurythmiefiguren 26.
Entwürfe - Glasfensterradierungen 12.
Entwürfe - graphische 45.
Entwürfe - Inszenierung der «Vier Mysteriendramen» 19.
Entwürfe - Inszenierung von Szenen aus Goethes Faust am Goetheanum 20.
Entwürfe - Kleinodienkunst 51.
Entwürfe - Malerei der großen Kuppel 13.
Entwürfe - Malerei der kleinen Kuppel 14.
Entwürfe - Möbel 43.
Entwürfe - sonstige plastische 42.
Entwürfe - Tierkreisbilder im Kalender 1912/13 50.
Erste Stuttgarter Eurythmieschule (Eurythmeum) 32.
Es entstehen die Sinne, es werden – Auge und Ohr 13.2
Es werde die Weite und das Leben 54.13
Es wirken die Elohim in die Erde hinein, es strahlen hinein die Lichtwesen 13.
Eurythmeum, Dornach 29.
Eurythmeum, Stuttgart 32.

Eurythmie, die neue Bewegungskunst C.I.b
Eurythmiefiguren, Entwürfe 26.
Eurythmiehäuser, drei Häuser für Künstler 34.
Eurythmieprogramm, Aquarellskizze 56.1
Eurythmieprogramm, Pastellskizze 52.8
Farbengrundlage zum Mondenreiter 54.23
Faust, Pastell 14.8
Faust am Goetheanum, Entwürfe zur Inszenierung 20.
Faust - inspirierender Engel 15.44
Formen und Beleuchtungsangaben für die Laut-Eurythmie 23.
Formen und Beleuchtungsangaben für die Ton-Eurythmie 24.
Der Forscher inmitten von Marianus und Gabrilein 54.12
Friedwartskizzen. Malunterricht an der Fortbildungs-, später Friedwartschule C.V
Futurum AG, Entwürfe für Warenzeichen 45.78
Gartentüren, Entwurf von H. Ranzenberger, bearbeitet von Rudolf Steiner 41.9
Geck, Henni. Lehrgangskizzen für den Malunterricht C.VI
Der Geist im Menschen 54.16
germanische Eingeweihte 14.4
germanische Eingeweihte Skizzen 15.21
Glasfensterradierungen, Entwürfe 12.
Glashaus (Künstleratelier) 28.
Das Goetheanum, Internationale Wochenschrift. Graphische Skizze 45.51
Goetheanumbau - Vorstufen A
Goetheanumbau, Projekt München 1911-1913 6.
Goetheanumbau, erster - Dornach,
Gesamtmodelle und Skizzen zur Außenarchitektur 7.
Einzelne Modelle, Skizzen zur Außengestaltung 8.
Kuppelräume, Innenmodell und Skizzen 9.
Modelle und Skizzen für die Innengestaltung 10.
Weitere Farbskizzen 16.
Die Arbeit am ersten Goetheanum C
Weitere Modelle (H. Ranzenberger) 41.
Goetheanumbau, zweiter - Dornach. Modell, Skizzen und Pläne 57.
Gottes Zorn und Gottes Wehmut - I 13.19
Grabmale 42.3
Graphische Entwürfe 45.
Griechenland und das Ödipus-Motiv 13.17
Grosheintz. Siehe: Haus Duldeck 33.
Grundsteinurkunde, Skizze 10.48
Gruppe, «Der Menschheitsrepräsentant zwischen Luzifer und Ahriman» 11.
Gruppenseelen (Der Mensch) 54.10
Handarbeit und Kunstgewerbe 53.
Handlauf, Skizze 10.95
Haus van Blommestein, Dornach 36.
Haus Brodbeck. Siehe: Eurythmeum 29.
Haus Duldeck (Dr. Grosheintz), Dornach 33.
Haus de Jaager, Dornach 35.
Haus Schuurmann, Dornach 40.
Haus Stuttgart, Skizzen 5.
Haus Vreede, Arlesheim 37.
Haus Waller-Rathey (Internat zur Stuttgarter Eurythmieschule), Stuttgart 38.
Haus Wegman, Arlesheim 39.
«Das heilige Drama von Eleusis» von Edouard Schuré, Kostümskizzen 17.
Heizhaus, Dornach 27.
Heizkörpervorsätze 10.28
Der indische Mensch 13.10
Initialen mit Angaben der entsprechenden Planetensäulen 46.
Initialen für die Zeitschrift «Soziale Zukunft» und andere 47.
Jaager, Haus 35.
Jahve und die luziferische Versuchung – Paradies 13.4
Die Kabiren 21.
Kalender 1912/13, Entwürfe für die Tierkreisbilder 50.
Karikaturen 48.
Der Kommende Tag AG, Entwürfe für Warenzeichen 45.73
Kongreßsaal München A.I
Kopf, Studie 52.6
Kopf des Kentaur 14.3
Kostümskizzen für «Das heilige Drama von Eleusis» von Edouard Schuré 17.
Kostümskizzen für «Die drei Kinder des Luzifer» von Edouard Schuré 18.
Der Kreis der Zwölf – O 13.23
Kunstgewerbe, Handarbeit 53.
Künstleratelier, sog. «Glashaus» 28.
Kuppel, große - Entwürfe für die Malerei 13.
Kuppel, große - Skizzen für die Architrave 9.12
Kuppel, kleine - Entwürfe für die Malerei 14.
Kuppel, kleine - Skizzen für die Architrave 9.17
Kuppel, kleine - weitere Studien zur Malerei der kleinen Kuppel 15.
Lampe für Notbeleuchtung 10.37
Lampenträger 27.5
Laut-Eurythmie, Formen und Beleuchtungsangaben 23.
Lemurien 13.6
Licht und Finsternis (Luzifer und Ahriman) 54.11
Lichtesweben, Tempera für die Staffelei des Johannes Thomasius 19.2
Luzifer, «Der Menschheitsrepräsentant zwischen Luzifer und Ahriman» 11.

Luzifer, Flügelskizze 18.1
Luzifer, Skizzen 15.13
Madonna auf den Stufen, Skizze 49.1
Madonna für die Engelstange, Skizze 22.1
Madonna mit Kind, Pastell 52.7
Malsch, Modellbau 4.
Malunterricht an der Fortbildungs-, später Friedwartschule, Skizzen C.V
Der Mensch im Geiste 54.15
Der Mensch in Beziehung zu den Planeten 54.19
Menschheitsrepräsentant, Studie 15.1
Der Menschheitsrepräsentant zwischen Luzifer und Ahriman, Malerei 14.1
Der Menschheitsrepräsentant zwischen Luzifer und Ahriman, Plastik 11.
Merkur, Skizze 49.14
Metamorphosenstudien und diverse Skizzen 49.
Mitgliedskarten, graphische Entwürfe 45.1
Möbel, Entwürfe 43.
Modellbau Malsch, Skizzen 4.
Mondaufgang 54.6
Mondenreiter, Farbengrundlage 54.23
Mondenreiter (Traumlied vom Olaf Åsteson), Aquarell 55.1
Monduntergang 54.7
Monduntergang, Pflanzenfarben 56.4
München Projekt 1911-1913, erstes Goetheanum 6.
München - Kongreßsaal A.I
Mysteriendramen, Entwürfe für die Inszenierung 19.
Mysteriendramen 1910-1913, Siegel 44.
Neues Leben (Mutter und Kind), Aquarell 55.2
Neun Naturstimmungen 54.1
Notbeleuchtungslampe, Modell 10.37
Notenständer, Skizzen 10.45
Nummern und Schilder für die Bestuhlung 10.92
Ostern (Drei Kreuze), Aquarell 55.3
Palmettenmotiv, auf Wachsplatte gezeichnet 10.64
Pan, Skizze 49.15
Der persische Mensch 13.12
Pflanzenfarben, Aquarellskizzen 56.
Philosophisch-Anthroposophischer Verlag. Siehe: Verlagshaus 30.
Planetensäulen. Initialen mit Angaben für die entsprechenden Planetensäulen 46.
Planetensiegel, sieben (I-V) 3.
Planetensiegel, sieben (VI-VII) 5.
Plastische Holzgruppe «Der Menschheitsrepräsentant zwischen Ahriman und Luzifer» 11.
Programme, Einladungen. Graphische Entwürfe 45.10
Ranzenberger, Hermann. Architektonische Modelle, bearbeitet von Rudolf Steiner 41.
Rednerpult, Modell für das erste Goetheanum 10.35
Rednerpult, Entwurf von H. Ranzenberger, bearbeitet von Rudolf Steiner 41.4
Der Reigen der Sieben – A 13.21
Reliefs, Entwürfe 42.11
Rötliche Gestalt mit Sonne und Mond (Johanni-Imagination) 54.17
Rudolf Steiner Halde. Siehe: Eurythmeum 29.
Säulenkapitäle, sieben 2.
Scheinender Mond 54.3
Schindelausführung 28.4
Schirmgriff, Skizze 51.8
Schluß-Vignetten (für Aufsätze) 45.90
Schulskizzen und eine Skizze für ein Eurythmieprogramm 52.
Schuurmann, Haus 40.
Siegel - apokalyptische 1.
Siegel - Mysteriendramen 1910-1913 44.
Siegel - Planetensiegel (I-V) 3.
Siegel - Planetensiegel (VI-VII) 5.
Siegel - «Die Prüfung der Seele». Skizze, ovale Form 51.75
Der slawische Mensch mit Doppelgänger, Engel und Kentaur 14.2
Der slawische Mensch und der germanische Eingeweihte 14.4
Sonnenaufgang, Pastell 52.1
Sonnenaufgang I 54.1
Sonnenaufgang II 54.8
Sonnenaufgang, Pflanzenfarben 56.3
Sonnenuntergang, Pastell 52.2
Sonnenuntergang I 54.2
Sonnenuntergang II 54.9
Soziale Zukunft. Graphische Skizze für die Zeitschrift 45.50
Soziale Zukunft, Skizzen für Initialen 47.
(Spendesäule) plastisches Modell für Dreigetier 42.1
Stuttgart 1911-1913, Skizzen für das Haus 5.
Tafelständer, Entwurf von H. Ranzenberger, bearbeitet von Rudolf Steiner 41.5
Tafelzeichnungen bei Vorträgen 58.
Taufschale, Modell 51.82
Throne im ersten Goetheanum, Skizzen 10.56
Tierkreisbilder für den Kalender 1912/13 50.
Ton-Eurythmie 24.
Transformatorenhäuschen, Dornach 31.
Urmensch (Urtier), Aquarell 55.5
Urpflanze, Aquarell 55.4
Urtier (Urmensch), Aquarell 55.5
Ventilationsöffnungen, Skizzen 10.91
Verlagshaus, Dornach 30.
Vignetten am Schluß von Aufsätzen, Entwürfe 45.90

Vorhang. Motiv zum Halten des Bühnenvorhanges 10.4
Vorhang, Motivskizze für den Bühnenvorhang 16.1
Vreede, Haus 37.
Waller-Rathey, Haus. (Internat zur Stuttgarter Eurythmieschule) Stuttgart 38.
Wandtafelzeichnungen 58.
Wege zu einem neuen Baustil. Sieben Skizzen zu den Vorträgen 10.80
Wegman, Haus 39.
Wegsteine am Rüttiweg 34.7
Wegsteine auf dem Goetheanumgelände 7.18
Weihrauchgefäß, Skizzen 51.1
Weleda, Entwürfe für Warenzeichen 45.84
West-Ost-Kongreß. Siehe: Programme, Einladungen. Graphische Entwürfe 45.13
Zeitschriften, graphische Entwürfe für die Titelgestaltung 45.50

DRITTER TEIL

REGISTER

Detailliertes Inhaltsverzeichnis

I Das geschriebene Werk Rudolf Steiners. Werke und Aufsätze in chronologischer Reihenfolge 1884–1925, ergänzt mit dem Nachweis der Aufsätze in den «Veröffentlichungen aus dem Literarischen Frühwerk» 1938–1958 257

Verzeichnis der Periodika, die im Register erwähnt werden 343

Veröffentlichungen aus dem literarischen Frühwerk. Verzeichnis der Hefte I bis XXVI 344

Noch nicht gefundene Abhandlungen und bezüglich der Autorschaft nicht verbürgte Artikel 345

II Chronologisches Vortragsregister mit Ortsangaben 347

III Verzeichnis der Vortragsorte nach Ländern 381

Europakarte mit den Vortragsorten Rudolf Steiners 382

IV Vortragsregister nach Orten 384

V Alphabetisches Verzeichnis der Buchtitel und Reproduktionen 393

I. Das geschriebene Werk Rudolf Steiners
Werke und Aufsätze in chronologischer Reihenfolge 1884-1925

Ergänzt mit dem Nachweis der Aufsätze in den «Veröffentlichungen» aus dem Literarischen Frühwerk» 1938-1958

Das gesamte literarische Werk von Rudolf Steiner ist hier chronologisch nach den Publikationsdaten aufgeführt. Die 1780 Eintragungen enthalten:

- die geschriebenen Werke mit allen Neuauflagen bis 1925
- die Besprechungen von Büchern, Theaterstücken usw. und die Artikel zur Chronik
- die Herausgabe von Werken anderer Autoren durch Rudolf Steiner
- die Drucke der Vortragszyklen
- alle bekannten Abdrucke von den Erstpublikationen bis 1925

Es kann davon ausgegangen werden, daß die Abdrucke, soweit diese nicht von Rudolf Steiner herausgegeben wurden, in seinem Einverständnis erfolgten. Der Nachweis dieser Abdrucke bezieht sich auf die vorliegenden Publikationen. Einige wenige Publikationsbelege fehlen. Hier darf auf «C.S. Picht, Das literarische Lebenswerk Rudolf Steiners», Dornach 1926 verwiesen werden. Bei jedem Eintrag ist angegeben wo das Werk oder der Aufsatz heute in der Rudolf Steiner Gesamtausgabe zu finden ist. In der Bibliographie zur Rudolf Steiner Gesamtausgabe (siehe 1. Teil) sind die Buchpublikationen auch nach 1925 aufgeführt. Als ergänzende Angabe ist in diesem Register nachgewiesen in welchen Heften der «Veröffentlichungen aus dem Literarischen Frühwerk» (1938-1958) die Aufsätze (bis ca. 1902) abgedruckt wurden. Die chronologische Darstellung bei Publikationen mit gleichen Jahreszahlen oder Monatsangaben ist ungenau, wenn keine Tagesdaten angegeben sind. Das Register enthält keine Hinweise auf Briefe, Notizen, Konzepte zu Vorträgen, Aufzeichnungen usw.

Die tabellarische Darstellung zeigt von links nach rechts:

- das Datum der Publikation (nicht das Datum des Manuskriptes, Vortrages usw.).
- den Titel des Werkes, des Aufsatzes oder den Satzanfang eines Aufsatzes, der keinen eigenen Titel trägt. Die Wiedergabe der Aufsatztitel entspricht den Inhaltsangaben der GA-Bände. Bei den Abdrucken wird stets auf die Erstpublikation zurückverwiesen.
- den Titel der Erstpublikation und der Abdrucke. Bei den Periodika wird auf den Verweis «In der Zeitschrift . . .» verzichtet.
- Es folgen die Kolonnen mit Angabe der Heftnummer der «Veröffentlichungen aus dem Literarischen Frühwerk» bis zum Jahre 1902 und die Bandnummer der Gesamtausgabe in denen das Werk oder der Aufsatz abgedruckt ist. Ist der Aufsatz in den «Beiträgen zur Rudolf Steiner Gesamtausgabe» enthalten, so steht ein B mit der Nummer des Heftes. Ist das (B) in Klammern gesetzt, so ist der Aufsatz oder das Referat für einen Abdruck in den «Beiträgen» vorgesehen.
- Bei den Aufsatzbänden der Gesamtausgabe ist auch die Seitenzahl angeführt.

Für die Angabe der Seitenzahlen wurden folgende Bände der Gesamtausgabe verwendet:

GA 24 Aufsätze über die Dreigliederung des sozialen Organismus und zur Zeitlage 1915-1921. Auflage 1982

GA 26 Anthroposophische Leitsätze. Der Erkenntnisweg der Anthroposophie. Das Michaelmysterium. Auflage 1982

GA 29 Gesammelte Aufsätze zur Dramaturgie 1889 bis 1900. Auflage 1960

GA 30 Methodische Grundlagen der Anthroposophie 1884-1901. Gesammelte Aufsätze zur Philosophie, Naturwissenschaft, Ästhetik und Seelenkunde. Auflage 1961

GA 31 Gesammelte Aufsätze zur Kultur- und Zeitgeschichte 1887-1901. Auflage 1966

GA 32 Gesammelte Aufsätze zur Literatur 1884-1902. Auflage 1971

GA 33 Biographien und biographische Skizzen 1894-1905. Schopenhauer. Jean Paul. Uhland. Wieland. Literatur und geistiges Leben im neunzehnten Jahrhundert. Auflage 1967

GA 34 Luzifer-Gnosis. 1903-1908 Grundlegende Aufsätze zur Anthroposophie und Berichte aus der Zeitschrift «Luzifer» und «Luzifer-Gnosis». Auflage 1960

GA 35 Philosophie und Anthroposophie. Gesammelte Aufsätze 1904-1908. Auflage 1965

GA 36 Der Goetheanumgedanke inmitten der Kulturkrisis der Gegenwart. Gesammelte Aufsätze 1921-1925 aus der Wochenschrift «Das Goetheanum». Auflage 1961

GA 260a Die Konstitution der Allgemeinen Anthroposophischen Gesellschaft und der Freien Hochschule für Geisteswissenschaft. Der Wiederaufbau des Goetheanum 1924/25. Auflage 1966

Zu beachten:

Die chronologische Datenfolge bezieht sich ausschließlich auf das Publikationsdatum und nicht auf das Datum eines Manuskriptes oder Vortrages!

Datum			Werk-/Aufsatztitel oder Satzanfang	Titel der Erstpublikationen und Abdrucke	FW	GA	S
1884			Goethes Werke. Naturwissenschaftliche Schriften. Erster Band	In: Deutsche National-Litteratur (Kürschner)		1a	
1884	Juni	06.	Goethes Recht in der Naturwissenschaft. Eine Rettung	Deutsche Zeitung. Nr. 4463	2	30	227
1884	Nov.	06.	Ein freier Blick in die Gegenwart (1. Teil)	Deutsche Lesehalle für alle Stände. 1. Jg., Nr. 1	19	30	232
1884	Nov.	15.	Ein freier Blick in die Gegenwart (Schluß)	Deutsche Lesehalle für alle Stände, 1. Jg., Nr. 1	19	30	
1884	Dez.	24.	Goethe und die Liebe und Goethes Dramen	Deutsche Zeitung		32	133
1885	Sept.	06.	Dr. Richard Wahle. Gehirn und Bewußtsein. Physiologisch-psychologische Studie	Deutsche Wochenschrift. 3. Jg., Nr. 36	19	30	475
1886			Grundlinien einer Erkenntnistheorie der Goetheschen Weltanschauung mit besonderer Rücksicht auf Schiller, zugleich eine Zugabe zu «Goethes naturwissenschaftlichen Schriften» in Kürschners «Deutscher National-Litteratur»	Ebenso		2	
1886			Die Natur und unsere Ideale. Sendschreiben an die Dichterin des «Hermann»: M.E. delle Grazie	Ebenso		30	237
1886	April	06.	Deutsche Dichtungen der Gegenwart	Freie Schlesische Presse. 6. Jg., Nr. 78	23	32	114
1886	Okt.	17.	Über das Verhältnis Thomas Seebecks zu Goethes Farbenlehre	Chronik des Wiener Goethe-Vereins. 1. Bd., 1. Jg., Nr. 1	19	30	477
1886	Dez.	30.	Das Ansehen der deutschen Philosophie einst und jetzt	Deutsche Presse. 1. Jg., Nr. 15	10	30	240
1887			Goethes Werke. Naturwissenschaftliche Schriften. Zweiter Band	In: Deutsche National-Litteratur (Kürschner)		1b	
1887			Die Natur, aphoristisch, von Goethe, mit Anmerkungen von Dr. Rudolf Steiner	In: Goethes Werke, Naturwissenschaftliche Schriften. 2. Band	2	1b	
1887			Ernst Melzer. Goethes philosophische Entwicklung. Ein Beitrag zur Geschichte der Philosophie unserer Dichterheroen	Zeitschrift für vergleichende Literaturgeschichte. 1. Bd. Heft 3	15	30	479
1887	Febr.	20.	Johannes Volkelt. Ein deutscher Denker der Gegenwart	Deutsche Presse. 1. Jg., Nr. 51	10	30	246
1887	April	15.	Hundert Jahre zurück. Zur Farbenlehre	Chronik des Wiener Goethe-Vereins. 1. Bd., 2. Jg., Nr. 7	19	30	478

Datum		Werk-/Aufsatztitel oder Satzanfang	Titel der Erstpublikationen und Abdrucke	FW	GA	S
1888		Alluvium	In: Pierers Konversationslexikon. Erster Band	19	46	
1888	Jan.	Die Woche, 30. Dezember 1887 – 5. Januar 1888	Deutsche Wochenschrift. 6. Jg., Nr. 1	18	31	17
1888	Jan.	Die Woche, 5. – 11. Januar 1888	Deutsche Wochenschrift. 6. Jg., Nr. 2	18	31	20
1888	Jan.	Die Woche, 12. – 18. Januar 1888	Deutsche Wochenschrift. 6. Jg., Nr. 3	18	31	22
1888	Jan.	Die Woche, 18. – 24. Januar 1888	Deutsche Wochenschrift. 6. Jg., Nr. 4	18	31	26
1888	Febr.	Die Woche, 25. – 31. Januar 1888	Deutsche Wochenschrift. 6. Jg., Nr. 5	18	31	30
1888	Febr.	Die Woche, 1. – 7. Febr. 1888	Deutsche Wochenschrift. 6. Jg., Nr. 6	18	31	39
1888	Febr.	Die Woche, 8. – 15. Febr. 1888	Deutsche Wochenschrift. 6. Jg., Nr. 7	18	31	43
1888	Febr.	Faust nach Goethes eigener Methode erläutert	Deutsche Wochenschrift. 6. Jg., Nr. 8	15	32	138
1888	Febr.	Die Woche, 15. – 22. Febr. 1888	Deutsche Wochenschrift. 6. Jg., Nr. 8	18	31	47
1888	März	Die Woche, 22. – 29. Febr. 1888	Deutsche Wochenschrift. 6. Jg., Nr. 9	18	31	50
1888	März	Die Woche, 1. – 7. März 1888	Deutsche Wochenschrift. 6. Jg., Nr. 10	18	31	53
1888	März	Die Woche, 7. – 14. März 1888	Deutsche Wochenschrift. 6. Jg., Nr. 11	18	31	56
1888	März	Die Woche, 14. – 21. März 1888	Deutsche Wochenschrift. 6. Jg., Nr. 12	18	31	62
1888	März	Die Woche, 22. – 28. März 1888	Deutsche Wochenschrift. 6. Jg., Nr. 13	18	31	64
1888	April	Die Woche, 29. März – 4. April 1888	Deutsche Wochenschrift. 6. Jg., Nr. 14	18	31	67
1888	April	Die Woche, 5. – 11. April 1888	Deutsche Wochenschrift. 6. Jg., Nr. 15	18	31	70
1888	April	Robert Hamerling: «Homunkulus». Modernes Epos in 10 Gesängen (1. Teil)	Deutsche Wochenschrift. 6. Jg., Nr. 16	23	32	145
1888	April	Die Woche, 11. – 18. April 1888	Deutsche Wochenschrift. 6. Jg., Nr. 16	18	31	74
1888		Robert Hamerling: «Homunkulus». Modernes Epos in 10 Gesängen (Schluß)	Deutsche Wochenschrift. 6. Jg., Nr. 17		32	150
1888	April	Die Woche, 18. – 25. April 1888	Deutsche Wochenschrift. 6. Jg., Nr. 17	18	31	76
1888	Mai	Die Woche, 26. April – 2. Mai 1888	Deutsche Wochenschrift. 6. Jg., Nr. 18	18	31	78
1888	Mai	Die Woche, 3. – 10. Mai 1888	Deutsche Wochenschrift. 6. Jg., Nr. 19	18	31	80
1888	Mai	Die Woche, 11. – 16. Mai 1888	Deutsche Wochenschrift. 6. Jg., Nr. 20	18	31	82
1888	Mai	Die Woche, 17. – 23. Mai 1888	Deutsche Wochenschrift. 6. Jg., Nr. 21	18	31	65
1888	Mai	Die deutschnationale Sache in Österreich. Die parlamentarische Vertretung der Deutschen	Deutsche Wochenschrift. 6. Jg., Nr. 22	18	31	111

Datum			Werk-/Aufsatztitel oder Satzanfang	Titel der Erstpublikationen und Abdrucke	FW	GA	S
1888	Mai		Die Woche, 23. – 30. Mai 1888	Deutsche Wochenschrift. 6. Jg., Nr. 22	18	31	88
1888	Juni		Das deutsche Unterrichtswesen (in Österreich) und Herr von Gautsch	Deutsche Wochenschrift. 6. Jg., Nr. 23	8	31	121
1888	Juni		Die Woche, 31. Mai – 6. Juni 1888	Deutsche Wochenschrift. 6. Jg., Nr. 23	18	31	90
1888	Juni		Die geistige Signatur der Gegenwart	Deutsche Wochenschrift. 6. Jg., Nr. 24	10	30	253
1888	Juni		Die Woche, 6. – 13. Juni 1888	Deutsche Wochenschrift. 6. Jg., Nr. 24	18	31	93
1888	Juni		Die deutschnationale Sache in Österreich. Die deutschen Klerikalen und ihre Freunde	Deutsche Wochenschrift. 6. Jg., Nr. 25	18	31	116
1888	Juni		Die Woche, 14. – 20. Juni 1888	Deutsche Wochenschrift. 6. Jg., Nr. 25	18	31	96
1888	Juni		Des Kaisers Worte	Deutsche Wochenschrift. 6. Jg., Nr. 26	18	31	130
1888	Juni		Monsignore Greuter	Deutsche Wochenschrift. 6. Jg., Nr. 26	18	31	127
1888	Juni		Die Woche, 21. – 27. Juni 1888	Deutsche Wochenschrift. 6. Jg., Nr. 26	18	31	99
1888	Juli	06.	Gegen den Strom, XVII. und XVIII. Heft (Flugschriften)	Deutsche Wochenschrift. 6. Jg., Nr. 27	23	32	427
1888	Juli	06.	Vincenz Knauer: «Die Lieder des Anakreon»	Deutsche Wochenschrift. 6. Jg., Nr. 27	23	32	429
1888	Juli	06.	Die Woche, 28. Juni – 4. Juli 1888	Deutsche Wochenschrift. 6. Jg., Nr. 27	18	31	102
1888	Juli	13.	Papsttum und Liberalismus	Deutsche Wochenschrift. 6. Jg., Nr. 28	18	31	134
1888	Juli	13.	Die Woche, 5. – 11. Juli 1888	Deutsche Wochenschrift. 6. Jg., Nr. 28	18	31	105
1888	Juli	20.	Die Deutschen in Österreich und ihre nächsten Aufgaben	Deutsche Wochenschrift. 6. Jg., Nr. 29	18	31	139
1888	Juli	20.	Emil Marriot: «Die Unzufriedenen», Roman	Deutsche Wochenschrift. 6. Jg., Nr. 29	25	32	155
1888	Juli	20.	Pierers Konversations-Lexikon	Deutsche Wochenschrift. 6. Jg., Nr. 29	25	32	430
1888	Juli	20.	Die Woche, 11. – 18. Juli 1888	Deutsche Wochenschrift. 6. Jg., Nr. 29	18	31	108
1888	Nov.	30.	Goethe als Ästhetiker (1. Teil)	Chronik des Wiener Goethe-Vereins, 2. Bd., 3. Jg., Nr. 11	14	30	257
1888	Dez.	23.	Goethe als Ästhetiker (Schluß)	Chronik des Wiener Goethe-Vereins. 2. Bd., 3. Jg., Nr. 12	14	30	260
1889			Goethe als Vater einer neuen Ästhetik (Siehe auch April 1889)	Ebenso		30	23
1889			Goethe als Vater einer neuen Ästhetik (Siehe auch April 1889)	Sonderabdruck		30	23
1889			Basalt	In: Pierers Konversationslexikon. Zweiter Band	19	46	
1889			Eiszeit	In: Pierers Konversationslexikon. Vierter Band	19	46	

Datum			Werk-/Aufsatztitel oder Satzanfang	Titel der Erstpublikationen und Abdrucke	FW	GA	S
1889	April		Goethe als Vater einer neuen Ästhetik	Deutsche Worte. 9. Jg., 4. Heft		30	23
1889	April	28.	«Gyges und sein Ring». Eine Tragödie von Friedrich Hebbel	Deutsche Post. 3. Jg., Nr. 17	9	29	181
1889	Nov.	20.	Über den Gewinn der Goethe-Studien durch die Weimarer Ausgabe in naturwissenschaftlicher Beziehung	Chronik des Wiener Goethe-Vereins. 3. Bd., 4. Jg., Nr. 11	19	30	482
1889	Dez.	09.	Wiener Theaterverhältnisse	Nationale Blätter. 1. Jg., Nr. 22	9	29	23
1889	Dez.	23.	Ludwig Anzengruber	Nationale Blätter. 1. Jg., Nr. 23	23	32	16
1890			Goethes Werke. Naturwissenschaftliche Schriften. Dritter Band	In: Deutsche National-Litteratur (Kürschner)		1c	
1890			Geologische Formationen	In: Pierers Konversationslexikon, Sechster Band	19	46	
1890	Jan.	27.	Zur Burgtheater-Krisis	Nationale Blätter. 2. Jg., Nr. 2	9	29	27
1890	Febr.	10.	Unsere Kritiker	Nationale Blätter. 2. Jg., Nr. 3	9	29	31
1890	Febr.	10.	Über Ludwig Ganghofers «Hochzeit von Valeni» von Adam Müller-Guttenbrunn	Nationale Blätter. 2. Jg., Nr. 3	9	29	183
1890	Febr.	28.	«Die Makkabäer». Von Otto Ludwig. Mit Rücksicht auf unsere Burgtheaterkunst	Nationale Blätter. 2. Jg., Nr. 4	9	29	184
1890	März	17.	Stilkorruption durch die Presse	Nationale Blätter. 2. Jg., Nr. 5	9	29	35
1890	März	31.	Zwei nationale Dichter Österreichs. Fercher von Steinwand und Marie Eugenie delle Grazie	Nationale Blätter. 2. Jg., Nr. 6	23	32	124
1890	April	30.	Das Wetterleuchten einer neuen Zeit. Zur Aufführung von Gunnar Heibergs «König Midas»	Nationale Blätter. 2. Jg., Nr. 8	9	29	188
1890	Mai	14.	Ein Buch über das Wiener Theaterleben	Nationale Blätter. 2. Jg., Nr. 9	9	29	38
1890	Mai	28.	Die Alten und die Jungen	Nationale Blätter. 2. Jg., Nr. 10	9	29	44
1891			Die Grundfrage der Erkenntnistheorie mit besonderer Rücksicht auf Fichte's Wissenschaftslehre	Inaugural-Dissertation		3	
1891			Goethes Naturwissenschaftliche Schriften. 6. Band. Zur Morphologie I	In: Goethes Werke. Weimarer- oder Sophien-Ausgabe		1B	
1891			Über den Gewinn unserer Anschauungen von Goethes naturwissenschaftlichen Arbeiten durch die Publikationen des Goethe-Archivs	Goethe-Jahrbuch. 12. Bd.	19	30	265
1891	Jan.		Eduard von Hartmann. Seine Lehre und seine Bedeutung	Deutsche Worte. 11. Jg., 1. Heft	10	30	288

Datum			Werk-/Aufsatztitel oder Satzanfang	Titel der Erstpublikationen und Abdrucke	FW	GA	S
1891	Jan.	24.	Eduard Grimm. Zur Geschichte des Erkenntnisproblems	Weimarische Zeitung. Nr. 20	10	30	488
1891	Febr.	13.	Gedanken zu dem handschriftlichen Nachlasse Goethes	Chronik des Wiener Goethe-Vereins. 5. Bd., 6. Jg., Nr. 2	19	30	302
1891	Mai	25.	Generalversammlung der Goethe-Gesellschaft	Chronik des Wiener Goethe-Vereins. 5. Bd., 6. Jg., Nr. 5	19	31	149
1891	Juli	04.	Allan Kardec. Der Himmel und die Hölle	Literarischer Merkur. 11. Jg., Nr. 27	19	30	493
1891	Juli	25.	Auch ein Kapitel zur «Kritik der Moderne»	Literarischer Merkur. 11. Jg., Nr. 30	14	30	495
1891	Sept.	26.	W. Heinzelmann: «Goethes Iphigenie»	Literarischer Merkur. 11. Jg., Nr. 39	15	32	157
1891	Okt.	03.	C. Andresen «Die Entwicklung des Menschen»	Literarischer Merkur. 11. Jg., Nr. 40	17	31	617
1891	Okt.	10.	Jürgen Bona Meyer «Temperament und Temperamentbehandlung»	Literarischer Merkur. 11. Jg., Nr. 41	8	31	618
1891	Okt.	17.	Adolf Steudel. Das goldene ABC der Philosophie	Literarischer Merkur. 11. Jg., Nr. 42	10	30	501
1891	Dez.	19.	J.R. Minde. Über Hypnotismus	Literarischer Merkur. 11. Jg., Nr. 51	19	30	502
1892			Wahrheit und Wissenschaft. Vorspiel einer «Philosophie der Freiheit» (Siehe auch 1891, Inaugural-Dissertation)	Ebenso		3	
1892			Goethes Naturwissenschaftliche Schriften. 7. Band. Zur Morphologie II	In: Goethes Werke. Weimarer- oder Sophien-Ausgabe		1B	
1892			Goethes Naturwissenschaftliche Schriften. 9. Band. Zur Naturwissenschaft überhaupt. Mineralogie und Geologie I	In: Goethes Werke. Weimarer- oder Sophien-Ausgabe		1B	
1892			Weimarer Goethe-Ausgabe. Bericht der Redaktoren und Herausgeber. Band 6 und 7	Goethe-Jahrbuch. 13. Bd.	19	30	512
1892			Zu dem «Fragment» über die Natur	In: Schriften der Goethe-Gesellschaft. 7. Band	2	30	320
1892	Jan.	02.	Die Philosophie in der Gegenwart und ihre Aussichten für die Zukunft (1. Teil)	Literarischer Merkur. 12. Jg., Nr. 1	10	30	308
1892	Jan.	02.	Wilhelm Schölermann. Freilicht! Eine Plain-air-Studie	Literarischer Merkur. 12. Jg., Nr. 2	14	30	503
1892	Jan.	09.	Eduard Kulke «Zur Entwicklungsgeschichte der Meinungen»	Literarischer Merkur. 12. Jg., Nr. 2	8	31	619
1892	Jan.	23.	Ernste Zeichen der Zeit	Literarischer Merkur. 12. Jg., Nr. 4		32	161
1892	Jan.	23.	Hermann Bahr: «Russische Reise»	Literarischer Merkur. 12. Jg., Nr. 4	21	32	158
1892	Febr.	13.	Ernste Zeichen der Zeit. Erwiderung auf die Entgegnung zu vorstehendem Aufsatz	Literarischer Merkur. 12. Jg., Nr. 7		32	164
1892	Febr.	20.	Franz Brentano. Das Genie	Literarischer Merkur. 12. Jg., Nr. 8	19	30	505

Datum			Werk-/Aufsatztitel oder Satzanfang	Titel der Erstpublikationen und Abdrucke	FW	GA	S
1892	Febr.	27.	Franz Lauczizky «Lehrbuch der Logik»	Literarischer Merkur. 12. Jg., Nr. 9	8	31	622
1892	März	12.	Die Philosophie in der Gegenwart und ihre Aussichten für die Zukunft (Schluß)	Literarischer Merkur. 12. Jg., Nr. 11	10	30	315
1892	März	19.	E. Martig «Anschauungs-Psychologie mit Anwendung auf die Erziehung»	Literarischer Merkur. 12. Jg., Nr. 12	8	31	621
1892	April	02.	Nietzscheanismus	Literarischer Merkur. 12. Jg., Nr. 14	12	31	453
1892	April	09.	Moltke als Philosoph	Literarischer Merkur. 12. Jg., Nr. 15	17	31	154
1892	Juni	11.	Friedrich Nietzsche «Also sprach Zarathustra», IV. Teil. Jüngste Publikation aus Nietzsches Nachlaß. Ein Buch für alle und keinen. Vierter und letzter Teil	Literarischer Merkur. 12. Jg., Nr. 24	12	31	460
1892	Juni	18.	Karl Bleibtreu. Letzte Wahrheiten	Literarischer Merkur. 12. Jg., Nr. 25	19	30	506
1892	Juli	02.	Maximilian Harden «Apostata»	Literarischer Merkur. 12. Jg., Nr. 27	17	31	158
1892	Juli	16.	Robert Schellwien: «Max Stirner und Friedrich Nietzsche»	Literarischer Merkur. 12. Jg., Nr. 29	24	32	166
1892	Aug.	20.	Gegen den Materialismus	Literarischer Merkur. 12. Jg., Nr. 34	19	30	508
1892	Sept.	10.	Dr. Reinhold Biese «Grundzüge moderner Humanitätsbildung»	Literarischer Merkur. 12. Jg., Nr. 37	8	31	623
1892	Sept.	17.	Das Dasein als Lust, Leid und Liebe	Literarischer Merkur. 12. Jg., Nr. 38	19	30	510
1892	Sept.	23.	Gustav Hauffe: «Die Wiedergeburt des Menschen»	Literarischer Merkur. 12. Jg., Nr. 39	25	32	434
1892	Okt.	10.	Eine «Gesellschaft für ethische Kultur» in Deutschland	Literarischer Merkur. 12. Jg., Nr. 40	16	31	164
1892	Okt.	29.	Eine «Gesellschaft für ethische Kultur	Die Zukunft. 1. Bd., Nr. 5	16	31	169
1892	Okt.	29.	Wolfgang Arthur Jordan: «Psalmen»	Literarischer Merkur. 12. Jg., Nr. 43	25	32	432
1892	Dez.	17.	J.M. Bösch «Das menschliche Mitgefühl. Ein Beitrag zur Grundlegung der wissenschaftlichen Ethik»	Literarischer Merkur. 12. Jg., Nr. 50	16	31	176
1892	Dez.	24.	Adolf Gerecke «Die Aussichtslosigkeit des Moralismus»	Literarischer Merkur. 12. Jg., Nr. 51	16	31	177
1893			Goethes Naturwissenschaftliche Schriften. 11. Band. Zur Naturwissenschaft. Allgemeine Naturlehre I	In: Goethes Werke. Weimarer- oder Sophien-Ausgabe		1B	
1893			Weimarer Goethe-Ausgabe. Bericht der Redaktoren und Herausgeber. Band 9	Goethe-Jahrbuch. 14. Bd.	19	30	514
1893	Jan.	07.	Moderne Dichtung. Marie Eugenie delle Grazie	Literarischer Merkur. 13. Jg., Nr. 1	23	32	63
1893	Jan.	14.	Alte und neue Moralbegriffe	Die Zukunft. 2. Bd., Nr. 16		31	180

Datum			Werk-/Aufsatztitel oder Satzanfang	Titel der Erstpublikationen und Abdrucke	FW	GA	S
1893	Jan.	28.	Kurt Eisner «Psychopathia spiritualis. Friedrich Nietzsche und die Apostel der Zukunft»	Literarischer Merkur. 13. Jg., Nr. 4	f12	31	467
1893	Febr.	04.	R.M. Saitschick: «Zur Psychologie unserer Zeit»	Literarischer Merkur. 13. Jg., Nr. 5	19	32	169
1893	Febr.	11.	J.G. Vogt. Die Unfreiheit des Willens	Literarischer Merkur. 13. Jg., Nr. 6	19	30	523
1893	März	04.	Dr. R. v. Koeber. Die Lebensfrage	Literarischer Merkur. 13. Jg., Nr. 9	10	30	524
1893	März	25.	Zur Geschichte der Philosophie	Literarischer Merkur. 13. Jg., Nr. 12	10	30	327
1893	April	08.	Zur Hypnotismusfrage	Literarischer Merkur. 13. Jg., Nr. 14	19	30	333
1893	April	22.	Franz Brentano. Über die Zukunft der Philosophie	Literarischer Merkur. 13. Jg., Nr. 16	10	30	526
1893	April	29.	Zeitschrift für Philosophie und philosophische Kritik	Literarischer Merkur. 13. Jg., Nr. 17	10	30	528
1893	Juni	27.	Bildung und Überbildung	Literarischer Merkur. 13. Jg., Nr. 24	11	29	190
1893	Juli	08.	Nervöse Leser	Literarischer Merkur. 13. Jg., Nr. 27		32	11
1893	Juli	15.	Einheitliche Naturanschauung und Erkenntnisgrenzen	Monatsblätter des Wissenschaftlichen Club in Wien 14. Jg., Nr. 10	10	30	47
1893	Juli	21.	Dr. Leopold Drucker. Die Suggestion und ihre forensische Bedeutung	Literarischer Merkur. 13. Jg., Nr. 29	19	30	531
1893	Aug.	19.	Prof. Dr. Friedrich Kirchner «Gründeutschland». Ein Streifzug durch die jüngste deutsche Dichtung	Literarischer Merkur. 13. Jg., Nr. 32	8	31	626
1893	Aug.	19.	R. M. Saitschick: «Die Weltanschauung Dostojewskis und Tolstois»	Literarischer Merkur. 13. Jg., Nr. 32	24	32	170
1893	Okt.	03.	Julius Duboc. Grundriß einer einheitlichen Trieblehre vom Standpunkte des Determinismus	Literarischer Merkur. 13. Jg., Nr. 36	19	30	532
1893	Okt.	25.	Moderne Dichtung. Marie Eugenie delle Grazie	Literarischer Merkur. 13. Jg., Nr. 40		32	67
1894			Die Philosophie der Freiheit. Grundzüge einer modernen Weltanschauung. Beobachtungs-Resultate nach naturwissenschaftlicher Methode	Ebenso		4	
1894			Goethes Naturwissenschaftliche Schriften. 10. Band. Zur Naturwissenschaft überhaupt. Mineralogie und Geologie II	In: Goethes Werke. Weimarer- oder Sophien-Ausgabe		1B	
1894			Goethes Naturanschauung gemäß den neuesten Veröffentlichungen des Goethe-Archivs (Siehe auch in «Berichte des Freien Deutschen Hochstiftes zu Frankfurt am Main»)	Sonderabdruck		30	69
1894			Arthur Schopenhauers sämtliche Werke in zwölf Bänden. Mit Einleitung von Dr. Rudolf Steiner	In: Cotta'sche Bibliothek der Weltliteratur		33	230

Datum			Werk-/Aufsatztitel oder Satzanfang	Titel der Erstpublikationen und Abdrucke	FW	GA	S
1894			Goethes Naturanschauung gemäß den neuesten Veröffentlichungen des Goethe-Archivs	Berichte des Freien Deutschen Hochstiftes zu Frankfurt am Main (o.J.)	1	30	69
1894			Sieben Briefe von Fichte an Goethe. Zwei Briefe von Fichte an Schiller. Mit Erläuterungen von Rudolf Steiner	Goethe-Jahrbuch. 15. Bd.	15	31	422
1894			Weimarer Goethe-Ausgabe. Bericht der Redaktoren und Herausgeber. Band 11	Goethe-Jahrbuch. 15. Bd.	19	30	515
1894	März	21.	Ein neues Buch über Goethes «Faust»	Weimarische Zeitung. Nr. 67	15	32	173
1894	Mai	11.	«Jenseits von Gut und Böse». Schauspiel in drei Aufzügen von J.V. Widmann	Deutschland, Zeitung. 46. Jg., Nr. 127	11	29	196
1894	Sept.	15.	Hermann Helmholtz	Das Magazin für Literatur. 63. Jg., Nr. 37	19	30	340
1895			Friedrich Nietzsche. Ein Kämpfer gegen seine Zeit	Ebenso		5	
1895			Goethes Beziehungen zur Versammlung deutscher Naturforscher und Ärzte in Berlin	Goethe-Jahrbuch. 16. Bd.	19	30	534
1895			Weimarer Goethe-Ausgabe. Bericht der Redaktoren und Herausgeber. Band 10	Goethe-Jahrbuch. 16. Bd.	19	30	518
1895	Okt.	12.	Zur Eröffnung des Marie Seebach-Stifts	Das Magazin für Literatur. 64. Jg., Nr. 41	11	29	401
1896			Goethes Naturwissenschaftliche Schriften. 12. Band. Zur Naturwissenschaft. Allgemeine Naturlehre II	In: Goethes Werke. Weimarer- oder Sophien-Ausgabe		1B	
1896			Weimarer Goethe-Ausgabe. Bericht der Redaktoren und Herausgeber. Band 12	Goethe-Jahrbuch. 17. Bd.	19	30	521
1896	Jan.	12.	Marie Eugenie delle Grazie	Deutschland, Zeitung. 48. Jg., Nr. 11	26	32	178
1896	April	25.	Der neue «Kürschner»	Das Magazin für Literatur. 65. Jg., Nr. 17	25	32	436
1896	Sept.	24.	Mitteilung und Berichtigung	Beilage zur Allgemeinen Zeitung. Nr. 221	12	31	469
1896	Okt.	03.	Nietzsche-Archiv	Hamburger Fremdenblatt		31	470
1896	Dez.	06.	Dr. Wüllner als Othello	Deutschland, Zeitung. 48. Jg., Nr. 335	11	29	399
1896	Dez.	12.	Der Oskar Blumenthal-Abend	Das Magazin für Literatur. 65. Jg., Nr. 50	11	29	199
1897			Goethe, Erfahrung und Wissenschaft	In: Goethes Werke. Deutsche National-Literatur, Band XXXVI	19	1e	
1897			Goethes Weltanschauung	Ebenso		6	

Datum			Werk-/Aufsatztitel oder Satzanfang	Titel der Erstpublikationen und Abdrucke	FW	GA	S
1897			Goethes Werke. Naturwissenschaftliche Schriften. Vierter Band, Erste Abteilung	In: Deutsche National-Litteratur (Kürschner)		1d	
1897			Goethes Werke. Naturwissenschaftliche Schriften. Vierter Band, Zweite Abteilung	In: Deutsche National-Litteratur (Kürschner)		1e	
1897			J.W. Goethe, Sprüche in Prosa. Notizen. Nachträgliches	In: Deutsche National-Litteratur (Kürschner)		1e	
1897			Das Mädchen von Oberkirch. Ein Trauerspiel in fünf Aufzügen von Goethe	In: Deutsche National-Litteratur (Kürschner)		32	181
1897			Jean Pauls ausgewählte Werke in acht Bänden. Mit einer Einleitung von R. Steiner	In: Cotta'sche Bibliothek der Weltliteratur		33	269
1897	März	18.	Woldemar von Biedermann	Das Magazin für Literatur. 66. Jg., Nr. 11	15	31	628
1897	April	08.	Großherzogin Sophie von Sachsen	Das Magazin für Literatur. 66. Jg., Nr. 14	15	31	187
1897	Juni	24.	«Sozialaristokraten». Komödie von Arno Holz	Das Magazin für Literatur. 66. Jg., Nr. 25	11	29	200
1897	Juli	10.	An unsere Leser (betr. die Übernahme der Redaktion durch Rudolf Steiner und Erich Hartleben)	Das Magazin für Literatur. 66. Jg., Nr. 27		31	629
1897	Juli	10.	Moderne Kritik	Das Magazin für Literatur. 66. Jg., Nr. 27	14	30	539
1897	Juli	17.	Ein Wiener Dichter	Das Magazin für Literatur. 66. Jg., Nr. 28	21	32	185
1897	Juli	24.	Rudolf Strauss: «Novellen-Premieren»	Das Magazin für Literatur. 66. Jg., Nr. 29	21	32	190
1897	Juli	31.	Wilhelm Preyer. Gestorben am 15. Juli 1897 (1. Teil)	Das Magazin für Literatur. 66. Jg., Nr. 30	19	30	346
1897	Aug.	07.	Wilhelm Preyer (1. Forts.)	Das Magazin für Literatur. 66. Jg., Nr. 31	19	30	349
1897	Aug.	07.	Anton von Werner	Das Magazin für Literatur. 66. Jg., Nr. 31	14	30	542
1897	Aug.	14.	Wilhelm Preyer (Schluß)	Das Magazin für Literatur. 66. Jg., Nr. 32	19	30	356
1897	Aug.	14.	Alfred von Arneth	Das Magazin für Literatur. 66. Jg., Nr. 32	17	31	630
1897	Aug.	14.	Marie Seebach	Das Magazin für Literatur. 66. Jg., Nr. 32	11	29	401
1897	Aug.	14.	Max Ring. Zu seinem achtzigsten Geburtstag	Das Magazin für Literatur. 66. Jg., Nr. 32	25	32	437
1897	Aug.	14.	Eduard von Engerth	Das Magazin für Literatur. 66. Jg., Nr. 32	26	32	438
1897	Aug.	21.	Jacob Burckhardt. Gestorben am 8. August 1897	Das Magazin für Literatur. 66. Jg., Nr. 33	14	30	543
1897	Aug.	21.	Viktor Meyer	Das Magazin für Literatur. 66. Jg., Nr. 33	19	30	545
1897	Aug.	21.	Theater-Chronik (Dr. Raphael Löwenfeld, der verdienstvolle Leiter des Berliner Schiller-Theaters . . .)	Das Magazin für Literatur. 66. Jg., Nr. 33	11	29	426
1897	Aug.	28.	Darwinismus und Gegenwart	Das Magazin für Literatur. 66. Jg., Nr. 34	19	30	545

Datum			Werk-/Aufsatztitel oder Satzanfang	Titel der Erstpublikationen und Abdrucke	FW	GA	S
1897	Sept.	04.	Theosophen	Das Magazin für Literatur. 66. Jg., Nr. 35	26	32	194
1897	Sept.	11.	«Faust». Eine Tragödie von J.W. Goethe	Das Magazin für Literatur. 66. Jg., Nr. 36	11	29	203
1897	Sept.	18.	Katholizismus und Fortschritt	Das Magazin für Literatur. 66. Jg., Nr. 37	17	31	189
1897	Sept.	18.	«Unjamwewe». Komödie in vier Aufzügen von Ernst von Wolzogen	Das Magazin für Literatur. 66. Jg., Nr. 37	11	29	206
1897	Sept.	18.	«Die Einberufung» (Le Sursis). Schwank in drei Akten von A. Sylvane und J. Gascogne	Das Magazin für Literatur. 66. Jg., Nr. 37	11	29	209
1897	Sept.	25.	Die Sehnsucht der Juden nach Palästina	Das Magazin für Literatur. 66. Jg., Nr. 38	22	31	196
1897	Sept.	25.	«Die Abrechnung». Ein Sittenbild in vier Akten von Maurice Donnay. Deutsch von Anne St. Cere	Das Magazin für Literatur. 66. Jg., Nr. 38	11	29	209
1897	Sept.	25.	«Faust». Eine Tragödie von J.W. Goethe	Das Magazin für Literatur. 66. Jg., Nr. 38	11	29	211
1897	Sept.	25.	«Mutter Erde». Drama in fünf Aufzügen von Max Halbe	Das Magazin für Literatur. 66. Jg., Nr. 38	11	29	211
1897	Okt.	02.	Max Halbe	Das Magazin für Literatur. 66. Jg., Nr. 39	11	29	214
1897	Okt.	02.	«Das Tschaperl». Drama in vier Aufzügen von Hermann Bahr	Das Magazin für Literatur. 66. Jg., Nr. 39	11	29	219
1897	Okt.	09.	Wieder ein Geist aus dem Volke	Das Magazin für Literatur. 66. Jg., Nr. 40	21	32	196
1897	Okt.	09.	«Das höchste Gesetz». Schauspiel in vier Akten von T. Szafranski	Das Magazin für Literatur. 66. Jg., Nr. 40	11	29	223
1897	Okt.	09.	«Waidwund». Schauspiel in drei Aufzügen von Skowronnek	Das Magazin für Literatur. 66. Jg., Nr. 40	11	29	225
1897	Okt.	14.	Die Goethetage in Weimar. Bericht über die 13. Mitgliederversammlung der Deutschen Goethe-Gesellschaft	Allgemeine Zeitung. Beilage. Nr. 232	15	31	201
1897	Okt.	16.	Kuno Fischer über die Großherzogin von Sachsen	Das Magazin für Literatur. 66. Jg., Nr. 41	15	31	207
1897	Okt.	23.	«Das Stärkere». Schauspiel von Carlot Gottfried Reuling	Das Magazin für Literatur. 66. Jg., Nr. 42	11	29	226
1897	Okt.	23.	Die Goethetage in Weimar. Bericht über die 13. Mitgliederversammlung der Deutschen Goethe-Gesellschaft	Das Magazin für Literatur. 66. Jg., Nr. 42	15	31	212
1897	Okt.	30.	«Agnes Jordan». Schauspiel in fünf Akten von Georg Hirschfeld	Das Magazin für Literatur. 66. Jg., Nr. 43	11	29	228
1897	Okt.	30.	Gabrielle Réjane	Das Magazin für Literatur. 66. Jg., Nr. 43	11	29	402
1897	Nov.	06.	Rudolf Heidenhain. Gestorben am 13. Oktober 1897	Das Magazin für Literatur. 66. Jg., Nr. 44	19	30	549
1897	Nov.	06.	«Jugendfreunde». Lustspiel in vier Aufzügen von Ludwig Fulda	Das Magazin für Literatur. 66. Jg., Nr. 44	11	29	233
1897	Nov.	06.	Henry George	Das Magazin für Literatur. 66. Jg., Nr. 44	17	31	631
1897	Nov.	13.	Theodor Mommsens Brief an die Deutschen Österreichs	Das Magazin für Literatur. 66. Jg., Nr. 45	17	31	214
1897	Nov.	13.	Ermete Zacconi	Das Magazin für Literatur. 66. Jg., Nr. 45	11	29	403
1897	Nov.	20.	Das Tagesgespräch von heute	Das Magazin für Literatur. 66. Jg., Nr. 46	17	31	217

Datum			Werk-/Aufsatztitel oder Satzanfang	Titel der Erstpublikationen und Abdrucke	FW	GA	S
1897	Nov.	20.	«Das neue Weib». Lustspiel in vier Aufzügen von Rudolf Stratz	Das Magazin für Literatur. 66. Jg., Nr. 46	11	29	235
1897	Nov.	20.	Der erste Vortragsabend der Berliner «Freien Literarischen Gesellschaft»	Das Magazin für Literatur. 66. Jg., Nr. 46	21	32	200
1897	Nov.	20.	Ferdinand Cohn zum 50jährigen Doktorjubiläum	Das Magazin für Literatur. 66. Jg., Nr. 46	19	30	551
1897	Nov.	20.	Felix Dörmann: «Ledige Leute»	Das Magazin für Literatur. 66. Jg., Nr. 46	25	32	439
1897	Nov.	20.	Theater-Chronik (Eine interessante Erinnerung ruft der 13. November 1897 hervor. . . . Gustav Reichardt)	Das Magazin für Literatur. 66. Jg., Nr. 46	26	29	427
1897	Nov.	20.	Theater-Chronik (Ein wahres Muster unklaren Denkens bildet ein Aufsatz . . . Felix Weingartner)	Das Magazin für Literatur. 66. Jg., Nr. 46		29	427
1897	Nov.	27.	Charles Lyell. Zur hundertjährigen Wiederkehr seines Geburtstages	Das Magazin für Literatur. 66. Jg., Nr. 47	19	30	359
1897	Nov.	27.	«In Behandlung». Lustspiel in drei Aufzügen von Max Dreyer	Das Magazin für Literatur. 66. Jg., Nr. 47	11	29	236
1897	Nov.	27.	«Gebrüder Währenpfennig». Schwank in vier Akten von Benno Jacobson. Musik von Gustav Steffens	Das Magazin für Literatur. 66. Jg., Nr. 47	11	29	238
1897	Dez.	04.	«Das Kätchen von Heilbronn». Schauspiel in fünf Akten von Heinrich von Kleist	Das Magazin für Literatur. 66. Jg., Nr. 48	11	29	239
1897	Dez.	04.	«Dorina». Sittenbild in drei Akten von Gerolamo Rovetta. Deutsch von Otto Eisenschitz	Das Magazin für Literatur. 66. Jg., Nr. 48	11	29	241
1897	Dez.	04.	«Vanina Vanini». Trauerspiel von Paul Heyse	Das Magazin für Literatur. 66. Jg., Nr. 48	11	29	242
1897	Dez.	04.	«G'wissenswurm». Bauernkomödie von Ludwig Anzengruber	Das Magazin für Literatur. 66. Jg., Nr. 48	11	29	242
1897	Dez.	04.	Freie litterarische Gesellschaft in Berlin	Das Magazin für Literatur. 66. Jg., Nr. 48	11	29	413
1897	Dez.	11.	Fußnote zu dem Aufsatz «Ein tragischer Erfolg» von A. Berg	Das Magazin für Literatur. 66. Jg., Nr. 49		32	439
1897	Dez.	11.	Die Instinkte der Franzosen	Das Magazin für Literatur. 66. Jg., Nr. 49	24	31	221
1897	Dez.	11.	Karl Frenzel. Zu seinem siebzigsten Geburtstage	Das Magazin für Literatur. 66. Jg., Nr. 49	14	30	552
1897	Dez.	18.	«Mädchentraum». Lustspiel in drei Akten von Max Bernstein	Das Magazin für Literatur. 66. Jg., Nr. 50	11	29	243
1897	Dez.	18.	«Ledige Leute». Sittenkomödie in drei Akten von Felix Dörmann	Das Magazin für Literatur. 66. Jg., Nr. 50	11	29	244
1897	Dez.	18.	«Barbara Holzer». Schauspiel in drei Akten von Clara Viebig	Das Magazin für Literatur. 66. Jg., Nr. 50	11	29	245
1897	Dez.	18.	Die Hauptströmungen der deutschen Literatur von der Revolutionszeit bis zur Gegenwart. 1. Die literarische Revolution um die Mitte des neunzehnten Jahrhunderts	Das Magazin für Literatur. 66. Jg., Nr. 50	21	33	113
1897	Dez.	22.	Goethes Weltanschauung und die Gegenwart	Leipziger Tageblatt und Anzeiger. Nr. 651	15	32	204
1897	Dez.	25.	Die lachende Dame	Das Magazin für Literatur. 66. Jg., Nr. 51	21	32	205

Datum			Werk-/Aufsatztitel oder Satzanfang	Titel der Erstpublikationen und Abdrucke	FW	GA	S
1897	Dez.	25.	«Bartel Turaser». Drama in drei Akten von Philipp Langmann	Das Magazin für Literatur. 66. Jg., Nr. 51	11	29	245
1897	Dez.	31.	«Mutter Thiele». Ein Charakterbild in drei Akten von Adolphe L'Arronge	Das Magazin für Literatur. 66. Jg., Nr. 52	11	29	247
1897	Dez.	31.	Die Hauptströmungen der deutschen Literatur von der Revolutionszeit bis zur Gegenwart. 2. Von Heinrich Laube zu Paul Heyse	Das Magazin für Literatur. 66. Jg., Nr. 52	21	33	116
1897	Dez.	31.	Die «Litterarische Gesellschaft» in Leipzig	Das Magazin für Literatur. 66. Jg., Nr. 52	21	32	203
1898	Jan.	08.	Ankündigung (betr. der Redaktion zum Beginn des 67. Jahrganges)	Das Magazin für Literatur. 67. Jg., Nr. 1		31	632
1898	Jan.	08.	Herman Grimm. Zu seinem siebzigsten Geburtstage	Das Magazin für Literatur. 67. Jg., Nr. 1	14	30	365
1898	Jan.	08.	Dramaturgische Blätter. Zur Einführung	Dramaturgische Blätter. 1. Jg., Nr. 1	5	29	48
1898	Jan.	08.	Fußnote (zu dem Artikel «Das staatliche National-Theater. Von Dr. Hans Oberländer)	Dramaturgische Blätter. 1. Jg., Nr. 1		29	54
1898	Jan.	15.	Das Schöne und die Kunst	Das Magazin für Literatur. 67. Jg., Nr. 2	14	30	368
1898	Jan.	15.	Nachschrift zu dem Aufsatz «Das Kölner Hänneschen Theater» von Tony Kellen	Dramaturgische Blätter. 1. Jg., Nr. 2	5	29	50
1898	Jan.	22.	«Johannes». Trauerspiel von Hermann Sudermann (Kritik)	Das Magazin für Literatur. 67. Jg., Nr. 3	11	29	258
1898	Jan.	22.	Die Hauptströmungen der deutschen Literatur von der Revolutionszeit bis zur Gegenwart. 3. Das geistige Leben in Deutschland vor dem deutsch-französischen Kriege	Das Magazin für Literatur. 67. Jg., Nr. 3	21	33	118
1898	Jan.	22.	Litterarische Gesellschaft in Berlin	Das Magazin für Literatur. 67. Jg., Nr. 3	11	29	414
1898	Jan.	22.	Noch einmal das «Staatliche Nationaltheater» im Anschluß an den Aufsatz «Das staatliche Nationaltheater» von Dr. Hans Oberländer	Dramaturgische Blätter. 1. Jg., Nr. 3	5	29	54
1898	Jan.	22.	Wiener Burgtheater-Krisis	Dramaturgische Blätter. 1. Jg., Nr. 3	9	29	60
1898	Jan.	22.	Nachschrift zu vorstehendem Aufsatz (Wiener Burgtheater-Krisis)	Dramaturgische Blätter. 1. Jg., Nr. 3	9	29	62
1898	Jan.	29.	Die Hauptströmungen der deutschen Literatur von der Revolutionszeit bis zur Gegenwart. 4. Die literarischen Kämpfe im neuen Reich	Das Magazin für Literatur. 67. Jg., Nr. 4	21	33	120
1898	Febr.	05.	Maurice Maeterlinck. Eine Conférence, gehalten am 23. Januar 1898 vor der Aufführung von «L'intruse» (Der Ungebetene) in der Berliner Dramatischen Gesellschaft	Das Magazin für Literatur. 67. Jg., Nr. 5	11	29	248
1898	Febr.	05.	«Der Ungebetene» (L'intruse). Drama von Maurice Maeterlinck. Deutsch von Erich Hartleben	Das Magazin für Literatur. 67. Jg., Nr. 5	11	29	254
1898	Febr.	05.	«Balkon». Drama von Gunnar Heiberg	Das Magazin für Literatur. 67. Jg., Nr. 5	11	29	256
1898	Febr.	05.	Freie litterarische Gesellschaft in Berlin	Das Magazin für Literatur. 67. Jg., Nr. 5	11	29	415

Datum			Werk-/Aufsatztitel oder Satzanfang	Titel der Erstpublikationen und Abdrucke	FW	GA	S
1898	Febr.	12.	«Johannes». Trauerspiel von Hermann Sudermann (Kritik)	Das Magazin für Literatur. 67. Jg., Nr. 6	11	29	259
1898	Febr.	12.	Die Hauptströmungen der deutschen Literatur von der Revolutionszeit bis zur Gegenwart. 5. Die Bedeutung Ibsens und Nietzsches für das moderne Geistesleben	Das Magazin für Literatur. 67. Jg., Nr. 6	21	33	123
1898	Febr.	12.	Theater und Kritik	Dramaturgische Blätter. 1. Jg., Nr. 6	11	29	64
1898	Febr.	19.	Emile Zola an die Jugend	Das Magazin für Literatur. 67. Jg., Nr. 7	24	31	225
1898	Febr.	19.	Das Unbedeutende (in der Schauspielkunst)	Dramaturgische Blätter. 1. Jg., Nr. 7	11	29	68
1898	Febr.	26.	Max Burckhard	Das Magazin für Literatur. 67. Jg., Nr. 8	9	29	70
1898	Febr.	26.	«Das grobe Hemd». Volksstück von C. Karlweis	Das Magazin für Literatur. 67. Jg., Nr. 8	11	29	263
1898	Febr.	26.	«Komödie». Drama von Friedrich Elbogen	Das Magazin für Literatur. 67. Jg., Nr. 8	11	29	264
1898	Febr.	26.	Die Hauptströmungen der deutschen Literatur von der Revolutionszeit bis zur Gegenwart. 6. Der Einfluß der Weltanschauung einer Zeit auf die Technik der Dichtung	Das Magazin für Literatur. 67. Jg., Nr. 8	21	33	126
1898	Febr.	26.	Ein Angriff auf das Theater	Dramaturgische Blätter. 1. Jg., Nr. 8	5	29	73
1898	März	05.	Unzeitgemäßes zur Gymnasialreform	Das Magazin für Literatur. 67. Jg., Nr. 9	8	31	232
1898	März	05.	Zolas Schwur und die Wahrheit über Dreyfus	Das Magazin für Literatur. 67. Jg., Nr. 9	24	31	230
1898	März	05.	Vom Schauspieler	Dramaturgische Blätter. 1. Jg., Nr. 9	5	29	78
1898	März	05.	«Johannes». Trauerspiel von Hermann Sudermann (Notiz)	Dramaturgische Blätter. 1. Jg., Nr. 9	11	29	262
1898	März	12.	«Die Ahnfrau». Trauerspiel in fünf Akten von Franz Grillparzer	Das Magazin für Literatur. 67. Jg., Nr. 10	11	29	265
1898	März	12.	Freie litterarische Gesellschaft in Berlin	Das Magazin für Literatur. 67. Jg., Nr. 10	11	29	416
1898	März	12.	Hans Busse. Graphologie und gerichtliche Handschriften-Untersuchungen	Das Magazin für Literatur. 67. Jg., Nr. 10	19	30	554
1898	März	12.	Ein Brief von Blaise Pascal	Das Magazin für Literatur. 67. Jg., Nr. 10	16	31	633
1898	März	12.	Chronik. Eine neue Theorie der Erdwärme	Das Magazin für Literatur. 67. Jg., Nr. 10	19	30	555
1898	März	12.	Ludwig Tieck als Dramaturg (1. Teil)	Dramaturgische Blätter. 1. Jg., Nr. 10	11	29	85
1898	März	12.	Von der Vortragskunst	Dramaturgische Blätter. 1. Jg., Nr. 10	11	29	97
1898	März	12.	Nachschrift zu vorstehendem Aufsatz (Von der Vortragskunst)	Dramaturgische Blätter. 1. Jg., Nr. 10	11	29	100
1898	März	19.	Zu Ibsens siebzigsten Geburtstage, 20. März 1898	Das Magazin für Literatur. 67. Jg., Nr. 11	3	32	21
1898	März	19.	Eine neue Ibsen-Ausgabe	Das Magazin für Literatur. 67. Jg., Nr. 11		32	496

Datum			Werk-/Aufsatztitel oder Satzanfang	Titel der Erstpublikationen und Abdrucke	FW	GA	S
1898	März	19.	Nachschrift zu den Aufsätzen «Ein Vorschlag zur Hebung des Deutschen Theaters» von Hans Olden und «Regieschule» von Dr. Hans Oberländer	Dramaturgische Blätter. 1. Jg., Nr. 11	5	29	82
1898	März	26.	Über eine Aufführung von Ibsens «Brand»	Das Magazin für Literatur. 67. Jg., Nr. 12	3	29	266
1898	März	26.	Ludwig Tieck als Dramaturg (Schluß)	Dramaturgische Blätter. 1. Jg., Nr. 12	11	29	90
1898	März	26.	Noch ein Wort über die Vortragskunst	Dramaturgische Blätter. 1. Jg., Nr. 12	11	29	102
1898	April	02.	Herr Harden als Kritiker. Eine Abrechnung	Das Magazin für Literatur. 67. Jg., Nr. 13	11	29	106
1898	April	02.	Die Hauptströmungen der deutschen Literatur von der Revolutionszeit bis zur Gegenwart. 7. Das geistige Leben der Gegenwart	Das Magazin für Literatur. 67. Jg., Nr. 13	21	33	127
1898	April	09.	Hoffmann von Fallersleben. Zu seinem hundersten Geburtstage	Das Magazin für Literatur. 67. Jg., Nr. 14	20	32	27
1898	April	09.	«Die Eule». Drama in einem Akt von Gabriel Finne. «Lumpenbagasch». Schauspiel von Paul Ernst	Das Magazin für Literatur. 67. Jg., Nr. 14	11	29	267
1898	April	09.	Karl Biedermann «Das erste deutsche Parlament»	Das Magazin für Literatur. 67. Jg., Nr. 14	17	31	634
1898	April	09.	Chronik. Arthur Adler. Die Psychologie des Examenkandidaten	Das Magazin für Literatur. 67. Jg., Nr. 14	19	30	556
1898	April	09.	Emile Rigolage. La Sociologie par Auguste Comte	Das Magazin für Literatur. 67. Jg., Nr. 14	10	30	556
1898	April	16.	Das Theater der Naturschauspiele	Das Magazin für Literatur. 67. Jg., Nr. 15	19	30	558
1898	April	16.	Zur dramatischen Technik Ibsens	Dramaturgische Blätter. 1. Jg., Nr. 15	3	29	113
1898	April	23.	Das Drama als literarische Vormacht der Gegenwart	Dramaturgische Blätter. 1. Jg., Nr. 16	11	29	118
1898	April	23.	Neue und alte Dramatik	Dramaturgische Blätter. 1. Jg., Nr. 16	11	29	112
1898	April	23.	Gastspiele	Dramaturgische Blätter. 1. Jg., Nr. 16	11	29	406
1898	April	30.	«Gertrud». Drama von Johannes Schlaf	Das Magazin für Literatur. 67. Jg., Nr. 17	11	29	269
1898	April	30.	Graf Leo Tolstoi: Was ist Kunst?	Das Magazin für Literatur. 67. Jg., Nr. 17	14	30	370
1898	Mai	07.	«Gertrud». Drama von Johannes Schlaf (Kritik)	Das Magazin für Literatur. 67. Jg., Nr. 18	11	29	269
1898	Mai	07.	Kürschners Literaturkalender	Das Magazin für Literatur. 67. Jg., Nr. 18	25	32	440
1898	Mai	07.	Dr. Kurella «Der Sozialismus in England»	Das Magazin für Literatur. 67. Jg., Nr. 18	17	31	635
1898	Mai	14.	Der Universitätsunterricht und die Erfordernisse der Gegenwart	Das Magazin für Literatur. 67. Jg., Nr. 19	8	31	235
1898	Mai	14.	Theater-Chronik (in diesen Tagen gingen durch die Zeitungen statistische Nachrichten. . .)	Dramaturgische Blätter, 1. Jg., Nr. 19	11	29	428
1898	Mai	21.	Wissenschaft und Presse	Das Magazin für Literatur. 67. Jg., Nr. 20	8	31	635
1898	Mai	21.	Publikum, Kritiker und Theater	Dramaturgische Blätter. 1. Jg., Nr. 20	11	29	125

Datum			Werk-/Aufsatztitel oder Satzanfang	Titel der Erstpublikationen und Abdrucke	FW	GA	S
1898	Mai	21.	Eine dramaturgische Studie	Dramaturgische Blätter. 1. Jg., Nr. 20	11	29	408
1898	Mai	28.	«Madonna Dianora». Eine Szene von Hugo von Hofmannsthal	Das Magazin für Literatur. 67. Jg., Nr. 21	11	29	273
1898	Mai	28.	«Tote Zeit». Drama in drei Aufzügen von Ernst Hardt	Das Magazin für Literatur. 67. Jg., Nr. 21	11	29	274
1898	Mai	28.	Theater-Chronik. Bühnenbearbeitung	Dramaturgische Blätter. 1. Jg., Nr. 21	11	29	429
1898	Juni	04.	Adele Sandrock	Das Magazin für Literatur. 67. Jg., Nr. 22	11	29	410
1898	Juni	04.	M. Lazarus. Das Leben der Seele	Das Magazin für Literatur. 67. Jg., Nr. 22	19	30	559
1898	Juni	11.	Karl Jentsch, Sozialauslese	Das Magazin für Literatur. 67. Jg., Nr. 23	19	30	560
1898	Juni	11.	Adele Sandrock. (Zum Vorschlag von Adele Sandrock für Verwendung weiblicher Regisseure)	Dramaturgische Blätter. 1. Jg., Nr. 23	11	29	412
1898	Juni	18.	Der Goethetag in Weimar. Bericht über die 14. Mitgliederversammlung der Deutschen Goethe-Gesellschaft	Das Magazin für Literatur. 67. Jg., Nr. 24	15	31	239
1898	Juni	18.	Theater-Chronik. (Carl Heine, der Leiter der von der «Leipziger Literarischen Gesellschaft». . .)	Dramaturgische Blätter. 1. Jg., Nr. 24	3	29	432
1898	Juni	25.	Willibald Alexis. Zu seinem hundersten Geburtstag	Das Magazin für Literatur. 67. Jg., Nr. 25	20	32	29
1898	Juni	25.	Wolfgang Menzel	Das Magazin für Literatur. 67. Jg., Nr. 25	20	32	33
1898	Juli	02.	Max Stirner	Das Magazin für Literatur. 67. Jg., Nr. 26	24	32	211
1898	Juli	02.	Willibald Alexis-Denkmal	Das Magazin für Literatur. 67. Jg., Nr. 26	25	32	496
1898	Juli	02.	Gedenktafel für Hermann von Gilm	Das Magazin für Literatur. 67. Jg., Nr. 26		32	497
1898	Juli	09.	Voilà un homme	Das Magazin für Literatur. 67. Jg., Nr. 27	24	32	219
1898	Juli	09.	Unter dem Titel «Sonnenblumen» gibt seit längerer Zeit Karl Henckell eine kleine Zeitschrift heraus . . .	Das Magazin für Literatur. 67. Jg., Nr. 27	26	32	497
1898	Juli	09.	Nachruf für Prof. Dr. Leo	Das Magazin für Literatur. 67. Jg., Nr. 27	25	32	442
1898	Juli	16.	Die soziale Frage	Das Magazin für Literatur. 67. Jg., Nr. 28	17	31	247
1898	Juli	16.	Chronik. Die siebzigste Versammlung deutscher Naturforscher und Ärzte	Das Magazin für Literatur. 67. Jg., Nr. 28	19	30	567
1898	Juli	16.	Robert Saitschick: «Goethes Charakter»	Das Magazin für Literatur. 67. Jg., Nr. 28	15	32	211
1898	Juli	23.	Freiheit und Gesellschaft (Forts. vom 16. Juli 1898, Die soziale Frage)	Das Magazin für Literatur. 67. Jg., Nr. 29	17	31	251
1898	Juli	23.	Chronik. Die Aufstellung von Naturforscher-Büsten auf der Potsdamer Brücke	Das Magazin für Literatur. 67. Jg., Nr. 29	19	30	562
1898	Juli	23.	Chronik. Die Zulassung der Frauen zum medizinischen Studium	Das Magazin für Literatur. 67. Jg., Nr. 29	19	30	561
1898	Juli	23.	Wissenschaft und Kritik	Dramaturgische Blätter. 1. Jg., Nr. 29	11	29	129

Datum			Werk-/Aufsatztitel oder Satzanfang	Titel der Erstpublikationen und Abdrucke	FW	GA	S
1898	Juli	30.	Freiheit und Gesellschaft (Schluß zu 23. Juli 1898)	Das Magazin für Literatur. 67. Jg., Nr. 30	17	31	259
1898	Juli	30.	Victor Wodiczka	Das Magazin für Literatur. 67. Jg., Nr. 30	23	32	442
1898	Juli	30.	Chronik. Preisaufgabe der Berliner Akademie der Wissenschaften	Das Magazin für Literatur. 67. Jg., Nr. 30	8	30	568
1898	Juli	30.	Über volkstümliche Hochschulkurse	Das Magazin für Literatur. 67. Jg., Nr. 30	8	31	636
1898	Juli	30.	Auch ein Shakespeare-Geheimnis	Dramaturgische Blätter. 1. Jg., Nr. 30	11	29	134
1898	Aug.	06.	Künstlerbildung	Das Magazin für Literatur. 67. Jg., Nr. 31	19	30	562
1898	Aug.	06.	Moderne Lyrik I	Das Magazin für Literatur. 67. Jg., Nr. 31	26	32	444
1898	Aug.	06.	Heinrich Kiepert	Das Magazin für Literatur. 67. Jg., Nr. 31	17	31	638
1898	Aug.	06.	Theater-Chronik (in den Nummern 11 und 14 dieser Zeitschrift. . .)	Dramaturgische Blätter. 1. Jg., Nr. 31	11	29	433
1898	Aug.	13.	Bismarck, der Mann des politischen Erfolges	Das Magazin für Literatur. 67. Jg., Nr. 32	17	31	263
1898	Aug.	13.	Theater-Chronik (Was ist denn eigentlich «Theater»?. . .)	Dramaturgische Blätter. 1. Jg., Nr. 32	9	29	435
1898	Aug.	13.	Friedrich Jodl «Wesen und Ziele der ethischen Bewegung in Deutschland»	Dramaturgische Blätter. 1. Jg., Nr. 32	16	31	272
1898	Aug.	20.	Nietzsche in frommer Beleuchtung	Das Magazin für Literatur. 67. Jg., Nr. 33	12	31	471
1898	Aug.	20.	Jules Michelet	Das Magazin für Literatur. 67. Jg., Nr. 33	17	31	274
1898	Aug.	27.	Ein patriotischer Ästhetiker	Das Magazin für Literatur. 67. Jg., Nr. 34		29	141
1898	Aug.	27.	Über deutschnationale Kampfdichter in Österreich	Das Magazin für Literatur. 67. Jg., Nr. 34	23	32	448
1898	Aug.	27.	Über Wahrheit und Wahrscheinlichkeit der Kunstwerke	Dramaturgische Blätter. 1. Jg., Nr. 34	14	30	374
1898	Sept.	03.	Zur Psychologie der Phrase	Das Magazin für Literatur. 67. Jg., Nr. 35	11	29	146
1898	Sept.	03.	Die tragische Unschuld	Dramaturgische Blätter. 1. Jg., Nr. 35	11	29	148
1898	Sept.	03.	C.A. Friedrich. Die Weltanschauung eines modernen Christen	Das Magazin für Literatur. 67. Jg., Nr. 35	19	30	569
1898	Sept.	10.	«Johanna». Schauspiel in drei Akten von Björn Björnson	Das Magazin für Literatur. 67. Jg., Nr. 36	11	29	275
1898	Sept.	10.	«König Heinrich V.». Schauspiel von William Shakespeare (Kritik)	Das Magazin für Literatur. 67. Jg., Nr. 36	11	29	277
1898	Sept.	10.	Robert Zimmermann. Gestorben am 1. September 1898	Das Magazin für Literatur. 67. Jg., Nr. 36	14	30	571
1898	Sept.	10.	Bemerkung zu einem Brief an den Herausgeber	Dramaturgische Blätter. 1. Jg., Nr. 36	11	29	141
1898	Sept.	17.	«König Heinrich V.». Schauspiel von William Shakespeare (Kritik)	Das Magazin für Literatur. 67. Jg., Nr. 37	11	29	277
1898	Sept.	17.	Literatenklugheit und Teufelsinsel	Das Magazin für Literatur. 67. Jg., Nr. 37	24	31	276
1898	Sept.	24.	«Eheliche Liebe». Drama in drei Aufzügen von Georg von Ompteda	Das Magazin für Literatur. 67. Jg., Nr. 38	11	29	281
1898	Sept.	24.	«Cyrano von Bergerac». Romantische Komödie in fünf Aufzügen von Edmond Rostand. Deutsch von Ludwig Fulda (Kritik)	Das Magazin für Literatur. 67. Jg., Nr. 38	11	29	284

Datum			Werk-/Aufsatztitel oder Satzanfang	Titel der Erstpublikationen und Abdrucke	FW	GA	S
1898	Sept.	24.	Bemerkungen zu dem Aufsatz «Der Wert des Monologs»	Dramaturgische Blätter. 1. Jg., Nr. 38	11	29	153
1898	Sept.	30.	Antwort an John Henry Mackay	Das Magazin für Literatur. 67. Jg., Nr. 39	21	31	283
1898	Sept.	30.	«Großmama». Schwank in vier Aufzügen von Max Dreyer	Das Magazin für Literatur. 67. Jg., Nr. 39	11	29	283
1898	Okt.	08.	«Cyrano von Bergerac» Romantische Komödie in fünf Aufzügen von Edmond Rostand. Deutsch von Ludwig Fulda (Besprechung)	Das Magazin für Literatur. 67. Jg., Nr. 40	11	29	285
1898	Okt.	08.	«Napoleon oder die hundert Tage». Schauspiel in fünf Aufzügen von Ch.D. Grabbe. Für die Bühne bearbeitet von O.G. Flüggen	Das Magazin für Literatur. 67. Jg., Nr. 40	11	29	287
1898	Okt.	08.	«Eifersucht» (Jalouse). Lustspiel in drei Akten von Alexander Bisson und Adolphe Leclerq	Das Magazin für Literatur. 67. Jg., Nr. 40	11	29	288
1898	Okt.	08.	«Hofgunst». Lustspiel in vier Akten von Thilo von Trotha	Das Magazin für Literatur. 67. Jg., Nr. 40	11	29	288
1898	Okt.	15.	Dreyfus-Briefe	Das Magazin für Literatur. 67. Jg., Nr. 41	24	31	277
1898	Okt.	15.	«Das Vermächtnis». Schauspiel in drei Akten von Arthur Schnitzler	Das Magazin für Literatur. 67. Jg., Nr. 41	11	29	289
1898	Okt.	15.	Zum Vortrag von Prof. Pietzker über «Naturwissenschaftlichen Unterricht»	Das Magazin für Literatur. 67. Jg., Nr. 41	8	31	639
1898	Okt.	15.	Chronik. «Huxley-Vorlesung» von Virchow in London	Das Magazin für Literatur. 67. Jg., Nr. 41	19	30	569
1898	Okt.	15.	Joseph Müller «Der Reformkatholizismus»	Das Magazin für Literatur. 67. Jg., Nr. 41	17	31	288
1898	Okt.	15.	Richtigstellung	Das Magazin für Literatur. 67. Jg., Nr. 41		31	287
1898	Okt.	22.	Literarische Bildung	Das Magazin für Literatur. 67. Jg., Nr. 42	21	32	223
1898	Okt.	22.	Gedächtnisfeier für Theodor Fontane	Das Magazin für Literatur. 67. Jg., Nr. 42	21	32	449
1898	Okt.	22.	Vortragsabend: Emanuel Reicher	Das Magazin für Literatur. 67. Jg., Nr. 42	11	29	417
1898	Okt.	22.	Theater-Chronik (Über den augenblicklichen Stand der Berliner Theaterzensur. . .)	Dramaturgische Blätter. 1. Jg., Nr. 42	11	29	437
1898	Okt.	22.	Theater-Chronik (Adam Müller Guttenbrunn, der Direktor. . .)	Dramaturgische Blätter. 1. Jg., Nr. 42	9	29	440
1898	Okt.	29.	Ein wirklicher «Jünger» Zarathustras	Das Magazin für Literatur. 67. Jg., Nr. 43	12	31	475
1898	Okt.	29.	«Der Herr Sekretär». Schwank von Maurice Hennequin	Das Magazin für Literatur. 67. Jg., Nr. 43	11	29	291
1898	Okt.	29.	Gedächtnisfeier für Konrad Telmann	Das Magazin für Literatur. 67. Jg., Nr. 43	25	32	451
1898	Okt.	29.	Fontane-Feier	Das Magazin für Literatur. 67. Jg., Nr. 43	25	32	451
1898	Okt.	29.	Louis Dollivet «Sale Juif!» (Chronik)	Das Magazin für Literatur. 67. Jg., Nr. 43	22	31	640
1898	Okt.	29.	Moritz Lazarus «Ethik des Judentums»	Das Magazin für Literatur. 67. Jg., Nr. 43	22	31	640
1898	Okt.	29.	Neue literarische Erscheinungen: Die «Geschichten und Novellen» . . .	Das Magazin für Literatur. 67. Jg., Nr. 43	26	32	471

Datum			Werk-/Aufsatztitel oder Satzanfang	Titel der Erstpublikationen und Abdrucke	FW	GA	S
1898	Okt.	29.	Neue literarische Erscheinungen: Von anderen bedeutenden Erscheinungen. . .	Das Magazin für Literatur. 67. Jg., Nr. 43	26	32	471
1898	Okt.	29.	Neue literarische Erscheinungen: Ein Buch voll von Lebenserfahrungen. . .	Das Magazin für Literatur. 67. Jg., Nr. 43	26	32	471
1898	Okt.	29.	Neue literarische Erscheinungen: Clara Viebig, die sich in wenigen Jahren. . .	Das Magazin für Literatur. 67. Jg., Nr. 43	26	32	471
1898	Okt.	29.	Neue literarische Erscheinungen: Einen interessanten Novellenband. . .	Das Magazin für Literatur. 67. Jg., Nr. 43	26	32	472
1898	Okt.	29.	Neue literarische Erscheinungen: Ernst Clausens, «Henny Hurrah!». . .	Das Magazin für Literatur. 67. Jg., Nr. 43	26	32	472
1898	Okt.	29.	Neue literarische Erscheinungen: Der durchaus sympathische Erzähler. . .	Das Magazin für Literatur. 67. Jg., Nr. 43	26	32	472
1898	Okt.	29.	Neue literarische Erscheinungen: Ein Buch, das geeignet ist. . .	Das Magazin für Literatur. 67. Jg., Nr. 43	26	32	472
1898	Okt.	29.	Neue literarische Erscheinungen: Eine spannende Schilderung. . .	Das Magazin für Literatur. 67. Jg., Nr. 43	26	32	473
1898	Okt.	29.	Neue literarische Erscheinungen: Von neuen Erscheinungen zur Zeitgeschichte. . .	Das Magazin für Literatur. 67. Jg., Nr. 43	26	32	473
1898	Okt.	29.	Neue literarische Erscheinungen: Ein Buch, das den Bedürfnissen der Gegenwart. . .	Das Magazin für Literatur. 67. Jg., Nr. 43		(B)	
1898	Okt.	29.	Neue literarische Erscheinungen: Dr. Paul Geyer hat vor einiger Zeit. . .	Das Magazin für Literatur. 67. Jg., Nr. 43	26	32	473
1898	Okt.	29.	Theater-Chronik (Schiller hat in der bedeutungsvollen Abhandlung «Über den Gebrauch des Chors in der Tragödie». . .)	Dramaturgische Blätter. 1. Jg., Nr. 43	11	29	441
1898	Nov.	05.	«Der Eroberer». Tragödie in fünf Aufzügen von Max Halbe	Das Magazin für Literatur. 67. Jg., Nr. 44	11	29	296
1898	Nov.	05.	«Das Erbe». Schauspiel in vier Aufzügen von Felix Philippi	Das Magazin für Literatur. 67. Jg., Nr. 44	11	29	296
1898	Nov.	12.	«Fuhrmann Henschel». Schauspiel in fünf Akten von Gerhart Hauptmann	Das Magazin für Literatur. 67. Jg., Nr. 45	11	29	297
1898	Nov.	12.	Vortragsabend: Margarete Pix	Das Magazin für Literatur. 67. Jg., Nr. 45	11	29	418
1898	Nov.	12.	Vortragsabend: Thekla Lingen, Alwine Wiecke	Das Magazin für Literatur. 67. Jg., Nr. 45	11	29	418
1898	Nov.	12.	Neue literarische Erscheinungen: Ein Roman «aus dem Leben . . .	Das Magazin für Literatur. 67. Jg., Nr. 45	26	32	474
1898	Nov.	12.	Neue literarische Erscheinungen: Ernst Brausewetter faßt in seiner. . .	Das Magazin für Literatur. 67. Jg., Nr. 45	26	32	474
1898	Nov.	12.	Neue literarische Erscheinungen: Eine Reihe interessanter Bücher. . .	Das Magazin für Literatur. 67. Jg., Nr. 45	26	32	474
1898	Nov.	12.	Neue literarische Erscheinungen: Besonders aufmerksam machen möchten wir. . .	Das Magazin für Literatur. 67. Jg., Nr. 45	26	32	474
1898	Nov.	19.	Das am 5. November im «Deutschen Theater». . .	Das Magazin für Literatur. 67. Jg., Nr. 46		(B)	

Datum			Werk-/Aufsatztitel oder Satzanfang	Titel der Erstpublikationen und Abdrucke	FW	GA	S
1898	Nov.	19.	Theaterskandal	Dramaturgische Blätter. 1. Jg., Nr. 46		29	154
1898	Nov.	26.	Freie literarische Gesellschaft in Berlin	Das Magazin für Literatur. 67. Jg., Nr. 47		32	498
1898	Nov.	26.	«Der Star». Ein Wiener Stück in drei Aufzügen von Hermann Bahr	Das Magazin für Literatur. 67. Jg., Nr. 47	11	29	300
1898	Nov.	26.	Die freie litterarische Gesellschaft in Berlin	Das Magazin für Literatur. 67. Jg., Nr. 47	11	29	419
1898	Nov.	26.	Neue literarische Erscheinungen: Von Chr. Morgenstern ist . . .	Das Magazin für Literatur. 67. Jg., Nr. 47		32	474
1898	Nov.	26.	Neue literarische Erscheinungen: Die ausgezeichnete von Karl Franz Muncker. . .	Das Magazin für Literatur. 67. Jg., Nr. 47	26	32	475
1898	Nov.	26.	Neue literarische Erscheinungen: Von den lesenswerten, interessanten. . .	Das Magazin für Literatur. 67. Jg., Nr. 47	26	32	475
1898	Dez.	03.	Ria Claassen über «Symbolik in Lyrik und Drama und Hugo von Hofmannsthal»	Das Magazin für Literatur. 67. Jg., Nr. 48	11	29	421
1898	Dez.	03.	Staatsanwalt und Dichter	Das Magazin für Literatur. 67. Jg., Nr. 48	23	32	452
1898	Dez.	03.	Schule und Hochschule I	Das Magazin für Literatur. 67. Jg., Nr. 48	8	31	289
1898	Dez.	03.	Neue literarische Erscheinungen: Ludwig Jacobowski veröffentlicht . . .	Das Magazin für Literatur. 67. Jg., Nr. 48	26	32	475
1898	Dez.	03.	Neue literarische Erscheinungen: Eine interessante Neuerscheinung. . .	Das Magazin für Literatur. 67. Jg., Nr. 48	26	32	475
1898	Dez.	03.	Neue literarische Erscheinungen: Ein merkwürdiges Buch. . .	Das Magazin für Literatur. 67. Jg., Nr. 48	26	32	475
1898	Dez.	03.	Neue literarische Erscheinungen: Von Wilhelm Wittekindt ist. . .	Das Magazin für Literatur. 67. Jg., Nr. 48	26	32	476
1898	Dez.	03.	Neue literarische Erscheinungen: Auf dem Gebiete der Musikliteratur. . .	Das Magazin für Literatur. 67. Jg., Nr. 48	26	32	476
1898	Dez.	10.	Neue literarische Erscheinungen: Die inhaltvolle Inaugurationsrede. . .	Das Magazin für Literatur. 67. Jg., Nr. 49	26	32	478
1898	Dez.	10.	«Die Befreiten». Ein Einakterzyklus von Otto Erich Hartleben	Das Magazin für Literatur. 67. Jg., Nr. 49	11	29	303
1898	Dez.	10.	Schule und Hochschule II	Das Magazin für Literatur. 67. Jg., Nr. 49	8	31	295
1898	Dez.	10.	Neue literarischme Erscheinungen: Das Jahrbuch der . . .	Das Magazin für Literatur. 67. Jg., Nr. 49	26	32	477
1898	Dez.	10.	Neue literarische Erscheinungen: Eine fleißige Arbeit. . .	Das Magazin für Literatur. 67. Jg., Nr. 49	26	32	477
1898	Dez.	10.	Neue literarische Erscheinungen: Die «Deutsche Rundschau» enthält. . .	Das Magazin für Literatur. 67. Jg., Nr. 49	26	32	478
1898	Dez.	10.	Neue literarische Erscheinungen: Auf philosphischen Gebiete. . .	Das Magazin für Literatur. 67. Jg., Nr. 49	26	32	478
1898	Dez.	17.	Hochschule und öffentliches Leben (1. Teil. Auch als Flugblatt erschienen)	Das Magazin für Literatur. 67. Jg., Nr. 50	8	31	301
1898	Dez.	17.	Schule und Hochschule (Besprechung)	Das Magazin für Literatur. 67. Jg., Nr. 50	8	31	297
1898	Dez.	17.	Neue literarische Erscheinaungen: Eine höchst bemerkenswerte . . .	Das Magazin für Literatur. 67. Jg., Nr. 50	26	32	478

Datum			Werk-/Aufsatztitel oder Satzanfang	Titel der Erstpublikationen und Abdrucke	FW	GA	S
1898	Dez.	24.	Hochschule und öffentliches Leben (Schluß. Auch als Flugblatt erschienen)	Das Magazin für Literatur. 67. Jg., Nr. 51	8	31	308
1898	Dez.	24.	Neue literarische Erscheinungen: Der durch seine scharfsinnigen . . .	Das Magazin für Literatur. 67. Jg., Nr. 51		32	478
1898	Dez.	24.	Neue literarische Erscheinungen: Karl Henckell veröffentlicht. . .	Das Magazin für Literatur. 67. Jg., Nr. 51	26	32	479
1898	Dez.	24.	Neue literarische Erscheinungen: An diese eigene Veröffentlichung. . .	Das Magazin für Literatur. 67. Jg., Nr. 51	26	32	479
1898	Dez.	24.	Neue literarische Erscheinungen: Eine willkommene Gabe. . .	Das Magazin für Literatur. 67. Jg., Nr. 51	26	32	479
1898	Dez.	31.	Franz Servaes: «Gärungen»	Das Magazin für Literatur. 67. Jg., Nr. 52	25	32	226
1898	Dez.	31.	Neue literarische Erscheinungen: Auf dem Gebiete der Philosophie . . .	Das Magazin für Literatur. 67. Jg., Nr. 52	26	32	480
1899			Goethes Geheime Offenbarung. Zu seinem hundertfünfzigsten Geburtstage (Siehe auch 26. Aug. 1899)	Seperatabdruck	15	30	86
1899			Ludwig Jacobowski, Leuchtende Tage (Siehe auch 12. und 19. Aug. 1899)	Separatabdruck	26	32	169
1899			Der Individualismus in der Philosophie	Der Egoismus	7	30	99
1899	Jan.	07.	Ankündigung für das Jahr 1899	Das Magazin für Literatur. 68. Jg., Nr. 1		31	641
1899	Jan.	07.	Neujahrsbetrachtung eines Ketzers	Das Magazin für Literatur. 68. Jg., Nr. 1	19	30	379
1899	Jan.	07.	Theater-Chronik (Da es in irgendwelchen Winkeln der Welt noch Leute mit pöbelhafter Gesinnung geben soll. . .)	Das Magazin für Literatur. 68. Jg., Nr. 1	11	29	442
1899	Jan.	07.	Neue literarische Erscheinungen: Eine hervorragende Stelle . . .	Das Magazin für Literatur. 68. Jg., Nr. 1	26	32	480
1899	Jan.	07.	Neue literarische Erscheinungen: Auf dem Felde der Theaterliteratur. . .	Das Magazin für Literatur. 68. Jg., Nr. 1	26	32	480
1899	Jan.	07.	Neue literarische Erscheinungen: Ein Buch, das sowohl. . .	Das Magazin für Literatur. 68. Jg., Nr. 1	26	32	480
1899	Jan.	07.	Neue literarische Erscheinungen: Frl. Malwida von Meysenburg. . .	Das Magazin für Literatur. 68. Jg., Nr. 1	26	32	480
1899	Jan.	07.	Neue literarische Erscheinungen: Von den sorgfältig gearbeiteten. . .	Das Magazin für Literatur. 68. Jg., Nr. 1	26	32	481
1899	Jan.	07.	Neue literarische Erscheinungen: Von den einst mit Befriedigung. . .	Das Magazin für Literatur. 68. Jg., Nr. 1	26	32	481
1899	Jan.	07.	Neue literarische Erscheinungen: Andere erwähnenswerte Neuerscheinungen. . .	Das Magazin für Literatur. 68. Jg., Nr. 1	26	32	481
1899	Jan.	07.	Neue literarische Erscheinungen: Hervorzuheben ist auch. . .	Das Magazin für Literatur. 68. Jg., Nr. 1	26	32	481
1899	Jan.	07.	Neue literarische Erscheinungen: Die philosophische Wissenschaft. . .	Das Magazin für Literatur. 68. Jg., Nr. 1	26	32	482
1899	Jan.	07.	Neue literarische Erscheinungen: Dem Pädagogen interessant. . .	Das Magazin für Literatur. 68. Jg., Nr. 1	26	32	482
1899	Jan.	07.	Neue literarische Erscheinungen: Von der sehr wichtigen Publikation. . .	Das Magazin für Literatur. 68. Jg., Nr. 1	26	32	482
1899	Jan.	14.	Moritz von Egidy. Gestorben am 29. Dezember 1898	Das Magazin für Literatur. 68. Jg., Nr. 2	16	31	314

Datum			Werk-/Aufsatztitel oder Satzanfang	Titel der Erstpublikationen und Abdrucke	FW	GA	S
1899	Jan.	21.	Maeterlinck, der «freie Geist»	Das Magazin für Literatur. 68. Jg., Nr. 3	24	32	230
1899	Jan.	21.	«Das liebe ich». Volksstück in drei Akten und einem Vorspiel von C. Karlweis	Das Magazin für Literatur. 68. Jg., Nr. 3	11	29	306
1899	Jan.	21.	Neue literarische Erscheinungen: Der durch eine Reihe . . .	Das Magazin für Literatur. 68. Jg., Nr. 3	26	32	482
1899	Jan.	21.	Die Direktion Schlenther	Dramaturgische Blätter. 2. Jg., Nr. 3	9	29	158
1899	Jan.	28.	«Die drei Reiherfedern». Märchenspiel von Hermann Sudermann	Das Magazin für Literatur. 68. Jg., Nr. 4	11	29	307
1899	Jan.	28.	Rede von Professor Süss auf Gerhart Hauptmann	Das Magazin für Literatur. 68. Jg., Nr. 4	23	32	453
1899	Jan.	28.	Neue literarische Erscheinungen: Ein interessanter Vortrag . . .	Das Magazin für Literatur. 68. Jg., Nr. 4	26	32	482
1899	Jan.	28.	Neue literarische Erscheinungen: Besonders aufmerksam sei auf ein. . .	Das Magazin für Literatur. 68. Jg., Nr. 4	26	32	483
1899	Febr.	04.	Zur Problematik des Journalisten und Kritikers. Anläßlich des Todes von Emil Schiff am 23. Jan. 1899	Das Magazin für Literatur. 68. Jg., Nr. 5	11	31	319
1899	Febr.	04.	«Die Zeche». Schauspiel in einem Aufzug von Ludwig Fulda. «Ein Ehrenhandel». Lustspiel in einem Aufzug von Ludwig Fulda. «Unter blonden Bestien». Komödie in einem Aufzug von Max Dreyer. «Liebesträume». Komödie in einem Aufzug von Max Dreyer	Das Magazin für Literatur. 68. Jg., Nr. 5	11	29	312
1899	Febr.	04.	Neue literarische Erscheinungen: Eine bemerkenswerte Erscheinung . . .	Das Magazin für Literatur. 68. Jg., Nr. 5	26	32	483
1899	Febr.	11.	Wilhelm Jordan. Zu seinem achtzigsten Geburtstag	Das Magazin für Literatur. 68. Jg., Nr. 6	20	32	36
1899	Febr.	11.	Aristophanes	Das Magazin für Literatur. 68. Jg., Nr. 6	11	29	315
1899	Febr.	11.	Vortragsabend: Anna Ritter, Clara Viebig, Frieda v. Bülow	Das Magazin für Literatur. 68. Jg., Nr. 6	11	29	423
1899	Febr.	11.	Neue literarische Erscheinungen: Dr. Rudolf Eisler . . .	Das Magazin für Literatur. 68. Jg., Nr. 6	26	32	483
1899	Febr.	11.	Neue literarische Erscheinungen: Für die Volkskunde und die Politik. . .	Das Magazin für Literatur. 68. Jg., Nr. 6	26	32	484
1899	Febr.	11.	Theater-Chronik (Soeben ist eine für die deutsche Dramaturgie höchst bedeutsame Schrift. . .)	Dramaturgische Blätter. 2. Jg., Nr. 6	25	29	442
1899	Febr.	18.	«Unser Käthchen». Lustspiel von Theodor Herzl	Dramaturgische Blätter. 2. Jg., Nr. 7	11	29	325
1899	Febr.	18.	«Herostrat». Drama in fünf Akten von Ludwig Fulda	Dramaturgische Blätter. 2. Jg., Nr. 7	11	29	326
1899	Febr.	18.	«Die guten Freundinnen» (Mon Enfant). Lustspiel in drei Akten v. A. Janvier de la Motte	Das Magazin für Literatur. 68. Jg., Nr. 7	11	29	319
1899	Febr.	18.	«Pelleas und Melisande». Drama von Maurice Maeterlinck	Das Magazin für Literatur. 68. Jg., Nr. 7	11	29	321
1899	Febr.	18.	Ein Denkmal für Ludwig Anzengruber soll in Wien errichtet werden. . . .	Das Magazin für Literatur. 68. Jg., Nr. 7		32	498
1899	Febr.	18.	Neue literarische Erscheinungen: Ein Buch, das gewiß . . .	Das Magazin für Literatur. 68. Jg., Nr. 7	26	32	484

Datum			Werk-/Aufsatztitel oder Satzanfang	Titel der Erstpublikationen und Abdrucke	FW	GA	S
1899	Febr.	25.	Neue literarische Erscheinungen: Auf philosophischem Gebiete . . .	Das Magazin für Literatur. 68. Jg., Nr. 8	26	32	484
1899	Febr.	25.	«Pauline». Komödie von Georg Hirschfeld	Das Magazin für Literatur. 68. Jg., Nr. 8	11	29	327
1899	Febr.	25.	«Die letzten Menschen». Drama von Wolfgang Kirchbach	Das Magazin für Literatur. 68. Jg., Nr. 8	11	29	328
1899	Febr.	25.	Friedrich Spielhagen. Zu seinem siebzigsten Geburtstag	Das Magazin für Literatur. 68. Jg., Nr. 8	25	32	39
1899	Febr.	25.	Theater-Chronik (In dem Werke «Unser Wissen», das in Wien erscheint, hat Richard Specht. . .)	Dramaturgische Blätter. 2. Jg., Nr. 8	9	29	442
1899	März	04.	Redaktionelle Fußnote (zu dem Artikel: «Zur Ethik» von Th. Achelis)	Das Magazin für Literatur. 68. Jg., Nr. 9		32	492
1899	März	04.	«Die Heimatlosen». Drama in fünf Akten von Max Halbe	Das Magazin für Literatur. 68. Jg., Nr. 9	11	29	332
1899	März	04.	Friedrich Spielhagen (zu dessen 70. Geburtstag)	Das Magazin für Literatur. 68. Jg., Nr. 9	25	32	39
1899	März	04.	Die Berliner Literaturarchiv-Gesellschaft	Das Magazin für Literatur. 68. Jg., Nr. 9		32	499
1899	März	04.	Neue literarische Erscheinungen: Auf dem Gebiete der Literaturgeschichte . . .	Das Magazin für Literatur. 68. Jg., Nr. 9		32	484
1899	März	04.	«Die Anfänge des Deutschen Theaters»	Dramaturgische Blätter. 2. Jg., Nr. 9		29	163
1899	März	11.	Professor Schell	Das Magazin für Literatur. 68. Jg., Nr. 10	17	31	324
1899	März	11.	Ernst Haeckel. Die Kunstformen der Natur	Das Magazin für Literatur. 68. Jg., Nr. 10	19	30	571
1899	März	11.	Neue literarische Erscheinungen: Rosa Mayreder . . .	Das Magazin für Literatur. 68. Jg., Nr. 10		32	485
1899	März	18.	Zur Literatur über die Frauenfrage	Das Magazin für Literatur. 68. Jg., Nr. 11	17	31	329
1899	März	18.	Über den Lehrfreimut	Das Magazin für Literatur. 68. Jg., Nr. 11	8	31	327
1899	März	18.	Heinrich von Treitschke «Politik»	Das Magazin für Literatur. 68. Jg., Nr. 11	17	31	335
1899	März	18.	Neue literarische Erscheinungen: Ein sehr brauchbares Taschenbuch. . .	Das Magazin für Literatur. 68. Jg., Nr. 11		32	486
1899	März	25.	Collegium logicum	Das Magazin für Literatur. 68. Jg., Nr. 12	8	31	337
1899	März	25.	Freie litterarische Gesellschaft in Berlin	Das Magazin für Literatur. 68. Jg., Nr. 12	11	29	424
1899	März	25.	Notiz. Ibsen als Tragiker	Dramaturgische Blätter. 2. Jg., Nr. 12	3	29	167
1899	April	01.	Hugo von Hofmannsthal	Das Magazin für Literatur. 68. Jg., Nr. 13	11	29	334
1899	April	01.	Neue literarische Erscheinungen: Die Kunstgeschichte . . .	Das Magazin für Literatur. 68. Jg., Nr. 13	26	32	486
1899	April	01.	Neue literarische Erscheinungen: Auf dem Felde der Literaturgeschichte. . .	Das Magazin für Literatur. 68. Jg., Nr. 13	26	32	487
1899	April	08.	«Die Erziehung zur Ehe». Komödie v. Otto Erich Hartleben	Das Magazin für Literatur. 68. Jg., Nr. 14	11	29	337
1899	April	08.	Die Zeitschrift «Deutsche Kunst und Dekoration» (Anzeige)	Das Magazin für Literatur. 68. Jg., Nr. 14		(B)	

Datum			Werk-/Aufsatztitel oder Satzanfang	Titel der Erstpublikationen und Abdrucke	FW	GA	S
1899	April	15.	«Die Lumpen». Komödie von Leo Hirschfeld	Das Magazin für Literatur. 68. Jg., Nr. 15	11	29	340
1899	April	15.	Moderne Lyrik II	Das Magazin für Literatur. 68. Jg., Nr. 15	26	32	446
1899	April	15.	«Wiener Theater 1892-1898»	Dramaturgische Blätter. 2. Jg., Nr. 15	9	29	169
1899	April	15.	«L'Interieur». Drama von Maurice Maeterlinck. Deutsch von Stockhausen. Für die Bühne eingerichtet und in Szene gesetzt von Zickel	Dramaturgische Blätter. 2. Jg., Nr. 15	11	29	342
1899	April	22.	Loki (1. Teil)	Das Magazin für Literatur. 68. Jg., Nr. 16	26	32	236
1899	April	22.	Der Registerband zu «Deutsche Nationallitteratur» von Joseph Kürschner	Das Magazin für Literatur. 68. Jg., Nr. 16		39	
1899	April	29.	Loki (Schluß)	Das Magazin für Literatur. 68. Jg., Nr. 17	26	32	241
1899	April	29.	Sammlung für ein Klaus Groth-Denkmal	Das Magazin für Literatur. 68. Jg., Nr. 17	25	32	499
1899	April	29.	Neue literarische Erscheinungen: Von dem vor einigen . . .	Das Magazin für Literatur. 68. Jg., Nr. 17	26	32	487
1899	Mai	06.	«Hans». Drama in drei Akten von Max Dreyer	Das Magazin für Literatur. 68. Jg., Nr. 18	11	29	345
1899	Mai	06.	Arthur Schnitzler	Das Magazin für Literatur. 68. Jg., Nr. 18	11	29	343
1899	Mai	06.	Eine Berichtigung zum Artikel «Eine berühmte Dichterin»	Das Magazin für Literatur. 68. Jg., Nr. 18	25	32	453
1899	Mai	06.	«Herodes und Mariamne». Eine Tragödie in fünf Aufzügen von Friedrich Hebbel	Dramaturgische Blätter. 2. Jg., Nr. 18	11	29	346
1899	Mai	13.	Ludwig Büchner. Gestorben am 30. April 1899	Das Magazin für Literatur. 68. Jg., Nr. 19	19	30	383
1899	Mai	13.	Eduard Simson. Gestorben am 2. Mai 1899	Das Magazin für Literatur. 68. Jg., Nr. 19	17	31	642
1899	Mai	13.	Neue literarische Erscheinungen: Um die Verbreitung . . .	Das Magazin für Literatur. 68. Jg., Nr. 19	26	32	487
1899	Mai	13.	Neue literarische Erscheinungen: Ein gründlicher Kenner . . .	Das Magazin für Literatur. 68. Jg., Nr. 19	26	32	487
1899	Mai	20.	Marie Krestowski: «Der Sohn»	Das Magazin für Literatur. 68. Jg., Nr. 20	25	32	454
1899	Mai	27.	Neue literarische Erscheinungen: Von Dr. Rudolf Eislers . . .	Das Magazin für Literatur. 68. Jg., Nr. 21	26	32	488
1899	Mai	27.	Neue literarische Erscheinungen: Von anderen literarischen Neuerscheinungen. . .	Das Magazin für Literatur. 68. Jg., Nr. 21	26	32	488
1899	Mai	27.	Neue literarische Erscheinaungen: Die 2. Auflage von W. Windelbands. . .	Das Magazin für Literatur. 68. Jg., Nr. 21	26	32	489
1899	Juni	03.	Balzac. Zu dessen hundersten Geburtstag	Das Magazin für Literatur. 68. Jg., Nr. 22	24	32	41
1899	Juni	10.	Idole und Beichten (1. Teil)	Das Magazin für Literatur. 68. Jg., Nr. 23	21	32	248
1899	Juni	17.	Idole und Beichten (Schluß)	Das Magazin für Literatur. 68. Jg., Nr. 24	21	32	251
1899	Juni	24.	John Henry Mackays Entwicklung (1. Teil)	Das Magazin für Literatur. 68. Jg., Nr. 25	21	32	258

Datum			Werk-/Aufsatztitel oder Satzanfang	Titel der Erstpublikationen und Abdrucke	FW	GA	S
1899	Juni	24.	Neue literarische Erscheinungen: Erich Urban, Präludien. . .	Das Magazin für Literatur. 68. Jg., Nr. 25		32	489
1899	Juni	24.	Neue literarische Erscheinungen: Henrik Ibsens, Sämtliche Werke. . .	Das Magazin für Literatur. 68. Jg., Nr. 25		(B)	
1899	Juni	24.	Neue literarische Erscheinungen: Die von August Saurer. . .	Das Magazin für Literatur. 68. Jg., Nr. 25		32	494
1899	Juni	24.	Neue literarische Erscheinungen: Die in Wien von August Fickert. . .	Das Magazin für Literatur. 68. Jg., Nr. 25		32	495
1899	Juni	24.	Neue literarische Erscheinungen: Das literarische Echo. . .	Das Magazin für Literatur. 68. Jg., Nr. 25		32	494
1899	Juni	24.	Neue literarische Erscheinungen: Die Romanwelt. . .	Das Magazin für Literatur. 68. Jg., Nr. 25		32	495
1899	Juni	24.	Neue literarische Erscheinungen: Aus dem Inhalte von. . .	Das Magazin für Literatur. 68. Jg., Nr. 25		32	495
1899	Juni	24.	Neue literarische Erscheinungen: Das Maiheft des Journal. . .	Das Magazin für Literatur. 68. Jg., Nr. 25		32	495
1899	Juli	01.	John Henry Mackays Entwicklung (Schluß)	Das Magazin für Literatur. 68. Jg., Nr. 26	21	32	262
1899	Juli	08.	Deutsche Literatur und Gesellschaft im neunzehnten Jahrhundert (Besprechung des 1. und 2. Bandes)	Das Magazin für Literatur. 68. Jg., Nr. 27	25	32	271
1899	Juli	08.	Theater Chronik. Der Sünder Max Halbe vor dem Forum des erzbischöflichen Ordinariats in Freiburg in Breisgau	Das Magazin für Literatur. 68. Jg., Nr. 27	11	29	444
1899	Juli	22.	Neue literarische Erscheinungen: Sind Anarchisten Mörder? . . .	Das Magazin für Literatur. 68. Jg., Nr. 29		32	489
1899	Aug.		Haeckel und seine Gegner (1. Teil)	Die Gesellschaft. 15. Jg., Bd. 3, Heft 4	19	30	152
1899	Aug.	05.	Neue literarische Erscheinungen: Ein interessantes Schriftchen . . .	Das Magazin für Literatur. 68. Jg., Nr. 31	26	32	489
1899	Aug.	12.	Ludwig Jacobowskis «Leuchtende Tage» (1. Teil)	Das Magazin für Literatur. 68. Jg., Nr. 32	26	32	293
1899	Aug.	19.	Neue literarische Erscheinungen: Die 10. Nummer der Dokumente. . .	Das Magazin für Literatur. 68. Jg., Nr. 33	26	32	490
1899	Aug.	19.	Ludwig Jacobowskis «Leuchtende Tage» (Schluß)	Das Magazin für Literatur. 68. Jg., Nr. 33	26	32	299
1899	Aug.	26.	Goethes geheime Offenbarung. Zu seinem hundertfünfzigsten Geburtstage: 28. August 1899	Das Magazin für Literatur. 68. Jg., Nr. 34	15	30	86
1899	Aug.	26.	Am Montag, den 28. August, abends 8½ Uhr, veranstaltet in Berlin. . . (Goethe Feiern)	Das Magazin für Literatur. 68. Jg., Nr. 34		32	500
1899	Aug.	26.	Neue literarische Erscheinungen: Von Marie Eugenie delle Grazie . . .	Das Magazin für Literatur. 68. Jg., Nr. 34	26	32	490
1899	Sept.		Haeckel und seine Gegner (1. Forts.)	Die Gesellschaft. 15. Jg., Bd. 3, Heft 5	19	30	166
1899	Sept.		Haeckel und seine Gegner (Schluß)	Die Gesellschaft. 15. Jg., Bd. 3, Heft 6	19	30	181
1899	Sept.	30.	Neue literarische Erscheinungen: Der dumme Teufel von Adolof Bartels. . .	Das Magazin für Literatur. 68. Jg., Nr. 39		(B)	
1899	Okt.		Lyrik der Gegenwart. Ein Überblick I	Die Gesellschaft. 15. Jg., Bd. 4, Heft 1	26	33	130
1899	Okt.		Lyrik der Gegenwart. Ein Überblick II	Die Gesellschaft. 15. Jg., Bd. 4, Heft 2	26	33	137

Datum			Werk-/Aufsatztitel oder Satzanfang	Titel der Erstpublikationen und Abdrucke	FW	GA	S
1899	Okt.	21.	Ernst Haeckel und die «Welträtsel» (1. Teil)	Das Magazin für Literatur. 68. Jg., Nr. 42	19	30	391
1899	Okt.	21.	Theater-Chronik (Ein Preisausschreiben in Höhe von zehntausend Mark. . .)	Das Magazin für Literatur. 68. Jg., Nr. 42		29	445
1899	Okt.	28.	Ernst Haeckel und die «Welträtsel» (1. Forts.)	Das Magazin für Literatur. 68. Jg., Nr. 43	19	30	395
1899	Okt.	28.	«Pharisäer». Komödie in drei Akten von Clara Viebig	Das Magazin für Literatur. 68. Jg., Nr. 43	11	29	348
1899	Nov.		Lyrik der Gegenwart. Ein Überblick III	Die Gesellschaft. 15. Jg., Bd. 4, Heft 4	26	33	144
1899	Nov.	04.	Ernst Haeckel und die «Welträtsel» (Schluß)	Das Magazin für Literatur. 68. Jg., Nr. 44	19	30	400
1899	Nov.	11.	Leser und Kritiker	Das Magazin für Literatur. 68. Jg., Nr. 45	20	32	11
1899	Nov.	11.	Herr Dr. Erich Urban, unser bisheriger Musikkritiker	Das Magazin für Literatur. 68. Jg., Nr. 45		29	446
1899	Nov.	18.	«Ein Frühlingsopfer». Schauspiel in drei Aufzügen von E. von Keyserling	Das Magazin für Literatur. 68. Jg., Nr. 46	11	29	351
1899	Nov.	18.	Sonnenstrahlen aus Tal und Höhen	Das Magazin für Literatur. 68. Jg., Nr. 46	26	32	456
1899	Nov.	18.	Neue literarische Erscheinungen: Indridi Einarsson . . .	Das Magazin für Literatur. 68. Jg., Nr. 46		32	490
1899	Nov.	25.	Dr. Heinrich v. Schoeler, Kritik der wissenschaftlichen Erkenntnis (1. Teil)	Das Magazin für Literatur. 68. Jg., Nr. 47	10	30	575
1899	Dez.		Lyrik der Gegenwart. Ein Überblick IV	Die Gesellschaft. 15. Jg., Bd. 4, Heft 5	26	33	153
1899	Dez.		Lyrik der Gegenwart. Ein Überblick V	Die Gesellschaft. 15. Jg., Bd. 4, Heft 6	26	33	162
1899	Dez.	02.	«Der Probekandidat». Schauspiel in vier Aufzügen von Max Dreyer	Das Magazin für Literatur. 68. Jg., Nr. 48	11	29	353
1899	Dez.	09.	Zu einer Bekanntmachung	Dramaturgische Blätter. 2. Jg., Nr. 49		29	448
1899	Dez.	09.	Goethe als Ästhetiker (1. Teil. Abdruck. Siehe auch 30. Nov. 1888)	Dramaturgische Blätter. 2. Jg., Nr. 49		30	257
1899	Dez.	16.	Nachschrift zu einem Aufsatz «Beginnt das 19. Jahrhundert mit dem kommenden Neujahrstag?»	Das Magazin für Literatur. 68. Jg., Nr. 50		31	643
1899	Dez.	16.	Goethe als Ästhetiker (Schluß. Abdruck. Siehe auch 23. Dez. 1888)	Dramaturgische Blätter. 2. Jg., Nr. 50		30	262
1899	Dez.	23.	«Josephine». Schauspiel in vier Aufzügen v. Hermann Bahr	Das Magazin für Literatur. 68. Jg., Nr. 51	11	29	355
1899	Dez.	30.	«Wenn wir Toten erwachen». Ein dramatischer Epilog von Henrik Ibsen	Das Magazin für Literatur. 68. Jg., Nr. 52	3	29	358
1899	Dez.	30.	Paul Nikolaus Cossmann. Elemente der empirischen Teleologie	Das Magazin für Literatur. 68. Jg., Nr. 52	19	30	572
1900			Welt- und Lebensanschauungen im neunzehnten Jahrhundert. Band I	In: Am Ende des Jahrhunderts. Rückschau auf 100 Jahre geistiger Entwickelung. Band 14		18	
1900			Haeckel und seine Gegner (Mit Vorrede ergänzt. Siehe auch Aug. und Sept. 1899)	Ebenso	19	30	152

Datum			Werk-/Aufsatztitel oder Satzanfang	Titel der Erstpublikationen und Abdrucke	FW	GA	S
1900			Lyrik der Gegenwart (siehe auch Okt. bis Nov. 1899)	Ebenso	126	33	130
1900			Friedrich Nietzsche's Persönlichkeit und die Psycho-Pathologie (Abdruck. Siehe auch 16. Sept. 1900)	Sonderabdruck		5	153
1900			Literatur und das geistige Leben im XIX. Jahrhundert. 1795-1840	In: Hans Kraemer, Das XIX. Jahrhundert in Wort und Bild. Erster Band	4	33	9
1900			Literatur und das geistige Leben im XIX. Jahrhundert. 1840-1871	In: Hans Kraemer, Das XIX. Jahrhundert in Wort und Bild. Zweiter Band	4	33	35
1900			Literatur und das geistige Leben im XIX. Jahrhundert. 1871-1899	In: Hans Kraemer, Das XIX. Jahrhundert in Wort und Bild. Dritter Band	4	33	80
1900			Ludwig Jacobowski (gestorben). Geleitwort zu Grimms Märchen	In: Gebrüder Grimms Märchen. Deutsche Dichter in Auswahl fürs Volk	26	32	313
1900			Haeckel und seine Gegner (Abdruck. Siehe auch 1900)	Sonderausgabe		30	152
1900	Jan.		Gutenbergs Tat als Markstein der Kulturentwicklung	Deutscher Buch- und Steindrucker 6. Bd., Nr. 9	13	31	341
1900	Jan.	06.	Sezessions-Bühne	Das Magazin für Literatur. 69. Jg., Nr. 1	11	29	361
1900	Jan.	06.	Dr. Heinrich v. Schoeler. Kritik der wissenschaftlichen Erkenntnis (Schluß)	Das Magazin für Literatur. 69. Jg., Nr. 1	10	30	578
1900	Jan.	13.	Bemerkungen zu der Sammlung «Aus deutscher Seele»	Das Magazin für Literatur. 69. Jg., Nr. 2	26	32	314
1900	Jan.	20.	Von der «modernen Seele» (1. Teil)	Das Magazin für Literatur. 69. Jg., Nr. 3	6	32	321
1900	Jan.	20.	Goethes Weltanschauung (Abdruck. Siehe auch «Welt- und Lebensanschauungen im neunzehnten Jahrhundert», 1. Band 1900)	Das Magazin für Literatur. 69. Jg., Nr. 3		18	
1900	Jan.	20.	(Max Messer) Von der «modernen Seele»	Das Magazin für Literatur. 69. Jg., Nr. 3	6	32	349
1900	Jan.	20.	«Lord Quex». Lustspiel in vier Aufzügen von Arthur W. Pinero	Das Magazin für Literatur. 69. Jg., Nr. 3	11	29	365
1900	Jan.	20.	«Freund Fritz». Lustspiel von Eckmann-Chatrian	Das Magazin für Literatur. 69. Jg., Nr. 3	11	29	365
1900	Jan.	27.	Von der «modernen Seele» (1. Forts.)	Das Magazin für Literatur. 69. Jg., Nr. 4	6	32	342
1900	Jan.	27.	Welt-Anschauungen der Goethezeit (Abdruck. Siehe auch in «Welt- und Lebensanschauungen im neunzehnten Jahrhundert», 1. Band 1900)	Das Magazin für Literatur. 69. Jg., Nr. 4		18	
1900	Jan.	27.	Vortrag von Karl Lamprecht	Das Magazin für Literatur. 69. Jg., Nr. 4	17	31	646
1900	Febr.	03.	Von der «modernen Seele» (Schluß)	Das Magazin für Literatur. 69. Jg., Nr. 5	6	32	346
1900	Febr.	03.	Friedrich Nietzsche und das «Berliner Tagblatt»	Das Magazin für Literatur. 69. Jg., Nr. 5	12	31	479
1900	Febr.	10.	Das Nietzsche-Archiv und seine Anklagen gegen den bisherigen Herausgeber. Eine Enthüllung. I. Die Herausgabe von Nietzsches Werken	Das Magazin für Literatur. 69. Jg., Nr. 6		31	505

Datum			Werk-/Aufsatztitel oder Satzanfang	Titel der Erstpublikationen und Abdrucke	FW	GA	S
1900	Febr.	10.	Das Nietzsche-Archiv und seine Anklagen gegen den bisherigen Herausgeber. Eine Enthüllung. II. Zur Charakteristik der Frau Elisabeth Förster-Nietzsche	Das Magazin für Literatur. 69. Jg., Nr. 6		31	519
1900	Febr.	17.	Ein unbekannter Aufsatz von Max Stirner. Vorbemerkungen	Das Magazin für Literatur. 69. Jg., Nr. 7	24	32	353
1900	Febr.	17.	«Schluck und Jau». Spiel zu Scherz und Schimpf mit fünf Unterbrechungen von Gerhart Hauptmann. (Ein Hinweis)	Das Magazin für Literatur. 69. Jg., Nr. 7	11	29	366
1900	Febr.	24.	«Schluck und Jau». Ein Spiel zu Scherz und Schimpf mit fünf Unterbrechungen von Gerhart Hauptmann (Kritik)	Das Magazin für Literatur. 69. Jg., Nr. 8	11	29	366
1900	Febr.	24.	Das deutsche Drama des neunzehnten Jahrhunderts	Das Magazin für Literatur. 69. Jg., Nr. 8	11	29	171
1900	März	03.	Erwiderung auf den Artikel: Meine «eingebildete» Revolution, von Arno Holz (1. Teil)	Das Magazin für Literatur. 69. Jg., Nr. 9		32	459
1900	März	03.	Goethe und die Mathematik (Abdruck. Siehe auch in «Goethes Werke. Naturwissenschaftliche Schriften». Zweiter Band 1887)	Das Magazin für Literatur. 69. Jg., Nr. 9		1b	
1900	März	03.	Friedrich Hebbel-Ausgabe	Das Magazin für Literatur. 69. Jg., Nr. 9	25	32	500
1900	Märzu	10.	Ernst Ziel «Von heute». Gedanken auf der Schwelle des Jahrhunderts	Das Magazin für Literatur. 69. Jg., Nr. 10	8	31	647
1900	März	10.	«Jugend von Heute». Eine deutsche Komödie v. Otto Ernst	Das Magazin für Literatur. 69. Jg., Nr. 10	11	29	369
1900	März	10.	«Die drei Töchter des Herrn Dupont». Schauspiel in vier Aufzügen von Eugène Brieux	Das Magazin für Literatur. 69. Jg., Nr. 10	11	29	371
1900	März	10.	«Der Athlet». Schauspiel in drei Aufzügen v. Hermann Bahr	Das Magazin für Literatur. 69. Jg., Nr. 10	11	29	372
1900	März	10.	Ein Denkmal für Gottfried August Bürger	Das Magazin für Literatur. 69. Jg., Nr. 10	25	32	501
1900	März	10.	Der Bressa-Preis	Das Magazin für Literatur. 69. Jg., Nr. 10	19	30	579
1900	März	10.	Gegen die Lex Heinze	Das Magazin für Literatur. 69. Jg., Nr. 10	25	31	651
1900	März	10.	Neue literarische Erscheinungen: Dr. Th. Achelis: «Moritz Lazarus». . .	Das Magazin für Literatur. 69. Jg., Nr. 10	26	32	491
1900	März	17.	«Das tausendjährige Reich». Drama in vier Aufzügen von Max Halbe	Das Magazin für Literatur. 69. Jg., Nr. 11	11	29	373
1900	März	17.	Preis-Ausschreiben	Das Magazin für Literatur. 69. Jg., Nr. 11		32	502
1900	März	17.	Zwei Essays	Das Magazin für Literatur. 69. Jg., Nr. 11	26	32	455
1900	März	17.	Neue literarische Erscheinungen: Ludwig Jacobowski gibt im Verlag. . .	Das Magazin für Literatur. 69. Jg., Nr. 11		32	492
1900	März	24.	Ernst Georgy: «Die Erlöserin»	Das Magazin für Literatur. 69. Jg., Nr. 12	25	32	370
1900	März	31.	Zu Carl Hauptmanns «Tagebuch»	Das Magazin für Literatur. 69. Jg., Nr. 13	25	32	374
1900	April		Rosa Mayreder	Die Gesellschaft. 16. Jg., Bd. 2., Heft 2	23	32	44
1900	April	07.	Moderne Weltanschauung und reaktionärer Kurs (1. Teil)	Das Magazin für Literatur. 69. Jg., Nr. 14	10	30	403

Datum			Werk-/Aufsatztitel oder Satzanfang	Titel der Erstpublikationen und Abdrucke	FW	GA	S
1900	April	07.	Erwiderung auf den Artikel: Meine «eingebildete» Revolution, von Arno Holz (Schluß)	Das Magazin für Literatur. 69. Jg., Nr. 14		32	463
1900	April	14.	Erwiderung auf die obigen Ausführungen (Zur «Wiederkunft des Gleichen»)	Das Magazin für Literatur. 69. Jg., Nr. 15		31	538
1900	April	14.	Moderne Weltanschauung und reaktionärer Kurs (1. Forts.)	Das Magazin für Literatur. 69. Jg., Nr. 15	10	30	408
1900	April	21.	Die «sogenannte» Wiederkunft des Gleichen von Nietzsche. Eine Fortsetzung meiner Erwiderung auf E. Horneffers Aufsatz «Eine Verteidigung der sogenannten ‹Wiederkunft des Gleichen› von Nietzsche»	Das Magazin für Literatur. 69. Jg., Nr. 16		31	549
1900	April	21.	Moderne Weltanschauung und reaktionärer Kurs (2. Forts.)	Das Magazin für Literatur. 69. Jg., Nr. 16	10	30	414
1900	April	28.	Die «sogenannte» Wiederkunft des Gleichen von Nietzsche. Eine Fortsetzung meiner Erwiderung auf E. Horneffers Aufsatz «Eine Verteidigung der sogenannten ‹Wiederkunft des Gleichen› von Nietzsche»	Das Magazin für Literatur. 69. Jg., Nr. 17		31	554
1900	April	28.	Moderne Weltanschauung und reaktionärer Kurs (Schluß)	Das Magazin für Literatur. 69. Jg., Nr. 17	10	30	419
1900	April	28.	Neue literarische Erscheinungen: Außerdem verzeichnen wir die höchst. . .	Das Magazin für Literatur. 69. Jg., Nr. 17		32	493
1900	Mai		Frau Elisabeth Förster-Nietzsche und ihr Ritter von komischer Gestalt. Eine Antwort auf Dr. Seidls «Demaskierung»	Die Gesellschaft. 16. Jg., Bd. 2, Heft 4		31	571
1900	Mai	05.	Clara Viebig: «Das Weiberdorf»	Das Magazin für Literatur. 69. Jg., Nr. 18	25	32	384
1900	Mai	05.	Ludwig Jacobowski	Die Nation. 17. Jg., Nr. 31		32	386
1900	Mai	12.	«Freilicht». Schauspiel in vier Akten von Georg Reicke	Das Magazin für Literatur. 69. Jg., Nr. 19	11	29	379
1900	Mai	12.	Der geniale Mensch (1. Teil)	Das Magazin für Literatur. 69. Jg., Nr. 19	19	30	422
1900	Mai	19.	Deutsche Literatur und Gesellschaft im neunzehnten Jahrhundert (Besprechung des 3. und 4. Bandes. 1. Teil)	Das Magazin für Literatur. 69. Jg., Nr. 20	25	32	278
1900	Mai	19.	Der geniale Mensch (Forts.)	Das Magazin für Literatur. 69. Jg., Nr. 20	19	30	427
1900	Mai	19.	Erwiderung (Antwort auf den Artikel «Der Kampf um die Nietzsche-Ausgabe» von Elisabeth Förster-Nietzsche)	Die Zukunft. 8. Jg., 31. Band, Nr. 33		31	594
1900	Mai	26.	Deutsche Literatur und Gesellschaft im neunzehnten Jahrhundert (Besprechung des 3. und 4. Bandes. Schluß)	Das Magazin für Literatur. 69. Jg., Nr. 21	25	32	282
1900	Mai	26.	Moltke als Philosoph (Abdruck. Siehe auch 9. April 1892)	Das Magazin für Literatur. 69. Jg., Nr. 21	17	31	154
1900	Mai	26.	Lex Heinze	Das Magazin für Literatur. 69. Jg., Nr. 21	25	31	652
1900	Juni	02.	Ein paar Worte zu dem Vorigen: «Genie und Philister» von Hermann Türck	Das Magazin für Literatur. 69. Jg., Nr. 22		32	465

Datum			Werk-/Aufsatztitel oder Satzanfang	Titel der Erstpublikationen und Abdrucke	FW	GA	S
1900	Juni	02.	«König Harlekin». Ein Maskenspiel in vier Aufzügen von Rudolf Lothar	Das Magazin für Literatur. 69. Jg., Nr. 22	11	29	382
1900	Juni	09.	Das Chaos	Das Magazin für Literatur. 69. Jg., Nr. 23	19	30	432
1900	Juni	16.	«Das neue Jahrhundert». Eine Tragödie v. Otto Borngräber. Mit einem Vorwort von Ernst Haeckel. (Besprechung)	Das Magazin für Literatur. 69. Jg., Nr. 24	11	29	385
1900	Juni	23.	Die Druckkunst. Zur Feier des fünfhundersten Geburtstages ihres Schöpfers	Das Magazin für Literatur. 69. Jg., Nr. 25	13	31	354
1900	Juni	30.	«Los von Hauptmann»	Das Magazin für Literatur. 69. Jg., Nr. 26	11	29	174
1900	Juli	07.	Zum angeblichen «Kampf um die Nietzsche-Ausgabe»	Das Magazin für Literatur. 69. Jg., Nr. 27		31	601
1900	Juli	14.	Franz Ferdinand Heitmüller: «Der Schatz im Himmel»	Das Magazin für Literatur. 69. Jg., Nr. 28	25	32	394
1900	Juli	14.	«Das neue Jahrhundert». Eine Tragödie v. Otto Borngräber. Mit einem Vorwort von Ernst Haeckel. (Notiz zur Aufführung)	Das Magazin für Literatur. 69. Jg., Nr. 28	11	29	391
1900	Juli	21.	Neue literarische Erscheinungen: Hermann Schauenburg und sein Freundeskreis. . .	Das Magazin für Literatur. 69. Jg., Nr. 29		32	494
1900	Juli	21.	Anselm Heine: «Auf der Schwelle»	Das Magazin für Literatur. 69. Jg., Nr. 29	25	32	379
1900	Juli	21.	«Das neue Jahrhundert». Eine Tragödie v. Otto Borngräber. Mit einem Vorwort von Ernst Haeckel. (Kritik)	Das Magazin für Literatur. 69. Jg., Nr. 29	11	29	391
1900	Juli	28.	Goethe-Studien. Grund-Ideen	Das Magazin für Literatur. 69. Jg., Nr. 30	16	30	201
1900	Juli	29.	Die Philosophie Friedrich Nietzsche's als psychopathologisches Problem (1. Teil)	Wiener Klinische Rundschau. 14. Jg., Nr. 30	12	5	127
1900	Aug.	04.	Goethe-Studien. Moral und Christentum (1. Teil)	Das Magazin für Literatur. 69. Jg., Nr. 31	16	30	207
1900	Aug.	05.	Die Philosophie Friedrich Nietzsche's als psychopathologisches Problem (Schluß)	Wiener Klinische Rundschau. 14. Jg., Nr. 31	12	5	
1900	Aug.	11.	Ein Gottsched-Denkmal. Den Manen Gottscheds errichtet von Eugen Reichel (1. Teil)	Das Magazin für Literatur. 69. Jg., Nr. 32	25	32	401
1900	Aug.	11.	Goethe-Studien. Moral und Christentum (1. Forts.)	Das Magazin für Literatur. 69. Jg., Nr. 32	16	30	210
1900	Aug.	18.	Ein Gottsched-Denkmal. Den Manen Gottscheds errichtet von Eugen Reichel (1. Forts.)	Das Magazin für Literatur. 69. Jg., Nr. 33	25	32	403
1900	Aug.	18.	Goethe-Studien. Moral und Christentum (2. Forts.)	Das Magazin für Literatur. 69. Jg., Nr. 33	16	30	212
1900	Aug.	25.	Ein Gottsched-Denkmal. Den Manen Gottscheds errichtet von Eugen Reichel (Schluß)	Das Magazin für Literatur. 69. Jg., Nr. 34	25	32	408
1900	Aug.	25.	Goethe-Studien. Moral und Christentum (Schluß)	Das Magazin für Literatur. 69. Jg., Nr. 34	16	30	217

Datum			Werk-/Aufsatztitel oder Satzanfang	Titel der Erstpublikationen und Abdrucke	FW	GA	S
1900	Aug.	28.	Friedrich Nietzsche, gestorben am 25. August 1900	Unterhaltungsblatt des Vorwärts. Nr. 165	12	31	489
1900	Sept.	01.	Ahasver	Das Magazin für Literatur. 69. Jg., Nr. 35	22	31	378
1900	Sept.	08.	Nietzsche-Abend	Das Magazin für Literatur. 69. Jg., Nr. 36		32	503
1900	Sept.	08.	«Der Bund der Jugend». Lustspiel von Henrik Ibsen	Das Magazin für Literatur. 69. Jg., Nr. 36	3	29	393
1900	Sept.	13.	Marie von Ebner-Eschenbach. Zu ihrem siebzigsten Geburtstag am 13. Sept. 1900	Unterhaltungsblatt des Vorwärts. Nr. 177	23	32	56
1900	Sept.	15.	Marie Eugenie delle Grazie (1. Teil)	Das Magazin für Literatur. 69. Jg., Nr. 37	23	32	69
1900	Sept.	16.	Friedrich Nietzsche's Persönlichkeit und die Psycho-Pathologie	Wiener Klinische Rundschau. 14. Jg., Nr. 37	12	5	153
1900	Sept.	22.	Marie Eugenie delle Grazie (Schluß)	Das Magazin für Literatur. 69. Jg., Nr. 38	23	32	83
1900	Sept.	29.	Zum Abschiede (betr. Niederlegung der Redaktion)	Das Magazin für Literatur. 69. Jg., Nr. 39	11	29	449
1900	Sept.	29.	Kurzer Auszug aus einem Vortrag. Über Friedrich Nietzsche	Das Magazin für Literatur. 69. Jg., Nr. 39	12	31	486
1900	Sept.	29.	Hans Ostwald: «Vagabunden»	Das Magazin für Literatur. 69. Jg., Nr. 39	25	32	458
1900	Sept.	29.	Victor von Reisner: «Mein Herrenrecht»	Das Magazin für Literatur. 69. Jg., Nr. 39	25	32	457
1900	Sept.	29.	J. Rollet: «Schatten»	Das Magazin für Literatur. 69. Jg., Nr. 39	25	32	457
1900	Okt.		Die Kämpfe um Haeckels «Welträtsel»	Die Gesellschaft. 16. Jg., Bd. 4, Heft 1	19	30	441
1900	Okt.	06.	Ein Denkmal	Das Magazin für Literatur. 69. Jg., Nr. 40	17	31	360
1900	Okt.	13.	«Der gnädige Herr». Drama in drei Akten von Elsbeth Meyer-Förster	Das Magazin für Literatur. 69. Jg., Nr. 41	11	29	395
1900	Okt.	20.	Thomas Babington Macaulay. Geboren am 25. Oktober 1800	Das Magazin für Literatur. 69. Jg., Nr. 42	17	31	367
1900	Nov.		Bartholomäus Carneri, der Ethiker des Darwinismus	Die Gesellschaft. 16. Jg., Bd. 4, Heft 3	19	30	452
1900	Nov.	24.	Max Müller	Das Magazin für Literatur. 69. Jg., Nr. 47	17	31	373
1900	Dez.		Ludwig Jacobowski. Gestorben am 2. Dez. 1900	Die Gesellschaft. 16. Jg., Bd. 4, Heft 6	26	32	92
1900	Dez.		Deutsche Literatur und Gesellschaft im neunzehnten Jahrhundert (Zweite Besprechung)	Die Gesellschaft. 16. Jg., Bd. 4, Heft 6	25	32	289
1900	Dez.	08.	Friedrich Nietzsche als Dichter der modernen Weltanschauung	Das Magazin für Literatur. 69. Jg., Nr. 49	12	31	482
1900	Dez.	29.	Ludwig Jacobowski. Gestorben am 2. Dez. 1900	Das Magazin für Literatur. 69. Jg., Nr. 52	26	32	98
1901			Ein Freiligrath-Abend	Der freie Bund. 3. Jg., Nr. 3		32	468
1901			Die Mystik im Aufgange des neuzeitlichen Geisteslebens und ihr Verhältnis zu modernen Weltanschauungen	Ebenso		7	

Datum			Werk-/Aufsatztitel oder Satzanfang	Titel der Erstpublikationen und Abdrucke	FW	GA	S
1901			Welt- und Lebensanschauungen im neunzehnten Jahrhundert. Band II	In: Am Ende des Jahrhunderts. Rückschau auf 100 Jahre geistiger Entwickelung. 14. Band		18	
1901			Welt- und Lebensanschauungen im neunzehnten Jahrhundert. Band I und II in 1 Band	In: Am Ende des Jahrhunderts. Rückschau auf 100 Jahre geistiger Entwickelung. 14. Band		18	
1901			Welt- und Lebens-Anschauungen. Von den ältesten Zeiten bis zur Gegenwart. Auszug aus Vorträgen, geh. vom Januar bis März 1901 in der Arbeiter-Bildungsschule zu Berlin	Ebenso		51	
1901			Welt- und Lebensanschauungen im neunzehnten Jahrhundert. Band I und II in 1 Band. Sonderausgabe aus dem Sammelwerk: Am Ende des Jahrhunderts (Siehe auch 1901)	Ebenso		18	
1901			Ludwig Jacobowski. Ein Lebens- und Charakterbild	In: Ausklang. Neue Gedichte aus dem Nachlaß von Ludwig Jacobowski	21	33	179
1901			Die Persönlichkeit Friedrich Nietzsches. Eine Gedächtnisrede	In: Die Kommenden	12	5	171
1901			Ludwig Jacobowski im Lichte des Lebens: «Loki»	In: Ludwig Jacobowski, Im Lichte des Lebens	26	32	415
1901	Jan.	13.	Goethe und die Medizin	Wiener klinische Rundschau. 15. Jg., Nr. 2	15	30	580
1901	Febr.		Moderne Seelenforschung	Die Gesellschaft. 17. Jg., Bd. 1, Heft 3	19	30	462
1901	Febr.	23.	Der moderne Mensch (Abdruck. Siehe auch in «Welt- und Lebensanschauungen im neunzehnten Jahrhundert», 2. Band 1901)	Das Magazin für Literatur. 70. Jg., Nr. 8		18	
1901	März	16.	Ferdinand Freiligrath. Gestorben am 18. März 1876	Nach der Arbeit. Sächsische Arbeiter-Zeitung. 4. Jg., Nr. 22	20	32	104
1901	Juli	03.	Herman Grimm. Gestorben am 16. Juni 1901	Das Magazin für Literatur. 70. Jg., Nr. 27	14	30	469
1901	Sept.	11.	Adolf Bartels, der Literarhistoriker	Mitteilungen aus dem Verein zur Abwehr des Antisemitismus. 11. Jg., Nr. 37	22	31	382
1901	Sept.	18.	Ein Heine-Hasser	Mitteilungen aus dem Verein zur Abwehr des Antisemitismus. 11. Jg., Nr. 38	22	31	388
1901	Sept.	25.	Die «Post» als Anwalt des Germanentums	Mitteilungen aus dem Verein zur Abwehr des Antisemitismus. 11. Jg., Nr. 39	22	31	382
1901	Okt.	02.	Der Wissenschaftsbeweis der Antisemiten	Mitteilungen aus dem Verein zur Abwehr des Antisemitismus. 11. Jg., Nr. 40	22	31	393

Datum			Werk-/Aufsatztitel oder Satzanfang	Titel der Erstpublikationen und Abdrucke	FW	GA	S
1901	Nov.	09.	Haeckel, Tolstoi und Nietzsche	Das Magazin für Literatur. 70. Jg., Nr. 45	12	31	497
1901	Nov.	09.	Inkorrekt	Das Magazin für Literatur. 70. Jg., Nr. 45	26	32	420
1901	Nov.	13.	Verschämter Antisemitismus (1. Teil)	Mitteilungen aus dem Verein zur Abwehr des Antisemitismus. 11. Jg., Nr. 46	22	31	398
1901	Nov.	20.	Verschämter Antisemitismus (1. Forts.)	Mitteilungen aus dem Verein zur Abwehr des Antisemitismus. 11. Jg., Nr. 47	22	31	403
1901	Nov.	27.	Verschämter Antisemitismus (2. Forts.)	Mitteilungen aus dem Verein zur Abwehr des Antisemitismus. 11. Jg., Nr. 48	22	31	407
1901	Dez.		Stefan von Czobel «Die Entwicklung der Religionsbegriffe als Grundlage einer progressiven Religion.	Der Vâhan 3. Jg., Nr. 6	17	31	420
1901	Dez.	04.	Verschämter Antisemitismus (Schluß)	Mitteilungen aus dem Verein zur Abwehr des Antisemitismus. 11. Jg., Nr. 49	22	31	410
1901	Dez.	11.	Zweilerlei Maß	Mitteilungen aus dem Verein zur Abwehr des Antisemitismus. 11.Jg., Nr. 50	22	31	414
1901	Dez.	25.	Idealismus gegen Antisemitismus	Mitteilungen aus dem Verein zur Abwehr des Antisemitismus. 11. Jg., Nr. 52	22	31	417
1902			Satzungen der deutschen Sektion	In: Allgemeine und Sektions-Verfassung nebst Satzungen. Theosophische Gesellschaft. Deutsche Sektion		37	
1902			Das Christentum als mystische Tatsache	Ebenso		8	
1902			Goethes Faust als Bild seiner esoterischen Weltanschauung	Ebenso		22	
1902			Ludwig Uhland. Eine Biographie (Abdruck der Einleitung. Siehe auch «Uhlands Werke in drei Bänden» 1902)	Separatabdruck		33	305
1902			Uhlands Werke in drei Bänden (in einem Band). Mit einer biographischen Einleitung von Dr. Rudolf Steiner	In: Berliner Klassiker-Ausgaben. Mit Einleitungen namhafter Literarhistoriker		33	305
1902			Friedrich Schiller. Einführung zu «Schiller», Auswahl aus seinen Werken	In: Deutsche Dichter in Auswahl fürs Volk	20	33	214
1902			Vortrag über den Dichter «Multatuli»	Erstdruck nicht feststellbar	25	32	467
1902	April	15.	Diskussion im Giordano-Bruno-Bunde (über «Was bedeutet einheitliche Weltanschauung ihrem Begriffe und Werte nach?» 1. Teil)	Der Freidenker. 10. Jg., Nr. 8	19	51	287
1902	Mai	01.	Diskussion im Giordano-Bruno-Bunde (über «Was bedeutet einheitliche Weltanschauung ihrem Begriffe und Werte nach?» Schluß)	Der Freidenker. 10. Jg., Nr. 9	19	51	294
1902	Juni	01.	Aufruf (Giordano-Bruno-Bund)	Der Freidenker. 10. Jg., Nr. 11	24	32	503

Datum			Werk-/Aufsatztitel oder Satzanfang	Titel der Erstpublikationen und Abdrucke	FW	GA	S
1902	Aug.	01.	Diskussion im Giordano-Bruno-Bunde (über «Vor welchem Forum muß einheitliche Weltanschauung entschieden werden?» 1. Teil)	Der Freidenker, 10. Jg., Nr. 15	19	51	298
1902	Aug.	15.	Diskussion im Giordano-Bruno-Bunde (über «Vor welchem Forum muß einheitliche Weltanschauung entschieden werden?» Schluß)	Der Freidenker. 10. Jg., Nr. 16	19	51	304
1902	Nov.	01.	Monismus und Theosophie (Vortrag am 8. Okt. 1902 vor dem Giordano-Bruno-Bunde. Auszug)	Der Freidenker. 10. Jg., Nr. 21	19	51	311
1902	Dez.		Monismus und Theosophie (Abdruck. Siehe auch 1. Nov. 1902)	Psychische Studien 29. Jg., Heft 12		51	311
1903	Juni		Theosophische Gesellschaft (Theosophical Society)	Luzifer. Nr. 1		34	531
1903	Juni		Luzifer	Luzifer. Nr. 1		34	19
1903	Juni		Zum Buche von Théodule Ribot, «Die Schöpferkraft der Phantasie»	Luzifer. Nr. 1		34	407
1903	Juli		Meditation	Luzifer. Nr. 2		34	33
1903	Juli		Einweihung und Mysterien (1. Teil)	Luzifer. Nr. 2		34	34
1903	Juli		Zum Buche von Eugen Heinrich Schmitt, «Die Gnosis»	Luzifer. Nr. 2		34	411
1903	Aug.		Einweihung und Mysterien (1. Forts.)	Luzifer. Nr. 3		34	43
1903	Aug.		Zum Buche von Bruno Wille, «Offenbarungen des Wachholderbaums»	Luzifer. Nr. 3		34	414
1903	Aug.		Von der theosophischen Bewegung	Luzifer. Nr. 3		34	532
1903	Sept.		Meditation	Luzifer. Nr. 4		34	66
1903	Sept.		Einweihung und Mysterien (Schluß)	Luzifer. Nr. 4		34	53
1903	Sept.		Bruno Wille und C.W. Leadbeater	Luzifer. Nr. 4		34	421
1903	Okt.		Reinkarnation und Karma, vom Standpunkte der modernen Naturwissenschaft notwendige Vorstellungen (1. Teil)	Luzifer. Nr. 5		34	67
1903	Okt.		Theosophie und Sozialismus (1. Teil)	Luzifer. Nr. 5		34	430
1903	Okt.		Theosophie und deutsche Kultur. Autoreferat	Luzifer. Nr. 5		34	533
1903	Nov.		Zur Einführung (zum Beginne der Fragenbeantwortungen)	Luzifer. Nr. 6		34	350
1903	Nov.		Reinkarnation und Karma, vom Standpunkte der modernen Naturwissenschaft notwendige Vorstellungen (Schluß)	Luzifer. Nr. 6		34	77
1903	Nov.		Theosophie und Sozialismus (Schluß)	Luzifer. Nr. 6		34	436
1903	Nov.		Okkulte Geschichtsforschung. Autoreferat	Luzifer. Nr. 6		34	535
1903	Dez.		Die Theosophie und die Kulturaufgaben der Gegenwart	Luzifer. Nr. 7		34	440
1903	Dez.		Wie Karma wirkt	Luzifer. Nr. 7		34	92

Datum			Werk-/Aufsatztitel oder Satzanfang	Titel der Erstpublikationen und Abdrucke	GA	S
1903	Dez.		Von dem Verhältnis der physischen zur übersinnlichen Wesenheit des Menschen	Luzifer. Nr. 7	34	350
1904			Theosophie. Einführung in übersinnliche Welterkenntnis und Menschenbestimmung	Ebenso	9	
1904	Jan.		Zur Einführung von «Lucifer-Gnosis»	Lucifer-Gnosis. Nr. 8	34	108
1904	Jan.		Von der Aura (1. Teil)	Lucifer-Gnosis. Nr. 8	34	110
1904	Jan.		Vorrede zu den nachgelassenen Papieren Paul Asmus' (1. Teil)	Lucifer-Gnosis. Nr. 8	34	488
1904	Jan.		Über Kants Erkenntnistheorie (1. Teil)	Lucifer-Gnosis. Nr. 8	34	352
1904	Jan.		Herder und die Theosophie (Abdruck. Siehe auch 19. Jan. 1904)	Lucifer-Gnosis. Nr. 8	34	442
1904	Jan.	19.	Herder und die Theosophie	Deutschland. Weimarische Landeszeitung. 56. Jg., Nr. 19	34	442
1904	Febr.		Von der Aura (1. Forts.)	Lucifer-Gnosis, Nr. 9	34	119
1904	Febr.		Charakteristik von Paul Asmus' Weltanschauung	Lucifer-Gnosis. Nr. 9	34	493
1904	Febr.		Über Kants Erkenntnistheorie (Schluß)	Lucifer-Gnosis. Nr. 9	34	354
1904	Febr.		Theosophie und moderne Naturwissenschaft	Lucifer-Gnosis. Nr. 9	34	444
1904	März		Von der Aura (2. Forts.)	Lucifer-Gnosis. Nr. 10	34	126
1904	März		Theosophie und modernes Leben	Lucifer-Gnosis. Nr. 10	34	450
1904	April		P.T. (betr. das verzögerte Erscheinen der Zeitschrift)	Lucifer-Gnosis. Nr. 11	250f	
1904	April		Von der Aura (Schluß)	Lucifer-Gnosis. Nr. 11	34	133
1904	April		Vorrede zu den nachgelassenen Papieren Paul Asmus' (1. Forts.)	Lucifer-Gnosis. Nr. 11	34	489
1904	April		Über das Vertreten der persönlichen Überzeugung	Lucifer-Gnosis. Nr. 11	34	452
1904	April		Hinweis auf den Kongreß in Amsterdam im Juni 1904	Lucifer-Gnosis. Nr. 11	34	538
1904	Mai		Die übersinnliche Welt und ihre Erkenntnis	Lucifer-Gnosis. Nr. 12	34	138
1904	Mai		Zu einem Aufsatz von Lothar Brieger-Wasservogel über Swedenborgs Weltanschauung	Lucifer-Gnosis. Nr. 12	34	495
1904	Mai		Vorrede zu den nachgelassenen Papieren Paul Asmus' (Schluß)	Lucifer-Gnosis. Nr. 12	34	491
1904	Mai		Über den in der Wissenschaft scheinbar überwundenen Materialismus	Lucifer-Gnosis. Nr. 12	34	455
1904	Juni		Zu Kapiteln aus dem «Adeptenbuch» von A.M.O. (ohne Schlußsatz)	Lucifer-Gnosis. Nr. 13	34	497
1904	Juni		Wie erlangt man Erkenntnisse der höheren Welten? (1. Teil)	Lucifer-Gnosis. Nr. 13	10	16
1904	Juni		Fußnote (zu dem Artikel: Plotins Ideal des Weisen von Dr. O. Kiefer)	Lucifer-Gnosis. Nr. 13	(B)	

Datum		Werk-/Aufsatztitel oder Satzanfang	Titel der Erstpublikationen und Abdrucke	GA	S
1904	Juni	Der theosophische Kongreß in Amsterdam. Bericht	Lucifer-Gnosis. Nr. 13	34	539
1904	Juli	Wie erlangt man Erkenntnisse der höheren Welten? (1. Forts.)	Lucifer-Gnosis. Nr. 14	10	28
1904	Juli	Aus der Akasha-Chronik (1. Teil)	Lucifer-Gnosis. Nr. 14	11	21
1904	Juli	Zur Würdigung Schellings (Zu einem Aufsatz von Dr. R. Salinger, «Der Philosoph der Romantik»)	Lucifer-Gnosis. Nr. 14	34	497
1904	Juli	Zu Plotins Weltanschauung (Zu den Ausführungen Dr. O. Kiefers, «Plotins Seelenlehre in den Grundzügen» und «Plotins Ideal des Weisen»)	Lucifer-Gnosis. Nr. 14	34	498
1904	Juli	Bemerkung (in dieser Abteilung . . . werden von jetzt ab Fragen, die uns zukommen beantwortet . . .)	Lucifer-Gnosis. Nr. 14	34	360
1904	Juli	Gibt es einen Zufall?	Lucifer-Gnosis. Nr. 14	34	361
1904	Juli	Über Geisteskrankheiten	Lucifer-Gnosis. Nr. 14	34	363
1904	Aug.	Mitteilung über Vorträge Annie Besants in Deutschland	Lucifer-Gnosis. Nr. 15	34	553
1904	Aug.	Weitere Mitteilungen: Vorträge Dr. Rudolf Steiners im Architektenhaus in Berlin	Lucifer-Gnosis. Nr. 15	34	553
1904	Aug.	Wie erlangt man Erkenntnisse der höheren Welten? (2. Forts.)	Lucifer-Gnosis. Nr. 15	10	42
1904	Aug.	Aus der Akasha-Chronik (1. Forts.)	Lucifer-Gnosis. Nr. 15	11	31
1904	Aug.	Über Verhältnis der Tierseele zur Menschenseele	Lucifer-Gnosis. Nr. 15	34	365
1904	Aug.	«Die vier großen Religionen» von Annie Besant	Lucifer-Gnosis. Nr. 15	34	505
1904	Sept.	Wie erlangt man Erkenntnisse der höheren Welten? (3. Forts.)	Lucifer-Gnosis. Nr. 16	10	58
1904	Sept.	Aristoteles über das Mysteriendrama	Lucifer-Gnosis. Nr. 16	34	150
1904	Sept.	Aus der Akasha-Chronik (2. Forts.)	Lucifer-Gnosis. Nr. 16	11	44
1904	Sept.	Über moderne naturwissenschaftliche Anschauungen	Lucifer-Gnosis. Nr. 16	34	457
1904	Sept.	Wie verhält sich Buddhas Lehre zu dem Hinduismus zu den Upanishaden und zur Theosophie Blavatskys?	Lucifer-Gnosis. Nr. 16	34	368
1904	Okt.	Vorbemerkung zu Edouard Schuré: «Einführung in die Esoterische Lehre»	Lucifer-Gnosis. Nr. 17	34	512
1904	Okt.	Notizen: Bericht über die Vorträge Annie Besants in Deutschland	Lucifer-Gnosis. Nr. 17	34	553
1904	Okt.	Wie erlangt man Erkenntnisse der höheren Welten? (4. Forts.)	Lucifer-Gnosis. Nr. 17	10	75
1904	Okt.	Aus der Akasha-Chronik (3. Forts.)	Lucifer-Gnosis. Nr. 17	11	57
1904	Okt.	Über Vererbung von Anlagen und Fähigkeiten	Lucifer-Gnosis. Nr. 17	34	371

Datum		Werk-/Aufsatztitel oder Satzanfang	Titel der Erstpublikationen und Abdrucke	GA	S
1904	Nov.	Zu Kapiteln aus dem «Adeptenbuch» von A.M.O. (letzter Satz im Abschnitt)	Lucifer-Gnosis. Nr. 18	34	497
1904	Nov.	Wie erlangt man Erkenntnisse der höheren Welten? (5. Forts.)	Lucifer-Gnosis. Nr. 18	10	90
1904	Nov.	Aus der Akasha-Chronik (4. Forts.)	Lucifer-Gnosis. Nr. 18	11	65
1904	Nov.	Der englische Premierminister Balfour, die Naturwissenschaft und die Theosophie	Lucifer-Gnosis. Nr. 18	34	467
1904	Dez.	Mitteilungen: Bericht über die Jahresversammlung der deutschen Sektion der Theosophischen Gesellschaft	Lucifer-Gnosis. Nr. 19	34	555
1904	Dez.	Vorbemerkung zu Edouard Schuré: «Hermes»	Lucifer-Gnosis. Nr. 19	34	512
1904	Dez.	Wie erlangt man Erkenntnisse der höheren Welten? (6. Forts.)	Lucifer-Gnosis. Nr. 19	10	102
1904	Dez.	Aus der Akasha-Chronik (5. Forts.)	Lucifer-Gnosis. Nr. 19	11	74
1904	Dez.	Wiederverkörperung – im hilflosen Kinde?	Lucifer-Gnosis. Nr. 19	34	373
1904	Dez.	Sind aufeinanderfolgende Inkarnationen einander ähnlich?	Lucifer-Gnosis. Nr. 19	34	375
1904	Dez.	Idiotie	Lucifer-Gnosis. Nr. 19	34	375
1905		Hinweis auf den Kongreß in Paris im Juni 1906	Lucifer-Gnosis. Nr. 30	34	571
1905		Schiller und unser Zeitalter. Aufzeichnungen nach Vorträgen, gehalten vom Januar – März 1905 an der Berliner «Freien Hochschule»	Schiller und unser Zeitalter	51	
1905		Wielands Werke in fünf Büchern (in einem Band) mit einer biographischen Einleitung von Dr. Rudolf Steiner	In: Berliner Klassiker-Ausgaben. Mit Einleitungen namhafter Literarhistoriker	33	347
1905		Vorrede zu Edouard Schurés Drama «Kinder des Lucifer»	Edouard Schuré, Die Kinder des Lucifer. Schauspiel in fünf Aufzügen	34	158
1905		Was bedeutet die Theosophie für den Menschen der Gegenwart? (Abdruck. Siehe auch Juni 1905)	In: Theosophische Gesellschaft (Werbeheftchen)	34	163
1905		Theosophie als Lebenspraxis (Abdruck. Siehe auch Juli 1905)	In: Theosophische Gesellschaft (Werbeheftchen)	34	169
1905		Theosophie, Sittlichkeit und Gesundheit (Abdruck. Siehe auch Aug. 1905)	In: Theosophische Gesellschaft (Werbeheftchen)	34	175
1905	Jan.	Wie erlangt man Erkenntnisse der höheren Welten? (7. Forts.)	Lucifer-Gnosis. Nr. 20	10	115
1905	Jan.	Aus der Akasha-Chronik (6. Forts.)	Lucifer-Gnosis. Nr. 20	11	87
1905	Jan.	Wozu braucht der Theosoph Lehren und Theorien?	Lucifer-Gnosis. Nr. 20	34	377
1905	Jan.	Wie verhält sich die Theosophie zu den Geheimwissenschaften?	Lucifer-Gnosis. Nr. 20	34	379

Datum		Werk-/Aufsatztitel oder Satzanfang	Titel der Erstpublikationen und Abdrucke	GA	S
1905	Febr.	Hinweis auf den Kongreß in London im Juli 1905	Lucifer-Gnosis. Nr. 21	34	556
1905	Febr.	Wie erlangt man Erkenntnisse der höheren Welten? (8. Forts.)	Lucifer-Gnosis. Nr. 21	10	125
1905	Febr.	Aus der Akasha-Chronik (7. Forts.)	Lucifer-Gnosis. Nr. 21	11	98
1905	Febr.	«Flita. Wahre Geschichte einer schwarzen Magierin» von Mabel Collins (Vorbemerkung)	Lucifer-Gnosis. Nr. 21	(B)	
1905	Febr.	Gehen frühere Fähigkeiten der Menschenseele verloren?	Lucifer-Gnosis. Nr. 21	34	381
1905	März	Wie erlangt man Erkenntnisse der höheren Welten? (9. Forts.)	Lucifer-Gnosis. Nr. 22	10	138
1905	März	Vorrede zu «Edouard Schuré, Kinder des Lucifer» (Abdruck. Siehe auch 1905)	Lucifer-Gnosis. Nr. 22	34	158
1905	März	Aus der Akasha-Chronik (8. Forts.)	Lucifer-Gnosis. Nr. 22	11	111
1905	März	«Flita. Wahre Geschichte einer schwarzen Magierin» von Mabel Collins	Lucifer-Gnosis. Nr. 22	34	512
1905	April	Wie erlangt man Erkenntnisse der höheren Welten? (10. Forts.)	Lucifer-Gnosis. Nr. 23	10	149
1905	April	Aus der Akasha-Chronik (9. Forts.)	Lucifer-Gnosis. Nr. 23	11	120
1905	April	Wie verhalten sich die Kräfte einer niedern Welt zu Wesenheiten in einer höheren?	Lucifer-Gnosis. Nr. 23	34	383
1905	April	«Die Geschichte des Jahres» von Mabel Collins	Lucifer-Gnosis. Nr. 23	34	515
1905	Mai	Zum Beginn des neuen Jahrganges (Juni 1905)	Lucifer-Gnosis. Nr. 24	34	162
1905	Mai	Mitteilungen: Hinweis auf die Schrift «Schiller und unser Zeitalter»	Lucifer-Gnosis. Nr. 24	34	557
1905	Mai	Wie erlangt man Erkenntnisse der höheren Welten? (11. Forts.)	Lucifer-Gnosis. Nr. 24	10	159
1905	Mai	Aus der Akasha-Chronik (10. Forts.)	Lucifer-Gnosis. Nr. 24	11	129
1905	Mai	«Der Pfad der Jüngerschaft» von Annie Besant	Lucifer-Gnosis. Nr. 24	34	520
1905	Mai	Über Personenkultus in der theosophischen Bewegung	Lucifer-Gnosis. Nr. 24	34	386
1905	Juni	Die Zeitschrift «Der Buddhist»	Lucifer-Gnosis. Nr. 25	34	474
1905	Juni	Was bedeutet die Theosophie für den Menschen der Gegenwart?	Lucifer-Gnosis. Nr. 25	34	163
1905	Juni	Wie erlangt man Erkenntnisse der höheren Welten? (12. Forts.)	Lucifer-Gnosis. Nr. 25	10	170
1905	Juni	Aus der Akasha-Chronik (11. Forts.)	Lucifer-Gnosis. Nr. 25	11	141
1905	Juni	Soll man sich der Kritik enthalten?	Lucifer-Gnosis. Nr. 25	34	388
1905	Juni	Zu Aufsätzen von Camillo Schneider über Fragen der Seelenlehre	Lucifer-Gnosis. Nr. 25	34	472
1905	Juni	Von der Arbeit der Zweige: Die Arbeit in Hamburg, Köln, Düsseldorf	Lucifer-Gnosis. Nr. 25	34	558
1905	Juli	Theosophie als Lebenspraxis	Lucifer-Gnosis. Nr. 26	34	169

Datum		Werk-/Aufsatztitel oder Satzanfang	Titel der Erstpublikationen und Abdrucke	GA	S
1905	Juli	Wie erlangt man Erkenntnisse der höheren Welten? (13. Forts.)	Lucifer-Gnosis. Nr. 26	10	180
1905	Juli	Aus der Akasha-Chronik (12. Forts.)	Lucifer-Gnosis. Nr. 26	11	151
1905	Juli	Zu «Beiträge zur Weiterentwicklung der christlichen Religion»	Lucifer-Gnosis. Nr. 26	34	476
1905	Juli	Der theosophische Kongreß in London. Bericht	Lucifer-Gnosis. Nr. 26	34	566
1905	Aug.	Theosophie, Sittlichkeit und Gesundheit	Lucifer-Gnosis. Nr. 27	34	175
1905	Aug.	Wie erlangt man Erkenntnisse der höheren Welten? (14. Forts.)	Lucifer-Gnosis. Nr. 27	10	193
1905	Aug.	Aus der Akasha-Chronik (13. Forts.)	Lucifer-Gnosis. Nr. 27	11	161
1905	Aug.	Otto Pfleiderer, «Die Entstehung des Christentums»	Lucifer-Gnosis. Nr. 27	34	479
1905	Sept.	Theosophie und Wissenschaft	Lucifer-Gnosis. Nr. 28	34	181
1905	Sept.	Wie erlangt man Erkenntnisse der höheren Welten? (Schluß)	Lucifer-Gnosis. Nr. 28	10	204
1905	Sept.	Aus der Akasha-Chronik (14. Forts.)	Lucifer-Gnosis. Nr. 28	11	171
1905	Sept.	Ist das Wort Theosophie nicht irreführend?	Lucifer-Gnosis. Nr. 28	34	391
1905	Sept.	Wie verhält sich die Theosophie zur Astrologie?	Lucifer-Gnosis. Nr. 28	34	396
1905	Sept.	Die Arbeit in Stuttgart, Lugano, Weimar, Nürnberg	Lucifer-Gnosis. Nr. 28	34	560
1905	Okt.	Theosophie und soziale Frage (1. Teil)	Lucifer-Gnosis. Nr. 29	34	191
1905	Okt.	Die Stufen der höheren Erkenntnis (1. Teil)	Lucifer-Gnosis. Nr. 29	12	15
1905	Okt.	Aus der Akasha-Chronik (15. Forts.)	Lucifer-Gnosis. Nr. 29	11	183
1905	Okt.	Kann die Theosophie populär dargestellt werden?	Lucifer-Gnosis. Nr. 29	34	400
1905	Nov.	Bericht im «Protokoll der Generalversammlung am 22. Okt. 1905 zu Berlin. Theosophische Gesellschaft (Deutsche Sektion)»	Mitteilungen für die Mitglieder der Deutschen Sektion der Theosophischen Gesellschaft. Nr. 1	37	
1905		Theosophie und soziale Frage (1. Forts.)	Lucifer-Gnosis. Nr. 30	34	200
1905		Die Stufen der höheren Erkenntnis (1. Forts.)	Lucifer-Gnosis. Nr. 30	12	24
1905		Aus der Akasha-Chronik (16. Forts.)	Lucifer-Gnosis. Nr. 30	11	196
1905		Bildung neuer Zweige	Lucifer-Gnosis. Nr. 30	34	562
1905		Die Arbeit in München	Lucifer-Gnosis. Nr. 30	34	564
1906		Mathematik und Okkultismus	In: Transaction of the First Annual Congress of the Federation of European Sections of the Theosophical Society. Amsterdam	35	7

Datum	Werk-/Aufsatztitel oder Satzanfang	Titel der Erstpublikationen und Abdrucke	GA	S
1906	An die Leser (betr. innere Änderung der Zeitschrift)	Lucifer-Gnosis. Nr. 31	250f	
1906	Der Kongreß in Paris im Juni 1906	Lucifer-Gnosis. Nr. 31	34	572
1906	Haeckel, die Welträtsel und die Theosophie	Lucifer-Gnosis. Nr. 31	34	222
1906	Anmerkung zu dem Aufsatz von Helene von Schewitsch, «Die Geheimlehre und die Tiermenschen in der modernen Wissenschaft»	Lucifer-Gnosis. Nr. 31	(B)	
1906	Raoul H. Francé, «Das Sinnesleben der Pflanzen»	Lucifer-Gnosis. Nr. 31	34	482
1906	Wie hat man sich Gesundheit und Krankheit im Sinne des Karmagesetzes zu denken?	Lucifer-Gnosis. Nr. 31	34	404
1906	Nachruf auf die Gräfin Brockdorff	Lucifer-Gnosis. Nr. 32	34	584
1906	Vorträge von Dr. Rudolf Steiner	Lucifer-Gnosis. Nr. 32	34	584
1906	Lebensfragen der theosophischen Bewegung (1. Teil)	Lucifer-Gnosis. Nr. 32	34	261
1906	Die Stufen der höheren Erkenntnis (2. Forts.)	Lucifer-Gnosis. Nr. 32	12	36
1906	Theosophie und soziale Frage (Schluß)	Lucifer-Gnosis. Nr. 32	34	208
1906	Aus der Akasha-Chronik (17. Forts.)	Lucifer-Gnosis. Nr. 32	11	205
1906	Einige Bemerkungen zu dem Aufsatz von Helene von Schewitsch, «Die Geheimlehre und die Tiermenschen in der modernen Wissenschaft»	Lucifer-Gnosis. Nr. 32	34	500
1906	Eduard von Hartmann. Nachruf	Lucifer-Gnosis. Nr. 32	34	245
1907	Bilder okkulter Siegel und Säulen	Ebenso	284	
1907	Blut ist ein ganz besonderer Saft. Eine esoterische Betrachtung	Ebenso	55	
1907	Die Erziehung des Kindes vom Gesichtspunkte der Geisteswissenschaft (Siehe auch Lucifer-Gnosis 1907 Nr. 33)	Ebenso	34	309
1907	Das Vaterunser. Eine esoterische Betrachtung	Ebenso	96	
1907	Sonderdruck-Hefte, ausschließlich mit Beiträgen Rudolf Steiners aus den Originalheften der Zeitschriften «Lucifer-Gnosis». Darunter «Wie erlangt man Erkenntnisse der höheren Welten?» (siehe auch Juni 1904), «Aus der Akasha-Chronik», siehe auch Juni 1904)	Lucifer-Gnosis. Sonderdruck-Hefte Nr. 13–23		
1907	Vorwort zu «Edouard Schuré, Die großen Eingeweihten». Autorisierte Übersetzung von Marie von Sivers	Edouard Schuré, Die großen Eingeweihten	42	
1907	Antwort (auf «Offener Brief an Herrn Dr. Rudolf Steiner von John Henry Mackay»). (Abdruck. Siehe auch 30. Sept. 1898)	In: Benj. R. Tucker, Sind Anarchisten Mörder?	31	

Datum	Werk-/Aufsatztitel oder Satzanfang	Titel der Erstpublikationen und Abdrucke	GA	S
1907 Jan.	Bericht im «Protokoll der Generalversammlung vom 21. Okt. 1906 zu Berlin» (Deutsche Sektion der Theosophischen Gesellschaft)	Mitteilungen für die Mitglieder der Deutschen Sektion der Theosophischen Gesellschaft. Nr. 4	37	
1907	Hinweise auf Bücher	Lucifer-Gnosis. Nr. 33	34	589
1907	Ankündigung des theosophischen Kongresses in München	Lucifer-Gnosis. Nr. 33	34	590
1907	Lebensfragen der theosophischen Bewegung (1. Forts.)	Lucifer-Gnosis. Nr. 33	34	268
1907	Nachruf auf Henry Steel Olcott	Lucifer-Gnosis. Nr. 33	34	585
1907	Die Erziehung des Kindes vom Gesichtspunkte der Geisteswissenschaft	Lucifer-Gnosis. Nr. 33	34	309
1907	Zur bevorstehenden Präsidentenwahl der Theosophischen Gesellschaft	Lucifer-Gnosis. Nr. 33	34	615
1907	Notiz über Friedrich August Wolf	Lucifer-Gnosis. Nr. 33	34	346
1907	«Die Heiligtümer des Orients» von Edouard Schuré	Lucifer-Gnosis. Nr. 34	34	530
1907	Mitteilung: Die Wahl von Annie Besant zur Präsidentin der Theosophischen Gesellschaft	Lucifer-Gnosis. Nr. 34	34	619
1907	Lebensfragen der theosophischen Bewegung (2. Forts.)	Lucifer-Gnosis. Nr. 34	34	278
1907	Die Stufen der höheren Erkenntnis (3. Forts.)	Lucifer-Gnosis. Nr. 34	12	52
1907	Aus der Akasha-Chronik (18. Forts.)	Lucifer-Gnosis. Nr. 34	11	213
1907	Der theosophische Kongreß in München. Bericht	Lucifer-Gnosis. Nr. 34	34	591
1908	Das Vaterunser. Eine esoterische Betrachtung (Neuauflage. Siehe auch 1907)	Ebenso	96	
1908	Philosophie und Theosophie	Ebenso	35	66
1908	Haeckel, die Welträtsel und die Theosophie (Siehe auch 1906)	Ebenso	34	222
1908	Die Kultur der Gegenwart im Spiegel der Theosophie (Abdruck. Siehe auch Sept. 1904)	Ebenso	34	457
1908	Unsere Atlantischen Vorfahren	Ebenso	11	
1908	Sonderdruck-Hefte, ausschließlich mit Beiträgen Rudolf Steiners aus den Originalheften der Zeitschrift «Lucifer-Gnosis». Darunter «Wie erlangt man Erkenntnisse der höheren Welten?» (Siehe auch Juni 1904), «Aus der Akasha-Chronik» (Siehe auch Juli 1914), «Die Stufen der höheren Erkenntnis» (Siehe auch Okt. 1905)	Lucifer-Gnosis. Sonderdruck-Hefte Nr. 24-35		
1908	Aus der Akasha-Chronik (4 Sonderdruck-Sammelhefte mit den Fortsetzungsartikeln aus der Zeitschrift «Lucifer-Gnosis». Siehe auch Juli 1904)	Lucifer-Gnosis. Sonderdruck-Sammelhefte	11	

Datum		Werk-/Aufsatztitel oder Satzanfang	Titel der Erstpublikationen und Abdrucke	GA	S
1908		Die Stufen der höheren Erkenntnis (Sonderdruck-Sammelheft mit den Fortsetzungsartikeln aus der Zeitschrift «Lucifer-Gnosis». Siehe auch Okt. 1905)	Lucifer-Gnosis. Sonderdruck-Sammelheft	12	
1908		Vorrede zur zweiten Auflage «Theosophie. Einführung in übersinnliche Welterkenntnis und Menschenbestimmung» (Siehe auch 1904)	Menschenbestimmung	9	
1908	Febr.	Bericht im «Protokoll der Generalversammlung vom 20. Oktober 1907 zu Berlin» (Deutsche Sektion der Theosophischen Gesellschaft)	Mitteilungen für die Mitglieder der Deutschen Sektion der Theosophischen Gesellschaft. Nr. 6	37	
1908	Mai	An die Leser (betr. das verzögerte Erscheinen der Hefte)	Lucifer-Gnosis. Nr. 35	34	349
1908	Mai	Lebensfragen der theosophischen Bewegung: Theosophie und gegenwärtige Geistesströmungen (Schluß)	Lucifer-Gnosis. Nr. 35	34	286
1908	Mai	Die Stufen der höheren Erkenntnis (Schluß)	Lucifer-Gnosis. Nr. 35	12	69
1908	Mai	Aus der Akasha-Chronik (Schluß)	Lucifer-Gnosis. Nr. 35	11	225
1908	Mai	Vorurteile aus vermeintlicher Wissenschaft	Lucifer-Gnosis. Nr. 35	34	298
1908	Dez.	Bericht im «Protokoll der VII. Generalversammlung der Deutschen Sektion der Theosophischen Gesellschaft» Berlin 26. Oktober 1908	Mitteilungen für die Mitglieder der Deutschen Sektion der Theosophischen Gesellschaft. Nr. 8	37	
1909		Das Johannes-Evangelium. Zyklus 3 (1908)	Ebenso	103	
1909		Welt, Erde und Mensch, deren Wesen und Entwickelung, sowie ihre Spiegelung in dem Zusammenhang zwischen ägyptischem Mythos und gegenwärtiger Kultur. Zykius 4 (1908)	Ebenso	105	
1909		Das Vaterunser. Eine esoterische Betrachtung (Neuauflage. Siehe auch 1907)	Ebenso	96	
1909		Haeckel, die Welträtsel und die Theosophie (Neuauflage. Siehe auch 1908)	Ebenso	34	222
1909		Die Erziehung des Kindes vom Gesichtspunkte der Geisteswissenschaft (Neuauflage. Siehe auch 1907)	Ebenso	34	309
1909		Unsere atlantischen Vorfahren (Neuauflage. Siehe auch 1908)	Unsere Atlantischen Vorfahren	11	
1909		Durch eine Vorrede erweiterte 3. Auflage von «Wie erlangt man Erkenntnisse der höheren Welten?» (Siehe auch Juni 1904)	Wie erlangt man Erkenntnisse der höheren Welten?	10	
1909		Einweihung und Mysterien (Siehe auch Juli 1903)	Ebenso	34	34

Datum	Werk-/Aufsatztitel oder Satzanfang	Titel der Erstpublikationen und Abdrucke	GA	S
1909	Reinkarnation und Karma, vom Standpunkte der modernen Naturwissenschaft notwendige Vorstellungen	Ebenso	34	67
1909	Weihnacht. Eine Betrachtung aus der Lebensweiheit (Vitaesophia)	Ebenso	101	
1909	Einige Bemerkungen zur 2. Auflage von «Goethe als Vater einer neuen Ästhetik» (Siehe auch 1889)	Goethe als Vater einer neuen Ästhetik	30	23
1910	Nachwort	In: Max Seiling, Theosophie und Christentum. Ein Fingerzeig für solche, die sich über Theosophie belehren wollen	37	
1910	Sonderdruckheft, ausschließlich mit Beiträgen Rudolf Steiners aus den Originalheften der Zeitschrift «Lucifer-Gnosis». Das Erscheinungsjahr 1910 ist nicht sicher.	Lucifer-Gnosis. Sonderdruckheft Nr. 8		
1910	Vor dem Tore der Theosophie. Zyklus 1 (1906)	Ebenso	95	
1910	Geistige Hierarchien und ihre Wiederspiegelung in der physischen Welt. Tierkreis, Planeten, Kosmos. Zyklus 7 (1909)	Ebenso	110	
1910	Das Johannes-Evangelium im Verhältnis zu den drei anderen Evangelien, besonders zu dem Lukas-Evangelium. Zyklus 8 (1909)	Ebenso	112	
1910	Der Orient im Lichte des Okzidents. Die Kinder des Luzifer und die Brüder Christi. Zyklus 9 (1909)	Ebenso	113	
1910	Blut ist ein ganz besonderer Saft. Eine esoterische Betrachtung (Neuauflage. Siehe auch 1907)	Ebenso	55	
1910	Wie erlangt man Erkenntnisse der höheren Welten? (Neuauflage. Siehe auch 1909)	Ebenso	10	
1910	Theosophie. Einführung in übersinnliche Welterkenntnis und Menschenbestimmung (3 Neuauflagen 1910. Siehe auch 1904)	Ebenso	9	
1910	Aus der Akasha-Chronik (4 Sonderdruck-Sammelhefte mit den Fortsetzungsartikeln aus der Zeitschrift «Lucifer-Gnosis». Neudruck. Siehe auch 1908)	Lucifer-Gnosis. Sonderdruck-Sammelhefte	11	
1910	Die Geheimwissenschaft im Umriß (3 Auflagen 1910)	Ebenso	13	
1910	Die Pforte der Einweihung (Initiation). Ein Rosenkreuzertum	Ebenso	14	
1910	Das Wesen der Künste	Ebenso	271	
1910	Wie Karma wirkt (Siehe auch Dez. 1903)	Ebenso	34	92
1910	Lebensfragen der theosophischen Bewegung (Siehe auch 1906)	Ebenso	34	261

Datum	Werk-/Aufsatztitel oder Satzanfang	Titel der Erstpublikationen und Abdrucke	GA	S
1910	Theosophie und gegenwärtige Geistesströmungen. Vorurteile aus vermeintlicher Wissenschaft (Siehe auch 1906 und Mai 1908)	Ebenso	34	286
1910	Vorwort zur 2. Auflage von «Das Christentum als mystische Tatsache und die Mysterien des Altertums» (3 Auflagen 1910. Siehe auch 1902)	Das Christentum als mystische Tatsache und die Mysterien des Altertums	8	
1910	Vorwort zur 3. Auflage von «Theosophie. Einführung in übersinnliche Welterkenntnis und Menschenbestimmung»	Theosophie. Einführung in übersinnliche Welterkenntnis und Menschenbestimmung.	9	
1910 Jan.	Bericht im «Protokoll der VIII. Generalversammlung der Deutschen Sektion der Theosophischen Gesellschaft im Architektenhaus zu Berlin» (24. Oktober 1909)	Mitteilungen für die Mitglieder der Deutschen Sektion der Theosophischen Gesellschaft. Nr. 10	37	
1910 Dez.	Bericht im «Protokoll der IX. Generalversammlung der Deutschen Sektion der Theosophischen Gesellschaft.» Berlin, den 30. Oktober 1910. Architektenhaus	Mitteilungen für die Mitglieder der Deutschen Sektion der Theosophischen Gesellschaft. Nr. 11	37	
1911	Die Theosophie des Rosenkreuzers. Zyklus 2 (1907)	Ebenso	99	
1911	Ägytische Mythen und Mysterien. Zyklus 5 (1908)	Ebenso	106	
1911	Die Apokalypse des Johannes. Zyklus 6 (1908)	Ebenso	104	
1911	Die Offenbarungen des Karma. Zyklus 12 (1910)	Ebenso	120	
1911	Die Mission einzelner Volksseelen im Zusammenhang mit der germanisch-nordischen Mythologie. Zyklus 13 (1910)	Ebenso	121	
1911	Die Geheimnisse der biblischen Schöpfungsgeschichte. Das Sechstagewerk im 1. Buch Moses. Zyklus 14 (1910)	Ebenso	122	
1911	Okkulte Geschichte. Persönlichkeiten und Ereignisse der Weltgeschichte im Lichte der Geisteswissenschaft. Zyklus 16 (1910/11)	Ebenso	126	
1911	Weihnacht. Eine Betrachtung aus der Lebensweisheit (Vitaesophia). (Neuauflage. Siehe auch 1909)	Ebenso	101	
1911	Die Pforte der Einweihung (Initiation). Ein Rosenkreuzertum (Neuauflage. Siehe auch 1910)	Ebenso	14	
1911	Die geistige Führung des Menschen und der Menscheit. Geisteswissenschaftliche Ergebnisse über die Menschheits-Entwickelung	Ebenso	15	
1911	Die Prüfung der Seele. Szenisches Lebensbild als Nachspiel zur Pforte der Einweihung	Ebenso	14	

Datum		Werk-/Aufsatztitel oder Satzanfang	Titel der Erstpublikationen und Abdrucke	GA	S
1911		Vorwort zur zweiten deutschen Auflage, Rhythmisierte Übersetzung der Szene «Der Raub der Proserpina»	In: Edouard Schuré, Die großen Eingeweihten. Skizze einer Geheimlehre der Religionen	42	
1911		Die psychologischen Grundlagen und die erkenntnistheoretische Stellung der Anthroposophie	In: Atti del IV Congresso Internazionale di Filosofia	35	111
1911		Die psychologischen Grundlagen und die erkenntnistheoretische Stellung der Anthrosophie (Abdruck. Siehe auch 1911)	Sonderdruck	35	111
1911	Nov.	Weiherede zum 15. Oktober 1911 in Stuttgart	Mitteilungen für die Mitglieder der Deutschen Sektion der Theosophischen Gesellschaft. Nr. 12	284	
1912		Weltenwunder, Seelenprüfungen und Geistesoffenbarungen. Zyklus 18 (1911)	Ebenso	129	
1912		Von Jesus zu Christus. Zyklus 19 (1911)	Ebenso	131	
1912		Die geistigen Wesenheiten in den Himmelskörpern und Naturreichen. Zyklus 21 (1912)	Ebenso	136	
1912		Reinkarnation und Karma, vom Standpunkte der modernen Naturwissenschaft notwendige Vorstellungen (Neuauflage. Siehe auch 1909)	Ebenso	34	67
1912		Die Prüfung der Seele. Szenisches Lebensbild als Nachspiel zur Pforte der Einweihung (Neuauflage. Siehe auch 1911)	Ebenso	14	
1912		Das Johannes-Evangelium. Zyklus 3 (1908). (Mit wesentlichen Änderungen versehene Neuauflage. Siehe auch 1909)	Ebenso	103	
1912		Ein Weg zur Selbsterkenntnis des Menschen. In acht Meditationen	Ebenso	16	
1912		Der Hüter der Schwelle. Seelenvorgänge in szenischen Bildern (2 Auflagen 1912)	Ebenso	14	
1912		Kalender 1912/13	Ebenso. («Seelenkalender» in: «Waldorf-Nachrichten» 1920-1922; in: «Die Waage», Heidenheim 1920)	B 37	
1912	März	Bericht im «Protokoll der X. Generalversammlung der Deutschen Sektion der Theosophischen Gesellschaft». Berlin, den 10. Dezember 1911. Architektenhaus	Mitteilungen für die Mitglieder der Deutschen Sektion der Theosophischen Gesellschaft. Nr. 13	37	
1912	Dez.	Erwiderung Dr. Steiners (auf einen Brief Mrs. Besant's am 8. Mai 1912)	Mitteilungen für die Mitglieder der Deutschen Sektion der Theosophischen Gesellschaft. Nr. 14	37	

Datum	Werk-/Aufsatztitel oder Satzanfang	Titel der Erstpublikationen und Abdrucke	GA	S
1913	Entwurf der Grundsätze einer Anthroposophischen Gesellschaft	Ebenso	37	
1913	Der Mensch im Lichte von Okkultismus, Theosophie und Philosophie. Zyklus 22 (1912)	Ebenso	137	
1913	Von der Initiation. Von Ewigkeit und Augenblick. Vom Geisteslicht und Lebensdunkel. Zyklus 23 (1912)	Ebenso	138	
1913	Die Bhagavad Gita und die Paulusbriefe. Zyklus 25 (1912/13)	Ebenso	142	
1913	Die Mysterien des Morgenlandes und das Christentum. Zyklus 26 (1913)	Ebenso	144	
1913	Welche Bedeutung hat die okkulte Entwickelung des Menschen für seine Hüllen (physischer Leib, Ätherleib, Astralleib) und sein Selbst? Zyklus 27 (1913)	Ebenso	145	
1913	Wie Karma wirkt (Neuauflage. Siehe auch 1910)	Ebenso	34	92
1913	Die Erziehung des Kindes vom Gesichtspunkte der Geisteswissenschaft. (Neuauflage. Siehe auch 1907)	Ebenso	34	309
1913	Erwiderung Dr. Steiners (Abdruck. Siehe auch Dez. 1912)	In: Carl Unger, Wider literarisches Freibeutertum! Eine Abfertigung des Herrn Dr. Hübbe-Schleiden	37	
1913	Ein Brief von Dr. Rudolf Steiner an die Mitglieder der Theosophischen Gesellschaft (Abdruck. Siehe auch Jan. 1913)	In: Carl Unger, Wider literarisches Freibeutertum! Eine Abfertigung des Herrn Dr. Hübbe-Schleiden	37	
1913	Protokoll der Zusammenkunft anläßlich der angekündigten XI. Generalversammlung der Deutschen Sektion der Theosophischen Gesellschaft (Abdruck. Siehe auch März 1913)	In: Carl Unger, Wider literarisches Freibeutertum! Eine Abfertigung des Herrn Dr. Hübbe-Schleiden	37	
1913	Der Ausschluß der Deutschen Sektion aus der Theosophischen Gesellschaft (Abdruck. Siehe auch April 1913)	In: Carl Unger, Wider literarisches Freibeutertum! Eine Abfertigung des Herrn Dr. Hübbe-Schleiden	37	
1913	Die Schwelle der geistigen Welt. Aphoristische Ausführungen (in zwei Ausgaben)	Ebenso	17	
1913	Der Seelen Erwachen. Seelische und geistige Vorgänge in szenischen Bildern (2 Auflagen 1913)	Ebenso	14	
1913	Vorbemerkungen zur 4. Auflage von «Die Geheimwissenschaft im Umriß» (3 Auflagen 1913. Siehe auch 1910)	Die Geheimwissenschaft im Umriß	13	
1913	(Äußerung zum Eheproblem)	In: Das Eheproblem im Spiegel unserer Zeit	39	

Datum		Werk-/Aufsatztitel oder Satzanfang	Titel der Erstpublikationen und Abdrucke	GA	S
1913	Jan.	Ein Brief von Dr. Rudolf Steiner an die Mitglieder der Thesophischen Gesellschaft	Mitteilungen für die Mitglieder der Deutschen Sektion der Theosophischen Gesellschaft. Nr. 15	37	
1913	März	Bericht im «Protokoll der Zusammenkunft anläßlich der angekündigten XI. General-Versammlung der Deutschen Sektion der Theosophischen Gesellschaft». Berlin den 2. Febr. 1913. Architektenhaus	Mitteilungen für die Mitglieder der Anthroposophischen Gesellschaft (theosophischen Gesellschaft). Nr. 1 erster Teil	37	
1913	März	Bericht im «Protokoll der I. Generalversammlung der Anthroposophischen Gesellschaft (Theosophischen Gesellschaft)». Berlin, den 3. Februar 1913. Architektenhaus	Mitteilungen für die Mitglieder der Anthroposophischen Gesellschaft (theosophischen Gesellschaft). Nr. 1 erster Teil	37	
1913	April	Der Ausschluß der Deutschen Sektion aus der Theosophischen Gesellschaft	Mitteilungen für die Mitglieder der Anthroposophischen Gesellschaft (theosophischen Gesellschaft). Nr. 1 zweiter Teil	37	
1913	Juli	Die «Denkschrift über die Abtrennung der Anthroposophischen Gesellschaft von der Theosophischen Gesellschaft», herausgegeben von Dr. Hübbe-Schleiden p. t. Generalsekretär der Theosophischen Gesellschaft in Deutschland	Mitteilungen für die Mitglieder der Anthroposophischen Gesellschaft (theosophischen Gesellschaft). Nr. 3	37	
1914		Die Welt der Sinne und die Welt des Geistes. Zyklus 20 (1912)	Ebenso	134	
1914		Die okkulten Grundlagen der Bhagavad Gita. Zyklus 28 (1913)	Ebenso	146	
1914		Die Geheimnisse der Schwelle. Zyklus 29 (1913)	Ebenso	147	
1914		Christus und die geistige Welt. Zyklus 31 (1913/14)	Ebenso	149	
1914		Inneres Wesen des Menschen und Leben zwischen Tod und neuer Geburt. Zyklus 32 (1914)	Ebenso	153	
1914		Das Vaterunser. Eine esoterische Betrachtung (Neuauflage. Siehe auch 1907)	Ebenso	96	
1914		Die Rätsel der Philosophie in ihrer Geschichte als Umriß dargestellt. (Zugleich eine Ausgabe des Werkes «Welt- und Lebensanschauungen im neunzehnten Jahrhundert» ergänzt durch eine Vorgeschichte über abendländische Philosophie und bis zur Gegenwart fortgesetzt. Band I und II)	Ebenso	18	
1914		Was soll die Geisteswissenschaft und wie wird sie von ihren Gegnern behandelt? (Abdruck. Siehe auch 28. Febr. 1914)	Ebenso	35	156

Datum		Werk-/Aufsatztitel oder Satzanfang	Titel der Erstpublikationen und Abdrucke	GA	S
1914		Vorrede zur 6. Auflage von «Theosophie. Einführung in übersinnliche Welterkenntnis und Menschenbestimmung» (Siehe auch 1904)	Theosophie. Einführung in übersinnliche Welterkenntnis und Menschenbestimmung	9	
1914		Vorrede zur 5. Auflage von «Wie erlangt man Erkenntnisse der höheren Welten?» (3 Auflagen 1914. Siehe auch 1909)	Wie erlangt man Erkenntnisse der höheren Welten?	10	
1914		Vorrede zur 6. Auflage von «Wie erlangt man Erkenntnisse der höheren Welten?» (Siehe auch 1909)	Wie erlangt man Erkenntnisse der höheren Welten?	10	
1914		Vorrede zur 7. Auflage von «Wie erlangt man Erkenntnisse der höheren Welten?» (Siehe auch 1909)	Wie erlangt man Erkenntnisse der höheren Welten?	10	
1914		Im Seelenaug' sich spiegelt. . . (8-Zeiler, zitiert aus dem «Weihnachtsvortrag», Dornach 26. Dez. 1914.). (Wiederabgedruckt auf einem weiteren Michaelsbild derselben Folge)	Unter den: Reproduktionen von 2 nicht signierten Michael-Bildern (von Anna M. May)	156	
1914	Febr. 28.	Was soll die Geisteswissenschaft? Eine Erwiderung auf «Was wollen die Theosophen?»	Tagblatt für das Birseck-, Birsig- und Leimental. 43. Jg. Nr. 50	35	156
1914	April	Bericht im «Protokoll der zweiten Generalversammlung der Anthroposophischen Gesellschaft». Berlin Architektenhaus. 18.-23. Januar 1914. Erster Tag	Mitteilungen für die Mitglieder der Anthroposophischen Gesellschaft (theosophischen Gesellschaft). Nr. 6	37	
1914	Juni	Bericht im «Protokoll der zweiten Generalversammlung der Anthroposophischen Gesellschaft». Berlin, Architektenhaus. 18.-23. Januar 1914. Zweiter und dritter Tag	Mitteilungen für die Mitglieder der Anthroposophischen Gesellschaft (theosophischen Gesellschaft). Nr. 7	37	
1915		Geisteswissenschaftliche Menschenkunde. Zyklus A (1908/09)	Ebenso	107	
1915		Der menschliche und der kosmische Gedanke. Zyklus 33 (1914)	Ebenso	151	
1915		Christus und die menschliche Seele. Zyklus 34 (1914)	Ebenso	155	
1915		Theosophie. Einführung in übersinnliche Welterkenntnis und Menschenbestimmung (Neuauflage. Siehe auch 1904)	Ebenso	9	
1915		Das Johannes-Evangelium. Zyklus 3 (1908). (Neuauflage. Siehe auch 1909)	Ebenso	103	
1915		Gedanken während der Zeit des Krieges. Für Deutsche und diejenigen, die nicht glauben, sie hassen zu müssen (drei unveränderte Auflagen 1915)	Ebenso	24	279

Datum		Werk-/Aufsatztitel oder Satzanfang	Titel der Erstpublikationen und Abdrucke	GA	S
1916		Die Evolution vom Gesichtspunkte des Wahrhaftigen. Zyklus 35 (1911)	Ebenso	132	
1916		Das Leben zwischen dem Tode und der neuen Geburt im Verhältnis zu den kosmischen Tatsachen. Zyklus 37 (1912/13)	Ebenso	141	
1916		Drei Gedichte und Vortrag von Dr. Rudolf Steiner, gehalten zu Dornach am 29. August 1915. Im Zusammenhang mit eurythmischen Darstellungen	Ebenso	40	
1916		Thesophie. Einführung in übersinnliche Welterkenntnis und Menschenbestimmung (Siehe auch 1904)	Ebenso	9	
1916		Vom Menschenrätsel. Denken, Schauen, Sinnen einer Reihe Deutscher und Österreichischer Persönlichkeiten	Ebenso	20	
1916		Die Aufgabe der Geisteswissenschaft und deren Bau in Dornach	Ebenso	35	173
1916		Die Sonne schaue. . . Im Seelenaug' sich spiegelt. . . (2 Gedichte)	In: Weihnacht, für eine Singstimme mit Harmonium- und Klavierbegleitung, komponiert von Henri Zagwijn	40	
1916		Des Geistes Schattenwurf im Raum. . . (2-Zeiler)	Unter der Reproduktion eines Bildes von J. de Jaager, Dornach	40	
1916	April	Die Erkenntnis vom Zustand zwischen dem Tode und einer neuen Geburt (1. Teil)	Das Reich. 1. Jahr, Buch 1	35	269
1916	Dez.	Eine vergessene Strömung im deutschen Geistesleben (Abdruck des Abschnittes über «K. Chr. Planck»)	(Kriegs-Lese) Die Lese. 7. Jg., Nr. 49	20	
1917		Das Lukas-Evangelium. Zyklus 10 (1909)	Ebenso	114	
1917		Der irdische und der kosmische Mensch. Zyklus 36 (1912)	Ebenso	133	
1917		Blut ist ein ganz besonderer Saft. Eine esoterische Betrachtung (Neuauflage. Siehe auch 1907)	Ebenso	55	
1917		Goethe als Vater einer neuen Ästhetik (Neuauflage. Siehe auch 1909)	Ebenso	30	23
1917		Die Pforte der Einweihung (Initiation). Ein Rosenkreuzertum (2 Neuauflagen 1917. Siehe auch 1910)	Ebenso	14	
1917		Von Seelenrätseln. I. Anthropologie und Anthroposophie. II. Max Dessoir über Anthroposophie. III. Franz Brentano (Ein Nachruf)	Ebenso	21	
1917		Das menschliche Leben vom Gesichtspunkte der Geisteswissenschaft (Anthroposophie)	Ebenso	35	225

Datum	Werk-/Aufsatztitel oder Satzanfang	Titel der Erstpublikationen und Abdrucke	GA	S
1917	Wesen reiht sich an Wesen. . . (Gedicht aus dem Vortrag vom 23. Mai 1910, Hamburg, «Erkenntnis und Unsterblichkeit»)	In: Auferstehung, für Gesang mit Harmonium- und Klavierbegleitung, komponiert von Henri Zagwijn	40	
1917	Die Erkenntnis vom Zustand zwischen dem Tode und einer neuen Geburt (Schluß)	Das Reich. 1. Jahr, Buch 4	35	287
1917 April 17.	Eine preisgekrönte wissenschaftliche Arbeit über die Geschichte des Kriegsausbruchs (Dr. Jakob Ruchti, Zur Geschichte des Kriegsausbruchs)	Neue Badische Landeszeitung. 62. Jg., Nr. 193	24	333
1917 Juli	Die Geisteswissenschaft als Anthroposophie und die zeitgenössische Erkenntnistheorie	Das Reich. 2. Jahr, Buch 2	35	307
1917 Okt.	Die Chymische Hochzeit des Christian Rosenkreutz (1. Teil)	Das Reich. 2. Jahr, Buch 3	35	332
1918	Das Matthäus-Evangelium. Zyklus 15 (1910)	Ebenso	123	
1918	Das Markus-Evangelium. Zyklus 24 (1912)	Ebenso	139	
1918	Weihnacht. Eine Betrachtung aus der Lebensweisheit (Vitaesophia). (Neuauflage. Siehe 1909)	Ebenso	101	
1918	Das Wesen der Künste (Neuauflage. Siehe auch 1910)	Ebenso	271	
1918	Das Vaterunser. Eine esoterische Betrachtung (Neuauflage. Siehe auch 1907)	Ebenso	96	
1918	Theosophie und gegenwärtige Geistesströmungen. Vorurteile aus vermeintlicher Wissenschaft (Neuauflage. Siehe auch 1910)	Ebenso	34	286
1918	Wie Karma wirkt (Neuauflage. Siehe auch 1910)	Ebenso	34	92
1918	Reinkarnation und Karma, vom Standpunkte der modernen Naturwissenschaft notwendige Vorstellungen (Neuauflage. Siehe auch 1909)	Ebenso	34	67
1918	Haeckel, die Welträtsel und die Theosophie (Neuauflage. Siehe auch 1908)	Ebenso	34	222
1918	Das menschliche Leben vom Gesichtspunkte der Geisteswissenschaft (Anthroposophie). (Neuauflage. Siehe auch 1917)	Ebenso	35	225
1918	Die Erziehung des Kindes vom Gesichtspunkte der Geisteswissenschaft (Neuauflage. Siehe auch 1907)	Ebenso	34	309
1918	Die Prüfung der Seele. Szenisches Lebensbild als Nachspiel zur Pforte der Einweihung (2 Neuauflagen 1918. Siehe auch 1911)	Ebenso	14	

Datum	Werk-/Aufsatztitel oder Satzanfang	Titel der Erstpublikationen und Abdrucke	GA	S
1918	Der Seelen Erwachen. Seelische und geistige Vorgänge in szenischen Bildern (2 Neuauflagen 1918. Siehe auch 1913)	Ebenso	14	
1918	Unsere atlantischen Vorfahren (Neuauflage. Siehe auch 1908)	Ebenso	11	
1918	Goethes Geistesart in ihrer Offenbarung durch seinen Faust und durch das Märchen von der «Schlange und der Lilie»	Ebenso	22	
1918	Durch den Geist zur Wirklichkeits-Erkenntnis der Menschenrätsel (GA 14: Vier Märchen. Der Seelen Erwachen. GA 35: Philosophie und Anthroposophie. GA 40: Seelenkalender)	Ebenso	14	
1918	Vorwort zu «Vier Märchen»	Vier Märchen	14	
1918	Vorwort zur 2. Ausgabe von «Anthroposophischer Seelenkalender» (Siehe auch 1912)	Anthroposophischer Seelenkalender	40	
1918	Vorwort zu «Der Seelen Erwachen»	Der Seelen Erwachen	14	
1918	Zusatz zur Neuausgabe von «Die Philosophie der Freiheit. Grundzüge einer modernen Weltanschauung. Beobachtungs-Resultate nach naturwissenschaftlicher Methode» (Siehe auch 1894)	Die Philosophie der Freiheit. Grundzüge einer modernen Weltanschauung. Seelische Beobachtungsresultate nach naturwissenschaftlicher Methode	4	
1918	Vorrede, Nachwort und Anmerkung zur Neuausgabe von «Goethes Weltanschauung» (Siehe auch 1897)	Goethes Weltanschauung	6	
1918	Vorrede zur 9. Auflage von «Theosophie. Einführung in übersinnliche Welterkenntnis und Menschenbestimmung» (3 Neuauflagen 1918. Siehe auch 1914)	Theosophie. Einführung in übersinnliche Welterkenntnis und Menschenbestimmung	9	
1918	Vorrede und Nachwort zur 8. Auflage von «Wie erlangt man Erkenntnisse der höheren Welten?» (Siehe auch 1909)	Wie erlangt man Erkenntnisse der höheren Welten?	10	
1918	Nachwort zur Neuauflage von «Ein Weg zur Selbsterkenntnis des Menschen. In acht Meditationen»	Ein Weg zur Selbsterkenntnis des Menschen. In acht Mediationen	16	
1918	Nachwort zur Neu-Ausgabe von «Die Schwelle der geistigen Welt. Aphoristische Ausführungen» (Siehe auch 1913)	Die Schwelle der geistigen Welt. Aphoristische Ausführungen	17	
1918	Vorrede zur Neu-Ausgabe von «Die Rätsel der Philosophie in ihrer Geschichte als Umriß dargestellt» (Siehe auch 1914. 3 weitere Auflagen in den folgenden Jahren ohne Angabe der Jahreszahlen)	Die Rätsel der Philosophie in ihrer Geschichte als Umriß dargestellt	18	
1918	Vorrede zur 3. deutschen Auflage von «Edouard Schuré. Die großen Eingeweihten. Skizze einer Geheimlehre der Religionen»	Edouard Schuré. Die großen Eingeweihten. Skizze einer Geheimlehre der Religionen	42	

Datum	Werk-/Aufsatztitel oder Satzanfang	Titel der Erstpublikationen und Abdrucke	GA	S
1918	Vorwort	In: Auftakte zu eurythmischen Darstellungen für Pianoforte zweihändig, komponiert von Leopold van der Pals	277	
1918 Jan.	Die Chymische Hochzeit des Christian Rosenkreutz (1. Forts.)	Das Reich. 2. Jahr, Buch 4	35	352
1918 April	Die Chymische Hochzeit des Christian Rosenkreutz (Schluß)	Das Reich. 3. Jahr, Buch 1	35	370
1918 Juli	Frühere Geheimhaltung und jetzige Veröffentlichung übersinnlicher Erkenntnisse	Das Reich. 3. Jahr, Buch 2	35	391
1918 Okt.	Luziferisches und Ahrimanisches in ihrem Verhältnis zum Menschen	Das Reich. 3. Jahr, Buch 3j	35	409
1919	Vorbemerkungen zu «Die Schuld am Kriege, Betrachtungen und Erinnerungen des Generalstabchefs H. v. Moltke über die Vorgänge vom Juli bis November 1914»	In: H. v. Moltke, Die Schuld am Kriege (gelangte nicht in Umlauf)	24	386
1919	Der Weg des «dreigliedrigen sozialen Organismus»	Flugblatt	24	437
1919	Zeitbetrachtungen. Zyklus 39 (1914/15)	Ebenso	157	
1919	Schicksalsbildung und Leben nach dem Tode. Zyklus 40 (1915)	Ebenso	157a	
1919	Entwicklungsgeschichtliche Unterlagen zur Bildung eines sozialen Urteils. Zyklus D (1918)	Ebenso	185a	
1919	Reinkarnation und Karma, vom Standpunkte der modernen Naturwissenschaft notwendige Vorstellungen (Neuauflage. Siehe auch 1919)	Ebenso	34	67
1919	Das menschliche Leben vom Gesichtspunkte der Geistswissenschaft (Anthroposophie). (Neuauflage. Siehe auch 1917)	Ebenso	35	225
1919	Die Erziehung des Kindes vom Gesichtspunkte der Geisteswissenschaft (Neuauflage. Siehe auch 1907)	Ebenso	34	309
1919	Goethe als Vater einer neuen Ästhetik (Neuauflage. Siehe auch 1909)	Ebenso	30	23
1919	Der Hüter der Schwelle. Seelenvorgänge in szenischen Bildern (2 Neuauflagen 1919. Siehe auch 1912)	Ebenso	14	
1919	Wie erlangt man Erkenntnisse der höheren Welten? (Neuauflage. Siehe auch 1909)	Ebenso	10	
1919	Theosophie. Einführung in übersinnliche Welterkenntnis und Menschenbestimmung (Siehe auch 1904)	Ebenso	9	
1919	Vortrag für die Unterzeichner des Aufrufes «An das deutsche Volk und an die Kulturwelt	Ebenso	330	

Datum	Werk-/Aufsatztitel oder Satzanfang	Titel der Erstpublikationen und Abdrucke	GA	S
1919	Vortrag für die Arbeiter der Daimler-Werke (Auflage in Stuttgart und Zürich)	Ebenso	330	
1919	Die Kernpunkte der sozialen Frage in den Lebensnotwendigkeiten der Gegenwart und Zukunft	Ebenso	330	
1919	Wege aus der sozialen Not und zu einem praktischen Ziele	Ebenso	330	
1919	Vortrag von Dr. Rudolf Steiner (Die Zukunft des Kapitals und der menschlichen Arbeitskraft)	Ebenso	330	
1919	Einzelheiten über die Neugestaltung des sozialen Organismus	Ebenso	330	
1919	Das Soziale in den Rechts- und Wirtschaftseinrichtungen und die Freiheit des Menschengeistes	Ebenso	330	
1919	Freiheit für den Geist, Gleichheit für das Recht, Brüderlichkeit für das Wirtschaftsleben	Ebenso	330	
1919	Die Aufgaben der Schulen und der dreigliedrige soziale Organismus	Ebenso	330	
1919	Der Weg zu übersinnlichen Erfahrungen und Erkenntnissen als Grundlage wirklichen Menschenverständnisses	Ebenso	330	
1919	Die übersinnliche Wesenheit des Menschen und die Entwickelung der Menschheit. Geisteswissenschaftliche Beobachtungen und Erkenntnisse	Ebenso	330	
1919	Aufruf: «An das deutsche Volk und an die Kulturwelt!» (1. Fassung, ergänzt mit einer Fußnote: «Der Verfasser dieses Aufrufes arbeitet gegenwärtig an einer demnächst erscheinenden Schrift, welche den Beweis erbringen soll, . . .)	In: Die Kernpunkte der sozialen Frage in den Lebensnotwendigkeiten der Gegenwart und Zukunft	(B)	
1919	Die Kernpunkte der sozialen Frage in den Lebensnotwendigkeiten der Gegenwart und der Zukunft (3 Auflagen 1919)	Ebenso	23	
1919	Der Impuls zum dreigliedrigen Organismus, kein «bloßer Idealismus», sondern unmittelbar praktische Forderung des Augenblicks	Ebenso	330	
1919	Drei Vorträge über Volkspädagogik. (Herausgegeben vom Bund für Dreigliederung des sozialen Organismus)	Ebenso	192	
1919	Aufruf: «An das deutsche Volk und an die Kulturwelt!» (mit der ersten Fassung des später geänderten Satzes im zweitletzten Abschnitt)	Flugblatt, veröffentlicht in verschiedenen anderen Publikationen	23	157
1919	Aufruf: «An das deutsche Volk und an die Kulturwelt!» (zweite Fassung, mit Änderung eines Satzes im zweitletzten Abschnitt)	Flugblatt, veröffentlicht in verschiedenen anderen Publikationen	24	428

Datum			Werk-/Aufsatztitel oder Satzanfang	Titel der Erstpublikationen und Abdrucke	GA	S
1919			Einführung (in Eurythmie)	In: Walter Abendroth, 8 Tonstücke zu eurythmischen Darstellungen für Pianoforte Zweihändig	(B)	
1919	Febr.	15.	Aufruf: An das deutsche Volk und an die Kulturwelt (Abdruck. Siehe auch 1919)	Waldorf-Nachrichten. 1. Jg., Nr. 4	23	
1919	Febr.	24.	Einführung in Eurythmie: «Die als Eurythmie bezeichnete Bewegungskunst . . .» (vielfach wieder für den gleichen Zweck abgedruckt)	In: Eurythmie-Programm vom 24. Febr. 1919	277a	
1919	März	23.	Einführung in Eurythmie: «Die eurythmische Kunst ist eine bisher in einem engeren Kreis . . .» (vielfach für den gleichen Zweck wieder abgedruckt)	In: Eurythmie-Programm vom 23. März 1919	(B)	
1919	April		Die Kernpunkte der sozialen Frage in den Lebensnotwendigkeiten der Gegenwart und Zukunft (1. Teil. Abdruck. Siehe auch 1919)	Waldorf-Nachrichten. 1. Jg., Nr. 7/8	23	23
1919	Juni		Kapitalismus und soziale Ideen (Abdruck aus «Die Kernpunkte der sozialen Frage in den Lebensnotwendigkeiten der Gegenwart und der Zukunft». Siehe auch 1919)	Das Reich. 4. Jahr, Buch 2	23	
1919	Juni	15.	Die Kernpunkte der sozialen Frage in den Lebensnotwendigkeiten der Gegenwart und Zukunft (1. Forts.)	Waldorf-Nachrichten. 1. Jg., Nr. 9/10	23	64
1919	Juni	15.	Vortrag gehalten für die Angestellten und Arbeiter der Waldorf-Astoria, Stuttgart am 23. April 1919 (1. Teil)	Waldorf-Nachrichten. 1. Jg., Nr. 9/10	330	
1919	Juli		Die Dreigliederung des sozialen Organismus, die Demokratie und der Sozialismus	Soziale Zukunft. 1. Jg., 1. Heft	24	201
1919	Juli	01.	Vortrag gehalten für die Angestellten und Arbeiter der Waldorf-Astoria, Stuttgart am 23. April 1919 (Schluß)	Waldorf-Nachrichten. 1. Jg., Nr. 11	330	
1919	Juli	08.	Die Dreigliederung des sozialen Organismus, eine Notwendigkeit der Zeit	Dreigliederung des sozialen Organismus. 1. Jg., Nr. 1	24	15
1919	Juli		Internationale Lebensnotwendigkeiten und soziale Dreigliederung (1. Teil)	Dreigliederung. 1. Jg., Nr. 2	24	21
1919	Juli		Zur Angelegenheit der Betriebsräte	Dreigliederung. 1. Jg., Nr. 3	24	441
1919	Juli		Interntionale Lebensnotwendigkeiten und soziale Dreigliederung (Schluß)	Dreigliederung. 1. Jg., Nr. 3	24	26
1919	Juli		Marxismus und Dreigliederung	Dreigliederung. 1. Jg., Nr. 4	24	31
1919	Aug.		Die Dreigliederung des sozialen Organismus eine Notwendigkeit der Zeit (Abdruck. Siehe auch Juli 1919)	Das Reich. 4. Jahr, Buch 3	24	15

Datum			Werk-/Aufsatztitel oder Satzanfang	Titel der Erstpublikationen und Abdrucke	GA	S
1919	Aug.		Was nottut (Abdruck. Siehe auch Aug. 1919)	Soziale Zukunft. 1. Jg., 2. Heft	24	44
1919	Aug.		Internationale Wirtschaft und dreigliedriger sozialer Organismus	Soziale Zukunft. 1. Jg., 2. Heft	24	220
1919	Aug.		Freie Schule und Dreigliederung (1. Teil)	Dreigliederung. 1. Jg., Nr. 5	24	35
1919	Aug.		Freie Schule und Dreigliederung (Schluß)	Dreigliederung. 1. Jg., Nr. 6	24	39
1919	Aug.		Was nottut	Dreigliederung. 1. Jg., Nr. 7	24	44
1919	Aug.		Arbeitsfähigkeit, Arbeitswille und dreigliedriger sozialer Organismus	Dreigliederung. 1. Jg., Nr. 8	24	48
1919	Aug.	01.	Die Kernpunkte der sozialen Frage in den Lebensnotwendigkeiten der Gegenwart und Zukunft (2. Forts.)	Waldorf-Nachrichten. 1. Jg., Nr. 13/14	23	87
1919	Aug.	01.	Über die Dreigliederung des sozialen Organismus (1. Teil)	Die Tribüne Nr. 3/4	24	444
1919	Aug.	15.	Die Kernpunkte der sozialen Frage in den Lebensnotwendigkeiten der Gegenwart und Zukunft (3. Forts.)	Waldorf-Nachrichten. 1. Jg., Nr. 15/16	23	94
1919	Sept.		Vier Märchen (Abdruck. Siehe: Vier Mysteriendramen)	Waldorf-Nachrichten. 1. Jg., Nr. 17	14	
1919	Sept.		Die Sonne schaue um mitternächt'ge Stunde... (Aus dem Vortrag in Berlin, 17. Dez. 1906)	Waldorf-Nachrichten. 1. Jg., Nr. 17	40	
1919	Sept.		Der deutsche Geist hat nicht vollendet... (10-Zeiler, zitiert aus dem Vortrag «Die germanische Seele und der deutsche Geist vom Gesichtspunkte der Geisteswissenschaft», Berlin, 14. Jan. 1915)	Waldorf-Nachrichten. 1. Jg., Nr. 17	40	
1919	Sept.		(Ein Proletarierkind unter Proletariern). (Teilweiser Abdruck aus «Der Impuls zum dreigliederigen Organismus, kein ‹bloßer Idealismus›, sondern unmittelbar praktische Forderung des Augenblicks». Siehe auch 1919)	Waldorf-Nachrichten. 1. Jg., Nr. 17	330	
1919	Sept.		Sozialistische Seelenblindheit	Dreigliederung. 1. Jg., Nr. 9	24	53
1919	Sept.		Sozialistische Entwicklungshemmungen	Dreigliederung. 1. Jg., Nr. 10	24	57
1919	Sept.		Was «neuer Geist» fordert	Dreigliederung. 1. Jg., Nr. 11	24	61
1919	Sept.		Wirtschaftlicher Profit und Zeitgeist	Dreigliederung. 1. Jg., Nr. 12	24	66
1919			Geistesleben, Rechtsordnung, Wirtschaft	Soziale Zukunft. 1. Jg., 3. Heft	24	231
1919	Sept.		Wenn vieler Menschen Worte... (8-Zeiler, zitiert aus «Die Pforte der Einweihung»)	Waldorf-Nachrichten. 1. Jg., Nr. 17	14	
1919	Sept.	01.	Über die Dreigliederung des sozialen Organismus (Schluß)	Die Tribüne. Nr. 5/6	24	
1919	Sept.	15.	Die Kernpunkte der sozialen Frage in den Lebensnotwendigkeiten der Gegenwart und Zukunft (4. Forts.)	Waldorf-Nachrichten. 1. Jg., Nr. 18	23	107

Datum			Werk-/Aufsatztitel oder Satzanfang	Titel der Erstpublikationen und Abdrucke	GA	S
1919	Okt.		Marxismus und Dreigliederung (Abdruck. Siehe auch Juli 1919)	Das Reich. 4. Jahr, Buch 4	24	31
1919	Okt.		Geistespflege und Wirtschaftsleben	Dreigliederung. 1. Jg., Nr. 13	24	70
1919	Okt.		Recht und Wirtschaft	Dreigliederung. 1. Jg., Nr. 14	24	74
1919	Okt.		Sozialer Geist und sozialistischer Aberglaube	Dreigliederung. 1. Jg., Nr. 15	24	78
1919	Okt.		Die pädagogische Grundlage der Waldorfschule (1. Teil. Abdruck. Siehe auch 01. Okt. 1919)	Dreigliederung. 1. Jg., Nr. 16	24	83
1919	Okt.		Die pädagogische Grundlage der Waldorfschule (Schluß. Abdruck. Siehe auch 01. Okt. 1919)	Dreigliederung. 1. Jg., Nr. 17	24	87
1919	Okt.	01.	Ansprache bei der Eröffnung der Waldorfschule am 7. Sept. 1919 im Stadtgartensaal (Stuttgart)	Waldorf-Nachrichten. 1. Jg., Nr. 19	298	
1919	Okt.	01.	Die pädagogische Grundlage der Waldorfschule	Waldorf-Nachrichten. 1. Jg., Nr. 19	24	83
1919	Nov.		Der Grundirrtum im sozialen Denken	Dreigliederung. 1. Jg., Nr. 18	24	94
1919	Nov.		Die Wurzeln des sozialen Lebens	Dreigliederung. 1. Jg., Nr. 19	24	99
1919	Nov.		Der Boden der Dreigliederung	Dreigliederung. 1. Jg., Nr. 21	24	104
1919	Nov.	01.	Die Kernpunkte der sozialen Frage in den Lebensnotwendigkeiten der Gegenwart und Zukunft (5. Forts.)	Waldorf-Nachrichten. 1. Jg., Nr. 21	23	117
1919	Nov.	15.	Die Kernpunkte der sozialen Frage in den Lebensnotwendigkeiten der Gegenwart und Zukunft (6. Forts.)	Waldorf-Nachrichten. 1. Jg., Nr. 22	23	131
1919	Dez.		Wahre Aufklärung als Grundlage sozialen Denkens	Dreigliederung. 1. Jg., Nr. 22	24	108
1919	Dez.		Der Weg zur Rettung des deutschen Volkes	Dreigliederung. 1. Jg., Nr. 24	24	113
1919	Dez.		Der Durst der Zeit nach Gedanken	Dreigliederung. 1. Jg., Nr. 25	24	117
1919	Dez.		Einsicht tut not	Dreigliederung. 1. Jg., Nr. 26	24	121
1919	Dez.	01.	Die Kernpunkte der sozialen Frage in den Lebensnotwendigkeiten der Gegenwart und Zukunft (Schluß)	Waldorf-Nachrichten. 1. Jg., Nr. 23	23	141
1919	Dez.	15.	Die Sonne schaue um mitternächt'ge Stunde. . . (Abdruck. Siehe auch Sept. 1919)	Waldorf-Nachrichten. 1. Jg., Nr. 24	40	
1919	Dez.	15.	Weihnachtspruch: Die Sonne schaue. . . (14-Zeiler, zitiert aus dem Vortrag «Der Weihnachtsbaum ein Symbolum» Berlin, 21. Dez. 1909. Siehe auch 1916)	Waldorf-Nachrichten. 1. Jg., Nr. 24	40	
1919	Dez.	15.	Göttliche Offenbarung. . . (4-Zeiler, zitiert aus dem «Weihnachtsvortrag», Dornach, 26. Dez. 1914. Übersetzung der Bibelworte «Ehre sei Gott in der Höhe. . .»)	Waldorf-Nachrichten. 1. Jg., Nr. 24	40	

Datum	Werk-/Aufsatztitel oder Satzanfang	Titel der Erstpublikationen und Abdrucke	GA	S
1920	Vorwort zu einer Verlagsankündigung	In: Die Bücher des Kommenden Tages. (Bücherverzeichnis)	24	466
1920	Notwendigkeit und Freiheit im Weltgeschehen und im menschlichen Handeln. Zyklus 41 (1916)	Ebenso	166	
1920	Gegenwärtiges und Vergangenes im Menschengeiste. Zyklus 42 (1916)	Ebenso	167	
1920	Geisteswissenschaftliche Behandlung sozialer und pädagogischer Fragen. Zyklus 58A und 58B (1919)	Ebenso	192	
1920	Weihnacht. Eine Betrachtung aus der Lebensweisheit (Vitaesophia). (Neuauflage. Siehe auch 1909)	Ebenso	101	
1920	Das Vaterunser. Eine esoterische Betrachtung (Neuauflage. Siehe auch 1907)	Ebenso	96	
1920	Blut ist ein ganz besonderer Saft. Eine esoterische Betrachtung (Neuauflage. Siehe auch 1907)	Ebenso	55	
1920	Theosophie und gegenwärtige Geistesströmungen. Vorurteile aus vermeintlicher Wissenschaft (Neuauflage. Siehe auch 1910)	Ebenso	34	286
1920	Wie Karma wirkt (Neuauflage. Siehe auch 1910)	Ebenso	34	92
1920	Haeckel, die Welträtsel und die Theosophie (Neuauflage. Siehe auch 1908)	Ebenso	34	222
1920	Goethes Geistesart in ihrer Offenbarung durch seinen Faust und durch das Märchen von der «Schlange und der Lilie» (Neuauflage. Siehe auch 1918)	Ebenso	22	
1920	Vom Menschenrätsel. Ausgesprochenes und Unausgesprochenes im Denken, Schauen, Sinnen einer Reihe deutscher und österreichischer Persönlichkeiten (Mit Zusatz für die Neuauflage. Siehe auch 1916)	Ebenso	20	
1920	Ein Weg zur Selbsterkenntnis des Menschen. In acht Meditationen (Neuauflage. Siehe auch 1912)	Ebenso	16	
1920	Die Pforte der Einweihung (Initiation). Ein Rosenkreuzertum (Neuauflage. Siehe auch 1910)	Ebenso	14	
1920	Unsere atlantischen Vorfahren (Neuauflage. Siehe auch 1908)	Ebenso	11	
1920	Wie erlangt man Erkenntnisse der höheren Welten? (Neuauflage. Siehe auch 1909)	Ebenso	10	
1920	Theosophie. Einführung in übersinnliche Welterkenntnis und Menschenbestimmung (Neuauflage. Siehe auch 1904)	Ebenso	9	

Datum			Werk-/Aufsatztitel oder Satzanfang	Titel der Erstpublikationen und Abdrucke	GA	S
1920			Vorbemerkungen	In: In Ausführung der Dreigliederung des sozialen Organismus	24	11
1920			In Ausführung der Dreigliederung des sozialen Organismus	Ebenso	24	
1920			Die Hetze gegen das Goetheanum, I. Die Wahrheit über die Anthroposophie und deren Verteidigung wider Unwahrheit	In: Die Hetze gegen das Goetheanum (Der Kommende Tag A.-G. Verlag Stuttgart	250 f	
1920			Die Wahrheit über die Anthroposophie und deren Verteidigung wider die Unwahrheit (Siehe auch «Die Hetze gegen das Goetheanum» 1920)	In: Die Hetze gegen das Goetheanum (Verlag das Goetheanum)	250 f	
1920			Vorrede zur 7. bis 15. und vielfach umgearbeiteten Auflage von «Die Geheimwissenschaft im Umriß» (Siehe auch 1910)	Die Geheimwissenschaft im Umriß	13	
1920			Vorrede, Einleitung und Fußnote zur 4. Auflage von «Die Kernpunkte der sozialen Frage in den Lebensnotwendigkeiten der Gegenwart und Zukunft (Siehe auch 1919)	Die Kernpunkte der sozialen Frage in den Lebensnotwendigkeiten der Gegenwart und Zukunft	23	
1920			Die pädagogische Grundlage der Waldorfschule (Siehe auch Okt. 1919. Nachdruck 1921)	Sonderabdruck, Flugblatt	24	83
1920			Der Weg in den Wirren der Gegenwart (Siehe auch in «Dreigliederung des sozialen Organismus»)	Sonderabdruck, Flugblatt	24	187
1920			Dreigliederung und soziales Vertrauen (Kapital und Kredit)	Soziale Zukunft. 1. Jg., 4. Heft	24	249
1920			Das Goetheanum und die Stimme der Gegenwart (Abdruck. Siehe auch Jan. 1920)	Soziale Zukunft. 1. Jg., 4. Heft	24	127
1920			Die pädagogische Zielsetzung der Waldorfschule in Stuttgart	Soziale Zukunft. 1. Jg., 5.-7. Heft	24	266
1920	Jan.		Internationale Wirtschaft und dreigliedriger sozialer Organismus (Abdruck. Siehe auch Aug. 1919)	Waldorf-Nachrichten. 2. Jg., Nr. 1/2	24	220
1920	Jan.		Das Goetheanum und die Stimme der Gegenwart	Dreigliederung. 1. Jg., Nr. 27	24	127
1920	Jan.		Ideenabwege und Publizistenmoral	Dreigliederung. 1. Jg., Nr. 23	24	131
1920	Febr.		Es darf nicht neuer Czerninismus den alten ablösen	Dreigliederung. 1. Jg., Nr. 31	24	137
1920	Febr.		Zerstörung und Aufbau	Dreigliederung. 1. Jg., Nr. 32	24	144
1920	Febr.	27.	Der weißen Rasse neues Morgenrot. . . (9-Zeiler)	Zu der Bildserie: Die weiße Kulturrasse, mit Zeichnungen von Richard Teschner	40	
1920	März		Einsichtiger Wille tut not	Dreigliederung. 1. Jg., Nr. 35	24	148
1920	März		Die Zeitforderung von heute und die Gedanken von gestern	Dreigliederung. 1. Jg., Nr. 36	24	152
1920	März		Ideen und Brot	Dreigliederung. 1. Jg., Nr. 37	24	156

Datum	Werk-/Aufsatztitel oder Satzanfang	Titel der Erstpublikationen und Abdrucke	GA	S
1920 März	Die Führer und die Geführten	Dreigliederung. 1. Jg., Nr. 38	24	160
1920 März 12.	Die pädagogische Grundlage der Waldorfschule (Abdruck. Siehe auch 1. Okt. 1919)	Neue Schweizer Zeitung. 2. Jg., Nr. 21	24	83
1920 März 16.	Die pädagogische Grundlage der Waldorfschule (Abdruck. Siehe 1. Okt. 1910)	Neue Schweizer Zeitung. 2. Jg., Nr. 22	24	83
1920 April	Der Fatalismus als Zeitschädling	Dreigliederung. 1. Jg., Nr. 41	24	163
1920 April	Die Dreigliederung und die Intellektuellen	Dreigliederung. 1. Jg., Nr. 42	24	168
1920 Mai	Schattenputsche und Ideenpraxis	Dreigliederung. 1. Jg., Nr. 44	24	172
1920 Juni	Das geistige Erbe und die Gegenwartsforderungen	Dreigliederung. 1. Jg., Nr. 49	24	176
1920 Aug.	Abwehr eines Angriffs aus dem Schoße des Universitätswesens	Dreigliederung. 2. Jg., Nr. 5	24	457
1920 Sept.	Die Dreigliederung während des Krieges und nach demselben	Dreigliederung. 2. Jg., Nr. 13	24	180
1920 Okt.	In Ausführung der Dreigliederung des sozialen Organismus (Abdruck der «Vorbemerkungen» aus der Zeitschrift «Dreigliederung des sozialen Organismus» 1919)	Dreigliederung. 2. Jg., Nr. 15	24	
1920	Der Weg in den Wirren der Gegenwart	Dreigliederung. 2. Jg., Nr. 20	24	187
1920 Nov. 13.	Staatspolitik und Menschheitspolitik	Französischer Text in: Le Genevois. 46. Jg., Nr. 20 unter dem Titel «Politique d'Etat et politique d'humanité»	24	183
1921	Der Christus-Impuls und die Entwickelung des Ich-Bewußtseins. Zyklus 17 (1909/10)	Ebenso	116	
1921	Exkurse in das Gebiet des Markt-Evangeliums. Zyklus 30 (1910/11)	Ebenso	124	
1921	Weltwesen und Ichheit. Zyklus 43 (1916)	Ebenso	169	
1921	Kosmische und menschliche Metamorphose. Zyklus 44 (1917)	Ebenso	175	
1921	Bausteine zu einer Erkenntnis des Mysteriums von Golgatha. Zyklus 45 (1917)	Ebenso	175	
1921	In geänderter Zeitlage. Zyklus 51 (1918)	Ebenso	186	
1921	Die soziale Grundforderung unserer Zeit. Zyklus 52 (1918)	Ebenso	186	
1921	Das Wesen der Künste (Neuauflage. Siehe auch 1910)	Ebenso	271	
1921	Reinkarnation und Karma, vom Standpunkte der modernen Naturwissenschaft notwendige Vorstellungen (Neuauflage. Siehe auch 1909)	Ebenso	34	

Datum	Werk-/Aufsatztitel oder Satzanfang	Titel der Erstpublikationen und Abdrucke	GA	S
1921	Die Erziehung des Kindes vom Gesichtspunkte der Geisteswissenschaft (Neuauflage. Siehe auch 1907)	Ebenso	34	
1921	Goethe als Vater einer neuen Ästhetik (Neuauflage. Siehe auch 1889)	Ebenso	30	
1921	Von Seelenrätseln. I. Anthropologie und Anthroposophie. II. Max Dessoir über Anthroposophie. III. Franz Brentano (Ein Nachruf). (Neuauflage. Siehe auch 1917)	Ebenso	21	
1921	Die Schwelle der geistigen Welt. Aphoristische Ausführungen (Neuauflage. Siehe auch 1913)	Ebenso	17	
1921	Goethes Weltanschauung (Neuauflage. Siehe auch 1921)	Ebenso	6	
1921	Die Philosophie der Freiheit. Grundzüge einer modernen Weltanschauung. Seelische Beobachtungsresultate nach naturwissenschaftlicher Methode (Neuauflage. Siehe auch 1894)	Ebenso	4	
1921	Praktische Ausbildung des Denkens (Karlsruhe 18. Jan. 1909)	Ebenso	108	
1921	Goethes Naturwissenschaftliche Schriften	In: Deutsche National-Litteratur. Historisch-kritische Ausgabe (Kürschner)	1a-e	
1921	Einige Worte über Solovieff als Zusatz zum vorangehenden Vorwort	In: Wladimir Solovieff, Zwölf Vorlesungen über das Gottmenschentum	36	
1921	Kinderlied: Der Sonne Licht durchflutet. . . (aus «Die Pforte der Einweihung» 1910) in GA 14. Weihnacht: Im Seelenaug' sich spiegelt. . . Weihnacht: Die Sonne schaue. . .	In: Lieder der Freien Waldorfschule, Stuttgart, komponiert von Paul Baumann	40	
1921	5 Artikel (Abdruck aus Soziale Zukunft)	In: Soziale Zukunft. Grundsätzliches zur Dreigliederung	24	
1921 Jan.	Aufruf zur Rettung Oberschlesiens	Flugblatt	24	471
1921 Jan.	Wegweiser zur Dreigliederung (1. Teil. Abdruck der Vorrede und Einleitung zu «Die Kernpunkte der sozialen Frage in den Lebensnotwendigkeiten der Gegenwart und der Zukunft»)	Dreigliederung. 2. Jg., Nr. 28	23	
1921 Jan.	Wegweiser zur Dreigliederung (Schluß. Abdruck der Vorrede und Einleitung zu «Die Kernpunkte der sozialen Frage in den Lebensnotwendigkeiten der Gegenwart und der Zukunft»)	Dreigliederung. 2. Jg., Nr. 29	23	
1921 Febr. 27.	Welterkenntnis, Selbsterkenntnis (19-Zeiler, Zitat des persönlichen Eintrags in das «Goldene Buch» der Berner Freistudenten. 20. Okt. 1920)	Die Drei. 1. Jg., Eröffnungsheft	40	

Datum			Werk-/Aufsatztitel oder Satzanfang	Titel der Erstpublikationen und Abdrucke	GA	S
1921	März		Zum Lichte uns zu wenden. . . (6-Zeiler, zitiert aus der Eröffnungsrede für den Hochschulkurs am Goetheanum, Sept./Okt. 1920)	Waldorf-Nachrichten. 3. Jg., Nr. 4/5	40	
1921	März	01.	Bei der Eröffnung der Hochschulkurse am Goetheanum (Autoreferat)	Waldorf-Nachrichten. 3. Jg., Nr. 4/5	250 f	
1921	März	15.	Die wirklichen Kräfte im sozialen Leben der Gegenwart	Waldorf-Nachrichten. 3. Jg., Nr. 6	24	195
1921	März	21.	Tote Politik und lebende Ideen	Dreigliederung. 2. Jg., Nr. 39	24	191
1921	April		Ein Geleitwort (für den Beginn der Zeitschrift)	Die Drei. 1. Jg., Nr. 1	35	
1921	April		Der Orient im Lichte des Okzidents. Die Kinder des Luzifer und die Brüder Christi (1. Vortrag)	Die Drei. 1. Jg., Nr. 1	113	
1921	Mai		Der Orient im Lichte des Okzidents. Die Kinder des Luzifer und die Brüder Christi (2. Vortrag)	Die Drei. 1. Jg., Nr. 2	113	
1921	Mai	15.	Bei der Eröffnung der Hochschulkurse am Goetheanum (Ansprache. Abdruck. Siehe auch März 1921)	Frankfurter Universitäts-Zeitung mit amtlichen Mitteilungen 2. Heft im 7. Jahr	250 f	
1921	Juni		Der Orient im Lichte des Okzidents. Die Kinder des Luzifer und die Brüder Christi (3. Vortrag)	Die Drei. 1. Jg., Nr. 3	113	
1921	Juli		Der Orient im Lichte des Okzidents. Die Kinder des Luzifer und die Brüder Christi (4. Vortrag)	Die Drei. 1. Jg., Nr. 4	113	
1921	Aug.		Der Orient im Lichte des Okzidents. Die Kinder des Luzifer und die Brüder Christi (5. Vortrag)	Die Drei. 1. Jg., Nr. 5/6	113	
1921	Aug.	21.	Von der Weltlage der Gegenwart und der Gestaltung neuer Hoffnungen	Das Goetheanum. 1. Jg., Nr. 1	36	11
1921	Aug.	28.	Die Weltfrage	Das Goetheanum. 1. Jg., Nr. 2	36	17
1921	Sept.	04.	Amerika und Deutschland	Das Goetheanum. 1. Jg., Nr. 3	36	21
1921	Sept.	11.	Frühling (Gedicht)	Das Goetheanum. 1. Jg., Nr. 4	40	
1921	Sept.	11.	Was kann dem Trennenden im Gegenwartsleben entgegenwirken?	Das Goetheanum. 1. Jg., Nr. 4	36	24
1921	Okt.		Der Orient im Lichte des Okzidents. Die Kinder des Luzifer und die Brüder Christi (6. Vortrag)	Die Drei. 1. Jg., Nr. 7	113	
1921	Okt.	02.	Wilsons Erbe	Das Goetheanum. 1. Jg., Nr. 7	36	27
1921	Okt.	05.	Leser und Kritiker (Abdruck. Siehe auch 11. Nov. 1899)	Dreigliederung. 3. Jg., Nr. 14	32	11
1921	Okt.	09.	Arbeitslosigkeit	Das Goetheanum. 1. Jg., Nr. 8	36	30
1921	Okt.	12.	Neue Tatsachen über die Vorgeschichte des Weltkrieges. Ein Interview des Berichterstatters des «Matin» Jules Sauerwein mit Dr. Rudolf Steiner über die unveröffentlichten Memoiren des verstorbenen deutschen Generalstabschef von Moltke	Dreigliederung. 3. Jg., Nr. 15	24	398

Datum			Werk-/Aufsatztitel oder Satzanfang	Titel der Erstpublikationen und Abdrucke	GA	S
1921	Okt.	12.	Bismarck der Mann des politischen Erfolges (Nachschrift zu Vorigen)	Dreigliederung. 3. Jg., Nr. 15	31	271
1921	Okt.	12.	Nachträgliche Bemerkungen zu dem Interview des Berichterstatters des «Matin»	Dreigliederung. 3. Jg., Nr. 15	24	406
1921	Okt.	16.	Nachträgliche Bemerkungen zu dem Interview des Berichterstatters des «Matin» (Siehe auch 12. Okt. 1921)	Das Goetheanum. 1. Jg., Nr. 9	24	406
1921	Okt.	23.	Gefühle beim Lesen des dritten Bismarcks-Bandes	Das Goetheanum. 1. Jg., Nr. 10	36	34
1921	Okt.	26.	Über «Erwiderungen» auf den «Matin»-Artikel	Dreigliederung. 3. Jg., Nr. 17	24	408
1921	Okt.	30.	Die verschüttete Geist-Erkenntnis	Das Goetheanum. 1. Jg., Nr. 11	36	107
1921	Nov.	06.	Das Vergessen des Geisteslebens in den Weltfragen	Das Goetheanum. 1. Jg., Nr. 12	36	37
1921	Nov.	10.	Gegen Einwände, die über das «Matin»-Interview gemacht werden	Dreigliederung. 3. Jg., Nr. 19	24	419
1921	Nov.	13.	Die falsche und die wahre Dreigliederung des sozialen Organismus	Das Goetheanum. 1. Jg., Nr. 13	36	40
1921	Nov.	15.	Die verschüttete Geist-Erkenntnis (Abdruck. Siehe auch 30. Okt. 1921)	Waldorf-Nachrichten. 3. Jg., Nr. 22	36	107
1921	Nov.	20.	Wie ist die Gegnerschaft gegen Anthroposophie oft geartet?	Das Goetheanum. 1. Jg., Nr. 14	36	259
1921	Dez.		Der Orient im Lichte des Okzients. Die Kinder des Luzifer und die Brüder Christi (7. Vortrag)	Die Drei. 1. Jg., Nr. 8	113	
1921	Dez.		Der Orient im Lichte des Okzidents. Die Kinder des Luzifer und die Brüder Christi (8. Vortrag)	Die Drei. 1. Jg., Nr. 9	113	
1921	Dez.	15.	Die Sonne schaue um mitternächt'ge Stunde. . . (Komponiert von Paul Baumann, Weihnachtsmelodie. Abdruck. Siehe auch Sept. 1919)	Waldorf-Nachrichten. 3. Jg., Nr. 24	40	
1921	Dez.	15.	Die Sehnsucht der Juden nach Palästina (Abdruck. Siehe auch 25. Sept. 1897)	Dreigliederung. 3. Jg., Nr. 24	31	196
1921	Dez.	18.	Was man heute sehen müßte	Das Goetheanum. 1. Jg., Nr. 18	36	44
1921	Dez.	18.	Emile Boutroux	Das Goetheanum. 1. Jg., Nr. 18	36	59
1921	Dez.	25.	Anthroposophie, Erziehung, Schule	Das Goetheanum. 1. Jg., Nr. 19	36	278
1922			Menschliche und menschheitliche Entwicklungswahrheiten. Zyklus 46 (1917. Der Vortrag von Berlin, 8. Mai 1917 ist in GA 175 enthalten)	Ebenso	176	
1922			Das Karma des Materialismus. Zyklus 47 (1917)	Ebenso	176	
1922			Erdensterben und Weltenleben. Zyklus 48 (1918)	Ebenso	181	
1922			Anthroposophische Lebensgaben. Zyklus 49 (1918)	Ebenso	181	
1922			Gesunder Blick für heute und wackere Hoffnung für morgen. Zyklus 50 (1918)	Ebenso	181	

Datum			Werk-/Aufsatztitel oder Satzanfang	Titel der Erstpublikationen und Abdrucke	GA	S
1922			Praktische Ausbildung des Denkens (Neuauflage. Siehe auch 1921)	Ebenso	108	
1922			Blut ist ein ganz besonderer Saft. Eine esoterische Betrachtung (Neuauflage. Siehe auch 1907)	Ebenso	55	
1922			Wie Karma wirkt (Neuauflage. Siehe auch 1910)	Ebenso	34	92
1922			Die Prüfung der Seele. Szenisches Lebensbild als Nachspiel zur Pforte der Einweihung (Neuauflage. Siehe auch 1911)	Ebenso	14	
1922			Der Hüter der Schwelle. Seelenvorgänge in szenischen Bildern (Neuauflage. Siehe auch 1912)	Ebenso	14	
1922			Der Seelen Erwachen. Seelische und geistige Vorgänge in szenischen Bildern (Neuauflage. Siehe auch 1913)	Ebenso	14	
1922			Wie erlangt man Erkenntnisse der höheren Welten? (Neuauflage. Siehe auch 1909)	Ebenso	10	
1922			Theosophie. Einführung in übersinnliche Welterkenntnis und Menschenbestimmung (3 Neuauflagen. Siehe auch 1904)	Ebenso	9	
1922			Vorbemerkung zur 19. Auflage von «Theosophie. Einführung in übersinnliche Welterkenntnis und Menschenbestimmung» (Siehe auch 1904)	Theosophie. Einführung in übersinnliche Welterkenntnis und Menschenbestimmung	9	
1922			Frühling. Planetentanz	In: Lieder der Freien Waldorfschule, Stuttgart komponiert von Paul Baumann	40	
1922	Jan.		Der Orient im Lichte des Okzidents. Die Kinder des Luzifer und die Brüder Christi (9. Vortrag)	Die Drei. 1. Jg., Nr. 10	113	
1922	Jan.	01.	Wladimir Solowjeff, ein Vermittler zwischen West und Ost	Das Goetheanum. 1. Jg., Nr. 20	36	62
1922	Jan.	05.	Moderne Kritik (Abdruck. Siehe auch 10. Juli 1897)	Dreigliederung. 3. Jg., Nr. 27	30	539
1922	Jan.	08.	Der österreichische Generalstabchef, Conrad, innerhalb der Weltkatastrophe	Das Goetheanum. 1. Jg., Nr. 21	36	47
1922	Jan.	15.	Albert Steffen als Lyriker: Weg-Zehrung	Das Goetheanum. 1. Jg., Nr. 22	36	197
1922	Febr.	19.	Die Wissenschaftlichkeit der Anthroposophie	Das Goetheanum. 1. Jg., Nr. 27	36	255
1922	Febr.	19.	Ein Beitrag zur Wiederbelebung des «versunkenen Geisteslebens»	Das Goetheanum. 1. Jg., Nr. 27	36	111
1922	Febr.	26.	Ein Betrachter der Weltkrisis	Das Goetheanum. 1. Jg., Nr. 28	36	51
1922	März		Ansprache mit Aussprache am Elternabend. 13. Jan. 1921	Mitteilungsblatt für die Mitglieder des Vereins Freie Waldorfschule	298	

Datum			Werk-/Aufsatztitel oder Satzanfang	Titel der Erstpublikationen und Abdrucke	GA	S
1922	März	05.	Luziferisches und Ahrimanisches in ihrem Verhältnis zum Menschen (Abdruck. Siehe auch Okt. 1918)	Das Goetheanum. 1. Jg., Nr. 29/30	35	409
1922	März	16.	Die geistige Signatur der Gegenwart (Abdruck. Siehe auch Juni 1888)	Dreigliederung. 3. Jg., Nr. 37	30	253
1922	März	26.	Die Konferenz von Genua, eine «Notwendigkeit»	Das Goetheanum. 1. Jg., Nr. 33	36	56
1922	April	02.	Faust und Hamlet	Das Goetheanum. 1. Jg., Nr. 34	36	125
1922	April	09.	Goethe, der Schauende, und Schiller, der Sinnende	Das Goetheanum. 1. Jg., Nr. 35	36	128
1922	Mai		Anthroposophie, ihre Erkenntniswurzeln und ihre Lebensfrüchte, mit einer Einleitung über den Agnostizismus als Verderber echten Menschentums (1. Vortrag)	Die Drei, 2. Jg., Nr. 2/3	78	
1922	Mai	07.	Meine holländische und englische Reise (Bericht, 1. Teil)	Das Goetheanum. 1. Jg., Nr. 39	37	
1922	Mai	14.	Meine holländische und englische Reise (Bericht, Schluß)	Das Goetheanum. 1. Jg., Nr. 40	37	
1922	Mai	21.	Die Erkenntnis vom Zustand zwischen dem Tode und einer neuen Geburt (1. Teil. Abdruck. Siehe auch April 1916)	Das Goetheanum. 1. Jg., Nr. 41	35	269
1922	Mai	28.	Die Erkenntnis vom Zustand zwischen dem Tode und einer neuen Geburt (1. Forts. Abdruck. Siehe auch April 1916)	Das Goetheanum. 1. Jg., Nr. 42	35	269
1922	Mai	28.	Die Erkenntnis vom Zustand zwischen dem Tode und einer neuen Geburt (2. Forts. Abdruck. Siehe auch April 1916)	Das Goetheanum. 1. Jg., Nr. 42	35	269
1922	Juni	04.	Die Erkenntnis vom Zustand zwischen dem Tode und einer neuen Geburt (Schluß. Abdruck. Siehe auch April 1916)	Das Goetheanum. 1. Jg., Nr. 43/44	35	269
1922	Juni	09.	Eurythmische Kunst (vielfach wieder zum gleichen Zweck abgedruckt)	In: Eurythmie-Programm, Wien, «West-Ost»-Kongreß	36	304
1922	Juni	18.	West-Ost-Aphorismen	Das Goetheanum. 1. Jg., Nr. 45	36	65
1922	Juni	25.	Weitere West-Ost-Aphorismen	Das Goetheanum. 1. Jg., Nr. 46	36	69
1922	Juli		Anthroposophie, ihre Erkenntniswurzeln und ihre Lebensfrüchte, mit einer Einleitung über den Agnostizismus als Verderber echten Menschentums (2. Vortrag)	Die Drei. 2. Jg., Nr. 4	78	
1922	Juli	02.	Psychologische Aphorismen	Das Goetheanum. 1. Jg., Nr. 47	36	73
1922	Juli	09.	«Die Lehre Jesu» von Franz Brentano	Das Goetheanum. 1. Jg., Nr. 48	36	153

Datum			Werk-/Aufsatztitel oder Satzanfang	Titel der Erstpublikationen und Abdrucke	GA	S
1922	Juli	16.	Das Verstehen der Menschen (Brentano und Nietzsche)	Das Goetheanum. 1. Jg., Nr. 49	36	158
1922	Juli	23.	Sprache und Sprachgeist	Das Goetheanum. 1. Jg., Nr. 50	36	296
1922	Juli	30.	«Der Spiegelmensch» von Franz Werfel	Das Goetheanum. 1. Jg., Nr. 51/52	36	225
1922			Entwurf von Statuten der Allgemeinen Anthroposophischen Gesellschaft für das Handelsregister	In: Die Konstitution der Allgemeinen Anthroposophischen Gesellschaft und der Freien Hochschule für Geisteswissenschaft. Der Wiederaufbau des Goetheanum 1924/25	260a	548
1922	Aug.	06.	Der gegenwärtige Mensch und die Geschichte	Das Goetheanum. 2. Jg., Nr. 1	36	77
1922	Aug.	13.	Spenglers «Welthistorische Perspektiven»	Das Goetheanum. 2. Jg., Nr. 2	36	81
1922	Aug.	17.	Der gegenwärtige Mensch und die Geschichte (Siehe auch 6. Aug. 1922)	Anthroposophie. 4. Jg., Nr. 7	36	77
1922	Aug.	20.	Die Flucht aus dem Denken. Eine Fortsetzung des Artikels über Spenglers «Welthistorische Perspektiven»	Das Goetheanum. 2. Jg., Nr. 3	36	86
1922	Aug.	24.	Spenglers «Welthistorische Perspektiven» (siehe auch 13. Aug. 1922)	Anthroposophie. 4. Jg., Nr. 8	36	81
1922	Aug.	27.	Spenglers physiognomische Geschichtsbetrachtung	Das Goetheanum. 2. Jg., Nr. 4	36	91
1922	Aug.	31.	Die Flucht aus dem Denken. Eine Fortsetzung des Artikels über Spenglers «Welthistorische Perspektiven» (siehe auch 20. Aug. 1922)	Anthroposophie. 4. Jg., Nr. 9	36	86
1922	Sept.		Anthroposophie, ihre Erkenntniswurzeln und ihre Lebensfrüchte, mit einer Einleitung über den Agnostizismus als Verderber echten Menschentums (3. Vortrag)	Die Drei. 2. Jg., Nr. 6	78	
1922	Sept.	03.	Spenglers geistverlassene Geschichte	Das Goetheanum. 2. Jg., Nr. 5	36	95
1922	Sept.	07.	Spenglers physiognomische Geschichtsbetrachtung (siehe auch 27. Aug. 1922)	Anthroposophie. 4. Jg., Nr. 10	36	91
1922	Sept.	10.	Die drei Schritte der Anthroposophie (Autoreferat)	Das Goetheanum. 2. Jg., Nr. 6	25	7
1922	Sept.	14.	Spenglers geistverlassene Geschichte (Siehe auch 3. Sept. 1922)	Anthroposophie. 4. Jg., Nr. 11	36	95
1922	Sept.	17.	Seelenübungen des Denkens, Fühlens und Wollens. (Autoreferat)	Das Goetheanum. 2. Jg., Nr. 7	25	15
1922	Sept.	21.	Die drei Schritte der Anthroposophie (Autoreferat. Siehe auch 10. Sept. 1922)	Anthroposophie. 4. Jg., Nr. 12	25	7
1922	Sept.	24.	Das Goetheanum in Dornach und seine Arbeit	Das Goetheanum. 2. Jg., Nr. 8	36	274
1922	Sept.	24.	Imaginative, inspirierte und intuitive Erkenntnismethoden (Autoreferat)	Das Goetheanum. 2. Jg., Nr. 8	25	23

Datum			Werk-/Aufsatztitel oder Satzanfang	Titel der Erstpublikationen und Abdrucke	GA	S
1922	Sept.	28.	Seelenübungen des Denkens, Fühlens und Wollens (Autoreferat. Siehe auch 17. Sept. 1922)	Anthroposophie. 4. Jg., Nr. 13	25	15
1922	Okt.		Anthroposophie, ihre Erkenntniswurzeln und ihre Lebensfrüchte, mit einer Einleitung über den Agnostizismus als Verderber echten Menschentums (4. Vortrag)	Die Drei. 2. Jg., Nr. 7/8	78	
1922	Okt.	01.	Erkenntnis- und Willensübungen (Autoreferat)	Das Goetheanum. 2. Jg., Nr. 9	25	31
1922	Okt.	01.	Abwehr von Unwahrheiten	Das Goetheanum. 2. Jg., Nr. 9	250 f	
1922	Okt.	05.	Imaginative, inspirierte und intuitive Erkenntnismethoden (Autoreferat. Siehe auch 24. Sept. 1922)	Anthroposophie. 4. Jg., Nr. 14	25	23
1922	Okt.	08.	Ein neues Buch über den Atheismus	Das Goetheanum. 2. Jg., Nr. 10	36	233
1922	Okt.	12.	Erkenntnis- und Willensübungen (Autoreferat. Siehe auch 1. Okt. 1922)	Anthroposophie. 4. Jg., Nr. 15	25	31
1922	Okt.	12.	Abwehr von Unwahrheiten (Siehe auch 1. Okt. 1922)	Anthroposophie. 4. Jg., Nr. 15	250 f	
1922	Okt.	15.	Schlaferlebnisse der Seele (Autoreferat)	Das Goetheanum. 2. Jg., Nr. 11	25	39
1922	Okt.	19.	Ein neues Buch über den Atheismus (Siehe auch 8. Okt. 1922)	Anthroposophie. 4. Jg., Nr. 16	36	233
1922	Okt.	22.	Der Übergang vom seelisch-geistigen Dasein in der Menschenentwickelung zum sinnlich-physischen (Autoreferat)	Das Goetheanum. 2. Jg., Nr. 12	25	47
1922	Okt.	26.	Schlaferlebnisse der Seele (Autoreferat. Siehe auch 15. Okt. 1922)	Anthroposophie. 4. Jg., Nr. 17	25	39
1922	Okt.	29.	Christus in seinem Zusammenhang mit der Menschheit (Autoreferat)	Das Goetheanum. 2. Jg., Nr. 13	25	55
1922	Nov.	02.	Der Übergang von seelisch-geistigen Dasein in der Menschenentwikkelung zum sinnlich-physischen (Autoreferat. Siehe auch 22. Okt. 1922)	Anthroposophie. 4. Jg., Nr. 18	25	47
1922	Nov.	05.	Das Ereignis des Todes im Zusammenhang mit dem Christus (Autoreferat)	Das Goetheanum. 2. Jg., Nr. 14	25	62
1922	Nov.	09.	Christus in seinem Zusammenhang mit der Menschheit (Autoreferat. Siehe auch 29. Okt. 1922)	Anthroposohie. 4. Jg., Nr. 19	25	55
1922	Nov.	12.	Das Schicksal des Ich-Bewußtseins im Zusammenhang mit dem Christus-Problem (Autoreferat)	Das Goetheanum. 2. Jg., Nr. 15	25	70
1922	Nov.	16.	Das Ereignis des Todes im Zusammenhang mit dem Christus (Autoreferat. Siehe auch 5. Nov. 1922)	Anthroposophie. 4. Jg., Nr. 20	25	62
1922	Nov.	19.	Das Erleben des Willensteils der Seele (Autoreferat)	Das Goetheanum. 2. Jg., Nr. 16	25	79
1922	Nov.	23.	Das Schicksal des Ich-Bewußtseins im Zusammenhang mit dem Christus-Problem (Autoreferat. Siehe auch 12. Nov. 1922)	Anthroposophie. 4. Jg., Nr. 21	25	70

Datum			Werk-/Aufsatztitel oder Satzanfang	Titel der Erstpublikationen und Abdrucke	GA	S
1922	Nov.	30.	Das Erleben des Willensteils der Seele (Autoreferat. Siehe auch 19. Nov. 1922)	Anthroposophie. 4. Jg., Nr. 22	25	79
1922	Dez.		Anthroposophie, ihre Erkenntniswurzeln und ihre Lebensfrüchte, mit einer Einleitung über den Agnostizismus als Verderber echten Menschentums (5. Vortrag)	Die Drei, 2. Jg., Nr. 9	78	
1922	Dez.	01.	Frühere Geheimhaltung und jetzige Veröffentlichung übersinnlicher Erkenntnisse (1. Teil. Abdruck. Siehe auch Juli 1918)	Anthroposophie. Österreichischer Bote 1. Jg., Nr. 3	35	391
1922	Dez.	15.	Frühere Geheimhaltung und jetzige Veröffentlichung übersinnlicher Erkenntnisse (Schluß. Abdruck. Siehe auch Juli 1918)	Anthroposophie. Österreichischer Bote. 1. Jg., Nr. 4/5	35	391
1922	Dez.	17.	Ein Vortrag über Pädagogik während des französischen Kurses am Goetheanum	Das Goetheanum. 2. Jg., Nr. 17	36	282
1922	Dez.	24.	Von den volkstümlichen Weihnachtspielen. Eine Christfest-Erinnerung	Das Goetheanum. 2. Jg., Nr. 18/19	36	113
1922	Dez.	31.	Zur Aufführung unserer volkstümlichen Weihnachtsspiele (enthält den von Rudolf Steiner gedichteten Einleitungschor)	Das Goetheanum. 2. Jg., Nr. 20/21	36	118
1923			Weihnacht. Eine Betrachtung aus der Lebensweisheit (Vitaesophia). (Neuauflage. Siehe auch 1909)	Ebenso	101	
1923			Das Vaterunser. Eine esoterische Betrachtung (Neuauflage. Siehe auch 1907)	Ebenso	96	
1923			«Verschiedene Zitate» und «Wladimir Solovieff, ein Vermittler zwischen Ost und West» (Letzteres Abdruck. Siehe auch 1. Jan. 1922)	In: Die Bücher des Kommenden Tages (Bücherverzeichnis)	36	62
1923	Jan.		Anthroposophie, ihre Erkenntniswurzeln und ihre Lebensfrüchte, mit einer Einleitung über den Agnostizismus als Verderber echten Menschentums (6. Vortrag, 1. Teil)	Die Drei. 2. Jg., Nr. 10/11	78	
1923	Jan.	04.	Von den volkstümlichen Weihnachtspielen. Eine Christfest-Erinnerung (Siehe auch 24. Dez. 1922)	Anthroposophie. 4. Jg., Nr. 27	36	113
1923	Jan.	11.	Zur Aufführung unserer volkstümlichen Weihnachtsspiele (Siehe auch 31. Dez. 1922)	Anthroposophie. 4. Jg., Nr. 28	36	118
1923	Jan.	14.	Das Goetheanum in seinen zehn Jahren (1. Teil)	Das Goetheanum. 2. Jg., Nr. 23	36	305
1923	Jan.	15.	Von den volkstümlichen Weihnachtspielen. Eine Christfest-Erinnerung (Abdruck. Siehe auch 24. Dez. 1922)	Anthroposophie. Österreichischer Bote. 1. Jg., Nr. 6	36	113
1923	Jan.	15.	Zur Aufführung unserer volkstümlichen Weihnachtsspiele (Abdruck. Siehe auch 31. Dez. 1922)	Anthroposophie. Österreichischer Bote. 1. Jg., Nr. 6	36	118

Datum			Werk-/Aufsatztitel oder Satzanfang	Titel der Erstpublikationen und Abdrucke	GA	S
1923	Jan.	18.	Das Goetheanum in seinen zehn Jahren (1. Teil. Siehe auch 14. Jan. 1923)	Anthroposophie. 4. Jg., Nr. 29	36	305
1923	Jan.	21.	Das Goetheanum in seinen zehn Jahren (1. Forts.)	Das Goetheanum. 2. Jg., Nr. 24	36	310
1923	Jan.	25.	Das Goethanum in seinen zehn Jahren (1. Forts. Siehe auch 21. Jan. 1923)	Anthroposophie. 4. Jg., Nr. 30	36	310
1923	Jan.	28.	Das Goetheanum in seinen zehn Jahren (2. Forts.)	Das Goetheanum. 2. Jg., Nr. 25	36	314
1923	Febr.	01.	Das Goetheanum in seinen zehn Jahren (1. Teil. Abdruck. Siehe auch 14. Jan. 1923)	Anthroposophie. Österreichischer Bote. 1. Jg., Nr. 7	36	305
1923	Febr.	01.	Das Goetheanum in seinen zehn Jahren (2. Forts. Siehe auch 28. Jan. 1923)	Anthropsophie. 4. Jg., Nr. 31	36	314
1923	Febr.	04.	Das Goetheanum in seinen zehn Jahren (3. Forts.)	Das Goetheanum. 2. Jg., Nr. 26	36	318
1923	Febr.	08.	Das Goetheanum in seinen zehn Jahren (3. Forts. Siehe auch 4. Febr. 1923)	Anthroposophie. 4. Jg., Nr. 32	36	318
1923	Febr.	15.	Das Goetheanum in seinen zehn Jahren (1. Forts. Abdruck. Siehe auch 21. Jan. 1923)	Anthroposophie. Österreichischer Bote. 1. Jg., Nr. 8	36	310
1923	Febr.	15.	Das Goetheanum in seinen zehn Jahren. (2. Forts. Abdruck. Siehe auch 28. Jan. 1923)	Anthroposophie. Österreichischer Bote. 1. Jg., Nr. 8	36	314
1923	Febr.	18.	Das Goetheanum in seinen zehn Jahren (4. Forts.)	Das Goetheanum. 2. Jg., Nr. 28	36	322
1923	Febr.	22.	Das Goetheanum in seinen zehn Jahren (4. Forts. Siehe auch 18. Febr. 1923)	Anthroposophie. 4. Jg., Nr. 34	36	322
1923	März		Memorandum für das Komitee der Freien Anthroposophischen Gesellschaft zu dessen Orientierung, März 1923	In: Die Erkenntnis-Aufgabe der Jugend	217a	
1923	März		Meine «Zustimmung» zu Richard Wahles «Erkenntniskritik und Anthroposophie»	Die Drei. 2. Jg., Nr. 12	35	
1923	März		Anthroposophie, ihre Erkenntniswurzeln und ihre Lebensfrüchte, mit einer Einleitung über den Agnostizismus als Verderber echten Menschentums (6. Vortrag 2. Teil)	Die Drei. 2. Jg., Nr. 12	78	
1923	März	01.	Das Goetheanum in seinen zehn Jahren (3. Forts. Abdruck. Siehe auch 4. Febr. 1923)	Anthroposophie. Österreichischer Bote. 1. Jg., Nr. 9	36	318
1923	März	01.	Das Goetheanum in seinen zehn Jahren (4. Forts. Abdruck. Siehe auch 18. Febr. 1923)	Anthroposophie. Österreichischer Bote. 1. Jg., Nr. 9	36	322
1923	März	04.	Das Goetheanum in seinen zehn Jahren (5. Forts.)	Das Goetheanum. 2. Jg., Nr. 30	36	326

Datum			Werk-/Aufsatztitel oder Satzanfang	Titel der Erstpublikationen und Abdrucke	GA	S
1923	März	18.	Das Goetheanum in seinen zehn Jahren (Schluß)	Das Goetheanum. 2. Jg., Nr. 32	36	330
1923	März	22.	Das Goetheanum in seinen zehn Jahren (5. Forts. Siehe auch 4. März 1923)	Anthroposophie. 4. Jg., Nr. 38	36	326
1923	März	25.	Das Goetheanum in seinen zehn Jahren (5. Forts. Abdruck. Siehe auch 4. März 1923)	Anthroposophie. Österreichischer Bote. 1. Jg., Nr. 10/11	36	326
1923	März	25.	Das Goetheanum in seinen zehn Jahren (Schluß. Abdruck. Siehe auch 18. März 1923)	Anthroposophie. Österreichischer Bote. 1. Jg., Nr. 10/11	36	330
1923	März	25.	Goethe und Goetheanum	Das Goetheanum. 2.Jg., Nr. 33	36	334
1923	März	29.	Das Goetheanum in seinen zehn Jahren (Schluß. Siehe auch 18. März 1923)	Anthroposophie. 4. Jg., Nr. 39	36	330
1923	April		Anthroposophie, ihre Erkenntniswurzeln und ihre Lebensfrüchte, mit einer Einleitung über den Agnostizismus als Verderber echten Menschentums (7. Vortrag)	Die Drei. 3. Jg., Nr. 1	78	
1923	April	01.	Pädagogik und Kunst	Das Goetheanum. 2. Jg., Nr. 34	36	288
1923	April	05.	Pädagogik und Kunst (Siehe auch 1. April 1923)	Anthroposophie. 4.Jg., Nr. 40	36	288
1923	April	08.	Pädagogik und Moral	Das Goetheanum. 2. Jg., Nr. 35	36	292
1923	April	12.	Pädagogik und Moral (Siehe auch 8. April 1923)	Anthroposophie. 4. Jg., Nr. 41	36	292
1923	April	15.	Pädagogik und Kunst (Siehe auch 1. April 1923)	Anthroposophie. Österreichischer Bote. 1. Jg., Nr. 12	36	288
1923	April	19.	Goethe und Goetheanum (Siehe auch 25. März 1923)	Anthroposophie. 4. Jg., Nr. 42	36	334
1923	April	22.	Ist Anthroposophie Phantastik?	Das Goetheanum. 2. Jg., Nr. 37	36	262
1923	April	29.	Anthroposophie und Idealismus	Das Goetheanum. 2. Jg., Nr. 38	36	267
1923	Mai		Anthroposophie, ihre Erkenntniswurzeln und ihre Lebensfrüchte, mit einer Einleitung über den Agnositzismus als Verderber echten Menschentums (8. Vortrag)	Die Drei. 3. Jg., Nr. 2	78	
1923	Mai	01.	Pädagogik und Moral (Siehe auch 8. April 1923)	Anthroposophie. Österreichischer Bote. 1. Jg., Nr. 13	36	292
1923	Mai	03.	Anthroposophie und Idealismus (Siehe auch 29. April 1923)	Anthroposophie. 4. Jg., Nr. 44	36	267
1923	Mai	10.	Ist Anthroposophie Phantastik? (Siehe auch 22. April 1923)	Anthroposophie. 4. Jg., Nr. 45	36	262
1923	Mai	13.	Anthroposophie und Mystik	Das Goetheanum. 2.Jg., Nr. 40	36	270
1923	Mai	15.	Anthroposophie und Idealismus (Siehe auch 29. April 1923)	Anthroposophie. Österreichischer Bote. 1. Jg., Nr. 14	36	267

Datum			Werk-/Aufsatztitel oder Satzanfang	Titel der Erstpublikationen und Abdrucke	GA	S
1923	Mai	17.	Anthroposophie und Mystik (Siehe auch 13. Mai 1923)	Anthroposophie. 4. Jg., Nr. 46	36	270
1923	Mai	31.	An die Mitglieder der Anthroposophischen und der Freien anthroposophischen Gesellschaft in Deutschland (betr. Rücktritt als Vorsitzender im Aufsichtsrat des «Kommenden Tages».)	Anthroposophie. 4. Jg., Nr. 48	37	
1923	Juni	01.	Anthroposophie und Mystik (Siehe auch 13. Mai 1923)	Anthroposophie. Österreichischer Bote. 1. Jg., Nr. 15	36	270
1923	Juni	03.	Eine vielleicht zeitgemäße persönliche Erinnerung	Das Goetheanum. 2. Jg., Nr. 43	36	169
1923	Juni	07.	Eine vielleicht zeitgemäße persönliche Erinnerung (Siehe auch 3. Juni 1923)	Anthroposophie. 4. Jg., Nr. 49	36	169
1923	Juni	10.	Wie sich heute «Gegenwart» schnell in «Geschichte» wandelt	Das Goetheanum. 2. Jg., Nr. 44	36	173
1923	Juni	14.	Wie sich heute «Gegenwart» schnell in «Geschichte» wandelt (Siehe auch 10. Juni 1923)	Anthroposophie. 4. Jg., Nr. 50	36	173
1923	Juni	15.	Eine vielleicht zeitgemäße persönliche Erinnerung (Siehe auch 3. Juni 1923)	Anthroposophie. Österreichischer Bote. 1.Jg., Nr. 16	36	169
1923	Juni	17.	Der notwendige Wandel im Geistesleben der Gegenwart	Das Goetheanum. 2. Jg., Nr. 45	36	177
1923	Juni	17.	An die Mitglieder der Anthroposophischen und der Freien anthroposophischen Gesellschaft in Deutschland (betr. Rücktritt als Vorsitzender im Aufsichtsrat des «Kommenden Tages». Siehe auch 31. Mai 1923)	Das Goetheanum. 2. Jg., Nr. 45	37	
1923	Juni	21.	Der notwendige Wandel im Geistesleben der Gegenwart (Siehe auch 17. Juni 1923)	Anthroposophie. 4. Jg., Nr. 51	36	177
1923	Juni	24.	Der Geist von gestern und der Geist von heute	Das Goetheanum. 2. Jg., Nr. 46	36	181
1923	Juni	28.	Der Geist von gestern und der Geist von heute (Siehe auch 24. Juni 1923)	Anthroposophie. 4. Jg., Nr. 52	36	181
1923	Juli	01.	Wie sich heute «Gegenwart» schnell in «Geschichte» wandelt (Siehe auch 10. Juni 1923)	Anthroposophie. Österreichischer Bote. 1. Jg., Nr. 17	36	173
1923	Juli	01.	Scheinbare und wirkliche Perspektiven der Kultur	Das Goetheanum. 2. Jg., Nr. 47	36	100
1923	Juli	05.	Scheinbare und wirkliche Perspektiven der Kultur (Siehe auch 1. Juli 1923)	Anthroposophie. 5. Jg., Nr. 1	36	100
1923	Juli	08.	Der Philosoph als Rätselschmied	Das Goetheanum. 2. Jg., Nr. 48	36	162
1923	Juli	12.	Der Philosoph als Rätselschmied (Siehe auch 8. Juli 1923)	Anthroposophie. 5. Jg., Nr. 2	36	162
1923	Juli	15.	Der notwendige Wandel im Geistesleben der Gegenwart (Siehe auch 17. Juni 1923)	Anthroposophie. Österreichischer Bote. 1. Jg., Nr. 18	36	177

Datum			Werk-/Aufsatztitel oder Satzanfang	Titel der Erstpublikationen und Abdrucke	GA	S
1923	Juli	15.	Das Unzulängliche eines Geist-Suchers	Das Goetheanum. 2. Jg., Nr. 49	36	186
1923	Juli	19.	Das Unzulängliche eines Geist-Suchers (Siehe auch 15.Juli 1923)	Anthroposophie. 5. Jg., Nr. 3	36	186
1923	Juli	22.	Warum man eine hundert Jahre alte «Anthropologie» wieder veröffentlicht	Das Goetheanum. 2. Jg., Nr. 50	36	132
1923	Juli	26.	Warum man eine hundert Jahre alte «Anthropologie» wieder veröffentlicht (Siehe auch 22. Juli 1923)	Anthroposophie. 5. Jg., Nr. 4	36	132
1923	Juli	29.	Etwas von Geistes-Wandelungen in der Menschheitsgeschichte	Das Goetheanum. 2. Jg., Nr. 51	36	136
1923	Aug.		Die Naturwissenschaft und die weltgeschichtliche Entwicklung der Menschheit seit dem Altertum (1. Vortrag)	Die Drei. 3. Jg., Nr. 5	325	
1923	Aug.	01.	Der Geist von gestern und der Geist von heute (Siehe auch 24. Juni 1923)	Anthroposophie. Österreichischer Bote. 1. Jg., Nr. 19	36	181
1923	Aug.	02.	Etwas von Geistes-Wandelungen in der Menschheitsgeschichte (Siehe auch 29. Juli 1923)	Anthroposophie. 5. Jg., Nr. 5	36	136
1923	Aug.	05.	Wie die Geschichte der Dichtung den Geist verloren hat	Das Goetheanum. 2. Jg., Nr. 52	36	191
1923	Aug.	09.	Wie die Geschichte der Dichtung den Geist verloren hat (Siehe auch 5. Aug. 1923)	Anthroposophie. 5. Jg., Nr. 6	36	191
1923	Aug.	12.	Der werdende Goethe im Lichte Benedetto Croces	Das Goetheanum. 3. Jg., Nr. 1	36	140
1923	Aug.	15.	Scheinbare und wirkliche Perspektiven der Kultur (Siehe auch 1. Juli 1923)	Anthroposophie. Österreichischer Bote. 1. Jg., Nr. 20	36	100
1923	Aug.	16.	Der werdende Goethe im Lichte Benedetto Croces (Siehe auch 12. Aug. 1923)	Anthroposophie. 5. Jg., Nr. 7	36	140
1923	Aug.	19.	Die Schaffenshöhe Goethes im Lichte Benedetto Croces	Das Goetheanum. 3. Jg., Nr. 2	36	145
1923	Aug.	23.	Die Schaffenshöhe Goethes im Lichte Benedetto Croces (Siehe auch 19. Aug. 1923)	Anthroposophie. 5. Jg., Nr. 8	36	145
1923	Aug.	26.	Goethe und die Mathematik	Das Goetheanum. 3. Jg., Nr. 3	36	150
1923	Aug.	30.	Goethe und die Mathematik (Siehe auch 26. Aug. 1923)	Anthroposophie. 5. Jg., Nr. 9	36	150
1923	Sept.	01.	Etwas von Geistes-Wandelungen in der Menschheitsgeschichte (Siehe auch 29. Juli 1923)	Anthroposophie. Österreichischer Bote. 1. Jg., Nr. 21	36	136
1923	Sept.	02.	Philosophenhände	Das Goetheanum. 3. Jg., Nr. 4	36	166
1923	Sept.	06.	Philosophenhände (Siehe auch 2. Sept. 1923)	Anthroposophie. 5. Jg., Nr. 10	36	166
1923	Sept.	09.	Ein Stück aus meiner englischen Reise	Das Goetheanum. 3. Jg., Nr. 5	37	

Datum			Werk-/Aufsatztitel oder Satzanfang	Titel der Erstpublikationen und Abdrucke	GA	S
1923	Sept.	13.	Ein Stück aus meiner englischen Reise (Siehe auch 9. Sept. 1923)	Anthroposophie. 5. Jg., Nr. 11	37	
1923	Sept.	15.	Philosophenhände (Siehe auch 2. Sept. 1923)	Anthroposophie. Österreichischer Bote. 1. Jg., Nr. 22	36	166
1923	Sept.	16.	Ein anderes Stück aus meiner englischen Reise	Das Goetheanum. 3. Jg., Nr. 6	37	
1923	Sept.	20.	Ein anderes Stück aus meiner englischen Reise (Siehe auch 16. Sept. 1923)	Anthroposophie. 5. Jg., Nr. 12	37	
1923	Sept.	23.	Einleitende Worte zu einer Eurythmie-Vorstellung	Das Goetheanum. 3. Jg., Nr. 7	36	300
1923	Sept.	30.	Der Streit Michaels mit dem Drachen	Das Goetheanum. 3. Jg., Nr. 8	36	338
1923	Okt.		Die Naturwissenschaft und die weltgeschichtliche Entwicklung der Menschheit seit dem Altertum (2. Vortrag)	Die Drei. 3. Jg., Nr. 7	325	
1923	Okt.	01.	Ein Stück aus meiner englischen Reise (Siehe auch 9. Sept. 1923)	Anthroposophie. Österreichischer Bote. 1. Jg., Nr. 23	37	
1923	Okt.	04.	Einleitende Worte zu einer Eurythmie-Vorstellung (Siehe auch 23. Sept. 1923)	Anthroposophie. 5. Jg., Nr. 14	36	300
1923	Okt.	04.	Der Streit Michaels mit dem Drachen (Siehe auch 30. Sept. 1923)	Anthroposophie. 5. Jg., Nr. 14	36	338
1923	Okt.	07.	Der Michaelstreit vor dem Bewußtsein der Gegenwart	Das Goetheanum. 3. Jg., Nr. 9	36	342
1923	Okt.	11.	Der Michaelstreit vor dem Bewußtsein der Gegenwart (Siehe auch 7. Okt. 1923)	Anthroposophie. 5. Jg., Nr. 15	36	342
1923	Okt.	14.	Goethes geistige Umgebung und die Gegenwart	Das Goetheanum. 3. Jg., Nr. 10	36	345
1923	Okt.	15.	Ein anderes Stück aus meiner englischen Reise (Siehe auch 16. Sept. 1923)	Anthroposophie. Österreichischer Bote. 1. Jg., Nr. 24	37	
1923	Okt.	18.	Goethes geistige Umgebung und die Gegenwart (Siehe auch 14. Okt. 1923)	Anthroposophie. 5. Jg., Nr. 16	36	345
1923	Okt.	21.	Vom Seelenleben: I. Das Seelenwesen im Dämmerdunkel des Traumes	Das Goetheanum. 3. Jg., Nr. 11	36	349
1923	Okt.	25.	Vom Seelenleben: I. Das Seelenwesen im Dämmerdunkel des Traumes (Siehe auch 21. Okt. 1923)	Anthroposophie. 5. Jg., Nr. 17	36	349
1923	Okt.	28.	Vom Seelenleben: II. Das Seelenwesen in der Helligkeit der Geist-Anschauung	Das Goetheanum. 3. Jg., Nr. 12	36	352
1923	Nov.	01.	Der Streit Michaels mit dem Drachen (Siehe auch 30. Sept. 1923)	Anthroposophie. Österreichischer Bote. 2. Jg., Nr. 1	36	338
1923	Nov.	01.	Vom Seelenleben: II. Das Seelenwesen in der Helligkeit der Geist-Anschauung (Siehe auch 28. Okt. 1923)	Anthroposophie. 5. Jg., Nr. 18	36	352

Datum			Werk-/Aufsatztitel oder Satzanfang	Titel der Erstpublikationen und Abdrucke	GA	S
1923	Nov.	04.	Vom Seelenleben: III. Das Seelenwesen auf dem Wege zur Selbstbeobachtung	Das Goetheanum. 3. Jg., Nr. 13	36	356
1923	Nov	08.	Vom Seelenleben: III. Das Seelenwesen auf dem Wege zur Selbstbeobachtung (Siehe auch 4. Nov. 1923)	Anthroposophie. 5. Jg., Nr. 19	36	356
1923	Nov.	11.	Vom Seelenleben: IV. Das Seelenwesen in Seelenmut und Seelenangst	Das Gotheanum. 3. Jg., Nr. 14	36	360
1923	Nov.	15.	Der Michaelstreit vor dem Bewußtsein der Gegenwart (Siehe auch 7. Okt. 1923)	Anthroposophie. Österreichischer Bote. 2. Jg., Nr. 2	36	342
1923	Nov.	15.	Vom Seelenleben: IV. Das Seelenwesen in Seelenmut und Seelenangst (Siehe auch 11. Nov. 1923)	Anthroposophie. 5. Jg., Nr. 20	36	360
1923	Nov.	18.	Goethe und die Medizin (Abdruck. Ergänzt mit Fußnote. Siehe auch 13. Jan. 1901)	Das Goetheanum. 3. Jg., Nr. 15	30	580
1923	Nov.	22.	Goethe und die Medizin (Siehe auch 18. Nov. 1923)	Anthroposophie. 5. Jg., Nr. 21	30	580
1923	Nov.	25.	Wie eine dichterisch-begeisterte Persönlichkeit vor fünfzig Jahren unsere Zeit vorfühlte	Das Goetheanum. 3. Jg., Nr. 16	36	121
1923	Nov.	29.	Wie eine dichterisch-begeisterte Persönlichkeit vor fünfzig Jahren unsere Zeit vorfühlte (Siehe auch 25. Nov. 1923)	Anthroposophie. 5. Jg., Nr. 22	36	121
1923	Dez.	01.	Goethes geistige Umgebung und die Gegenwart (Siehe auch 14. Okt. 1923)	Anthroposophie. Österreichischer Bote. 2. Jg., Nr. 3	36	345
1923	Dez.	02.	Das Geistige ist dem gewöhnlichen Bewußtsein «entfallen» und kann wieder erinnert werden	Das Goetheanum. 3. Jg., Nr. 17	36	364
1923	Dez.	06.	Das Geistige ist dem gewöhnlichen Bewußtsein «entfallen» und kann wieder erinnert werden (Siehe auch 2. Dez. 1923)	Anthroposophie. 5. Jg., Nr. 23	36	364
1923	Dez.	09.	Mein Lebensgang. 70 Folgen in XXXVIII Buchkapiteln	Das Goetheanum. 3. Jg., Nr. 18	28	7
1923	Dez.	13.	Mein Lebensgang 1 (Kapitel I. Siehe auch 9. Dez. 1923)	Anthroposophie. 5. Jg., Nr. 24	28	7
1923	Dez.	15.	Wie eine dichterisch-begeisterte Persönlichkeit vor fünfzig Jahren unsere Zeit vorfühlte (Siehe auch 25. Nov. 1923)	Anthroposophie. Österreichischer Bote. 2. Jg., Nr. 4	36	121
1923	Dez.	16.	Mein Lebensgang 2 (Kapitel I)	Das Goetheanum. 3. Jg., Nr. 19	28	12
1923	Dez.	20.	Mein Lebensgang 2 (Kapitel I. Siehe auch 16. Dez. 1923)	Anthroposophie. 5. Jg., Nr. 25/26	28	12
1923	Dez.	23.	Mein Lebensgang 3 (Kapitel I)	Das Goetheanum. 3. Jg., Nr. 20	28	16
1923	Dez.	30.	Mein Lebensgang 4 (Kapitel I)	Das Goetheanum. 3. Jg., Nr. 21	28	21

Datum			Werk-/Aufsatztitel oder Satzanfang	Titel der Erstpublikationen und Abdrucke	GA	S
1924			Vorrede zur 2. Auflage von «Grundlinien einer Erkenntnistheorie der Goetheschen Weltanschauung mit besonderer Rücksicht auf Schiller, zugleich eine Zugabe zu ‹Goethes Naturwissenschaftlichen Schriften› in Kürschners ‹Deutscher National-Litteratur›» (2 Auflagen 1924. Siehe auch 1886)	Grundlinien einer Erkenntnistheorie der Goetheschen Weltanschauung mit besonderer Rücksicht auf Schiller	2	
1924			Vorrede zur 2. Auflage von «Die Mystik im Aufgange des neuzeitlichen Geisteslebens und ihr Verhältnis zur modernen Weltanschauung» (2 Auflagen 1924. Siehe auch 1901)	Die Mystik im Aufgange des neuzeitlichen Geisteslebens und ihr Verhältnis zur modernen Weltanschauung	7	
1924			Vorrede zur 6. Auflage von «Die Rätsel der Philosophie in ihrer Geschichte als Umriß dargestellt» (Band I. Siehe auch 1914) (3. bis 5. Auflage ohne Jahresangabe)	Die Rätsel der Philosophie in ihrer Geschichte als Umriß dargestellt	18	
1924	Jan.	03.	Mein Lebensgang 3 (Kapitel I. Siehe auch 23. Dez. 1923)	Anthroposophie. 5. Jg., Nr. 27	28	16
1924	Jan.	03.	Mein Lebensgang III (Abdruck. Siehe auch 23. Dez. 1923)	Anthroposophie. 5. Jg., Nr. 27	28	16
1924	Jan.	06.	Mein Lebensgang 5 (Kapitel I)	Das Goetheanum. 3. Jg., Nr. 22	28	27
1924	Jan.	13.	Die Bildung der Allgemeinen Anthroposophischen Gesellschaft durch die Weihnachtstagung 1923. Der Vorstand der Allgemeinen Anthroposophischen Gesellschaft	Was in der Anthroposophischen Gesellschaft vorgeht. Nachrichten für deren Mitglieder. Beilage zur Wochenschrift «Das Goetheanum». 1. Jg., Nr. 1	260a	27
1924	Jan.	13.	Mein Lebensgang 6 (Kapitel II)	Das Goetheanum. 3. Jg., Nr. 23	28	32
1924	Jan.	20.	An die Mitglieder! I	Nachrichten. 1. Jg., Nr. 2	260a	38
1924	Jan.	20.	Die Freie Hochschule für Geisteswissenschaft I	Nachrichten. 1. Jg., Nr. 2	260a	107
1924	Jan.	20.	Zur Verwaltung der Anthroposophischen Gesellschaft	Nachrichten. 1. Jg., Nr. 2	260a	409
1924	Jan.	20.	Mein Lebensgang 7 (Kapitel II)	Das Goetheanum. 3. Jg., Nr. 24	28	38
1924	Jan.	27.	An die Mitglieder! II. Das Rechte Verhältnis der Gesellschaft zur Anthroposophie	Nachrichten. 1. Jg., Nr. 3	260a	41
1924	Jan.	27.	Die Freie Hochschule für Geisteswissenschaft II	Nachrichten. 1. Jg., Nr. 3	260a	109
1924	Jan.	27.	Über die Führung dieses Nachrichtenblattes und den Anteil der Mitglieder daran	Nachrichten. 1. Jg., Nr. 3	260a	163
1924	Jan.	27.	Mein Lebensgang 8 (Kapitel II)	Das Goetheanum. 3. Jg., Nr. 25	28	44
1924	Febr.	03.	An die Mitglieder! III. Anthroposophische Mitgliederversammlungen	Nachrichten. 1. Jg., Nr. 4	260a	44
1924	Febr.	03.	Die Freie Hochschule für Geisteswissenschaft III	Nachrichten. 1. Jg., Nr. 4	260a	131
1924	Febr.	03.	Mein Lebensgang 9 (Kapitel III)	Das Goetheanum. 3. Jg., Nr. 26	28	51

Datum			Werk-/Aufsatztitel oder Satzanfang	Titel der Erstpublikationen und Abdrucke	GA	S
1924	Febr.	10.	An die Mitglieder! IV. Die Stellung der Mitglieder zur Gesellschaft	Nachrichten. 1. Jg., Nr. 5	260a	47
1924	Febr.	10.	Die Freie Hochschule für Geisteswissenschaft IV	Nachrichten. 1. Jg., Nr. 5	260a	141
1924	Febr.	10.	Mein Lebensgang 10 (Kapitel III)	Das Goetheanum. 3. Jg., Nr. 27	28	58
1924	Febr.	10.	Eurythmische Kunst (Abdruck. Siehe auch 9. Juni 1922)	Das Goetheanum. 3. Jg., Nr. 27	277a	
1924	Febr.	17.	An die Mitglieder! V. Anthroposophische Leitsätze	Nachrichten. 1. Jg., Nr. 6	260a	50
1924	Febr.	17.	Die Freie Hochschule für Geisteswissenschaft V	Nachrichten. 1. Jg., Nr. 6	260a	143
1924	Febr.	17.	Anthroposophische Leitsätze als Anregungen vom Goetheanum ausgegeben. Nr. 1 bis 3	Nachrichten. 1. Jg., Nr. 6	26	14
1924	Febr.	17.	Mein Lebensgang 11 (Kapitel III)	Das Goetheanum. 3. Jg., Nr. 28	28	65
1924	Febr.	24.	An die Mitglieder! VI. Erkenntnisstreben und Wille zur Selbstzucht	Nachrichten. 1. Jg., Nr. 7	260a	52
1924	Febr.	24.	Die Freie Hochschule für Geisteswissenschaft VI	Nachrichten. 1. Jg., Nr. 7	260a	144
1924	Febr.	24.	Weitere Leitsätze, die für die Anthroposophische Gesellschaft vom Goetheanum ausgesendet werden Nr. 4 und 5	Nachrichten. 1. Jg., Nr. 7	26	15
1924	Febr.	24.	Mein Lebensgang 12 (Kapitel IV)	Das Goetheanum. 3. Jg., Nr. 29	28	73
1924	März	02.	An die Mitglieder! VII. Die Arbeit in der Gesellschaft	Nachrichten. 1. Jg., Nr. 8	260a	55
1924	März	02.	Die Freie Hochschule für Geisteswissenschaft	Nachrichten. 1. Jg., Nr. 8	260a	164
1924	März	02.	Anthroposophische Leitsätze. Nr. 6 und 7	Nachrichten. 1. Jg., Nr. 8	26	16
1924	März	02.	Mein Lebensgang 13 (Kapitel IV)	Das Goetheanum. 3. Jg., Nr. 30	28	80
1924	März	09.	An die Mitglieder! VIII. Die Arbeit in der Gesellschaft	Nachrichten. 1. Jg., Nr. 9	260a	58
1924	März	09.	Von der Jugendsektion der Freien Hochschule für Geisteswissenschaft. I. Was ich den älteren Mitgliedern in dieser Sache zu sagen habe	Nachrichten. 1. Jg., Nr. 9	260a	146
1924	März	09.	Anthroposophische Leitsätze. Nr. 8 bis 10	Nachrichten. 1. Jg., Nr. 9	26	18
1924	März	09.	Mein Lebensgang 14 (Kapitel V)	Das Goetheanum. 3. Jg., Nr. 31	28	89
1924	März	16.	An die Mitglieder! IX. Die individuelle Gestaltung anthroposophischer Wahrheiten	Nachrichten. 1. Jg., Nr. 10	260a	60
1924	März	16.	Von der Jugendsektion von der Freien Hochschule für Geisteswissenschaft. II. Was ich den jüngeren Mitgliedern in dieser Sache zu sagen habe	Nachrichten. 1. Jg., Nr. 10	260a	150
1924	März	16.	Anthroposophische Leitsätze. Nr. 11 bis 13	Nachrichten. 1. Jg., Nr. 10	26	19
1924	März	16.	Mein Lebensgang 15 (Kapitel V)	Das Goetheanum. 3. Jg., Nr. 32	28	97
1924	März	23.	An die Mitglieder! X. Die Darstellung anthroposophischer Wahrheiten	Nachrichten. 1. Jg., Nr. 11	260a	62

Datum			Werk-/Aufsatztitel oder Satzanfang	Titel der Erstpublikationen und Abdrucke	GA	S
1924	März	23.	Von der Jugendsektion der Freien Hochschule für Geisteswissenschaft. III. Was ich Weiteres den jüngeren Mitgliedern zu sagen habe	Nachrichten. 1. Jg., Nr. 11	260a	153
1924	März	23.	Zur Verwaltung der Anthroposophischen Gesellschaft	Nachrichten. 1. Jg., Nr. 11	260a	471
1924	März	23.	Anthroposophische Leitsätze. Nr. 14 bis 16	Nachrichten. 1. Jg., Nr. 11	26	21
1924	März	23.	Mein Lebensgang 16 (Kapitel VI)	Das Goetheanum. 3. Jg., Nr. 33	28	104
1924	März	30.	An die Mitglieder! Vom anthroposophischen Lehren	Nachrichten. 1. Jg., Nr. 12	260a	65
1924	März	30.	Von der Jugendsektion der Freien Hochschule für Geisteswissenschaft	Nachrichten. 1. Jg., Nr. 12	260a	156
1924	März	30.	Anthroposophische Leitsätze. Nr. 17 bis 19	Nachrichten. 1. Jg., Nr. 12	26	22
1924	März	30.	Mein Lebensgang 17 (Kapitel VI)	Das Goetheanum. 3. Jg., Nr. 34	28	110
1924	April	06.	An die Mitglieder! Über die Gestaltung der Zweigabende	Nachrichten. 1. Jg., Nr. 13	260a	67
1924	April	06.	Die freie Hochschule für Geisteswissenschaft VI. In der Freien Hochschule soll das unmittelbare Menschliche zur Geltung kommen	Nachrichten. 1. Jg., Nr. 13	260a	159
1924	April	06.	Anthroposphische Leitsätze. Nr. 20 bis 22	Nachrichten. 1. Jg., Nr. 13	26	23
1924	April	06.	Mein Lebensgang 18 (Kapitel VII)	Das Goetheanum. 3. Jg., Nr. 35	28	118
1924	April	12.	Mein Lebensgang 19 (Kapitel 19)	Das Goetheanum. 3. Jg., Nr. 36	28	124
1924	April	13.	An die Mitglieder! Über eine Reihe anthroposophischer Veranstaltungen in Prag. Die Freie Hochschule für Geisteswissenschaft	Nachrichten. 1. Jg., Nr. 14	260a	195
1924	April	13.	Anthroposophische Leitsätze. Nr. 23 bis 25	Nachrichten. 1. Jg., Nr. 14	26	25
1924	April	20.	An die Mitglieder! Eine Erziehungstagung der Waldorfschule in Stuttgart (7.-13. April). Die Freie Hochschule für Geisteswissenschaft	Nachrichten. 1. Jg., Nr. 15	260a	199
1924	April	20.	Anthroposophische Leitsätze. Nr. 26 bis 28	Nachrichten. 1. Jg., Nr. 15	26	26
1924	April	20.	Mein Lebensgang 20 (Kapitel VII)	Das Goetheanum. 3.Jg., Nr. 37	28	132
1924	April	27.	An die Mitglieder! Eine pädagogische Veranstaltung in Bern (13.-17. April). Die Freie Hochschule für Geisteswissenschaft	Nachrichten. 1. Jg., Nr. 16	260a	220
1924	April	27.	Anthroposophische Leitsätze. Nr. 29 bis 31	Nachrichten. 1.Jg., Nr. 16	26	27
1924	April	27.	Mein Lebensgang 21 (Kapitel VIII)	Das Goetheanum. 3. Jg., Nr. 38	28	138
1924	Mai	04.	An die Mitglieder! Die Osterveranstaltung am Goetheanum. Die Freie Hochschule für Geisteswissenschaft	Nachrichten. 1. Jg., Nr. 17	260a	224
1924	Mai	04.	Mitteilungen des Vorstandes	Nachrichten. 1. Jg., Nr. 17	260a	482
1924	Mai	04.	Anthroposophische Leitsätze. Nr. 32 bis 34	Nachrichten. 1. Jg., Nr. 17	26	28

Datum			Werk-/Aufsatztitel oder Satzanfang	Titel der Erstpublikationen und Abdrucke	GA	S
1924	Mai	04.	Mein Lebensgang 22 (Kapitel VIII)	Das Goetheanum. 3. Jg., Nr. 39	28	143
1924	Mai	11.	An die Mitglieder! Totenfeiern I. II	Nachrichten. 1. Jg., Nr. 18	260a	227
1924	Mai	11.	Anthroposophische Leitsätze. Nr. 35 bis 37	Nachrichten. 1. Jg., Nr. 18	26	29
1924	Mai	11.	Mein Lebensgang 23 (Kapitel IX)	Das Goetheanum. 3. Jg., Nr. 40	28	150
1924	Mai	18.	An die Mitglieder! Die Bildnatur des Menschen	Nachrichten. 1. Jg., Nr. 19	260a	70
1924	Mai	18.	Anthroposophische Leitsätze. Nr. 38 bis 40	Nachrichten. 1. Jg., Nr. 19	26	34
1924	Mai	18.	Mein Lebensgang 24 (Kapitel IX)	Das Goetheanum. 3. Jg., Nr. 41	28	156
1924	Mai	25.	An die Mitglieder! Etwas von der Stimmung, die in den Zweigversammlungen sein sollte	Nachrichten. 1. Jg., Nr. 20	260a	73
1924	Mai	25.	Mitteilungen des Vorstandes	Nachrichten. 1. Jg., Nr. 20	260a	494
1924	Mai	25.	Anthroposophische Leitsätze. Nr. 41 bis 43	Nachrichten. 1. Jg., Nr. 20	26	35
1924	Mai	25.	Mein Lebensgang 25 (Kapitel X)	Das Goetheanum. 3. Jg., Nr. 42	28	162
1924	Juni	01.	An die Mitglieder! Noch etwas von der den Zweigversammlungen notwendigen Stimmung	Nachrichten. 1. Jg., Nr. 21	260a	75
1924	Juni	01.	Anthroposophische Leitsätze. Nr. 44 bis 46	Nachrichten. 1. Jg., Nr. 21	26	36
1924	Juni	01.	Mein Lebensgang 26 (Kapitel XI)	Das Goetheanum. 3. Jg., Nr. 43	28	169
1924	Juni	08.	An die Mitglieder! Die Stellung der Eurythmie in der Anthroposophischen Gesellschaft	Nachrichten. 1. Jg., Nr. 22	260a	232
1924	Juni	08.	Mitteilungen	Nachrichten. 1. Jg., Nr. 22	260a	496
1924	Juni	08.	Anthroposophische Leitsätze. Nr. 47 bis 49	Nachrichten. 1. Jg., Nr. 22	26	37
1924	Juni	08.	Mein Lebensgang 27 (Kapitel XII)	Das Goetheanum. 3. Jg., Nr. 44	28	174
1924	Juni	15.	An die Mitglieder! Der Besuch der Anthroposophischen Gesellschaft in Frankreich (23.–27. Mai)	Nachrichten. 1. Jg., Nr. 23	260a	239
1924	Juni	15.	Anthroposophische Leitsätze. Nr. 50 bis 52	Nachrichten. 1. Jg., Nr. 23	26	38
1924	Juni	15.	Mein Lebensgang 28 (Kapitel XII, XIII)	Das Goetheanum. 3. Jg., Nr. 45	28	179
1924	Juni	22.	An die Mitglieder! Die Veranstaltungen in Koberwitz und Breslau	Nachrichten. 1. Jg., Nr. 24	260a	315
1924	Juni	22.	Anthroposophische Leitsätze. Nr. 53 bis 55	Nachrichten. 1. Jg., Nr. 24	26	39
1924	Juni	22.	Mein Lebensgang 29 (Kapitel XIII)	Das Goetheanum. 3. Jg., Nr. 46	28	185
1924	Juni	29.	An die Mitglieder! Die Veranstaltungen in Koberwitz und Breslau	Nachrichten. 1. Jg., Nr. 25	260a	320
1924	Juni	29.	Anthroposophische Leitsätze. Nr. 56 bis 58	Nachrichten. 1. Jg., Nr. 25	26	40

Datum			Werk-/Aufsatztitel oder Satzanfang	Titel der Erstpublikationen und Abdrucke	GA	S
1924	Juni	29.	Mein Lebensgang 30 (Kapitel XIII)	Das Goetheanum. 3. Jg., Nr. 47	28	190
1924	Juli	06.	An die Mitglieder! Noch etwas über die Auswirkung der Weihnachtstagung	Nachrichten. 1. Jg., Nr. 26	260a	77
1924	Juli	06.	Anthroposophische Leitsätze. Nr. 59 bis 61	Nachrichten. 1. Jg., Nr. 26	26	41
1924	Juli	06.	Mein Lebensgang 31 (Kapitel XIII)	Das Goetheanum. 3. Jg., Nr. 48	28	196
1924	Juli	13.	An die Mitglieder! Etwas vom Geist-Verstehen und Schicksals-Erleben	Nachrichten. 1. Jg., Nr. 27	260a	80
1924	Juli	13.	Anthroposophische Leitsätze. Nr. 62 bis 65	Nachrichten. 1. Jg., Nr. 27	26	46
1924	Juli	13.	Mein Lebensgang 32 (Kapitel XIII, XIV)	Das Goetheanum. 3. Jg., Nr. 49	28	202
1924	Juli	20.	An die Mitglieder! Laut-Eurythmie-Kurs	Nachrichten. 1. Jg., Nr. 28	260a	330
1924	Juli	20.	Anthroposphische Leitsätze. Nr. 66 bis 68	Nachrichten. 1. Jg., Nr. 28	26	46
1924	Juli	20.	Mein Lebensgang 33 (Kapitel XIV)	Das Goetheanum. 3. Jg., Nr. 50	28	209
1924	Juli	27.	An die Mitglieder! Geistige Weltbereiche und menschliche Selbsterkenntnis	Nachrichten. 1. Jg., Nr. 29	26	52
1924	Juli	27.	Anthroposophische Leitsätze. Nr. 69 bis 71	Nachrichten. 1. Jg., Nr. 29	26	52
1924	Juli	27.	Mein Lebensgang 34 (Kapitel XV)	Das Goetheanum. 3. Jg., Nr. 51	28	216
1924	Aug.	03.	An die Mitglieder! Über die anthroposophisch-pädagogische Tagung in Holland	Nachrichten. 1. Jg., Nr. 30	260a	347
1924	Aug.	03.	Anthroposophische Leitsätze. Nr. 72 bis 75	Nachrichten. 1. Jg., Nr. 30	26	53
1924	Aug.	03.	Mein Lebensgang 35 (Kapitel XV)	Das Goetheanum. 3. Jg., Nr. 52	28	222
1924	Aug.	10.	An die Mitglieder! Wie die Leitsätze anzuwenden sind	Nachrichten. 1. Jg., Nr. 31	260a	84
1924	Aug.	10.	Ankündigung der medizinischen Sektion am Goetheanum	Nachrichten. 1. Jg., Nr. 31	260a	376
1924	Aug.	10.	Anthroposophische Leitsätze. Nr. 76 bis 78	Nachrichten. 1. Jg., Nr. 31	26	58
1924	Aug.	10.	Mein Lebensgang 36 (Kapitel XV, XVI)	Das Goetheanum. 3. Jg., Nr. 53	28	227
1924	Aug.	17.	An die Mitglieder! Im Anbruch des Michael-Zeitalters	Nachrichten. 1. Jg., Nr. 32	26	62
1924	Aug.	17.	Vortragsveranstaltungen und Kurse am Goetheanum	Nachrichten. 1. Jg., Nr. 32	260a	376
1924	Aug.	17.	Anthroposophische Leitsätze. Nr. 79 bis 81	Nachrichten. 1. Jg., Nr. 32	26	62
1924	Aug.	17.	Mein Lebensgang 37 (Kapitel XVI)	Das Goetheanum. 3. Jg., Nr. 54	28	233
1924	Aug.	24.	An die Mitglieder! Unsre Sommerkurse in Torquay	Nachrichten. 1. Jg., Nr. 33	260a	366
1924	Aug.	24.	Anthroposophische Leitsätze. Nr. 82 bis 84	Nachrichten. 1. Jg., Nr. 33	26	64
1924	Aug.	24.	Mein Lebensgang 38 (Kapitel XVII)	Das Goetheanum. 3. Jg., Nr. 55	28	239

Datum			Werk-/Aufsatztitel oder Satzanfang	Titel der Erstpublikationen und Abdrucke	GA	S
1924	Aug.	31.	An die Mitglieder! Die menschliche Seelenverfassung vor dem Anbruch des Michael-Zeitalters	Nachrichten. 1. Jg., Nr. 34	26	65
1924	Aug.	31.	Anthroposophische Leitsätze. Nr. 85 bis 87	Nachrichten. 1. Jg., Nr. 34	26	68
1924	Aug.	31.	Mein Lebensgang 39 (Kapitel XVII, XVIII)	Das Goetheanum. 3.Jg., Nr. 56	28	244
1924	Sept.	07.	An die Mitglieder! Aphorismen aus einem am 24. August in London gehaltenen Mitgliedervortrag	Nachrichten. 1. Jg., Nr. 35	26	69
1924	Sept.	07.	Anthroposophische Leitsätze. Nr. 88 bis 90	Nachrichten. 1. Jg., Nr. 35	26	72
1924	Sept.	07.	Mein Lebensgang 40 (Kapitel XVIII)	Das Goetheanum. 3. Jg., Nr. 57	28	250
1924	Sept.	14.	An die Mitglieder! Aus dem Kursus über Sprachgestaltung und dramatische Kunst am Goetheanum	Nachrichten. 1. Jg., Nr. 36	260a	387
1924	Sept.	14.	Anthroposophische Leitsätze. Nr. 91 bis 93	Nachrichten. 1. Jg., Nr. 36	26	73
1924	Sept.	14.	Mein Lebensgang 41 (Kapitel XVIII)	Das Goetheanum. 3. Jg., Nr. 58	28	254
1924	Sept.	21.	An die Mitglieder! Weiteres über den Kursus «Sprachgestaltung und dramatische Darstellungskunst» am Goetheanum	Nachrichten. 1. Jg., Nr. 37	260a	390
1924	Sept.	21.	Anthroposophische Leitsätze. Nr. 94 bis 96	Nachrichten. 1. Jg., Nr. 37	26	73
1924	Sept.	21.	Mein Lebensgang 42 (Kapitel XVIII)	Das Goetheanum. 3. Jg., Nr. 59	28	259
1924	Sept.	28.	An die Mitglieder! Weiteres über den Kursus «Sprachgestaltung und dramatische Darstellungskunst» am Goetheanum: Das Bühnenbild und die Regiekunst	Nachrichten. 1. Jg., Nr. 38	260a	393
1924	Sept.	28.	Anthroposophische Leitsätze. Nr. 97 bis 99	Nachrichten. 1. Jg., Nr. 38	26	74
1924	Sept.	28.	Mein Lebensgang 43 (Kapitel XIX)	Das Goetheanum. 3. Jg., Nr. 60	28	266
1924	Okt.	05.	An die Mitglieder! Worte, die ich anläßlich des im September am Goetheanum abgehaltenen Kurses über die Apokalypse aussprechen möchte	Nachrichten. 1. Jg., Nr. 39	260a	395
1924	Okt.	05.	Anthroposophische Leitsätze. Nr. 100 bis 102	Nachrichten. 1. Jg., Nr. 39	26	75
1924	Okt.	05.	Mein Lebensgang 44 (Kapitel XIX)	Das Goetheanum. 3. Jg., Nr. 61	28	269
1924	Okt.	12.	An die Mitglieder! Der Vor-Michaelische und der Michaels-Weg	Nachrichten. 1. Jg., Nr. 40	26	76
1924	Okt.	12.	Anthroposophische Leitsätze. Nr. 103 bis 105	Nachrichten. 1. Jg., Nr. 40	26	80
1924	Okt.	12.	Mein Lebensgang 45 (Kapitel XIX)	Das Goetheanum. 3. Jg., Nr. 62	28	274
1924	Okt	19.	An die Mitglieder! Michaels-Aufgabe in der Ahriman-Sphäre	Nachrichten. 1. Jg., Nr. 41	26	82
1924	Okt.	19.	Anthroposophische Leitsätze. Nr. 106 bis 108	Nachrichten. 1. Jg., Nr. 41	26	86

Datum			Werk-/Aufsatztitel oder Satzanfang	Titel der Erstpublikationen und Abdrucke	GA	S
1924	Okt.	19.	Mein Lebensgang 46 (Kapitel XX)	Das Goetheanum. 3. Jg., Nr. 63	28	281
1924	Okt.	25.	Der Wiederaufbau des Goetheanum	Basler Nachrichten. 80. Jg., Nr. 440. Beilage 25./26.Okt.	36	368
1924	Okt.	26.	An die Mitglieder! Michaels-Erfahrungen und Erlebnisse während der Erfüllung seiner kosmischen Mission	Nachrichten. 1. Jg., Nr. 42	26	88
1924	Okt.	26.	Anthroposophische Leitsätze. Nr. 109 bis 111	Nachrichten. 1. Jg., Nr. 42	26	93
1924	Okt.	26.	Mein Lebensgang 47 (Kapitel XX)	Das Goetheanum. 3.Jg., Nr. 64	28	287
1924	Okt.	26.	Anspruchslose aphoristische Bemerkungen über das Buch: Reformation oder Anthroposophie? von Edmund Ernst	Das Goetheanum. 3. Jg., Nr. 64	36	239
1924	Nov.	01.	Das zweite Goetheanum	National-Zeitung. 82. Jg., Nr. 513	260a	552
1924	Nov.	02.	An die Mitglieder! Menschheitszukunft und Michael-Tätigkeit	Nachrichten. 1. Jg., Nr. 43	26	94
1924	Nov.	02.	Anthroposophische Leitsätze. Nr. 112 bis 114	Nachrichten. 1. Jg., Nr. 43	26	99
1924	Nov.	02.	Mein Lebensgang 48 (Kapitel XX)	Das Goetheanum. 3. Jg., Nr. 65	28	294
1924	Nov.	02.	Albert Steffen: Das Viergetier	Das Goetheanum. 3. Jg., Nr. 65	36	201
1924	Nov.	09.	An die Mitglieder! Das Michael-Christus-Erlebnis des Menschen	Nachrichten. 1. Jg., Nr. 44	26	101
1924	Nov.	09.	Anthroposophische Leitsätze. Nr. 115 bis 117	Nachrichten. 1. Jg., Nr. 44	26	106
1924	Nov.	09.	Mein Lebensgang 49 (Kapitel XXI)	Das Goetheanum. 3. Jg., Nr. 66	28	302
1924	Nov.	09.	Alois Magers Schrift «Theosophie und Christentum». Mein Erlebnis beim Lesen dieser Schrift	Das Goetheanum. 3. Jg., Nr. 66	36	244
1924	Nov.	16.	An die Mitglieder! Michaels Mission im Weltenalter der Menschen-Freiheit	Nachrichten. 1. Jg., Nr. 45	26	107
1924	Nov.	16.	Anthroposphische Leitsätze. Nr. 118 bis 120	Nachrichten. 1. Jg., Nr. 45	26	113
1924	Nov.	16.	Mein Lebensgang 50 (Kapitel XXI)	Das Goetheanum. 3. Jg., Nr. 67	28	308
1924	Nov.	23.	An die Mitglieder! Die Weltgedanken im Wirken Michaels und im Wirken Ahrimans	Nachrichten. 1. Jg., Nr. 46	26	114
1924	Nov.	23.	Anthroposophische Leitsätze. Nr. 121 bis 123	Nachrichten. 1. Jg., Nr. 46	26	119
1924	Nov.	23.	Mein Lebensgang 51 (Kapitel XXII)	Das Goetheanum. 3. Jg., Nr. 68	28	316
1924	Nov.	30.	An die Mitglieder! Erste Betrachtung: Vor den Toren der Bewußtseinsseele. Wie Michael seine Erdenmission durch Besiegung Luzifers überirdisch vorbereitet	Nachrichten. 1. Jg., Nr. 47	26	121
1924	Nov.	30.	Anthroposophische Leitsätze. Nr. 124 bis 126	Nachrichten. 1. Jg., Nr. 47	26	132

Datum			Werk-/Aufsatztitel oder Satzanfang	Titel der Erstpublikationen und Abdrucke	GA	S
1924	Nov.	30.	Mein Lebensgang 52 (Kapitel XXII)	Das Goetheanum. 3. Jg., Nr. 69	28	323
1924	Dez.	07.	An die Mitglieder! 2. Betrachtung: Wie die Michael-Kräfte in die ersten Entfaltung der Bewußtseinsseele wirken	Nachrichten. 1. Jg., Nr. 48	26	133
1924	Dez.	07.	Mitteilung (den Bau betreffend)	Nachrichten. 1. Jg., Nr. 48	260a	555
1924	Dez.	07.	Anthroposophische Leitsätze. Nr. 127 bis 130	Nachrichten. 1. Jg., Nr. 48	26	140
1924	Dez.	07.	Mein Lebensgang 53 (Kapitel XXIII, XXIV)	Das Goetheanum. 3. Jg., Nr. 70	28	331
1924	Dez.	14.	An die Mitglieder! Fortsetzung der zweiten Betrachtung: Hemmungen und Förderungen der Michael-Kräfte im aufkommenden Zeitalter der Bewußtseinsseele	Nachrichten. 1. Jg., Nr. 49	26	141
1924	Dez.	14.	Anthroposophische Leitsätze. Nr. 131 bis 133	Nachrichten. 1. Jg., Nr. 49	26	148
1924	Dez.	14.	Mein Lebensgang 54 (Kapitel XXIV)	Das Goetheanum. 3. Jg., Nr. 71	28	339
1924	Dez.	18.	Der Wiederaufbau des Goetheanum (Abdruck. Siehe auch 25./26. Okt. 1924)	Das Goetheanum. 3. Jg., Sondernummer	36	368
1924	Dez.	21.	An die Mitglieder! Dritte Betrachtung: Michaels Leid über die Menschheitsentwickelung vor der Zeit seiner Erdenwirksamkeit.	Nachrichten. 1. Jg., Nr. 50	26	149
1924	Dez.	21.	Anthroposophische Leitsätze. Nr. 134 bis 136	Nachrichten. 1. Jg. Nr. 50	26	156
1924	Dez.	21.	Mein Lebensgang 55 (Kapitel XXIV)	Das Goetheanum. 3. Jg., Nr. 72	28	345
1924	Dez.	28.	Weihnachtsbetrachtung: Das Logos-Mysterium	Nachrichten. 1.Jg., Nr. 51	26	157
1924	Dez.	28.	Anthroposophische Leitsätze. Nr. 137 bis 139	Nachrichten. 1. Jg., Nr. 51	26	166
1924	Dez.	28.	Mein Lebensgang 56 (Kapitel XXV)	Das Goetheanum. 3. Jg., Nr. 73	28	353
1925			Anthroposophischer Seelenkalender (Neuauflage. Siehe auch 1912)	Ebenso	40	
1925			Die geistige Führung des Menschen und der Menschheit. Geisteswissenschaftliche Ergebnisse über die Menschheits-Entwickelung (Neuauflage. Siehe auch 1911)	Ebenso	15	
1925			Die Pforte der Einweihung (Initiation). Ein Rosenkreuzertum (Neuauflage. Siehe auch 1910)	Ebenso	14	
1925			Das Christentum als mystische Tatsache und die Mysterien des Altertums (Neuauflage. Siehe auch 1902)	Ebenso	8	
1925			Wahrheit und Wissenschaft. Vorspiel einer «Philosophie der Freiheit» (Neuauflage. Siehe auch 1892)	Ebenso	3	
1925			Vorrede zur 16. bis 20. Auflage von «die Geheimwissenschaft im Umriß»	Die Geheimwissenschaft im Umriß	13	

Datum			Werk-/Aufsatztitel oder Satzanfang	Titel der Erstpublikationen und Abdrucke	GA	S
1925			Wahrspruchworte (Ausgewählte Dichtungen mit Vorwort der Herausgeberin Marie Steiner)	Ebenso	40	
1925	Jan.	04.	An die Mitglieder! Himmelsgeschichte. Mythologische Geschichte. Erdgeschichte. Mysterium von Golgatha	Nachrichten. 2.Jg., Nr. 1	26	167
1925	Jan.	04.	Anthroposophische Leitsätze. Nr. 140 bis 143	Nachrichten. 2. Jg., Nr. 1	26	176
1925	Jan.	04.	Mein Lebensgang 57 (Kapitel XXV, XXVI)	Das Goetheanum. 4. Jg., Nr. 1	28	358
1925	Jan.	04.	Fußnote zu «Die Gründungsgeschichte Alexandriens» von Walter Johannes Stein	Das Goetheanum. 4. Jg., Nr. 1	(B)	
1925	Jan.	11.	An die Mitglieder! Was sich offenbart, wenn man in die wiederholten Erdenleben zurückschaut	Nachrichten. 2. Jg., Nr. 2	26	177
1925	Jan.	11.	Anthroposophische Leitsätze. Nr. 144 bis 146	Nachrichten. 2. Jg., Nr. 2	26	182
1925	Jan.	11.	Mein Lebensgang 58 (Kapitel XXVII)	Das Goetheanum. 4. Jg., Nr. 2	28	367
1925	Jan.	18.	An die Mitglieder! Erster Teil der Betrachtung: Was offenbart sich, wenn man in die vorigen Leben zwischen Tod und neuer Geburt zurückschaut?	Nachrichten. 2. Jg., Nr. 3	26	183
1925	Jan.	18.	Anthroposophische Leitsätze. Nr. 147 bis 149	Nachrichten. 2. Jg., Nr. 3	26	188
1925	Jan.	18.	Mein Lebensgang 59 (Kapitel XXVIII, XXIX)	Das Goetheanum. 4. Jg., Nr. 3	28	375
1925	Jan.	25.	An die Mitglieder! Zweiter Teil der Betrachtung: Was offenbart sich, wenn man in die vorigen Leben zwischen Tod und neuer Geburt zurückschaut?	Nachrichten. 2. Jg., Nr. 4	26	189
1925	Jan.	25.	Anthroposophische Leitsätze. Nr. 150 bis 152	Nachrichten. 2.Jg., Nr. 4	26	196
1925	Jan.	25.	Mein Lebensgang 60 (Kapitel XXIX)	Das Goetheanum. 4. Jg., Nr. 4	28	381
1925	Febr.	01.	An die Mitglieder! Was ist die Erde in Wirklichkeit im Makrokosmos?	Nachrichten. 2. Jg., Nr. 5	26	197
1925	Febr.	01.	Anthroposophische Leitsätze. Nr. 153 bis 155	Nachrichten. 2. Jg., Nr. 5	26	201
1925	Febr.	01.	Mein Lebensgang 61 (Kapitel XXX)	Das Goetheanum. 4. Jg., Nr. 5	28	391
1925	Febr.	08.	Anthroposophische Leitsätze. Nr. 156 bis 158	Nachrichten. 2. Jg., Nr. 6	26	206
1925	Febr.	08.	An die Mitglieder! Schlaf und Wachen im Lichte der vorangegangenen Betrachtungen	Nachrichten. 2. Jg., Nr. 6	26	202
1925	Febr.	08.	Mein Lebensgang 62 (Kapitel XXX)	Das Goetheanum. 4. Jg., Nr. 6	28	398
1925	Febr.	15.	An die Mitglieder! Gnosis und Anthroposophie	Nachrichten. 2. Jg., Nr. 7	26	207
1925	Febr.	15.	Anthroposophische Leitsätze. Nr. 159 bis 161	Nachrichten. 2. Jg., Nr. 7	26	212

Datum			Werk-/Aufsatztitel oder Satzanfang	Titel der Erstpublikationen und Abdrucke	GA	S
1925	Febr.	15.	Mein Lebensgang 63 (Kapitel XXXI)	Das Goetheanum. 4. Jg., Nr. 7	28	407
1925	Febr.	22.	An die Mitglieder! Die Freiheit des Menschen und das Michael-Zeitalter	Nachrichten. 2. Jg., Nr. 8	26	213
1925	Febr.	22.	Anthroposophische Leitsätze. Nr. 162 bis 164	Nachrichten. 2. Jg., Nr. 8	26	218
1925	Febr.	22.	Mein Lebensgang 64 (Kapitel XXXII)	Das Goetheanum. 4. Jg., Nr. 8	28	416
1925	Febr.	22.	Albert Steffen «Pilgerfahrt zum Lebensbaum» (1. Teil)	Das Goetheanum. 4. Jg., Nr. 8	36	210
1925	März	01.	An die Mitglieder! Wo ist der Mensch als denkendes und sich erinnerndes Wesen?	Nachrichten. 2. Jg., Nr. 9	26	219
1925	März	01.	Anthroposophische Leitsätze. Nr. 165 bis 167	Nachrichten. 2. Jg., Nr. 9	26	223
1925	März	01.	Mein Lebensgang 65 (Kapitel XXXII)	Das Goetheanum. 4. Jg., Nr. 9	28	423
1925	März	01.	Albert Steffen «Pilgerfahrt zum Lebensbaum» (1. Forts.)	Das Goetheanum. 4. Jg., Nr. 9	36	213
1925	März	08.	An die Mitglieder! Der Mensch in seiner makrokosmischen Wesenheit	Nachrichten. 2. Jg., Nr. 10	26	224
1925	März	08.	Anthroposophische Leitsätze. Nr. 168 bis 170	Nachrichten. 2.Jg., Nr. 10	26	230
1925	März	08.	Mein Lebensgang 66 (Kapitel XXXIII, XXXIV)	Das Goetheanum. 4. Jg., Nr. 10	28	432
1925	März	08.	Albert Steffen «Pilgerfahrt zum Lebensbaum» (Schluß)	Das Goetheanum. 4. Jg., Nr. 10	36	218
1925	März	15.	An die Mitglieder! Des Menschen Sinnes- und Denk-Organisation im Verhältnis zur Welt	Nachrichten. 2. Jg., Nr. 11	26	231
1925	März	15.	Anthroposophische Leitsätze. Nr. 171 bis 173	Nachrichten. 2. Jg., Nr. 11	26	236
1925	März	15.	Mein Lebensgang 67 (Kapitel XXXV)	Das Goetheanum. 4. Jg., Nr. 11	28	440
1925	März	22.	An die Mitglieder! Gedächtnis und Gewissen	Nachrichten. 2. Jg., Nr. 12	26	237
1925	März	22.	Mitteilung des Vorstandes. (Bericht über die Versammlung vom 8. Februar 1925)	Nachrichten. 2. Jg., Nr. 12	260a	567
1925	März	22.	Anthroposophische Leitsätze. Nr. 174 bis 176	Nachrichten. 2. Jg., Nr. 12	26	242
1925	März	22.	Mein Lebensgang 68 (Kapitel XXXVI)	Das Goetheanum. 4. Jg., Nr. 12	28	446
1925	März	29.	An die Mitglieder! Das scheinbare Erlöschen der Geist-Erkenntnis in der Neuzeit	Nachrichten. 2. Jg., Nr. 13	26	243
1925	März	29.	Anthroposophische Leitsätze. Nr. 177 bis 179	Nachrichten. 2. Jg., Nr. 13	26	248
1925	März	29.	Mein Lebensgang 69 (Kapitel XXXVII)	Das Goetheanum. 4. Jg., Nr. 13	28	453
1925	März	30.	Todestag von Rudolf Steiner			

Datum	Werk-/Aufsatztitel oder Satzanfang	Titel der Erstpublikationen und Abdrucke	GA	S
	Publikationen nach dem Todestag:			
1925 April 05.	An die Mitglieder! Die geschichtlichen Erschütterungen beim Heraufkommen der Bewußtseinsseele	Nachrichten. 2. Jg., Nr. 14	26	249
1925 April 05.	Anthroposophische Leitsätze. Nr. 180 bis 182	Nachrichten. 2. Jg., Nr. 14	26	254
1925 April 05.	Mein Lebensgang 70 (Kapitel XXXVIII)	Das Goetheanum. 4. Jg., Nr. 14	28	460
1925 April 12.	An die Mitglieder! Von der Natur zur Unter-Natur	Nachrichten. 2. Jg., Nr. 15	26	255
1925 April 12.	Anthroposophische Leitsätze. Nr. 183 bis 185	Nachrichten. 2. Jg., Nr. 15	26	259
1925	Mein Lebensgang. Eine nicht vollendete Autobiographie, mit einem Nachwort herausgegeben von Marie Steiner	Ebenso	28	
1925	Grundlegendes für eine Erweiterung der Heilkunst nach geisteswissenschaftlichen Erkenntnissen (Mit Vor- und Nachwort der Herausgeberin und Mitarbeiterin Dr. med. Ita Wegman)	Ebenso	27	
	Goethes naturwissenschaftliche Schriften	Ebenso, 1926	1	
	Die Memoranden vom Juli 1917: 1. Memorandum	In: Arthur Polzer-Hoditz, Kaiser Karl, Wien 1929	24	339
	2. Memorandum, letzte Fassung	In: Roman Boos, Rudolf Steiner während des Weltkrieges, 1933	24	362
	2. Memorandum, erste Fassung	Anthroposophie. 16. Jg. 1933/34	24	381
	Über das Komische und seinen Zusammenhang mit Kunst und Leben	Anthroposophie. 17. Jg. 1934	46	
	Die Theosophie und das Geistesleben der Gegenwart	Die Drei. 18. Jg., Nr. 2/3, 1938	35	145
	Ein Wort über Theosophie auf dem Vierten Internationalen Kongreß für Philosophie	Die Drei. 18. Jg., Nr. 2/3, 1938	35	152
	Die Natur, aphoristisch, von Goethe, eingerichtet von Dr. Rudolf Steiner	In: Veröffentlichungen aus dem literarischen Frühwerk. Heft 2, 1938	281	
	Einzig mögliche Kritik der atomistischen Begriffe	Das Goetheanum. 18. Jg., Nr. 23 und 24, 1939	B 63	
	Die Atomistik und ihre Widerlegung (23. Sept. 1890)	In: Veröffentlichungen aus dem literarischen Frühwerk. Heft 19, Dornach 1941	B 63	
	Leitgedanken für eine zu gründende Unternehmung	In: Emil Leinhas, Aus der Arbeit mit Rudolf Steiner, Basel 1950	24	460
	Leitsätze für die Dreigliederungsarbeit	In: Emil Leinhas, Aus der Arbeit mit Rudolf Steiner, Basel 1950	24	434

Datum	Werk-/Aufsatztitel oder Satzanfang	Titel der Erstpublikationen und Abdrucke	GA	S
	Programmbegrenzung des «kommenden Tages»	In: Aufsätze über die Dreigliederung des Sozialen Organismus und zur Zeitlage 1915-1921, 1961	24	476
	Die okkulte Grundlage in Goethes Schaffen	Nachrichten der Rudolf Steiner-Nachlaß-verwaltung. Nr. 10, 1963	35	19
	Theosophie in Deutschland vor hundert Jahren (Autoreferat eines Vortrages, gehalten am 4. Juni 1906 in Paris)	Nachrichten der Rudolf Steiner-Nachlaß-verwaltung. Nr. 11 1963	35	43

Verzeichnis der Periodika

Die Periodika, die im Register erwähnt werden, sind hier in alphabetischer Reihenfolge verzeichnet. In den angegebenen Jahren sind Artikel von Rudolf Steiner enthalten.

Allgemeine Zeitung, Beilage. München 1896, 1897
Anthroposophie. Stuttgart 1922-1924
Anthroposophie, Österreichischer Bote. Wien 1922, 1923
Basler Nachrichten. Basel 1924
Berichte des Freien Deutschen Hochstiftes. Frankfurt a.M. 1894
Chronik des Wiener Goethe-Vereins. Wien 1886,1887-1889, 1891
Deutsche Lesehalle für alle Stände. Hermannstadt 1884
Deutsche Post. Berlin 1888, 1889
Deutsche Presse. Graz 1886, 1887
Deutsche Wochenschrift. Wien 1885, 1888
Deutsche Worte. Wien 1889, 1891
Deutsche Zeitung. Wien 1884
Deutscher Buch- und Steindrucker. Berlin 1900
Deutschland, Zeitung. Weimar (Weimarische Landeszeitung) 1894, 1896, 1904
Dramaturgische Blätter. Berlin (Beiblatt zum «Das Magazin für Literatur») 1898, 1899
Die Drei. Stuttgart 1921-1923
Dreigliederung. (Abkürzung im Register) Siehe: Dreigliederung des sozialen Organismus
Dreigliederung des sozialen Organismus. Stuttgart 1919-1922
Frankfurter Universitätszeitung. Frankfurt 1921
Der Freidenker. Berlin 1902
Freie Schlesische Presse. Troppau 1886
Die Gesellschaft. Dresden und Leipzig 1899-1901
Das Goetheanum. Internationale Wochenschrift für Anthroposophie und soziale Dreigliederung. Dornach 1921-1925
Goethe-Jahrbuch. Frankfurt a.M. 1891-1896
Die Kriegslese. Stuttgart 1916
Literarischer Merkur. Weimar 1891-1893
Luzifer. Berlin 1903
Lucifer-Gnosis. Leipzig 1904, Berlin ab Juni 1905-1908
Das Magazin für Literatur. Berlin 1894-1901
Mitteilungen aus dem Verein zur Abwehr des Antisemitismus. Berlin 1901
Mitteilungen für die Mitglieder der Anthroposophischen Gesellschaft (theosophischen Gesellschaft). Herausgegeben von Mathilde Scholl. Berlin 1913, 1914
Mitteilungen für die Mitglieder der Deutschen Sektion der Theosophischen Gesellschaft (Hauptquartier Adyar). Herausgegeben von Mathilde Scholl. Berlin 1905, 1907, 1908, 1910-1913
Mitteilungsblatt für die Mitglieder des Vereins-Freie Waldorfschule. Stuttgart 1922
Monatsblätter des Wissenschaftlichen Club in Wien. Wien 1893
Nachrichten (Abkürzung im Register). Siehe: Was in der Anthroposophischen Gesellschaft vorgeht
Die Nation. Berlin 1900
National-Zeitung. Basel 1924
Nationale Blätter. Wien 1889, 1890
Neue Badische Landeszeitung. Mannheim 1917
Neue Schweizer-Zeitung, Beilage. Zürich 1920
Psychische Studien. Leipzig 1902
Das Reich. München 1916-1919
Sächsische Arbeiter-Zeitung und Volksfreund. Nach der Arbeit. Unterhaltungsblatt. Dresden 1901
Schriften der Goethe-Gesellschaft. Weimar 1892
Soziale Zukunft. Zürich 1919, Dornach 1920, Stuttgart 1921
Tagblatt für das Birseck-, Birsig- und Leimental. Arlesheim 1914
Transactions of the Federation of the European Sections of the Theosophical Society. Amsterdam 1906
Die Tribüne. Tübingen 1919

Der Vâhan. Leipzig 1901
Vorwärts. Unterhaltungsblatt. Berlin 1900
Waldorf-Nachrichten. Stuttgart 1919-1921
Was in der Anthroposophischen Gesellschaft vorgeht. Nachrichten für deren Mitglieder. Beilage zur Wochenschrift «Das Goetheanum». Dornach 1924, 1925
Weimarische Zeitung. Weimar 1891, 1894
Wiener Klinische Rundschau. Wien 1900, 1901
Zeitschrift für Vergleichende Literaturgeschichte. Berlin 1887
Die Zukunft. Berlin 1892, 1893, 1900

Veröffentlichungen aus dem Frühwerk

Verzeichnis der Hefte I bis XXVI

I Goethes Naturanschauung gemäß den neuesten Veröffentlichungen des Goethe-Archivs (1894). Dornach 1938

II Zu dem «Fragment» über die Natur, von Goethe (1892). Die Natur, aphoristisch, von Goethe, mit Anmerkungen von Dr. R. Steiner (1887). Die Natur, aphoristisch von Goethe, eingerichtet von Dr. R. Steiner (1920). Goethes Recht in der Naturwissenschaft (1884). Dornach 1938

III Zu Ibsens 70. Geburtstage (1898). Zur dramatischen Technik Ibsens (1898). «Wenn wir Toten erwachen», Besprechung (1899). «Der Bund der Jugend», Besprechung (1900). Das Ibsen-Theater, Besprechung (1898). Ibsen als Tragiker, Besprechung (1899). Über eine Aufführung des «Brand», Kritik (1898). Dornach 1938; 1946

IV Dichter und Denker im 19. Jahrhundert (Geschrieben 1898-1900). Dornach 1938

V Zur Einführung. Von dem Werte des Theaters als Kunstanstalt. Grundtypen und Grundmotive in der dramatischen und Schauspielkunst. Vom Schauspieler. Die Frage nach einer Schule der Regie. Das Verhältnis von Kunst und Staat. (1898). Dornach 1939

VI Von der «modernen Seele» (1900). Dornach 1939; 1947

VII Der Individualismus in der Philosophie. Ein Überblick über die abendländische Philosophie seit Thales (1899). Dornach 1939

VIII Hochschulpädagogik und öffentliches Leben. (Beiträge aus den Jahren 1888-1900). Dornach 1939

IX Theater, Schauspiel und Schauspielkunst. 3. Folge: Wiener Theaterverhältnisse (1889-90 / 1898-99). Dornach 1939

X Aufsätze über die deutsche Philosophie (aus den Jahren 1886-1900). Dornach 1939

XI Theater. Schauspiel und Schauspielkunst, 4. Folge. Dornach 1940

XII Friedrich Nietzsche (Beiträge aus den Jahren 1892-1901). Mit einem Geleitwort von Marie Steiner. Dornach 1940

XIII Gutenbergs Tat als Markstein der Kulturentwicklung. Die Druckkunst zur Feier des 500. Geburtstages ihres Schöpfers. (Zwei Beiträge aus dem Jahre 1900) Mit einem Geleitwort von Marie Steiner. Dornach 1940

XIV Über Wahrheit und Wahrscheinlichkeit der Kunstwerke. Moderne Kritik. Das Schöne und die Kunst. Über die Berechtigung der Kunst. Auch ein Kapitel zur «Kritik der Moderne» Jacob Burckhardt. Herman Grimm. Karl Frenzel. Robert Zimmermann. Besprechungen. Goethe als Ästhetiker. Dornach 1941

XV Goethes geheime Offenbarung. Goethe und die Medizin. Weimar im Mittelpunkt des deutschen Geisteslebens. Faust nach Goethes eigener Methode erläutert. Goethetage in Weimar. Buchbesprechungen. Chronik. Anhang: Briefe von Fichte an Goethe und Schiller mit Erläuterungen von Rudolf Steiner. Dornach 1942

XVI Goethe-Studien: Grund-Ideen zum Verständnis des Goetheschen Innenlebens. Moral und Christentum. Alte und neue Moralbegriffe. Eine Gesellschaft für ethische Kultur. Moritz von Egidy. Buchbesprechungen. Dornach 1943

XVII Zeitprobleme um die Jahrhundertwende. Historische, soziale und kulturgeschichtliche Beiträge. Dornach 1943

XVIII Betrachtungen über politische und kulturelle Ereignisse vom 30. Dezember 1887 bis 18. Juli 1888 aus der Zeitung «Deutsche Wochenschrift». Dornach 1944

XIX Naturwissenschaft und Seelenkunde. Dornach 1941

XX Leser und Kritiker. Friedrich Schiller. Ferdinand Freiligrath. Hoffmann von Fallersleben. Wilhelm Jordan. Willibald Alexis. Wolfgang Menzel. Dornach 1945

XXI Die Hauptströmungen der deutschen Literatur von der Revolutionszeit (1848) bis zur Gegenwart. Ludwig Jacobowski. John Henry Mackay. Idole und Beichten. Ein Wiener Dichter. Wieder ein Geist aus dem Volke. Die lachende Dame. Buchbesprechungen. Chronik. Dornach 1946

XXII Ahasver. Der Wissenschaftsbeweis der Antisemiten. Verschämter Antisemitismus. Idealismus gegen Antisemitismus. Adolf Bartels, der Literarhistoriker. «Die Post» als Anwalt des Germanentums. Zweierlei Maß. Ein Heine-Hasser. Buchbesprechungen. Die Sehnsucht der Juden nach Palästina. Dornach 1947

XXIII Ludwig Anzengruber. Marie von Ebner-Eschenbach. Robert Hamerling. Fercher von Steinwand. Marie Eugenie delle Grazie. Rosa Mayreder. Buchbesprechungen. Chronik. Dornach 1948

XXIV Max Stirner. Voilà un homme. Max Stirner und Friedrich Nietzsche. Ein unbekannter Aufsatz von Max Stirner. Max Stirner: Über Bruno Bauers «Posaune des jüngsten Gerichts». Maeterlinck, der «freie Geist». Die Weltanschauung Dostojewskis und Tolstois. Balzac, zu dessen hundersten Geburtstag. Die Instinkte der Franzosen. Zolas Schwur und die Wahrheit über Dreyfus. Literatenklugheit und Teufelsinsel. Dreyfus-Briefe. Emile Zola an die Jugend. Chronik. Dornach 1958

XXV Deutsche Literatur und Gesellschaft im neunzehnten Jahrhundert. Buchbesprechungen: Carl Hauptmnann · Clara Viebig · Anselm Heine · Franz Ferdinand Heitmüller · Emil Marriot · Ernst Georgy · Franz Servaes. Neue Bücher. Ein Gottsched-Denkmal. Chronik. Dornach 1958

XXVI Ludwig Jacobowski 1868-1900, Leben und Werk des Dichters. Lyrik der Gegenwart. Ein Überblick 1899. Neue Bücher 1898-1900. Dornach 1958

Die vorstehend genannten Hefte sind auch als Sammelbände mit neuer Seitennumerierung erschienen:

Band I.	Heft 1-10.	Mit einer Einführung von Marie Steiner. Dornach 1939
Band II.	Heft 11.	Theater. Schauspiel und Schauspielkunst. 4. Folge. Dornach 1940 (gleiche Ausgabe wie das Einzelheft XI)
Band III.	Heft 12-18.	Dornach 1944
Band IV.	Heft 19.	Naturwissenschaft und Seelenkunde. Dornach 1941 (gleiche Ausgabe wie das Einzelheft XIX)
Band V.	Heft 20-26.	Dornach 1958

Noch nicht gefundene Abhandlungen und bezüglich der Autorschaft nicht verbürgte Artikel

Nachfolgend werden weitere Aufsätze genannt, deren Texte bis heute entweder noch nicht gefunden wurden oder bezüglich deren Autorschaft nicht verbürgt sind. Die Wiedergabe der vermuteten Publikationen aus der Bibliographie von C.S. Picht «Das literarische Lebenswerk Rudolf Steiners» erfolgt pro memoria und in der Hoffnung, daß sich doch noch etwas finden läßt. Diese Aufsätze sind im Register nicht enthalten.

Noch nicht gefundene Abhandlungen:

1882/ Drei Beiträge in «Freie Schlesische Presse», Troppau
1883 – Goethe und Shakespeare, eine Parallele

- Über Hermann Hettner
- Auf der Höhe
- Über Lessing (?).

1884 Besprechung des Buches «Arnold Böcklins Gefilde der Seligen und Goethes Faust von Dr. Guido Hauck», Berlin

Referat über den Vortrag von Hans Olden «Über Romantik» (Weimar ?)

Autoreferate über Vorträge bei Beginn der Tätigkeit im Rahmen der Theosophischen Gesellschaft in Berlin und anderen Städten Deutschlands (es sind nur einige nachgewiesen und mehrere fraglich aus Weimar bekannt).

Bezüglich der Autorschaft nicht verbürgte Artikel:

1888 In «Deutsche Wochenschrift», Berlin, Wien. VI. Jahrgang
- In Nr. 1. Unbeflügelte Worte. Zugleich Ergänzungen zu Büchmann, von Loeper, Strehlke etc. von Georg Winter. Augsburg 1888. (Besprechung). gez.: -i-. Orig. Univ. Bibl. Wien
- In Nr. 8. Hochverrat? (betr. Vorgänge im österr. Reichsrat). gez.: Wien, 23. Februar 1888
- In Nr. 9. Eigenes und Fremdes. Lyrische und epische Dichtungen von Joseph Steinbach. Wien 1888 (Besprechung). gez.: -i-
- In Nr. 13. Zur Lage in Frankreich (betr. General Boulanger und den Kommunisten Felix Pyat). gez.: Wien, 28. März
- In Nr. 16. Der österreichische Reichsrat (betr. das Ministerium Taaffe). gez.: Wien, den 19. April 1888
- In Nr. 18. Allerlei vom österreich. Reichsrat. (betr. die Budgetdebatten). gez.: Wien, am 2. Mai

In «Deutsche Post». Berlin. Illustrierte Wochenschrift für die Deutschen aller Länder. 2. Jahrgang
- In Nr. 16 vom 26. Aug. Schönerer im Kerker (betr. den Vorkämpfer des Antisemitismus in Österr., Georg Ritter von Schönerer). gez.: Hans von Dachstein. Orig. Preuß. Staats-Bibl. Berlin
- In Nr. 29 vom 25. Nov. Zur gegenwärtigen inneren Politik in Oesterreich (betr. das Ministerium Taaffe u.a.)
- In Nr. 32 vom 16. Dez. Das deutsche Bündnis und die nationalistischen Parteien

1889 In «Deutsche Post». (siehe oben) 3. Jahrgang
- In Nr. 2 vom 13. Jan. Der politische Sinn in Österreich (betr. das Ministerium Taaffe)
- In Nr. 10 vom 10. März. Tisza und die ungarische Opposition (betr. den ungarischen Ministerpräsidenten Tisza und seinen Gegner Apponyi)
- In Nr. 10 vom 10. März. Der Tod des Kronprinzen und die Reaktion (betr. den Kronprinzen Rudolf)
- In Nr. 18 vom 5. Mai. Die Lage der Deutschen in Österreich (betr. das Ministerium Taaffe)

1903-1905 Den Referaten über die nachfolgenden Vorträge dürften Autoreferate von Dr. Rudolf Steiner zugrunde gelegt sein:
- «Die Theosophie und die Fortbildung der Religionen», Weimar, 15. April 1903 (Weimarische Zeitung, Nr. 89, 17. April 1903)
- «Das Wesen des Menschen oder die geistige Chemie», Weimar, 23. Okt. 1903 (Ebenda, Nr. 251, 25. Okt. und «Deutschland», Zeitung, Nr. 293, Weimar, 25. Okt. 1903)
- «Theosophie-Buddhismus-Spiritismus», Weimar, 26. Febr. 1904 (Weimarische Zeitung, Nr. 50, 28. Febr. 1904, und «Deutschland», Zeitung, Nr. 60, Weimar, 28. Febr. 1904)
- «Theosophie in den Evangelien. Eine Osterbetrachtung», Weimar, 25. März 1904 («Deutschland», Zeitung, Nr. 88, Weimar, 27. März 1904)
- «Goethes Märchen in theosophischer Beleuchtung», Weimar, 2. Dez. 1904 («Weimarische Zeitung» Nr. 289, 9. Dez. 1904, und «Deutschland», Zeitung, Nr. 339, Weimar, 9. Dez. 1904)
- «Siegfried und Lohengrin vom Gesichtspunkte der Theosophie», Weimar, 13. Jan. 1905 («Weimarische Zeitung» Nr. 14, 12. Jan. 1905, und «Deutschland», Zeitung, Nr. 16, Weimar, 15. Jan. 1905)
- «Friedrich Nietzsche», Weimar, 28. Febr. 1905 («Weimarische Zeitung» Nr. 52, 2. März 1905)

II. Chronologisches Vortragsregister mit Ortsangaben

Rudolf Steiner hat über 6000 Vorträge gehalten. Was davon bekannt ist, wurde von Hans Schmidt in «Das Vortragswerk Rudolf Steiners» erstmals 1950 nachgewiesen. Es ist jedoch zu berücksichtigen, daß bei der großen Fülle gewisse Unstimmigkeiten unvermeidlich bleiben müssen.
In dem nachfolgenden Register sind die 4940 vorliegenden und datierbaren Nachschriften, Notizen, Referate usw. von Vorträgen, Ansprachen, Fragenbeantwortungen, Besprechungen, Diskussionen, einleitenden Worten, Schlußworten, Autoreferaten usw. chronologisch aufgeführt. Davon sind 3633 gedruckt oder einem geplanten GA-Band fest zugeordnet. Erstmals wurden hier aufgenommen die in «Das Vortragswerk Rudolf Steiners» von Hans Schmidt noch nicht berücksichtigten Daten von Teilnehmer-Notizen aus dem Zusammenhang der Esoterischen Schule (E). Daten zu Vorträgen mit unvollständig wiedergegebenen Texten oder zu Auszügen aus Vortragstexten sind hier nur dann aufgeführt, wenn die Nachschrift in keinem Band vollständig enthalten ist. Von den übrigen bekannten Vortragsdaten liegen keine Nachschriften vor.

Erklärung der Tabelle:
Nach dem Datum und dem Ort folgt die Spalte A. In dieser ist angegeben, zu welcher Abteilung der Gesamtausgabe dieser Vortrag gehört. Es folgen die Spalten für die GA-Nr. und für die Wandtafelzeichnungen. Die Ziffer T in dieser letzten Spalte gibt an, wieviele Blätter mit Tafelzeichnungen zu diesem Vortrag gehören. Ist die Zahl unterstrichen, dann befindet sich das Original im Goetheanum. Abkürzungen in den Spalten A und GA-Nr.:

- A Vorträge für die Arbeiter am Goetheanum
- B Beiträge zur Rudolf Steiner Gesamtausgabe. Bei Heften mit Doppelnummern ist nur die erste Zahl angegeben.
- C Vorträge für die Priester der Christengemeinschaft
- E Esoterische Schule (vergl. obenstehender Hinweis)
- G Schriften und Vorträge zur Geschichte der anthroposophischen Bewegung und der Anthroposophischen Gesellschaft
- K In der Spalte A: Vorträge über Kunst (Eurythmie, Sprachgestaltung, Musik, bildende Künste und Kunstgeschichte)
  In der Spalte GA-Nr.: Reproduktionen oder Veröffentlichungen aus dem künstlerischen Werk
- M Vorträge über Medizin
- N Vorträge über Naturwissenschaft
- Ö Öffentliche Vorträge
- P Vorträge über Erziehung
- R Referate in der Abteilung Gesammelte Aufsätze
- S Vorträge über das soziale Leben und über die Dreigliederung des sozialen Organismus

Fehlt in der Spalte A eine Abkürzung, so gehört der Vortrag zur Abteilung «Vorträge vor Mitgliedern der Anthroposophischen Gesellschaft».

Befindet sich auf einer Zeile nur die GA-Nr. und die Angabe der Abteilung, so ist der gleiche Vortrag in mehreren Bänden enthalten. Innerhalb des gleichen Tagesdatums besteht keine chronologische Reihenfolge. Es ist dort nach GA-Nrn. sortiert.

Vortragsdaten ohne Bandnummernangabe sind Nachschriften unterschiedlichster Art, von denen noch nicht feststeht, ob und in welchem Zusammenhang sie in der Gesamtausgabe erscheinen werden.

Fehlen Tagesdaten und Orte, so sind keine Angaben bekannt.

II. Chronologisches Vortragsregister

Datum	Ort	A	GA	T
1888				
Nov. 9.	Wien	R	30	
		K	271	
1889				
Nov. 22.	Wien		38	
Dez. 29.	Hermanns.		B61	
1891				
Nov. 25.	Weimar			
Nov. 27.	Wien			
1892				
Febr. 22.	Weimar			
1893				
März 20.	Weimar			
1894				
Jan. 19.	Weimar			
1897				
Dez. 19.	Leipzig			
1899				
Aug. 28.	Berlin			
1900				
März 17.	Berlin			
1901				
Jan. 7.	Berlin	ö	51	
Jan. 14.	Berlin	ö	51	
Jan. 21.	Berlin	ö	51	
Jan. 28.	Berlin	ö	51	
Febr. 4.	Berlin	ö	51	
Febr. 11.	Berlin	ö	51	
Febr. 13.	Berlin			
Febr. 17.	Berlin			
Febr. 18.	Berlin	ö	51	
Febr. 25.	Berlin	ö	51	
März 4.	Berlin	ö	51	
März 11.	Berlin	ö	51	
Juni 18.	Berlin			
Okt. 19.	Berlin			
Okt. 26.	Berlin			
Nov. 2.	Berlin			
Nov. 9.	Berlin			
Nov. 16.	Berlin			
Nov. 23.	Berlin			
Nov. 30.	Berlin			
Dez. 28.	Berlin			
1902				
Jan. 4.	Berlin			
Jan. 11.	Berlin			
Jan. 12.	Spandau			
Jan. 18.	Berlin			
Jan. 25.	Berlin			
Febr. 1.	Berlin			
Febr. 8.	Berlin			
Febr. 15.	Berlin			
Febr. 22.	Berlin			
März	Berlin	ö	51	
März 1.	Berlin			
März 8.	Berlin			
März 15.	Berlin			
März 22.	Berlin			
März 29.	Berlin			
April 5.	Berlin			
April 19.	Berlin			
April 26.	Berlin			
Mai 6.	Berlin	ö	51	
			B12	
Mai 7.	Berlin	ö	51	
Okt. 8.	Berlin	ö	51	
Okt. 15.	Berlin	ö	51	
1903				
April 15.	Weimar			
April 17.	Weimar			
April 20.	Weimar			
Juni 20.	Tegel			
Aug. 24.	Berlin			
Aug. 28.	Berlin			
Sept. 1.	Berlin			
Sept. 6.	Berlin	ö	52	
Okt. 3.	Berlin	ö	52	
Okt. 10.	Berlin			
Okt. 24.	Weimar			
Okt. 27.	Berlin			
Okt. 28.	Berlin			
Okt. 30.	Berlin			
Nov. 2.	Berlin			
Nov. 4.	Berlin			
Nov. 7.	Berlin	ö	52	
Nov. 10.	Berlin			
Nov. 11.	Berlin			
Nov. 16.	Berlin			
Nov. 17.	Berlin			
Nov. 18.	Berlin			
Nov. 20.	Weimar			
Nov. 23.	Berlin			
Nov. 25.	Berlin			
Nov. 27.	Berlin	ö	52	
Dez. 1.	Berlin			
Dez. 2.	Berlin			
Dez. 4.	Berlin	ö	52	
Dez. 8.	Berlin			
Dez. 11.	Weimar			
Dez. 15.	Berlin			
Dez. 17.	Berlin	ö	52	
Dez. 21.	Berlin		B32	
Dez. 22.	Berlin			
Dez. 29.	Berlin			
?	Berlin		245	
1904				
Jan. 4.	Berlin	ö	52	
Jan. 5.	Berlin			
Jan. 12.	Berlin			
Jan. 14.	Berlin			
Jan. 15.	Weimar			
Jan. 19.	Berlin			
Jan. 26.	Berlin			
Jan. 28.	Berlin			
Febr. 1.	Berlin	ö	52	
Febr. 2.	Berlin			
Febr. 4.	Berlin			
Febr. 8.	Berlin			
Febr. 9.	Berlin			
Febr. 11.	Berlin			
Febr. 15.	Berlin			
Febr. 18.	Berlin			
Febr. 21.	Berlin			
Febr. 22.	Berlin			
Febr. 25.	Berlin			
Febr. 26.	Weimar			
März 3.	Berlin			
März 7.	Berlin	ö	52	
März 8.	Berlin	ö	52	
März 11.	Berlin			
März 14.	Berlin			
März 16.	Berlin	ö	52	
März 18.	Berlin		B29	
März 23.	Berlin	ö	52	
März 25.	Weimar			
März 28.	Köln			
März 29.	Berlin			
März 30.	Berlin	ö	52	
April 1.	Berlin			

Datum		Ort	A	GA	T
April	4.	Berlin			
April	28.	Berlin	ö	52	
April	29.	Berlin			
Mai	2.	Berlin			
Mai	5.	Berlin			
Mai	23.	Berlin		93	
Mai	26.	Berlin			
Mai	27.	Berlin			
Mai	30.	Berlin	ö	52	
Juni	2.	Berlin			
Juni	6.	Berlin	ö	52	
Juni	9.	Berlin			
Juni	10.	Berlin		93	
Juni	21.	Amsterdam	R	35	
				B12	
Juni	24.	Berlin			
Juli	1.	Berlin			
Juli	2.	Berlin		B67	
Juli	3.	Berlin		B67	
Juli	4.	Berlin			
Juli	4.	Berlin		B67	
Juli	7.	Berlin		B67	
Juli	8.	Berlin			
Juli	9.	Berlin	E		
Juli	11.	Berlin			
Juli	14.	Berlin	E		
Juli	15.	Berlin			
Juli	18.	Berlin			
Juli	19.	Berlin			
Juli	19.	Berlin	ö	51	
Juli	22.	Berlin			
Juli	25.	Berlin			
Juli	26.	Berlin			
Juli	26.	Berlin			
Sept.	12.	Berlin			
Sept.	29.	Berlin	ö	53	
Sept.	30.	Berlin		93	
Okt.	3.	Berlin			
Okt.	6.	Berlin	ö	52	
Okt.	7.	Berlin		90f	
Okt.	7.	Berlin		93	
Okt.	10.	Berlin			
Okt.	13.	Berlin	ö	53	
Okt.	14.	Berlin		90f	
Okt.	17.	Berlin			
Okt.	17.	Berlin		B67	
Okt.	18.	Berlin			
Okt.	18.	Berlin	ö	51	
Okt.	19.	Berlin		B67	
Okt.	20.	Berlin	ö	53	
Okt.	20.	Berlin	ö	53	
Okt.	21.	Berlin		90f	
Okt.	22.	Berlin		B67	
Okt.	24.	Berlin			

Datum		Ort	A	GA	T
Okt.	25.	Berlin			
Okt.	25.	Berlin	ö	51	
Okt.	25.	Berlin		B67	
Okt.	27.	Berlin	ö	53	
Okt.	28.	Berlin		90f	
Okt.	29.	Berlin	ö	51	
Okt.	29.	Berlin		B69	
Okt.	30.	Berlin			
Okt.	31.	Berlin			
Okt.	31.	Berlin		B69	
Nov.	1.	Berlin			
Nov.	1.	Berlin			
Nov.	1.	Berlin	ö	51	
Nov.	1.	Berlin		B69	
Nov.	2.	Berlin		B71	
Nov.	3.	Berlin	ö	53	
Nov.	3.	Berlin		B71	
Nov.	4.	Berlin		93	
Nov.	5.	Berlin	ö	51	
Nov.	5.	Berlin		B71	
Nov.	7.	Berlin			
Nov.	8.	Berlin			
Nov.	8.	Berlin	ö	51	
Nov.	9.	Berlin		B78	
Nov.	10.	Berlin	ö	53	
Nov.	10.	Berlin		B78	
Nov.	11.	Berlin			
Nov.	11.	Berlin		93	
Nov.	12.	Berlin	ö	51	
Nov.	14.	Berlin			
Nov.	15.	Berlin			
Nov.	15.	Berlin	ö	51	
Nov.	17.	Berlin	ö	53	
Nov.	27.	Köln			
Dez.		Berlin	E		
Dez.	1.	Berlin	ö	53	
Dez.	2.	Berlin		93	
Dez.	6.	Berlin	ö	51	
Dez.	7.	Weimar			
Dez.	8.	Berlin	ö	52	
Dez.	9.	Berlin		93	
Dez.	13.	Berlin	ö	51	
Dez.	15.	Berlin	ö	53	
Dez.	16.	Berlin		93	
Dez.	17.	Berlin			
Dez.	19.	Berlin		90f	
Dez.	20.	Berlin			
Dez.	20.	Berlin	ö	51	
Dez.	23.	Berlin		93	
Dez.	28.	Berlin			
Dez.	28.	Berlin	ö	51	
Dez.	29.	Berlin			
Dez.	29.	Berlin	ö	51	
Dez.	30.	Berlin		B60	

Datum		Ort	A	GA	T
1905					
Jan.	2.	Berlin			
Jan.	7.	München			
Jan.	13.	Weimar			
Jan.	16.	Köln			
Jan.	17.	Köln			
Jan.	18.	Bonn			
Jan.	19.	Düsseldf.			
Jan.	20.	Düsseldf.			
Jan.	21.	Berlin	ö	51	
Jan.	22.	Berlin			
Jan.	23.	Hamburg			
Jan.	26.	Berlin	ö	53	
Jan.	28.	Berlin	ö	51	
Jan.	30.	Berlin			
Febr.	2.	Berlin			
Febr.	4.	Berlin	ö	51	
Febr.	5.	Berlin			
Febr.	5.	Berlin			
Febr.	6.	Berlin			
Febr.	9.	Berlin	ö	53	
Febr.	9.	Berlin	ö	53	
Febr.	11.	Berlin	ö	51	
Febr.	13.	Berlin			
Febr.	16.	Berlin	ö	53	
Febr.	18.	Berlin	ö	51	
Febr.	20.	Berlin			
Febr.	23.	Berlin	ö	53	
Febr.	25.	Berlin	ö	51	
Febr.	27.	Berlin			
Febr.	28.	Weimar			
März	2.	Berlin	ö	53	
März	4.	Berlin	ö	51	
März	5.	Berlin	ö	51	
März	6.	Berlin			
März	9.	Berlin	ö	53	
März	16.	Berlin	ö	53	
März	16.	Berlin	ö	53	
März	17.	Köln			
März	18.	Köln			
März	18.	Köln			
März	19.	Köln			
März	22.	Düsseldf.			
März	23.	Berlin	ö	53	
März	24.	Berlin			
März	25.	Berlin	ö	51	
März	27.	Berlin			
März	28.	Berlin			
März	30.	Berlin	ö	53	
März	30.	Berlin	ö	53	
März	31.	Berlin			
April	9.	Hamburg			
April	25.	Köln			

Datum	Ort	A	GA	T
April 26.	Köln			
April 27.	Köln			
April 29.	Düsseldf.			
Mai 4.	Berlin	ö	53	
Mai 5.	Berlin			
Mai 11.	Berlin	ö	53	
Mai 12.	Berlin			
Mai 15.	Berlin		93	
Mai 17.	Berlin			
Mai 18.	Berlin	ö	53	
Mai 19.	Berlin			
Mai 22.	Berlin		93	
Mai 24.	Berlin			
Mai 25.	Berlin	ö	53	
Mai 29.	Berlin		93	
Mai 31.	Berlin			
Juni 5.	Berlin		93	
Juni 7.	Berlin			
Juni 8.	Berlin	ö	53	
Juni 19.	Berlin			
Juni 26.	Berlin			
Juli 10.	London	R	35	
			B10	
Sept. 13.	Basel			
Sept. 15.	Freiburg			
Sept. 26.	Berlin		93a	
Sept. 27.	Berlin		93a	
Sept. 28.	Berlin		93a	
Sept. 29.	Berlin		93a	
Sept. 30.	Berlin		93a	
Okt. 1.	Berlin		93a	
Okt. 2.	Berlin			
Okt. 2.	Berlin		93a	
Okt. 3.	Berlin		93a	
Okt. 4.	Berlin	E		
Okt. 4.	Berlin		93a	
Okt. 5.	Berlin	R	34	
		ö	54	
Okt. 5.	Berlin		93a	
Okt. 6.	Berlin		93a	
Okt. 7.	Berlin		93a	
Okt. 8.	Berlin		93a	
Okt. 9.	Berlin			
Okt. 9.	Berlin		93a	
Okt. 10.	Berlin		93a	
Okt. 11.	Berlin		93a	
Okt. 12.	Berlin	ö	54	
Okt. 12.	Berlin		93a	
Okt. 14.	Hamburg			
Okt. 15.	Hamburg			
Okt. 16.	Berlin			
Okt. 16.	Berlin		93a	
Okt. 17.	Berlin		93a	
Okt. 18.	Berlin		93a	

Datum	Ort	A	GA	T
Okt. 19.	Berlin	ö	54	
Okt. 19.	Berlin		93a	
Okt. 21.	Berlin		93	
Okt. 22.	Berlin			
Okt. 22.	Berlin			
Okt. 22.	Berlin		93	
Okt. 23.	Berlin			
Okt. 23.	Berlin		93	
Okt. 23.	Berlin		93	
Okt. 23.	Berlin		93	
Okt. 24.	Berlin		93a	
Okt. 24.	Berlin		245	
Okt. 25.	Berlin		93a	
Okt. 26.	Berlin			
Okt. 26.	Berlin		93a	
Okt. 27.	Berlin		93a	
Okt. 28.	Berlin		93a	
Okt. 30.	Berlin			
Okt. 30.	Berlin		93a	
Okt. 31.	Berlin		93a	
Nov.	München	E		
Nov. 2.	Berlin			
Nov. 3.	Berlin		93a	
Nov. 4.	Berlin		93a	
Nov. 5.	Berlin		93a	
Nov. 6.	Berlin			
Nov. 7.	Berlin			
Nov. 9.	Berlin	ö	54	
Nov. 13.	Zürich			
Nov. 16.	Berlin	ö	54	
Nov. 18.	Hamburg			
Nov. 23.	Berlin	ö	54	
Dez.	München	E		
Dez. 1.	Köln			
Dez. 2.	Köln			
Dez. 2.	Köln			
Dez. 3.	Köln			
Dez. 3.	Düsseldf.			
Dez. 4.	Düsseldf.			
Dez. 4.	Düsseldf.			
Dez. 7.	Berlin	ö	54	
Dez. 9.	Hamburg			
Dez. 10.	Hamburg			
Dez. 11.	Berlin			
Dez. 13.	Berlin	E		
Dez. 14.	Berlin	ö	54	
Dez. 16.	München			
Dez. 17.	Regensbg.			
Dez. 18.	Berlin			
Dez. 28.	Berlin	E		
Dez. 28.	Berlin			

1906

Datum	Ort	A	GA	T
	Landin	E		
Jan. 2.	Berlin		93	
Jan. 10.	Lugano			
Jan. 12.	Colmar			
Jan. 16.	Stuttgart			
Jan. 17.	München			
Jan. 29.	Berlin		96	
Jan. 31.	Leipzig			
Febr. 1.	Berlin	ö	54	
Febr. 3.	Hamburg			
Febr. 5.	Bremen			
Febr. 9.	Düsseldf.		97	
Febr. 11.	Düsseldf.			
Febr. 11.	Düsseldf.		97	
Febr. 12.	Köln	E		
Febr. 12.	Köln			
Febr. 12.	Köln		97	
Febr. 13.		E		
Febr. 13.	Köln		97	
Febr. 15.	Berlin	ö	54	
Febr. 19.	Berlin		94	
			B56	
Febr. 21.	Leipzig			
Febr. 22.	Berlin	ö	54	
Febr. 26.	Berlin		94	
			B56	
März 1.	Berlin	ö	54	
März 3.	Hamburg			
März 5.	Berlin		94	
			B56	
März 8.	Berlin	ö	54	
März 14.	Stuttgart		97	
März 15.	Berlin	ö	54	
März 19.	Berlin			
März 19.	Berlin			
März 21.	Leipzig			
März 22.	Berlin	ö	54	
März 29.	Berlin	ö	54	
März 30.	Düsseldf.		97	
April 4.	Düsseldf.		97	
April 5.	Berlin			
April 6.	Bremen			
April 9.	Bremen			
April 11.	Leipzig			
April 12.	Berlin	ö	54	
April 13.	Berlin		245	
April 16.	Berlin		96	
April 18.	Berlin	E		
April 19.	Berlin	ö	54	
April 21.	München		97	
April 22.	München			
April 23.	München			
April 24.	Leipzig			
April 25.	Leipzig		97	
April 25.	Leipzig		97	

Datum	Ort	A	GA	T
April 26.	Berlin	ö	54	
April 29.	Stuttgart		97	
April 29.	Stuttgart		97	
Mai 3.	Berlin	ö	54	
Mai 6.	Berlin	E		
Mai 7.	Berlin		96	
Mai 14.	Berlin		96	
Mai 25.	Paris		94	
Mai 26.	Paris		94	
Mai 27.	Paris		94	
Mai 28.	Paris		94	
Mai 29.	Paris		94	
Mai 30.	Paris		94	
Mai 31.	Paris		94	
Juni 1.	Paris		94	
Juni 2.	Paris		94	
Juni 4.	Paris	R	35	
			B11	
Juni 6.	Paris		94	
Juni 7.	Paris		94	
Juni 8.	Paris		94	
Juni 9.	Paris		94	
Juni 10.	Paris		94	
Juni 11.	Paris		94	
Juni 12.	Berlin	E		
Juni 12.	Paris		94	
Juni 13.	Paris		94	
Juni 14.	Paris		94	
Juni 25.	Berlin			
Juni 25.	Berlin	G	261	
Juni 26.	Berlin	E		
Juni 26.	Berlin	E		
Juni 28.	Leipzig		94	
Juni 29.	Leipzig		94	
Juni 30.	Leipzig		94	
Juli 1.	Leipzig		94	
Juli 2.	Leipzig		94	
Juli 3.	Leipzig		94	
Juli 4.	Leipzig		94	
Juli 5.	Leipzig		94	
Juli 6.	Leipzig		94	
Juli 7.	Leipzig		94	
Juli 8.	Leipzig		94	
Juli 9.	Leipzig		94	
Juli 10.	Leipzig		94	
Juli 11.	Leipzig		94	
Juli 29.	Landin		97	
Aug. 22.	Stuttgart		95	
Aug. 23.	Stuttgart		95	
Aug. 24.	Stuttgart		95	
Aug. 25.	Stuttgart		95	
Aug. 26.	Stuttgart		95	
Aug. 27.	Stuttgart		95	

Datum	Ort	A	GA	T
Aug. 28.	Stuttgart		95	
Aug. 29.	Stuttgart		95	
Aug. 30.	Stuttgart		95	
Aug. 31.	Stuttgart		95	
Sept. 1.	Stuttgart		95	
Sept. 2.	Stuttgart		95	
Sept. 2.	Stuttgart		95	
Sept. 3.	Stuttgart		95	
Sept. 4.	Stuttgart		95	
Sept. 4.	Stuttgart		95	
Sept. 19.	Basel		97	
Okt. 1.	Berlin		96	
Okt. 2.	Berlin		245	
Okt. 8.	Berlin		96	
Okt. 11.	Berlin	ö	55	
Okt. 12.	Leipzig			
Okt. 13.	Leipzig		97	
Okt. 13.	Leipzig		97	
Okt. 15.	Berlin		96	
Okt. 19.	Berlin		96	
Okt. 20.	Berlin		96	
Okt. 21.	Berlin			
Okt. 21.	Berlin			
Okt. 21.	Berlin		96	
Okt. 21.	Berlin	G	261	
Okt. 22.	Berlin	E		
Okt. 22.	Berlin		96	
			B35	
Okt. 22.	Berlin		96	
Okt. 25.	Berlin	ö	55	
Okt. 27.	München		94	
Okt. 28.	München		94	
Okt. 29.	München	E		
Okt. 30.	München			
Okt. 31.	München		94	
Nov. 1.	München			
Nov. 1.	München			
Nov. 2.	München		94	
Nov. 3.	München		94	
Nov. 4.	München			
Nov. 4.	München			
Nov. 4.	München		94	
Nov. 5.	München		94	
Nov. 6.	München	E		
Nov. 6.	München		94	
Nov. 8.	Berlin	ö	55	
Nov. 9.	Leipzig			
Nov. 10.	Leipzig	K	283	
Nov. 10.	Leipzig	K	283	
Nov. 12.	Berlin	K	283	
Nov. 14.	Berlin		245	
Nov. 17.	Hamburg	ö	54	
Nov. 18.	Hamburg	E		
Nov. 19.	Bremen			

Datum	Ort	A	GA	T
Nov. 22.	Berlin	ö	55	
Nov. 26.	Berlin	K	283	
Nov. 27.	Düsseldf.			
Nov. 28.	Düsseldf.			
Nov. 30.	Köln			
Nov. 30.	Köln		97	
Dez. 1.	Köln	E		
Dez. 1.	Köln	ö	55	
Dez. 2.	Köln		97	
Dez. 3.	Köln	K	283	
Dez. 4.	Köln			
Dez. 4.	Köln		97	
Dez. 11.	München		97	
Dez. 12.	München	E		
Dez. 12.	München			
Dez. 13.	Berlin	ö	55	
Dez. 14.	Leipzig			
Dez. 15.	Leipzig		97	
Dez. 17.	Berlin		96	
Dez. 18.	Berlin	E		

1907

Datum	Ort	A	GA	T
Jan. 11.	Leipzig			
Jan. 12.	Leipzig		97	
Jan. 15.	Kassel			
Jan. 16.	Kassel		97	
Jan. 17.	Stuttgart			
Jan. 18.	Stuttgart			
Jan. 19.	Stuttgart		97	
Jan. 19.	Stuttgart		97	
Jan. 20.	Stuttgart	E		
Jan. 21.	Nürnberg			
Jan. 22.	Nürnberg			
Jan. 24.	Berlin	ö	55	
Jan. 24.	Berlin		B51	
Jan. 26.	München			
Jan. 28.	Berlin		96	
Jan. 29.	Berlin	E		
Jan. 31.	Berlin	ö	55	
Febr. 3.	Heidelbg.		97	
Febr. 3.	Heidelbg.		97	
Febr. 4.	Karlsruhe		97	
Febr. 5.	Basel			
Febr. 11.	Hamburg	E		
Febr. 14.	Berlin	ö	55	
Febr. 15.	Leipzig			
Febr. 16.	Leipzig		97	
Febr. 17.	Leipzig		97	
Febr. 18.	Berlin		96	
Febr. 22.	Wien		97	
Febr. 28.	Berlin	ö	55	
März	Berlin			
März 4.	Berlin		96	
März 6.	Bonn			

Datum	Ort	A	GA	T
März 6.	Köln		97	
März 7.	Düsseldf.			
März 7.	Düsseldf.		97	
März 8.	Köln		97	
März 14.	Berlin	ö	55	
März 16.	Leipzig		97	
März 16.	Leipzig		97	
März 17.	München		97	
März 25.	Berlin		96	
März 28.	Berlin	ö	55	
April 1.	Berlin		96	
April 22.	München			
April 25.	Berlin			
April 26.	Berlin			
April 26.	Berlin	ö	55	
April 27.	Berlin		96	
Mai 1.	München			
Mai 8.	München			
Mai 15.	München			
Mai 19.	München	K	284	
Mai 20.	München	K	284	
Mai 21.	München	K	284	
Mai 22.	München		99	
Mai 23.	München			
Mai 24.	München			
Mai 25.	München		99	
Mai 26.	München		99	
Mai 28.	München		99	
Mai 29.	München		99	
Mai 30.	München		99	
Mai 31.	München		99	
Juni	Kassel	E		
Juni 1.	München	E		
Juni 1.	München		99	
Juni 2.	München		99	
Juni 3.	München		99	
Juni 4.	München		99	
Juni 4.	München		99	
Juni 5.	München		99	
Juni 6.	München		99	
Juni 6.	München		245	
Juni 8.	Leipzig			
Juni 9.	Leipzig			
Juni 12.	Berlin		96	
Juni 16.	Kassel		100	
Juni 17.	Kassel		100	
Juni 18.	Kassel		100	
Juni 19.	Kassel		100	
Juni 20.	Kassel		100	
Juni 21.	Kassel		100	
Juni 22.	Kassel		100	
Juni 23.	Kassel		100	
Juni 24.	Kassel		100	
Juni 25.	Kassel		100	

Datum	Ort	A	GA	T
Juni 26.	Kassel		100	
Juni 27.	Kassel		100	
Juni 28.	Kassel		100	
Juni 29.	Kassel		100	
Juli 2.	Eisenach			
Sept. 13.	Stuttgart			
Sept. 14.	Stuttgart			
Sept. 15.	Stuttgart	E		
Sept. 15.	Stuttgart			
Sept. 16.	Stuttgart		101	
		K	284	
Sept. 21.	Hannover			
Sept. 22.	Hannover			
Sept. 23.	Hannover			
Sept. 24.	Hannover	E		
Sept. 24.	Hannover			
Sept. 25.	Hannover	E		
Sept. 25.	Hannover			
Sept. 26.	Hannover			
Sept. 27.	Hannover			
Sept. 28.	Hannover			
Sept. 29.	Hannover			
Sept. 30.	Hannover			
Okt. 1.	Hannover			
Okt. 2.	Hannover			
Okt. 3.	Hannover			
Okt. 4.	Hannover			
Okt. 7.	Berlin			
Okt. 7.	Berlin		101	
Okt. 9.	Berlin		245	
Okt. 10.	Berlin	ö	56	
Okt. 11.	Leipzig			
Okt. 12.	Leipzig			
Okt. 14.	Berlin		101	
Okt. 17.	Berlin	ö	56	
Okt. 18.	Berlin	E		
Okt. 19.	Berlin	K	284	
Okt. 20.	Berlin			
Okt. 20.	Berlin			
Okt. 20.	Berlin	G	261	
Okt. 20.	Berlin	K	284	
Okt. 21.	Berlin			
Okt. 21.	Berlin			
Okt. 21.	Berlin		101	
Okt. 23	Berlin	E		
Okt. 24.	Berlin	ö	56	
Okt. 26.	Hamburg	E		
Okt. 28.	Berlin		101	
Nov. 1.	Berlin	E		
Nov. 5.	Wien		98	
Nov. 7.	Wien		98	
Nov. 13.	Berlin			
Nov. 14.	Berlin			
Nov. 16.	Basel		100	

Datum	Ort	A	GA	T
Nov. 17.	Basel		100	
Nov. 18.	Basel		100	
Nov. 19.	Basel		100	
Nov. 20.	Basel		100	
Nov. 21.	Basel		100	
Nov. 22.	Basel		100	
Nov. 23.	Basel	E		
Nov. 25.	Basel		100	
Nov. 28.	Berlin	ö	56	
Nov. 29.	Berlin	E		
Dez. 1.	Nürnberg			
Dez. 1.	Nürnberg		98	
Dez. 2.	Nürnberg			
Dez. 3.	München	ö	56	
Dez. 4.	München		98	
Dez. 5.	München	E		
Dez. 5.	München	ö	56	
Dez. 7.	Stuttgart		98	
Dez. 10.	Stuttgart			
Dez. 12.	Berlin	ö	56	
Dez. 13.	Berlin		101	
Dez. 14.	Düsseldf.			
Dez. 15.	Düsseldf.		98	
Dez. 16.	Elberfeld			
Dez. 18.	Köln			
Dez. 19.	Köln			
Dez. 22.	Köln	E		
Dez. 25.	Köln		98	
Dez. 26.	Köln			
Dez. 27.	Köln			
Dez. 28.	Köln			
Dez. 29.	Köln			
Dez. 31.	Berlin			

1908

Datum	Ort	A	GA	T
Febr.		E		
Jan. 6.	Berlin		102	
Jan. 7.	Berlin	E		
Jan. 9.	Berlin	ö	56	
Jan. 10.	Leipzig			
Jan. 11.	Leipzig			
Jan. 12.	Leipzig			
Jan. 12.	Leipzig			
Jan. 15.	München		98	
Jan. 16.	München		245	
Jan. 23.	Berlin	ö	56	
Jan. 26.	Berlin		245	
Jan. 27.	Berlin		102	
Jan. 29.	Wiesbaden			
Jan. 31.	Mainz			
Febr. 1.	Wiesbaden			
Febr. 2.	Frankfurt		98	
Febr. 2.	Heidelbg.		98	
Febr. 3.	Mannheim			

Datum	Ort	A	GA	T
Febr. 8.	Stuttgart		98	
Febr. 11.	Stuttgart		98	
Febr. 12.	Berlin	E		
Febr. 13.	Berlin			
Febr. 15.	Berlin		102	
Febr. 16.	Leipzig			
Febr. 17.	Leipzig			
Febr. 20.	Kassel			
Febr. 21.	Kassel			
Febr. 22.	Kassel			
Febr. 24.	Hannover		98	
Febr. 25.	Hannover			
Febr. 26.	Berlin	E		
Febr. 27.	Berlin			
Febr. 29.	Berlin		102	
März	München	E		
März	Berlin	E		
März 1.	Bremen			
März 2.	Hamburg	ö	54	
März 4.	Hilversum			
März 5.	Den Haag			
März 5.	Den Haag		B60	
März 6.	Amsterdam			
März 6.	Den Haag		B60	
März 7.	Amsterdam		B60	
März 8.	Amsterdam		B60	
März 8.	Rotterdam		B60	
März 9.	Nijmegen		B60	
März 10.	Arnheim			
März 10.	Nijmegen		B60	
März 12.	Berlin	ö	56	
März 14.	Berlin	E		
März 14.	Berlin			
März 14.	Berlin			
März 16.	Berlin		102	
März 17.	München		98	
März 18.	München	ö	56	
März 19.	München			
März 20.	München		108	
März 24.	Berlin		102	
März 26.	Berlin	ö	56	
April 7.	Kopenhg.			
April 7.	Kopenhg.			
April 9.	Berlin	ö	56	
April 12.	Berlin	E		
April 13.	Berlin		102	
April 15.	Berlin	E		
April 16.	Berlin			
April 16.	Berlin	ö	56	
April 20.	Berlin		102	
April 29.	München		98	
Mai 13.	Berlin		102	
Mai 14.	Berlin	ö	56	
Mai 15.	Berlin	E		
Mai 16.	Berlin		102	
Mai 18.	Hamburg		103	
Mai 19.	Hamburg		103	
Mai 20.	Hamburg		103	
Mai 21.	Hamburg			
Mai 22.	Hamburg	E		
Mai 22.	Hamburg		103	
Mai 23.	Hamburg		103	
Mai 24.	Hamburg	E		
Mai 25.	Hamburg		103	
Mai 26.	Hamburg		103	
Mai 27.	Hamburg		103	
Mai 29.	Hamburg		103	
Mai 30.	Hamburg		103	
Mai 30.	Hamburg		103	
Mai 31.	Hamburg	E		
Mai 31.	Hamburg		103	
Juni 1.	Berlin		102	
Juni 4.	Berlin		102	
Juni 5.	Berlin	E		
Juni 7.	Köln		98	
Juni 9.	Köln		98	
Juni 10.	Düsseldf.		108	
Juni 11.	Berlin		102	
Juni 14.	München	E		
Juni 14.	München		98	
Juni 15.		E		
Juni 15.	München			
Juni 16.	München	E		
Juni 17.	Nürnberg		104	
Juni 18.	Nürnberg		104	
Juni 19.	Nürnberg		104	
Juni 20.	Nürnberg		104	
Juni 21.	Nürnberg		104	
Juni 22.	Nürnberg		104	
Juni 23.	Nürnberg		104	
Juni 24.	Nürnberg		104	
Juni 25.	Nürnberg		104	
Juni 26.	Nürnberg		104	
Juni 27.	Nürnberg		104	
Juni 29.	Nürnberg		104	
Juni 30.	Nürnberg		104	
Juli 4.	Kassel	E		
Aug. 4.	Stuttgart		105	
Aug. 5.	Stuttgart	E		
Aug. 5.	Stuttgart		105	
Aug. 6.	Stuttgart		105	
Aug. 7.	Stuttgart		105	
Aug. 8.	Stuttgart		105	
Aug. 9.	Stuttgart	E		
Aug. 10.	Stuttgart		105	
Aug. 11.	Stuttgart		105	
Aug. 12.	Stuttgart		105	
Aug. 13.	Stuttgart	E		
Aug. 13.	Stuttgart		105	
Aug. 14.	Stuttgart		105	
Aug. 16.	Stuttgart	E		
Aug. 16.	Stuttgart		105	
Aug. 17.	Stuttgart			
Aug. 17.	Stuttgart	R	35	
Sept.	Leipzig	E		
Sept. 2.	Leipzig		106	
Sept. 3.	Leipzig		106	
Sept. 4.	Leipzig	E		
Sept. 4.	Leipzig		106	
Sept. 5.	Leipzig		106	
Sept. 6.	Leipzig	E		
Sept. 7.	Leipzig		106	
Sept. 8.	Leipzig		106	
Sept. 9.	Leipzig		106	
Sept. 10.	Leipzig		106	
Sept. 11.	Leipzig		106	
Sept. 12.	Leipzig		106	
Sept. 13.	Leipzig		106	
Sept. 14.	Leipzig			
Sept. 14.	Leipzig		106	
Okt.	Berlin	E		
Okt.	Berlin	E		
Okt. 15.	Berlin	ö	57	
Okt. 19.	Berlin		107	
Okt. 20.	Berlin		108	
Okt. 21.	Berlin		107	
Okt. 22.	Berlin			
Okt. 22.	Berlin	ö	57	
Okt. 23.	Berlin		107	
Okt. 24.	Berlin	ö	57	
Okt. 25.	Berlin			
Okt. 26.	Berlin			
Okt. 26.	Berlin		107	
Okt. 26.	Berlin		108	
Okt. 26.	Berlin		108	
Okt. 26.	Berlin	G	261	
Okt. 27.	Berlin		107	
Okt. 27.	Berlin		108	
Okt. 28.	Berlin		108	
Okt. 29.	Berlin		107	
Nov. 2.	Berlin		107	
Nov. 3.	Bielefeld			
Nov. 3.	Bielefeld			
Nov. 4.	Hannover			
Nov. 5.	Hannover			
Nov. 6.	München			
Nov. 7.	München			
Nov. 8.	München	E		
Nov. 8.	München		108	
Nov. 10.	Berlin		107	
Nov. 11.	Berlin	E		
Nov. 12.	Berlin	ö	57	

Datum	Ort	A	GA	T
Nov. 13.	Berlin		108	
Nov. 14.	Berlin	ö	57	
Nov. 16.	Berlin		107	
Nov. 17.	Berlin	E		
Nov. 21.	Wien		108	
Nov. 23.	Wien		108	
Nov. 24.	Wien			
Dez.	Berlin	E		
Dez. 1.	Breslau			
Dez. 2.	Breslau		108	
Dez. 5.	Hamburg	ö	68	
Dez. 6.	Hamburg	E		
Dez. 7.	Bremen			
Dez. 8.	Berlin		107	
Dez. 10.	Berlin	ö	57	
Dez. 13.	Stuttgart		108	
Dez. 14.	Stuttgart		108	
Dez. 14.	Stuttgart		108	
Dez. 15.	Nürnberg			
Dez. 16.	Nürnberg		108	
Dez. 17.	Berlin	ö	57	
Dez. 21.	Berlin	E		
Dez. 21.	Berlin		107	
Dez. 22.	Berlin		108	
Dez. 26.	Berlin		108	
Dez. 28.	Berlin			
1909				
Jan. 1.	Berlin		107	
Jan. 7.	München	E		
Jan. 8.	München	ö	68	
Jan. 9.	München			
Jan. 11.	München	E		
Jan. 12.	Berlin		107	
Jan. 14.	Berlin	ö	57	
Jan. 17.	Pforzheim			
Jan. 17.	Pforzheim		108	
Jan. 18.	Karlsruhe		108	
Jan. 19.	Karlsruhe			
Jan. 21.	Heidelbg.			
Jan. 21.	Heidelbg.		109	
Jan. 26.	Berlin		107	
Jan. 28.	Berlin	ö	57	
Febr. 3.	Basel			
Febr. 3.	Basel		109	
Febr. 4.	Basel			
Febr. 7.	Stuttgart		109	
Febr. 8.	Stuttgart			
Febr. 9.	Stuttgart			
Febr. 11.	Berlin	ö	57	
Febr. 13.	Nürnberg		B78	
Febr. 14.	Nürnberg			
Febr. 15.	Berlin		107	
			109	
Febr. 18.	Berlin	ö	57	
Febr. 19.	Leipzig		109	
Febr. 25.	Kassel		109	
Febr. 26.	Kassel	E		
Febr. 26.	Kassel			
Febr. 28.	Elberfeld			
März 3.	Berlin	E		
März 4.	Berlin	ö	57	
März 6.	München			
März 7.	München		109	
März 8.	München	E		
März 8.	München			
März 11.	Berlin	ö	57	
März 12.	Berlin	ö	57	
März 14.	Hamburg	E		
März 14.	Hamburg	ö	68	
März 20.	Berlin	ö	57	
März 21.	Berlin	E		
März 22.	Berlin		107	
März 25.	Rom			
März 26.	Rom			
März 27.	Rom			
März 28.	Rom		109	
März 29.	Rom			
März 30.	Rom			
März 31.	Rom		109	
April 5.	Malsch	K	284	
April 6.	Malsch		109	
April 10.	Köln		109	
April 11.	Köln		109	
April 12.	Düsseldf.		110	
April 12.	Düsseldf.		110	
April 13.	Düsseldf.		110	
April 13.	Düsseldf.		110	
April 14.	Düsseldf.	E		
April 14.	Düsseldf.		110	
April 15.	Düsseldf.	E		
April 15.	Düsseldf.		110	
April 16.	Düsseldf.		110	
April 17.	Düsseldf.		110	
April 18.	Düsseldf.		110	
April 18.	Düsseldf.		110	
April 19.	Düsseldf.	E		
April 21.	Düsseldf.		110	
April 21.	Düsseldf.		110	
April 22.	Düsseldf.		110	
April 22.	Düsseldf.		110	
April 23.	Bonn			
April 27.	Berlin		107	
April 29.	Berlin	ö	57	
Mai 1.	Berlin	ö	57	
Mai 3.	Berlin		107	
Mai 5.	Berlin	E		
Mai 5.	Berlin	K	284	
Mai 6.	Berlin	ö	57	
Mai 9.	Oslo			
Mai 10.	Oslo			
Mai 11.	Oslo			
Mai 13.	Oslo			
Mai 14.	Oslo			
Mai 15.	Oslo			
Mai 16.	Oslo		109	
Mai 17.	Oslo			
Mai 18.	Oslo			
Mai 19.	Oslo			
Mai 20.	Oslo			
Mai 21.	Oslo			
Mai 25.	Berlin		109	
Mai 27.	Berlin	E		
Mai 31.	Budapest		109	
Juni 3.	Budapest		109	
Juni 4.	Budapest		109	
Juni 5.	Budapest		109	
Juni 6.	Budapest		109	
Juni 7.	Budapest		109	
Juni 8.	Budapest		109	
Juni 9.	Budapest		109	
Juni 10.	Budapest		109	
Juni 11.	Budapest		109	
Juni 12.	Budapest		109	
Juni 14.	Wien		109	
Juni 15.	Breslau		109	
Juni 17.	Berlin		107	
Juni 18.	Berlin			
Juni 24.	Kassel		112	
Juni 25.	Kassel		112	
Juni 26.	Kassel		112	
Juni 27.	Kassel	E		
Juni 27.	Kassel		112	
Juni 28.	Kassel		112	
Juni 29.	Kassel		112	
Juni 30.	Kassel		112	
Juli 1.	Kassel		112	
Juli 2.	Kassel		112	
Juli 3.	Kassel		112	
Juli 4.	Kassel	E		
Juli 4.	Kassel			
Juli 4.	Kassel		112	
Juli 5.	Kassel		112	
Juli 6.	Kassel		112	
Juli 7.	Kassel		112	
Aug. 23.	München		113	
Aug. 24.	München		113	
Aug. 25.	München		113	
Aug. 26.	München		113	
Aug. 27.	München	E		
Aug. 27.	München		113	

Datum	Ort	A	GA	T
Aug. 28.	München		113	
Aug. 28.	München		113	
Aug. 29.	München		113	
Aug. 30.	München	E		
Aug. 30.	München		113	
Aug. 31.	München		113	
Sept. 15.	Basel		114	
Sept. 16.	Basel		114	
Sept. 17.	Basel		114	
Sept. 18.	Basel		114	
Sept. 19.	Basel		114	
Sept. 20.	Basel		114	
Sept. 21.	Basel		114	
Sept. 22.	Basel			
Sept. 23.	Basel			
Sept. 24.	Basel		114	
Sept. 25.	Basel		114	
Sept. 26.	Basel		114	
Okt. 11.	Berlin		117	
Okt. 14.	Berlin	ö	58	
Okt. 18.	Berlin		117	
Okt. 21.	Berlin		B81	
Okt. 22.	Berlin	ö	58	
Okt. 23.	Berlin		115	
Okt. 24.	Berlin			
Okt. 24.	Berlin	G	261	
Okt. 25.	Berlin			
Okt. 25.	Berlin		115	
Okt. 25.	Berlin		116	
Okt. 26.	Berlin	E		
Okt. 26.	Berlin		115	
Okt. 27.	Berlin		115	
Okt. 28.	Berlin	ö	58	
Okt. 28.	Berlin	K	271	
Okt. 29.	Berlin	E		
Okt. 29.	Berlin		B81	
Nov. 2.	Berlin		117	
Nov. 6.	Bremen			
Nov. 9.	Berlin		117	
Nov. 11.	Berlin	ö	58	
Nov. 13.	Stuttgart		117	
Nov. 14.	Stuttgart		117	
Nov. 15.	Stuttgart			
Nov. 17.	Bern			
Nov. 19.	Zürich		117	
Nov. 21.	St.Gallen		108	
Nov. 23.	Berlin		117	
Nov. 25.	Berlin	ö	58	
Nov. 28.	Leipzig			
Nov. 29.	Leipzig			
Dez. 2.	Berlin	ö	58	
Dez. 4.	München		117	
Dez. 5.	München	E		
Dez. 5.	München	ö	58	
Dez. 6.	München			
Dez. 7.	München	E		
Dez. 7.	München		117	
Dez. 9.	Berlin	ö	58	
Dez. 12.	Nürnberg			
Dez. 12.	Nürnberg			
Dez. 13.	Nürnberg			
Dez. 17.	Breslau			
Dez. 21.	Berlin		117	
Dez. 22.	Berlin	E		
Dez. 22.	Berlin		116	
Dez. 26.	Berlin		117	
1910				
Jan. 3.	Stockholm			
Jan. 4.	Stockholm			
Jan. 5.	Stockholm			
Jan. 7.	Stockholm			
Jan. 8.	Stockholm			
Jan. 9.	Stockholm			
Jan. 10.	Stockholm			
Jan. 11.	Stockholm			
Jan. 12.	Stockholm			
Jan. 12.	Stockholm			
Jan. 13.	Stockholm			
Jan. 14.	Stockholm			
Jan. 15.	Stockholm			
Jan. 20.	Berlin	ö	59	
Jan. 23.	Straßburg		125	
Jan. 23.	Straßburg	K	272	
Jan. 25.	Karlsruhe		118	
Jan. 25.	Karlsruhe		118	
Jan. 27.	Heidelbg.		118	
Jan. 29.	Heidelbg.			
Jan. 30.	Pforzheim		118	
Febr.	Köln	E		
Febr. 2.	Berlin		116	
Febr. 3.	Berlin	ö	59	
Febr. 5.	Kassel	E		
Febr. 5.	Kassel			
Febr. 6.	Kassel	E		
Febr. 6.	Kassel		118	
Febr. 8.	Berlin		116	
Febr. 10.	Berlin	ö	59	
Febr. 14.	Wiesbaden			
Febr. 17.	Berlin	ö	59	
Febr. 19.	Düsseldf.			
Febr. 20.	Düsseldf.		118	
Febr. 23.	Köln			
Febr. 24.	Köln			
Febr. 25.	Köln			
Febr. 26.	Elberfeld			
Febr. 27.	Köln		118	
Febr. 28.	Essen			
März 3.	Berlin	ö	59	
März 5.	Stuttgart		118	
März 6.	Stuttgart		118	
März 8.	Stuttgart	E		
März 9.	Berlin		116	
März 10.	Berlin	ö	59	
März 12.	München			
März 13.	München	E		
März 13.	München		118	
März 14.	München	ö	58	
März 15.	München	E		
März 15.	München		118	
März 19.	Wien		119	
März 21.	Wien		119	
März 22.	Wien		119	
März 23.	Wien		119	
März 24.	Wien		119	
März 25.	Wien		119	
März 26.	Wien		119	
März 28.	Wien		119	
März 28.	Wien		119	
März 29.	Wien		119	
März 30.	Wien		119	
März 31.	Wien		119	
April 11.	Rom		118	
April 12.	Rom		118	
April 13.	Rom		118	
April 14.	Rom			
April 18.	Palermo		118	
April 28.	Berlin	ö	59	
Mai	Hannover	E		
Mai 2.	Berlin		116	
Mai 5.	Berlin	ö	59	
Mai 8.	Berlin		116	
Mai 10.	Hannover		118	
Mai 12.	Berlin	ö	59	
Mai 13.	Bremen			
Mai 15.	Hamburg		118	
Mai 16.	Hamburg	E		
Mai 16.	Hamburg		120	
Mai 17.	Hamburg		120	
Mai 18.	Hamburg		120	
Mai 19.	Hamburg	E		
Mai 19.	Hamburg		120	
Mai 20.	Hamburg		120	
Mai 21.	Hamburg		120	
Mai 22.	Hamburg		120	
Mai 24.	Hamburg			
Mai 25.	Hamburg	E		
Mai 25.	Hamburg		120	
Mai 26.	Hamburg		120	
Mai 26.	Hamburg		125	
			B30	
Mai 27.	Hamburg		120	

Datum	Ort	A	GA	T
Mai 28.	Hamburg		120	
Juni		E		
Juni 1.	Kopenhg.			
Juni 2.	Kopenhg.		125	
Juni 4.	Kopenhg.		125	
Juni 5.	Kopenhg.		125	
Juni 7.	Oslo		121	
Juni 8.	Oslo		121	
Juni 9.	Oslo		121	
Juni 10.	Oslo		121	
Juni 11.	Oslo		121	
Juni 12.	Oslo		121	
Juni 12.	Oslo		121	
Juni 14.	Oslo		121	
Juni 15.	Oslo		121	
Juni 16.	Oslo	E		
Juni 16.	Oslo		121	
Juni 17.	Oslo		121	
Juni 18.	Oslo	E		
Juni 20.	Oslo	E		
Aug. 16.	München		122	
Aug. 17.	München		122	
Aug. 18.	München		122	
Aug. 19.	München		122	
Aug. 20.	München		122	
Aug. 21.	München		122	
Aug. 22.	München		122	
Aug. 23.	München		122	
Aug. 24.	München	E		
Aug. 24.	München		122	
Aug. 25.	München			
Aug. 25.	München		122	
Aug. 26.	München	E		
Aug. 26.	München		122	
Aug. 26.	München		125	
Sept. 1.	Bern		123	
Sept. 2.	Bern		123	
Sept. 3.	Bern		123	
Sept. 4.	Bern		123	
Sept. 5.	Bern		123	
Sept. 6.	Bern		123	
Sept. 7.	Bern		123	
Sept. 8.	Bern		123	
Sept. 9.	Bern		123	
Sept. 10.	Berlin	E		
Sept. 10.	Bern		123	
Sept. 11.	Bern		123	
Sept. 12.	Bern		123	
Sept. 17.	Basel		125	
Okt.	Berlin	E		
Okt. 2.	Berlin	E		
Okt. 9.	Stuttgart			
Okt. 17.	Berlin		124	
Okt. 20.	Berlin	ö	60	
Okt. 24.	Berlin		124	
Okt. 27.	Berlin	ö	60	
Okt. 30.	Berlin			
Okt. 30.	Berlin	G	261	
Okt. 31.	Berlin			
Okt. 31.	Berlin		125	
Nov.	Berlin	E		
Nov. 1.	Berlin		115	
Nov. 2.	Berlin		115	
Nov. 3.	Berlin		115	
Nov. 4.	Berlin		115	
Nov. 7.	Berlin		124	
Nov. 10.	Berlin	ö	60	
Nov. 12.	Nürnberg		B45	
Nov. 13.	Nürnberg		125	
Nov. 14.	Nürnberg			
Nov. 17.	Berlin	ö	60	
Nov. 18.	Dresden			
Nov. 21.	Leipzig		125	
Nov. 24.	Berlin	ö	60	
Nov. 26.	Bremen		125	
Nov. 27.	Bremen			
Nov. 28.	Hamburg			
Nov. 29.	Hamburg			
Dez.	Kassel	E		
Dez.	Hannover	E		
Dez.	Stuttgart	E		
Dez. 2.	Kassel			
Dez. 3.	Kassel			
Dez. 6.	Berlin		124	
Dez. 8.	Berlin	ö	60	
Dez. 10.	München			
Dez. 11.	München	E		
Dez. 11.	München		125	
Dez. 12.	München		124	
Dez. 15.	Berlin	ö	60	
Dez. 16.	Berlin	E		
Dez. 17.	Hannover			
Dez. 18.	Hannover		124	
Dez. 18.	Hannover		124	
Dez. 19.	Berlin		124	
Dez. 20.	Berlin	E		
Dez. 22.	Berlin		125	
Dez. 27.	Stuttgart		125	
Dez. 27.	Stuttgart		126	
Dez. 28.	Stuttgart		126	
Dez. 29.	Stuttgart		126	
Dez. 30.	Stuttgart		126	
Dez. 31.	Stuttgart	E		
Dez. 31.	Stuttgart		126	
1911				
	Basel	E		
Jan. 1.	Stuttgart	E		
Jan. 1.	Stuttgart		126	
Jan. 2.		E		
Jan. 3.	Stuttgart	K	284	
Jan 5.	Mannheim		127	
Jan. 7.	Wiesbaden		127	
Jan. 8.	Frankfurt		127	
Jan. 9.	Frankfurt			
Jan. 12.	Berlin	ö	60	
Jan. 16.	Berlin		124	
Jan. 17.	Berlin	E		
Jan. 19.	Berlin	ö	60	
Jan. 26.	Berlin	ö	60	
Jan. 29.	Köln		130	
Jan. 30.	Köln			
Jan. 31.	Köln	E		
Jan. 31.	Köln			
Febr. 1.	Bonn			
Febr. 2.	Koblenz		124	
Febr. 4.	Elberfeld			
Febr. 5.	Elberfeld			
Febr. 6.	Düsseldf.			
Febr. 6.	Düsseldf.			
Febr. 9.	Berlin	ö	60	
Febr. 11.	München		127	
Febr. 12.	München	E		
Febr. 12.	München			
Febr. 13.	München			
Febr. 14.	München			
Febr. 16.	Berlin	ö	60	
Febr. 18.	Straßburg			
Febr. 19.	Straßburg	E		
Febr. 22.	Basel			
Febr. 23.	Basel		127	
Febr. 24.	Zürich			
Febr. 25.	Zürich		127	
Febr. 26.	St.Gallen		127	
Febr. 28.	Berlin		124	
März 2.	Berlin	ö	60	
März 3.	Berlin		127	
März 4.	Hannover		B54	
März 5.	Hannover	E		
März 5.	Hannover			
März 6.	Bielefeld		127	
März 7.	Berlin		124	
März 9.	Berlin	ö	60	
März 10.	Mannheim	E		
März 13.	Berlin		124	
März 15.	Berlin	E		
März 16.	Berlin	ö	60	
März 19.	Prag			
März 20.	Prag		128	
März 21.	Prag		128	
März 22.	Prag		128	
März 23.	Prag		128	

Datum	Ort	A	GA	T
März 24.	Prag		128	
März 25.	Prag			
März 26.	Prag		128	
März 27.	Prag		128	
März 28.	Prag		127	
März 28.	Prag		128	
März 29.	Prag	E		
April 8.	Bologna			
April 8.	Bologna	R	35	
April 8.	Bologna	R	35	
April 8.	Bologna	R	35	
Mai 3.	München		127	
Mai 31.	Linz			
Juni 5.	Kopenhg.		127	
Juni 10.	Berlin		124	
Juni 14.	Wien		127	
Aug. 18.	München		129	
Aug. 19.	München		129	
Aug. 20.	München		129	
Aug. 21.	München		129	
Aug. 22.	München		129	
Aug. 23.	München	E		
Aug. 23.	München		129	
Aug. 24.	München		129	
Aug. 25.	München		129	
Aug. 26.	München	E		
Aug. 26.	München		129	
Aug. 27.	München		129	
Aug. 28.	München		129	
Aug. 29.	München	E		
Aug. 30.	München	E		
Sept. 17.	Lugano		130	
Sept. 19.	Locarno		130	
Sept. 21.	Mailand		130	
Sept. 27.	Neuchâtel		130	
Sept. 28.	Neuchâtel		130	
Okt. 1.	Basel		130	
Okt. 4.	Karlsruhe		131	
Okt. 5.	Karlsruhe		131	
Okt. 6.	Karlsruhe		131	
Okt. 7.	Karlsruhe		131	
Okt. 8.	Karlsruhe		131	
Okt. 9.	Karlsruhe		131	
Okt. 10.	Karlsruhe	E		
Okt. 10.	Karlsruhe		131	
Okt. 11.	Karlsruhe		131	
Okt. 12.	Karlsruhe		131	
Okt. 13.	Karlsruhe		131	
Okt. 14.	Karlsruhe	E		
Okt. 14.	Karlsruhe		131	
Okt. 15.	Stuttgart	K	284	
Okt. 15.	Stuttgart	K	284	
Okt. 16.	Stuttgart	K	284	
Okt. 19.	Berlin	ö	61	
Okt. 23.	Berlin		133	
Okt. 26.	Berlin	ö	61	
Okt. 27.	Berlin	E		
Okt. 28.	Berlin	E		
Okt. 30.	Berlin	E		
Okt. 31.	Berlin		132	
Nov. 4.	Leipzig		130	
Nov. 5.	Leipzig		130	
Nov. 7.	Berlin		132	
Nov. 9.	Berlin	ö	61	
Nov. 14.	Berlin		132	
Nov. 16.	Berlin	ö	61	
Nov. 18.	München		130	
Nov. 19.	München	E		
Nov. 20.	München		130	
Nov. 21.	Berlin		132	
Nov. 23.	Berlin	ö	61	
Nov. 25.	Tübingen			
Nov. 27.	Stuttgart			
Nov. 28.	Stuttgart		130	
Nov. 29.	Stuttgart			
Nov. 30.	Heidenhm.		127	
Dez.	Berlin	E		
Dez.	Hannover	E		
Dez. 1.	Nürnberg			
Dez. 2.	Nürnberg		130	
Dez. 3.	Nürnberg	E		
Dez. 3.	Nürnberg		130	
Dez. 5.	Berlin		132	
Dez. 7.	Berlin	ö	61	
Dez. 10.	Berlin			
Dez. 10.	Berlin	G	261	
Dez. 12.	Berlin		115	
Dez. 12.	Berlin	K	286	
Dez. 13.	Berlin		115	
Dez. 14.	Berlin			
Dez. 14.	Berlin	ö	61	
Dez. 15.	Berlin		115	
Dez. 15.	Berlin	G	250f	
Dez. 16.	Berlin	E		
Dez. 16.	Berlin	E		
Dez. 16.	Berlin		115	
Dez. 17.	Berlin	E		
Dez. 17.	Berlin	K	272	
Dez. 19.	Berlin		127	
Dez. 21.	Berlin		127	
Dez. 26.	Hannover		127	
Dez. 27.	Hannover		134	
Dez. 28.	Hannover		134	
Dez. 29.	Hannover	E		
Dez. 29.	Hannover		134	
Dez. 30.	Hannover		134	
Dez. 31.	Hannover	E		
Dez. 31.	Hannover	E		
Dez. 31.	Hannover		134	

1912

Datum	Ort	A	GA	T
	Basel	E		
Jan. 1.	Hannover	E		
Jan. 1.	Hannover		134	
Jan. 1.	Hannover		158	
Jan. 2.	Hannover			
Jan. 4.	Berlin	ö	61	
Jan. 6.	Berlin	E		
Jan. 7.	Berlin	E		
Jan. 8.	München			
Jan. 9.	München	E		
Jan. 9.	München		130	
Jan. 10.	München	E		
Jan. 10.	München			
Jan. 11.	München		143	
Jan. 12.	St.Gallen			
Jan. 13.	Winterth.			
Jan. 14.	Winterth.		143	
Jan. 15.	Zürich		143	
Jan. 16.	Zürich	E		
Jan. 18.	Berlin	ö	61	
Jan. 23.	Berlin		135	
Jan. 25.	Berlin	ö	61	
Jan. 26.	Berlin	E		
Jan. 27.	Kassel		130	
Jan. 28.	Kassel			
Jan. 29.	Kassel		130	
Jan. 30.	Berlin		135	
Febr.	Stuttgart	E		
Febr. 1.	Berlin	ö	61	
Febr. 3.	Breslau		143	
Febr. 6.	Wien			
Febr. 7.	Wien			
Febr. 7.	Berlin		144	
Febr. 8.	Wien		130	
Febr. 9.	Wien		130	
Febr. 15.	Berlin	ö	61	
Febr. 19.	Stuttgart			
Febr. 20.	Stuttgart	E		
Febr. 20.	Stuttgart		135	
Febr. 21.	Stuttgart		135	
Febr. 22.	Stuttgart	E		
Febr. 22.	Stuttgart			
Febr. 24.	München			
Febr. 25.	München		143	
Febr. 26.	München	E		
Febr. 26.	München			
Febr. 27.	München		143	
Febr. 29.	Berlin	ö	61	
März	Berlin	E		
März 5.	Berlin		135	
März 6.	Berlin	E		

Datum	Ort	A	GA	T
März 10.	Frankfurt	E		
März 10.	Mannheim	E		
März 10.	Frankfurt			
März 14.	Berlin	ö	61	
März 19.	Berlin		133	
März 21.	Berlin	ö	61	
März 26.	Berlin		133	
März 28.	Berlin	ö	61	
April 3.	Helsinki		136	
April 4.	Helsinki		136	
April 5.	Helsinki		136	
April 6.	Helsinki		136	
April 7.	Helsinki		136	
April 8.	Helsinki		136	
April 9.	Helsinki		158	
April 10.	Helsinki		136	
April 11.	Helsinki		136	
April 11.	Helsinki		158	
April 12.	Helsinki		136	
April 13.	Helsinki		136	
April 14.	Helsinki	E		
April 14.	Helsinki		136	
April 16.	Stockholm		143	
April 17.	Stockholm		143	
April 18.	Stockholm			
April 19.	Stockholm			
April 23.	Berlin		133	
April 24.	Berlin	E		
Mai 2.	Berlin		133	
Mai 5.	Düsseldf.		130	
Mai 6.	Köln			
Mai 6.	Köln	ö	69	
Mai 7.	Köln	E		
Mai 7.	Köln	E		
Mai 7.	Köln		143	
Mai 8.	Köln		143	
Mai 9.	Köln	E		
Mai 9.	Köln	E		
Mai 14.	Berlin		133	
Mai 16.	München		143	
Mai 17.	München			
Mai 20.	Berlin		133	
Mai 23.	Kopenhg.		155	
Mai 24.	Kopenhg.		155	
Mai 28.	Norrköp.		155	
Mai 29.	Norrköp.		155	
Mai 30.	Norrköp.		155	
Juni 2.	Oslo		137	
Juni 3.	Oslo			
Juni 4.	Oslo		137	
Juni 5.	Oslo		137	
Juni 6.	Oslo		137	
Juni 7.	Oslo	E		
Juni 7.	Oslo		137	
Juni 8.	Oslo		137	
Juni 9.	Oslo	E		
Juni 9.	Oslo		137	
Juni 10.	Oslo		137	
Juni 11.	Oslo	E		
Juni 11.	Oslo		137	
Juni 12.	Oslo		137	
Juni 17.	Hamburg		130	
Juni 18.	Berlin		133	
Juni 20.	Berlin		133	
Juli 23.	München	G	261	
Aug.	München	E		
Aug. 25.	München		138	
Aug. 26.	München		138	
Aug. 27.	München		138	
Aug. 28.	München		138	
Aug. 29.	München		138	
Aug. 30.	München		138	
Aug. 30.	München		138	
Aug. 31.	München		138	
Sept.	Basel	E		
Sept. 1.	München	E		
Sept. 4.	München	E		
Sept. 5.	München	E		
Sept. 15.	Basel		139	
Sept. 16.	Basel		139	
Sept. 16.	Bottming.	K	277a	
Sept. 17.	Basel		139	
Sept. 17.	Bottming.	K	277a	
Sept. 18.	Basel		139	
Sept. 18.	Bottming.	K	277a	
Sept. 19.	Basel		139	
Sept. 19.	Bottming.	K	277a	
Sept. 20.	Basel	E		
Sept. 20.	Basel		139	
Sept. 20.	Bottming.	K	277a	
Sept. 21.	Basel		139	
Sept. 21.	Bottming.	K	277a	
Sept. 22.	Basel	E		
Sept. 22.	Basel		139	
Sept. 22.	Bottming.	K	277a	
Sept. 23.	Basel		139	
Sept. 23.	Bottming.	K	277a	
Sept. 24.	Basel	E		
Sept. 24.	Basel		139	
Sept. 24.	Bottming.	K	277a	
Sept. 25.	Basel	E		
Sept. 25.	Basel			
Sept. 26.	Basel			
Okt. 26	Mailand		140	
Okt. 27.	Mailand		140	
Okt. 31.	Berlin	ö	62	
Nov. 3.	Wien		140	
Nov. 5.	Berlin		141	
Nov. 7.	Berlin	ö	62	
Nov. 8.	Berlin	E		
Nov. 11.	Berlin	E		
Nov. 12.	Berlin			
Nov. 14.	Berlin	ö	62	
Nov. 16.	Hamburg			
Nov. 18.	Hannover		140	
Nov. 19.	Hannover	E		
Nov. 20.	Berlin		141	
Nov. 21.	Berlin	ö	62	
Nov. 25.	München			
Nov. 26.	München		140	
Nov. 27.	München			
Nov. 28.	München	E		
Nov. 28.	München		140	
Dez. 1.	Berlin	K	281	
Dez. 3.	Berlin		141	
Dez. 5.	Berlin	ö	62	
Dez. 10.	Berlin		141	
Dez. 12.	Berlin	ö	62	
Dez. 15.	Bern		140	
Dez. 16.	Bern	E		
Dez. 17.	Zürich	E		
Dez. 17.	Zürich		143	
Dez. 18.	Neuchâtel		130	
Dez. 19.	St.Gallen		130	
Dez. 22.	Berlin		141	
Dez. 24.	Berlin		143	
Dez. 28.	Köln		142	
Dez. 29.	Köln		142	
Dez. 29.	Köln		143	
Dez. 30.	Köln		142	
Dez. 31.	Köln		142	

1913

Datum	Ort	A	GA	T
	Berlin	E		
Jan. 1.	Köln		142	
Jan. 2.	Köln	E		
Jan. 2.	Köln			
Jan. 3.	Köln			
Jan. 4.	Köln	E		
Jan. 6.	Berlin	E		
Jan. 7.	Berlin		141	
Jan. 7.	Berlin		158	
Jan. 9.	Berlin	ö	62	
Jan. 11.	Leipzig			
Jan. 12.	Leipzig		150	
Jan. 14.	Berlin		141	
Jan. 16.	Berlin	ö	62	
Jan. 19.	Wien			
Jan. 20.	Wien			
Jan. 21.	Wien		140	
Jan. 22.	Graz			
Jan. 23.	Klagenft.			

Datum	Ort	A	GA	T
Jan. 26.	Linz		140	
Jan. 30.	Berlin	ö	62	
Febr.	Stuttgart	E		
Febr.	Berlin	E		
Febr. 2.	Berlin			
Febr. 2.	Berlin	G	261	
Febr. 3.	Berlin			
Febr. 3.	Berlin		144	
Febr. 3.	Berlin	G	250f	
Febr. 4.	Berlin		144	
Febr. 4.	Berlin	G	250f	
Febr. 5.	Berlin		144	
Febr. 5.	Berlin	K	286	
Febr. 6.	Berlin			
Febr. 6.	Berlin			
Febr. 6.	Berlin	ö	62	
Febr. 7.	Berlin			
Febr. 7.	Berlin		144	
Febr. 8.	Berlin	E		
Febr. 8.	Berlin	E		
Febr. 8.	Berlin			
Febr. 8.	Berlin			
Febr. 9.	Berlin	K	281	
Febr. 11.	Berlin		141	
Febr. 13.	Berlin	ö	62	
Febr. 16.	Tübingen			
Febr. 16.	Tübingen		140	
Febr. 17.	Stuttgart		140	
Febr. 19.	Stuttgart			
Febr. 20.	Stuttgart		140	
Febr. 24.	Mannheim			
Febr. 25.	Mannheim			
Febr. 26.	Heidelbg.			
Febr. 27.	Heidelbg.			
März	Den Haag	E		
März 1.	Karlsruhe	ö	69	
März 2.	Frankfurt		140	
März 3.	Frankfurt			
März 4.	Berlin		141	
März 6.	Berlin	ö	62	
März 9.	München			
März 10.	München		140	
März 11.	München		B82	
März 12.	München	E		
März 12.	München		140	
März 13.	Augsburg			
März 14.	Augsburg		150	
März 16.	Berlin	E		
März 18.	Den Haag			
März 20.	Den Haag		145	
März 20.	Den Haag	G	250f	
März 21.	Den Haag	E		
März 21.	Den Haag		145	
März 22.	Den Haag		145	
März 23.	Den Haag		145	
März 23.	Den Haag		150	
März 24.	Den Haag		145	
März 25.	Den Haag	E		
März 25.	Den Haag		145	
März 26.	Den Haag		145	
März 27.	Den Haag		145	
März 28.	Den Haag		145	
März 29.	Den Haag		145	
März 29.	Den Haag	G	250f	
April 1.	Berlin		141	
April 3.	Berlin	ö	62	
April 5.	Breslau		140	
April 10.	Berlin	ö	62	
April 11.	Berlin	E		
April 13.	Weimar		150	
April 13.	Erfurt		150	
April 23.	Essen			
April 25.	Elberfeld			
April 26.	Düsseldf.	K	277a	
April 27.	Düsseldf.		140	
Mai	Köln	E		
Mai	Köln	E		
Mai 1.	London		152	
Mai 2.	London		152	
Mai 5.	Paris		150	
Mai 13.	Straßburg		140	
Mai 14.	Straßburg	E		
Mai 14.	Straßburg			
Mai 17.	Stuttgart			
Mai 18.	Stuttgart	E		
Mai 18.	Stuttgart			
Mai 18.	Stuttgart		152	
Mai 19.	Stuttgart		B82	
Mai 20.	Stuttgart	E		
Mai 20.	Stuttgart			
Mai 20.	Stuttgart		152	
Mai 28.	Helsinki		146	
Mai 29.	Helsinki		146	
Mai 30.	Helsinki		146	
Mai 31.	Helsinki		146	
Juni 1.	Helsinki		146	
Juni 2.	Helsinki		146	
Juni 3.	Helsinki		146	
Juni 4.	Helsinki		146	
Juni 5.	Helsinki		146	
Juni 5.	Helsinki		158	
Juni 8.	Stockholm	E		
Juni 8.	Stockholm		150	
Juni 10.	Stockholm		150	
Aug. 24.	München		147	
Aug. 25.	München		147	
Aug. 26.	München		147	
Aug. 27.	München		147	
Aug. 28.	München		147	
Aug. 28.	München	K	277a	
Aug. 29.	München		147	
Aug. 30.	München		147	
Aug. 31.	München		147	
Sept. 3.	München	E		
Sept. 4.	München	E		
Sept. 20.	Dornach		245	
Sept. 22.	Basel	G	250f	
Okt.	Oslo	E		
Okt. 1.	Oslo		148	
Okt. 2.	Oslo		148	
Okt. 3.	Oslo		148	
Okt. 4.	Oslo			
Okt. 5.	Oslo	E		
Okt. 5.	Oslo		148	
Okt. 6.	Oslo	E		
Okt. 6.	Oslo		148	
Okt. 10.	Bergen		140	
Okt. 11.	Bergen	E		
Okt. 11.	Bergen		140	
Okt. 14.	Kopenhg.		152	
Okt. 15.	Kopenhg.	E		
Okt. 15.	Kopenhg.			
Okt. 21.	Berlin		148	
Okt. 30.	Berlin	ö	63	
Nov. 4.	Berlin		148	
Nov. 6.	Berlin	ö	63	
Nov. 6.	Berlin			
Nov. 8.	Nürnberg			
Nov. 9.	Nürnberg	E		
Nov. 10.	Nürnberg	E		
Nov. 10.	Nürnberg			
Nov. 11.	Nürnberg	E		
Nov. 15.	Hamburg			
Nov. 16.	Hamburg		148	
Nov. 17.	Berlin	E		
Nov. 18.	Berlin		148	
Nov. 19.	Berlin	E		
Nov. 20.	Berlin	ö	63	
Nov. 22.	Stuttgart		148	
Nov. 23.	Stuttgart	E		
Nov. 23.	Stuttgart		148	
Nov. 24.	Stuttgart	K	281	
Nov. 27.	Berlin	ö	63	
Dez. 1.	Basel			
Dez. 4.	Berlin	ö	63	
Dez. 7.	München			
Dez. 8.	München	E		
Dez. 8.	München		148	
Dez. 9.	München	E		
Dez. 9.	München			
Dez. 10.	München		148	
Dez. 17.	Köln		148	

Datum	Ort	A	GA	T
Dez. 18.	Köln		148	
Dez. 21.	Bochum		150	
Dez. 23.	Berlin		150	
Dez. 28.	Leipzig		149	
Dez. 29.	Leipzig		149	
Dez. 30.	Leipzig	E		
Dez. 30.	Leipzig		149	
Dez. 31.	Leipzig		149	
Dez. 31.	Leipzig	K	281	

1914

Datum	Ort	A	GA	T
Jan.	Berlin			
Jan. 1.	Leipzig		149	
Jan. 2.	Leipzig		149	
Jan. 3.	Leipzig			
Jan. 4.	Leipzig			
Jan. 6.	Berlin		148	
Jan. 8.	Berlin	ö	63	
Jan. 13.	Berlin		148	
Jan. 15.	Berlin	ö	63	
Jan. 18.	Berlin			
Jan. 18.	Berlin			
Jan. 18.	Berlin	G	261	
Jan. 19.	Berlin			
Jan. 20.	Berlin			
Jan. 20.	Berlin			
Jan. 20.	Berlin		151	
Jan. 21.	Berlin			
Jan. 21.	Berlin			
Jan. 21.	Berlin		151	
Jan. 21.	Berlin	K	277a	
Jan. 22.	Berlin			
Jan. 22.	Berlin			
Jan. 22.	Berlin		151	
Jan. 23.	Berlin			
Jan. 23.	Berlin		151	
Jan. 23.	Berlin	K	286	
Jan. 24.	Berlin	E		
Jan. 24.	Berlin			
Jan. 27.	Berlin			
Febr. 7.	Hannover	E		
Febr. 7.	Hannover			
Febr. 10.	Berlin		148	
Febr. 12.	Berlin	ö	63	
Febr. 26.	Berlin	ö	63	
März 4.	Stuttgart			
März 5.	Stuttgart	E		
März 5.	Stuttgart		152	
März 7.	Stuttgart	E		
März 7.	Pforzheim		152	
März 7.	Stuttgart	K	286	
März 8.	Pforzheim			
März 13.	Basel			
März 19.	Berlin	ö	63	

Datum	Ort	A	GA	T
März 26.	Berlin	ö	63	
März 27.	Berlin	E		
März 29.	München			
März 30.	München		152	
März 31.	München	E		
März 31.	München			
April 6.	Wien		153	
April 8.	Wien		153	
April 9.	Wien		153	
April 10.	Wien		153	
April 10.	Wien	G	261	
April 11.	Wien	E		
April 11.	Wien		153	
April 12.	Wien		153	
April 13.	Wien		153	
April 14.	Wien			
April 14.	Wien		153	
April 14.	Wien		153	
April 16.	Prag			
April 17.	Prag		154	
April 18.	Berlin		154	
April 23.	Berlin	ö	63	
April 25.	Berlin	E		
April 25.	Berlin	E		
April 26.	Berlin		154	
April 27.	Berlin	E		
Mai 3.	Basel	E		
Mai 5.	Basel		154	
Mai 8.	Kassel	ö	70	
Mai 9.	Kassel	E		
Mai 9.	Kassel	G	261	
Mai 10.	Kassel	E		
Mai 10.	Kassel	G	261	
Mai 10.	Kassel	G	261	
Mai 12.	Berlin		154	
Mai 25.	Paris		154	
Mai 26.	Paris		154	
Mai 27.	Paris		152	
Juni 1.	Basel	E		
Juni 1.	Basel		152	
Juni 3.	Basel	E		
Juni 7.	Dornach	K	286	
Juni 17.	Dornach	K	286	
Juni 28.	Dornach	K	286	
Juli 5.	Dornach	K	286	
Juli 12.	Norrköp.		155	
Juli 13.	Norrköp.		155	
Juli 14.	Norrköp.	E		
Juli 14.	Norrköp.		155	
Juli 15.	Norrköp.		155	
Juli 16.	Norrköp.			
Juli 16.	Norrköp.		155	
Juli 26.	Dornach	K	286	
		K	291	

Datum	Ort	A	GA	T
Aug. 13.	Dornach	G	250f	
Aug. 14.	Dornach			
Aug. 15.	Dornach			
Aug. 16.	Dornach			
Sept. 1.	Berlin		157	
Sept. 1.	Berlin	G	261	
Sept. 13.	München		174a	
Sept. 19.	Dornach	G	250f	
Sept. 20.	Dornach	G	250f	
Sept. 30.	Stuttgart		174b	
Okt. 3.	Dornach		156	
Okt. 4.	Dornach		156	
Okt. 5.	Dornach		156	
Okt. 6.	Dornach		156	
Okt. 7.	Dornach		156	
Okt. 10.	Dornach	G	261	
Okt. 10.	Dornach	K	287	
Okt. 12.	Dornach	K	287	
Okt. 18.	Dornach	K	287	
Okt. 19.	Dornach	K	287	
Okt. 24.	Dornach	K	287	
Okt. 25.	Dornach	K	287	
Okt. 29.	Berlin	ö	64	
Okt. 31.	Berlin		157	
Nov. 2.	Hamburg			
Nov. 3.	Hamburg			
Nov. 5.	Berlin	ö	64	
Nov. 9.	Dornach		158	
Nov. 14.	Dornach		158	
Nov. 15.	Dornach		158	
Nov. 20.	Dornach		158	
Nov. 21.	Dornach		158	
Nov. 22.	Dornach		158	
Nov. 26.	Berlin	ö	64	
Nov. 27.	Berlin	ö	64	
Nov. 28.	Berlin		157	
Dez. 1.	München			
Dez. 2.	München			
Dez. 3.	München		174a	
Dez. 6.	Stuttgart			
Dez. 12.	Dornach		156	
Dez. 13.	Dornach		156	
Dez. 19.	Dornach		156	
Dez. 20.	Dornach		156	
Dez. 26.	Dornach		156	
Dez. 27.	Basel		156	
Dez. 27.	Dornach	G	261	
Dez. 28.	Dornach	K	275	
Dez. 29.	Dornach	K	275	
Dez. 30.	Dornach	K	275	
Dez. 31.	Basel			
Dez. 31.	Dornach		158	
		K	275	

Datum	Ort	A GA	T
1915			
Jan. 1.	Dornach	K 275	
		K 291	
Jan. 2.	Dornach	K 275	
Jan. 3.	Dornach	K 275	
Jan. 4.	Dornach	K 275	
Jan. 9.	Dornach	161	
Jan. 10.	Dornach	161	
Jan. 10.	Basel	G 261	
Jan. 14.	Berlin	ö 64	
Jan. 15.	Berlin	ö 64	
Jan. 17.	Berlin	157	
Jan. 19.	Berlin	157	
Jan. 26.	Berlin	157	
Jan. 30.	Dornach	161	
Jan. 31.	Zürich	159	
Jan. 31.	Zürich	G 261	
Febr. 2.	Dornach	161	
Febr. 5.	Dornach	161	
Febr. 5.	Basel	G 261	
Febr. 6.	Dornach	161	
Febr. 7.	Dornach	161	
Febr. 13.	Stuttgart	174b	
Febr. 14.	Stuttgart	174b	
Febr. 15.	Stuttgart		
Febr. 16.	Stuttgart		
Febr. 16.	Stuttgart	K 281	
Febr. 18.	Hannover		
Febr. 19.	Hannover	159	
Febr. 20.	Bremen		
Febr. 21.	Bremen	159	
Febr. 22.	Berlin	157	
Febr. 25.	Berlin	ö 64	
Febr. 26.	Berlin	ö 64	
März 2.	Berlin	157	
März 4.	Berlin	ö 64	
März 5.	Berlin		
März 6.	Leipzig		
März 7.	Leipzig	159	
März 9.	Berlin	157	
März 11.	Nürnberg		
März 12.	Nürnberg	ö 64	
März 13.	Nürnberg	159	
März 14.	Nürnberg	159	
März 16.	Berlin	157	
März 21.	München		
März 22.	München		
März 23.	München	174a	
März 27.	Dornach	161	
März 28.	Dornach	161	
April 2.	Dornach	161	
April 3.	Dornach	161	
April 4.	Dornach	K 272	
April 9.	Basel		
April 10.	Basel		
April 11.	Dornach	K 272	
April 15.	Berlin		
April 16.	Berlin	ö 64	
April 20.	Berlin	157	
April 22.	Berlin	ö 64	
April 23.	Berlin	ö 64	
Mai 1.	Dornach	161	
Mai 2.	Dornach	161	
Mai 7.	Wien	159	
Mai 9.	Wien	159	
Mai 13.	Prag	159	
Mai 14.	Prag		
Mai 15.	Prag	159	
Mai 17.	Linz		
Mai 18.	Linz	159	
Mai 22.	Dornach	K 272	
Mai 23.	Dornach	162	
Mai 24.	Dornach	162	
Mai 29.	Dornach	162	
Mai 30.	Dornach	162	
		K 272	
Juni 3.	Dornach	162	
Juni 10.	Berlin	157	
Juni 13.	Elberfeld	159	
Juni 14.	Elberfeld		
Juni 15.	Düsseldf.	159	
Juni 16.	Düsseldf.		
Juni 17.	Düsseldf.	159	
Juni 18.	Köln		
Juni 19.	Köln	159	
Juni 22.	Berlin	157	
Juli 6.	Berlin	157	
Juli 17.	Dornach	162	
Juli 18.	Dornach	162	
Juli 24.	Dornach	162	
Juli 25.	Dornach	162	
Juli 31.	Dornach	162	
Aug. 1.	Dornach	162	
Aug. 7.	Dornach	162	
Aug. 8.	Dornach	162	
Aug. 14.	Dornach	K 272	
Aug. 15.	Dornach	G 261	
Aug. 15.	Dornach	K 272	
Aug. 16.	Dornach	K 272	
Aug. 18.	Dornach	K 277a	
Aug. 19.	Dornach	K 277a	
Aug. 20.	Dornach	164	
Aug. 20.	Dornach	K 277a	
Aug. 21.	Dornach		
Aug. 21.	Dornach	K 277a	
Aug. 22.	Dornach		
Aug. 23.	Dornach	163	
Aug. 23.	Dornach	K 277a	
Aug. 23.	Dornach	K 277a	
Aug. 24.	Dornach	K 277a	
Aug. 25.	Dornach	K 277a	
Aug. 26.	Dornach	K 277a	
Aug. 27.	Dornach	163	
Aug. 27.	Dornach	K 277a	
Aug. 28.	Dornach	163	
Aug. 28.	Dornach	k 277a	
Aug. 29.	Dornach	163	
Aug. 30.	Dornach	163	
Aug. 30.	Dornach	K 277a	
Aug. 31.	Dornach	K 277a	
Sept. 1.	Dornach	K 277a	
Sept. 2.	Dornach	K 277a	
Sept. 3.	Dornach	K 277a	
Sept. 4.	Dornach	163	
Sept. 4.	Dornach	K 277a	
Sept. 5.	Dornach	163	
Sept. 6.	Dornach	163	
Sept. 6.	Dornach	K 277a	
Sept. 7.	Dornach	K 277a	
Sept. 8.	Dornach	K 277a	
Sept. 9.	Dornach	K 277a	
Sept. 10.	Dornach		
Sept. 10.	Dornach	K 277a	
Sept. 11.	Dornach		
Sept. 11.	Dornach	K 277a	
Sept. 12.	Dornach		
Sept. 13.	Dornach		
Sept. 14.	Dornach		
Sept. 15.	Dornach		
Sept. 16.	Dornach		
Sept. 17.	Dornach	164	
Sept. 18.	Dornach	164	
Sept. 19.	Dornach	164	
Sept. 20.	Dornach	164	
Sept. 25.	Dornach	G 261	
Sept. 26.	Dornach	164	
Sept. 27.	Dornach	164	
Okt. 2.	Dornach	164	
Okt. 3.	Dornach	164	
Okt. 3.	Dornach	K 281	
Okt. 4.	Dornach	164	
Okt. 9.	Dornach	164	
Okt. 10.	Dornach	G 254	
Okt. 11.	Dornach	G 254	
Okt. 16.	Dornach	G 254	
Okt. 17.	Dornach	G 254	
Okt. 18.	Dornach	G 254	
Okt. 19.	Dornach	G 254	
Okt. 22.	Dornach	G 254	
Okt. 23.	Dornach	G 254	
Okt. 24.	Dornach	G 254	
Okt. 25.	Dornach	G 254	

Datum	Ort	A	GA	T
Okt. 31.	Dornach	G	254	
Nov. 1.	Dornach	G	254	
Nov. 7.	Dornach	G	254	
Nov. 16.	Berlin		157a	
Nov. 18.	Berlin		157a	
Nov. 18.	Berlin	G	261	
Nov. 20.	Berlin		157a	
Nov. 22.	Stuttgart		174b	
Nov. 22.	Ulm	G	261	
Nov. 23.	Stuttgart		174b	
Nov. 24.	Stuttgart		174b	
Nov. 25.	Stuttgart			
Nov. 26.	Stuttgart			
Nov. 26.	Stuttgart	K	281	
Nov. 28.	München	ö	64	
Nov. 29.	München		174a	
Nov. 30.	München	G	261	
Dez. 2.	Berlin	ö	65	
Dez. 3.	Berlin	ö	65	
Dez. 7.	Berlin		157a	
Dez. 9.	Berlin	ö	65	
Dez. 10.	Berlin	ö	65	
Dez. 14.	Berlin		157a	
Dez. 14.	Berlin	G	261	
Dez. 16.	Berlin	ö	65	
Dez. 19.	Berlin		157a	
			165	
Dez. 21.	Berlin		157a	
Dez. 26.	Dornach		165	
		K	274	
Dez. 26.	Dornach	G	261	
Dez. 27.	Dornach			
Dez. 27.	Dornach		165	
Dez. 28.	Basel		165	
Dez. 28.	Dornach		165	
Dez. 31.	Dornach		165	

1916

Datum	Ort	A	GA	T
Jan. 1.	Dornach		165	
Jan. 2.	Dornach		165	
Jan. 6.	Dornach		165	
Jan. 7.	Dornach		165	
Jan. 8.	Bern			
Jan. 9.	Bern		165	
Jan. 11.	Liestal	R	35	
Jan. 12.	Basel			
Jan. 14.	Basel			
Jan. 15.	Dornach		165	
Jan. 15.	Dornach	K	277	
Jan. 16.	Dornach		165	
Jan. 25.	Berlin		166	
Jan. 27.	Berlin		166	
Jan. 30.	Berlin		166	
Febr. 1.	Berlin		166	
Febr. 3.	Berlin	ö	65	
Febr. 4.	Berlin	ö	65	
Febr. 8.	Berlin		166	
Febr. 10.	Berlin	ö	65	
Febr. 11.	Berlin	ö	65	
Febr. 13.	Berlin		167	
Febr. 15.	Hamburg			
Febr. 16.	Hamburg		168	
Febr. 18.	Kassel		168	
Febr. 19.	Kassel			
Febr. 21.	Leipzig			
Febr. 22.	Leipzig		168	
Febr. 25.	Berlin	ö	65	
Febr. 26.	Berlin	ö	65	
Febr. 29.	Hannover			
März 1.	Hannover			
März 2.	Bremen			
März 3.	Bremen			
März 7.	Berlin		167	
März 12.	Stuttgart		174b	
März 13.	Stuttgart			
März 14.	Stuttgart			
März 15.	Stuttgart		174b	
März 17.	München			
März 18.	München		174a	
März 19.	München			
März 20.	München		174a	
März 23.	Berlin	ö	65	
März 24.	Berlin	ö	65	
März 28.	Berlin		167	
April 4.	Berlin		167	
April 11.	Berlin		167	
April 13.	Berlin	ö	65	
April 15.	Berlin	ö	65	
April 18.	Berlin		167	
April 25.	Berlin		167	
Mai. 2.	Berlin		167	
Mai 9.	Berlin		167	
Mai 16.	Berlin		167	
Mai 23.	Berlin		167	
Mai 30.	Berlin		167	
Juni 6.	Berlin		169	
Juni 13.	Berlin		169	
Juni 20.	Berlin		169	
Juni 27.	Berlin		169	
Juli 4.	Berlin		169	
Juli 11.	Berlin		169	
Juli 18.	Berlin		169	
Juli 29.	Dornach		170	
Juli 30.	Dornach		170	
Juli 30.	Dornach	G	261	
Juli 31.	Dornach		170	
Aug. 5.	Dornach		170	
Aug. 6.	Dornach		170	
Aug. 7.	Dornach		170	
Aug. 12.	Dornach		170	
Aug. 13.	Dornach		170	
Aug. 15.	Dornach		170	
Aug. 19.	Dornach	K	272	
Aug. 20.	Dornach	K	272	
Aug. 21.	Dornach		170	
Aug. 26.	Dornach		170	
Aug. 27.	Dornach		170	
Aug. 28.	Dornach		170	
Sept. 2.	Dornach		170	
Sept. 3.	Dornach		170	
Sept. 4.	Dornach	K	272	
Sept. 9.	Dornach	K	272	
Sept. 10.	Dornach	K	272	
Sept. 11.	Dornach	K	272	
Sept. 16.	Dornach		171	
Sept. 17.	Dornach		171	
Sept. 18.	Dornach		171	
Sept. 20.	Dornach			
Sept. 20.	Dornach	K	288	
Sept. 23.	Dornach		171	
Sept. 24.	Dornach			
Sept. 24.	Dornach		171	
Sept. 25.	Dornach		171	
Sept. 30.	Dornach		171	
		K	273	
Okt. 1.	Dornach		171	
Okt. 2.	Dornach		171	
Okt. 4.	Basel			
Okt. 6.	Basel			
Okt. 7.	Dornach		171	
Okt. 8.	Dornach	K	292	
Okt. 9.	Zürich			
Okt. 10.	Zürich		168	
Okt. 14.	Dornach		171	
Okt. 15.	Dornach		171	
Okt. 16.	Liestal	R	35	
Okt. 21.	Dornach		171	
Okt. 23.	Zürich			
Okt. 24.	Zürich		168	
Okt. 25.	St.Gallen			
Okt. 26.	St.Gallen		168	
Okt. 28.	Dornach		171	
Okt. 29.	Dornach		171	
Okt. 29.	Dornach	G	261	
Okt. 30.	Dornach		171	
Okt. 31.	Basel	G	261	
Nov. 1.	Dornach	K	292	
Nov. 4.	Dornach		172	
Nov. 5.	Dornach		172	
Nov. 6.	Dornach		172	
Nov. 8.	Dornach	K	292	
Nov. 9.	Bern		168	

Datum	Ort	A	GA	T
Nov. 10.	Bern			
Nov. 12.	Dornach		172	
Nov. 13.	Dornach		172	
Nov. 15.	Dornach	K	292	
Nov. 17.	Dornach	G	261	
Nov. 18.	Dornach		172	
Nov. 19.	Dornach		172	
Nov. 25.	Dornach		172	
Nov. 26.	Dornach		172	
Nov. 27.	Dornach		172	
Nov. 28.	Dornach	K	292	
Dez. 3.	Zürich		168	
Dez. 4.	Dornach		173	
Dez. 8.	Basel			
Dez. 9.	Dornach		173	
Dez. 10.	Dornach		173	
Dez. 10.	Dornach	K	273	
Dez. 11.	Dornach		173	
Dez. 13.	Dornach	K	292	
Dez. 16.	Dornach		173	
Dez. 17.	Dornach		173	
Dez. 18.	Dornach		173	
Dez. 21.	Basel		173	
Dez. 24.	Dornach		173	
Dez. 25.	Dornach		173	
Dez. 26.	Dornach		173	
Dez. 30.	Dornach		173	
Dez. 31.	Dornach		173	

1917

Datum	Ort	A	GA	T
Jan. 1.	Dornach		174	
Jan. 2.	Dornach	K	292	
Jan. 3.	Dornach	K	274	
Jan. 6.	Dornach		174	
Jan. 7.	Dornach		174	
Jan. 7.	Dornach	K	274	
Jan. 8.	Dornach		174	
Jan. 13.	Dornach		174	
Jan. 14.	Dornach		174	
Jan. 15.	Dornach		174	
Jan. 17.	Dornach	K	292	
Jan. 20.	Dornach		174	
Jan. 21.	Dornach		174	
Jan. 22.	Dornach		174	
Jan. 24.	Dornach	K	292	
Jan. 27.	Dornach	K	273	
Jan. 28.	Dornach		174	
Jan. 30.	Dornach		174	
Febr. 6.	Berlin		175	
Febr. 6.	Berlin	G	261	
Febr. 13.	Berlin		175	
Febr. 15.	Berlin	ö	66	
Febr. 17.	Berlin	ö	66	
Febr. 20.	Berlin		175	
Febr. 25.	Stuttgart			
Febr. 27.	Berlin		175	
März 1.	Berlin	ö	66	
März 6.	Berlin		175	
März 13.	Berlin		175	
März 15.	Berlin	ö	66	
März 17.	Berlin	ö	66	
März 20.	Berlin		175	
März 22.	Berlin	ö	66	
März 27.	Berlin		175	
März 31.	Berlin	ö	66	
April 3.	Berlin		175	
April 10.	Berlin		175	
April 12.	Berlin		175	
April 14.	Berlin		175	
April 17.	Berlin		175	
April 19.	Berlin		175	
April 24.	Berlin		175	
Mai 1.	Berlin		175	
Mai 8.	Berlin			
Mai 8.	Berlin		175	
Mai 11.	Stuttgart		174b	
Mai 11.	Stuttgart	G	261	
Mai 11.	Stuttgart	G	261	
Mai 12.	Stuttgart			
Mai 13.	Stuttgart		174b	
Mai 14.	Stuttgart			
Mai 15.	Stuttgart		174b	
Mai 18.	München			
Mai 19.	München		174a	
Mai 20.	München		174a	
Mai 21.	München			
Mai 29.	Berlin			
Mai 29.	Berlin		176	
Juni 2.	Hamburg			
Juni 3.	Hamburg			
Juni 4.	Hamburg			
Juni 5.	Berlin			
Juni 5.	Berlin		176	
Juni 10.	Leipzig	G	250f	
Juni 11.	Leipzig			
Juni 12.	Hannover			
Juni 13.	Hannover			
Juni 16.	Bremen			
Juni 17.	Bremen			
Juni 19.	Berlin		176	
Juni 26.	Berlin		176	
Juli 3.	Berlin		176	
Juli 10.	Berlin		176	
Juli 17.	Berlin		176	
Juli 24.	Berlin		176	
Juli 31.	Berlin		176	
Aug. 7.	Berlin		176	
Aug. 14.	Berlin		176	
Aug. 21.	Berlin		176	
Aug. 28.	Berlin		176	
Sept. 4.	Berlin		176	
Sept. 11.	Berlin		176	
Sept. 18.	Berlin		176	
Sept. 25.	Berlin		176	
Sept. 29.	Dornach		177	
Sept. 30.	Dornach		177	
Okt. 1.	Dornach		177	
Okt. 5.	Dornach	K	292	
Okt. 6.	Dornach		177	
Okt. 7.	Dornach		177	
Okt. 7.	Dornach	G	261	
Okt. 8.	Dornach		177	
Okt. 12.	Dornach		177	
Okt. 13.	Dornach		177	
Okt. 14.	Dornach		177	
Okt. 15.	Dornach	K	292	
Okt. 18.	Basel			
Okt. 19.	Basel			
Okt. 20.	Dornach		177	
Okt. 21.	Dornach		177	
Okt. 21.	Dornach	G	250f	
Okt. 22.	Dornach	K	292	
Okt. 26.	Dornach		177	
Okt. 27.	Dornach		177	
Okt. 28.	Dornach		177	
Okt. 29.	Dornach	K	292	
Nov. 2.	Dornach	K	273	
Nov. 3.	Dornach	K	273	
Nov. 4.	Dornach	K	273	
Nov. 5.	Zürich	ö	73	
Nov. 6.	Zürich		178	
Nov. 7.	Zürich	ö	73	
Nov. 10.	Dornach		178	
Nov. 11.	Dornach		178	
Nov. 12.	Zürich	ö	73	
Nov. 13.	Zürich		178	
Nov. 14.	Zürich	ö	73	
Nov. 15.	St.Gallen		178	
Nov. 16.	St.Gallen		178	
Nov. 18.	Dornach		178	
Nov. 19.	Dornach		178	
Nov. 23.	Basel			
Nov. 24.	Basel			
Nov. 25.	Dornach		178	
Nov. 28.	Bern			
Nov. 29.	Bern		182	
Nov. 30.	Bern			
Dez. 2.	Dornach		179	
Dez. 3.	Dornach			
Dez. 3.	Dornach		K45	
Dez. 9.	Dornach		179	
Dez. 10.	Dornach		179	

Datum		Ort	A	GA	T
Dez.	11.	Dornach		179	
Dez.	15.	Dornach		179	
Dez.	16.	Dornach		179	
Dez.	17.	Dornach		179	
Dez.	22.	Dornach		179	
Dez.	23.	Basel		180	
Dez.	24.	Dornach		180	
Dez.	25.	Dornach		180	
Dez.	26.	Dornach		180	
Dez.	29.	Dornach		180	
Dez.	30.	Dornach		180	
Dez.	30.	Dornach	K	274	
Dez.	31.	Dornach		180	

1918

Datum		Ort	A	GA	T
Jan.	4.	Dornach		180	
Jan.	5.	Dornach		180	
Jan.	6.	Dornach		180	
Jan.	6.	Dornach	K	274	
Jan.	8.	Dornach		180	
Jan.	11.	Dornach		180	
Jan.	12.	Dornach		180	
Jan.	13.	Dornach		180	
Jan.	14.	Dornach		180	
Jan.	15.	Dornach			
Jan.	15.	Dornach	K	45	
Jan.	17.	Dornach		180	
Jan.	22.	Berlin		181	
Jan.	24.	Berlin	ö	67	
Jan.	29.	Berlin		181	
Febr.	5.	Berlin		181	
Febr.	7.	Berlin	ö	67	
Febr.	10.	Nürnberg		182	
Febr.	11.	Nürnberg			
Febr.	12.	Nürnberg			
Febr.	14.	München		174a	
Febr.	15.	München	K	271	
Febr.	16.	München			
Febr.	17.	München		174a	
Febr.	17.	München	K	271	
Febr.	18.	München			
Febr.	19.	München	K	277a	
Febr.	21.	Berlin	ö	67	
Febr.	23.	Stuttgart		174b	
Febr.	24.	Stuttgart		174b	
Febr.	25.	Stuttgart			
Febr.	26.	Stuttgart			
Febr.	26.	Stuttgart	K	277a	
Febr.	28.	Berlin	ö	67	
März	5.	Berlin		181	
März	7.	Berlin	ö	67	
März	12.	Berlin		181	
März	14.	Berlin	ö	67	
März	19.	Berlin		181	

Datum		Ort	A	GA	T
März	21.	Berlin	ö	67	
März	26.	Berlin		181	
März	28.	Berlin			
März	30.	Berlin		181	
April	1.	Berlin		181	
April	2.	Berlin		181	
April	9.	Berlin		181	
April	15.	Berlin	ö	67	
April	16.	Berlin		181	
April	18.	Berlin	ö	67	
April	20.	Berlin	ö	67	
April	23.	Stuttgart		174b	
April	24.	Stuttgart			
April	25.	Stuttgart			
April	26.	Stuttgart		174b	
April	29.	Heidenhm.		182	
April	30.	Ulm		182	
Mai	1.	München			
Mai	2.	München		174a	
Mai	3.	München			
Mai	4.	München		174a	
Mai	5.	München	K	271	
Mai	6.	München	K	271	
Mai	11.	Leipzig			
Mai	12.	Leipzig			
Mai	14.	Berlin		181	
Mai	21.	Berlin		181	
Mai	26.	Wien			
Mai	27.	Wien			
Mai	28.	Wien			
Mai	29.	Wien			
Mai	30.	Wien			
Mai		Wien			
Juni	1.	Wien	K	271	
Juni	2.	Wien	K	277	
Juni	9.	Tannbach	E		
Juni	12.	Prag	K	273	
Juni	14.	Prag			
Juni	25.	Berlin		181	
Juni	28.	Berlin	K	277	
Juni	30.	Hamburg			
Juni	30.	Hamburg		182	
Juli	1.	Hamburg			
Juli	3.	Berlin		181	
Juli	9.	Berlin		181	
Juli	16.	Berlin		181	
Juli	23.	Berlin		181	
Juli	30.	Berlin		181	
Aug.	6.	Berlin		181	
Aug.	17.	Dornach		183	
Aug.	18.	Dornach		183	
Aug.	19.	Dornach		183	
Aug.	20.	Dornach	K	277	
Aug.	23.	Dornach	K	277	

Datum		Ort	A	GA	T
Aug.	24.	Dornach		183	
Aug.	25.	Dornach		183	
Aug.	25.	Dornach	K	277	
Aug.	26.	Dornach		183	
Aug.	31.	Dornach		183	
Sept.	1.	Dornach		183	
Sept.	2.	Dornach		183	
Sept.	6.	Dornach		184	
Sept.	7.	Dornach		184	
Sept.	8.	Dornach		184	
Sept.	13.	Dornach		184	
Sept.	14.	Dornach		184	
Sept.	15.	Dornach		184	
Sept.	20.	Dornach		184	
			G	250f	
Sept.	20.	Dornach	G	261	
Sept.	21.	Dornach		184	
Sept.	22.	Dornach		184	
Sept.	22.	Reinach	G	261	
Sept.	27.	Dornach	K	273	
Sept.	28.	Dornach	K	273	
Sept.	29.	Dornach	K	273	
Okt.	4.	Dornach		184	
Okt.	5.	Dornach		184	
Okt.	6.	Dornach		184	
Okt.	8.	Zürich	ö	73	
Okt.	9.	Zürich		182	
Okt.	10.	Zürich	ö	73	
Okt.	11.	Dornach		184	
Okt.	12.	Dornach		184	
Okt.	13.	Dornach		184	
Okt.	15.	Zürich	ö	73	
Okt.	16.	Zürich		182	
Okt.	17.	Zürich	ö	73	
			K	277	
Okt.	18.	Dornach		185	
Okt.	19.	Dornach		185	
Okt.	20.	Dornach		185	
Okt.	25.	Dornach		185	
Okt.	26.	Dornach		185	
Okt.	27.	Dornach		185	
Okt.	30.	Basel			
Okt.	31.	Basel			
Nov.	1.	Dornach		185	
Nov.	2.	Dornach		185	
Nov.	3.	Dornach		185	
Nov.	3.	Dornach	G	250f	
Nov.	8.	Basel			
Nov.	9.	Dornach		185a	
Nov.	10.	Dornach		185a	
Nov.	10.	Dornach	G	250f	
Nov.	15.	Dornach		185a	
Nov.	16.	Dornach		185a	
Nov.	17.	Dornach		185a	

Datum	Ort	A GA	T
Nov. 22.	Dornach	185a	
Nov. 23.	Dornach	185a	
Nov. 24.	Dornach	185a	
Nov. 29.	Dornach	186	
Nov. 30.	Dornach	186	
Dez. 1.	Dornach	186	
Dez. 6.	Dornach	186	
Dez. 7.	Dornach	186	
Dez. 8.	Dornach	186	
Dez. 9.	Bern		
Dez. 11.	Bern		
Dez. 12.	Bern	186	
Dez. 13.	Dornach	186	
Dez. 14.	Dornach	186	
Dez. 15.	Dornach	186	
Dez. 20.	Dornach	186	
Dez. 21.	Dornach	186	
Dez. 22.	Basel	187	
Dez. 24.	Dornach	187	
Dez. 25.	Dornach	187	
Dez. 27.	Dornach	187	
Dez. 28.	Dornach	187	
Dez. 29.	Dornach	187	
Dez. 31.	Dornach	187	

1919

Datum	Ort	A GA	T
Jan.	Dornach		
Jan. 1.	Dornach	187	
Jan. 3.	Dornach	188	
Jan. 4.	Dornach	188	
Jan. 5.	Dornach	188	
Jan. 10.	Dornach	188	
Jan. 11.	Dornach	188	
Jan. 12.	Dornach	188	
Jan. 14.	Arlesheim	G 261	
Jan. 16.	Dornach		
Jan. 17.	Dornach	K 273	
Jan. 18.	Dornach	K 273	
Jan. 19.			
Jan. 19.	Dornach	K 273	
Jan. 21.	Dornach		
Jan. 24.	Dornach	188	
Jan. 25.	Dornach		
Jan. 25.	Dornach		
Jan. 25.	Dornach	188	
Jan. 26.	Dornach	188	
Jan. 27.	Dornach		
Jan. 31.	Dornach	188	
Febr. 1.	Dornach	188	
Febr. 2.	Dornach	188	
Febr. 2.	Dornach	K 277	
Febr. 3.	Zürich	S 328	
Febr. 4.	Zürich	193	
Febr. 5.	Zürich	S 328	
Febr. 6.	Bern		
Febr. 7.	Bern		
Febr. 8.	Bern	193	
Febr. 10.	Zürich	S 328	
Febr. 11.	Zürich	193	
Febr. 12.	Zürich	S 328	
Febr. 13.	Basel		
Febr. 14.	Basel		
Febr. 15.	Dornach	189	
Febr. 16.	Dornach	189	
Febr. 21.	Dornach	189	
Febr. 24.	Zürich	K 277	
Febr. 25.	Zürich	S 328	
Febr. 26.	Winterth.		
Febr. 27.	Winterth.		
Febr. 28.	Basel		
März 1.	Dornach	189	
März 2.	Dornach	189	
März 7.	Dornach	189	
März 8.	Zürich	S 328	
März 9.	Zürich	193	
März 11.	Bern	S 329	
März 13.	Dornach	K 277	
März 14.	Dornach		
März 15.	Dornach	189	
März 16.	Dornach	189	
März 17.	Bern	S 329	
März 19.	Winterth.	S 329	
März 21.	Dornach	190	
März 22.	Dornach	190	
März 23.	Dornach		
März 23.	Dornach	190	
März 24.	Dornach		
März 28.	Dornach		
März 28.	Dornach	190	
März 29.	Dornach	190	
März 30.	Dornach	190	
März 30.	Dornach	K 277	
April 2.	Basel		
April 4.	Dornach		
April 5.	Dornach	190	
April 5.	Dornach	K 277	
April 6.	Dornach	190	
April 9.	Basel	S 329	
April 11.	Dornach	190	
April 12.	Dornach	190	
April 12.	Basel	S 329	
April 13.	Dornach	190	
April 14.	Dornach	190	
April 19.	Dornach		
April 21.	Stuttgart	192	
April 22.	Stuttgart		
April 22.	Stuttgart	S 330	
April 23.	Stuttgart	192	
April 23.	Stuttgart	S 330	
April 24.	Stuttgart		
April 24.	Stuttgart		
April 25.	Stuttgart	S 330	
April 28.	Stuttgart	S 330	
April 29.	Stuttgart		
Mai 1.	Stuttgart	192	
Mai 3.	Stuttgart	S 330	
Mai 6.	Stuttgart	K 277	
Mai 8.	Stuttgart		
Mai 11.	Stuttgart	192	
Mai 13.	Stuttgart	S 330	
Mai 16.	Stuttgart	S 330	
Mai 18.	Stuttgart	192	
Mai 22.	Stuttgart		
Mai 25.	Stuttgart		
Mai 26.	Ulm	S 333	
Mai 26.	Ulm	S 333	
Mai 28.	Stuttgart		
Mai 30.	Stuttgart		
Mai 31.	Stuttgart	S 330	
Juni 1.	Stuttgart	192	
Juni 2.	Tübingen		
Juni 5.	Stuttgart		
Juni 7.	Stuttgart		
Juni 8.	Stuttgart	192	
Juni 9.	Stuttgart	192	
Juni 12.	Heidenhm.	193	
Juni 14.	Stuttgart		
Juni 15.	Stuttgart	192	
Juni 16.	Stuttgart	S 330	
Juni 18.	Stuttgart	S 330	
Juni 19.	Stuttgart	S 330	
Juni 21.	Stuttgart		
Juni 22.	Stuttgart	192	
Juni 24.	Stuttgart		
Juni 27.	Stuttgart		
Juni 29.	Stuttgart	192	
Juli 2.	Stuttgart		
Juli 6.	Stuttgart	192	
Juli 9.	Stuttgart	S 330	
Juli 10.	Stuttgart		
Juli 11.	Stuttgart	S 330	
Juli 13.	Stuttgart	192	
Juli 17.	Stuttgart		
Juli 20.	Stuttgart	192	
Juli 22.	Ulm	S 333	
Juli 23.	Stuttgart		
Juli 25.	Stuttgart		
Juli 26.	Mannheim		
Juli 28.	Mannheim		
Juli 30.	Stuttgart	S 330	
Aug. 3.	Stuttgart	192	
Aug. 9.	Dornach	P 296	1

Datum		Ort	A	GA	T
Aug.	10.	Dornach	P	296	1
Aug.	11.	Dornach	K	277	
Aug.	11.	Dornach	P	296	1
Aug.	15.	Dornach	P	296	2
Aug.	16.	Dornach	P	296	
Aug.	17.	Dornach	K	277	
Aug.	17.	Dornach	P	296	
Aug.	20.	Stuttgart	P	293	
			P	300a	
Aug.	21.	Stuttgart			
Aug.	21.	Stuttgart	P	293	
Aug.	21.	Stuttgart	P	294	
Aug.	21.	Stuttgart	P	295	
Aug.	22.	Stuttgart	P	293	
Aug.	22.	Stuttgart	P	294	
Aug.	22.	Stuttgart	P	295	
Aug.	23.	Stuttgart	P	293	
Aug.	23.	Stuttgart	P	294	
Aug.	23.	Stuttgart	P	295	
Aug.	24.	Stuttgart	P	297	
Aug.	25.	Stuttgart	P	293	
Aug.	25.	Stuttgart	P	294	
Aug.	25.	Stuttgart	P	295	
Aug.	26.	Stuttgart	P	293	
Aug.	26.	Stuttgart	P	294	
Aug.	26.	Stuttgart	P	295	
Aug.	27.	Stuttgart	P	293	
Aug.	27.	Stuttgart	P	294	
Aug.	27.	Stuttgart	P	295	
Aug.	28.	Stuttgart	P	293	
Aug.	28.	Stuttgart	P	294	
Aug.	28.	Stuttgart	P	295	
Aug.	29.	Stuttgart	P	293	
Aug.	29.	Stuttgart	P	294	
Aug.	29.	Stuttgart	P	295	
Aug.	30.	Stuttgart	P	293	
Aug.	30.	Stuttgart	P	294	
Aug.	30.	Stuttgart	P	295	
Aug.	31.	Stuttgart	P	297	
Aug.	31.	Stuttgart	P	297	
Sept.	1.	Stuttgart	P	293	
Sept.	1.	Stuttgart	P	294	
Sept.	1.	Stuttgart	P	295	
Sept.	2.	Stuttgart	P	293	
Sept.	2.	Stuttgart	P	294	
Sept.	2.	Stuttgart	P	295	
Sept.	3.	Stuttgart	P	193	
Sept.	3.	Stuttgart	P	294	
Sept.	3.	Stuttgart	P	295	
Sept.	4.	Stuttgart	P	293	
Sept.	4.	Stuttgart	P	294	
Sept.	4.	Stuttgart	P	295	
Sept.	5	Stuttgart	P	293	
Sept.	5.	Stuttgart	P	294	
Sept.	5.	Stuttgart	P	295	
Sept.	6.	Stuttgart	P	294	
			P	295	
Sept.	6.	Stuttgart	P	295	
Sept.	6.	Stuttgart	P	295	
Sept.	6.	Stuttgart	P	295	
Sept.	7.	Stuttgart	P	298	
Sept.	8.	Stuttgart		192	
Sept.	8.	Stuttgart	P	300a	
Sept.	12.	Berlin		193	
Sept.	13.	Berlin		193	
Sept.	14.	Berlin		193	
Sept.	14.	Berlin	K	277	
Sept.	15.	Berlin	S	333	
Sept.	16.	Berlin			
Sept.	18.	Dresden			
Sept.	19.	Berlin			
Sept.	19.	Dresden			
Sept.	20.	Dresden			
Sept.	20.	Dresden			
Sept.	21.	Dresden			
Sept.	21.	Dresden			
Sept.	24.	Stuttgart	P	297	
Sept.	25.	Stuttgart	P	300a	
Sept.	26.	Stuttgart			
Sept.	26.	Stuttgart	P	300a	
Sept.	28.	Stuttgart		192	
Okt.	1.	Dornach			
Okt.	3.	Dornach		191	1
Okt.	3.	Dornach	G	261	
Okt.	4.	Dornach			
Okt.	4.	Dornach		191	1
Okt.	5.	Dornach		191	1
Okt.	10.	Dornach		191	
Okt.	11.	Dornach			
Okt.	11.	Dornach		191	1
Okt.	12.	Dornach			
Okt.	12.	Dornach			
Okt.	12.	Dornach		191	2
Okt.	14.	Bern	S	329	
Okt.	17.	Dornach		191	2
Okt.	18.	Dornach		191	1
Okt.	19.	Dornach		191	1
Okt.	19.	Dornach	K	277	
Okt.	20.	Basel	S	329	
Okt.	23.	Dornach		191	2
Okt.	24.	Zürich	S	332a	
Okt.	24.	Zürich	S	332a	
Okt.	25.	Zürich	S	332a	
Okt.	25.	Zürich	S	332a	
Okt.	26.	Zürich	S	332a	
Okt.	26.	Zürich	S	332a	
Okt.	27.	Zürich		193	
Okt.	28.	Zürich	S	332a	
Okt.	28.	Zürich	S	332a	
Okt.	29.	Zürich	S	332a	
Okt.	29.	Zürich	S	332a	
Okt.	30.	Zürich	S	332a	
Okt.	30.	Zürich	S	332a	
Okt.	31.	Zürich			
Nov.	1.	Dornach		191	
Nov.	2.	Dornach			
Nov.	2.	Dornach		191	2
Nov.	4.	Bern		193	
Nov.	5.	Bern	K	277	
Nov.	6.	Bern	S	329	
Nov.	8.	Dornach	K	277	
Nov.	9.	Dornach		191	2
Nov.	10.	Basel	ö	72	
			S	329	
Nov.	14.	Dornach		191	
Nov.	15.	Dornach			
Nov.	15.	Dornach		191	1
Nov.	16.	Dornach			1
Nov.	16.	Dornach	K	277	
Nov.	21.	Dornach		194	2
Nov.	22.	Dornach		194	1
Nov.	22.	Dornach	K	277	
Nov.	23.	Dornach		194	2
Nov.	25.	Basel	P	297	
Nov.	27.	Basel	P	297	
Nov.	28.	Dornach		194	2
Nov.	29.	Dornach		194	2
Nov.	30.	Dornach			
Nov.	30.	Dornach		194	2
Dez.	3.	Dornach			
Dez.	6.	Dornach		194	1
Dez.	7.	Dornach		194	2
Dez.	12.	Dornach		194	2
Dez.	13.	Dornach		194	2
Dez.	14.	Dornach		194	2
Dez.	14.	Dornach	K	277a	
Dez.	15.	Dornach		194	1
Dez.	19.	Stuttgart	S	333	
Dez.	21.	Stuttgart		195	
Dez.	21.	Stuttgart	P	298	
Dez.	22.	Stuttgart	P	300a	
Dez.	23.	Stuttgart	P	300a	
Dez.	23.	Stuttgart	N	320	
Dez.	24.	Stuttgart	N	320	
Dez.	25.	Stuttgart		195	
Dez.	25.	Stuttgart	N	320	
Dez.	26.	Stuttgart	P	299	
Dez.	26.	Stuttgart	N	320	
Dez.	27.	Stuttgart	N	320	
Dez.	27.	Stuttgart	S	333	
Dez.	28.	Stuttgart		195	
Dez.	28.	Stuttgart	P	299	

Datum	Ort	A GA	T
Dez. 29.	Stuttgart	P 299	
Dez. 29.	Stuttgart	N 320	
Dez. 30.	Stuttgart	N 320	
Dez. 30.	Stuttgart	S 333	
Dez. 31.	Stuttgart	195	
Dez. 31.	Stuttgart	P 299	
Dez. 31.	Stuttgart	N 320	
1920			
Jan. 1.	Stuttgart	195	
Jan. 1.	Stuttgart	P 300a	
Jan. 2.	Stuttgart	P 299	
Jan. 2.	Stuttgart	N 320	
Jan. 3.	Stuttgart	P 299	
Jan. 3.	Stuttgart	N 320	
Jan. 5.	Basel	S 334	
Jan. 6.	Basel	S 334	
Jan. 7.	Basel	S 334	
Jan. 9.	Dornach	196	
Jan. 10.	Dornach		
Jan. 10.	Dornach	196	2
Jan. 11.	Dornach	196	
Jan. 11.	Dornach	K 277	
Jan. 16.	Dornach	196	1
Jan. 17.	Dornach	196	
Jan. 17.	Dornach	K 277	
Jan. 18.	Dornach	196	2
Jan. 18.	Dornach	K 277	
Jan. 23.	Dornach	K 289	
Jan. 24.	Dornach		
Jan. 24.	Dornach	K 289	1
Jan. 25.	Dornach	K 277	
Jan. 25.	Dornach	K 289	1
Jan. 30.	Dornach	196	1
Jan. 31.	Dornach	196	2
Jan. 31.	Dornach	K 277	
Febr. 1.	Dornach		
Febr. 1.	Dornach	196	
Febr. 6.	Dornach	196	
Febr. 7.	Dornach	196	
Febr. 7.	Dornach	S 334	
Febr. 7.	Dornach		
Febr. 8.	Dornach		
Febr. 8.	Dornach	196	1
Febr. 9.	Dornach	E	
Febr. 13.	Dornach	196	2
Febr. 14.	Dornach	196	2
Febr. 14.	Dornach	K 277	
Febr. 15.	Dornach		
Febr. 15.	Dornach	196	2
Febr. 17.	Dornach	E	
Febr. 20.	Dornach	196	1
Febr. 21.	Dornach		
Febr. 21.	Dornach	196	1
Febr. 22.	Dornach		
Febr. 22.	Dornach	196	1
März 1.	Stuttgart	N 321	
März 2.	Stuttgart	N 321	
März 2.	Stuttgart	S 335	
März 3.	Stuttgart		
März 3.	Stuttgart	N 321	
März 4.	Stuttgart	N 321	
März 4.	Stuttgart	S 335	
März 5.	Stuttgart	197	
März 5.	Stuttgart	N 321	
März 6.	Stuttgart	P 300a	
März 6.	Stuttgart	N 321	
März 7.	Stuttgart	197	
März 7.	Stuttgart	N 321	
März 7.	Stuttgart		
März 8.	Stuttgart	P 300a	
März 8.	Stuttgart	N 321	
März 9.	Stuttgart	197	
März 9.	Stuttgart	N 321	
März 10.	Stuttgart	N 321	
März 10.	Stuttgart	S 335	
März 11.	Stuttgart		
März 11.	Stuttgart		
März 11.	Stuttgart		
März 11.	Stuttgart	N 321	
März 12.	Stuttgart	N 321	
März 12.	Stuttgart	S 335	
März 13.	Stuttgart	N 321	
März 13.	Stuttgart		
März 14.	Stuttgart	P 300a	
März 14.	Stuttgart	N 321	
März 17.	Zürich	S 334	
März 18.	Zürich	S 334	
März 19.	Zürich	S 334	
März 20.	Dornach	198	1
März 21.	Dornach	198	2
März 21.	Dornach	K 277	
März 21.	Dornach	M 312	2
März 22.	Dornach	M 312	1
März 23.	Dornach	M 312	2
März 24.	Dornach	ö 73a	
März 24.	Dornach	M 312	
März 25.	Dornach		
März 25.	Dornach	M 312	2
März 26.	Dornach	M 312	2
März 26.	Dornach	M 314	
März 27.	Dornach		
März 27.	Dornach	ö 73a	2
März 27.	Dornach	M 312	2
März 28.	Dornach		
März 28.	Dornach	198	2
März 28.	Dornach	M 312	2
März 29.	Dornach		
März 29.	Dornach	M 312	
März 30.	Dornach		
März 30.	Dornach	M 312	2
März 31.	Dornach		
März 31.	Dornach	M 312	2
April 1.	Dornach		
April 1.	Dornach	M 312	2
April 2.	Dornach	198	
April 2.	Dornach	M 312	1
April 3.	Dornach	198	
April 3.	Dornach	M 312	2
April 4.	Dornach	K 277	
April 4.	Dornach	K 289	
April 4.	Dornach	M 312	
April 5.	Dornach		
April 5.	Dornach	K 289	2
April 5.	Dornach	M 312	
April 6.	Dornach		
April 6.	Dornach	M 312	
April 7.	Dornach	M 312	2
April 7.	Dornach	M 314	
April 8.	Dornach	M 312	1
April 9.	Dornach	201	2
April 9.	Dornach	M 312	1
April 10.	Dornach	201	2
April 11.	Dornach	201	2
April 11.	Dornach	K 277	
April 16.	Dornach	201	2
April 17.	Dornach	201	2
April 17.	Dornach	K 277	
April 18.	Dornach	201	2
April 18.	Dornach	S 334	
April 20.	Basel	P 301	
April 20.	Basel	P 301	
April 21.	Basel	P 301	
April 22.	Basel	P 301	
April 23.	Dornach	201	2
April 23.	Basel	P 301	
April 23.	Basel	P 301	
April 24.	Dornach	201	2
April 24.	Dornach	K 277	
April 25.	Dornach	201	1
April 25.	Dornach	G 250f	
April 26.	Basel	P 301	
April 26.	Basel	S 334	
April 27.	Dornach		
April 27.	Dornach		
April 28.	Basel	P 301	
April 28.	Basel	P 301	
April 29.	Basel	P 301	
Mai 1.	Dornach		
Mai 1.	Dornach	201	2
Mai 2.	Dornach	201	2
Mai 2.	Dornach	K 277	

Datum	Ort	A	GA	T
Mai 3.	Basel	P	301	
Mai 4.	Basel	P	301	
Mai 4.	Basel	P	301	
Mai 4.	Basel	S	334	
Mai 5.	Basel	P	301	
Mai 5.	Basel	S	334	
Mai 6.	Basel	P	301	
Mai 6.	Basel	S	334	
Mai 7.	Basel	P	301	
Mai 8.	Dornach			
Mai 8.	Dornach		201	2
Mai 9.	Dornach			
Mai 9.	Dornach		201	2
Mai 9.	Dornach	K	277a	
Mai 10.	Basel	P	301	
Mai 11.	Dornach			
Mai 11.	Basel	P	301	
Mai 12.	Arlesheim	G	261	
Mai 14.	Dornach		201	2
Mai 15.	Dornach		201	2
Mai 15.	Dornach	P	301	
		K	277	
Mai 16.	Dornach			
Mai 16.	Dornach		201	2
Mai 16.	Basel	P	301	
Mai 22.	Dornach	ö	74	1
Mai 23.	Dornach			
Mai 23.	Dornach	ö	74	2
Mai 24.	Dornach	ö	74	2
Mai 25.	Dornach			2
Mai 29.	Dornach			
Mai 30.	Dornach		198	
Juni 3.	Dornach		198	1
Juni 5.	Dornach	G	250f	
Juni 6.	Dornach		198	1
Juni 8.	Stuttgart	S	335	
Juni 9.	Stuttgart	P	300a	
Juni 9.	Stuttgart	S	337	
Juni 10.	Stuttgart	P	298	
Juni 10.	Stuttgart	S	335	
Juni 11.	Stuttgart	P	298	
Juni 12.	Stuttgart			
Juni 12.	Stuttgart	K	289	
Juni 12.	Stuttgart	P	300a	
Juni 13.	Stuttgart		197	
Juni 14.	Stuttgart	P	300a	
Juni 15.	Stuttgart	S	335	
Juni 16.	Stuttgart	S	335	
Juni 17.	Stuttgart			
Juni 23.	Stuttgart			
Juni 23.	Stuttgart	P	300a	
Juni 24.	Stuttgart		197	
Juli 2.	Dornach		198	2
Juli 3.	Dornach		198	1
Juli 4.	Dornach		198	
Juli 4.	Dornach	K	277	
Juli 8.	Bern	S	336	
Juli 9.	Bern		198	
Juli 10.	Dornach		198	1
Juli 11.	Dornach		198	1
Juli 14.	Basel			
Juli 16.	Dornach		198	1
Juli 17.	Dornach			
Juli 17.	Dornach		198	1
Juli 18.	Dornach			
Juli 18.	Dornach		198	2
Juli 19.	Dornach			1
Juli 19.	Dornach			
Juli 24.	Stuttgart	P	298	
Juli 24.	Stuttgart	P	300a	
Juli 25.	Stuttgart		197	
Juli 26.	Hedelfin.			
Juli 28.	Stuttgart	S	335	
Juli 29.	Stuttgart	P	300a	
Juli 29.	Stuttgart	S	335	
Juli 30.	Stuttgart		197	
Juli 30.	Stuttgart	P	300a	
Juli 31.	Stuttgart	P	300a	
Aug. 1.	Stuttgart	S	337	
Aug. 6.	Dornach		199	1
Aug. 7.	Dornach		199	2
Aug. 8.	Dornach			
Aug. 8.	Dornach		199	2
Aug. 9.	Dornach			
Aug. 14.	Dornach		199	1
Aug. 15.	Dornach		B75	
Aug. 15.	Dornach		199	2
Aug. 16.	Dornach			2
Aug. 20.	Dornach			
Aug. 20.	Dornach		199	1
Aug. 21.	Dornach			
Aug. 21.	Dornach		199	2
Aug. 22.	Dornach			
Aug. 22.	Dornach		199	2
Aug. 23.	Dornach			1
Aug. 27.	Dornach		199	2
Aug. 28.	Dornach		199	2
Aug. 29.	Dornach			
Aug. 29.	Dornach		199	2
Aug. 30.	Dornach			
Sept. 3.	Dornach		199	2
Sept. 4.	Dornach		199	2
Sept. 5.	Dornach			
Sept. 5.	Dornach		199	1
Sept. 6.	Dornach			2
Sept. 8.	Dornach	P	297	
Sept. 10.	Dornach			
Sept. 10.	Dornach		199	1
Sept. 11.	Dornach		199	1
Sept. 12.	Dornach			
Sept. 12.	Dornach	K	271	2
Sept. 13.	Dornach			
Sept. 15.	Stuttgart	P	302a	
Sept. 15.	Stuttgart	S	335	
Sept. 16.	Stuttgart	P	302a	
Sept. 17.	Berlin		199	
Sept. 18.	Berlin		199	
Sept. 20.	Stuttgart	S	335	
Sept. 21.	Stuttgart		197	
Sept. 21.	Stuttgart	P	300a	
Sept. 21.	Stuttgart	P	302a	
Sept. 22.	Stuttgart	P	300a	
Sept. 22.	Stuttgart	P	302a	
Sept. 25.	Dornach			
Sept. 26.	Dornach			
Sept. 27.	Dornach	N	322	
Sept. 28.	Dornach	N	322	1
Sept. 29.	Dornach	K	281	
Sept. 29.	Dornach	K	283	
Sept. 29.	Dornach	N	322	1
Sept. 30.	Dornach	K	283	
Sept. 30.	Dornach	N	322	1
Okt. 1.	Dornach		217a	
Okt. 1.	Dornach	N	322	
Okt. 2.	Dornach			
Okt. 2.	Dornach	K	288	
Okt. 2.	Dornach	N	322	
Okt. 2.	Dornach	N	322	
Okt. 3.	Dornach	K	277	
Okt. 3.	Dornach	N	322	
Okt. 4.	Dornach	K	280	
Okt. 5.	Dornach			
Okt. 6.	Dornach			
Okt. 6.	Dornach	K	281	2
Okt. 7.	Dornach			
Okt. 7.	Dornach	M	314	
Okt. 8.	Dornach	P	297	
Okt. 8.	Dornach	M	314	2
Okt. 9.	Dornach			
Okt. 9.	Dornach	K	288	1
Okt. 9.	Dornach	M	314	2
Okt. 9.	Dornach	M	314	2
Okt. 10.	Dornach			1
Okt. 10.	Dornach			
Okt. 10.	Dornach			
Okt. 11.	Dornach			
Okt. 12.	Dornach			
Okt. 13.	Dornach			
Okt. 13.	Dornach			
Okt. 13.	Dornach	K	281	
Okt. 15.	Dornach			
Okt. 16.	Dornach			

Datum	Ort	A GA	T
Okt. 16.	Dornach	217a	
Okt. 16.	Dornach	K 277	
Okt. 16.	Dornach	K 288	
Okt. 17.	Dornach	200	2
Okt. 17.	Dornach	K 277	
Okt. 22.	Dornach	200	
Okt. 22.	Dornach	G 261	
Okt. 23.	Dornach		
Okt. 23.	Dornach	200	1
Okt. 23.	Dornach	G 261	
Okt. 24.	Dornach		
Okt. 24.	Dornach	200	2
Okt. 25.	Basel	G 261	
Okt. 27.	Basel	G 261	
Okt. 29.	Dornach	200	1
Okt. 30.	Dornach	200	
Okt. 30.	Dornach	K 277	
Okt. 31.	Dornach		
Okt. 31.	Dornach	200	1
Nov. 2.	Dornach		
Nov. 8.	Stuttgart	197	
Nov. 10.	Stuttgart		
Nov. 14.	Stuttgart	197	
Nov. 15.	Stuttgart	P 300a	
Nov. 16.	Stuttgart		
Nov. 17.	Stuttgart		
Nov. 17.	Stuttgart		
Nov. 18.	Freiburg		
Nov. 19.	Freiburg	K 277	
Nov. 22.	Stuttgart	197	
Nov. 22.	Stuttgart	P 300a	
Nov. 23.	Stuttgart	P 298	
Nov. 26.	Dornach	202	2
Nov. 27.	Dornach	202	2
Nov. 28.	Dornach	202	2
Dez. 2.	Basel		
Dez. 3.	Basel		
Dez. 4.	Dornach	202	2
Dez. 5.	Dornach		
Dez. 5.	Dornach	202	2
		K 291	
Dez. 10.	Dornach	202	2
		K 291	
Dez. 11.	Dornach	202	2
Dez. 12.	Dornach	202	
Dez. 12.	Dornach	K 277	
Dez. 13.	Bern		
Dez. 14.	Bern	202	
Dez. 17.	Dornach	202	2
Dez. 18.	Dornach	202	2
Dez. 19.	Dornach	202	2
Dez. 19.	Dornach	K 274	
Dez. 20.	Dornach	K 277	
Dez. 20.	Dornach	K 283	
Dez. 22.	Dornach	K 274	
Dez. 23.	Basel	202	2
Dez. 24.	Dornach	202	
Dez. 25.	Dornach	202	2
Dez. 26.	Dornach	202	1
Dez. 29.	Olten		
Dez. 29.	Olten	P 297	

1921

Datum	Ort	A GA	T
Jan. 1.	Stuttgart		
Jan. 1.	Stuttgart	203	
Jan. 1.	Stuttgart	N 323	
Jan. 1.	Stuttgart	S 338	
Jan. 2.	Stuttgart		
Jan. 2.	Stuttgart	N 323	
Jan. 2.	Stuttgart	S 338	
Jan. 3.	Stuttgart	N 323	
Jan. 4.	Stuttgart		
Jan. 4.	Stuttgart	N 323	
Jan. 5.	Stuttgart		
Jan. 5.	Stuttgart	N 323	
Jan. 6.	Stuttgart	203	
Jan. 6.	Stuttgart	N 323	
Jan. 7.	Stuttgart		
Jan. 7.	Stuttgart	N 323	
Jan. 8.	Stuttgart		
Jan. 8.	Stuttgart	N 323	
Jan. 9.	Stuttgart	203	
Jan. 9.	Stuttgart	N 323	
Jan. 10.	Stuttgart	N 323	
Jan. 11.	Stuttgart		
Jan. 11.	Stuttgart	N 323	
Jan. 12.	Stuttgart		
Jan. 12.	Stuttgart	N 323	
Jan. 13.	Stuttgart	P 298	
Jan. 13.	Stuttgart	P 298	
Jan. 13.	Stuttgart	N 323	
Jan. 14.	Stuttgart		
Jan. 14.	Stuttgart	N 323	
Jan. 15.	Stuttgart		
Jan. 15.	Stuttgart	N 323	
Jan. 16.	Stuttgart	203	
Jan. 16.	Stuttgart	P 300a	
Jan. 16.	Stuttgart	N 323	
Jan. 17.	Stuttgart	N 323	
Jan. 18.	Stuttgart	N 323	
Jan. 21.	Dornach	203	2
Jan. 22.	Dornach	203	
Jan. 23.	Dornach		
Jan. 23.	Dornach	203	
Jan. 25.	St.Gallen		
Jan. 28.	Solothurn		
Jan. 29.	Dornach	203	
Jan. 30.	Dornach		
Jan. 30.	Dornach	203	2
Jan. 31.	Basel		
Febr. 1.	Basel		
Febr. 5.	Dornach	203	
Febr. 6.	Dornach		
Febr. 6.	Dornach	203	
Febr. 7.	Dornach	K 283	
Febr. 8.	Dornach	203	
Febr. 12.	Stuttgart	S 338	
Febr. 13.	Stuttgart	S 338	
Febr. 13.	Stuttgart	S 338	
Febr. 14.	Stuttgart	S 338	
Febr. 14.	Stuttgart	S 338	
Febr. 15.	Stuttgart	S 338	
Febr. 15.	Stuttgart	S 338	
Febr. 16.	Stuttgart	S 338	
Febr. 16.	Stuttgart	S 338	
Febr. 17.	Stuttgart	S 338	
Febr. 19.	Amsterdam		
Febr. 20.	Hilversum		
Febr. 20.	Hilversum		
Febr. 21.	Utrecht		
Febr. 23.	Den Haag	P 304	
Febr. 24.	Utrecht		
Febr. 25.	Delft		
Febr. 25.	Amsterdam		
Febr. 27.	Den Haag		
Febr. 27.	Den Haag	203	
Febr. 27.	Den Haag	K 277	
Febr. 27.	Den Haag	P 304	
Febr. 28.	Amsterdam		
Febr. 28.	Den Haag	K 289	
März 1.	Amsterdam		
März 11.	Dornach	203	2
März 13.	Dornach	203	1
März 16.	Stuttgart	N 324	
März 17.	Stuttgart	N 324	
März 18.	Stuttgart		
März 18.	Stuttgart	N 324	
März 19.	Stuttgart		
März 19.	Stuttgart	N 324	
März 20.	Stuttgart	217a	
März 21.	Stuttgart		
März 21.	Stuttgart	174b	
März 21.	Stuttgart	N 324	
März 22.	Stuttgart		
März 22.	Stuttgart	N 324	
März 23.	Stuttgart	P 300a	
März 23.	Stuttgart	N 324	
März 23.	Stuttgart	N 324	
März 23.	Stuttgart	N 324	
März 27.	Dornach		
März 27.	Dornach	203	

Datum		Ort	A	GA	T
März	28.	Dornach			
März	28.	Dornach		203	
April	1.	Dornach	ö	76	
April	1.	Dornach		203	2
April	2.	Dornach		204	2
April	3.	Dornach			
April	3.	Dornach	ö	76	
April	3.	Dornach		204	
April	3.	Dornach	K	277	
April	4.	Dornach	ö	76	
April	4.	Dornach	ö	76	
April	5.	Dornach	ö	76	
April	5.	Dornach	ö	76	1
April	6.	Dornach	ö	76	1
April	6.	Dornach	K	281	
April	7.	Dornach	ö	76	
April	7.	Dornach	ö	76	1
April	8.	Dornach	ö	76	
April	8.	Dornach	ö	76	
April	9.	Dornach	ö	76	
				217a	
April	9.	Dornach		204	
April	9.	Dornach	K	271	
April	9.	Dornach	K	277	
April	10.	Dornach	ö	76	
April	10.	Dornach	K	282	
April	11.	Dornach	M	313	1
April	12.	Dornach	M	313	1
April	12.	Dornach	M	315	1
April	13.	Dornach	M	313	1
April	13.	Dornach	M	315	1
April	14.	Dornach	M	313	
April	14.	Dornach	M	315	
April	15.	Dornach		204	
April	15.	Dornach	M	313	
April	15.	Dornach	M	315	
April	16.	Dornach		204	
April	16.	Dornach	M	313	
April	16.	Dornach	M	315	1
April	17.	Dornach		204	
April	17.	Dornach	M	313	1
April	17.	Dornach	M	315	1
April	18.	Dornach	M	313	1
April	18.	Dornach	M	313	
			M	315	
April	22.	Dornach		204	
April	23.	Dornach		204	2
April	24.	Dornach		204	2
April	29.	Dornach		204	1
April	30.	Dornach		204	2
Mai	1.	Dornach		204	
Mai	5.	Dornach		204	2
Mai	5.	Dornach	K	277	
Mai	6.	Dornach	K	291	2

Datum		Ort	A	GA	T
Mai	7.	Dornach	K	291	2
Mai	8.	Dornach			
Mai	8.	Dornach	K	291	2
Mai	13.	Dornach		204	
Mai	15.	Dornach	K	277	
Mai	15.	Dornach	N	325	
Mai	16.	Dornach			
Mai	16.	Dornach	N	325	
Mai	17.	Dornach			
Mai	21.	Stuttgart	N	325	
Mai	22.	Stuttgart	N	325	
Mai	23.	Stuttgart	N	325	
Mai	24.	Stuttgart	N	325	
Mai	25.	Stuttgart			
Mai	26.	Stuttgart	P	300a	
Mai	31.	Dornach			
Juni	2.	Dornach		204	2
Juni	3.	Dornach		204	1
Juni	4.	Zürich			
Juni	5.	Dornach		204	
Juni	11.	Stuttgart	P	298	
Juni	12.	Stuttgart			
Juni	12.	Stuttgart	P	302	
Juni	12.	Stuttgart	C	342	
Juni	12.	Stuttgart	C	342	
Juni	13.	Stuttgart	P	302	
Juni	13.	Stuttgart	C	342	
Juni	13.	Stuttgart	C	342	
Juni	13.	Stuttgart	C	342	
Juni	14.	Stuttgart	P	302	
Juni	14.	Stuttgart	C	342	
Juni	14.	Stuttgart	C	342	
Juni	14.	Stuttgart	C	342	
Juni	15.	Stuttgart	P	302	
Juni	15.	Stuttgart	C	342	
Juni	15.	Stuttgart	C	342	
Juni	16.	Stuttgart		205	
Juni	16.	Stuttgart	P	300b	
Juni	16.	Stuttgart	P	302	
Juni	16.	Stuttgart	C	342	
Juni	17.	Stuttgart	P	298	
Juni	17.	Stuttgart	P	298	
Juni	17.	Stuttgart	P	300b	
Juni	17.	Stuttgart	P	302	
Juni	18.	Stuttgart	P	298	
Juni	18.	Stuttgart	P	302	
Juni	19.	Stuttgart	P	302	
Juni	20.	Dornach			
Juni	20.	Dornach			
Juni	24.	Dornach		205	2
Juni	26.	Dornach		205	2
Juni	27.	Dornach	G	250f	
Juni	28.	Bern		205	
Juni	29.	Bern	K	289	

Datum		Ort	A	GA	T
Juli	1.	Dornach		205	2
Juli	1.	Dornach	G	261	
Juli	2.	Dornach		205	2
Juli	3.	Dornach			
Juli	3.	Dornach		205	2
Juli	8.	Dornach		205	2
Juli	9.	Dornach		205	2
Juli	10.	Dornach			
Juli	10.	Dornach		205	2
Juli	10.	Dornach	K	277	
Juli	11.	Dornach			
Juli	15.	Dornach		205	2
Juli	16.	Dornach		205	2
Juli	17.	Dornach			
Juli	17.	Dornach		205	2
Juli	18.	Dornach			
Juli	22.	Dornach		206	2
Juli	23.	Dornach		206	2
Juli	24.	Dornach			
Juli	24.	Dornach		206	2
Juli	27.	Darmstadt			
Juli	28.	Darmstadt			
Juli	28.	Darmstadt			
Juli	28.	Darmstadt			
Juli	29.	Darmstadt			
Juli	29.	Darmstadt			
Juli	30.	Darmstadt			
Juli	30.	Darmstadt	K	281	
Aug.	5.	Dornach		206	
Aug.	6.	Dornach		206	1
Aug.	7.	Dornach			
Aug.	7.	Dornach		206	1
Aug.	8.	Dornach			
Aug.	8.	Dornach	N	320	
Aug.	12.	Dornach		206	2
Aug.	13.	Dornach		206	2
Aug.	14.	Dornach		206	2
Aug.	14.	Dornach	K	277	
Aug.	15.	Dornach			
Aug.	19.	Dornach		206	
Aug.	20.	Dornach			
Aug.	20.	Dornach		206	2
Aug.	21.	Dornach		B8	
Aug.	22.	Dornach			
Aug.	22.	Dornach	K	277	
				B8	
Aug.	23.	Dornach			
Aug.	23.	Dornach		B8	
Aug.	24.	Dornach			
Aug.	24.	Dornach	K	277	
				B8	
Aug.	25.	Dornach			
Aug.	26.	Dornach			
Aug.	26.	Dornach		B8	

Datum	Ort	A	GA	T
Aug. 26.	Dornach	K	277	
			B8	
Aug. 27.	Dornach		B8	
Aug. 27.	Dornach	K	289	
Aug. 29.	Stuttgart	ö	78	
Aug. 30.	Stuttgart	ö	78	
Aug. 31.	Stuttgart	ö	78	
Sept. 1.	Stuttgart	ö	78	
Sept. 2.	Stuttgart			
Sept. 2.	Stuttgart	ö	78	
Sept. 3.	Stuttgart	ö	78	
Sept. 4.	Stuttgart			
Sept. 5.	Stuttgart	ö	78	
Sept. 6.	Stuttgart			
Sept. 6.	Stuttgart	ö	78	
Sept. 7.	Stuttgart	K	289	
Sept. 8.	Stuttgart		217a	
Sept. 11.	Stuttgart	P	300b	
Sept. 22.	Stuttgart	S	337	
Sept. 23.	Dornach		207	2
Sept. 24.	Dornach		207	2
Sept. 25.	Dornach	G	250f	
Sept. 26.	Dornach	P	304	2
Sept. 26.	Dornach	P	304	
Sept. 26.	Dornach	C	343	
Sept. 27.	Dornach	C	343	2
Sept. 27.	Dornach	C	343	
Sept. 28.	Dornach	C	343	1
Sept. 28.	Dornach	C	343	
Sept. 29.	Dornach	C	343	3
Sept. 29.	Dornach	C	343	
Sept. 30.	Dornach		207	2
Sept. 30.	Dornach	C	343	2
Sept. 30.	Dornach	C	343	
Okt. 1.	Dornach		207	2
Okt. 1.	Dornach	C	343	2
Okt. 1.	Dornach	C	343	
Okt. 2.	Dornach			
Okt. 2.	Dornach		207	2
Okt. 2.	Dornach	C	343	1
Okt. 2.	Dornach	C	343	
Okt. 3.	Dornach	C	343	2
Okt. 3.	Dornach	C	343	
Okt. 4.	Dornach	C	343	1
Okt. 4.	Dornach	C	343	
Okt. 5.	Dornach	C	343	1
Okt. 5.	Dornach	C	343	
Okt. 6.	Dornach	C	343	2
Okt. 6.	Dornach	C	343	
Okt. 7.	Dornach		207	2
Okt. 7.	Dornach	C	343	1
Okt. 7.	Dornach	C	343	
Okt. 8.	Dornach		207	2
Okt. 8.	Dornach	C	343	2
Okt. 8.	Dornach	C	343	
Okt. 9.	Dornach		207	2
Okt. 9.	Dornach	C	343	2
Okt. 9.	Dornach	C	343	
Okt. 10.	Dornach	C	343	2
Okt. 10.	Dornach	C	343	
Okt. 11.	Dornach	S	339	
Okt. 12.	Dornach	S	339	1
Okt. 13.	Dornach	S	339	1
Okt. 14.	Dornach		207	1
Okt. 14.	Dornach	S	339	1
Okt. 15.	Dornach		207	2
Okt. 15.	Dornach	S	339	1
Okt. 16.	Dornach			
Okt. 16.	Dornach		207	1
Okt. 16.	Dornach	S	339	
Okt. 21.	Dornach		208	2
Okt. 22.	Dornach		208	2
Okt. 23.	Dornach			
Okt. 23.	Dornach		208	
Okt. 28.	Dornach		208	2
Okt. 29.	Dornach		208	2
Okt. 30.	Dornach		208	2
Okt. 30.	Dornach	K	277	
Nov. 2.	Basel			
Nov. 4.	Dornach		208	2
Nov. 5.	Dornach		208	2
Nov. 6.	Dornach			
Nov. 6.	Dornach		208	2
Nov. 11.	Aarau	P	304	
Nov. 12.	Dornach		208	1
Nov. 13.	Dornach		208	2
Nov. 16.	Stuttgart	P	300b	
Nov. 19.	Berlin			
Nov. 23.	Oslo	P	304	
Nov. 24.	Oslo		209	
Nov. 24.	Oslo	P	304	
Nov. 25.	Oslo	ö	79	
Nov. 26.	Oslo	ö	79	
Nov. 27.	Oslo			
Nov. 27.	Oslo		209	
Nov. 27.	Oslo	K	277	
Nov. 28.	Oslo	ö	79	
Nov. 29.	Oslo	ö	79	
Nov. 29.	Oslo	ö	79	
Nov. 30.	Oslo	ö	79	
Dez. 1.	Oslo	ö	79	
Dez. 2.	Oslo	ö	79	
Dez. 3.	Oslo			
Dez. 4.	Oslo		209	
Dez. 7.	Berlin			
Dez. 7.	Berlin		209	
Dez. 11.	Dornach			
Dez. 12.	Dornach		209	
Dez. 16.	Stuttgart	P	298	
Dez. 18.	Dornach		209	2
Dez. 23.	Dornach		209	1
Dez. 23.	Dornach	K	274	
Dez. 23.	Dornach	P	303	
Dez. 24.	Dornach		209	
Dez. 24.	Dornach	P	303	1
Dez. 25.	Dornach		209	
Dez. 25.	Dornach	P	303	1
Dez. 26.	Basel		209	
Dez. 26.	Dornach	P	303	
Dez. 27.	Dornach	P	303	
Dez. 28.	Dornach	K	277	
Dez. 28.	Dornach	K	288	1
Dez. 28.	Dornach	P	303	1
Dez. 29.	Dornach	P	303	1
Dez. 30.	Dornach	K	288	
Dez. 30.	Dornach	P	303	1
Dez. 31.	Dornach			
Dez. 31.	Basel		209	
Dez. 31.	Dornach	P	303	1
1922				
Jan. 1.	Dornach		210	1
Jan. 1.	Dornach	K	277	
Jan. 1.	Dornach	P	303	1
Jan. 1.	Dornach	P	303	
Jan. 2.	Dornach	P	303	1
Jan. 3.	Dornach	P	303	2
Jan. 3.	Dornach	P	303	
Jan. 4.	Dornach	P	303	
Jan. 5.	Dornach	P	303	2
Jan. 5.	Dornach	P	303	
Jan. 6.	Dornach	P	303	
Jan. 7.	Dornach		210	1
Jan. 7.	Dornach	P	303	1
Jan. 8.	Dornach		210	2
Jan. 8.	Dornach	K	274	
Jan. 12.	Stuttgart			
Jan. 13.	Stuttgart			
Jan. 14.	Stuttgart	P	300b	
Jan. 16.	München			
Jan. 17.	Stuttgart			
Jan. 19.	Mannheim		210	
Jan. 20.	Mannheim			
Jan. 23.	Köln			
Jan. 24.	Elberfeld	ö	80	
Jan. 26.	Berlin			
Jan. 28.	Bremen			
Febr. 1.	Breslau		210	
Febr. 11.	Dornach		210	1
Febr. 12.	Dornach		210	2
Febr. 17.	Dornach		210	2
Febr. 18.	Dornach		210	1

Datum	Ort	A	GA	T
Febr. 19.	Dornach		210	2
Febr. 20.	Dornach			
Febr. 20.	Dornach			
Febr. 24.	Dornach		210	1
Febr. 25.	Dornach		210	
Febr. 26.	Dornach		210	1
März 4.	Leipzig			
März 5.	Berlin			
März 6.	Berlin			
März 6.	Berlin			
März 7.	Berlin			
März 7.	Berlin			
März 8.	Berlin			
März 9.	Berlin			
März 9.	Berlin			
März 10.	Berlin			
März 11.	Berlin			
März 12.	Berlin			
März 15.	Stuttgart	P	300b	
März 18.	Dornach			
März 19.	Dornach		210	1
März 20.	Bern			
März 21.	Bern		211	
März 23.	Dornach			
März 23.	Dornach			
März 24.	Dornach		211	2
März 25.	Dornach		211	2
März 26.	Dornach		211	2
März 26.	Dornach	K	277	
März 31.	Dornach		211	1
April 1.	Dornach		211	2
April 2.	Dornach			
April 2.	Dornach			
April 2.	Dornach		211	2
April 7.	Den Haag	ö	82	
April 8.	Den Haag	ö	82	
April 9.	Den Haag	ö	82	
April 10.	Den Haag	ö	82	
April 11.	Den Haag	ö	82	
April 12.	Den Haag	ö	82	
April 12.	Den Haag	ö	82	
April 13.	Den Haag		211	
April 14.	London		211	
April 15.	London		211	
April 19.	Stratford	P	304	
April 23.	Stratford	P	304	
April 24.	London		211	
April 28.	Stuttgart	P	300b	
April 29.	Dornach		212	2
April 30.	Dornach			
April 30.	Dornach		212	2
Mai 5.	Dornach		212	2
Mai 6.	Dornach			
Mai 6.	Dornach		212	2
Mai 7.	Dornach			
Mai 7.	Dornach		212	1
Mai 9.	Stuttgart	P	298	
Mai 9.	Stuttgart	P	298	
Mai 10.	Stuttgart	P	300b	
Mai 11.	Leipzig			
Mai 12.	Berlin			
Mai 14.	Breslau			
Mai 15.	München			
Mai 16.	Mannheim			
Mai 18.	Köln			
Mai 19.	Bremen			
Mai 21.	Berlin			
Mai 21.	Berlin	G	261	
Mai 23.	Stuttgart	G	250f	
Mai 26.	Dornach		212	2
Mai 27.	Dornach		212	1
Mai 27.	Dornach	K	277	
Mai 28.	Dornach			
Mai 28.	Dornach		212	
Juni 1.	Wien	ö	83	
Juni 2.	Wien	ö	83	
Juni 3.	Wien	ö	83	
Juni 4.	Wien	ö	83	
Juni 5.	Wien	ö	83	
Juni 7.	Wien	ö	83	
Juni 7.	Wien	K	281	
Juni 8.	Wien	ö	83	
Juni 9.	Wien	ö	83	
Juni 10.	Wien	ö	83	
Juni 11.	Wien	ö	83	
Juni 11.	Wien		211	
Juni 17.	Dornach		212	2
Juni 18.	Dornach	G	250f	
Juni 20.	Stuttgart	P	298	
Juni 20.	Stuttgart	P	298	
Juni 20.	Stuttgart	P	298	
Juni 20.	Stuttgart	P	300b	
Juni 21.	Stuttgart	P	300b	
Juni 21.	Stuttgart	P	302a	
Juni 22.	Stuttgart	P	300b	
Juni 22.	Stuttgart	P	302a	
Juni 24.	Dornach		213	2
Juni 25.	Dornach			
Juni 25.	Dornach		213	1
Juni 30.	Dornach		213	2
Juli 1.	Dornach		213	2
Juli 2.	Dornach		213	2
Juli 2.	Dornach	K	277	
Juli 7.	Dornach		213	1
Juli 8.	Dornach		213	2
Juli 9.	Dornach		213	2
Juli 14.	Dornach		213	2
Juli 15.	Dornach		213	2
Juli 16.	Dornach		213	2
Juli 21.	Dornach		213	2
Juli 22.	Dornach		213	2
Juli 23.	Dornach			
Juli 23.	Dornach		214	2
Juli 23.	Dornach	K	277	
Juli 24.	Dornach	S	340	1
Juli 25.	Dornach	S	340	1
Juli 26.	Dornach	S	340	1
Juli 27.	Dornach	S	340	1
Juli 28.	Dornach		214	2
Juli 28.	Dornach	S	340	1
Juli 29.	Dornach		214	2
Juli 29.	Dornach	S	340	1
Juli 30.	Dornach		214	1
Juli 30.	Dornach	K	277	
Juli 30.	Dornach	K	277	
Juli 30.	Dornach	S	340	1
Juli 31.	Dornach	S	340	1
Juli 31.	Dornach	S	341	
Aug. 1.	Dornach	S	340	
Aug. 1.	Dornach	S	341	
Aug. 2.	Dornach			
Aug. 2.	Dornach	S	340	1
Aug. 2.	Dornach	S	341	
Aug. 2.	Dornach	A	347	
Aug. 3.	Dornach			
Aug. 3.	Dornach	S	340	1
Aug. 3.	Dornach	S	341	
Aug. 4.	Dornach	K	279	1
Aug. 4.	Dornach	S	340	1
Aug. 4.	Dornach	S	341	
Aug. 5.	Dornach		214	2
Aug. 5.	Dornach	S	340	1
Aug. 5.	Dornach	S	341	
Aug. 5.	Dornach	A	347	1
Aug. 6.	Dornach			
Aug. 6.	Dornach		214	2
Aug. 6.	Dornach	S	340	1
Aug. 9.	Dornach		214	
Aug. 9.	Dornach	A	347	1
Aug. 16.	Oxford	P	305	
Aug. 17.	Oxford	P	305	
Aug. 18.	Oxford	P	305	
Aug. 18.	Oxford	P	305	
		K	277	
Aug. 19.	Oxford	P	305	
Aug. 19.	Oxford	P	305	
		K	277	
Aug. 20.	Oxford		214	
		P	305	
Aug. 21.	Oxford	P	305	
Aug. 22.	Oxford		214	
Aug. 22.	Oxford	P	305	

Datum	Ort	A GA	T
Aug. 23.	Oxford	P 305	
Aug. 24.	Oxford	P 305	
Aug. 25.	Oxford	P 305	
Aug. 26.	Oxford	P 305	
Aug. 27.	Oxford	214	
Aug. 28.	Oxford	P 305	
Aug. 28.	Oxford	P 305	
Aug. 29.	Oxford	P 305	
Aug. 30.	London	214	
Sept. 6.	Dornach	R 25	
Sept. 6.	Dornach	215	
Sept. 6.	Dornach	C 344	
Sept. 7.	Dornach	R 25	
Sept. 7.	Dornach	215	
Sept. 7.	Dornach	C 344	1
Sept. 8.	Dornach	R 25	
Sept. 8.	Dornach	215	
Sept. 8.	Dornach	C 344	1
Sept. 9.	Dornach	R 25	
Sept. 9.	Dornach	215	1
Sept. 9.	Dornach	C 344	
Sept. 9.	Dornach	A 347	1
Sept. 10.	Dornach		
Sept. 10.	Dornach	R 25	
Sept. 10.	Dornach	215	
Sept. 10.	Dornach	C 344	
Sept. 11.	Dornach	R 25	
Sept. 11.	Dornach	215	2
Sept. 11.	Dornach	C 344	1
Sept. 12.	Dornach	R 25	
Sept. 12.	Dornach	215	
Sept. 12.	Dornach	C 344	1
Sept. 13.	Dornach	R 25	
Sept. 13.	Dornach	215	
Sept. 13.	Dornach	C 344	
Sept. 13.	Dornach	A 347	1
Sept. 14.	Dornach		
Sept. 14.	Dornach	R 25	
Sept. 14.	Dornach	215	
Sept. 15.	Dornach	R 25	
Sept. 15.	Dornach	215	
Sept. 16.	Dornach	R 36	1
		P 304	
Sept. 16.	Dornach	216	2
Sept. 16.	Dornach	A 347	1
Sept. 17.	Dornach		
Sept. 17.	Dornach	216	1
Sept. 17.	Dornach	K 277	
Sept. 17.	Dornach	K 277	
Sept. 17.	Dornach	C 344	
Sept. 18.	Dornach	C 344	1
Sept. 18.	Dornach	C 344	
Sept. 19.	Dornach	C 344	1
Sept. 20.	Dornach	C 344	1
Sept. 20.	Dornach	C 344	
Sept. 20.	Dornach	A 347	1
Sept. 21.	Dornach	C 344	1
Sept. 21.	Dornach	C 344	
Sept. 22.	Dornach	216	1
Sept. 22.	Dornach	C 344	
Sept. 23.	Dornach	216	1
Sept. 23.	Dornach	A 347	
Sept. 24.	Dornach	216	
Sept. 24.	Dornach		
Sept. 27.	Dornach	A 347	1
Sept. 29.	Dornach	216	2
Sept. 30.	Dornach		
Sept. 30.	Dornach	216	2
Sept. 30.	Dornach	K 277	
Sept. 30.	Dornach	A 347	1
Okt. 1.	Dornach	216	1
Okt. 3.	Stuttgart	217	
Okt. 4.	Stuttgart	217	
Okt. 4.	Stuttgart	P 300b	
Okt. 5.	Stuttgart	217	
Okt. 6.	Stuttgart	217	
Okt. 6.	Stuttgart	P 300b	
Okt. 7.	Stuttgart	217	
Okt. 8.	Stuttgart	217	
Okt. 9.	Stuttgart	217	
Okt. 9.	Stuttgart	218	
Okt. 10.	Stuttgart	217	
Okt. 11.	Stuttgart	217	
Okt. 12.	Stuttgart	217	
Okt. 13.	Stuttgart	217	
Okt. 13.	Stuttgart	217a	
Okt. 13.	Stuttgart		
Okt. 14.	Stuttgart	217	
Okt. 14.	Stuttgart	218	
Okt. 15.	Stuttgart	217	
Okt. 15.	Stuttgart	217a	
Okt. 15.	Stuttgart		
Okt. 15.	Stuttgart	P 300b	
Okt. 19.	Dornach	A 348	1
Okt. 20.	Dornach	218	2
Okt. 22.	Dornach	218	1
Okt. 23.	Dornach	218	2
Okt. 24.	Dornach	A 348	2
Okt. 26.	Stuttgart	M 314	
Okt. 27.	Stuttgart	M 314	
Okt. 27.	Stuttgart	M 314	
Okt. 28.	Stuttgart	P 300b	
Okt. 28.	Stuttgart	M 314	
Okt. 28.	Stuttgart	M 315	
Okt. 31.	Den Haag		
Nov. 1.	Rotterdam		
Nov. 2.	Den Haag	B75	
Nov. 3.	Den Haag		
Nov. 4.	Den Haag		
Nov. 5.	Den Haag	218	
Nov. 5.	Den Haag	G 250f	
Nov. 5.	Den Haag	K 277	
Nov. 6.	Delft		
Nov. 12.	London	218	
Nov. 16.	London	218	
Nov. 17.	London	218	
Nov. 18.	London	218	
Nov. 19.	London	218	
Nov. 19.	London	218	
Nov. 20.	London	218	
Nov. 24.	Stuttgart	P 300b	
Nov. 26.	Dornach	219	2
Nov. 29.	Dornach	A 348	1
Dez. 1.	Dornach	219	2
Dez. 2.	Dornach	K 283	2
Dez. 2.	Dornach	A 348	2
Dez. 3.	Dornach	219	2
Dez. 4.	Stuttgart	218	
Dez. 5.	Stuttgart	P 300b	
Dez. 7.	Berlin	218	
Dez. 9.	Stuttgart	218	
Dez. 9.	Stuttgart	P 300b	
Dez. 13.	Dornach	A 348	
Dez. 15.	Dornach	219	
Dez. 16.	Dornach	219	2
Dez. 16.	Dornach	A 348	
Dez. 17.	Dornach	219	2
Dez. 20.	Dornach	A 348	1
Dez. 22.	Dornach	219	2
Dez. 23.	Dornach	219	2
Dez. 23.	Dornach	A 348	2
Dez. 24.	Dornach	219	
Dez. 24.	Dornach	K 274	
Dez. 24.	Dornach	N 326	
Dez. 25.	Dornach		
Dez. 25.	Dornach	N 326	1
Dez. 26.	Dornach	N 326	1
Dez. 27.	Dornach	N 326	
Dez. 27.	Dornach	A 348	1
Dez. 28.	Dornach		
Dez. 28.	Dornach	N 326	1
Dez. 29.	Dornach		
Dez. 29.	Dornach	219	
Dez. 30.	Dornach	219	
Dez. 30.	Dornach	A 348	1
Dez. 31.	Dornach	219	
Dez. 31.	Dornach	K 277	
1923			
Jan.	Dornach		
Jan.	Dornach		

Datum	Ort	A	GA	T
Jan.	1. Dornach	G	250f	
Jan.	1. Dornach	G	250f	
Jan.	1. Dornach	K	274	
Jan.	1. Dornach	N	326	1
Jan.	2. Dornach	N	326	2
Jan.	3. Dornach	N	326	4
Jan.	5. Dornach		220	2
Jan.	5. Dornach	A	348	1
Jan.	6. Dornach		217a	
			220	
Jan.	6. Dornach	G	250f	
Jan.	6. Dornach	N	326	2
Jan.	7. Dornach			
Jan.	7. Dornach		220	2
Jan.	8. Dornach	A	348	1
Jan.	10. Dornach	A	348	1
Jan.	12. Dornach		220	
Jan.	13. Dornach		220	1
Jan.	13. Dornach	A	348	1
Jan.	14. Dornach			
Jan.	14. Dornach		220	
Jan.	17. Stuttgart	P	300b	
Jan.	19. Dornach		220	
Jan.	20. Dornach		220	1
Jan.	20. Dornach	A	348	2
Jan.	21. Dornach		220	1
Jan.	22. Stuttgart			
Jan.	23. Stuttgart	G	257	
Jan.	23. Stuttgart	P	300b	
Jan.	26. Dornach		220	2
Jan.	27. Dornach		220	2
Jan.	27. Dornach	A	348	2
Jan.	28. Dornach		220	2
Jan.	30. Stuttgart			
Jan.	30. Stuttgart	G	257	
Jan.	31. Stuttgart			
Jan.	31. Stuttgart	P	300b	
Febr.	2. Dornach		221	
Febr.	3. Dornach		221	
Febr.	3. Dornach	A	348	1
Febr.	4. Dornach			
Febr.	4. Dornach		221	
Febr.	4. Dornach	K	277	
Febr.	5. Stuttgart			
Febr.	6. Stuttgart			
Febr.	6. Stuttgart	G	257	
Febr.	6. Stuttgart	P	300b	
Febr.	7. Stuttgart			
Febr.	8. Stuttgart			
Febr.	8. Stuttgart		217a	
Febr.	9. Dornach		221	
Febr.	10. Dornach		221	1
Febr.	10. Dornach	A	348	2
Febr.	11. Dornach		221	1

Datum	Ort	A	GA	T
Febr.	11. Dornach	K	277	
Febr.	13. Stuttgart			
Febr.	13. Stuttgart	G	257	
Febr.	14. Stuttgart		217a	
Febr.	14. Stuttgart	P	300b	
Febr.	16. Dornach		221	
Febr.	17. Dornach		221	2
Febr.	17. Dornach	A	349	2
Febr.	18. Dornach		221	
Febr.	18. Dornach	K	277	
Febr.	21. Dornach	K	291	
Febr.	21. Dornach	A	349	2
		K	291	
Febr.	22. Dornach	G	257	
Febr.	24. Stuttgart			
Febr.	27. Stuttgart	G	257	
Febr.	28. Stuttgart			
Febr.	28. Stuttgart	G	257	
März	1. Stuttgart			
März	1. Stuttgart	P	298	
März	1. Stuttgart	P	300b	
März	2. Dornach	G	257	
März	3. Dornach	G	257	2
März	3. Dornach	A	349	2
März	4. Dornach	G	257	
März	7. Stuttgart	K	283	
März	8. Stuttgart	K	283	
März	8. Stuttgart	P	300b	
März	11. Dornach		222	
März	12. Dornach		222	1
März	14. Dornach	A	349	2
März	16. Dornach		222	2
		K	283	
März	17. Dornach		222	1
März	17. Dornach	A	349	1
März	18. Dornach		222	2
März	21. Dornach	A	349	2
März	22. Dornach		222	2
März	23. Dornach		222	2
März	25. Stuttgart	R	36	
März	25. Stuttgart	P	304a	
März	26. Stuttgart	R	36	
März	26. Stuttgart	P	304a	
März	27. Stuttgart	P	304a	
März	28. Stuttgart	K	277	
März	29. Stuttgart	G	261	
März	29. Stuttgart	K	281	
März	30. Stuttgart	P	300c	
März	31. Dornach		223	2
April	1. Dornach			
April	1. Dornach		223	1
April	2. Dornach		223	2
April	2. Dornach	K	277	
April	2. Dornach	K	277	

Datum	Ort	A	GA	T
April	4. Dornach	A	349	2
April	5. Bern			
April	6. Bern		224	
			B65	
April	7. Dornach		223	2
April	7. Dornach	K	277	
April	8. Dornach		223	2
April	9. Basel	ö	84	
April	9. Dornach	A	349	2
April	13. Dornach		224	1
			B65	
April	14. Dornach	ö	84	2
April	14. Dornach	K	277	
April	14. Dornach	A	349	2
April	15. Dornach	ö	84	2
April	15. Dornach	P	306	1
April	15. Dornach	P	306	
April	16. Dornach	P	306	2
April	17. Dornach	P	306	2
April	18. Dornach	P	306	2
April	18. Dornach	P	306	
April	18. Dornach	A	349	2
April	19. Dornach	P	306	2
April	19. Dornach	P	306	
April	20. Dornach	ö	84	2
April	20. Dornach	P	306	3
April	21. Dornach	ö	84	2
April	21. Dornach	P	306	
April	21. Dornach	A	349	2
April	22. Dornach			
April	22. Dornach	ö	84	2
April	22. Dornach	P	306	
April	22. Dornach	P	306	
April	24. Stuttgart	P	298	
April	24. Stuttgart	P	300c	
April	25. Stuttgart	P	300c	
April	27. Prag	ö	84	
April	28. Prag		224	
April	29. Prag		224	
April	30. Prag	ö	84	
Mai	2. Stuttgart		224	
Mai	3. Stuttgart	P	298	
Mai	3. Stuttgart	P	300c	
Mai	5. Dornach		225	2
Mai	6. Dornach		225	2
Mai	7. Dornach		224	1
Mai	7. Dornach	A	349	2
Mai	9. Dornach	A	349	2
Mai	14. Oslo			
Mai	15. Oslo			
Mai	16. Oslo		226	
Mai	17. Oslo			
Mai	17. Oslo		226	
Mai	17. Oslo		226	

Datum	Ort	A GA	T
Mai 18.	Oslo	226	
Mai 18.	Oslo	K 276	
Mai 19.	Oslo	226	
Mai 20.	Oslo	E	
Mai 20.	Oslo	226	
Mai 20.	Oslo	K 276	
Mai 21.	Oslo	226	
Mai 23.	Berlin	224	
Mai 25.	Stuttgart	P 298	
Mai 25.	Stuttgart	P 300c	
Mai 27.	Dornach	E	
Mai 27.	Dornach	K 276	
Mai 30.	Dornach	A 350	2
Juni 1.	Dornach	K 276	2
Juni 2.	Dornach	K 276	2
		K 291	
Juni 2.	Dornach	A 350	2
Juni 3.	Dornach		
Juni 3.	Dornach	K 276	
Juni 4.	Dornach		
Juni 6.	Dornach	A 350	1
Juni 8.	Dornach	K 276	
Juni 9.	Dornach		
Juni 9.	Dornach	K 276	
		K 291	
Juni 9.	Dornach	K 277	
Juni 9.	Dornach	A 350	2
Juni 10.	Dornach		
Juni 10.	Dornach		
Juni 10.	Dornach	G 258	
Juni 11.	Dornach	G 258	2
Juni 12.	Dornach	G 258	
Juni 13.	Dornach	G 258	
Juni 13.	Dornach	A 350	1
Juni 14.	Dornach	G 258	1
Juni 15.	Dornach	G 258	1
Juni 16.	Dornach	G 258	
Juni 16.	Dornach	K 277	
Juni 16.	Dornach	A 350	1
Juni 17.	Dornach		
Juni 17.	Dornach	G 250f	
Juni 17.	Dornach	G 258	2
Juni 21.	Stuttgart	224	
Juni 21.	Stuttgart	P 300c	
Juni 22.	Stuttgart	P 298	
Juni 24.	Dornach	224	
Juni 24.	Dornach	K 277	
Juni 25.	Dornach	A 350	2
Juni 28.	Dornach	A 350	1
Juni 29.	Basel	G 261	
Juni 29.	Dornach	G 261	
Juni 30.	Dornach	P 304a	
Juni 30.	Dornach	A 350	2
Juli 1.	Dornach		

Datum	Ort	A GA	T
Juli 1.	Dornach	225	
Juli 1.	Dornach	K 277	
Juli 1.	Dornach	P 304a	
Juli 3.	Stuttgart	P 300c	
Juli 4.	Stuttgart	224	
Juli 5.	Stuttgart	P 300c	
Juli 6.	Dornach	225	1
Juli 7.	Dornach	225	1
Juli 7.	Dornach	A 350	2
Juli 8.	Dornach	225	
Juli 8.	Dornach	K 277	
Juli 9.	Dornach		
Juli 11.	Stuttgart	224	
Juli 11.	Stuttgart	C 345	
Juli 11.	Stuttgart	C 345	
Juli 12.	Stuttgart	P 300c	
Juli 12.	Stuttgart	C 345	
Juli 12.	Stuttgart	C 345	
Juli 13.	Stuttgart		
Juli 13.	Stuttgart	C 345	
Juli 14.	Stuttgart	C 345	
Juli 15.	Dornach	225	2
Juli 15.	Dornach	K 277	
Juli 17.	Dornach		
Juli 18.	Dornach	A 350	2
Juli 20.	Dornach	225	2
Juli 20.	Dornach	A 350	2
Juli 21.	Dornach	225	
Juli 21.	Dornach	G 250f	
Juli 21.	Dornach	K 277	
Juli 22.	Dornach	G 250f	
Juli 22.	Dornach	225	
Juli 22.	Dornach	K 277	
Juli 24.	Dornach		
Juli 25.	Dornach	A 350	1
Juli 27.	Dornach	228	1
Juli 28.	Dornach	228	1
Juli 28.	Dornach	A 350	1
Juli 29.	Dornach		
Juli 29.	Dornach	228	2
		K 291	
Juli 31.	Stuttgart	P 300c	
Aug. 5.	Ilkley	P 307	
Aug. 6.	Ilkley	P 307	
Aug. 6.	Ilkley	P 307	
Aug. 7.	Ilkley	P 307	
Aug. 7.	Ilkley	P 307	
Aug. 8.	Ilkley	P 307	
Aug. 8.	Ilkley	P 307	
Aug. 9.	Ilkley	P 307	
Aug. 10.	Ilkley	P 304a	
Aug. 10.	Ilkley	P 307	
Aug. 11.	Ilkley	P 307	
Aug. 12.	Bingley	P 307	

Datum	Ort	A GA	T
Aug. 13.	Ilkley	P 307	
Aug. 14.	Ilkley	K 277a	
		R 36	
		P 307	
Aug. 14.	Ilkley	P 307	
Aug. 15.	Ilkley	P 307	
Aug. 16.	Ilkley	P 307	
Aug. 16.	Ilkley	P 307	
Aug. 17.	Ilkley	P 307	
Aug. 17.	Ilkley	P 307	
Aug. 18.	Penmaenm.		
Aug. 19.	Penmaenm.		
Aug. 19.	Penmaenm.	227	
Aug. 20.	Penmaenm.		
Aug. 20.	Penmaenm.	227	
Aug. 21.	Penmaenm.	227	
Aug. 22.	Penmaenm.	227	1
Aug. 23.	Penmaenm.	227	1
Aug. 24.	Penmaenm.		
Aug. 24.	Penmaenm.	227	
Aug. 24.	Penmaenm.	K 284	
Aug. 25.	Penmaenm.	227	
Aug. 26.	Penmaenm.	227	
Aug. 26.	Penmaenm.	K 277a	
		R 36	
Aug. 26.	Penmaenm.	K 279	
Aug. 27.	Penmaenm.	227	
		R 36	
Aug. 27.	Penmaenm.	K 277a	
Aug. 28.	Penmaenm.	227	
Aug. 28.	Penmaenm.	M 319	
Aug. 29.	Penmaenm.	227	
Aug. 30.	Penmaenm.	227	
Aug. 31.	Penmaenm.		
Aug. 31.	Penmaenm.	227	
Sept. 2.	London		
Sept. 2.	London	228	
Sept. 2.	London	M 319	
Sept. 3.	London	M 319	
Sept. 4.	London	R 36	
Sept. 9.	Dornach		2
Sept. 10.	Dornach	228	1
Sept. 10.	Dornach	A 350	2
Sept. 11.	London	R 36	
Sept. 14.	Stuttgart		
Sept. 14.	Stuttgart	228	
Sept. 15.	Stuttgart	228	
Sept. 16.	Stuttgart	228	
Sept. 18.	Stuttgart	P 300c	
Sept. 21.	Dornach	G 250f	
Sept. 22.	Dornach	225	1
Sept. 22.	Dornach	A 350	2
Sept. 23.	Dornach	225	2
Sept. 26.	Wien	ö 84	

Datum	Ort	A	GA	T
Sept. 27.	Wien		223	
Sept. 28.	Wien		223	
Sept. 29.	Wien	ö	84	
Sept. 30.	Wien		223	
Okt. 1.	Wien		223	
Okt. 2.	Wien	M	319	
Okt. 5.	Dornach		229	1
Okt. 6.	Dornach		229	2
OKt. 7.	Dornach		229	2
Okt. 8.	Dornach	A	351	2
Okt. 10.	Dornach	A	351	1
Okt. 12.	Dornach		229	1
				1
Okt. 13.	Dornach		229	1
Okt. 13.	Dornach	A	351	2
Okt. 15.	Stuttgart		229	
Okt. 15.	Stuttgart	P	302a	
Okt. 16.	Stuttgart	P	300c	
Okt. 16.	Stuttgart	P	302a	
Okt. 16.	Stuttgart	P	302a	
Okt. 19.	Dornach		230	1
Okt. 20.	Dornach		230	2
Okt. 20.	Dornach	A	351	1
Okt. 21.	Dornach		230	1
Okt. 23.	Dornach	E		
Okt. 24.	Dornach	A	351	1
Okt. 26.	Dornach		230	2
Okt. 27.	Dornach		230	2
Okt. 27.	Dornach	A	351	2
Okt. 28.	Dornach		230	2
Okt. 31.	Dornach	A	351	2
Nov.	Den Haag	K	280	
Nov. 2.	Dornach		230	2
Nov. 3.	Dornach		230	1
Nov. 4.	Dornach		230	2
Nov. 9.	Dornach		230	2
Nov. 10.	Dornach		230	2
Nov. 10.	Dornach	A	351	
Nov. 11.	Dornach		230	1
Nov. 11.	Dornach	K	277	
Nov. 13.	Den Haag		231	
Nov. 14.	Den Haag		231	
Nov. 14.	Den Haag	P	304a	
Nov. 15.	Den Haag		231	
Nov. 15.	Den Haag	M	319	
Nov. 16.	Den Haag		231	
Nov. 16.	Den Haag	M	319	
Nov. 16.	Den Haag	M	319	
Nov. 17.	Den Haag		231	
Nov. 17.	Den Haag		231	
Nov. 18.	Den Haag			
Nov. 18.	Den Haag		231	
Nov. 19.	Den Haag	P	304a	
Nov. 23.	Dornach		232	2

Datum	Ort	A	GA	T
Nov. 24.	Dornach		232	1
Nov. 25.	Dornach		232	2
Nov. 26.	Dornach	A	351	2
Nov. 28.	Dornach	A	351	1
Nov. 30.	Dornach		232	1
Dez. 1.	Dornach		232	2
Dez. 1.	Dornach	A	351	2
Dez. 2.	Dornach		232	2
Dez. 5.	Dornach	A	351	1
Dez. 7.	Dornach		232	1
				1
Dez. 8.	Dornach			
Dez. 8.	Dornach		232	2
Dez. 9.	Dornach		232	1
Dez. 10.	Dornach	A	351	1
Dez. 12.	Dornach	A	351	1
Dez. 14.	Dornach		232	2
Dez. 14.	Dornach	K	274	
Dez. 15.	Dornach		232	2
Dez. 15.	Dornach	A	351	2
Dez. 18.	Stuttgart	P	300c	
Dez. 21.	Dornach		232	2
Dez. 22.	Dornach		232	2
Dez. 22.	Dornach	A	351	2
Dez. 23.	Dornach		232	1
Dez. 23.	Dornach	G	260	
		K	277a	
Dez. 24.	Dornach		233	1
				1
Dez. 24.	Dornach	G	260	
Dez. 24.	Dornach	G	260	
Dez. 24.	Dornach	G	260	
Dez. 24.	Dornach	K	274	
Dez. 25.	Dornach		233	2
Dez. 25.	Dornach	G	260	
Dez. 25.	Dornach	G	260	
Dez. 25.	Dornach	G	260	
Dez. 25.	Dornach	K	274	
Dez. 26.	Dornach		233	1
Dez. 26.	Dornach	G	260	1
Dez. 26.	Dornach	K	277	
Dez. 27.	Dornach		233	2
Dez. 27.	Dornach	G	260	2
Dez. 27.	Dornach	K	274	
Dez. 28.	Dornach		233	1
Dez. 28.	Dornach	G	260	1
Dez. 28.	Dornach	G	260	1
Dez. 28.	Dornach	K	277	
Dez. 29.	Dornach		233	3
Dez. 29.	Dornach	G	260	
Dez. 29.	Dornach	G	260	
Dez. 29.	Dornach	K	274	
Dez. 30.	Dornach		233	3
Dez. 30.	Dornach	G	260	

Datum	Ort	A	GA	T
Dez. 30.	Dornach	K	277	
Dez. 31.	Dornach	G	260	1
Dez. 31.	Dornach	G	260	1
Dez. 31.	Dornach	G	260	
Dez. 31.	Dornach	G	260	
			233	
Dez. 31.	Dornach	K	274	
Dez. 31.	Dornach	M	314	
1924				
Jan. 1.	Dornach			
Jan. 1.	Dornach	G	260	2
Jan. 1.	Dornach	G	260	
Jan. 1.	Dornach	G	260	
			233	
Jan. 1.	Dornach	M	314	
Jan. 2.	Dornach	M	314	2
Jan. 2.	Dornach	M	316	
Jan. 3.	Dornach	E		
Jan. 3.	Dornach	M	316	1
Jan. 4.	Dornach		233a	2
		K	291	
Jan. 4.	Dornach	M	316	2
Jan. 5.	Dornach		233a	2
Jan. 5.	Dornach	K	277	
Jan. 5.	Dornach	M	316	
Jan. 6.	Dornach		233a	1
Jan. 6.	Dornach	G	261	
Jan. 6.	Dornach	K	274	
Jan. 6.	Dornach	M	316	1
Jan. 7.	Dornach	M	316	2
Jan. 7.	Dornach	A	352	2
Jan. 8.	Dornach	M	316	1
Jan. 9.	Dornach			
Jan. 9.	Dornach	M	316	1
Jan. 11.	Dornach		233a	
Jan. 11.	Basel	G	261	
Jan. 12.	Dornach			
Jan. 12.	Dornach		233a	1
Jan. 13.	Dornach		233a	1
Jan. 16.	Dornach			
Jan. 18.	Dornach	G	260a	
Jan. 19.	Dornach		234	1
Jan. 19.	Dornach	A	352	1
Jan. 20.	Dornach		234	2
Jan. 21.	Dornach	G	260a	
Jan. 23.	Dornach	A	352	1
Jan. 25.	Bern		240	
Jan. 26.	Bern			
Jan. 27.	Dornach		234	1
Jan. 28.	Zürich		240	
Jan. 30.	Dornach	G	260a	
Febr. 1.	Dornach		234	1
Febr. 2.	Dornach		234	2

Datum	Ort	A GA	T
Febr. 2.	Dornach	K 277	
Febr. 2.	Dornach	A 352	1
Febr. 3.	Dornach	B75	
Febr. 3.	Dornach	234	2
Febr. 3.	Dornach	G 260a	
Febr. 5.	Stuttgart	P 300c	
Febr. 6.	Stuttgart	240	
Febr. 8.	Dornach	234	1
Febr. 9.	Dornach	234	1
Febr. 9.	Dornach	A 352	1
Febr. 10.	Dornach		
Febr. 10.	Dornach	234	1
Febr. 11.	Dornach	K 277	
Febr. 13.	Dornach	A 352	1
Febr. 15.	Dornach	241a	
Febr. 16.	Dornach	235	2
Febr. 16.	Dornach	A 352	1
Febr. 17.	Dornach	235	2
Febr. 19.	Dornach	K 278	1
Febr. 20.	Dornach	K 278	
Febr. 20.	Dornach	A 352	1
Febr. 21.	Dornach	K 278	1
Febr. 22.	Dornach	241a	
Febr. 22.	Dornach	K 278	1
Febr. 23.	Dornach	235	1
Febr. 23.	Dornach	K 278	2
Febr. 23.	Dornach	A 352	1
Febr. 24.	Dornach	235	2
Febr. 25.	Dornach	K 278	2
Febr. 26.	Dornach	K 278	2
Febr. 27.	Dornach	K 278	1
Febr. 27.	Dornach	A 352	2
Febr. 29.	Dornach	241a	
März 1.	Dornach	235	2
März 1.	Dornach	A 353	2
März 2.	Dornach	235	1
März 2.	Dornach	G 260a	
März 5.	Dornach	A 353	1
März 7.	Dornach	241a	
März 8.	Dornach	235	2
März 8.	Dornach	A 353	2
März 9.	Dornach	235	
März 13.	Dornach	A 353	1
März 14.	Dornach	241a	
März 15.	Dornach	235	1
März 15.	Dornach	A 353	2
März 16.	Dornach	235	1
März 16.	Dornach	G 260a	
März 16.	Dornach	G 260a	
März 17.	Dornach	217a	
März 19.	Dornach	A 353	2
März 21.	Dornach	241a	
März 22.	Dornach	235	1
März 23.	Dornach	235	1
März 24.	Prag	239	
März 24.	Dornach	G 260a	
März 25.	Dornach	G 260a	
März 26.	Dornach	A 353	1
März 27.	Stuttgart	P 298	
März 27.	Stuttgart	P 300c	
März 29.	Prag	G 260a	
März 29.	Prag	239	
März 30.	Prag	239	
März 31.	Prag	239	
April 3.	Prag	241c	
April 4.	Prag		
April 5.	Prag	239	
April 5.	Prag	241c	
April 6.	Dornach	236	1
April 6.	Dornach	G 260a	
April 8.	Stuttgart	P 308	
April 9.	Stuttgart	240	
April 9.	Stuttgart	P 300c	
April 9.	Stuttgart	P 308	
April 10.	Stuttgart	G 260a	
April 10.	Stuttgart	P 308	
April 10.	Stuttgart	P 308	
April 11.	Stuttgart	217a	
April 11.	Dornach	241a	
April 11.	Stuttgart	P 308	
April 12.	Dornach	236	
April 12.	Dornach	A 353	1
April 13.	Bern	P 309	
April 14.	Bern	P 309	
April 14.	Bern	P 309	
		K 277	
April 15.	Bern	P 309	
April 15.	Bern	P 309	
April 16.	Bern	240	
April 16.	Bern	P 309	
April 16.	Bern	P 309	
April 17.	Bern		
April 17.	Bern	241c	
April 17.	Bern	P 309	
April 17.	Bern	P 309	
April 18.	Dornach	241a	
April 19.	Dornach	233a	1
April 20.	Dornach		
April 20.	Dornach	233a	1
April 20.	Dornach	G 260a	
		K 277a	
April 21.	Dornach		
April 21.	Dornach	233a	1
April 21.	Dornach	M 314	1
April 21.	Dornach	M 316	2
April 22.	Dornach	233a	2
April 22.	Dornach	241a	
April 22.	Dornach	G 260a	
		K 277	
April 22.	Dornach	M 314	
April 22.	Dornach	M 316	2
April 23.	Dornach	236	
April 23.	Dornach	M 314	2
April 23.	Dornach	M 316	1
April 24.	Dornach	M 316	1
April 24.	Dornach	M 316	2
April 25.	Dornach	241b	
April 25.	Dornach	M 316	2
April 26.	Dornach	236	
April 26.	Dornach	G 260a	
April 26.	Dornach	A 353	1
April 27.	Dornach	236	1
April 27.	Dornach	K 277	
April 29.	Stuttgart	P 300c	
April 30.	Stuttgart	K 277a	
April 30.	Stuttgart	P 298	
April 30.	Stuttgart	P 300c	
Mai 2.	Dornach	241b	
Mai 3.	Dornach	G 261	
Mai 4.	Dornach	236	2
Mai 4.	Dornach	K 277	
Mai 5.	Dornach	A 353	1
Mai 6.	Basel	G 261	
Mai 8.	Dornach	A 353	1
Mai 9.	Dornach	236	2
Mai 10.	Dornach	236	2
Mai 10.	Dornach	A 353	1
Mai 11.	Dornach		
Mai 11.	Dornach	236	1
Mai 11.	Dornach	241b	
Mai 11.	Dornach	K 277	
Mai 14.	Dornach	A 353	1
Mai 16.	Dornach	236	2
Mai 17.	Dornach	241b	
Mai 17.	Dornach	A 353	2
Mai 18.	Dornach	236	2
Mai 20.	Dornach	A 353	1
Mai 23.	Paris	239	
Mai 24.	Paris	239	
Mai 25.	Paris	239	
Mai 25.	Paris	G 260a	
Mai 26.	Paris		
Mai 26.	Paris	ö 84	
Mai 27.	Paris		
Mai 29.	Dornach	236	1
Mai 29.	Dornach	G 260a	
Mai 30.	Dornach	236	2
Mai 31.	Dornach	241b	
Juni 1.	Stuttgart	240	
Juni 1.	Stuttgart	P 298	
Juni 2.	Stuttgart	P 300c	

Datum	Ort	A	GA	T
Juni 4.	Dornach		236	2
Juni 4.	Dornach	A	353	2
Juni 7.	Breslau		239	
Juni 7.	Breslau	G	260a	
Juni 7.	Koberwitz	N	327	1
Juni 8.	Breslau		239	
Juni 9.	Breslau		239	
Juni 9.	Dornach	G	260a	
			217a	
Juni 10.	Breslau		239	
Juni 10.	Koberwitz	N	327	1
Juni 11.	Breslau		239	
Juni 11.	Koberwitz	N	327	1
Juni 11.	Koberwitz	N	327	
		G	260a	
Juni 12.	Breslau		239	
Juni 12.	Koberwitz	N	327	1
Juni 12.	Koberwitz	N	327	
Juni 13.	Breslau		239	
Juni 13.	Koberwitz	N	327	
Juni 13.	Koberwitz	N	327	1
Juni 14.	Stuttgart		217a	
Juni 14.	Breslau		239	
Juni 14.	Koberwitz	N	327	1
Juni 14.	Koberwitz	N	327	
Juni 15.	Breslau		239	
Juni 15.	Koberwitz	N	327	1
Juni 16.	Koberwitz	N	327	1
Juni 16.	Koberwitz	N	327	
Juni 17.	Koberwitz	G	260a	
			217a	
Juni 19.	Stuttgart	P	300c	
Juni 20.	Dornach	G	260a	2
		N	327	
Juni 21.	Dornach		241b	
Juni 22.	Dornach		236	2
Juni 24.	Dornach	K	279	2
Juni 25.	Dornach	K	279	2
Juni 25.	Dornach	M	317	1
Juni 25.	Dornach	A	353	1
Juni 26.	Dornach	K	279	2
Juni 26.	Dornach	M	317	2
Juni 27.	Dornach		236	2
Juni 27.	Dornach	K	279	2
Juni 27.	Dornach	M	317	2
Juni 28.	Dornach		241b	
Juni 28.	Dornach	M	317	1
Juni 29.	Dornach		236	1
Juni 29.	Dornach	G	260a	
Juni 30.	Dornach	K	279	2
Juni 30.	Dornach	M	317	2
Juni 30.	Dornach	A	354	1
Juli 1.	Dornach		237	1
Juli 1.	Dornach	K	279	2
Juli 1.	Dornach	M	317	1
Juli 2.	Dornach	K	279	2
Juli 2.	Dornach	M	317	1
Juli 3.	Dornach	K	279	2
Juli 3.	Dornach	M	317	
Juli 3.	Dornach	A	354	2
Juli 4.	Dornach		237	2
Juli 4.	Dornach	K	279	2
Juli 4.	Dornach	M	317	1
Juli 5.	Dornach		241b	
Juli 5.	Dornach	M	317	1
Juli 6.	Dornach		237	
Juli 6.	Dornach	M	317	2
Juli 7.	Dornach	K	279	2
Juli 7.	Dornach	M	317	1
Juli 7.	Dornach	A	354	1
Juli 8.	Dornach		237	1
Juli 8.	Dornach	K	279	
Juli 9.	Dornach	K	279	1
Juli 9.	Dornach	A	354	2
Juli 10.	Dornach	K	279	2
Juli 11.	Dornach		237	1
Juli 11.	Dornach	K	279	2
Juli 12.	Dornach		241b	
Juli 12.	Dornach	K	279	1
Juli 12.	Dornach	A	354	2
Juli 13.	Dornach		237	
Juli 15.	Stuttgart	G	260a	
Juli 15.	Stuttgart	P	300c	
Juli 17.	Oosterbe.	P	310	
Juli 17.	Arnheim	M	319	
Juli 18.	Arnheim		240	
Juli 18.	Oosterbe.	P	310	
Juli 19.	Arnheim		240	
Juli 19.	Oosterbe.	P	310	
Juli 19.	Oosterbe.	P	310	
Juli 20.	Arnheim		240	
Juli 20.	Dornach	G	260a	
			217a	
Juli 20.	Oosterbe.	P	310	
Juli 21.	Oosterbe.	P	310	
Juli 21.	Arnheim	M	319	
Juli 22.	Oosterbe.	P	310	
Juli 23.	Oosterbe.	P	310	
Juli 24.	Oosterbe.	P	310	
Juli 24.	Oosterbe.	P	310	
Juli 24.	Oosterbe.	P	310	
Juli 24.	Arnheim	M	319	
Juli 28.	Dornach		237	
Juli 31.	Dornach	A	354	1
Aug. 1.	Dornach		237	1
Aug. 1.	Dornach	G	260a	
Aug. 2.	Dornach		241b	
Aug. 2.	Dornach	A	354	1
Aug. 3.	Dornach		237	1
Aug. 4.	Dornach		237	1
Aug. 4.	Dornach	G	260a	
Aug. 5.	Dornach			
Aug. 6.	Dornach	A	354	1
Aug. 8.	Dornach		237	2
Aug. 9.	Dornach	A	354	2
Aug. 11.	Torquay		243	1
Aug. 11.	Torquay	G	260a	
Aug. 12.	Torquay		240	1
Aug. 12.	Torquay		243	1
Aug. 12.	Torquay	P	311	
Aug. 13.	Torquay		243	2
Aug. 13.	Torquay	P	311	1
Aug. 14.	Torquay		240	1
Aug. 14.	Torquay		243	1
Aug. 14.	Torquay	P	311	1
Aug. 15.	Torquay		243	1
Aug. 15.	Torquay	P	311	2
Aug. 16.	Torquay		243	1
Aug. 16.	Torquay	P	311	1
Aug. 18.	Torquay		243	1
Aug. 18.	Torquay	P	311	1
Aug. 19.	Torquay		243	1
Aug. 19.	Torquay	P	311	
Aug. 20.	Torquay		243	1
Aug. 20.	Torquay	P	311	1
Aug. 21.	Torquay		240	1
Aug. 21.	Torquay		243	1
Aug. 22.	Torquay		243	1
Aug. 22.	Torquay	G	260a	
Aug. 24	London	G	260a	
Aug. 24.	London		240	1
Aug. 24.	London		240	
Aug. 27.	London		240	1
Aug. 27.	London		241c	
Aug. 28.	London	M	319	
Aug. 29.	London	P	304a	
Aug. 29.	London	M	319	
Aug. 30.	London	P	304a	
Sept. 3.	Stuttgart	P	300c	
Sept. 5.	Dornach		238	
Sept. 5.	Dornach	K	282	2
Sept. 5.	Dornach	C	346	1
Sept. 6.	Dornach		241c	
Sept. 6.	Dornach	K	282	2
Sept. 6.	Dornach	C	346	
Sept. 7.	Dornach		238	
Sept. 7.	Dornach	G	260a	
Sept. 7.	Dornach	K	282	2
Sept. 7.	Dornach	C	346	1
Sept. 8.	Dornach	K	282	
Sept. 8.	Dornach	M	318	1
Sept. 8.	Dornach	C	346	1

Datum	Ort	A GA	T
Sept. 9.	Dornach	241c	
Sept. 9.	Dornach	K 282	2
Sept. 9.	Dornach	M 318	2
Sept. 9.	Dornach	C 346	
Sept. 9.	Dornach	A 354	1
Sept. 10.	Dornach	238	1
Sept. 10.	Dornach	K 282	2
Sept. 10.	Dornach	M 318	1
Sept. 10.	Dornach	C 346	1
Sept. 11.	Dornach	241c	
Sept. 11.	Dornach	K 282	
Sept. 11.	Dornach	M 318	1
Sept. 11.	Dornach	C 346	
Sept. 12.	Dornach	238	
Sept. 12.	Dornach	K 282	2
Sept. 12.	Dornach	M 318	1
Sept. 12.	Dornach	C 346	1
Sept. 13.	Dornach	241c	
Sept. 13.	Dornach	K 282	2
Sept. 13.	Dornach	M 318	1
Sept. 13.	Dornach	C 346	1
Sept. 13.	Dornach	A 354	1
Sept. 14.	Dornach	238	
Sept. 14.	Dornach	G 260a	
Sept. 14.	Dornach	G 261	
Sept. 14.	Dornach	K 282	1
Sept. 14.	Dornach	M 318	1
Sept. 14.	Dornach	C 346	
Sept. 15.	Dornach	241c	
Sept. 15.	Dornach	K 282	1
Sept. 15.	Dornach	M 318	1
Sept. 15.	Dornach	C 346	1
Sept. 16.	Dornach	238	
Sept. 16.	Dornach	K 282	
Sept. 16.	Dornach	M 318	1
Sept. 16.	Dornach	C 346	1
Sept. 17.	Dornach	241c	
Sept. 17.	Dornach	K 282	2
Sept. 17.	Dornach	M 318	2
Sept. 17.	Dornach	C 346	
Sept. 18.	Dornach		
Sept. 18.	Dornach	238	
Sept. 18.	Dornach	K 282	
Sept. 18.	Dornach	M 318	2
Sept. 18.	Dornach	C 346	
Sept. 18.	Dornach	A 354	2
Sept. 19.	Dornach	238	
Sept. 19.	Dornach	K 282	1
Sept. 19.	Dornach	C 346	1
Sept. 19.	Dornach	C 346	
Sept. 20.	Dornach	241c	
Sept. 20.	Dornach	K 282	2
Sept. 20.	Dornach	C 346	1
Sept. 20.	Dornach	C 346	
Sept. 20.	Dornach	A 354	1
Sept. 21.	Dornach	238	
Sept. 21.	Dornach	K 282	2
Sept. 21.	Dornach	C 346	1
Sept. 22.	Dornach	K 282	1
Sept. 22.	Dornach	C 346	1
Sept. 23.	Dornach	238	
Sept. 23.	Dornach	K 282	2
Sept. 24.	Dornach	A 354	1
Sept. 28.	Dornach	238	

III. Verzeichnis der Vortragsorte nach Ländern

In dem folgenden Verzeichnis sind die Orte, in denen Rudolf Steiner Vorträge gehalten hat, von denen Autoreferate, Nachschriften oder Notizen vorliegen (siehe 3. Teil, «Chronologisches Vortragsregister»), nach Ländern geordnet, alphabetisch aufgeführt. Die Grundlage bilden die Landesgrenzen vor dem ersten Weltkrieg. Bei jenen Orten, die heute zu andern Ländern gehören, ist die neue Staatszugehörigkeit in Klammern angegeben. Siehe auch die Europakarte auf Seiten 382/383 mit den Landesgrenzen nach dem ersten Weltkrieg.

Dänemark
Kopenhagen

Deutschland
Augsburg
Berlin
Bielefeld
Bochum
Bonn
Bremen
Breslau (Polen)
Darmstadt
Dresden (DDR)
Düsseldorf
Eisenach (DDR)
Elberfeld
Essen
Frankfurt a.M.
Freiburg i.Br.
Hamburg
Hannover
Hedelfingen/Stuttgart
Heidenheim/Württemberg
Heidelberg
Karlsruhe
Kassel
Koberwitz/Breslau (Polen)
Koblenz
Köln
Landin/Mark (DDR)
Leipzig (DDR)
Mainz
Malsch/Karlsruhe
Mannheim
München
Nürnberg
Pforzheim
Regensburg
Spandau/Berlin
Stuttgart
Tübingen
Ulm
Weimar (DDR)
Wiesbaden

England
Bingley/Ilkley
Ilkley/Yorkshire
London
Oxford
Penmaenmawr
Stratford on Avon
Torquay

Finnland
Helsingfors/Helsinki

Frankreich
Colmar/Kolmar
Paris
Straßburg

Italien
Bologna
Mailand
Palermo
Rom

Niederlande
Amsterdam
Arnheim/Arnhem
Delft
Den Haag
Hilversum
Nijmegen
Oosterbeeck/Arnheim
Rotterdam
Utrecht

Norwegen
Bergen
Kristiania/Oslo

Österreich
Graz
Hermannstadt (Rumänien)
Klagenfurt
Linz
Tannbach/Gutau
Wien

Schweden
Norrköping
Stockholm

Schweiz
Aarau
Arlesheim
Basel
Bern
Bottmingen
Dornach
Liestal
Locarno
Lugano
Neuchâtel
Olten
Reinach
Solothurn
St. Gallen
Winterthur
Zürich

Tschechoslowakei
Prag

Ungarn
Budapest

KARTE MIT DEN ORTEN, IN DENEN RUDOLF STEINER VORTRÄGE GEHALTEN HAT, VON DENEN NACHSCHRIFTEN VORLIEGEN

LANDESGRENZEN NACH DEM ERSTEN WELTKRIEG

KOLMAR
ULM
AUGSBURG
FREIBURG I. BR.
MÜNCHEN
LINZ
WIEN
DORNACH
1 - 8
9
11
10
BERN
ST. GALLEN
B
I
M
N
P
BUDAPEST
GRAZ
KLAGENFURT
LOCARNO
LUGANO
K
MAILAND
HERMANNSTADT
BOLOGNA
ROM
PALERMO
LEGENDE
1 ARLESHEIM
2 REINACH
3 BOTTMINGEN
4 BASEL
5 LIESTAL
6 AARAU
7 OLTEN
8 SOLOTHURN
9 NEUCHATEL
10 ZÜRICH
11 WINTERTHUR
12 PFORZHEIM
13 UTRECHT
14 ROTTERDAM
DIE WOHNORTE DER JUGENDZEIT:
K KRALJEVEC (GEBURTSORT)
M MÖDLING
P POTTSCHACH
N NEUDÖRFL
I INZERSDORF
B BRUNN AM GEBIRGE

IV. Vortragsregister nach Orten

Sämtliche Vortragsdaten aus dem chronologischen Vortragsregister sind hier unter den Orten, in denen Rudolf Steiner die Vorträge gehalten hat, chronologisch aufgeführt. Bei fehlenden Tagesdaten steht nach der Monatsangabe ein*.

Aarau
1921 Nov. 11.

Amsterdam
1904 Juni 21.
1908 März 6. 7. 8.
1921 Febr. 19. 25. 28., März 1.

Arlesheim
1919 Jan. 14.
1920 Mai 12.

Arnheim/Arnhem
siehe auch Oosterbeeck
1908 März 10.
1924 Juli 17. 18. 19. 20. 21. 24.

Augsburg
1930 März 13. 14.

Basel
1905 Sept. 13.
1906 Sept. 19.
1907 Febr. 5., Nov. 16. 17. 18. 19. 20. 21. 22. 23. 25.
1909 Febr. 3. 3. 4., Sept. 15. 16. 17. 18. 19. 20. 21. 22. 23. 24. 25. 26.
1910 Sept. 17.
1911 Febr. 22. 23., Okt. 1.
1912 Sept. * 15. 16. 17. 18. 19. 20. 20. 21. 22. 22. 23. 24. 24. 25. 25. 26.
1913 Sept. 22., Dez. 1.
1914 März 13., Mai 3. 5., Juni 1. 1. 3., Dez. 27. 31.
1915 Jan. 10., Febr. 5., April 9. 10., Dez. 28.
1916 Jan. 12. 14., Okt. 4. 6. 31., Dez. 8. 21.
1917 Okt. 18. 19., Nov. 23. 24., Dez. 23.
1918 Okt. 30. 31., Nov. 8., Dez. 22.
1919 Febr. 13. 14. 28., April 2. 9. 12., Okt. 20., Nov. 10. 25. 27.
1920 Jan. 5. 6. 7., April 20. 20. 21. 22. 23. 23. 26. 26. 28. 28. 29., Mai 3. 4. 4. 4. 5. 5. 6. 6. 7. 10. 11. 16., Juli 14., Okt. 25. 27., Dez. 2. 3. 23.
1921 Jan. 31., Febr. 1., Nov. 2., Dez. 26. 31.
1923 April 9., Juni 29.
1924 Jan. 11., Mai 6.

Bergen
1913 Okt. 10. 11. 11.

Berlin
siehe auch Spandau und Tegel
1899 Aug. 28.
1900 März 17.
1901 Jan. 7. 14. 21. 28., Febr. 4. 11. 17. 18. 25., März 4. 11., Juni 18., Okt. 19. 26., Nov. 2. 9. 16. 23. 30., Dez. 28.
1902 Jan. 4. 11. 18. 25., Febr. 1. 8. 15. 22., März * 1. 8. 15. 22. 29., April 5. 19. 26., Mai 6. 7., Okt. 8. 15.
1903 Aug. 24. 28., Sept. 1. 6., Okt. 3. 10. 27. 28. 30., Nov. 2. 4. 7. 10. 11. 16. 17. 18. 23. 25. 27., Dez. 1. 2. 4. 8. 15. 17. 21. 22. 29.
1904 Jan. 4. 5. 12. 14. 19. 26. 28., Febr. 1. 2. 4. 8. 9. 11. 15. 18. 21. 22. 25., März 3. 7. 8. 11. 14. 16. 18. 23. 29. 30., April 1. 4. 28. 29., Mai 2. 5. 23. 26. 27. 30., Juni 2. 6. 9. 10. 24., Juli 1. 2. 3. 4. 4. 7. 8. 9. 11. 14. 15. 18. 19. 19. 22. 25. 26. 26., Sept. 12. 29. 30., Okt. 3. 6. 7. 7. 10. 13. 14. 17. 17. 18. 18. 19. 20. 20. 21. 22. 24. 25. 25. 25. 27. 28. 29. 29. 30. 31. 31., Nov. 1. 1. 1. 1. 2. 3. 3. 4. 5. 5. 7. 8. 8. 9. 10. 10. 11. 11. 12. 14. 15. 15. 17., Dez. * 1. 2. 6. 8. 9. 13. 15. 16. 17. 19. 20. 20. 23. 28. 28. 29. 29. 30.
1905 Jan. 2. 21. 22. 26. 28. 30., Febr. 2. 4. 5. 5. 6. 9. 9. 11. 13. 16. 18. 20. 23. 25. 27., März 2. 4. 5. 6. 9. 16. 16. 23. 24. 25. 27. 28. 30. 30. 31., Mai 4. 5. 11. 12. 15. 17. 18. 19. 22. 24. 25. 29. 31., Juni 5. 7. 8. 19. 26., Sept. 26. 27. 28. 29. 30., Okt. 1. 2. 2. 3. 4. 4. 5. 5. 6. 7. 8. 9. 9. 10. 11. 12. 12. 16. 16. 17. 18. 19. 19. 21. 22. 22. 22. 23. 23. 23. 23. 24. 24. 25. 26. 26. 27. 28. 30. 30. 31., Nov. 2. 3. 4. 5. 6. 7. 9. 16. 23., Dez. 7. 11. 13. 14. 18. 28. 28.
1906 Jan. 2. 29., Febr. 1. 15. 19. 22. 26., März 1. 5. 8. 15. 19. 19. 22. 29., April 5. 12. 13. 16. 18. 19. 26., Mai 3. 6. 7. 14., Juni 12. 25. 25. 26. 26., Okt. 1. 2. 8. 11. 15. 19. 20. 21. 21. 21. 21. 22. 22. 22. 25., Nov. 8. 12. 14. 22. 26., Dez. 13. 17. 18.
1907 Jan. 24.24. 28. 29. 31., Febr. 14. 18. 28., März * 4. 14. 25. 28., April 1. 25. 26. 26.

27., Juni 12., Okt. 7. 7. 9. 10. 14. 17. 18. 19. 20. 20. 20. 20. 21. 21. 21. 23 24. 28., Nov. 1. 13. 14. 28. 29., Dez. 12. 13. 31.
1908 Jan. 6. 7. 9. 23. 26. 27., Febr. 12. 13. 15. 26. 27. 29., März * 12. 14. 14. 14. 16. 24. 26., April 9. 12. 13. 15. 16. 16. 20., Mai 13. 14. 15. 16., Juni 1. 4. 5. 11., Okt. 15. 19. 20. 21. 22. 22. 23. 24. 25. 26. 26. 26. 26. 26. 27. 27. 28. 29., Nov. 2. 10. 11. 12. 13. 14. 16. 17., Dez. * 8. 10. 17. 21. 21. 22. 26. 28.
1909 Jan. 1. 12. 14. 26. 28., Febr. 11. 15. 18., März 3. 4. 11. 12. 20. 21. 22., April 27. 29., Mai 1. 3. 5. 5. 6. 25. 27., Juni 17. 18., Okt. 11. 14. 18. 21. 22. 23. 24. 24. 25. 25. 25. 26. 26. 27. 28. 28. 29. 29., Nov. 2. 9. 11. 23. 25., Dez. 2. 9. 21. 22. 22. 26.
1910 Jan. 20., Febr. 2. 3. 8. 10. 17., März 3. 9. 10., April 28., Mai 2. 5. 8. 12., Sept. 10., Okt. * 2. 17. 20. 24. 27. 30. 30. 31. 31., Nov. * 1. 2. 3. 4. 7. 10. 17. 24., Dez. 6. 8. 15. 16. 19. 20. 22.
1911 Jan. 12. 16. 17. 19. 26., Febr. 9. 16. 28., März 2. 3. 7. 9. 13. 15. 16., Juni 10., Okt. 19. 23. 26. 27. 28. 30. 31., Nov. 7. 9. 14. 16. 21. 23., Dez. * 5. 7. 10. 10. 12. 12. 13. 14. 14. 15. 15. 16. 16. 16. 17. 17. 19. 21.
1912 Jan. 4. 6. 7. 18. 23. 25. 26. 30., Febr. 1. 7. 15. 29., März * 5. 6. 14. 19. 21. 26. 28., April 23. 24., Mai 2. 14. 20., Juni 18. 20., Okt. 31., Nov. 5. 7. 8. 11. 12. 14. 20. 21., Dez. 1. 3. 5. 10. 12. 22. 24.
1913 Jan. 6. 7. 7. 9. 14. 16. 30., Febr. * 2. 2. 3. 3. 3. 4. 4. 5. 5. 6. 6. 6. 7. 7. 8. 8. 8. 8. 9. 11. 13., März 4. 6. 16., April 1. 3. 10. 11., Okt. 21. 30., Nov. 4. 6. 17. 18. 19. 20. 27., Dez. 4. 23.
1914 Jan. * 6. 8. 13. 15. 18. 18. 18. 19. 20. 20. 20. 21. 21. 21. 21. 22. 22. 22. 23. 23. 23. 24. 24. 27., Febr. 10. 12. 26., März 19. 26. 27., April 18. 23. 25. 25. 26. 27., Mai 12., Sept. 1. 1., Okt. 29. 31., Nov. 5. 26. 27. 28.
1915 Jan. 14. 15. 17. 19. 26., Febr. 22. 25. 26., März 2. 4. 5. 9. 16., April 15. 16. 20. 22. 23., Juni 10. 22., Juli 6., Nov. 16. 18. 18. 20., Dez. 2. 3. 7. 9. 10. 14. 14. 16. 19. 19. 21.
1916 Jan. 25.27. 30., Febr. 1. 3. 4. 8. 10. 11. 13. 25. 26., März 7. 23. 24. 28., April 4. 11. 13. 15. 18. 25., Mai 2. 9. 16. 23. 30., Juni 6. 13. 20. 27., Juli 4. 11. 18.
1917 Febr. 6. 6. 13. 15. 17. 20. 27., März 1. 6. 13. 15. 17. 20. 22. 27.31., April 3. 10. 12. 14. 17. 19. 24., Mai 1. 8. 8. 29. 29., Juni 5. 5. 19. 26., Juli 3. 10. 17. 24. 31., Aug. 7. 14. 21. 28., Sept. 4. 11. 18. 25.
1918 Jan. 22. 24. 29., Febr. 5. 7. 21. 28., März 5. 7. 12. 14. 19. 21. 26. 28. 30., April 1. 2. 9. 15. 16. 18. 20., Mai 14. 21., Juni 25. 28., Juli 3. 9. 16. 23. 30., Aug. 6.
1919 Sept. 12. 13. 14. 14. 15. 19.
1920 Sept. 17. 18.
1921 Nov. 19., Dez. 7. 7.
1922 Jan. 26., März 5. 6. 6. 7. 7. 8. 9. 9. 10. 11. 12., Mai 12. 21. 21., Dez. 7.
1923 Mai 23.

Bern
1909 Nov. 17.
1910 Sept. 1. 2. 3. 4. 5. 6. 7. 8. 9. 10. 11. 12.
1912 Dez. 15. 16.
1916 Jan. 8. 9., Nov. 9. 10.
1917 Nov. 28. 29. 30.
1918 Dez. 9. 11. 12.
1919 Febr. 6. 7. 8., März 11. 17., Okt. 14., Nov. 4. 5. 6.
1920 Juli 8. 9., Dez. 13. 14.
1921 Juni 28. 29.
1922 März 20. 21.
1923 April 5. 6.
1924 Jan. 25. 26., April 13. 14. 14. 14. 15. 15. 16. 16. 16. 17. 17. 17. 17.

Bielefeld
1908 Nov. 3. 3.
1911 März 6.

Bingley/Ilkley
1923 Aug. 12.

Bochum
1913 Dez. 21.

Bologna
1911 April 8. 8. 8. 8.

Bonn
1905 Jan. 18.
1907 März 6.
1909 April 23.
1911 Febr. 1.

Bottmingen
1912 Sept. 16. 17. 18. 19. 20. 21. 22. 23. 24.

Bremen
1906 Febr. 5., April 6. 9., Nov. 19.
1908 März 1., Dez. 7.
1909 Nov. 6.
1910 Mai 13., Nov. 26 27.
1915 Febr. 20. 21.
1916 März 2. 3.
1917 Juni 16. 17.
1922 Jan. 28., Mai 19.

Breslau
siehe auch Koberwitz
1908 Dez. 1. 2.
1909 Juni 15., Dez. 17.
1912 Febr. 3.
1913 April 5.
1922 Febr. 1., Mai 14.
1924 Juni 7. 7. 8. 9. 10. 11. 12. 13. 14. 15.

Budapest
1909 Mai 31., Juni 3. 4. 5. 6. 7. 8. 9. 10. 11. 12.

Colmar
1906 Jan. 12.

Darmstadt
1921 Juli 27. 28. 28. 28. 29. 29. 30. 30.

Delft
1921 Febr. 25.
1922 Nov. 6.

Den Haag
1908 März 5. 5. 6.
1913 März * 18. 20. 20. 21. 21. 22. 23. 23. 24. 25. 25. 26. 27. 28. 29. 29.
1921 Febr. 23. 27. 27. 27. 27. 28.
1922 April 7. 8. 9. 10. 11. 12. 12. 13., Okt. 31., Nov. 2. 3. 4. 5. 5. 5.
1923 Nov. * 13. 14. 14. 15. 15. 16. 16. 16. 17. 17. 18. 18. 19.

Dornach
1913 Sept. 20.
1914 Juni 7. 17. 28., Juli 5. 26., Aug. 13. 14. 15. 16., Sept. 19. 20., Okt. 3. 4. 5. 6. 7. 7. 10. 10. 10. 12. 12. 18. 18. 19. 19. 24. 24. 25. 25., Nov. 9. 14. 15. 20. 21. 22., Dez. 12. 13. 19. 20. 26. 27. 28. 29. 30. 31.
1915 Jan. 1. 2. 3. 4. 9. 10. 30., Febr. 2. 5. 6. 7., März 27. 28., April 2. 3. 4. 11., Mai 1. 2. 22. 23. 24. 29. 30., Juni 3., Juli 17. 18. 24. 25. 31., Aug. 1. 7. 8. 14. 15. 15. 16. 18. 19. 20. 20. 21. 21. 22. 23. 23. 23. 24. 25. 26. 27. 27. 28. 28. 29. 30. 30. 31., Sept. 1. 2. 3. 4. 4. 5. 6. 6. 7. 8. 9. 10. 10. 11. 11. 12. 13. 14. 15. 16. 17. 18. 19. 20. 25. 26. 27., Okt. 2. 3. 3. 4. 9. 10. 11. 16. 17. 18. 19. 22. 23. 24. 25. 31., Nov. 1. 7., Dez. 26. 26. 27. 27. 28. 31.
1916 Jan. 1. 2. 6. 7. 15. 15. 16., Juli 29. 30. 30. 31., Aug. 5. 6. 7. 12. 13. 15. 19. 20. 21. 26. 27. 28., Sept. 2. 3. 4. 9. 10. 11. 16. 17. 18. 20. 20. 23. 24. 24. 25. 30., Okt. 1. 2. 7. 8. 14. 15. 21. 28. 29. 29. 30., Nov. 1. 4. 5. 6. 8. 12. 13. 15. 17. 18. 19. 25. 26. 27. 28., Dez. 4. 9. 10. 10. 11. 13. 16. 17. 18. 24. 25. 26. 30. 31.
1917 Jan. 1. 2. 3. 6. 7. 7. 8. 13. 14. 15. 17. 20. 21. 22. 24. 27. 28. 30., Sept. 29. 30., Okt. 1. 5. 6. 7. 7. 8. 12. 13. 14. 15. 20. 21. 21. 22. 26. 27. 28. 29., Nov. 2. 3. 4. 10. 11. 18. 19. 25., Dez. 2. 3. 3. 9. 10. 11. 15. 16. 17. 22. 24. 25. 26. 29. 30. 30. 31.
1918 Jan. 4. 5. 6. 6. 8. 11. 12. 13. 14. 15. 15. 17., Aug. 17. 18. 19. 20. 23. 24. 25. 25. 26. 31., Sept. 1. 2. 6. 7. 8. 13. 14. 15. 20. 20. 21. 22. 27. 28. 29., Okt. 4. 5. 6. 11. 12. 13. 18. 19. 20. 25. 26. 27., Nov. 1. 2. 3. 3. 9. 10. 10. 15. 16. 17. 22. 23. 24. 29. 30., Dez. 1. 6. 7. 8. 13. 14. 15. 20. 21. 24. 25. 27. 28. 29. 31.
1919 Jan. * 1. 3. 4. 5. 10. 11. 12. 16. 17. 18. 19. 21. 24. 25. 25. 26. 27. 31., Febr. 1. 2. 2. 15. 16. 21., März 1. 2. 7. 13. 14. 15. 16. 21. 22. 23. 23. 24. 28. 28. 29. 30. 30., April 4. 5. 5. 6. 11. 12. 13. 14. 19., Aug. 9. 10. 11. 11. 15. 16. 17. 17., Okt. 1. 3. 3. 4. 4. 5. 10. 11. 11. 12. 12. 12. 17. 18. 19. 19. 23., Nov. 1. 2. 2. 8. 9. 14. 15.15. 16. 16. 21. 22. 22. 23. 28. 29. 30. 30., Dez. 3. 6. 7. 12. 13. 14. 14. 15.
1920 Jan. 9. 10. 10. 11. 11. 16. 17. 17. 18. 18. 23. 24. 24. 25. 25. 30. 31. 31., Febr. 1. 1. 6. 7. 7. 7. 8. 8. 9. 13. 14. 14. 15. 15. 17. 20. 21. 21. 22. 22., März 20. 21. 21. 21. 22. 23. 24. 24. 25. 25. 26. 26. 27. 27. 27. 28. 28. 28. 29. 29. 30. 30. 31. 31., April 1. 1. 2. 2. 3. 3. 4. 4. 4. 5. 5. 5. 6. 6. 7. 7. 8. 9. 9. 10. 11. 11. 16. 17. 17. 18. 18. 23. 24. 24. 25. 25. 27. 27., Mai 1. 1. 2. 2. 8. 8. 9. 9. 9. 11. 14. 15. 15. 16. 16. 22. 23. 23. 24. 25. 29. 30., Juni 3. 5. 6., Juli 2. 3. 4. 4. 10. 11. 16. 17. 17. 18. 18. 19. 19., Aug. 6. 7. 8. 8. 9. 14. 15. 15. 16. 20. 20. 21. 21. 22. 22. 23. 27. 28. 29. 29. 30., Sept. 3. 4. 5. 5. 6. 8. 10. 10. 11. 12. 12. 13. 25. 26. 27. 28. 29. 29. 29. 30. 30., Okt. 1. 1. 2. 2. 2. 2. 3. 3. 4. 5. 6. 6. 7. 7. 8. 8. 9. 9. 9. 9. 10. 10. 10. 11. 12. 13. 13. 13. 15. 16. 16. 16. 16. 17. 17. 22. 22. 23. 23. 23. 24. 24. 29. 30. 30. 31. 31., Nov. 2. 26. 27. 28., Dez. 4. 5. 5. 10. 11. 12. 12. 17. 18. 19. 19. 20. 20. 22. 24. 25. 26.
1921 Jan. 21. 22. 23. 23. 29. 30. 30., Febr. 5. 6. 6. 7. 8., März 11. 13. 27. 27. 28. 28., April 1. 1. 2. 3. 3. 3. 3. 4. 4. 5. 5. 6. 6. 7. 7. 8. 8. 9. 9. 9. 9. 10. 10. 11. 12. 12. 13. 13. 14. 14. 15. 15. 15. 16. 16. 16. 17. 17. 17. 18. 18. 22. 23. 24. 29. 30., Mai 1. 5. 5. 6. 7. 8. 8. 13. 15. 15. 16. 16. 17. 31., Juni 2. 3. 5. 20. 20. 24. 26. 27., Juli 1. 1. 2. 3. 3. 8. 9. 10. 10. 10. 11. 15. 16. 17. 17. 18. 22. 23. 24. 24., Aug. 5. 6. 7. 7. 8. 8. 12. 13. 14. 14. 15. 19. 20. 20. 21. 22. 22. 23. 23. 24. 24. 25. 26. 26. 26. 27.

27., Sept. 23. 24. 25. 26. 26. 26. 27. 27. 28. 28. 29. 29. 30. 30. 30., Okt. 1. 1. 1. 2. 2. 2. 2. 3. 3. 4. 4. 5. 5. 6. 6. 7. 7. 7. 8. 8. 8. 9. 9. 9. 10. 10. 11. 12. 13. 14. 14. 15. 15. 16. 16. 16. 21. 22. 23. 23. 28. 29. 30. 30., Nov. 4. 5. 6. 6. 12. 13., Dez. 11. 12. 18. 23. 23. 23. 24. 24. 25. 25. 26. 27. 28. 28. 28. 29. 30. 30. 31. 31.

1922 Jan. 1. 1. 1. 1. 2. 3. 3. 4. 5. 5. 6. 7. 7. 8. 8., Febr. 11. 12. 17. 18. 19. 20. 20. 24. 25. 26., März 18. 19. 23. 23. 24. 25. 26. 26. 31., April 1. 2. 2. 2. 29. 30. 30., Mai 5. 6. 6. 7. 7. 26. 27. 27. 28. 28., Juni 17. 18. 24. 25. 25. 30., Juli 1. 2. 2. 7. 8. 9. 14. 15. 16. 21. 22. 23. 23. 23. 24. 25. 26. 27. 28. 28. 29. 29. 30. 30. 30. 30. 31. 31., Aug. 1. 1. 2. 2. 2. 2. 3. 3. 3. 4. 4. 4. 5. 5. 5. 5. 6. 6. 6. 9. 9., Sept. 6. 6. 6. 7. 7. 7. 8. 8. 8. 9. 9. 9. 9. 10. 10. 10. 10. 11. 11. 11. 12. 12. 12. 13. 13. 13. 13. 14. 14. 14. 15. 15. 16. 16. 16. 17. 17. 17. 17. 17. 18. 18. 19. 20. 20. 20. 21. 21. 22. 22. 23. 23. 24. 24. 27. 29. 30. 30. 30. 30., Okt. 1. 19. 20. 22. 23. 24., Nov. 26. 29., Dez. 1. 2. 2. 3. 13. 15. 16. 16. 17. 20. 22. 23. 23. 24. 24. 24. 25. 25. 26. 27. 27. 28. 28. 29. 29. 30. 30. 31. 31.

1923 Jan. ∗∗ 1. 1. 1. 1. 2. 3. 5. 5. 6. 6. 6. 7. 7. 8. 10. 12. 13. 13. 14. 14. 19. 20. 20. 21. 26. 27. 27. 28., Febr. 2. 3. 3. 4. 4. 4. 9. 10. 10. 11. 11. 16. 17. 17. 18. 18. 21. 21. 22., März 2. 3. 3. 4. 11. 12. 14. 16. 17. 17. 18. 21. 22. 23. 31., April 1. 1. 2. 2. 2. 4. 7. 7. 8. 9. 13. 14. 14. 14. 15. 15. 15. 16. 17. 18. 18. 18. 19. 19. 20. 20. 21. 21. 21. 22. 22. 22. 22., Mai 5. 6. 7. 7. 9. 27. 27. 30., Juni 1. 2. 2. 3. 3. 4. 6. 8. 9. 9. 9. 9. 10. 10. 10. 11. 12. 13. 13. 14. 15. 16. 16. 16. 17. 17. 17. 24. 24. 25. 28. 29. 30. 30., Juli 1. 1. 1. 1. 6. 7. 7. 8. 8. 9. 15. 15. 17. 18. 20. 20. 21. 21. 21. 22. 22. 22. 24. 25. 27. 28. 28. 29. 29., Sept. 9. 10. 10. 21. 22. 22. 23., Okt. 5. 6. 7. 8. 10. 12. 13. 13. 19. 20. 20. 21. 23. 24. 26. 27. 27. 28. 31., Nov. 2. 3. 4. 9. 10. 10. 11. 11. 23. 24. 25. 26. 28. 30., Dez. 1. 1. 2. 5. 7. 8. 8. 9. 10. 12. 14. 14. 15. 15. 21. 22. 22. 23. 23. 24. 24. 24. 24. 24. 25. 25. 25. 25. 25. 26. 26. 26. 27. 27. 27. 28. 28. 28. 28. 29. 29. 29. 29. 30. 30. 30. 31. 31. 31. 31. 31. 31.

1924 Jan. 1. 1. 1. 1. 1. 2. 2. 3. 3. 4. 4. 5. 5. 5. 6. 6. 6. 6. 7. 7. 8. 9. 9. 11. 12. 12. 13. 16. 18. 19. 19. 20. 21. 23. 27. 30., Febr. 1. 2. 2. 2. 3. 3. 3. 8. 9. 9. 10. 10. 11. 13. 15. 16. 16. 17. 19. 20. 20. 21. 22. 22. 23. 23. 23. 24. 25. 26. 27. 27. 29., März 1. 1. 2. 2. 5. 7. 8. 8. 9. 13. 14. 15. 15. 16. 16. 16. 17. 19. 21. 22. 23. 24. 25. 26., April 6. 6. 11. 12. 12. 18. 19. 20. 20. 20. 21. 21. 21. 21. 22. 22. 22. 22. 22. 23. 23. 23. 24. 24. 25. 25. 26. 26. 26. 27. 27., Mai 2. 3. 4. 4. 5. 8. 9. 10. 10. 11. 11. 11. 11. 14. 16. 17. 17. 18. 20. 29. 29. 30. 31., Juni 4. 4. 9. 20. 21. 22. 24. 25. 25. 25. 26. 26. 27. 27. 27. 28. 28. 29. 29. 30. 30. 30., Juli 1. 1. 1. 2. 2. 3. 3. 3. 4. 4. 4. 5. 5. 6. 6. 7. 7. 7. 8. 8. 9. 9. 10. 11. 11. 12. 12. 12. 13. 20. 28. 31., Aug. 1. 1. 2. 2. 3. 4. 4. 5. 6. 8. 9., Sept. 5. 5. 5. 6. 6. 6. 7. 7. 7. 7. 7. 8. 8. 8. 9. 9. 9. 9. 9. 10. 10. 10. 10. 11. 11. 11. 11. 12. 12. 12. 12. 13. 13. 13. 13. 13. 14. 14. 14. 14. 14. 14. 15. 15. 15. 15. 16. 16. 16. 16. 17. 17. 17. 17. 18. 18. 18. 18. 18. 18. 19. 19. 19. 19. 20. 20. 20. 20. 20. 21. 21. 21. 22. 22. 23. 23. 24. 28.

Dresden

1910 Nov. 18.
1919 Sept. 18. 19. 20. 20. 21. 21.

Düsseldorf

1905 Jan. 19. 20., März 22., April 29., Dez. 3. 4. 4.
1906 Febr. 9. 11. 11., März 30., April 4., Nov. 27. 28.
1907 März 7. 7., Dez. 14. 15.
1908 Juni 10.
1909 April 12. 12. 13. 13. 14. 14. 14. 15. 15. 16. 17. 18. 18. 19. 21. 21. 22. 22.
1910 Febr. 19. 20.
1911 Febr. 6. 6.
1912 Mai 5.
1913 April 26. 27.
1915 Juni 15. 16. 17.

Eisenach

1907 Juli 2.

Elberfeld

1907 Dez. 16.
1909 Febr. 28.
1910 Febr. 26.
1911 Febr. 4. 5.
1913 April 25.
1915 Juni 13. 14.
1922 Jan. 24.

Erfurt

1913 April 13.

Essen

1910 Febr. 28.
1913 April 23.

Frankfurt
1908 Febr. 2.
1911 Jan. 8. 9.
1912 März 10. 10.
1913 März 2. 3.

Freiburg
1905 Sept. 15.
1920 Nov. 18. 19.

Graz
1913 Jan. 22.

Hamburg
1905 Jan. 23., April 9., Okt. 14. 15., Nov. 18., Dez. 9. 10.
1906 Febr. 3., März 3., Nov. 17. 18.
1907 Febr. 11., Okt. 26.
1908 März 2., Mai 18. 19. 20. 21. 22. 22. 23. 24. 25. 26. 27. 29. 30. 30. 31. 31., Dez. 5. 6.
1909 März 14. 14.
1910 Mai 15. 16. 16. 17. 18. 19. 19. 20. 21. 22. 24. 25. 25. 26. 26. 27. 28., Nov. 28. 29.
1912 Juni 17., Nov. 16.
1913 Nov. 15. 16.
1914 Nov. 2. 3.
1916 Febr. 15. 16.
1917 Juni 2. 3. 4.
1918 Juni 30. 30., Juli 1.

Hannover
1907 Sept. 21. 22. 23. 24. 24. 25. 25. 26. 27. 28. 29. 30., Okt. 1. 2. 3. 4.
1908 Febr. 24. 25., Nov. 4. 5.
1910 Mai * 10., Dez. * 17. 18. 18.
1911 März 4. 5. 5., Dez. * 26. 27. 28. 29. 29. 30. 31. 31. 31.
1912 Jan. 1. 1. 1. 2., Nov. 18. 19.
1914 Febr. 7. 7.
1915 Febr. 18. 19.
1916 Febr. 29., März 1.
1917 Juni 12. 13.

Hedelfingen/Stuttgart
1920 Juli 26.

Heidelberg
1907 Febr. 3. 3.
1908 Febr. 2.
1909 Jan. 21. 21.
1910 Jan. 27. 29.
1913 Febr. 26. 27.

Heidenheim
1911 Nov. 30.
1918 April 29.
1919 Juni 12.

Helsinki/Helsingfors
1912 April 3. 4. 5. 6. 7. 8. 9. 10. 11. 11. 12. 13. 14. 14.
1913 Mai 28. 29. 30. 31., Juni 1. 2. 3. 4. 5. 5.

Hermannstadt/Oesterreich
1889 Dez. 29.

Hilversum
1908 März 4.
1921 Febr. 20. 20.

Ilkley/Yorkshire
siehe auch Bingley
1923 Aug. 5. 6. 6. 7. 7. 8. 8. 9. 10. 10. 11. 13. 14. 14. 15. 16. 16. 17. 17.

Karlsruhe
siehe auch Malsch
1907 Febr. 4.
1909 Jan. 18. 19.
1910 Jan. 25. 25.
1911 Okt. 4. 5. 6. 7. 8. 9. 10. 10. 11. 12. 13. 14. 14.
1913 März 1.

Kassel
1907 Jan. 15. 16., Juni * 16. 17. 18. 19. 20. 21. 22. 23. 24. 25. 26. 27. 28. 29.
1908 Febr. 20. 21. 22., Juli 4.
1909 Febr. 25. 26. 26., Juni 24. 25. 26. 27. 27. 28. 29. 30., Juli 1. 2. 3. 4. 4. 4. 5. 6. 7.
1910 Febr. 5. 5. 6. 6., Dez. * 2. 3.
1912 Jan. 27. 28. 29.
1914 Mai 8. 9. 9. 10. 10. 10.
1916 Febr. 18. 19.

Klagenfurt
1913 Jan. 23.

Koberwitz
siehe auch Breslau
1924 Juni 7. 10. 11. 11. 12. 12. 13. 13. 14. 14. 15. 16. 16. 17.

Koblenz
1911 Febr. 2.

Kolmar siehe Colmar

Kopenhagen
1908 April 7. 7.
1910 Juni 1. 2. 4. 5.
1911 Juni 5.

1912 Mai 23. 24.
1913 Okt. 14. 15. 15.

Köln
1904 März 28., Nov. 27.
1905 Jan. 16. 17., März 17. 18. 18. 19., April 25. 26. 27., Dez. 1. 2. 2. 3.
1906 Febr. 12. 12. 12. 13., Nov. 30. 30., Dez. 1. 1. 2. 3. 4. 4.
1907 März 6. 8., Dez. 18. 19. 22. 25. 26. 27. 28. 29.
1908 Juni 7. 9.
1909 April 10. 11.
1910 Febr. * 23. 24. 25. 27.
1911 Jan. 29. 30. 31. 31.
1912 Mai 6. 6. 7. 7. 7. 8. 9. 9., Dez. 28. 29. 29. 30. 31.
1913 Jan. 1. 2. 2. 3., Mai * *, Dez. 17. 18.
1915 Juni 18. 19.
1922 Jan. 23., Mai 18.

Kristiania siehe Oslo

Landin/Mark
1906 Juli 29.

Leipzig
1897 Dez. 19.
1906 Jan. 31., Febr. 21., März 21., April 11. 24. 25. 25., Juni 28. 29. 30., Juli 1. 2. 3. 4. 5. 6. 7. 8. 9. 10. 11., Okt. 12. 13. 13., Nov. 9. 10. 10., Dez. 14. 15.
1907 Jan. 11. 12., Febr. 15. 16. 17., März 16. 16., Juni 8. 9., Okt. 11. 12.
1908 Jan. 10. 11. 12. 12., Febr. 16. 17., Sept. 2. 3. 4. 4. 5. 6. 7. 8. 9. 10. 11. 12. 13. 14. 14.
1909 Febr. 19., Nov. 28. 29.
1910 Nov. 21.
1911 Nov. 4. 5.
1913 Jan. 11. 12., Dez. 28. 29. 30. 30. 31. 31.
1914 Jan. 1. 2. 3. 4.
1915 März 6. 7.
1916 Febr. 21. 22.
1917 Juni 10. 11.
1918 Mai 11. 12.
1922 März 4., Mai 11.

Liestal
1916 Jan. 11., Okt. 16.

Linz
1911 Mai 31.
1913 Jan. 26.
1915 Mai 17. 18.

Locarno
1911 Sept. 19.

London
1905 Juli 10.
1913 Mai 1. 2.
1922 April 14. 15. 24., Aug. 30., Nov. 12. 16. 17. 18. 19. 19. 20.
1923 Sept. 2. 2. 2. 3. 4. 11.
1924 Aug. 24 24. 24. 27. 27. 28. 29. 29. 30.

Lugano
1906 Jan. 10.
1911 Sept. 17.

Mailand
1911 Sept. 21.
1912 Okt. 26 27.

Mainz
1908 Jan. 31.

Malsch/Karlsruhe
1909 April 5. 6.

Mannheim
1908 Febr. 3.
1911 Jan 5., März 10.
1912 März 10.
1913 Febr. 24. 25.
1919 Juli 26. 28.
1922 Jan. 19. 20., Mai 16.

München
1905 Jan. 7., Nov. *, Dez. * 16.
1906 Jan. 17., April 21. 22. 23., Okt. 27. 28. 29. 30. 31., Nov. 1. 1. 2. 3. 4. 4. 4. 5. 6. 6., Dez. 11. 12. 12.
1907 Jan. 26., März 17., April 22., Mai 1. 8. 15. 19. 20. 21. 22. 23. 24. 25. 26. 28. 29. 30. 31., Juni 1. 1. 2. 3. 4. 4. 5. 6. 6., Dez. 3. 4. 5. 5.
1908 Jan. 15. 16., März * 17. 18. 19. 20., April 29., Juni 14. 14. 15. 16., Nov. 6. 7. 8. 8.
1909 Jan. 7. 8. 9. 11., März 6. 7. 8. 8., Aug. 23. 24. 25. 26. 27. 27. 28. 28. 29. 30. 30. 31., Dez. 4. 5. 5. 6. 7. 7.
1910 März 12. 13. 13. 14. 15. 15. , Aug. 16. 17. 18. 19. 20. 21. 22. 23. 24. 24. 25. 25. 26. 26. 26., Dez. 10. 11. 11. 12.
1911 Febr. 11. 12. 12. 13. 14., Mai 3., Aug. 18. 19. 20. 21. 22. 23. 23. 24. 25. 26. 26. 27. 28. 29. 30., Nov. 18. 19. 20.
1912 Jan. 8. 9. 9. 10. 10. 11., Febr. 24. 25. 26. 26. 27., Mai 16. 17., Juli 23., Aug. * 25. 26. 27. 28. 29. 30. 30. 31., Sept. 1. 4. 5., Nov. 25. 26. 27. 28. 28.

1913 März 9. 10. 11. 12. 12., Aug. 24. 25. 26. 27. 28. 28. 29. 30. 31., Sept. 3. 4., Dez. 7. 8. 8. 9. 9. 10.
1914 März 29. 30. 31. 31., Sept. 13., Dez. 1. 2. 3.
1915 März 21. 22. 23., Nov. 28. 29. 30.
1916 März 17. 18. 19. 20.
1917 Mai 18. 19. 20. 21.
1918 Febr. 14. 15. 16. 17. 17. 18. 19., Mai 1. 2. 3. 4. 5. 6.
1922 Jan. 16., Mai 15.

Neuchâtel
1911 Sept. 27. 28.
1912 Dez. 18.

Nijmegen
1908 März 9. 10.

Norrköping
1912 Mai 28. 29. 30.
1914 Juli 12. 13. 14. 14. 15. 16. 16.

Nürnberg
1907 Jan. 21. 22., Dez. 1. 1. 2.
1908 Juni 17. 18. 19. 20. 21. 22. 23. 24. 25. 26. 27. 29. 30., Dez. 15. 16.
1909 Febr. 13. 14., Dez. 12. 12. 13.
1910 Nov. 12. 13. 14.
1911 Dez. 1. 2. 3. 3.
1913 Nov. 8. 9. 10. 10. 11.
1915 März 11. 12. 13. 14.
1918 Febr. 10. 11. 12.

Olten
1920 Dez. 29. 29.

Oosterbeeck
siehe auch Arnheim
1924 Juli 17. 18. 19. 19. 20. 21. 22. 23. 24. 24. 24.

Oslo/Kristiania
1909 Mai 9. 10. 11. 13. 14. 15. 16. 17. 18. 19. 20. 21.
1910 Juni 7. 8. 9. 10. 11. 12. 12. 14. 15. 16. 16. 17. 18. 20.
1912 Juni 2. 3. 4. 5. 6. 7. 7. 8. 9. 9. 10. 11. 11.12.
1913 Okt. * 1. 2. 3. 4. 5. 5. 6. 6.
1921 Nov. 23. 24. 24. 25. 26. 27. 27. 27. 28. 29. 29. 30., Dez. 1. 2. 3. 4.
1923 Mai 14. 15. 16. 17. 17. 17. 18. 18. 19. 20. 20. 20. 21.

Oxford
1922 Aug. 16. 17. 18. 18. 19. 19. 20. 21. 22. 22. 23. 24. 25. 26. 27. 28. 28. 29.

Palermo
1910 April 18.

Paris
1906 Mai 25. 26. 27. 28. 29. 30. 31., Juni 1. 2. 4. 6. 7. 8. 9. 10. 11. 12. 13. 14.
1913 Mai 5.
1914 Mai 25. 26. 27.
1924 Mai 23. 24. 25. 25. 26. 26. 27.

Penmaenmawr
1923 Aug. 18. 19. 19. 20. 20. 21. 22. 23. 24. 24. 24. 25. 26. 26. 26. 27. 27. 28. 28. 29. 30. 31. 31.

Pforzheim
1909 Jan. 17. 17.
1910 Jan. 30.
1914 März 7. 8.

Prag
1911 März 19. 20. 21. 22. 23. 24. 25. 26. 27. 28. 28. 29.
1914 April 16. 17.
1915 Mai 13. 14. 15.
1918 Juni 12. 14.
1923 April 27. 28. 29. 30.
1924 März 24. 29. 29. 30. 31., April 3. 4. 5. 5.

Regensburg
1905 Dez. 17.

Reinach
1918 Sept. 22.

Rom
1909 März 25. 26. 27. 28. 29. 30. 31.
1910 April 11. 12. 13. 14.

Rotterdam
1908 März 8.
1922 Nov. 1.

Solothurn
1921 Jan. 28.

Spandau/Berlin
1902 Jan. 12.

St.Gallen
1909 Nov. 21.
1911 Febr. 26.
1912 Jan. 12., Dez. 19.
1916 Okt. 25. 26.
1917 Nov. 15. 16.
1921 Jan. 25.

Stockholm
1910 Jan. 3. 4. 5. 7. 8. 9. 10. 11. 12. 12. 13. 14. 15.
1912 April 16. 17. 18. 19.
1913 Juni 8. 8. 10.

Straßburg
1910 Jan. 23. 23.
1911 Febr. 18. 19.
1913 Mai 13. 14. 14.

Stratford on Avon
1922 April 19. 23.

Stuttgart
siehe auch Hedelfingen
1906 Jan. 16., März 14., April 29. 29., Aug. 22. 23. 24. 25. 26. 27. 28. 29. 30. 31., Sept. 1. 2. 2. 3. 4. 4.
1907 Jan. 17. 18. 19. 19. 20., Sept. 13. 14. 15. 15. 16., Dez. 7. 10.
1908 Febr. 8. 11., Aug. 4. 5. 5. 6. 7. 8. 9. 10. 11. 12. 13. 13. 14. 16. 16. 17. 17., Dez. 13. 14. 14.
1909 Febr. 7. 8. 9., Nov. 13. 14. 15.
1910 März 5. 6. 8., Okt. 9., Dez. * 27. 27. 28. 29. 30. 31. 31.
1911 Jan. 1. 1. 3., Okt. 15. 15. 16., Nov. 27. 28. 29.
1912 Febr. * 19. 20. 20. 21. 22. 22.
1913 Febr. * 17. 19. 20., Mai 17. 18. 18. 18. 19. 20. 20. 20., Nov. 22. 23. 23. 24.
1914 März 4. 5. 5. 7. 7., Sept. 30., Dez. 6.
1915 Febr. 13. 14. 15. 16. 16., Nov. 22. 23.24. 25. 26. 26.
1916 März 12. 13. 14. 15.
1917 Febr. 25., Mai 11. 11. 11. 12. 13. 14. 15.
1918 Febr. 23. 24. 25. 26. 26., April 23. 24. 25. 26.
1919 April 21. 22. 22. 23. 23. 24. 24. 25. 28. 29., Mai 1. 3. 6. 8. 11. 13. 16. 18. 22. 25. 28. 30. 31., Juni 1. 5. 7. 8. 9. 14. 15. 16. 18. 19. 21. 22. 24. 27. 29., Juli 2. 6. 9. 10. 11. 13. 17. 20. 23. 25. 30., Aug. 3. 20. 21. 21. 21. 21. 22. 22. 22. 23. 23. 23. 24. 25. 25. 25. 26. 26. 26. 27. 27. 27. 28. 28. 28. 29. 29. 29. 30. 30.30. 31. 31., Sept. 1. 1. 1. 2. 2. 2. 3. 3. 3. 4. 4. 4. 5. 5. 5. 6. 6. 6. 6. 7. 8. 8. 24. 25. 26. 26. 28., Dez. 19. 21. 21. 22. 23. 23. 24. 25. 25. 26. 26. 27. 27. 28. 28. 29. 29. 30. 30. 31. 31. 31.
1920 Jan. 1. 1. 2. 2. 3. 3., März 1. 2. 2. 3. 3. 4. 4. 5. 5. 6. 6. 7. 7. 7. 8. 8. 9. 9. 10. 10. 11. 11. 11. 11. 12. 12. 13. 13. 14. 14., Juni 8. 9. 9. 10. 10. 11. 12. 12. 12. 13. 14. 15. 16. 17. 23. 23. 24. 24., Juli 24. 24. 25. 28. 29. 29. 30. 30. 31., Aug. 1., Sept. 15. 15. 16. 20. 21. 21. 21. 22. 22., Nov. 8. 10. 14. 15. 16. 17. 17. 22. 22. 23.
1921 Jan. 1. 1. 1. 1. 2. 2. 2. 3. 4. 4. 5. 5. 6. 6. 7. 7. 8. 8. 9. 9. 10. 11. 11. 12. 12. 13. 13. 13. 14. 14. 15. 15. 16. 16. 16. 17. 18., Febr. 12. 13. 13. 14. 14. 15. 15. 16. 16. 17., März 11. 13. 16. 17. 18. 18. 19. 19. 20. 21. 21. 21. 22. 22. 23. 23. 23. 23., Mai 21. 22. 23. 24. 25. 26., Juni 11. 12. 12. 12. 12. 13. 13. 13. 13. 14. 14. 14. 14. 15. 15. 15. 16. 16. 16. 16. 17. 17. 17. 17. 18. 18. 19., Aug. 29. 30. 31., Sept. 1. 2. 2. 3. 4. 5. 6. 6. 7. 8. 11. 22., Nov. 16., Dez. 16.
1922 Jan. 12. 13. 14. 17., März 15., April 28., Mai 9. 9. 10. 23., Juni 20. 20. 20. 20. 21. 21. 22. 22., Okt. 3. 4. 4. 5. 6. 6. 7. 8. 9. 9. 10. 11. 12. 13. 13. 13. 14. 14. 15. 15. 15. 15. 26. 27. 27. 28. 28. 28., Nov. 24., Dez. 4. 5. 9. 9.
1923 Jan. 17. 22. 23. 23. 30. 30. 31. 31., Febr. 5. 6. 6. 6. 7. 8. 8. 13. 13. 14. 14. 24. 27. 28. 28., März 1. 1. 1. 7. 8. 8. 25. 25. 26. 26. 27. 28. 29. 29. 30., April 24. 24. 25., Mai 2. 3. 3. 25. 25., Juni 21. 21. 22., Juli 3. 4. 5. 11. 11. 11. 12. 12. 12. 13. 13. 14. 31., Sept. 14. 14. 15. 16. 18., Okt. 15. 15. 16. 16. 16., Dez. 18.
1924 Febr. 5. 6., März 27. 27., April 8. 9. 9. 9. 10. 10. 10. 11. 11. 29. 30. 30. 30., Juni 1. 1. 2. 14. 19., Juli 15. 15., Sept. 3.

Tannbach
1918 Juni 9.

Tegel/Berlin
1903 Juni 20.

Torquay
1924 Aug. 11. 11. 12. 12. 12. 13. 13. 14. 14. 14. 15. 15. 16. 16. 18. 18. 19. 19. 20. 20. 21. 21. 22. 22.

Tübingen
1911 Nov. 25.
1913 Febr. 16. 16.
1919 Juni 2.

Ulm
1915 Nov. 22.
1918 April 30.
1919 Mai 26. 26., Juli 22.

Utrecht
1921 Febr. 21. 24.

Weimar
1891 Nov. 25.
1892 Febr. 22.
1893 März 20.
1894 Jan. 19.
1903 April 15. 17. 20., Okt. 24., Nov. 20., Dez. 11.
1904 Jan. 15., Febr. 26., März 25., Dez. 7.
1905 Jan. 13., Febr. 28.
1913 April 13.

Wien
1888 Nov. 9.
1889 Nov. 22.
1891 Nov. 27.
1907 Febr. 22., Nov. 5. 7.
1908 Nov. 21. 23. 24.
1909 Juni 14.
1910 März 19. 21. 22. 23. 24. 25. 26. 28. 28. 29. 30. 31.
1911 Juni 14.
1912 Febr. 6. 7. 8. 9., Nov. 3.
1913 Jan. 19. 20. 21.,
1914 April 6. 8. 9. 10. 10. 11. 11. 12. 13. 14. 14. 14.
1915 Mai 7. 9.
1918 Mai * 26. 27. 28. 29. 30., Juni 1. 2.
1922 Juni 1. 2. 3. 4. 5. 7. 7. 8. 9. 10. 11. 11.
1923 Sept. 26. 27. 28. 29. 30., Okt. 1. 2.

Wiesbaden
1908 Jan. 29., Febr. 1.
1910 Febr. 14.
1911 Jan. 7.

Winterthur
1912 Jan. 13. 14.
1919 Febr. 26. 27., März 19.

Zürich
1905 Nov. 13.
1909 Nov. 19.
1911 Febr. 24. 25.
1912 Jan. 15. 16., Dez. 17. 17.
1915 Jan. 31. 31.
1916 Okt. 9. 10. 23. 24., Dez. 3.
1917 Nov. 5. 6. 7. 12. 13. 14.
1918 Okt. 8. 9. 10. 15. 16. 17.
1919 Febr. 3. 4. 5. 10. 11. 12. 24. 25., März 8. 9., Okt. 24. 25. 26. 27. 28. 29. 30. 31.

V. Alphabetisches Verzeichnis der Buchtitel und Reproduktionen

Verzeichnis der bis Sommer 1983 erschienenen Bücher, Broschüren und Reproduktionen mit vollständigen Wiedergaben von Werken, Vortragstexten, Aufsätzen oder künstlerischen Arbeiten von Rudolf Steiner. Es sind nur solche Publikationen aufgenommen, deren Autor oder Herausgeber Rudolf Steiner ist. In wenigen Einzelfällen sind Publikationen von anderen Autoren aufgeführt, wenn sich darin Erstveröffentlichungen von Arbeiten Rudolf Steiners finden. Auszüge aus Büchern und Abdrucke in Zeitschriften sind nicht berücksichtigt.

Alle hier genannten Publikationen entsprechen den Angaben im ersten Teil «Rudolf Steiner Gesamtausgabe».

Die Textspalte bezeichnet in alphabetischer Reihenfolge die Titel der Bücher und Reproduktionen. Ist der gleiche Buchtitel mehrfach aufgeführt, so liegen verschiedene Ausgaben vor.

Für die Bestimmung der alphabetischen Reihenfolge ist Wort für Wort maßgebend. Bestimmte und unbestimmte Artikel, die in einem Titel als erstes Wort dastehen, sind nicht berücksichtigt. Ziffern sind ignoriert. Ä, Ö und Ü, die am Anfang des Titels stehen, sind als Ae, Oe und Ue erfaßt.

Für die Wiedergabe der Buchtitel ist der Innentitel im Buch maßgebend, der vom Titel auf dem Bucheinband verschieden sein kann.

Zu jedem Titel einer Publikation gehören eine oder mehrere Ziffern, die auf die Bände der Rudolf Steiner Gesamtausgabe verweisen. Ist die Publikation ein Band der Gesamtausgabe, so ist seine Bandnummer in der Spalte GA-Nr. angegeben. Die Ziffer am Schluß des Buchtitels verweist auf den Band der Gesamtausgabe, in dem die Vorträge, Aufsätze oder künstlerische Arbeiten enthalten sind. Ist mehr als eine Ziffer angeführt, so ist die Publikation in mehreren Bänden der Gesamtausgabe nachgewiesen.

Abkürzungen:

B Ein B vor der Ziffer verweist auf die «Beiträge zur Rudolf Steiner Gesamtausgabe» (siehe 1. Teil, Abteilung D).

E Erstveröffentlichungen durch Rudolf Steiner sind mit einem E und der Jahreszahl angegeben, wie sie in der Liste «Von Rudolf Steiner herausgegebene Publikationen» nachgewiesen sind (siehe Seite 12).

K Ein K verweist auf Publikationen aus dem künstlerischen Werk (siehe erster Teil, Abteilung C).

( ) Arbeitstitel für geplante Bände der Gesamtausgabe sind in Klammern gesetzt.

RSTA. Rudolf Steiner Taschenbuch-Ausgabe, Stuttgart
RSTb. Rudolf Steiner Taschenbücher aus dem Gesamtwerk, Dornach
ThGw. Themen aus dem Gesamtwerk, Stuttgart

V. Alphabetisches Verzeichnis der Buchtitel und Reproduktionen

GA-Nr. **Titel**

Adam Kadmon. Der Aufbau der Menschenform aus den Konstellationen und Bewegungen der Sterne 214

K54.21 Adam Kadmon in Frühlemurien

106 Ägyptische Mythen und Mysterien E 1911

Ägyptische Szene 14

Die Ätherisation des Blutes. Das Eingreifen des ätherischen Christus in die Erdenentwickelung 130

Ahasver. Der Wissenschaftsbeweis der Antisemiten. Verschämter Antisemitismus. Idealismus gegen Antisemitismus. Adolf Bartels, der Literarhistoriker. Die «Post» als Anwalt des Germanentums. Zweierlei Maß. Ein Heine Hasser. Buchbesprechungen. Die Sehnsucht der Juden nach Palästina. Frühwerk Heft XXII. 31

Die ahrimanische Verführung 193

Akasha-Chronik. Siehe: Aus der Akasha-Chronik

Åke Fant/Arne Klingborg/A. John Wilkes, Die Holzplastik Rudolf Steiners in Dornach K 11

293 Allgemeine Menschenkunde als Grundlage der Pädagogik 300a

Allgemeine Menschenkunde als Grundlage der Pädagogik. RSTb. 617. 293

Allgemeine und Sektions-Verfassung nebst Satzungen. Theosophische Gesellschaft. Deutsche Sektion 37

Alte Esoterik und Rosenkreuzertum. Siehe: Das christliche Mysterium

Alte Mythen und ihre Bedeutung. Siehe: Mysterienwahrheiten und Weihnachtsimpulse

Alte Mythen und ihre Bedeutung. Die Verjüngenden Kräfte in der Menschennatur 180

210 Alte und neue Einweihungsmethoden

Alte und neue Einweihungsmethoden 210

Altes Denken und neues soziales Wollen. Siehe: Die Befreiung des Menschenwesens als Grundlage für eine soziale Neugestaltung

Am Ende des Jahrhunderts. Rückschau auf hundert Jahre geistiger Entwickelung. Reihe, 18

«An das deutsche Volk und die Kulturwelt», Aufruf 23, 24, 217a, 330

An die Mitglieder. Achtzehn Briefe 26, 37

An die Mitglieder (Das Michael-Mysterium) 37

Anregungen zur innerlichen Durchdringung des Lehr- und Erzieherberufes 302a

Ansprache am Vorabend zu Michaeli (letzte Ansprache) 238

Ansprache an die im Hause Champignystraße Nr. 17 tätigen Mitarbeiter (1920) 337

Ansprache an die im Hause Champignystraße Nr. 17 tätigen Mitarbeiter (1921) 337

Ansprache (beim Studienabend der Ortsgruppe Stuttgart), Arbeitsmaterial für die Mitarbeiter des Bundes für Dreigliederung des sozialen Organismus, Vorträge Nr. 1. 337

Ansprachen und Vorträge Rudolf Steiners im Zweiten anthroposophischen Hochschulkurs 76, 204, 217a, 271, 277, 281

274 Ansprachen zu den Weihnachtspielen aus altem Volkstum 36, 43, 165

Anthropologie und Anthroposophie. Siehe: Von Seelenrätseln

Anthroposophie als ein Streben nach Durchchristung der Welt 211

Anthroposophie als Empfindungs-, Erkenntnis- und Lebensgehalt 140, 143

Anthroposophie als Erkenntnisgrundlage des Geistigen in Welt und Mensch und als Seelenimpuls für moralisches und religiöses Leben 239

Anthroposophie als Kosmosophie 207, 208

208 Anthroposophie als Kosmosophie. Die Gestaltung des Menschen als Ergebnis kosmischer Wirkungen

207 Anthroposophie als Kosmosophie. Wesenszüge des Menschen im irdischen und kosmischen Bereich

45 Anthroposophie. Ein Fragment aus dem Jahre 1910

Anthroposophie. Eine Einführung in die anthroposophische Weltanschauung 234

234 Anthroposophie. Eine Zusammenfassung nach einundzwanzig Jahren. Zugleich eine Anleitung zu ihrer Vertretung vor der Welt

Anthroposophie, ihr Wesen und ihre philosophischen Grundlagen 336

Anthroposophie, ihre Erkenntniswurzeln und Lebensfrüchte. Mit einer Einleitung über Agnostizismus als Verderber echten Menschentums 78

Antroposophie, ihre Erkenntniswurzeln und Lebensfrüchte. Mit einer Einleitung über Agnostizismus als Verderber echten Menschentums. RSTA. Nr. 9. 78

Anthroposophie in Kunst, Wissenschaft und Praxis 76

Anthroposophie in Wissenschaft, Kunst und Praxis 204, 281

Anthroposophie, Psychosophie, Pneumatosophie 115

339 Anthroposophie, soziale Dreigliederung und Redekunst. Orientierungskurs für die öffentliche Wirksamkeit mit besonderem Hinblick auf die Schweiz 280

Anthroposophie und akademische Wissenschaften 73

Anthroposophie und Christentum. Siehe: Christus und die menschliche Seele

Anthroposophie und Christentum 155

Die Anthroposophie und das menschliche Gemüt. Siehe: Der Jahreskreislauf als Atmungsvorgang der Erde und die vier großen Festeszeiten

Die Anthroposophie und das menschliche Gemüt. Betrachtungen über die Michael-Idee in ihrer wahren Gestalt und über die Wiederbelebung des Michaelfestes 223

Die Anthroposophie und das menschliche Gemüt. Siehe: Der Jahrkreislauf als Atmungsvorgang der Erde und die vier großen Festeszeiten

Anthroposophie und Dichtung. Siehe: Das Künstlerische in seiner Weltmission

Die Anthroposophie und die ethisch-religiöse Lebenshaltung des Menschen. Siehe: Die übersinnliche Erkenntnis (Anthroposophie) als Zeitforderung

71 (Anthroposophie und die menschlichen Lebensrätsel)

Anthroposophie und gegenwärtige Wissenschaften. Methodologisches der naturwissenschaftlichen Weltanschauung 73a

Anthroposophie und Kunst. Siehe: Das Künstlerische in seiner Weltmission

Anthroposophie und Kunst. Anthroposophie und Dichtung 276

75 (Die anthroposophische Geisteswissenschaft und die großen Zivilisationsaufgaben der Gegenwart)

257 Anthroposophische Gemeinschaftsbildung

Anthroposophische Gemeinschaftsbildung: Das Erwachen am anderen Menschen 257

Anthroposophische Gesellschaftsentwicklung. Das Seelendrama des Anthroposophen 257

Anthroposophische Grundlagen für die Arzneikunst 314

Anthroposophische Lebensgaben 181, E 1922

Anthroposophische Lebensgaben. Siehe: Erdensterben und Weltenleben

Anthroposophische Leitsätze 26

Anthroposophische Leitsätze. Das lebendige Wesen der Anthroposophie und seine Pflege. Der Erkenntnisweg der Anthroposophie. Das Michael-Mysterium 26, 37

26 Anthroposophische Leitsätze. Der Erkenntnisweg der Anthroposophie. Das Michael-Mysterium 37

319 Anthroposophische Menschenerkenntnis und Medizin

304a Anthroposophische Menschenkunde und Pädagogik

309 Anthroposophische Pädagogik und ihre Voraussetzungen 277

Der anthroposophische Weg 4, 8, 9, 13, 15, 22, 35

Anthroposophischer Seelenkalender 40

Anthroposophischer Seelenkalender. Siehe: Wahrspruchworte

60 Antworten der Geisteswissenschaft auf die großen Fragen des Daseins

245 Anweisungen für eine esoterische Schulung. Aus den Inhalten der «Esoterischen Schule». Erster Teil

Anweisungen für eine esoterische Schulung. Aus den Inhalten der «Esoterischen Schule». Zweiter Teil. Siehe: Notizen von Erläuterungen in Esoterischen Stunden

Aphorismen 36, 83

104 Die Apokalypse des Johannes 284, E 1911, B 14, K 1

346 (Apokalypse-Kurs 1924)

Architektur, Plastik und Malerei des Ersten Goetheanum 289

Arthur Graf Polzer-Hoditz, Kaiser Karl. Aus der Geheimmappe seines Kabinettchefs 24

Arthur Schopenhauers sämtliche Werke in zwölf Bänden. Mit einer Einleitung von Rudolf Steiner 33, E 1897

Asien und Europa. Altes Wissen und alte Kulte 353

Ein Aspekt der geistigen Führung der Menschheit. Siehe: Das Prinzip der spirituellen Ökonomie im Zusammenhang mit Wiederverkörperungsfragen

Aspekte der Waldorf-Pädagogik 24, 36, 298, 300b, 300c, 304

Astronomischer Kurs. Siehe: Das Verhältnis der verschiedenen naturwissenschaftlichen Gebiete zur Astronomie

atlantische Vorfahren. Siehe: Unsere atlantischen Vorfahren 11

Atti del IV Congresso Internationale di Filosofia, Bologna MCMXI 35

Aufbaugedanken und Gesinnungsbildung 250f

77 (Die Aufgabe der Anthroposophie gegenüber Wissenschaft und Leben)

Die Aufgabe der Geisteswissenschaft und deren Bau in Dornach 35, E 1916

Die Aufgabe ernstgemeinter Geisteswissenschaft 203

Die Aufgaben der Geistesforschung für Gegenwart und Zukunft 62

Die Aufgaben der Schulen und der dreigliedrige soziale Organismus 330

Aufgaben einer neuen Wirtschaftswissenschaft. Band I. Siehe: Nationalökonomischer Kurs. Band II. Siehe: Nationalökonomisches Seminar

Aufruf: «An das deutsche Volk und die Kulturwelt» 23, 24, 217a, 330

Aufsätze über die deutsche Philosophie. Frühwerk Heft X. 30

24 Aufsätze über die Dreigliederung des sozialen Organismus und zur Zeitlage 1915-1921 23, 217a, 298, 300b, 300c, 330

Aufsätze und Niederschriften zur Geschichte der anthroposophischen Bewegung und der Anthroposophischen Gesellschaft 1902-1925. Siehe: (Das lebendige Wesen der Anthroposophie und seine Pflege)

Aus dem literarischen Frühwerk. Siehe: Veröffentlichungen aus dem literarischen Frühwerk

63 Aus dem mitteleuropäischen Geistesleben

Aus den Inhalten der «Esoterischen Schule» 245

Aus den Inhalten der «Esoterischen Schule». Siehe: Anweisungen für eine esoterische Schulung

Aus den Inhalten der «Esoterischen Schule». Siehe: Die Tempellegende und die Goldene Legende als symbolischer Ausdruck vergangener und zukünftiger Entwickelungsgeheimnisse des Menschen

Aus den Inhalten der «Esoterischen Schule» zweiter Teil. Siehe: Notizen von Erläuterungen in Esoterischen Stunden

11 Aus der Akasha-Chronik 34

Aus der Akasha-Chronik. RSTb. Nr. 616. 11

148 Aus der Akasha-Forschung. Das Fünfte Evangelium

Aus der Akasha-Forschung. Das Fünfte Evangelium 148

Aus der Arbeit mit Rudolf Steiner. Siehe: Emil Leinhas

Aus Gesprächen mit Rudolf Steiner über Malerei und einige Erinnerungen an die Zeit des ersten Goetheanum. Siehe: Hilde Boos-Hamburger

64 Aus schicksaltragender Zeit

Aus schicksaltragender Zeit. Reihe I-VII: 64, VIII: 65

Die Ausbreitung des Christentums in Europa 353

Ausdrucksfähigkeit des Menschen in Sprache, Lachen und Weinen 59, 107

Die Auseinandersetzung des Intellektes mit dem Naturwissen 206

Ausgesprochenes und Unausgesprochenes im Denken, Schauen, Sinnen einer Reihe deutscher und österreichischer Persönlichkeiten. Siehe: Vom Menschenrätsel

Ausgleichserlebnis nach dem Tode. Die negativen Bilder des Lebens 240

Ausklang. Neue Gedichte aus dem Nachlaß von Ludwig Jacobowski 33, E 1901

Autobiographische Skizze, Barr 1907. 262

Autoreferate zu den zehn Vorträgen des «Französischen Kurses» vom 6. bis 15. September 1922. Siehe: Kosmologie, Religion und Philosophie

Der Baldur-Mythos und das Charfreitag-Mysterium 161

Der Bau. Siehe: Carl Kemper

Bauformen als Kultur- und Weltempfindungsgedanken 288

289 Der Baugedanke des Goetheanum. Band I: Textband

290 Der Baugedanke des Goetheanum. Band II: Bildband

Der Baugedanke des Goetheanum. Einleitender Vortrag mit Erklärungen zu den Bildern des Goetheanum-Baues 289, 290, K 9, K 10, K11

Der Baugedanke von Dornach. Der Bau als Umrahmung der Mysterienfestspiele. Die den Baugedanken tragenden künstlerischen Impulse. Der Doppelkuppelraum und seine Innenarchitektur 288

Der Baum des Lebens und der Baum der Erkenntnis des Guten und des Bösen. Die Geheimnisse in der Kunst 162

Bausteine zu einer Erkenntnis des Mysteriums von Golgatha 175, E 1921

175 Bausteine zu einer Erkenntnis des Mysteriums von Golgatha. Kosmische und menschliche Metamorphose

K52.5 Bäume im Sturm

K52.4 Bäume in sonniger Luft

108 Beantwortung von Welt- und Lebensfragen durch Anthroposophie

Bedeutsames aus dem äußeren Geistesleben um die Mitte des neunzehnten Jahrhunderts 254

Bedeutsames aus dem äußeren Geistesleben um die Mitte des neunzehnten Jahrhunderts. Siehe: Die okkulte Bewegung im neunzehnten Jahrhundert und ihre Beziehung zur Weltkultur

82 Die Bedeutung der Anthroposophie im Geistesleben der Gegenwart

Die Bedeutung der die Erde umgebenden Himmelskörper für das Leben und Dasein der Menschen 240

329 Die Befreiung des Menschenwesens als Grundlage für eine soziale Neugestaltung. Altes Denken und neues soziales Wollen 72

76 Die befruchtende Wirkung der Anthroposophie auf die Fachwissenschaften 217a

Beiträge zur Optik. Zur Farbenlehre I (1890) 1c
Beiträge zur Rudolf Steiner Gesamtausgabe. Siehe: 1. Teil «Rudolf Steiner Gesamtausgabe» Abteilung D
Beleuchtungs- und Kostümangaben für die Laut-Eurythmie. Deutsche Texte I, Ägyptisch - Gotehe K 23.0
Beleuchtungs- und Kostümangaben für die Laut-Eurythmie. Deutsche Texte II, Hamerling - Schröer K 23.110
Beleuchtungs- und Kostümangaben für die Laut-Eurythmie. Deutsche Texte III, Steffen - Volksweisen K 23.380
Beleuchtungs- und Kostümangaben für die Laut-Eurythmie. Fremdsprachige Texte IV K 23.575
Beleuchtungs- und Kostümangaben für die Ton-Eurythmie K 24.001
Bericht über die zehnte ordentliche Generalversammlung des Vereins des Goetheanum der freien Hochschule für Geisteswissenschaft in Dornach 250f
Berichte des Freien Deutschen Hochstiftes zu Frankfurt am Main 30
81 (Berliner Hochschulkurs)
Bertha Meyer-Jacobs, Kleinodienkunst nach Hinweisen und Entwürfen von Rudolf Steiner. Dramensiegel I. K 51
K52.6 Besonnter Baum am Wasserfall
Besprechung mit praktizierenden Ärzten 314
Betrachtungen über den Weihnachtsabend 143
Betrachtungen über politische und kulturelle Ereignisse. Frühwerk Heft XVIII. 31
Die Bewegung als Sprache der Seele 277
Bewußtseins-Notwendigkeiten für Gegenwart und Zukunft 181
Bewußtseins-Notwendigkeiten für Gegenwart und Zukunft. Siehe: Erdensterben und Weltenleben
142 Die Bhagavad Gita und die Paulusbriefe E 1913
Die Bhagavad Gita und die Paulusbriefe. RSTb. Nr. 262. 142
Bibel und Weisheit 68
Bilder okkulter Siegel und Säulen 284, E 1907
284 Bilder okkulter Siegel und Säulen. Der Münchner Kongreß Pfingsten 1907 und seine Auswirkungen 101, K 1, K 2, K 3, K 4, K 5, K 6
Bilder okkulter Siegel und Säulen. Vierzehn Bildtafeln mit einer Einführung 284
Bildung und Umbildung organischer Naturen (1883) 1a
33 Biographien und biographische Skizzen 1894-1905. Schopenhauer, Jean Paul, Uhland, Wieland. Literatur und geistiges Leben im neunzehnten Jahrhundert.
Blavatsky H. P., Der Schlüssel zur Theosophie E 1907
Blommestein, Louise van. Siehe: Louise van Blommestein
Blut ist ein ganz besonderer Saft 55
Blut ist ein ganz besonderer Saft. Eine esoterische Betrachtung 55, E 1907
Böhme. Siehe: Jacob Böhme
Boos-Hamburger. Siehe: Hilde Boos-Hamburger
Das Böse im Lichte der Erkenntnis vom Geiste 63
38 Briefe 1881-1890
Briefe 1881-1900. 38, 40, 250f
39 Briefe 1891-1924
Briefe 1901-1925. 39, 185
Briefe an die Mitglieder 1924. 26, 260a

263 (Briefe und Dokumente im Zusammenhang mit der Anthroposophischen Gesellschaft 1902 bis 1925)

262 Briefwechsel und Dokumente 1901-1925: Rudolf Steiner/Marie Steiner-von Sivers B 13

202 Die Brücke zwischen der Weltgeistigkeit und dem Physischen des Menschen. Die Suche nach der neuen Isis, der göttlichen Sophia 291

Die Brücke zwischen der Weltgeistigkeit und dem Physischen des Menschen. Freiheit und Liebe und ihre Bedeutung für das Weltgeschehen 202

Buddha und Christus. Die Sphäre der Boddhisattvas 130

42 (Bühnenbearbeitungen)

Bühnenkunst am Goetheanum. Jahrbuch K 11, K 19.2, K 54, K 54.12

Bühnenkunst am Goetheanum, II. Rudolf Steiners Mysteriendramen. Einzelheft K 11, K 19.2

Bühnenkunst am Goetheaneum. III. Zum Wesen der Kritik. Einzelheft K 54, K 54.12

Carl Kemper, Der Bau K 10

Carl Unger, Wider literarisches Freibeutertum! Eine Abfertigung des Dr. Hübbe-Schleiden 37

Charakteristisches zur Kennzeichnung der Gegenwart. Wirklichkeits-Entfremdung 250f

Das Christentum als mystische Tatsache 8, E 1902

8 Das Christentum als mystische Tatsache und die Mysterien des Altertums

Das Christentum als mystische Tatsache und die Mysterien des Altertums. RSTA Nr. 3. 8

Das Christentum als mystische Tatsache und die Mysterien des Altertums. RSTb. Nr. 619. 8

Das Christentum hat begonnen als Religion, aber es ist größer als alle Religionen 97, 102

Das Christentum im Entwicklungsgang unserer gegenwärtigen Menschheit. Führende Individualitäten und avatarische Wesenheiten 107, 109

Christian Morgenstern, der Sieg des Lebens über den Tod. Gedenkworte und Ansprachen 156, 161, 250f, 261, 281

Christliche Esoterik im Lichte neuer Geist-Erkenntnis. Siehe: Ursprungsimpulse der Geisteswissenschaft

97 Das christliche Mysterium. Die Wahrheitssprache der Evangelien. Luzifer und Christus. Alte Esoterik und Rosenkreuzertum. Erkenntnisse und Lebensfrüchte der Geisteswissenschaft

Christus im Verhältnis zu Luzifer und Ahriman. Die dreifache Wesensgestaltung 159

Christus und die geistige Welt 149, E 1914

149 Christus und die geistige Welt. Von der Suche nach dem heiligen Gral

Christus und die Liebe 102

Christus und die menschliche Seele 155, E 1915

155 Christus und die menschliche Seele. Über den Sinn des Lebens. Theosophische Moral. Anthroposophie und Christentum

Christus zur Zeit des Mysteriums von Golgatha und Christus im 20. Jahrhundert. Siehe: Okkulte Wissenschaft und okkulte Entwickelung

Das Christus-Ereignis als Mittelpunktsgeschehen der Erdenevolution. Siehe: Die Mission der neuen Geistesoffenbarung

Das Christus-Erkennen im zwanzigsten Jahrhundert 69, 214

Der Christusgeist und seine Hüllen: eine Pfingstbotschaft. Siehe: Vorverkündigung und Heroldtum des Christus-Impulses

Der Christus-Impuls als Träger der Vereinigung des Geistigen und Leiblichen 174b

Der Christusimpuls im historischen Werdegang 130

Der Christus-Impuls im Zeitenwesen und sein Walten im Menschen 152

116 Der Christus-Impuls und die Entwickelung des Ich-Bewußtseins E 1921

Die Christustat und die widerstrebenden geistigen Mächte Luzifer, Ahriman, Asuras 107

Die Chymische Hochzeit des Christian Rosenkreutz Anno 1459, aufgezeichnet durch Johann Valentin Andreae 35

Cimabue. Giotto und andere italienische Meister (Mappe I) 292

Credo: Siehe: Wahrspruchworte

Credo. Der Einzelne und das All. Die Natur und unsere Ideale. Sendschreiben an die Dichterin Marie Eugenie delle Grazie 30, 40

Darstellungen an der Arbeiterbildungsschule und der Freien Hochschule in Berlin. Siehe: Über Philosophie, Geschichte und Literatur

Darwin und die übersinnliche Forschung 61

Delegiertenversammlung. Siehe: Gemeinschaftsbildung

Deutsche Literatur und Gesellschaft im neunzehnten Jahrhundert. Frühwerk Heft XXV. 31, 32

Deutsche National-Litteratur. Historisch kritische Ausgabe, herausgegeben von Joseph Kürschner, 114.-117. Band: Goethes Werke, Band XXXIII bis XXXVI, 1. und 2. Abteilung, herausgegeben von Rudolf Steiner 1A, 32, E 1883, E 1887, E 1890, E 1897

Deutsche Plastik und Malerei bis zu Dürer und Holbein (Raffael). Deutsche und Niederländische Plastik. (Michelangelo) (Mappe III, IV) 292

Dichter und Denker im 19. Jahrhundert. Frühwerk Heft IV. 33

287 Der Dornacher Bau als Wahrzeichen geschichtlichen Werdens und künstlerischer Umwandlungsimpulse 277a

Drama und Dichtung im Bewußtseinsumschwung der Neuzeit. Shakespeare, Goethe und Schiller 210

Dramatischer Kurs. Siehe: Sprachgestaltung und dramatische Kunst

Drei Etappen des Erwachens der menschlichen Seele. Die Christus-Offenbarung 224

Drei Gedichte und Vortrag von Dr. Rudolf Steiner, gehalten zu Dornach am 29. August 1915. Im Zusammenhang mit eurythmischen Darstellungen 40, 277a

Drei Gegenwartsreden. Siehe: Fragen der Seele und Fragen des Lebens. Wer darf gegen den Untergang des Abendlandes reden? Die großen Aufgaben von heute im Geistesleben, Rechtsleben und Wirtschaftsleben 335

Drei Perspektiven der Anthroposophie. Siehe: Kulturphänomene

Drei Vorträge 178

Drei Vorträge über Volkspädagogik 192

Die drei Wege der Seele zu Christus 143

Das dreifache Schattendasein unserer Zeit und das neue Christuslicht. Siehe: Wie kann die Menschheit den Christus wiederfinden?

Die dreifache Sonne und der auferstandene Christus 211

Dreigliederung des sozialen Organismus. Siehe: Aufsätze über die Dreigliederung des sozialen Organismus und zur Zeitlage 1915-1921

Dreigliederung und gegenwärtige Weltlage 334

K54.14 Der dreigliedrige Mensch

K54.22 Dreikönigs-Motiv

Dritter naturwissenschaftlicher Kurs. Siehe: Das Verhältnis der verschiedenen naturwissenschaftlichen Gebiete zur Astronomie

K54.18 Druidenstein

Durch den Geist zur Wirklichkeits-Erkenntnis der Menschenrätsel. (Philosophie und Anthroposophie. Vier Märchen. Seelenkalender. Der Seelen Erwachen 7. und 8. Bild) 14, 35, 40, E 1918

Durch den Geist zur Wirklichkeits-Erkenntnis der Menschenrätsel. Band I. 9, 13, 28, 62, 67

Durch den Geist zur Wirklichkeits-Erkenntnis der Menschenrätsel. Band II. 6, 28, 34, 35

Durch den Geist zur Wirklichkeits-Erkenntnis der Menschenrätsel. Band III. 28, 34, 58, 61

Durch den Geist zur Wirklichkeits-Erkenntnis der Menschenrätsel. Band IV. 7, 11, 28, 30, 58

Durch den Geist zur Wirklichkeits-Erkenntnis der Menschenrätsel. Band V. 10, 23, 25, 28, 59, 79

Durch den Geist zur Wirklichkeits-Erkenntnis der Menschenrätsel. Band VI. 17, 24, 28, 30

E. Brenda Biermann-Binnie/Agnes Linde/Anna Cerri, Erinnerungen an Rudolf Steiner und die Fortbildungsschule am Goetheanum (1921–1928)

Echte Kunst geht zurück auf die Geheimnisse der Initiation 161

Edouard Schuré, Die großen Eingeweihten. Skizze einer Geheimlehre der Religionen 42

Edouard Schuré, Die Heiligtümer des Orients. Ägypten. Griechenland. Palästina 42

Edouard Schuré, Die Kinder des Lucifer 34

Edouard Schuré. Siehe auch: Rudolf Steiner/Edouard Schuré

Das Eheproblem im Spiegel unserer Zeit. Herausgegeben von Ferdinand Freiherrn von Paungarten 39

Ein durch Rudolf Steiner gegebener Zukunftsimpuls und was zunächst daraus geworden ist 250f

Das Einfliessen geistiger Impulse aus der Welt der Verstorbenen. Siehe: Wie erwirbt man sich Verständnis für die geistige Welt?

Einiges über das Rosenkreuzertum «Die Pforte der Einweihung» 125

Einiges über das Rosenkreuzermysterium «Die Pforte der Einweihung». Symbolik und Phantasie mit Bezug auf das Mysterium «Die Prüfung der Seele» 125, 127

Symbolik und Phantasie mit Bezug auf das Mysterium «Die Prüfung der Seele» 127

Einweihung und Mysterien 34, E 1909

Das Einwirken der Toten in die Welt der Lebenden. Siehe: Die Welt des Geistes und ihr Hereinragen in das physische Dasein

Einzelheiten über die Neugestaltung des sozialen Organismus 330

Der Einzelne und das All. Siehe: Wahrspruchworte

K54.20 Elementarwesen

Emil Leinhas, Aus der Arbeit mit Rudolf Steiner. Sachliches und Persönliches 24

Entente-Freimaurerei und Weltkrieg. Siehe: Karl Heise.

201 Entsprechungen zwischen Mikrokosmos und Makrokosmos. Der Mensch, eine Hieroglyphe des Weltenalls

277a Die Entstehung und Entwickelung der Eurythmie 36, 40, 260, 260a, 307, K 23, K 25

326 Der Entstehungsmoment der Naturwissenschaft in der Weltgeschichte und ihre seitherige Entwickelung

Der Entstehungsmoment der Naturwissenschaft in der Weltgeschichte und ihre seitherige Entwickelung. RSTb. Nr. 632. 326

Entwicklungsfaktoren der Menschheit. Die gegen das Wissen vom Geist sich auftürmenden Widerstände 174b

Der Entwicklungsgang der Menschheit in seinen drei Kräfteströmungen. Der Zusammenhang des luziferisch-ahrimanischen Impulses mit dem Christus-Jahve-Impuls. Das Geschichtsleben der Menschheit III 184

185a Entwicklungsgeschichtliche Unterlagen zur Bildung eines sozialen Urteils 250f, E 1919

Entwurf der Grundsätze einer Anthroposophischen Gesellschaft 37

K16.1 Entwurf zum Bühnenvorhang

44 Entwürfe, Fragmente und Paralipomena zu den vier Mysteriendramen. Die Pforte der Einweihung. Die Prüfung der Seele. Der Hüter der Schwelle. Der Seelen Erwachen

K12 Entwürfe für die Glasfenster des Goetheanum K 21, K 49

Entwürfe für die Malerei der großen Kuppel des ersten Goetheanum. Siehe: Zwölf Entwürfe für die Malerei der großen Kuppel des ersten Goetheanum

K14 Entwürfe für die Malerei der kleinen Kuppel des ersten Goetheanum

Entwürfe zu dem Rosenkreuzermysterium «Die Pforte der Einweihung (Initiation)« 44
K26 Entwürfe zu den Eurythmiefiguren
Das Erbe des neunzehnten Jahrhunderts 62
Erbsünde und Gnade 127
Erde und Naturreiche. ThGw. Nr. 5 60, 213, 214, 230, 347, 354,
Erden-Leben und Sternen-Wirken 354
Erdenleben und Sternenwirken. Siehe: Die Schöpfung der Welt und des Menschen
Erdensterben und Weltenleben 181, E 1922
181 Erdensterben und Weltenleben. Anthroposophische Lebensgaben. Bewußtseins-Notwendigkeiten für Gegenwart und Zukunft
221 Erdenwissen und Himmelserkenntnis K 58
Erdenwissen und Himmelserkenntnis. Der Mensch als Bürger des Universums und der Mensch als Erdeneremit 221
Das Ereignis der Christus-Erscheinung in der ätherischen Welt 118
Das Ereignis der Christus-Erscheinung in der ätherischen Welt. Vorbereitung der Menschen auf das Wiederkommen des Christus durch das Äthersehen 118
143 Erfahrungen des Übersinnlichen. Die Wege der Seele zu Christus
73 Die Ergänzung heutiger Wissenschaften durch Anthroposophie 277
291a (Ergänzung zu «Das Wesen der Farben»)
62 Ergebnisse der Geistesforschung
Ergebnisse der Geistesforschung für Lebensfragen und das Todesrätsel 62
Ergebnisse der Geistesforschung. Reihe I-XIV 62
Erich Zimmer, Der Modellbau von Malsch und das erste Goetheanum K 4
Erich Zimmer, Rudolf Steiner als Architekt von Wohn- und Zweckbauten K 7, K 27 bis 40
Eine Erinnerung an die Grundsteinfeier zur Befestigung des anthroposophischen Wesens 250f
Erinnerung und Liebe. Die Erfassung des Künstlerischen in seiner Geistigkeit. Enthüllung des Ton- und Lautgeheimnisses 218
Erinnerungen an Rudolf Steiner und die Fortbildungsschule am Goetheaneum (1921–1928). Siehe E. Brenda Biermann-Binnie/Agnes Linde/Anna Cerri
Erkenne dich selbst. Das Erleben des Christus im Menschen als Licht, Leben und Liebe 221
56 Die Erkenntnis der Seele und des Geistes
Die Erkenntnis des Menschenwesens nach Leib, Seele und Geist 347
347 Die Erkenntnis des Menschenwesens nach Leib, Seele und Geist. Über frühe Erdzustände
55 Die Erkenntnis des Übersinnlichen in unserer Zeit und deren Bedeutung für das heutige Leben
217a Die Erkenntnis-Aufgabe der Jugend 23, 24, 37, 7b, 220, 260a, 330
Der Erkenntnispfad und seine Stufen 96
Erkenntnisse der Geistesforschung über die wiederholten Erdenleben gemessen an den Vorgängen der Gegenwart. Geistig-seelische Hintergründe des West-Ost-Problems 203
Erkenntnisse und Lebensfrüchte der Geisteswissenschaft. Siehe: Das christliche Mysterium
Der Erkenntnisweg der Anthroposophie. Siehe: Anthroposophische Leitsätze
Die Erkundung und Formulierung des Weltenwortes in der Ein- und Ausatmung 211
Erlebnisse der Menschenseele im Schlafe und nach dem Tode in der geistigen Welt. Der Kampf luziferischer und ahrimanischer Wesenheiten um die Natur des Menschen 218
Die Erlebnisse des Menschen im ätherischen Kosmos 218
Ernährung und Bewußtsein. Ernährung des Menschen II. ThGw. Nr. 7 68, 93a, 145, 230, 348
Ernährungsfragen 350
Ernährungsfragen. Siehe: Rhythmen im Kosmos und im Menschenwesen

Ernährungsfragen. Siehe: Die Schöpfung der Welt und des Menschen

Ernährungsfragen. Über das Verhältnis der Nahrungsmittel zum Menschen 350, 354

Die Erneuerung der drei großen Ideale der Menschheit: Kunst, Wissenschaft und Religion 257

301 Die Erneuerung der pädagogisch-didaktischen Kunst durch Geisteswissenschaft 277

Erster Naturwissenschaftlicher Kurs. Siehe: Geisteswissenschaftliche Impulse zur Entwickelung der Physik

342 (Erster religiöser Lehrkurs)

Das erwartungsvolle Leben 174a

Die Erziehung des Kindes und jüngeren Menschen. Siehe: Die pädagogische Praxis vom Gesichtspunkt geisteswissenschaftlicher Menschenerkenntnis

Die Erziehung des Kindes vom Gesichtspunkte der Geisteswissenschaft 34, E 1907

Die Erziehung des Kindes vom Gesichtspunkte der Geisteswissenschaft. Die Methodik des Lehrens und die Lebensbedingungen des Erziehens. RSTA. Nr. 6. 34, 308

Die Erziehung des Kindes vom Gesichtspunkte der Geisteswissenschaft. Ein Vortrag über Pädagogik. Pädagogik und Kunst. Pädagogik und Moral 34, 36

Die Erziehung und der Unterricht gegenüber der Weltlage der Gegenwart 335

302a Erziehung und Unterricht aus Menschenerkenntnis

304 Erziehungs- und Unterrichtsmethoden auf anthroposophischer Grundlage 36

Erziehungs- und Unterrichtsmethoden auf anthroposophischer Grundlage 304

296 Die Erziehungsfrage als soziale Frage. Die spirituellen, kulturgeschichtlichen und sozialen Hintergründe der Waldorfschul-Pädagogik

Erziehungsfragen im Reifealter. Zur künstlerischen Gestaltung des Unterrichts 302a

294 Erziehungskunst. Methodisch-Didaktisches 295

Erziehungskunst. Methodisch-Didaktisches. RSTb. Nr. 618. 294

295 Erziehungskunst. Seminarbesprechungen und Lehrplanvorträge 280, 294

K54.13 Es werde die Weite und das Leben

Esoterik und Weltgeschichte in der griechischen und germanischen Mythologie 90ff., 93

Esoterische Betrachtungen karmischer Zusammenhänge 238

235 Esoterische Betrachtungen karmischer Zusammenhänge. Band I 240

236 Esoterische Betrachtungen karmischer Zusammenhänge. Band II 240

237 Esoterische Betrachtungen karmischer Zusammenhänge. Band III. Die karmischen Zusammenhänge der anthroposophischen Bewegung

238 Esoterische Betrachtungen karmischer Zusammenhänge. Band IV. Das geistige Leben der Gegenwart im Zusammenhang mit der anthroposophischen Bewegung 261

239 Esoterische Betrachtungen karmischer Zusammenhänge. Band V

240 Esoterische Betrachtungen karmischer Zusammenhänge. Band VI

Esoterische Betrachtungen karmisch-kosmischer Zusammenhänge 239

Esoterische Betrachtungen karmischer Zusammenhänge von Persönlichkeiten und Ereignissen der Weltgeschichte. Siehe: Okkulte Geschichte

Esoterische Betrachtungen über das Karma im einzelnen Menschen und in der Menschheits-Entwicklung 240

130 Das esoterische Christentum und die geistige Führung der Menschheit

Esoterische Schule. Siehe: Aus den Inhalten der «Esoterischen Schule»

241a Esoterische Unterweisungen für die Erste Klasse der Freien Hochschule für Geisteswissenschaft am Goetheanum. Erster Band

241b Esoterische Unterweisungen für die Erste Klasse der Freien Hochschule für Geisteswissenschaft am Goetheanum. Zweiter Band

241c Esoterische Unterweisungen für die Erste Klasse der Freien Hochschule für Geisteswissenschaft am Goetheanum. Dritter Band

242 Esoterische Unterweisungen für die Erste Klasse der Freien Hochschule für Geisteswissenschaft am Goetheanum. Vierter Band

L'Esotérisme Chrétien, Esquisse d'une cosmogonie psychologique 94

Esquisse d'une cosmogonie psychologique 94

Et incarnatus est. Die Umlaufzeit geschichtlicher Ereignisse 180

Die europäischen Völker im Verhältnis zu ihren Volksgeistern. Moralische Impulse und ihre Ergebnisse 159

Eurythmie als Impuls für künstlerisches Betätigen und Betrachten 277

279 Eurythmie als sichtbare Sprache. Laut-Erythmie-Kurs 277

278 Eurythmie als sichtbarer Gesang 277

Eurythmie. Die Offenbarung der sprechenden Seele 277

277 Eurythmie. Die Offenbarung der sprechenden Seele. Eine Fortbildung der Goetheschen Metamorphosenanschauung im Bereich der menschlichen Bewegung 73, 260a, 277a, 301, 305, 309, B 8

K23.475 Eurythmieformen zu den Wochensprüchen des Anthroposophischen Seelenkalenders 40

Eurythmieformen zu den Wochensprüchen des Anthroposophischen Seelenkalenders. Ergänzungen. Vor- und Nachtakt zur dritten Januar-Woche. Originalformen. Laut- und Farbangaben zu acht Wochensprüchen K 23.475

Eurythmieformen zu den Wochensprüchen des Seelenkalenders 40, K 23.475

Die Evolution vom Gesichtspunkte des Wahrhaftigen 133

132 Die Evolution vom Gesichtspunkte des Wahrhaftigen. E 1916

Das Ewige in der Hegelschen Logik und ihr Gegenbild im Marxismus 199

67 Das Ewige in der Menschenseele. Unsterblichkeit und Freiheit

Exakte Erkenntnis der übersinnlichen Welten. Christus vom Gesichtspunkte der Anthroposophie 218

124 Exkurse in das Gebiet des Markus-Evangeliums E 1921

Exoterisches und esoterisches Christentum. Siehe: Das Sonnenmysterium und das Mysterium von Tod und Auferstehung

K54.23 Farbengrundlage zum Mondenreiter

Eine Farbskizze, III. Mappe K 54.15

Farbskizzen der Wandtafelbilder zum Landwirtschaftlichen Kurs. Siehe: Erika Riese

Faust, der strebende Mensch. Siehe: Geisteswissenschaftliche Erläuterungen zu Goethes Faust I

Das Faust-Problem. Siehe: Geisteswissenschaftliche Erläuterungen zu Goethes Faust II

Fausts Weltwanderung und seine Wiedergeburt aus dem deutschen Geistesleben 65

Das Fest der Erscheinung Christi 209

Das Fest der Erscheinung Christi. Siehe: Nordische und mitteleuropäische Geistimpulse

Fichtes Geist mitten unter uns 65

Fichtes Geist mitten unter uns. «Aus schicksalstragender Zeit» 65

Die Forderungen der Gegenwart an Mitteleuropa. Was man heute sehen müsste 24, 36

K54.12 Der Forscher inmitten von Marianus und Gabrilein

Eine Fortbildung der Goetheschen Metamorphosenanschauung im Bereich der menschlichen Bewegung. Siehe: Eurythmie. Die Offenbarung der sprechenden Seele

Der Fortgang der Seelen durch die wiederholten Erdenleben. Das sozialgeschichtliche Leben in seiner Wirklichkeit 202

Fragen der Seele und Fragen des Lebens. Wer darf gegen den Untergang des Abendlandes reden? Die großen Aufgaben von heute im Geistesleben, Rechtsleben und Wirtschaftsleben 335

Französischer Kurs. Siehe: Die Philosophie, Kosmologie und Religion in der Anthroposophie

Freiheit für den Geist, Gleichheit für das Recht, Brüderlichkeit für das Wirtschaftsleben 330

Friedrich Nietzsche. Siehe auch Nietzsche

5 Friedrich Nietzsche, ein Kämpfer gegen seine Zeit B 11, E 1895

Friedrich Nietzsche, ein Kämpfer gegen seine Zeit. RSTb. Nr. 621. 5

Friedrich Nietzsche. Frühwerk Heft XII. 31

Frühwerk. Siehe: Veröffentlichungen aus dem literarischen Frühwerk

Führende Individualitäten und avatarische Wesenheiten. Siehe: Das Christentum im Entwicklungsgang unserer gegenwärtigen Menschheit

«Fünf Ostern» von Anastasius Grün. Siehe: Die Tatsache des durch den Tod gegangenen Gottes-Impulses

Das Fünfte Evangelium. Siehe: Aus der Akasha-Forschung

Gebete für Mütter und Kinder. Das Leben zwischen der Geburt und dem Tode als Spiegelung des Lebens zwischen Tod und neuer Geburt 40, 161

Gebrüder Grimms Märchen. Deutsche Dichter in Auswahl fürs Volk 32

Die Geburt der Christus-Erkenntnis in uns. Das Weihnachtsfest des erneuten Christus-Verständnisses 156

Die Geburt des Christus in der menschlichen Seele 187

Die Geburt des Erdenlichtes aus der Finsternis der Weihenacht 143

Gedanken während der Zeit des Krieges. Für Deutsche und diejenigen, die nicht glauben, sie hassen zu müssen 19, 24, E 1915

333 Gedankenfreiheit und soziale Kräfte. Die sozialen Forderungen der Gegenwart und ihre praktische Verwirklichung

197 Gegensätze in der Menschheitsentwickelung. West und Ost. Materialismus und Mystik. Wissen und Glauben

307 Gegenwärtiges Geistesleben und Erziehung 36, 277a

167 Gegenwärtiges und Vergangenes im Menschengeiste E 1920

Das Geheimnis der menschlichen Temperamente 57

Das Geheimnis der Trinität 214

214 Das Geheimnis der Trinität. Der Mensch und sein Verhältnis zur Geistwelt im Wandel der Zeiten 305

Das Geheimnis des Doppelgängers. Siehe: Das Wesen des Übersinnlichen und die menschlichen Seelenrätsel 178

Das Geheimnis des Lebens nach dem Tode 174

Das Geheimnis des Todes. Treue, Wahrheitssinn, Richtungsfestigkeit 174b, 261

159 Das Geheimnis des Todes. Wesen und Bedeutung Mitteleuropas und die europäischen Volksgeister 277

122 Die Geheimnisse der biblischen Schöpfungsgeschichte. Das Sechstagewerk im 1. Buch Moses E 1911

147 Die Geheimnisse der Schwelle E 1914

Die Geheimnisse der Sonne und des dreigeteilten Menschen. Die Wissenschaft vom Werden des Menschen 183

Die Geheimnisse des Weltenalls. Kometarisches und Lunarisches 118

Die Geheimnisse des Weltenalls. Kometarisches und Lunarisches. Das Wiedererscheinen des Christus im Ätherischen 118

Die Geheimnisse. Ein Weihnachts- und Ostergedicht von Goethe 98

13 Die Geheimwissenschaft im Umriß E 1910

Die Geheimwissenschaft im Umriß. RSTb. Nr. 601. 13

Gehirndenken und Denkkraft als geistige Tätigkeit. Somnambules oder bewußt errungenes Hellsehen. Innere Willenskultur 161

K54.16 Der Geist im Menschen

Der Geist im Pflanzenreich 60

Geist und Stoff. Leben und Tod 66

Geist und Ungeist in ihren Lebenswirkungen. Die geistigen Forderungen des kommenden Tages 335

Geisterkenntnis in glücklichen und ernsten Stunden des Lebens 64

Die Geisteswissenschaft als Anthroposophie und die zeitgenössische Erkenntnistheorie. Persönliches–Unpersönliches 35

199 Geisteswissenschaft als Erkenntnis der Grundimpulse sozialer Gestaltung

Geisteswissenschaft als Forderung unserer Zeit. Reihe I-XII 63

63 Geisteswissenschaft als Lebensgut

Geisteswissenschaft als Welt-Pfingstgabe 162

Die Geisteswissenschaft, ihre Aufgaben und Ziele. Die Evangelien 117

Geisteswissenschaft und die Lebensforderungen der Gegenwart. Heft I, IV: 334; Heft V: 73a; Heft II, III, VI, VIII: 335; Heft VII: 336

Die Geisteswissenschaft und die Sprache 59

312 Geisteswissenschaft und Medizin

Geisteswissenschaft und Naturwissenschaft in ihrem Verhältnis zu den Lebensrätseln 69

Geisteswissenschaft und religiöses Bekenntnis 63

Geisteswissenschaft und soziale Frage 34

192 Geisteswissenschaftliche Behandlung sozialer und pädagogischer Fragen

Geisteswissenschaftliche Behandlung sozialer und pädagogischer Fragen 192, E 1920

72 (Geisteswissenschaftliche Ergebnisse über das Wesen des Menschen) 329

Geisteswissenschaftliche Ergebnisse über die Menschheits-Entwickelung. Siehe: Die geistige Führung des Menschen und der Menschheit

Geisteswissenschaftliche Erkenntnis und soziales Verständnis 191

Geisteswissenschaftliche Erkenntnisse über Natur und Mensch 352

272 Geisteswissenschaftliche Erläuterungen zu Goethes «Faust». Band I. Faust, der strebende Mensch 162

273 Geisteswissenschaftliche Erläuterungen zu Goethes «Faust». Band II. Das Faust-Problem. Die romantische und die klassische Walpurgisnacht 171, 277, K 11, K 21

313 Geisteswissenschaftliche Gesichtspunkte zur Therapie 315

327 Geisteswissenschaftliche Grundlagen zum Gedeihen der Landwirtschaft. Landwirtschaftlicher Kurs 260a, B 18, K 58

320 Geisteswissenschaftliche Impulse zur Entwickelung der Physik. Erster naturwissenschaftlicher Kurs. Licht, Farbe, Ton. Masse, Elektrizität, Magnetismus

321 Geisteswissenschaftliche Impulse zur Entwickelung der Physik. Zweiter naturwissenschaftlicher Kurs. Die Wärme auf der Grenze positiver und negativer Materialität

107 Geisteswissenschaftliche Menschenkunde 109, E 1915

299 Geisteswissenschaftliche Sprachbetrachtungen. Eine Anregung für Erzieher

15 Die geistige Führung des Menschen und der Menschheit. Geisteswissenschaftliche Ergebnisse über die Menschheits-Entwickelung E 1911

Die geistige Führung des Menschen und der Menschheit. Geisteswissenschaftliche Ergebnisse über die Menschheits-Entwickelung. RSTb. Nr. 614. 15

110 Geistige Hierarchien und ihre Widerspiegelung in der physischen Welt. Tierkreis, Planeten, Kosmos E 1910

Das Geistige ist dem gewöhnlichen Bewußtsein 'entfallen' und kann wieder erinnert werden. Esoterisches und Meditatives 36

Die geistige Kommunion der Menschheit 219

Die geistige Kommunion der Menschheit. Siehe: Das Verhältnis der Sternenwelt zum Menschen und des Menschen zur Sternenwelt

Das geistige Leben der Gegenwart im Zusammenhang mit der anthroposophischen Bewegung. Siehe: Esoterische Betrachtungen karmischer Zusammenhänge. Band IV

Geistige Osterglocken 109

Das geistige Suchen in der Gegenwart. Tod und Unsterblichkeit 153

Die geistige und physische Welt- und Menschheitsentwickelung in der Vergangenheit, Gegenwart und Zukunft vom Gesichtspunkte der Anthroposophie. Siehe: Initiations-Erkenntnis

196 Geistige und soziale Wandlungen in der Menschheitsentwickelung

165 Die geistige Vereinigung der Menschheit durch den Christus-Impuls 157a, 274

Die geistige Vereinigung der Menschheit durch den Christus-Impuls 165

Die geistige Welt und die Geisteswissenschaft. Ausblicke in die Ziele der Gegenwart 63

Geistige Wesen und ihre Wirkungen. Band I-IV. Reihe in der Gesamtausgabe 177, 178, 179, 180

217 Geistige Wirkenskräfte im Zusammenleben von alter und junger Generation. Pädagogischer Jugendkurs

218 Geistige Zusammenhänge in der Gestaltung des menschlichen Organismus

Geistige Zusammenhänge in der Gestaltung des menschlichen Organismus 218

Die geistigen Hintergründe der menschlichen Geschichte. Siehe: Das Rätsel des Menschen

Die geistigen Hintergründe der menschlichen Geschichte. Das Verhältnis des Menschen zum ganzen Universum 170

Die geistigen Hintergründe der sozialen Frage. Band I-III. Reihe der Gesamtausgabe 189, 190, 191

Die geistigen Hintergründe der sozialen Frage. I: 189; II: 190; III: 191; IV: 72, 191, 329

174b Die geistigen Hintergründe des Ersten Weltkrieges

Die geistigen Individualitäten unseres Planetensystems. Schicksalsbestimmende und menschenbefreiende Planeten 228, 291

136 Die geistigen Wesenheiten in den Himmelskörpern und Naturreichen E 1912

305 Die geistig-seelischen Grundkräfte der Erziehungskunst. Spiritueller Wert in Erziehung und sozialem Leben 214, 277

Die geistig-seelischen Grundkräfte der Erziehungskunst. Spirituelle Werte in Erziehung und sozialem Leben. RSTb. Nr. 604. 305

Gemeinsamkeit über uns, Christus in uns 159

Gemeinschaftsbildung. Zwei Vorträge zur Delegiertenversammlung 257

Der Genius der Sprache. Siehe: Das Künstlerische in seiner Weltmission

Geographische Medizin. Siehe: Das Wesen des übersinnlichen und die menschlichen Seelenrätsel 178

Die germanische Seele und der deutsche Geist 64

Gesammelte Aufsätze 1921-1925 aus der Wochenschrift «Das Goetheanum». Siehe: Der Goetheanumgedanke inmitten der Kulturkrisis der Gegenwart

29 Gesammelte Aufsätze zur Dramaturgie 1889-1900. B 77

31 Gesammelte Aufsätze zur Kultur- und Zeitgeschichte 1887-1901. B 77

32 Gesammelte Aufsätze zur Literatur 1884-1902. 1e, B 6, B 77

Gesammelte Aufsätze zur Philosophie, Naturwissenschaft, Ästhetik und Seelenkunde. Siehe: Methodische Grundlagen der Anthroposophie 1884-1901

46 (Gesammelte Skizzen und Fragmente)

244 (Gesammelte Fragenbeantwortungen)

353 Die Geschichte der Menschheit und die Weltanschauungen der Kulturvölker

Die Geschichte der Menschheit und die Weltanschauungen der Kulturvölker 353

Die Geschichte des Hypnotismus und des Somnambulismus 52

Geschichte des Mittelalters bis zu den großen Erfindungen und Entdeckungen 51

Die Geschichte des Spiritismus 52

258 Die Geschichte und die Bedingungen der anthroposophischen Bewegung im Verhältnis zur Anthroposophischen Gesellschaft. Eine Anregung zur Selbstbesinnung

Geschichte und Überwindung des Imperialismus 196, 305

179 Geschichtliche Notwendigkeit und Freiheit. Schicksalseinwirkungen aus der Welt der Toten

185 Geschichtliche Symtomatologie

Geschichtserkenntnis. Zur Symptomatologie der Geschichte. ThGw. Nr. 8. 31, 60, 61, 73, 216

Das Geschichtsleben der Menschheit. Heft I-III. 184

Das Gesicht der Erde. Siehe: Was hat die Geologie über die Weltentstehung zu sagen?

Die Gestaltung des Menschen als Ergebnis kosmischer Wirkungen 208

Die Gestaltung des Menschen als Ergebnis kosmischer Wirkungen. Siehe: Anthroposophie als Kosmosophie

Die Gestaltung des Moralisch-Geistigen des Menschen im Schlafe 208

303 Die gesunde Entwickelung des Leiblich-Physischen als Grundlage der freien Entfaltung des Seelisch-Geistigen (Weihnachtskurs für Lehrer)

Gesunder Blick für heute und wackere Hoffnung für morgen 181, E 1922

Gesundes Seelenleben und Geistesforschung 65

Gesundheit und Krankheit im Seelenleben 55, 143, 314

Glaube, Liebe, Hoffnung. Drei Stufen des menschlichen Lebens 130

Das Glück, sein Wesen und sein Schein 61

Goethe als Vater einer neuen Ästhetik 30, 271, E 1889

Goethe als Vater einer neuen Ästhetik. Über das Komische und seinen Zusammenhang mit Kunst und Leben 30, 46, 271

Goethe J. W., Das Mädchen von Oberkirch E 1897

Goethe J.W., Die Metamorphose der Pflanze mit Anmerkungen und Einleitungen von Rudolf Steiner 1a

Goethe J.W., Entoptische Farben. Mit Mitteilungen und Kommentaren von Rudolf Steiner 1e

Goethe J.W., Farbenlehre. Einleitungen und Erläuterungen von Rudolf Steiner. Band 1. 1c

Goethe J.W., Farbenlehre. Einleitungen und Erläuterungen von Rudolf Steiner. Band 2. 1b

Goethe J.W., Farbenlehre. Einleitungen und Erläuterungen von Rudolf Steiner. Band 3. 1d

Goethe J.W., Sprüche in Prosa. Einleitungen und Anmerkungen von Rudolf Steiner. RSTA. Nr. 14. 1e

Goethe J.W., Sprüche in Prosa. Einleitungen und Anmerkungen von Rudolf Steiner 1e

Goethe J. W., Sprüche in Prosa. Notizen. Nachträgliches E 1897

Goethe und die Krisis des neunzehnten Jahrhunderts. Siehe: Innere Entwicklungsimpulse der Menschheit

Goethe und die Krisis des neunzehnten Jahrhunderts. Wirksame Kräfte der Gegenwart 171

Der Goetheanismus, ein Menschen-Umwandlungsimpuls und Auferstehungsgedanke 188

188 Der Goetheanismus, ein Umwandlungsimpuls und Auferstehungsgedanke. Menschenwissenschaft und Sozialwissenschaft

Das Goetheanum in seinen zehn Jahren. Goethe und Goetheanum 36, 277a

Die Goetheanum-Fenster-Motive K 21

Der Goetheanumgedanke inmitten der Kulturkrisis der Gegenwart. Ausgewählte Aufsätze 1921-1925. RSTb. 635. 36, 277a

36 Der Goetheanumgedanke inmitten der Kulturkrisis der Gegenwart. Gesammelte Aufsätze 1921-1925 aus der Wochenschrift «Das Goetheanum» 43, 83, 260a, 274, 277a, 280, 304, 307, B 61/62

Goethe-Jahrbuch 30, 31

Goethes Faust als Bild seiner esoterischen Weltanschauung 22, E 1902

Goethes geheime Offenbarung exoterisch und esoterisch 57

Goethes geheime Offenbarung. Goethe und die Medizin. Weimar im Mittelpunkt des deutschen Geisteslebens. Faust nach Goethes eigener Methode erläutert. Goethetage in Weimar. Buchbesprechungen. Chronik. Frühwerk Heft XV. 30, 31, 32

Goethes geheime Offenbarung in seinem «Märchen von der grünen Schlange und der schönen Lilie» 22, 53, 57

Goethes geheime Offenbarung. Zu seinem hundertfünfzigsten Geburtstage 30

22 Goethes Geistesart in ihrer Offenbarung durch seinen Faust und durch das Märchen von der Schlange und der Lilie 30, E 1918

Goethes Geistesart in unsern schicksalsschweren Tagen und die deutsche Kultur 64

Goethes Naturanschauung gemäß den neuesten Veröffentlichungen des Goethe-Archivs 30

Goethes Naturanschuung gemäß den neuesten Veröffentlichungen des Goethe-Archivs. Frühwerk Heft 1. 30

1a Goethes Naturwissenschaftliche Schriften 1883-1897. Band I. Bildung und Umbildung organischer Naturen E 1884

1b Goethes Naturwissenschaftliche Schriften 1883-1897. Band II. Zur Naturwissenschaft im Allgemeinen. Mineralogie und Geologie. Meteorologie E 1887

1c Goethes Naturwissenschaftliche Schriften 1883-1897. Band III. Beiträge zur Optik. Zur Farbenlehre I E 1890

1d Goethes Naturwissenschaftliche Schriften 1883-1897. Band IV. Zur Farbenlehre II (1) E 1897

1e Goethes Naturwissenschaftliche Schriften. 1883-1897. Band V. Farbenlehre II (2). Sprüche in Prosa. Nachträge E 1897

Goethes Naturwissenschaftliche Schriften, herausgegeben von Rudolf Steiner. Band I. Schriften über die Bildung und Umbildung organischer Naturen 1a

Goethes Naturwissenschaftliche Schriften, herausgegeben von Rudolf Steiner. Band III. Die Farbenlehre 1c

1 Goethes Naturwissenschaftliche Schriften. Sämtliche Einleitungen zur Herausgabe in «Kürschners Deutsche National-Litteratur» E 1925

Goethes Naturwissenschaftliche Schriften. Sowie skizzenhaft dargestellter Ausblick auf eine Anthroposophie RSTA. Nr. 7. 1, 18

Goethes persönliches Verhältnis zu seinem «Faust» 273

Goethes Seelenartung in ihrem Zusammenhange mit der Menschheitsentwickelung 206

6 Goethes Weltanschauung E 1897

Goethes Weltanschauung. RSTb. Nr. 625. 6

Goethes Werke, herausgegeben von Rudolf Steiner 1B, E 1891/1892/1893/1894/1896

Goethe-Studien. Frühwerk Heft XVI. 30, 31

Goethe-Studien. Schriften und Aufsätze 1884-1901 30, 271

Goethe-Studien. Schriften und Aufsätze 1884-1901. RSTb. Nr. 634 30

Goethe-Studien und Goetheanistische Denkmethoden. Der Goetheanumgedanke inmitten der Kulturkrisis der Gegenwart. Ein Goethejahrbuch 30, 36, 277a

Die Goldene Legende und ein deutsches Weihnachtsspiel 157a, 165

Der Gott des Alpha und der Gott des Omega. Eine Pfingstbetrachtung 109

322 Grenzen der Naturerkenntnis

Griechische und Römische Plastik. Renaissance-Plastik (Mappe IX) 292

Die große und die kleine Welt. Siehe: Makrokosmos und Mikrokosmos

Die großen Eingeweihten 53

336 (Die großen Fragen der Zeit und die anthroposophische Geisterkenntnis)

Grundbegriffe der Geisteswissenschaft. Siehe: Ursprung und Ziel des Menschen

Grundbegriffe der Theosophie 53

93a Grundelemente der Esoterik

Die Grundfrage der Erkenntnistheorie mit besonderer Rücksicht auf Fichte's Wissenschaftslehre 3, E 1891

216 Die Grundimpulse des weltgeschichtlichen Werdens der Menschheit

Grundlagen einer geisteswissenschaftlichen Sinneslehre. Siehe: Über Gesundheit und Krankheit

Grundlegende Aufsätze zur Anthroposophie und Berichte aus der Zeitschrift «Luzifer» und «Lucifer-Gnosis». Siehe: Luzifer-Gnosis 1903-1908

27 Grundlegendes für eine Erweiterung der Heilkunst nach geisteswissenschaftlichen Erkenntnissen. Von Dr. Rudolf Steiner und Dr. Ita Wegman E 1925

2 Grundlinien einer Erkenntnistheorie der Goetheschen Weltanschauung mit besonderer Rücksicht auf Schiller, zugleich eine Zugabe zu «Goethes Naturwissenschaftlichen Schriften» in Kürschners «Deutscher National-Litteratur» E 1886

Grundlinien einer Erkenntnistheorie der Goetheschen Weltanschauung mit besonderer Rücksicht auf Schiller, zugleich eine Zugabe zu «Goethes Naturwissenschaftlichen Schriften» in Kürschners «Deutscher National-Litteratur». RSTb. Nr. 629. 2

Grundlinien einer Erkenntnistheorie der Goetheschen Weltanschauung. Wahrheit und Wissenschaft. RSTb. Nr. 1. 2, 3

Grundlinien einer okkulten Psychologie 207

Die Grundsteinlegung der Allgemeinen Anthroposophischen Gesellschaft 260

Grundsteinlegung, Vorträge und Ansprachen, Statutenberatung. Siehe: Die Weihnachtstagung zur Begründung der Allgemeinen Anthroposophischen Gesellschaft

Grundzüge einer modernen Weltanschauung. Siehe: Die Philosophie der Freiheit

K54.10 Gruppenseelen

Gutenbergs Tat als Markstein der Kulturentwicklung. Frühwerk Heft XIII. 31

Haeckel, die Welträtsel und die Theosophie 34, 54, E 1908

Haeckel und seine Gegner 30, E 1900

Hamerling. Siehe: Robert Hamerling

Handarbeit und Kunstgewerbe. Angaben von Rudolf Steiner. Siehe: Hedwig Hauck

Die Hauptströmungen der deutschen Literatur von der Revolutionszeit (1848) bis zur Gegenwart. Ludwig Jacobowski. John Henry Mackay, Idole und Beichten. Ein Wiener Dichter. Wieder ein Geist aus dem Volke. Die lachende Dame. Buchbesprechungen. Chronik. Frühwerk Heft XXI. 31, 32, 33

Hedwig Hauck, Handarbeit und Kunstgewerbe. Angaben von Rudolf Steiner K 53

315 Heileurythmie 313

198 Heilfaktoren für den sozialen Organismus
Das heilige Drama von Eleusis 42
317 Heilpädagogischer Kursus K 58
Das Hereinragen der geistigen Welt in die physische 261
Das Hereinwirken geistiger Wesenheiten in den Menschen 102
Die Hetze gegen das Goetheanum. I. Die Wahrheit über die Anthroposophie und deren Verteidigung wider Unwahrheit 250f, E 1920
Hilde Boos-Hamburger, Aus Gesprächen mit Rudolf Steiner über Malerei und einige Erinnerungen an die Zeit des ersten Goetheanum K 56
«Himmel und Erde werden vergehen, aber meine Worte werden nicht vergehen» 162
Himmelskunde in Beziehung zum Menschen und zur Menschenkunde. Siehe: Das Verhältnis der verschiedenen naturwissenschaftlichen Gebiete zur Astronomie
Hinter den Kulissen des äußeren Geschehens 178
Historische Gesichtspunkte zur auswärtigen Politik 335
Hochschule und öffentliches Leben. Sechs Aufsätze 31
Hochschulkurs. Siehe: Ansprachen und Vorträge zum Zweiten anthroposophischen Hochschulkurs
Hochschulpädagogik und öffentliches Leben. Frühwerk Heft VIII. 30, 31
Die Holzplastik Rudolf Steiners in Dornach. Siehe: Åke Fant/Arne Klingborg/A. John Wilkes
Homunkulus 63
Der Hüter der Schwelle. Seelenvorgänge in szenischen Bildern 14, E 1912
Der Hüter der Schwelle. Siehe: Entwürfe, Fragmente und Paralipomena zu den vier Mysteriendramen
Der Hüter der Schwelle. Siehe: Vier Mysteriendramen
Die Hygiene als soziale Frage 314
Das Ich als Bewußtseinserlebnis 206
Das Ich, der Gott im Innern und der Gott der äußeren Offenbarung 117, 124
Das Ich und die Sonne. Der Mensch innerhalb der Sternenkonstellation 204
Das Ich von außen wahrnehmbar, als Sprache und Gesang, als schöpferische Phantasie, als Innenerlebnis 161
Im Lichte des Lebens. Siehe: Ludwig Jacobowski
Die imaginative Offenbarung der Sprache 277
Der Impuls zum dreigliedrigen Organismus kein «bloßer Idealismus», sondern unmittelbar praktische Forderungen des Augenblicks 330
Impulse der Geisteswissenschaft für das praktische Leben. Soziale Kraft, Pädagogik, Wirtschaft 203
222 Die Impulsierung des weltgeschichtlichen Geschehens durch geistige Mächte 283
In Ausführung der Dreigliederung des sozialen Organismus 24, E 1920
In geänderter Zeitlage 186, E 1921
In geänderter Zeitlage. Siehe: Die soziale Grundforderung unserer Zeit
Der individualisierte Logos und die Kunst aus dem Worte den Geist, das Wesenhafte, herauszulösen 224
Der Individualismus in der Philosophie. Ein Überblick über die abendländische Philosophie seit Thales. Frühwerk Heft VII. 30
Individuelle Geistwesen und einheitlicher Weltengrund 178
178 Individuelle Geistwesen und ihr Wirken in der Seele des Menschen
243 Das Initiaten-Bewußtsein. Die wahren und die falschen Wege der geistigen Forschung

227 Initiations-Erkenntnis. Die geistige und physische Welt- und Menschheitsentwickelung in der Vergangenheit, Gegenwart und Zukunft vom Gesichtspunkte der Anthroposophie

228 Initiationswissenschaft und Sternenerkenntnis. Der Mensch in Vergangenheit, Gegenwart und Zukunft vom Gesichtspunkt der Bewußtseinsentwickelung 291

Der innere Aspekt des sozialen Rätsels. Die soziale Frage als Wendepunkt der Menschheitsentwickelung 193

193 Der innere Aspekt des sozialen Rätsels. Luziferische Vergangenheit, ahrimanische Zukunft

Innere Entwicklungsimpulse der Menschheit. Der Sinn des geschichtlichen Werdens 171

171 Innere Entwicklungsimpulse der Menschheit. Goethe und die Krisis des neunzehnten Jahrhunderts 273

Das innere Verhältnis der Sprache zu den Gedanken. Das Nibelungenlied und Wilhelm Jordan 161

153 Inneres Wesen des Menschen und Leben zwischen Tod und neuer Geburt E 1914

Das innerliche Erleben der Sprache. Siehe: Die soziale Frage als Seelenfrage

Intellektueller Sündenfall und spirituelle Sündenerhebung. Siehe: Lebendiges Naturerkennen

Das intime Element der mitteleuropäischen Kultur und das mitteleuropäische Streben 159

Die irdische Geistigkeit, der äußere Rechtsstaat und das Wirtschaftsleben 193

133 Der irdische und der kosmische Mensch E 1917

Irdische und kosmische Gesetzmäßigkeiten. Formkräfte und therapeutische Erkenntnisse 205

Irrtümer der Geistesforschung 62

Isis und Madonna 57

Isis und Madonna. Alteuropäisches Hellsehen. Die europäischen Mysterien und ihre Eingeweihten 57

Jacob Böhme 62

Jacobowski. Siehe: Ludwig Jacobowski

Der Jahreskreislauf als Atmungsvorgang der Erde. Die vier großen Festeszeiten des Jahres 223

223 Der Jahreskreislauf als Atmungsvorgang der Erde und die vier großen Festeszeiten. Die Anthroposophie und das menschliche Gemüt 229

Das XIX. Jahrhundert in Wort und Bild. Politische und Kultur-Geschichte von Hans Kraemer in Verbindung mit verschiedenen Autoren 33

Eine Jahrhundertbetrachtung 1823-1923. Das Entscheidende der Gegenwart 225

Jean Pauls ausgewählte Werke in acht Bänden. Mit einer Einleitung von Rudolf Steiner 33, E 1897

Jeshu ben Pandira, der Vorbereiter für ein Verständnis des Christus-Impulses 130

Jesus oder Christus 79

Das Johannes-Evangelium (Basel). Siehe: Menschheitsentwickelung und Christus-Erkenntnis

Das Johannes-Evangelium (Berlin). Siehe: Kosmogonie

103 Das Johannes-Evangelium (Hamburg) 277a, E 1909

112 Das Johannes-Evangelium im Verhältnis zu den drei anderen Evangelien, besonders zu dem Lukas-Evangelium (Kassel) E 1910

K54.17 Johanni-Imagination

Johanni-Stimmung. Der geschärfte Johanniblick 224, 277

Die Julfestzeit, die Christfest-Symbole und die welthistorische Stimmung anthroposophischer Vorstellungsart 125

Die Julzeit und die Christfeststimmung 125

K21 Die Kabiren 273

Kaiser Karl. Siehe: Arthur Graf Polzer-Hoditz

Kalender 1912/13. 40, E 1912

Kalewala. Siehe: Der Zusammenhang des Menschen mit der elementarischen Welt

Die Kardinalfrage des Wirtschaftslebens 79

Karl Heise, Entente-Freimaurerei und Weltkrieg. Ein Beitrag zur Historie des Weltkrieges und zum Verständnis der wahren Freimaurerei B 24/25

Karma als Schicksalsgestaltung des menschlichen Lebens 239

Das Karma der Anthroposophischen Gesellschaft und der Inhalt der anthroposophischen Bewegung 240

Das Karma der Unwahrhaftigkeit. Siehe: Zeitgeschichtliche Betrachtungen. Erster Teil

Das Karma der Unwahrhaftigkeit. Siehe: Zeitgeschichtliche Betrachtungen. Zweiter Teil

172 Das Karma des Berufes des Menschen in Anknüpfung an Goethes Leben

Das Karma des Materialismus 176, E 1922

Das Karma des Materialismus. Siehe: Menschliche und menschheitliche Entwickelungswahrheiten

Karma-Vorträge. Siehe: Esoterische Betrachtungen karmischer Zusammenhänge

Karmische Wirkungen 125, 168

Die karmischen Zusammenhänge der anthroposophischen Bewegung. 237

Die karmischen Zusammenhänge der anthroposophischen Bewegung. Siehe: Esoterische Betrachtungen karmischer Zusammenhänge. Band III

23 Die Kernpunkte der sozialen Frage in den Lebensnotwendigkeiten der Gegenwart und Zukunft 24, 217a, 330, E 1919

Die Kernpunkte der sozialen Frage in den Lebensnotwendigkeiten der Gegenwart und Zukunft. RSTb. Nr. 606. 23, 330

Kinder des Lucifer. Siehe: Edouard Schuré

Kinder des Lucifer. Siehe: Lucifer

Die Kinder des Luzifer und die Brüder Christi. Siehe: Der Orient im Lichte des Okzidents

Kindeskraft und Ewigkeitskraft. Eine Weihnachtsgabe 150

K51 Kleinodienkunst als goetheanistische Formensprache

Kleinodienkunst. Dramensiegel nach Hinweisen und Entwürfen von Rudolf Steiner. Siehe: Bertha Meyer-Jacobs

Konferenzen mit den Lehrern der Freien Walddorfschule in Stuttgart. Hefte 1-3: 300a; Hefte 3-6: 300b; Hefte 7-8: 300c

300a Konferenzen mit den Lehrern der Freien Waldorfschule in Stuttgart 1919-1924. Erster Band. Das erste und zweite Schuljahr 280, 293

300b Konferenzen mit den Lehrern der Freien Waldorfschule in Stuttgart 1919-1924. Zweiter Band. Das dritte und vierte Schuljahr 24, 280, 298

300c Konferenzen mit den Lehrern der Freien Waldorfschule in Stuttgart 1919-1924. Dritter Band. Das fünfte und sechste Schuljahr 24, 280

Die Konsequenzen der Dreigliederung für Grund und Boden 335

260a Die Konstitution der Allgemeinen Anthroposophischen Gesellschaft und der Freien Hochschule für Geisteswissenschaft. Der Wiederaufbau des Goetheanum 1924-1925 26, 36, 37, 217a, 277, 277a, 280, 286, 308, 327

Die Konstitution der Freien Hochschule für Geisteswissenschaft. Ihre Gliederung in Sektionen 260a

Kopernikus und seine Zeit 61

K52.7 Kopfstudie

Kosmische Dichtungen 40, 277a

90f (Kosmische Geschichte. Esoterik in der griechischen und germanischen Mythologie)

Kosmische und menschliche Geschichte, Band I-VII. Reihe in der Gesamtausgabe 170, 171, 172, 173, 174, 174a, 174b

Kosmische und menschliche Geschichte. Reihe I-V. 170, 171, 172

Kosmische und menschliche Metamorphose 175, E 1921

Kosmische und menschliche Metamorphose. Siehe: Bausteine zu einer Erkenntnis des Mysteriums von Golgatha

Die kosmische Vorgeschichte der Menschheit. Raum und Zeit. Das Reich der Dauer und das Reich der Vergänglichkeit. Das Geschichtsleben der Menschheit II. 184, 250f

Die kosmische Vorgeschichte der Menschheit. Siehe: Die Polarität von Dauer und Entwickelung im Menschenleben

94 Kosmogonie. Populärer Okkultismus. Das Johannes-Evangelium. Die Theosophie an Hand des Johannes-Evangeliums B 56

Kosmologie, Religion und Philosophie 25

25 Kosmologie, Religion und Philosophie. Auto-Referate zu den zehn Vorträgen des «Französischen Kurses» vom 6. bis 15. September 1922

Krankheit und Entwicklungsgeschehen 59

Krankheit und Entwicklungsgeschehen. Medizinische Schriftenreihe, 4. Heft 59

Krankheitswahn und Gesundheitsfieber 56

68 (Der Kreislauf des Menschen innerhalb der Sinnes-, Seelen- und Geisteswelt)

Der Kreislauf des Menschen innerhalb der Sinnes-, Seelen- und Geisteswelt. Das Leben nach dem Tode, eine Tatsache der Wirklichkeit 68

Die Kultur der Gegenwart im Spiegel der Theosophie 34, E 1908

225 Kulturphänomene. Drei Perspektiven der Anthroposophie

Das künftige Jupiterdasein und seine Wesenheiten 275

281 Die Kunst der Rezitation und Deklamation 277, 250f

311 Die Kunst des Erziehens aus dem Erfassen der Menschenwesenheit

Die Kunst des Heilens vom Gesichtspunkte der Geisteswissenschaft 319

Die Kunst des Heilens vom Gesichtspunkte der Geisteswissenschaft. RSTb. Nr. 630. 319

Die Kunst des mündlichen Vortrags 281

275 Kunst im Lichte der Mysterienweisheit 291

Kunst im Lichte der Mysterienweisheit. Heft I: 275; II: 271; III: 283; IV: 220; V: 283; VI: 222, 283; VII: 291; VIII: 202, 228; IX: 233a, 275, 276, 286, 291

271 Kunst und Kunsterkenntnis. Das Sinnlich-Übersinnliche in seiner Verwirklichung durch die Kunst 30

Kunst und Kunsterkenntnis. Das Sinnlich-Übersinnliche in seiner Verwirklichung durch die Kunst. RSTA. Nr. 12. 271

Kunst und Kunsterkenntnis. Die kosmische Sendung der Künste. Das Wesen der Künste 30, 271

162 Kunst und Lebensfragen im Lichte der Geisteswissenschaft 272

292 Kunstgeschichte als Abbild innerer geistiger Impulse. Band I: Textband

292 Kunstgeschichte als Abbild innerer geistiger Impulse. Band II: Bildband

Kunstgeschichte als Abbild innerer geistiger Impulse (Dreizehn Vorträge in 10 Mappen) 292

Künstlerische Handarbeiten nach Richtlinien und Entwürfen von Rudolf Steiner. Ausgearbeitet und mitgeteilt durch Louise van Blommestein K 53

276 Das Künstlerische in seiner Weltmission. Der Genius der Sprache. Die Welt des sich offenbarenden strahlenden Scheines. Anthroposophie und Kunst. Anthroposophie und Dichtung 291

Das Künstlerische in seiner Weltmission. Der Genius der Sprache und die Welt des in der Farbe sich offenbarenden strahlenden Scheines 276, 291

Kürschners Quart-Lexikon 46

Kürschners Taschen-Konversations-Lexikon 46

Kürschners Universal Konversations-Lexikon 46

Ein Kursus für Redner. Siehe: Wie wirkt man für den Impuls der Dreigliederung des sozialen Organismus?

Landwirtschaft und Industrie. Neuordnung des Bodenrechtes als soziale Forderung der Gegenwart 335

Landwirtschaftlicher Kursus 327

Landwirtschaftlicher Kursus. Siehe: Geisteswissenschaftliche Grundlage zum Gedeihen der Landwirtschaft

Laut-Eurythmie-Kurs. Siehe: Eurythmie als sichtbare Sprache

Das Leben zwischen der Geburt und dem Tode als Spiegelung des Lebens zwischen Tod und neuer Geburt. Gebete für Mütter und Kinder 40, 161

141 Das Leben zwischen dem Tode und der neuen Geburt im Verhältnis zu den kosmischen Tatsachen E 1916

Die lebendige Wechselwirkung zwischen Lebenden und Toten. Siehe: Okkulte Untersuchungen über das Leben zwischen Tod und neuer Geburt

Die lebendige Wechselwirkung zwischen Lebenden und Toten. Die Umwandlung menschlich-irdischer Kräfte zu Kräften der hellseherischen Forschung 140

(Das lebendige Wesen der Anthroposophie und seine Pflege). Aufsätze und Niederschriften zur Geschichte der anthroposophischen Bewegung und der Anthroposophischen Gesellschaft 1902-1925

220 Lebendiges Naturerkennen. Intellektueller Sündenfall und spirituelle Sündenerhebung 217a

Lebendiges Naturerkennen. Intellektueller Sündenfall und spirituelle Sündenerhebung 220

Lebensfragen der theosophischen Bewegung 34, E 1910

Lebensfragen im Lichte der Geisteswissenschaft. Siehe: Wege und Ziele des geistigen Menschen

Lebensgang. Siehe: Mein Lebensgang

Die Lehren des Auferstandenen. Betrachtungen über das Mysterium von Golgatha 221

Leitsätze. Siehe: Anthroposophische Leitsätze

Leser und Kritiker. Friedrich Schiller. Ferdinand Freiligrath. Hoffmann von Fallersleben. Wilhelm Jordan. Willibald Alexis. Wolfgang Menzel. Frühwerk Heft XX. 32, 33

Letzte Ansprache. Siehe: Ansprache am Vorabend zu Michaeli

Licht, Farbe, Ton. Masse, Elektrizität, Magnetismus. Siehe: Geisteswissenschaftliche Impulse zur Entwickelung der Physik

K54.11 Licht und Finsternis

Die Liebe und ihre Bedeutung in der Welt 143

Lionardo. Michelangelo. Raffael (Mappe II) 292

Lionardos geistige Größe am Wendepunkt zur neueren Zeit 62

Literatur und geistiges Leben im neunzehnten Jahrhundert. Siehe: Biographien und biographische Skizzen 1894-1905

Louise van Blommestein, Künstlerische Handarbeiten nach Richtlinien und Entwürfen von Rudolf Steiner K 33

Lucifer. Siehe auch: Luzifer

Lucifer. Die Kinder des Lucifer 34, 54

Lucifer. Die Kinder des Lucifer. Siehe: Rudolf Steiner/Edouard Schuré

Ludwig Anzengruber. Maria von Ebner-Eschenbach. Robert Hamerling. Fercher von Steinwand. Marie Eugenie delle Grazie. Rosa Mayreder. Buchbesprechungen. Chronik. Frühwerk Heft XXIII. 32

Ludwig Jacobowski, Im Lichte des Lebens 32

Ludwig Jacobowski, Leben und Werk des Dichters. Lyrik der Gegenwart. Ein Überblick 1899. Neue Bücher. Frühwerk Heft XXVI. 32, 33

Ludwig Jacobowski «Leuchtende Tage» 32

Ludwig Uhland. Siehe auch: Uhland 33

Ludwig Uhland. Eine Biographie. Sonderdruck zum 150. Geburtstag des Dichters am 26. April 1937 33

114 Das Lukas-Evangelium E 1917

Luzifer. Siehe auch: Lucifer

Luzifer und Christus. Siehe: Das christliche Mysterium

34 Luzifer-Gnosis 1903-1908. Grundlegende Aufsätze zur Anthroposophie und Berichte aus der Zeitschrift «Luzifer» und «Lucifer-Gnosis» 11, 54, 284

Luziferische Vergangenheit, ahrimanische Zukunft im Lichte der Gegenwart 193

Luziferische Vergangenheit, ahrimanische Zukunft. Siehe: Der innere Aspekt des sozialen Rätsels

Luziferisches und Ahrimanisches in ihrem Verhältnis zum Menschen 35

Lyrik der Gegenwart 33, E 1900

K52.8 Madonna

119 Makrokosmos und Mikrokosmos. Die große und die kleine Welt. Seelenfragen, Lebensfragen, Geistesfragen

41 (Mantrische Übertragungen aus dem Alten und Neuen Testament. Sprüche)

Das Märchen 22

Die Märchen aus den Mysteriendramen von Rudolf Steiner 14

Das Märchen vom Quellenwunder 14

Märchendeutungen 108

Märchendichtungen im Lichte der Geistesforschung 62

Märchendichtungen im Lichte der Geistesforschung. Märchendeutungen 62, 108

Marie Groddeck, Die Schulskizzen von Rudolf Steiner K 52

139 Das Markus-Evangelium E 1918

Materialismus und Mystik. Siehe: Gegensätze in der Menschheitsentwickelung

Der materialistische Erkenntnisimpuls und die Aufgabe der Anthroposophie. Siehe: Perspektiven der Menschheitsentwickelung

Der materialistische Erkenntnisimpuls und seine Bedeutung für die ganze Menschheitsentwickelung 204

Die materialistische Weltanschauung des neunzehnten Jahrhunderts. Symptomatische Entwicklungen. Tatsachen und Persönlichkeiten 204

Mathematik, wissenschaftliches Experiment, Beobachtung und Erkenntnisergebnisse vom Gesichtspunkte der Anthroposophie 324

123 Das Matthäus-Evangelium E 1918

Max Seiling, Theosophie und Christentum. Ein Fingerzeig für solche, die sich über Theosophie belehren wollen. Mit einem Nachwort von Dr. Rudolf Steiner 37

Max Stirner. Dreyfuß. Maeterlinck. Balzac. Frühwerk Heft XXIV. 31, 32

Meditation und Konzentration. Die drei Arten des Hellsehens 161

Meditativ erarbeitete Menschenkunde. Vier Vorträge gehalten für unterrichtende Erzieher Stuttgart 1920. 302a

316 Meditative Betrachtungen und Anleitungen zur Vertiefung der Heilkunst

Medizinische Schriftenreihe, erste Folge. Siehe: Schriftenreihe der Medizinischen Sektion am Goetheanum

Medizinische Schriftenreihe, zweite Folge. Heft I-V. I: 107; II: 55, 174a; III: 55, 143, 314; IV: 319; V: 319

28 Mein Lebensgang. Eine nicht vollendete Autobiographie, mit einem Nachwort herausgegeben von Marie Steiner 1925. 284, E 1925

Mein Lebensgang. Eine nicht vollendete Autobiographie, mit einem Nachwort herausgegeben von Marie Steiner 1925. RSTA. Nr. 13. 28, 284, E 1925

Mein Lebensgang. Eine nicht vollendete Autobiographie, mit einem Nachwort herausgegeben von Marie Steiner 1925. RSTb. Nr. 636 28, 284, E 1925

Der Mensch als Abbild geistiger Wesen und geistiger Wirksamkeiten auf Erden 228

Der Mensch als Ergebnis des Zusammenwirkens von Luzifer und Ahriman 158

Der Mensch als Gedankenwesen. Kosmische Gestaltungskräfte 205

Der Mensch als geistiges Wesen im historischen Werdegang. Siehe: Menschenwerden, Weltenseele und Weltengeist

Der Mensch als leiblich-seelische Wesenheit in seinem Verhältnis zur Welt. Siehe: Menschenwerden, Weltenseele und Weltengeist

Der Mensch als Sinneswesen und Wahrnehmungswesen. Befunde der Seelenbeobachtung 206

230 Der Mensch als Zusammenklang des schaffenden, bildenden und gestaltenden Weltenwortes

Der Mensch, eine Hieroglyphe des Weltenalls. Siehe: Entsprechungen zwischen Mikrokosmos und Makrokosmos

K54.15 Der Mensch im Geiste

137 Der Mensch im Lichte von Okkultimus, Theosophie und Philosophie E 1913

K54.19 Der Mensch in Beziehung zu den Planeten

Der Mensch in der sozialen Ordnung. Individualität und Gemeinschaft 305

Der Mensch in seinem Verhältnis zu den übersinnlichen Welten 61

Der Mensch in seinem Zusammenhang mit dem Kosmos, Band I-IX. Reihe in der Gesamtausgabe 201, 202, 203, 204, 205, 206, 207, 208, 209

Der Mensch in seinem Zusammenhange mit dem Kosmos I-V. 207, 208, 250f

Der Mensch in Vergangenheit, Gegenwart und Zukunft 228

Der Mensch in Vergangenheit, Gegenwart und Zukunft vom Gesichtspunkt der Bewußtseinsentwickelung. Siehe: Initiationswissenschaft und Sternenerkenntnis

Der Mensch und sein Verhältnis zur Geistwelt im Wandel der Zeiten. Siehe: Das Geheimnis der Trinität

Mensch und Welt. Das Wirken des Geistes in der Natur 351

351 Mensch und Welt. Das Wirken des Geistes in der Natur. Über das Wesen der Bienen

Des Menschen Äusserung durch Ton und Wort 283

302 Menschenerkenntnis und Unterrichtsgestaltung

213 Menschenfragen und Weltenantworten

Menschenfragen und Weltenantworten. Die menschliche Wesenheit in Beziehung zum planetarischen Leben 213

Menschengeschichte, Gegenwart und Zukunft im Lichte der Geisteswissenschaft 61

61 Menschengeschichte im Lichte der Geistesforschung

Menschengeschichte im Lichte der Geistesforschung. Reihe I-VI, VIII, IX, XI-XVI 61

Menschenrätsel. Siehe: Vom Menschenrätsel

157 Menschenschicksale und Völkerschicksale

Menschenschicksale und Völkerschicksale. Schicksalsbildung und Leben nach dem Tode 157, 157a

Menschenseele in Leben und Tod 64

Menschenseele und Tierseele. Menschengeist und Tiergeist 60

206 Menschenwerden, Weltenseele und Weltengeist. Der Mensch als geistiges Wesen im historischen Werdegang

205 Menschenwerden, Weltenseele und Weltengeist. Der Mensch als leiblich-seelische Wesenheit in seinem Verhältnis zur Welt

Menschenwerden, Weltenseele und Weltengeist. Reihe I-V. 205, 206

Menschenwerden, Weltenseele und Weltengeist. Sammelband I-V. 205, 206

226 Menschenwesen, Menschenschicksal und Welt-Entwickelung

Menschenwissenschaft und Sozialwissenschaft. Siehe: Der Goetheanismus, ein Umwandlungsimpuls und Auferstehungsgedanke

100 Menschheitsentwickelung und Christus-Erkenntnis. Theosophie und Rosenkreuzertum. Das Johannes-Evangelium

Das menschliche Leben vom Gesichtspunkte der Geisteswissenschaft (Anthroposophie) 35, E 1917

Das menschliche Leben vom Gesichtspunkte der Geisteswissenschaft (Anthroposophie) und weitere Schriften. RSTb. Nr. 612. 35

Menschliche und menschheitliche Entwicklungswahrheiten 175, 176, E 1922

224 Die menschliche Seele in ihrem Zusammenhang mit göttlich-geistigen Individualitäten. Die Verinnerlichung der Jahresfeste B 65/66

Das menschliche Seelenleben im Zusammenhange mit der Weltentwicklung 212

212 Menschliches Seelenleben und Geistesstreben im Zusammenhange mit Welt- und Erdentwickelung

151 Der menschliche und der kosmische Gedanke E 1915

Menschliche und menschheitliche Entwicklungswahrheiten 176

176 Menschliche und menschheitliche Entwicklungswahrheiten. Das Karma des Materialismus

Menschliche Verantwortlichkeit, Weltverantwortlichkeit, Menschheitskultur 72, 191, 329

Menschliches Geistesstreben im Zusammenhang mit der Erdentwicklung 212

Metamorphosen des Seelenlebens 59

Metamorphosen des Seelenlebens. RSTb. Nr. 603 59

58 Metamorphosen des Seelenlebens. Pfade der Seelenerlebnisse. Erster Teil

59 Metamorphosen des Seelenlebens. Pfade der Seelenerlebnisse. Zweiter Teil

308 Die Methodik des Lehrens und die Lebensbedingungen des Erziehens 37

280 Methodik und Wesen der Sprachgestaltung 36, 277

30 Methodische Grundlagen der Anthroposophie 1884-1901. Gesammelte Aufsätze zur Philosophie, Naturwissenschaft, Ästhetik und Seelenkunde 271

Michael gegen Michel. Siehe: Roman Boos

Die Michael-Imagination. Geistige Meilenzeiger im Jahreslauf 229

Der Michael-Impuls und das Mysterium von Golgatha 152

Das Michael-Mysterium 26

Das Michael-Mysterium. Siehe: Anthroposophische Leitsätze

Michaels Kampf für die Reinheit des geistigen Horizontes 174a

Michaels Kampf und seine Wiederspiegelung auf Erden. Siehe: Zeichen der Zeit 174a

Michelangelo und seine Zeit vom Gesichtspunkte der Geisteswissenschaft 63

127 Die Mission der neuen Geistesoffenbarung. Das Christus-Ereignis als Mittelpunktsgeschehen der Erdenevolution

Die Mission des Christian Rosenkreutz, deren Charakter und Aufgabe 130

121 Die Mission einzelner Volksseelen im Zusammenhange mit der germanisch-nordischen Mythologie E 1911

Die Mission einzelner Volksseelen im Zusammenhange mit der germanisch-nordischen Mythologie. RSTb Nr. 613. 121

229 Das Miterleben des Jahreslaufes in vier kosmischen Imaginationen 223, K 58

Mitteilungen für die Mitglieder der Anthroposophischen Gesellschaft (theosophischen Gesellschaft), herausgegeben von Mathilde Scholl 37

Mitteilungen für die Mitglieder der Deutschen Sektion der Theosophischen Gesellschaft (Hauptquartier Adyar), herausgegeben von Mathilde Scholl 37

174a Mitteleuropa zwischen Ost und West

Mittelmotiv für die Malerei der kleinen Kuppel: Der Menschheitsrepräsentant zwischen Luzifer und Ahriman K 14.1

Der Modellbau von Malsch und das erste Goetheanum. Siehe: Erich Zimmer

K55.1 Der Mondenreiter

Die Moral im Lichte der Geistesforschung 62

Moralische Antriebe und physische Wirksamkeit im Menschenwesen. Das Erfassen eines Geistesweges 221

Das moralische Erleben der Farben- und Tonwelt. Plastisch-architektonisches Bilden 275, 291

Morgenstern. Siehe: Christian Morgenstern

Der Münchner Kongreß Pfingsten 1907 und seine Auswirkungen. Siehe: Bilder okkulter Siegel und Säulen

Die Mysterien des Geistes, des Sohnes und des Vaters 97

Die Mysterien des Lichtes, des Raumes, der Erde und ihre Gegenspiegelung in den drei Strömungen der materialistischen Zivilisation 194

144 Die Mysterien des Morgenlandes und des Christentums E 1913

Mysteriendramen. Siehe: Vier Mysteriendramen

Mysteriendramen. Band I. Die Pforte der Einweihung. Die Prüfung der Seele. RSTb. Nr. 607. 14

Mysteriendramen. Band II. Der Hüter der Schwelle. Der Seelen Erwachen. RSTb. Nr. 608. 14

232 Mysteriengestaltungen

Die Mysterien des Geistes, des Sohnes und des Vaters. Eine Osterbetrachtung 96

233a Mysterienstätten des Mittelalters. Rosenkreuzertum und modernes Einweihungsprinzip. Das Osterfest als ein Stück Mysteriengeschichte der Menschheit 291

Mysterienwahrheiten und Weihnachtsimpulse 180

180 Mysterienwahrheiten und Weihnachtsimpulse. Alte Mythen und ihre Bedeutung

Das Mysterium von Golgatha 148

Die Mystik im Aufgange des neuzeitlichen Geisteslebens und ihr Verhältnis zu modernen Weltanschauungen 7, E 1901

7 Die Mystik im Aufgange des neuzeitlichen Geisteslebens und ihr Verhältnis zur modernen Weltanschauung

Die Mystik im Aufgange des neuzeitlichen Geisteslebens und ihr Ver hältnis zur modernen Weltanschauung. RSTb. Nr. 623. 7

Mythen und Zeichen 101

101 (Mythen und Zeichen. Okkulte Zeichen und Symbole) 284

Nachrichten der Rudolf Steiner-Nachlaßverwaltung. Siehe: 1. Teil «Rudolf Steiner Gesamtausgabe» Abteilung D. Beiträge zur Rudolf Steiner Gesamtausgabe

Der Nachtmensch und der Tagesmensch. In das reine Denken kann das Ich-Wesen hineingeschoben werden 221

Nachweis der Zitate zu «Die Rätsel der Philosophie» 18

340 Nationalökonomischer Kurs

341 Nationalökonomisches Seminar

Nationalökonomisches Seminar (Studienmaterial zur Sozialwissenschaft. Band I) 341

98 Natur- und Geistwesen. Ihr Wirken in unserer sichtbaren Welt

352 Natur und Mensch in geisteswissenschaftlicher Betrachtung

Die Natur und unsere Ideale. Sendschreiben an die Dichterin des «Hermann»: M.E. delle Grazie 30, E 1886

324 Naturbeobachtung, Mathematik, wissenschaftliches Experiment und Erkenntnisergebnisse vom Gesichtspunkte der Anthroposophie

Naturgrundlagen der Ernährung. Ernährung des Menschen I. ThGw. Nr. 6. 57, 96, 347, 350, 351, 352, 354

Die Naturwissenschaft und die weltgeschichtliche Entwickelung der Menschheit seit dem Altertum 325

Naturwissenschaft und Geistesforschung 62

Naturwissenschaft und Seelenkunde. Frühwerk Heft XIX / Band IV. 30, 31

Naturwissenschaftlicher Kurs, Erster. Siehe: Geisteswissenschaftliche Impulse zur Entwickelung der Physik

Naturwissenschaftlicher Kurs, Zweiter. Siehe: Geisteswissenschaftliche Impulse zur Entwickelung der Physik

Nervosität und Ichheit 143

200 Die neue Geistigkeit und das Christus-Erlebnis des zwanzigsten Jahrhunderts

Mysterienstätten des Mittelalters. Rosenkreuzertum und modernes Einweihungsprinzip 233a, 291

Neues Denken und neues Wollen. Die drei Phasen der anthroposophischen Arbeit 257

K55.2 Neues Leben (Mutter und Kind)

Neues Leben. Eine Aquarellskizze K 55.2

330 Neugestaltung des sozialen Organismus 23, 24, 217a

Neujahrsbetrachtungen 165

K54.1 Neun Schulungsskizzen für Maler «Naturstimmungen»

Neun Vorträge über Bienenzucht 348, 351

Neun Vorträge über das Wesen der Bienen 348, 351

Neuorientierung des Erziehungswesens im Sinne eines freien Geisteslebens. Drei Vorträge über Volkspädagogik 192

Das Nibelungenlied und Wilhelm Jordan. Siehe: Das innere Verhältnis der Sprache zu den Gedanken

Niederländische Malerei, vornehmlich des fünfzehnten Jahrhunderts (Mappe VI) 292

Nietzsche. Siehe auch: Friedrich Nietzsche

Nietzsches Seelenleben und Richard Wagner. Zur deutschen Weltanschauungs-Entwicklung der Gegenwart 65

209 Nordische und mitteleuropäische Geistimpulse. Das Fest der Erscheinung Christi

Die Not nach dem Christus. Die Aufgabe der akademischen Jugend. Die Herz-Erkenntnis des Menschen 217a, 220, 250f, 274

246 (Notizen von Erläuterungen in Esoterischen Stunden. Anweisungen für eine esoterische Schulung. Aus den Inhalten der «Esoterischen Schule». Zweiter Teil)

Die Notwendigkeit neuer geistiger Erkenntnismethoden, eine Forderung der Gegenwart 192

166 Notwendigkeit und Freiheit im Weltengeschehen und im menschlichen Handeln E 1920

Novalis, der Seher und Christuskünder. Siehe: Das Weihnachtsmysterium

Die Oberuferer Spiele. Siehe: Weihnachtspiele aus altem Volkstum

Östliche und westliche Kultur in geistiger Beleuchtung. Die Aufgaben einer Anthroposophischen Gesellschaft in der Gegenwart 207, 250f

Offenbarung aus den Höhen und Friede auf Erden. Weihnachten in schicksalsschwerster Zeit 173

Die Offenbarung der eigentlichen Geheimnisse des Menschenwesens. Siehe: Die Sendung Michaels

Die Offenbarung der sprechenden Seele. Siehe: Erythmie

120 Die Offenbarungen des Karma E 1911

Die Offenbarungen des Karma. RSTb. Nr. 620. 120

Die okkulte Bewegung im 19. Jahrhundert 254

Die okkulte Bewegung im neunzehnten Jahrhundert und ihre Beziehung zur Weltkultur 254

254 Die okkulte Bewegung im neunzehnten Jahrhundert und ihre Beziehung zur Weltkultur. Bedeutsames aus dem äußeren Geistesleben um die Mitte des neunzehnten Jahrhunderts

126 Okkulte Geschichte. Esoterische Betrachtungen karmischer Zusammenhänge von Persönlichkeiten und Ereignissen der Weltgeschichte

Okkulte Geschichte Persönlichkeiten und Ereignisse der Weltgeschichte im Lichte der Geisteswissenschaft 126, E 1911

128 Eine okkulte Physiologie

Okkulte Psychologie. Die Wissenschaft vom Werden des Menschen 183

Okkulte Psychologie. Siehe: Grundlinien einer okkulten Psychologie

140 Okkulte Untersuchungen über das Leben zwischen Tod und neuer Geburt. Die lebendige Wechselwirkung zwischen Lebenden und Toten

Okkulte Untersuchungen über das Leben zwischen Tod und neuer Geburt 140

Okkulte Wissenschaft und okkulte Entwicklung. Christus zur Zeit des Mysteriums von Golgatha und Christus im 20. Jahrhundert 152

Okkulte Zeichen und Symbole. Siehe: Mythen und Zeichen

Die okkulten Gesichtspunkte des Stuttgarter Baues. In welchem Sinne sind wir Theosophen und in welchem Sinne sind wir Rosenkreuzer? 284

146 Die okkulten Grundlagen der Bhagavad Gita E 1914

156 Okkultes Lesen und okkultes Hören

Okkultes Lesen und okkultes Hören 156

Olaf Åsteson. Siehe: Der Zusammenhang des Menschen mit der elementarischen Welt

Olaf Åsteson (Das Wachen des Erdgeistes) 158

113 Der Orient im Lichte des Okzidents. Die Kinder des Luzifer und die Brüder Christi E 1910

Der Orient im Lichte des Okzidents. Die Kinder des Luzifers und die Brüder Christi. RSTb. Nr. 624. 113

Orientierungskurs für die anthroposophischen und Dreigliederungsarbeit in der Schweiz 339

Orientierungskurs für die öffentliche Wirksamkeit mit besonderem Hinblick auf die Schweiz. Siehe: Anthroposophie, soziale Dreigliederung und Redekunst

Das Osterfest 109

Das Osterfest als ein Stück Mysteriengeschichte der Menschheit. Siehe: Mysterienstätten des Mittelalters

Das Osterfest als ein Stück Mysteriengeschichte der Menschheit 233a

Der Ostergedanke. Die Himmelfahrtsoffenbarung und das Pfingstgeheimnis 203, 224

Oster-Kurs für Ärzte und Medizinstudierende 316

K55.3 Ostern (Drei Kreuze)

Ostern, das Fest der Mahnung 198

Ostern, das Mysterium der Zukunft 102

Ostern. Das Mysterium von Golgatha 96

Ostern. Eine Aquarellskizze K 55.3

Ostern und Pfingsten 1915. 272

Pädagogik und Kunst. Pädagogik und Moral 36, 277, 281, 304a

Die pädagogische Grundlage und Zielsetzung der Waldorfschule 24, 298, 300b, 300c

306 Die pädagogische Praxis vom Gesichtspunkte geisteswissenschaftlicher Menschenerkenntnis. Die Erziehung des Kindes und jüngeren Menschen 277

310 Der pädagogische Wert der Menschenerkenntnis und der Kulturwert der Pädagogik

Pädagogischer Grundkurs für die Lehrer der Freien Waldorfschule. Erster Teil. Siehe: Allgemeine Menschenkunde als Grundlage der Pädagogik. Zweiter Teil. Siehe: Erziehungskunst. Methodisch-Didaktisches

Pädagogischer Jugendkurs 217

Pädagogischer Jugendkurs. Siehe: Geistige Wirkenskräfte im Zusammenleben von alter und junger Generation

Pädagogischer Kurs Basel 1920. 301

Pädagogisch-Künstlerisches aus der Freien Waldorfschule 298

Eine Pastellskizze: Die Heiligen Drei Könige K 54.22

318 Pastoral-Medizinischer Kurs K 58

Paul. Siehe: Jean Paul

Persönlichkeiten und Ereignisse der Weltgeschichte im Lichte der Geisteswissenschaft. Siehe: Okkulte Geschichte

Perspektiven der Menschheitsentwickelung 204

204 Perspektiven der Menschheitsentwickelung. Der materialistische Erkenntnisimpuls und die Aufgabe der Anthroposophie

Pfade der Seelenerlebnisse 58

Pfade der Seelenerlebnisse. RSTb. Nr. 622 59

Pfade der Seelenerlebnisse. Siehe: Methamorphosen des Seelenlebens. Erster Teil. Zweiter Teil

Pfingsten 118

Pfingsten, das Fest der freien Individualität 118

Pfingsten, das Fest der freien Individualität. Das Pfingstfest des seelischen Zusammenstrebens und des Arbeitens an der Vergeistigung der Welt 98, 101, 118

Pfingsten im Jahreslauf 162

Der Pfingstgedanke als Empfindungsgrundlage zum Begreifen des Karma 236

Die Pforte der Einweihung (Initiation). Ein Rosenkreuzertum 14, E 1910

Die Pforte der Einweihung. Siehe: Entwürfe, Fragmente und Paralipomena zu den vier Mysteriendramen

Die Pforte der Einweihung. Siehe: Vier Mysteriendramen

Philosophen der Neuzeit. Der Sternenhimmel und der Zusammenhang des Menschen mit den Hierarchien 353

Die Philosophie der Freiheit. Grundzüge einer modernen Weltanschauung. Beobachtungs-Resultate nach naturwissenschaftlicher Methode 4, E 1894

4 Die Philosophie der Freiheit. Grundzüge einer modernen Weltanschauung. Seelische Beobachtungsresultate nach naturwissenschaftlicher Methode

Die Philosophie der Freiheit. Grundzüge einer modernen Weltanschauung. Seelische Beobachtungsresultate nach naturwissenschaftlicher Methode. RSTA. Nr. 11. 4

Die Philosophie der Freiheit. Grundzüge einer modernen Weltanschauung. Seelische Beobachtungsresultate nach naturwissenschaftlicher Methode. RSTb. Nr. 627. 4

74 Die Philosophie des Thomas von Aquino

Die Philosphie des Thomas von Aquino. RSTb. 605. 74

Philosophie, Kosmologie und Religion 215

215 Die Philosophie, Kosmologie und Religion in der Anthroposophie «Französischer Kurs»

35 Philosophie und Anthroposophie. Gesammelte Aufsätze 1904-1918. B 10, B 11, B 12

Philosophie und Theosophie 35, E 1908

Physiognomisches. Karikaturen K 48

Physiologisch-Therapeutisches auf Grundlage der Geisteswissenschaft 314

314 Physiologisch-Therapeutisches auf Grundlage der Geisteswissenschaft. Zur Therapie und Hygiene

Pierers Konversationslexikon 46

Planetentanz. Zwölf Stimmungen. Vortrag. Das Lied von der Initiation, eine Satire 40, 277a

184 Die Polarität von Dauer und Entwickelung im Menschenleben. Die kosmische Vorgeschichte der Menschheit 250f

Populärer Okkultismus. Siehe: Kosmogonie

Praktische Ausbildung des Denkens 108, E 1921

109 Prinzip der spirituellen Ökonomie im Zusammenhang mit Wiederverkörperungsfragen. Ein Aspekt der geistigen Führung der Menschheit

73a (Proben über die Beziehungen der Geisteswissenschaft zu den einzelnen Fachwissenschaften)

Das Problem des Todes im Zusammenhang mit der künstlerischen Auffassung des Lebens 161

Die Prüfung der Seele. Siehe: Entwürfe, Fragmente und Paralipomena zu den vier Mysteriendramen

Die Prüfung der Seele. Siehe: Vier Mysteriendramen

Die Prüfung der Seele. Szenisches Lebensbild als Nachspiel zur Pforte der Einweihung 14, E 1911

Die psychologischen Grundlagen und die erkenntnistheoretische Stellung der Theosophie (Sonderdruck) 35

Das pythische, das prophetische und das geisteswissenschaftliche Hellsehen. Wege der geistigen Erkenntnis 275

Die Quellen der künstlerischen Phantasie und die Quellen der übersinnlichen Erkenntnis 271

18 Die Rätsel der Philosophie in ihrer Geschichte als Umriß dargestellt E 1914

Die Rätsel der Philosophie in ihrer Geschichte als Umriß dargestellt. RSTb. Band 1. Nr 610. 18

Die Rätsel der Philosophie in ihrer Geschichte als Umriß dargestellt. RSTb. Band 2. Nr. 611. 18

Die Rätsel des inneren Menschen. Das Herannahen der Michaelkraft 224

Das Rätsel des Menschen 170

170 Das Rätsel des Menschen. Die geistigen Hintergründe der menschlichen Geschichte

Das Rätsel des Menschen, sein irdischer und sein kosmischer Ursprung 170

Das Rätsel des Todes. Siehe: Wie begreift man Krankheit und Tod?

Die Rätsel in Goethes «Faust», exoterisch und esoterisch 57

Die Rätsel unserer Zeit 193, 333
Raffael «Disputa», «Schule von Athen». Ikonen. Miniaturen. Deutsche Meister. Altchristliche Plastik. Sarkophage und Reliefe. Bernward von Hildesheim (Mappe X, XI, XII) 292
Raffael, Dürer und andere Deutsche Meister (Mappe VIII) 292
Raphaels Mission im Lichte der Wissenschaft vom Geiste 62
Der Raub der Proserpina. Siehe: Bibl.-Nr. 42
Rednerkurs 338
Rednerkurs und Agitatoren-Kurs. Siehe: Wie wirkt man für den Impuls der Dreigliederung des sozialen Organismus?
Das Reich der Sprache. Die Sprache als Spiegelung des Lebens höherer Wesen 162
Reinkarnation und Karma und andere Aufsätze. RSTA. Nr. 4 34, 35, 36
Reinkarnation und Karma und ihre Bedeutung für die Kultur der Gegenwart 135
Reinkarnation und Karma. Vom Standpunkte der modernen Naturwissenschaft notwendige Vorstellungen 34, E 1909
Reinkarnation und Karma. Vom Standpunkte der modernen Naturwissenschaft notwendige Vorstellungen. Wie Karma wirkt 34
343 (Religiös-theologischer Lehrkurs)
Rembrandt (Mappe V) 292
Rex Raab/Arne Klingborg/Åke Fant, Sprechender Beton K 10, K 57
Rhythmen im Kosmos und im Menschenwesen 350
350 Rhythmen im Kosmos und im Menschenwesen. Wie kommt man zum Schauen der geistigen Welt? Vom Wirken des Ätherischen und Astralischen im Menschen und in der Erde. Ursprung und Bedeutung der Kulte. Ernährungsfragen
319 Richtlinien zum Verständnis für die auf anthroposophischer Geisteswissenschaft aufgebaute Heilmethode
Robert Hamerling, ein Dichter und ein Denker und ein Mensch. Eine Denkschrift 154
Roman Boos, Michael gegen Michel. Kartharsis des Deutschtums 1914-1925 24
Die romatische und die klassische Walpurgisnacht. Siehe: Geisteswissenschaftliche Erläuterungen zu Goethes «Faust». Band II
Das rosenkreuzerische Christentum 130
Rosenkreuzerisches Weistum in der Märchendichtung 124
Rosenkreuzertum und modernes Einweihungsprinzip. Siehe: Mysterienstätten des Mittelalters
Rudolf Steiner als Architekt von Wohn- und Zweckbauten. Siehe: Erich Zimmer
Rudolf Steiner als illustrierender Künstler K 45
Rudolf Steiner/Edouard Schur, Lucifer. Die Kinder des Lucifer 34, 42, 54
298 Rudolf Steiner in der Waldorfschule 24, 300b
Rudolf Steiner über Schauspielkunst. (Eine Fragenbeantwortung) 282
Rudolf Steiner und die Zivilisationsaufgaben der Anthroposophie. Ein Rückblick auf das Jahr 1923. 250f, 284
Rudolf Steiner und unsere Toten 154, 157, 261
Rudolf Steiner während des Weltkrieges 24
Rudolf Steiner, Wesen und Bedeutung der illustrativen Kunst K 45
Rudolf Steiners Farbenlehre 202, 228, 233a, 275, 276, 286, 291

Das russische Volkstum. Siehe: Der Zusammenhang des Menschen mit der elementarischen Welt

Sämtliche Einleitungen zur Herausgabe in «Kürschners Deutsche National-Litteratur» (1883 bis 1897). Siehe: Goethes Naturwissenschaftliche Schriften

Die Schaffung eines Michaelfestes aus dem Geiste heraus. Die Rätsel des inneren Menschen 224

157a Schicksalsbildung und Leben nach dem Tode 165, E 1919

Schicksalseinwirkungen aus der Welt der Toten. Siehe: Geschichtliche Notwendigkeit und Freiheit

Schicksalsgestaltung in Schlafen und Wachen. Die Geistigkeit der Sprache und die Gewissensstimme 224

Schicksalszeichen auf dem Entwicklungswege der Anthroposophischen Gesellschaft 250f

Schiller. Deutsche Dichter in Auswahl fürs Volk 33

Schiller und die Gegenwart 53

Schiller und unser Zeitalter. Aufzeichnungen nach Vorträgen gehalten vom Januar - März 1905 an der Berliner «Freien Hochschule» 51, E 1905

Der Schlüssel zur Theosophie. Siehe: Blavatsky

Schopenhauer. Siehe: Biographien und biographische Skizzen 1894-1905

Die schöpferische Welt der Farbe 233a, 275, 276, 286, 291

Die Schöpfung der Welt und des Menschen 354

354 Die Schöpfung der Welt und des Menschen. Über Welt- und Menschenentstehung und den Gang der Kulturentwickelung der Menschheit. Ernährungsfragen. Erdenleben und Sternenwirken

Schriften der Goethe-Gesellschaft 30

Schriftenreihe der Medizinischen Sektion am Goetheanum. Heft I-VII. I: 314; II: 218; III: 56; IV: 59; V: 65; VI: 107, 108; VII: 107

Schriftenreihe der Medizinischen Sektion am Goetheanum, zweite Folge. Siehe: Medizinische Schriftenreihe

Die «Schuld» am Kriege. Betrachtungen und Erinnerungen des Generalstabchefs H. v. Moltke über die Vorgänge vom Juli 1914 bis November 1914. Vorbemerkungen 24

Schule für Eurythmische Kunst am Goetheanum in Dornach (Prospekt) 277

Die Schulskizzen von Rudolf Steiner. Siehe: Marie Groddeck

Schulungsskizzen. Siehe: Neun Schulungsskizzen für Maler «Naturstimmungen»

Schuré. Siehe: Edouard Schuré

17 Die Schwelle der geistigen Welt. Aphoristische Ausführungen E 1913

Das Sechstagewerk im 1. Buch Moses. Siehe: Die Geheimnisse der biblischen Schöpfungsgeschichte

Die Seelen der Völker 64

Der Seelen Erwachen. Aus einer dramatischen Dichtung von Rudolf Steiner 14

Der Seelen Erwachen. Seelische und geistige Vorgänge in szenischen Bildern 14, E 1913

Der Seelen Erwachen. Siehe: Entwürfe, Fragmente und Paralipomena zu den vier Mysteriendramen

Der Seelen Erwachen. Siehe: Vier Mysteriendramen

Seelenfragen, Lebensfragen, Geistesfragen. Siehe: Makrokosmos und Mikrokosmos

Die Seelenhüterin. Siehe: Bibl.-Nr. 42

Seelenkalender. Siehe: Anthroposophischer Seelenkalender
Seelenkalender. Siehe: Durch den Geist zur Wirklichkeits-Erkenntnis der Menschenrätsel E 1918
Seelenrätsel. Siehe: Von Seelenrätseln
Seelische Beobachtungsresultate nach naturwissenschaftlicher Methode. Siehe: Die Philosophie der Freiheit
Die Sehnsucht der Seelen nach Geist. Ein Zeichen der Zeit 250f
Selbsterkenntnis 125
Die Selbsterziehung des Menschen im Lichte der Geisteswissenschaft 61
Seminarbesprechnungen und Lehrplanvorträge. Siehe: Erziehungskunst
Die Sendung des Geistes. Die Gewinnung der Beziehung zu den Toten durch die Herzenssprache 214
194 Die Sendung Michaels. Die Offenbarung der eigentlichen Geheimnisse des Menschenwesens
Die Sendung Michaels. Die Offenbarung der eigentlichen Geheimnisse des Menschenwesens 194
Shakespeare und die neuen Erziehungsideale 304
Sieben Briefe von Fichte an Goethe. Zwei Briefe von Fichte an Schiller E 1894
Sieben Vorträge, gehalten vor den Arbeitern am Goetheanum in Dornach 350
Silvester-Empfindung und Neujahrs-Ausblick 187
Der Sinn der Unsterblichkeit der Menschenseele 63
Der Sinn des Prophetentums 61
Das Sinnlich-Übersinnliche in seiner Verwirklichung durch die Kunst 271
Das Sinnlich-Übersinnliche in seiner Verwirklichung durch die Kunst. Siehe: Kunst und Kunsterkenntnis
Die sittliche Grundlage des Menschenlebens 63
Skizzen zu den Eurythmiefiguren K 26
Der slawische Mensch mit Engel, Doppelgänger und mit dem Kentaur K 14.2
Solovieff. Siehe: Wladimir Solovieff
Sonderdruck-Hefte aus «Lucifer-Gnosis« 10, 11, 12, 34
Sonderdruck-Sammelhefte aus «Lucifer-Gnosis» 11, 12
211 Das Sonnenmysterium und das Mysterium von Tod und Auferstehung. Exoterisches und esoterisches Christentum
K52.2 Sonnenaufgang
Die Sonnen-Initiation des Druidenpriesters und seine Mondenwesen-Erkenntnis 228
K52.3 Sonnenuntergang
328 Die soziale Frage
189 Die soziale Frage als Bewußtseinsfrage
Die soziale Frage als Bewußtseinsfrage 189
Die soziale Frage als Seelenfrage. Das innerliche Erleben der Sprache 190
Die soziale Grundforderung unserer Zeit 186, E 1921
186 Die soziale Grundforderung unserer Zeit. In geänderter Zeitlage
Das Soziale in den Rechts- und Wirtschaftseinrichtungen und die Freiheit des Menschengeistes 330

Soziale und antisoziale Triebe im Menschen 186

332a Soziale Zukunft

Soziale Zukunft. RSTb. Nr. 631. 332a

Die sozialen Forderungen der Gegenwart und ihre praktische Verwirklichung. Siehe: Gedankenfreiheit und soziale Kräfte

191 Soziales Verständnis aus geisteswissenschaftlicher Erkenntnis

52 Spirituelle Seelenlehre und Weltbetrachtung

Spirituelle Werte in Erziehung und sozialem Leben. Siehe: Die geistig-seelischen Grundkräfte der Erziehungskunst

Die spirituellen Hintergründe der äußeren Welt 177

177 Die spirituellen Hintergründe der äußeren Welt. Der Sturz der Geister der Finsternis

Die spirituellen, kulturgeschichtlichen und sozialen Hintergründe der Waldorfpädagogik. Siehe: Die Erziehungsfrage als soziale Frage

Sprache und Sprachgeist. Esoterisches und Meditatives 36

282 Sprachgestaltung und dramatische Kunst (Dramatischer Kurs)

Sprechen und Sprache. ThGw. Nr. 2 59, 76, 162, 190, 209, 218, 283

Sprechender Beton. Siehe: Rex Raab/Arne Klingborg/Åke Fant

Sprüche in Prosa 1e

288 (Stilformen des Organisch-Lebendigen)

Stilformen des Organisch-Lebendigen 288

Der Streit Michaels mit dem Drachen. Der Michael-Streit vor dem Bewußtsein der Gegenwart. Goethes geistige Umgebung und die Gegenwart 36

12 Die Stufen der höheren Erkenntnis

Der Sturz der Geister der Finsternis 177

Der Sturz der Geister der Finsternis. Siehe: Die spirituellen Hintergründe der äußeren Welt

Die Suche nach der neuen Isis, der göttlichen Sophia 202

Die Suche nach der neuen Isis, der göttlichen Sophia. Siehe: Die Brücke zwischen der Weltgeistigkeit und dem Physischen des Menschen

Das Suchen nach der Welt im Menschen, nach dem Menschen in der Welt 220

Das Suchen nach übersinnlichen Erfahrungen 52

Symbolik und Phantasie mit Bezug auf das Mysterium «Die Prüfung der Seele» 127

Tafelzeichnungen zum Heilpädagogischen Kursus 317

Die Tatsache des durch den Tod gegangenen Gottes-Impulses. «Fünf Ostern» von Anastasius Grün 130

Die Tatsache und die Bedeutung des Christus-Ereignisses 125, 148

Technik und Kunst. Ihr Zusammenhang mit dem Kulturleben der Gegenwart. Die Sprache 275

93 Die Tempellegende und die Goldene Legende als symbolischer Ausdruck vergangener und zukünftiger Entwickelungsgeheimnisse des Menschen. Aus den Inhalten der Esoterischen Schule

Texte zur Relativitätstheorie 164

Theater, Schauspiel und Schauspielkunst. 3. Folge: Wiener Theaterverhältnisse. Frühwerk Heft IX. 29

Theater, Schauspiel und Schauspielkunst, 4. Folge. Frühwerk Heft XI. 29, 31

Die Theosophie an der Hand der Apokalypse 104

Die Theosophie an Hand des Johannes-Evangeliums. Siehe: Kosmogonie

Die Theosophie des Rosenkreuzers 99, E 1911

9 Theosophie. Einführung in übersinnliche Welterkenntnis und Menschenbestimmung E 1904

Theosophie. Einführung in übersinnliche Welterkenntnis und Menschenbestimmung. RSTA. Nr. 8. 9

Theosophie. Einführung in übersinnliche Welterkenntnis und Menschenbestimmung. RSTb. Nr. 615. 9

Theosophie. Einführung in übersinnliche Welterkenntnis und Menschenbestimmung / Theosophy. An Introduction to the Supersensible Knowledge of the World and the Destination of Man 9

Theosophie und Antisophie 63

Theosophie und Christentum. Nachwort. Siehe: Max Seiling

Theosophie und gegenwärtige Geistesströmungen. Vorurteile aus vermeintlicher Wissenschaft 34, E 1910

Theosophie und Rosenkreuzertum. Siehe: Menschheitsentwickelung und Christus-Erkenntnis

Theosophische Gesellschaft 34

Theosophische Moral 155

Theosophische Moral. Siehe: Christus und die menschliche Seele

117 Die tieferen Geheimnisse des Menschheitswesens im Lichte der Evangelien

Die tieferen Geheimnisse des Menschheitswerdens im Lichte des Matthäus-Evangeliums 117

Tierkreis, Planeten, Kosmos. Siehe: Geistige Hierarchien und ihre Widerspiegelung in der physischen Welt

182 Der Tod als Lebenswandlung

Der Tod als Lebenswandlung 159, 182

Der Tod bei Mensch, Tier und Pflanze 61

Tod und Unsterblichkeit im Lichte der Geisteswissenschaft 61

Das Tonerlebnis im Menschen. Eine Grundlage für die Pflege des musikalischen Unterrichts 283

Ton-Eurythmie-Kurs. Siehe: Eurythmie als sichtbarer Gesang

Das Tor des Mondes und das Tor der Sonne. Das Wirken der Individualität im geschichtlichen Werden 240

Transactions of the First Annual Congress of the Federation of European Sections of the Theosophical Society 35

Transactions of the Second Annual Congress of the Federation of European Sections of the Theosophical Society 35

Transactions of the Third Annual Congress of the Federation of European Sections of the Theosophical Society 35

Treue. Wahrheitssinn. Richtungsfestigkeit. Siehe: Das Geheimnis des Todes

Über alte Weihnachtsspiele und eine verklungene Geistesströmung der Menschheit 165, 274

Über das Ereignis des Todes und Tatsachen der nachtodlichen Zeit 168

Über das Wesen der Bienen. Siehe: Mensch und Welt

Über das Wesen der Farben 291

Über das Wesen des Christentums. Siehe: Vom Leben des Menschen und der Erde

Über das Zusammenwirken unserer sichtbaren Welt mit geistigen Wesenheiten 98

Über den Rhythmus der menschlichen Leiber 107

Über den Sinn des Lebens. Siehe: Christus und die menschliche Seele

Über den Sinn des Lebens 155

Über den Sinn des Lebens. Theosophische Moral 155

Über die Bienen 348, 351

Über die Mysteriendramen «Die Pforte der Einweihung» und «Die Prüfung der Seele» 125, 127

Über frühe Erdzustände 347

Über frühe Erdzustände. Siehe: Die Erkenntnis des Menschenwesens nach Leib, Seele und Geist

348 Über Gesundheit und Krankheit. Grundlagen einer geisteswissenschaftlichen Sinneslehre

Über Krankheitsformen und Krankheitsursachen 107, 108

51 Über Philosophie, Geschichte und Literatur. Darstellungen an der Arbeiterbildungsschule und der Freien Hochschule in Berlin B 12

Über Wahrheit und Wahrscheinlichkeit der Kunstwerke. Frühwerk Heft XIV. 30

Über Welt- und Menschen-Entstehung und den Gang der Kultur-Entwickelung der Menschheit 354

Über Welt- und Menschenentstehung und den Gang der Kulturentwickelung der Menschheit. Siehe: Die Schöpfung der Welt und des Menschen

Die übersinnliche Erkenntnis (Anthroposophie) als Zeitforderung. Die Anthroposophie und die ethisch-religiöse Lebenshaltung des Menschen 84

231 Der übersinnliche Mensch anthroposophisch erfaßt

Der übersinnliche Ursprung des Künstlerischen 271

69 (Die übersinnlichen Welten und das Wesen der Menschenseele)

Die übersinnliche Wesenheit des Menschen und die Entwickelung der Menschheit. Geisteswissenschaftliche Beobachtungen und Erkenntnisse 330

Uhland. Siehe auch: Ludwig Uhland

Uhland. Wieland. Jean Paul. Schopenhauer. Vier Biographien 33

Uhlands Werke in drei Bänden (in einem Band, später vier Bände in einem Band). Mit einer biographischen Einleitung von Dr. Rudolf Steiner 33, E 1902

Die Umlaufzeit geschichtlicher Ereignisse. Siehe: Et incarnatus est

Umwandlungsimpulse für die künstlerische Evolution der Menschheit 275

«Und der Bau wird Mensch». Siehe: Wege zu einem neuen Baustil

«Und der Bau wird Mensch». Die Ziele des Johannes-Bauvereins 286

Unser Gedankenleben in Schlafen und Wachen und im nachtodlichen Dasein 224

Unsere atlantischen Vorfahren 11, E 1908

261 Unsere Toten. Ansprachen, Gedenkworte und Meditationssprüche 1906-1924

Unsere Zeit und Goethe 129

Der unsichtbare Mensch in uns. Das der Therapie zugrunde liegende Pathologische 221

Unsterblichkeit und Freiheit. Siehe: Das Ewige in der Menschenseele

K55.5 Urmensch

K55.4 Die Urpflanze

Der Ursprung der Tierwelt im Lichte der Geisteswissenschaft 61

Der Ursprung des Menschen im Lichte der Geisteswissenschaft 61

Ursprung und Bedeutung der Kulte 350

Ursprung und Bedeutung der Kulte. Siehe: Rhythmen im Kosmos und im Menschenwesen

53 Ursprung und Ziel des Menschen. Grundbegriffe der Geisteswissenschaft

96 Ursprungsimpulse der Geisteswissenschaft. Christliche Esoterik im Lichte neuer Geist-Erkenntnis 54, 284, B 35

Urteilsbildung auf Grund von Tatsachen. Die zweifache Umschmelzung eines geisteswissenschaftlichen Urteils 257

Urtier. Siehe: Urmensch

Das Vaterunser. Eine esoterische Betrachtung 96, E 1907

203 Die Verantwortung des Menschen für die Weltentwickelung durch seinen geistigen Zusammenhang mit dem Erdplaneten und der Sternenwelt

Die Verantwortung des Menschen für die Weltentwicklung durch seinen geistigen Zusammenhang mit dem Erdplaneten und der Sternenwelt. Eine Entscheidungsfrage der Gegenwart 203

168 Die Verbindung zwischen Lebenden und Toten

Die verborgenen Seiten des Menschendaseins und der Christus-Impuls 218, 250f

Die verborgenen Tiefen des Seelenlebens 61

Der Verfall des menschlichen Intellekts und das Sichwehren des Menschen gegen die Spiritualität 250f

190 Vergangenheits- und Zukunftsimpulse im sozialen Geschehen

Vergangenheits- und Zukunftsimpulse im sozialen Geschehen 190

Das Verhältnis der Geisteswissenschaft zur Naturwissenschaft. Siehe: Der Wert des Denkens für eine den Menschen befriedigende Erkenntnis

Das Verhältnis der Sternenwelt zum Menschen und des Menschen zur Sternenwelt 219

219 Das Verhältnis der Sternenwelt zum Menschen und des Menschen zur Sternenwelt. Die geistige Kommunion der Menschheit

323 Das Verhältnis der verschiedenen naturwissenschaftlichen Gebiete zur Astronomie. Dritter naturwissenschaftlicher Kurs. Himmelskunde in Beziehung zum Menschen und zur Menschenkunde

Die Verinnerlichung der Jahresfeste. Siehe: Die menschliche Seele in ihrem Zusammenhang mit göttlich-geistigen Individualitäten

Der verlorene Einklang zwischen Sprechen und Denken. Die Zerklüftung von Menschengruppen nach Sprachen 162

Das verlorengegangene Urwort. Das Alphabet, ein Ausdruck des Menschengeheimnisses. Die sieben freien Künste 209

Veröffentlichungen aus dem literarischen Frühwerk. Band I, Heft 1-10; Band II, Heft 11; Band III, Heft 12-18; Band IV, Heft 19; Band V, Heft 20-26

Veröffentlichungen aus dem literarischen Frühwerk. Heft I 30, Heft II 30, Heft III 29, 32, Heft IV 33, Heft V 29, Heft VI 32, Heft VII 30, Heft VIII 30, 31, Heft IX 29, Heft X 30, Heft XI 29, 31, Heft XII 31, Heft XIII 31, Heft XIV 30, Heft XV 30, 31, 51, Heft XVI 30, 31, Heft XVII 31, Heft XVIII 31, Heft XIX 30, 31, Heft XX 32, 33, Heft XXI 31, 32, 33, Heft XXII 31, Heft XXIII 32, Heft XXIV 31, 32, Heft XXV 31, 32, Heft XXVI 32, 33

Verslag van de Voordrachten gehouden door Dr. Rudolph Steiner, voor de Nederl. Afd. Theos. Ver. 4-11 Maart 1908 B 60

Die Vertiefung des Christentums durch die Sonnenkräfte Michaels 240

Die vier Christus-Opfer. Die drei Vorstufen des Mysteriums von Golgatha 152

Vier Farbskizzen, I. Mappe K 55.1, K 55.2, K 55.3, K 55.4

Vier Farbskizzen, II. Mappe K 19.1, K 54.6, K 54.10, K 54.12

Vier Märchen mit einem Vorwort 14

14 Vier Mysteriendramen. Die Pforte der Einweihung. Die Prüfung der Seele. Der Hüter der Schwelle. Der Seelen Erwachen

Vier pädagogische Vorträge, gehalten für die Lehrer der Waldorfschule in Stuttgart 1920. 302a

Vier Vorträge über das Wesen des Christentums 349, 353

Das Volk Schillers und Fichtes 64

Die Völker der Erde im Lichte der Geisteswissenschaft. Die Geschichte der Menschheit im Lichte der Geisteswissenschaft 335

Voltaire vom Gesichtspunkte der Geisteswissenschaft 63

334 Vom Einheitsstaat zum dreigliedrigen sozialen Organismus

349 Vom Leben des Menschen und der Erde. Über das Wesen des Christentums 291, 353

Vom Lebenslauf des Menschen. ThGw. Nr. 4. 55, 58, 59, 176, 180, 243, 302, 308

20 Vom Menschenrätsel. Ausgesprochenes und Unausgesprochenes im Denken, Schauen, Sinnen einer Reihe deutscher und österreichischer Persönlichkeiten

Vom Menschenrätsel. Denken, Schauen, Sinnen einer Reihe deutscher und österreichischer Persönlichkeiten 20, E 1916

Vom Mondenaustritt bis zur Mondenzurückkunft 204

Vom Seelenleben 36

Vom Seelenleben. Sprache und Sprachgeist 36

Vom Tode 63

Vom Wirken des Ätherischen und Astralischen im Menschen und in der Erde. Siehe: Rhythmen im Kosmos und im Menschenwesen

Von dem Werte des Theaters als Kunstanstalt. Siehe: Zur Einführung

138 Von der Initiation. Von Ewigkeit und Augenblick. Von Geisteslicht und Lebensdunkel E 1913

Von der «modernen» Seele. Frühwerk Heft VI. 32

Von der Suche nach dem heiligen Gral. Siehe: Christus und die geistige Welt

Von der Vortragskunst 29

Von Ewigkeit und Augenblick. Siehe: Von der Initiation

Von Geisteslicht und Lebensdunkel. Siehe: Von der Initiation

131 Von Jesus zu Christus E 1912

Von Jesus zu Christus 131

Von Paracelsus zu Goethe 61

21 Von Seelenrätseln. Anthropologie und Anthroposophie. Max Dessoir über Anthroposophie. Franz Brentano (Ein Nachruf). Skizzenhafte Erweiterungen E 1917

Vor dem Tore der Theosophie 95, E 1910

Vorspiel einer «Philosophie der Freiheit». Siehe: Wahrheit und Wissenschaft

152 Vorstufen zum Mysterium von Golgatha

Vortrag anläßlich der Generalversammlung des Vereins des Goetheanum der Freien Hochschule für Geisteswissenschaft in Dornach (Schweiz) (27. Juni 1921) 250f

Vortrag (beim Studienabend der Ortsgruppe Stuttgart) 335

Vortrag für Arbeiter der Daimler-Werke 330

Vortrag für die Unterzeichner des Aufrufes «An das deutsche Volk und an die Kulturwelt« 330

Vortrag über die Anthroposophenkolonie in Dornach 286

Vortrag über Ernährungsfragen 304a

Vortrag von Dr. Rudolf Steiner 330

345 (Vorträge bei der Zusammenkunft der Priester in Stuttgart Juli 1923)

Vorträge, gehalten anläßlich der Medizinischen Woche Herbst 1922. 314

Vorträge, gehalten für Ärzte 314

344 (Vorträge und Ansprachen zur Begründung der Christengemeinschaft)

Vortragszyklen: Zyklus 1 in GA 95; 2/99; 3/103; 4/105; 5/106; 6/104; 7/110; 8/112; 9/113; 10/114; 11/119; 12/120; 13/121; 14/122; 15/123; 16/126; 17/116; 18/129; 19/131; 20/134; 21/136; 22/137; 23/138; 24/139; 25/142; 26/144; 27/145; 28/146; 29/147; 30/124; 31/149; 32/153; 33/151; 34/155; 35/132; 36/133; 37/141; 38/148; 39/157; 40/157; 41/166; 42/167; 43/169; 44/175; 45/175; 46/176; 47/176; 48/181; 49/181; 50/181; 51/186; 52/186; 58A/192; 58B/192; A/107; D/185a; OP/128

Vortragszyklus Dr. Rudolf Steiners 83

Vortragszyklus für Ärzte und Medizinstudierende, I. Kurs. Siehe: Geisteswissenschaft und Medizin II. Kurs. Siehe: Geisteswissenschaftliche Gesichtspunkte zur Therapie

Vorurteile aus vermeintlicher Wissenschaft. Siehe: Theosophie und gegenwärtige Geistesströmungen

Vorverkündigung und Heroldtum des Christus-Impulses. Der Christusgeist und seine Hüllen: eine Pfingstbotschaft 143

332 (Voten an Sitzungen, Versammlungen und Diskussionsabenden)

337 (Voten nach Vorträgen in Sitzungen und Versammlungen aus den Jahren 1920-1922)

Die wahren und die falschen Wege der geistigen Forschung. Siehe: Das Initiatenbewußtsein

Wahrheit, Schönheit, Güte 220

Wahrheit und Wissenschaft. Impulse der Gegenwart. Die Philosophie der Freiheit 3, 4, 185

3 Wahrheit und Wissenschaft. Vorspiel einer «Philosophie der Freiheit» E 1892

Wahrheit und Wissenschaft. Vorspiel einer «Philosophie der Freiheit». RSTb. Nr. 628. 3

Die Wahrheitssprache der Evangelien. Siehe: Das christliche Mysterium

Die Wahrnehmung des Gedankenwesens. Sonnenwirksamkeit in der Erdenentwicklung 161

Wahrsprüche und Widmungen. Siehe: Wahrspruchworte

Wahrspruchworte 40, E 1925

40 Wahrspruchworte. Anthroposophischer Seelenkalender. Wahrsprüche und Widmungen. Credo. Der Einzelne und das All K 23.475

Wahrspruchworte. Richtspruchworte 40

Wahrspruchworte. Richtspruchworte. Sprüche und Widmungen, zweite Folge 40

297 Die Waldorfschule und ihr Geist. Welche Gesichtspunkte liegen der Errichtung der Waldorfschule zugrunde?

Die Waldorfschule und ihr Geist. Welche Gesichtspunkte liegen der Errichtung der Waldorfschule zugrunde? 297

Das Walten der kosmischen Vernunft im Sprachentstehen. Die todbringende und geistweckende Weltenkraft der Hierarchien. Die Wissenschaft vom Werden des Menschen 183

Walther Roggenkamp/Hildegard Gerbert, Bewegung und Form in der Graphik Rudolf Steiners K 23, K 45

Wandlungen der Christusauffassung in der künstlerischen Darstellung. Altchristliche Malerei und Mosaike. Italienische Meister. Dürer. (Mappe XIII) 292

Die Wärme auf der Grenze positiver und negativer Materialität. Siehe: Geisteswissenschaftliche Impulse zur Entwickelung der Physik

Was hat die Geologie über Weltentstehung zu sagen? Das Gesicht der Erde 60, 213

Was ist und will die neue Bewegungskunst Eurythmie? Sechs Einführungen zu eurythmischen Darstellungen 277, 277a

Was kann die Heilkunst durch eine geisteswissenschaftliche Betrachtung gewinnen? 319

Was soll die Geisteswissenschaft und wie wird sie von ihren Gegnern behandelt? 35, E 1914

Was tut der Engel in unserem Astralleib? 182

Was tut der Engel in unserem Astralleib? Wie finde ich den Christus? 182

84 Was wollte das Goetheanum und was soll die Anthroposophie?

Was wollte das Goetheanum und was soll die Anthroposophie? 84

335 (Der Weg zu gesundem Denken und die Lebenslage des Gegenwartsmenschen)

Der Weg zu gesundem Denken und die Lebenslage der Gegenwartsmenschen 335

Der Weg zu gesundem Denken und die Lebenslage des Gegenwartsmenschen. Die Erziehung und der Unterricht gegenüber der Weltlage der Gegenwart 335

Der Weg zu übersinnlichen Erfahrungen und Erkenntnissen als Grundlage wirklichen Menschenverständnisses 330

16 Ein Weg zur Selbsterkenntnis des Menschen. In acht Meditationen E 1912

Ein Weg zur Selbsterkenntnis des Menschen. Die Schwelle der geistigen Welt. RSTb. Nr. 602. 16, 17

Wege aus der sozialen Not und zu einem praktischen Ziele 330

161 Wege der geistigen Erkenntnis und der Erneuerung künstlerischer Weltanschauung

Die Wege der Seele zu Christus. Siehe: Erfahrungen des Übersinnlichen

Die Wege der übersinnlichen Erkenntnis 62

Wege der Übung. ThGw. Nr. 1 54, 83, 84, 95, 96, 108, 152, 157, 194

Wege und Ziele der Geisteswissenschaft. Die geisteswissenschaftlichen Grundlagen der leiblichen und seelischen Gesundheit. Die sittlichen und religiösen Kräfte im Sinne der Geisteswissenschaft 334

125 Wege und Ziele des geistigen Menschen. Lebensfragen im Lichte der Geisteswissenschaft B 30

Wege zu einem neuen Baustil 36, 260a, 277a, 291

286 Wege zu einem neuen Baustil. «Und der Bau wird Mensch» 37, 260a, 291, K 7, K 9, K 10, K 56, K 58

Weihnacht. Der Weihnachtsbaum, ein Symbolum 101, 117

Weihnacht. Eine Betrachtung aus der Lebensweisheit (Vitaesophia) 101, E 1909

Weihnachten, ein Inspirationsfest 127

Weihnachten in schicksalsschwerster Zeit 173

Der Weihnachtsbaum, ein Symbolum 117

Weihnachtsfeier. Das Weihnachtsfest des erneuten Christus-Verständnisses. Der Kosmische Christus und die Geburt der Christus-Erkenntnis in uns. Goethes «Pädagogische Provinz» 156

Weihnachtsfeier. Der kosmische Christus und die Geburt der Christus-Erkenntnis in uns. Goethes «Pädagogische Provinz» 156

Das Weihnachtsfest des erneuten Christus-Verständnisses 156

Das Weihnachtsfest im Wandel der Zeiten 125

Das Weihnachtsfest im Wandel der Zeiten. Weihnachten, ein Inspirationsfest 125, 127

Der Weihnachtsgedanke und das Geheimnis des Ich. Der Baum des Kreuzes und die Goldene Legende. Entstehung der Krippen- und Hirtenspiele 157a, 165

Weihnachtskurs für Lehrer. Siehe: Die gesunde Entwicklung des Leiblich-Physischen als Grundlage der freien Entfaltung des Seelisch-Geistigen

Weihnachtsmotive aus mehreren Jahrhunderten, Mosaike, Miniaturen. Italienische, Niederländische und Deutsche Meister (Mappe VII) 292

Das Weihnachtsmysterium. Novalis als Seher 108

Das Weihnachtsmysterium. Novalis, der Seher und Christuskünder 108, 117, 143

43 Weihnachtspiele aus altem Volkstum. Die Oberuferer Spiele. Mitgeteilt von Karl Julius Schröer, szenisch eingerichtet von Rudolf Steiner
36, 274

Weihnachtspiele aus altem Volkstum. Eine Christfest-Erinnerung 36, 43, 274

Weihnachtsstimmung 117

Weihnachtsstimmung. Novalis als Verkünder des spirituell zu erfassenden Christentums 117, 143

Die Weihnachtstagung zur Begründung der Allgemeinen Anthroposophischen Gesellschaft. 1923/24. 233, 277a, 280

260 Die Weihnachtstagung zur Begründung der Allgemeinen Anthroposophischen Gesellschaft. Grundsteinlegung, Vorträge und Ansprachen. Statutenberatung K 58

Weihnachtsvortrag 156

145 Welche Bedeutung hat die okkulte Entwickelung des Menschen für seine Hüllen (physischen Leib, Ätherleib, Astralleib) und sein Selbst? 250f, E 1913

Welche Gesichtspunkte liegen der Errichtung der Waldorfschule zugrunde? 297

Die Welt als Ergebnis von Gleichgewichtswirkungen 158

Die Welt als Ergebnis von Gleichgewichtswirkungen. Siehe: Der Zusammenhang des Menschen mit der elementarischen Welt

Die Welt der Hierarchien und die Welt der Töne 222, 283

134 Die Welt der Sinne und die Welt des Geistes E 1914

150 Die Welt des Geistes und ihr Hereinragen in das physische Dasein. Das Einwirken der Toten in die Welt der Lebenden

Die Welt des sich offenbarenden strahlenden Scheines. Siehe: Das Künstlerische in seiner Weltmission

105 Welt, Erde und Mensch, deren Wesen und Entwickelung, sowie ihre Spiegelung in dem Zusammenhange zwischen ägyptischem Mythos und gegenwärtiger Kultur E 1909

Welt- und Lebensanschauungen im neunzehnten Jahrhundert. Band I. 18, E 1900

Welt- und Lebensanschauungen im neunzehnten Jahrhundert. Band II. 18, E 1901

Welt- und Lebensanschauungen im neunzehnten Jahrhundert. Band I und II. 18, E 1901

Welt- und Lebens-Anschauungen. Von den ältesten Zeiten bis zur Gegenwart. Auszug aus Vorträgen, geh. vom Januar bis März 1901 in der Arbeiter-Bildungsschule zu Berlin 51, E 1901

Die Weltanschauung eines Kulturforschers der Gegenwart (Herman Grimm) und die Geistesforschung 62

Das Weltbild des deutschen Idealismus 64

Welten-Ich und Menschen-Ich. Mikrokosmisch-übersinnliche Wesenheiten. Die Natur des Christus. Die Stellung des Antichrist zum Christus. Der Auferstandene 130

Welten-Neujahr. Das Erwachen der Menschenseele aus dem Geistesschlaf der finstern Zeit 158, 275

Welten-Neujahr. Das Traumlied vom Olaf Åsteson 158, 275

Welten-Pfingsten, die Botschaft der Anthroposophie 226

129 Weltenwunder, Seelenprüfungen und Geistesoffenbarungen E 1912

Welterkenntnis. Selbsterkenntnis. Wahrsprüche und Widmungen 40

233 Die Weltgeschichte in anthroposophischer Beleuchtung und als Grundlage der Erkenntnis des Menschengeistes 233a, 260, K 58

Die Weltgeschichte in anthroposophischer Beleuchtung und als Grundlage der Erkenntnis des Menschengeistes. Mysterienstätten des Mittelalters. Rosenkreuzertum und modernes Einweihungsprinzip. Das Osterfest als ein Stück Mysteriengeschichte der Menschheit 233, 291

54 Die Welträtsel und die Anthroposophie 34

195 Weltsylvester und Neujahrsgedanken

169 Weltwesen und Ichheit E 1921

Wendepunkte des Geisteslebens 60, 61

Wendepunkte des Geisteslebens. RSTb. Nr. 609. 60, 61

Der Wert des Denkens für eine den Menschen befriedigende Erkenntnis 164

164 Der Wert des Denkens für eine den Menschen befriedigende Erkenntnis. Das Verhältnis der Geisteswissenschaft zur Naturwissenschaft

80 (Das Wesen der Anthroposophie)

Das Wesen der Anthroposophie 80, 250f

Das Wesen der Ewigkeit und die Natur der Menschenseele im Lichte der Geisteswissenschaft 61

291 Das Wesen der Farben 202, 228, 233a, 275, 276, 286, 349

Das Wesen der Farben in Licht und Finsternis. Maß, Zahl und Gewicht 202, 228, 291

Das Wesen der Farben. Kunst im Lichte der Mysterienweisheit VII. 291

Das Wesen der Künste 271, E 1910

Das Wesen des Christus-Impulses und seines dienenden michaelischen Geistes 157

283 Das Wesen des Musikalischen und das Tonerlebnis im Menschen 222

Das Wesen des übersinnlichen und die menschlichen Seelenrätsel. Das Geheimnis des Doppelgängers. Geographische Medizin 178

Das Wesen nationaler Epen mit speziellem Hinweis auf Kalevala 158

K45 Wesen und Bedeutung der illustrativen Kunst 83

Wesen und Bedeutung der zehn Gebote. Krankheit und Karma 107

Wesen und Bedeutung Mitteleuropas und die europäischen Volksgeister. Siehe: Das Geheimnis des Todes

Wesenszüge des Menschen im irdischen und kosmischen Bereich. Siehe: Anthroposophie als Kosmosophie

West-Ost-Aphorismen 36, 83

West und Ost. Siehe: Gegensätze in der Menschheitsentwickelung

83 Westliche und östliche Weltgegensätzlichkeit. Wege zu ihrer Verständigung durch Anthroposophie 36, 250f, K 45

Westliche und östliche Weltgegensätzlichkeit. RSTA. Nr. 5. 83

Wider literarisches Freibeutertum Eine Abfertigung des Herrn Dr. Hübbe-Schleiden. Siehe: Carl Unger

Wie begreift man Krankheit und Tod? Das Rätsel des Todes 55, 174a

Wie begründet man Geistesforschung? Siehe: Wie widerlegt man Geistesforschung?

Wie bekommt man das Sein in die Ideenwelt hinein? Gespiegelte Vorstellungen und schaffende Phantasie. Realität der moralischen Impulse 156

10 Wie erlangt man Erkenntnisse der höheren Welten? E 1909

Wie erlangt man Erkenntnisse der höheren Welten? Metamorphosen des Seelenlebens 10, 58, 59

Wie erlangt man Erkenntnisse der höheren Welten? RSTA. Nr. 2. 10

Wie erlangt man Erkenntnisse der höheren Welten? RSTb. Nr. 600. 10

154 Wie erwirbt man sich Verständnis für die geistige Welt? Das Einfließen geistiger Impulse aus der Welt der Verstorbenen

Wie erwirbt man sich Verständnis für die geistige Welt? 154

Wie finde ich den Christus 182

70 (Wie findet die Seele ihre wahre Wesenheit?)

Wie findet die Seele ihre wahre Wesenheit? 70

187 Wie kann die Menschheit den Christus wiederfinden? Das dreifache Schattendasein unserer Zeit und das neue Christuslicht

Wie kann die seelische Not der Gegenwart überwunden werden? Soziales Menschenverständnis. Gedankenfreiheit. Geist-Erkenntnnis 168

Wie Karma wirkt 34, E 1910

Wie kommt man zum Schauen der geistigen Welt? 350

Wie kommt man zum Schauen der geistigen Welt? Siehe: Rhythmen im Kosmos und im Menschenwesen

Wie kommt man zur Erkenntnis wiederholter Erdenleben? (Übungen und Beispiele) 135

Wie widerlegt man Geistesforschung? Wie begründet man Geistesforschung? 62

338 Wie wirkt man für den Impuls der Dreigliederung des sozialen Organismus? Rednerkurs und Agitatoren-Kurs

Der Wiederaufbau des Goetheanum. Siehe: Die Konstitution der Allgemeinen Anthroposophischen Gesellschaft und der Freien Hochschule für Geisteswissenschaft

Das Wiedererscheinen des Christus im Ätherischen 118

Wiedergewinnung des lebendigen Sprachquells durch den Christus-Impuls 224

135 Wiederverkörperung und Karma und ihre Bedeutung für die Kultur der Gegenwart

Wiederverkörperung. Zur Idee von Reinkarnation und Karma. ThGw. Nr. 9 53, 56, 120, 125, 135, 226, 235

Wielands Werke, Ausgabe in fünf Büchern (in einem Band). Mit einer biographischen Einleitung von Dr. Rudolf Steiner 33, E 1905

Das Wirken des Geistes in der Natur. Siehe: Mensch und Welt

Die wirklichen Grundlagen eines Völkerbundes in den wirtschaftlichen, rechtlichen und geistigen Kräften der Völker 329

79 Die Wirklichkeit der höheren Welten

Die Wirklichkeit der höheren Welten. Eine Einführung in sein Werk (Rudolf Steiner) 35, 79, 84, 304

Wissen und Glauben. Siehe: Gegensätze in der Menschheitsentwickelung

183 Die Wissenschaft vom Werden des Menschen

Die Wissenschaft vom Werden des Menschen. Heft 1 bis 3. 183

Wladimir Solovieff, Zwölf Vorlesungen über das Gottmenschentum 36

57 Wo und wie findet man den Geist?

Worte des Schmerzes, der Gewissenserforschung. Worte zum Bewußtwerden der Verantwortlichkeit 257

Zehn Vorträge, gehalten vor den Arbeitern am Goetheanum in Dornach 291, 349

Zeichen der Zeit 1918. 182

Zeichen der Zeit, Michaels Kampf und seine Widerspiegelung auf Erden 174a

Zeichen und Symbole des Weihnachtsfestes 54, 90ff., 96

Zeitbetrachtungen 157, E 1919

Zeiten der Erwartung. Neue Formen der alten Schönheit aus der Welt des Geistes 156, 277a

Zeitgemässe Erziehung im Kindheits- und Jugendalter 218

Zeitgeschichtliche Betrachtungen. Das Karma der Unwahrhaftigkeit 173, 174

173 Zeitgeschichtliche Betrachtungen. Das Karma der Unwahrhaftigkeit. Erster Teil

174 Zeitgeschichtliche Betrachtungen. Das Karma der Unwahrhaftigkeit. Zweiter Teil

Zeitprobleme um die Jahrhundertwende. Frühwerk Heft XVII. 31

259 (Die Zivilisationsaufgaben der Anthroposophie. Ein Rückblick auf das Jahr 1923)

Zu dem «Fragment» über die Natur, von Goethe. Die Natur, aphoristisch von Goethe. Goethes Recht in der Naturwissenschaft. Frühwerk Heft II. 30

Zu Ibsens 70. Geburtstag. Frühwerk Heft III. 29, 32

163 Zufall, Notwendigkeit und Vorsehung. Imaginative Erkentnis und Vorgänge nach dem Tode

Die Zukunft des Kapitals und der menschlichen Arbeitskraft 330

Zukunftsimpuls und was zunächst daraus geworden ist. Siehe: Ein durch Rudolf Steiner gegebener Zukunftsimpuls und was zunächst daraus geworden ist

Zur Charakteristik der Gegenwart 193

Zur Dreigliederung des sozialen Organismus. RSTA. Nr. 10. 23, 24, 217a, 298, 300b, 330

Zur Einführung. Von dem Werte des Theaters als Kunstanstalt. Frühwerk Heft V. 29

Zur Farbenlehre II (1) (1897) 1d

Zur Farbenlehre II (2). Sprüche in Prosa. Nachträge (1897) 1e

250f (Zur Geschichte der Gesellschaft) 184

264 (Zur Geschichte und aus den Inhalten der Esoterischen Schule von 1904 bis 1914. Briefe, Rundbriefe, Dokumente, Vorträge)

Zur Heilpädagogik 317

Zur klassischen Walpurgisnacht. Zwei Leseproben 277

Zur Naturwissenschaft im Allgemeinen. Mineralogie und Geologie. Meteorologie (1887) 1b

Zur Sinneslehre. ThGw. Nr. 3. 21, 115, 170, 183, 199, 206

Zur Therapie 314

Zur Therapie und Hygiene. Siehe: Physiologisch-Therapeutisches auf Grundlage der Geisteswissenschaft

Zur Therapie und zur Methodik der Heilmittelherstellung 319

Der Zusammenhang des Menschen mit der elementarischen Welt. Finnland und die Kalewala 158

158 Der Zusammenhang des Menschen mit der elementarischen Welt. Kalewala. Olaf Åsteson. Das russische Volkstum. Die Welt als Ergebnis von Gleichgewichtswirkungen 275, B 20

Zwei Farbskizzen, IV. Mappe K 14.2, K 14.3

Zwei Strömungen der Wirklichkeit. Die Brücke zwischen Idealität und Realität. Das Geschichtsleben der Menschheit I. 184

Zwei Vorträge zur Delegiertenversammlung. Siehe: Gemeinschaftsbildung

Die zwei Weihnachtsverkündigungen 203

Zweiter naturwissenschaftlicher Kursus. Siehe: Geisteswissenschaftliche Impulse zur Entwickelung der Physik

Zweiter naturwissenschaftlicher Kursus (Wärme-Lehre) 321

Zwischen Tod und Wiedergeburt des Menschen 63

K13 Zwölf Entwürfe für die Malerei der großen Kuppel des ersten Goetheanum

Die zwölf Sinne des Menschen in ihrer Beziehung zu Imagination, Inspiration und Intuition 199

Zwölf Stimmungen. Siehe: Planetentanz

Zwölf Vorlesungen über das Gottmenschentum. Siehe: Wladimir Solovieff

Zyklen. Siehe: Vortragszyklen

Herausgeberverzeichnis

Die Bearbeitung der bis heute erschienenen Bände der Rudolf Steiner Gesamtausgabe wurde von folgenden Mitgliedern der Nachlaßverwaltung* und freien Mitarbeitern besorgt.

Hans Arenson*
Dr. Michael Aschenbrenner
Prof. Dr. Gian Andrea Balastèr*
Meie Balastèr
Ernst Becker
Dr. med. Werner Belart*
Paul Gerhard Bellmann*
Karl Boegner
Walter Dettwyler-Oeri
Andreas Dollfus*
Dr. Robert Friedenthal*
Edwin Froböse*
Eva Froböse
Erich Gabert
Bruno Gloor
Wolfram Groddeck*
Johannes Hauri
Dr. Hans Heinze
Dr. Hans Huber
Dr. Hermann Hug
Isabella de Jaager*
Dr. Paul Jenny*
Hendrik Knobel
Dr. Walter Kugler
Dr. Hans Erhard Lauer
Emil Leinhas*
Christoph Lindenberg
Dr. Maurice Martin
Bendikt Marzahn*
(für die graphische Gestaltung)
Dr. Hans Merkel*
Dr. Ruth Moering
Emil Mötteli
Hans Rudolf Niederhäuser*
Dr. Dorothy A. Palma
Carlo S. Picht
Heinrich O. Proskauer
Hilde Raske
Margrit Schmid*
Dr. Waldemar Schornstein
Günther Schubert*
Theodor Spengler
Werner Teichert*
Ulla Trapp*
Assia Turgenieff*
(auch für die graphische Gestaltung)
Dr. Georg Unger
Johann Waeger*
Dr. Helmut von Wartburg*
Dr. Ernst Weidmann*
Hella Wiesberger*
Prof. Folkert Wilken
Kurt Th. Willmann
Caroline Wispler
Dr. med. Hans W. Zbinden*
Margrith Zemann